出る順 2021年版

Deru-jun
Takkenshi

宅建士

合格の
れっく
LEC

過去30年

良問
厳選
問題集

はしがき

＜本書の目的＞

　本書は、宅地建物取引士試験（以下、宅建士試験）の合格を目指す方向けに、ＬＥＣが 30 年以上にわたり蓄積してきた過去問データの中から"良問"を"厳選"して編集した過去問題集です。宅建士試験は合格率 15 〜 17％の難関試験ですが、毎年のように出題される問題があり、"良問（合否を決める頻出問題）"をどれだけ正解できるかが合否の鍵を握ります。逆に、滅多に出題されない問題や、一度しか出題されていない問題も数多く存在し、それら"捨て問（正解できなくても合否に影響のない問題）"に時間を割くのは勿体ないことです。合否を決める良問だけを厳選した本書を利用して、合格への最短ロードを走りましょう。

＜本書の特長＞

　本書の特長は、①過去 30 年間の過去問データの中から良問を厳選し、②その良問を難易度別に「基礎編」、「中級編」、「上級編」に分類し、③ 50 問× 6 回分の「模試型」に編集している点です。基本書等で一通り学習が終わった方は、最初に比較的易しい「基礎編」から解答し、自信がついてきたところで、段階的に「中級編」、「上級編」へとステップアップしてください。また、復習の目安として、弊社独自のリサーチによる設問ごとの正解率を掲載しておりますので、是非お役立てください。

　勿論、掲載されている問題については、最新の法改正に完全対応しておりますので、ご安心ください。

＜本書の収録問題＞

　本書は、50 問× 6 回分の計 300 問に加え、最新年度（令和 2 年度）の過去問 2 回分（10 月試験・12 月試験）を収録しています。弊社発刊の過去問題集『出る順宅建士 ウォーク問 過去問題集』に収録されている問題を中心に、未収録の問題を加え、本試験のように問題の難易度バランスを考慮しながら編集しています。なお、より多くの問題を解きたい方は、『出る順宅建士 ウォーク問 過去問題集』や予想模試『出る順宅建士 当たる！ 直前予想模試』をお求めください。

　本書を最大限に活用し、ぜひとも 2021 年の合格を勝ち取ってください。

2021 年 3 月吉日

株式会社　東京リーガルマインド
LEC 総合研究所　宅建士試験部

本書の特長と使い方

1. 本書の特長

「本番」に強い受験生になろう！

・LECが誇る30年間の宅建士試験過去問データベースから、今年の本試験突破を手繰り寄せる**良質な過去問を厳選！**「取り外し式」で**6回分**、トータル**300問**収録しています。良問を本試験と同様の「模試型」で解くことで、実戦的な知識が身に付きます。

・各回の問題レベルを「基礎編」「中級編」「上級編」の**3段階に設定**しています。自身の実力に合わせて解いてみて、より上のレベルへ実力を上げていきましょう。

・**最新の本試験問題（令和2年度10月試験・12月試験）も全問収録！**

2. 本書の使い方

「本番」を想定してスタンバイしよう！

・各回の難易度や合格推定点を次のように設定しています。

易	基礎編……第1回・第2回問題（合格推定点　38点・37点）
↑	中級編……第3回・第4回問題（合格推定点　36点・36点）
↓ 難	上級編……第5回・第6回問題（合格推定点　34点・32点）

・1回分ごとに**問題冊子を取り外し**できます。1回分の問題を本番と同じ**2時間**で解いて、実戦感覚を養いましょう。

・解いた後に、**出題分野ごとの正解数を振り返ると**、自身の不得意分野が浮かび上がってきます。解答＆解説を読み、理解が不足している箇所はしっかりテキストで復習しましょう。

・何度か繰り返し解き、理解度を高めましょう。間違えた問題は、「チェック」欄に☑を入れ、**徹底的に復習**し、本番までに穴をなくしておきましょう。

第1回 基礎編①

出題項目・正解一覧＆成績診断

科目	問	出題項目	正解	チェック	科目	問	出題項目	正解	チェック
権利関係	1	意思表示	4	☐☐	宅建業法	26	宅建業の意味	1	☐☐
	2	代理	2	☐☐		27	事務所の設置	1	☐☐
	3	債務不履行・解除	4	☐☐		28	免許の申請	1	☐☐
	4	契約不適合責任	1	☐☐		29	免許の効力	2	☐☐
	5	賃貸借：判決文問題	1	☐☐		30	宅地建物取引士の登録	4	☐☐
	6	委任	2	☐☐		31	営業保証金	4	☐☐
	7	抵当権	4	☐☐		32	弁済業務保証金	4	☐☐
	8	保証・連帯債務	2	☐☐		33	媒介・代理契約	2	☐☐
	9	不法行為	1	☐☐		34	広告等に関する規制	1	☐☐
	10	相続	2	☐☐		35	重要事項の説明	2	☐☐
	11	借地借家法（借地）	2	☐☐		36	37条書面	2	☐☐
	12	借地借家法（借家）	4	☐☐		37	報酬額の制限	3	☐☐
	13	建物区分所有法	2	☐☐		38	その他の業務上の規制	2	☐☐
	14	不動産登記法	4	☐☐		39	手続きの総合問題	1	☐☐
法令上の制限	15	国土利用計画法	3	☐☐		40	監督・罰則	2	☐☐
	16	都市計画法：都市計画の内容	3	☐☐		41	自ら売主制限総合	4	☐☐
	17	都市計画法：開発行為の規制	3	☐☐		42	クーリング・オフ	2	☐☐
	18	建築基準法総合	1	☐☐		43	自ら売主制限総合	3	☐☐
	19	建築基準法総合	2	☐☐		44	重要事項の説明	2	☐☐
	20	宅地造成等規制法	4	☐☐		45	瑕疵担保履行法	4	☐☐
	21	土地区画整理法	4	☐☐	5問免除	46	住宅金融支援機構法	2	☐☐
	22	農地法	3	☐☐		47	景品表示法	4	☐☐
税・価格	23	印紙税	2	☐☐		48	景品表示法	2	☐☐
	24	不動産取得税	2	☐☐		49	土地	4	☐☐
	25	不動産鑑定評価基準	2	☐☐		50	建物	4	☐☐

科目別の成績		総合成績	
科目（問題番号）	正答／正答目標	合計	
権利関係（問1〜問14）	点／10点		
宅建業法（問26〜問45）	点／18点		**点**
法令上の制限（問15〜問22）	点／6点		
税・価格（問23〜問25）	点／2点	この回の合格推定点は **38** 点です。	
5問免除（問46〜問50）	点／4点		

ガルマインド　2021年版 出る順宅建士 過去30年良問 厳選問題集

宅建士試験ガイダンス

1. 宅地建物取引士って何をする人なの？

宅地建物取引士は、不動産取引に関する法律問題のアドバイザーです。一般の人にとって、不動産の購入は一生に1度か2度であることが多いもの。しかも、一生をかけて支払うような大金が動きます。したがって、慎重にも慎重を重ねて取引しなくてはなりません。しかし、いかんせん、一般の人には、不動産の取引についての知識も経験もないのが通常です。このような人に法律的なアドバイスをすることが宅地建物取引士の仕事です。宅地建物取引士がいい加減なアドバイスをしてしまうと、一生気に入らない家に住むことにもなりかねません。大げさに言えば、人の一生を預かる仕事といえます。このように、宅地建物取引士の役割はとても重要なのです。

2. 宅建士試験って難しいの？

過去10年間の宅建士試験の合格率は以下のとおりです。100人受験して15〜17人程度しか合格できない、難しい試験といえます。

年度	申込者数(人)	受験者数(人)	合格者数(人)	合格点	合格率(%)
2011	231,596	188,572	30,391	36 点	16.1
2012	236,350	191,169	32,000	33 点	16.7
2013	234,586	186,304	28,470	33 点	15.3
2014	238,343	192,029	33,670	32 点	17.5
2015	243,199	194,926	30,028	31 点	15.4
2016	245,742	198,463	30,589	35 点	15.4
2017	258,511	209,354	32,644	35 点	15.6
2018	265,444	213,993	33,360	37 点	15.6
2019	276,019	220,797	37,481	35 点	17.0
2020 (10月)	204,163	168,989	29,728	38 点	17.6
2020 (12月)	55,121	35,261	4,610	36 点	13.1

3. 受験概要

〔受験資格〕	年齢、性別、学歴等に関係なく、誰でも受験することができる
〔願書配布〕	7月上旬(予定)
〔願書受付〕	郵送による申込み:配布日から7月下旬まで(予定)
	インターネットによる申込み:配布日から7月中旬まで(予定)
〔受験手数料〕	7,000円(予定)
〔試験日〕	10月第3日曜日　午後1時〜3時(予定)
〔合格発表〕	11月下旬〜12月上旬(予定)
〔問い合わせ先〕	(一財)不動産適正取引推進機構　試験部
	〒105-0001　東京都港区虎ノ門3-8-21　第33森ビル3階
	http://www.retio.or.jp/

4. 出題科目にはどんなものがあるの?

　権利関係、宅建業法、法令上の制限、税・価格の評定、5問免除対象科目の5科目から、4肢択一形式で50問出題されます。各科目の出題数は下記のとおりです。

	出題内訳	出題数
権利関係	民法・借地借家法・建物区分所有法・不動産登記法	14問
宅建業法	宅建業法・住宅瑕疵担保履行法	20問
法令上の制限	都市計画法・建築基準法・国土利用計画法・農地法・土地区画整理法・宅地造成等規制法・その他の法令	8問
税・価格の評定	地方税・所得税・その他の国税:2問 不動産鑑定評価基準・地価公示法:1問	3問
5問免除対象科目	独立行政法人住宅金融支援機構法:1問 不当景品類及び不当表示防止法:1問 統計・不動産の需給:1問 土地:1問 建物:1問	5問

冊子の使い方

「問題冊子」を区切っている色紙を残したまま、「問題冊子」を取り外し、ご利用ください。

※抜き取りの際の破損等による返品・交換には応じられませんのでご注意ください。

解答用紙の使い方

「問題冊子」を抜き取った後の色紙の裏表紙を破線に沿って切り取り、コピーしてご利用ください。

CONTENTS

はしがき ・・・・・・・・・・・・・・・・・・・・・・・・・・・・・・・・・・・・ (3)

本書の特長と使い方・・・・・・・・・・・・・・・・・・・・・・・・・・・・・・ (4)

宅建士試験ガイダンス ・・・・・・・・・・・・・・・・・・・・・・・・・・・ (6)

インターネット情報提供サービス ・・・・・・・・・・・・・・・・・・ (10)

問題冊子

第1回　問題（基礎編①　合格推定点　38点）・・・・・・・・・・ 1〜29

第2回　問題（基礎編②　合格推定点　37点）・・・・・・・・・・ 1〜30

第3回　問題（中級編①　合格推定点　36点）・・・ ・・・・・・ 1〜31

第4回　問題（中級編②　合格推定点　36点）・・・・・・・・・・ 1〜31

第5回　問題（上級編①　合格推定点　34点）・・・・・・・・・・ 1〜31

第6回　問題（上級編②　合格推定点　32点）・・・・・・・・・・ 1〜31

令和2年度10月試験　問題（合格基準点　38点）・・・・・・・・ 1〜27

令和2年度12月試験　問題（合格基準点　36点）・・・・・・・・ 1〜26

解答・解説

第1回　解答・解説 ・・・・・・・・・・・・・・・・・・・・・・・・・・・・・・ 1

第2回　解答・解説 ・・・・・・・・・・・・・・・・・・・・・・・・・・・・・・ 37

第3回　解答・解説 ・・・・・・・・・・・・・・・・・・・・・・・・・・・・・・ 71

第4回　解答・解説 ・・・・・・・・・・・・・・・・・・・・・・・・・・・・・・ 107

第5回　解答・解説 ・・・・・・・・・・・・・・・・・・・・・・・・・・・・・・ 143

第6回　解答・解説 ・・・・・・・・・・・・・・・・・・・・・・・・・・・・・・ 179

令和2年度10月試験　解答・解説・・・・・・・・・・・・・・・・・・・・ 215

令和2年度12月試験　解答・解説 ・・・・・・・・・・・・・・・・・・・ 251

登録無料 インターネット情報提供サービス

お届けするフォロー内容

- 法改正情報
- 宅建NEWS

アクセスして試験に役立つ最新情報を手にしてください。

登録方法 情報閲覧にはLECのMyページ登録が必要です。

LEC東京リーガルマインドのサイトにアクセス
http://www.lec-jp.com/

≫ Myページ ログイン をクリック

MyページID・会員番号をお持ちの方　　Myページお持ちでない方
　　　　　　　　　　　　　　　　　LECで初めてお申込頂く方

Myページログイン　　　　　**Myページ登録**

必須

Myページ内
希望資格として **宅地建物取引士** を選択
して、 希望資格を追加 ◎ をクリックして
ください。

ご選択頂けない場合は、情報提供が受けられません。
また、ご登録情報反映に半日程度時間を要します。しばらく経ってから再度ログインをお願いします（時間は通信環境により異なる可能性がございます）。

※サービス提供方法は変更となる場合がございます。その場合もMyページ上でご案内いたします。
※インターネット環境をお持ちでない方はご利用いただけません。ご了承ください。
※上記の図は, 登録の手順を示すものです。Webの実際の画面と異なります。

注目 本書ご購入者のための特典

① 2021年法改正情報（2021年8月末公開予定）
② 2021年「宅建NEWS」（2021年8月末までに2回公開予定）

〈注意〉上記情報提供サービスは,2021年宅建士試験前日までとさせていただきます。予めご了承ください。

冊子の使い方

この色紙を残したまま、「問題冊子」を取り外し、ご利用ください。

※抜き取りの際の破損等による返品・交換には応じられませんのでご注意ください。

解答用紙の使い方

「問題冊子」を抜き取った後の色紙の裏表紙を破線に沿って切り取り、コピーしてご利用ください。

2021年版 出る順宅建士 過去30年良問厳選問題集

第 **1** 回 問題

基礎編①

 合格推定点 **38**点

 制限時間 **2**時間

問題は、1ページから29ページまでの50問です。

問題の中の法令に関する部分は、2021年4月1日現在施行されている規定に基づいて出題されてます。

問1　ＡがＢに甲土地を売却し，Ｂが所有権移転登記を備えた場合に関する次の記述のうち，民法の規定及び判例によれば，誤っているものはどれか。

❶　ＡがＢとの売買契約をＢの詐欺を理由に取り消した後，ＣがＢから甲土地を買い受けて所有権移転登記を備えた場合，ＡＣ間の関係は対抗問題となり，Ａは，いわゆる背信的悪意者ではないＣに対して，登記なくして甲土地の返還を請求することができない。

❷　ＡがＢとの売買契約をＢの詐欺を理由に取り消す前に，Ｂの詐欺について悪意のＣが，Ｂから甲土地を買い受けて所有権移転登記を備えていた場合，ＡはＣに対して，甲土地の返還を請求することができる。

❸　Ａの売却の意思表示に法律行為の目的及び取引上の社会通念に照らして重要な錯誤がある場合，Ａに重大な過失がなければ，Ａは，Ａが取り消す前にＢから甲土地を買い受けた悪意のＣに対して，錯誤による当該意思表示の取消しを主張して，甲土地の返還を請求することができる。

❹　Ａの売却の意思表示に法律行為の目的及び取引上の社会通念に照らして重要な錯誤がある場合，ＢがＡに錯誤があることを過失なく知らなかったときにおいて，Ａに重大な過失があったとしても，ＡはＢに対して，錯誤による当該意思表示の取消しを主張して，甲土地の返還を請求することができる。

（本試験2019年 問２改題）

問2　Ａ所有の甲土地につき，Ａから売却に関する代理権を与えられていないＢが，Ａの代理人として，Ｃとの間で売買契約を締結した場合における次の記述のうち，民法の規定及び判例によれば，誤っているものはどれか。なお，表見代理は成立しないものとする。

❶　Ｂの無権代理行為をＡが追認した場合には，ＡＣ間の売買契約は有効となる。

❷　Ａの死亡により，ＢがＡの唯一の相続人として相続した場合，Ｂは，Ａの追認拒絶権を相続するので，自らの無権代理行為の追認を拒絶することができる。

❸　Ｂの死亡により，ＡがＢの唯一の相続人として相続した場合，ＡがＢの無権代理行為の追認を拒絶しても信義則には反せず，ＡＣ間の売買契約が当然に有効になるわけではない。

❹　Ａの死亡により，ＢがＤとともにＡを相続した場合，ＤがＢの無権代理行為を追認しない限り，Ｂの相続分に相当する部分においても，ＡＣ間の売買契約が当然に有効になるわけではない。

（本試験2012年 問４出題）

問3 債務不履行に基づく損害賠償請求権に関する次の記述のうち，民法の規定及び判例によれば，誤っているものはどれか。

❶ AがBと契約を締結する前に，信義則上の説明義務に違反して契約締結の判断に重要な影響を与える情報をBに提供しなかった場合，Bが契約を締結したことにより被った損害につき，Aは，不法行為による賠償責任を負うことはあっても，債務不履行による賠償責任を負うことはない。

❷ AB間の利息付金銭消費貸借契約において，利率に関する定めがない場合，借主Bが債務不履行に陥ったことによりAがBに対して請求することができる遅延損害金は，年3パーセントの利率により算出する。

❸ AB間でB所有の甲不動産の売買契約を締結した後，Bが甲不動産をCに二重譲渡してCが登記を具備した場合，AはBに対して債務不履行に基づく損害賠償請求をすることができる。

❹ AB間の金銭消費貸借契約において，借主Bは当該契約に基づく金銭の返済をCからBに支払われる売掛代金で予定していたが，その入金がなかった（Bの責めに帰すべき事由はない。）ため，返済期限が経過してしまった場合，Bは債務不履行には陥らず，Aに対して遅延損害金の支払義務を負わない。

（本試験 2012年 問8改題）

問4 宅地建物取引業者であるAが，自らが所有している甲土地を宅地建物取引業者でないBに売却した場合のAの責任に関する次の記述のうち，民法及び宅地建物取引業法の規定並びに判例によれば，誤っているものはどれか。

❶ 売買契約で，Aが一切の契約不適合責任を負わない旨を合意したとしても，Aは甲土地の引渡しの日から2年以内に通知を受けた場合は，契約不適合責任を負わなければならない。

❷ 甲土地に設定されている抵当権が実行されてBが所有権を失った場合，Bが甲土地に抵当権が設定されていることを知っていたとしても，BはAB間の売買契約を解除することができる。

❸ Bが契約不適合責任を追及する場合には，引渡しを受けた甲土地の品質に関する契約不適合の存在を知った時から1年以内にその契約不適合の事実をAに通知すればよく，1年以内に訴訟を提起して契約不適合責任を追及するまでの必要はない。

❹ 売買契約で，Aは甲土地の引渡しの日から2年間だけ契約不適合責任を負う旨を合意したとしても，Aが知っていたのにBに告げなかった契約内容に不適合な事実については，契約不適合責任に基づく損害賠償請求権が時効で消滅するまで，Bは当該損害賠償を請求できる。

（本試験 2008年 問9改題）

問5 次の１から４までの記述のうち，民法の規定及び下記判決文によれば，誤っているものはどれか。

（判決文）

　賃借人は，賃貸借契約が終了した場合には，賃借物件を原状に回復して賃貸人に返還する義務があるところ，賃貸借契約は，賃借人による賃借物件の使用とその対価としての賃料の支払を内容とするものであり，賃借物件の損耗の発生は，賃貸借という契約の本質上当然に予定されているものである。それゆえ，建物の賃貸借においては，賃借人が社会通念上通常の使用をした場合に生ずる賃借物件の劣化又は価値の減少を意味する通常損耗に係る投下資本の減価の回収は，通常，減価償却費や修繕費等の必要経費分を賃料の中に含ませてその支払を受けることにより行われている。そうすると，建物の賃借人にその賃貸借において生ずる通常損耗についての原状回復義務を負わせるのは，賃借人に予期しない特別の負担を課すことになるから，賃借人に同義務が認められるためには，（中略）その旨の特約（以下「通常損耗補修特約」という。）が明確に合意されていることが必要であると解するのが相当である。

❶ 賃借物件を賃借人がどのように使用しても，賃借物件に発生する損耗による減価の回収は，賃貸人が全て賃料に含ませてその支払を受けることにより行っている。

❷ 通常損耗とは，賃借人が社会通念上通常の使用をした場合に生ずる賃借物件の劣化又は価値の減少を意味する。

❸ 賃借人が負担する通常損耗の範囲が賃貸借契約書に明記されておらず口頭での説明等もない場合に賃借人に通常損耗についての原状回復義務を負わせるのは，賃借人に予期しない特別の負担を課すことになる。

❹ 賃貸借契約に賃借人が原状回復義務を負う旨が定められていても，それをもって，賃借人が賃料とは別に通常損耗の補修費を支払う義務があるとはいえない。

（本試験 2018年 問８出題）

問6 Aが，A所有の不動産の売買をBに対して委任する場合に関する次の記述のうち，民法の規定によれば，正しいものはどれか。なお，A及びBは宅地建物取引業者ではないものとする。

❶ 不動産のような高価な財産の売買を委任する場合には，AはBに対して委任状を交付しないと，委任契約は成立しない。

❷ Bは，委任契約をする際，有償の合意をしない限り，報酬の請求をすることができないが，委任事務のために使った費用とその利息は，Aに請求することができる。

❸ Bが当該物件の価格の調査など善良な管理者の注意義務を怠ったため，不動産売買についてAに損害が生じたとしても，報酬の合意をしていない以上，AはBに対して賠償の請求をすることができない。

❹ 委任はいつでも解除することができるから，有償の合意があり，売買契約成立寸前にAが理由なく解除してBに不利益を与えたときでも，BはAに対して損害賠償を請求することはできない。

（本試験 2002年 問 10 改題）

問7 Aは，Bに対する貸付金債権の担保のために，当該貸付金債権額にほぼ見合う評価額を有するB所有の更地である甲土地に抵当権を設定し，その旨の登記をした。その後，Bはこの土地上に乙建物を築造し，自己所有とした。この場合，民法の規定及び判例によれば，次の記述のうち正しいものはどれか。

❶ Aは，Bに対し，乙建物の築造行為は，甲土地に対するAの抵当権を侵害する行為であるとして，乙建物の収去を求めることができる。

❷ Bが，甲土地及び乙建物の双方につき，Cのために抵当権を設定して，その旨の登記をした後（甲土地についてはAの後順位），Aの抵当権が実行されるとき，乙建物のために法定地上権が成立する。

❸ Bが，乙建物築造後，甲土地についてのみ，Dのために抵当権を設定して，その旨の登記をした場合（甲土地についてはAの後順位），Aの抵当権及び被担保債権が存続している状態で，Dの抵当権が実行されるとき，乙建物のために法定地上権が成立する。

❹ Aは，乙建物に抵当権を設定していなくても，甲土地とともに乙建物を競売することができるが，優先弁済権は甲土地の代金についてのみ行使できる。

（本試験 2002年 問 6 出題）

問8 AからBとCとが負担部分2分の1として連帯して1,000万円を借り入れる場合と，DからEが1,000万円を借り入れ，Fがその借入金返済債務についてEと連帯して保証する場合とに関する次の記述のうち，民法の規定によれば，正しいものはどれか。

❶ Aが，Bに対して債務を免除した場合にはCが，Cに対して債務を免除した場合にはBが，それぞれ500万円分の債務を免れる。Dが，Eに対して債務を免除した場合にはFが，Fに対して債務を免除した場合にはEが，それぞれ全額の債務を免れる。

❷ Aが，Bに対して履行を請求した効果はCには及ばず，Cに対して履行を請求した効果もBには及ばない。Dが，Eに対して履行を請求した効果はFに及び，Fに対して履行を請求した効果はEに及ばない。

❸ Bについて時効が完成した場合にはCが，Cについて時効が完成した場合にはBが，それぞれ500万円分の債務を免れる。Eについて時効が完成した場合にはFが，Fについて時効が完成した場合にはEが，それぞれ全額の債務を免れる。

❹ AB間の契約が無効であった場合にはCが，AC間の契約が無効であった場合にはBが，それぞれ1,000万円の債務を負う。DE間の契約が無効であった場合はFが，DF間の契約が無効であった場合はEが，それぞれ1,000万円の債務を負う。

(本試験 2008年 問6改題)

問9 Aに雇用されているBが，勤務中にA所有の乗用車を運転し，営業活動のため顧客Cを同乗させている途中で，Dが運転していたD所有の乗用車と正面衝突した（なお，事故についてはBとDに過失がある。）場合における次の記述のうち，民法の規定及び判例によれば，正しいものはどれか。

❶ Aは，Cに対して事故によって受けたCの損害の全額を賠償した。この場合，Aは，BとDの過失割合に従って，Dに対して求償権を行使することができる。

❷ Aは，Dに対して事故によって受けたDの損害の全額を賠償した。この場合，Aは，被用者であるBに対して求償権を行使することはできない。

❸ 事故によって損害を受けたCは，AとBに対して損害賠償を請求することはできるが，Dに対して損害賠償を請求することはできない。

❹ 事故によって損害を受けたDは，Aに対して損害賠償を請求することはできるが，Bに対して損害賠償を請求することはできない。

(本試験 2013年 問9出題)

問10 相続の承認及び放棄に関する次の記述のうち，民法の規定によれば，誤っているものはどれか。

❶ 相続の放棄をする場合，その旨を家庭裁判所に申述しなければならない。

❷ 相続人が数人あるときは，限定承認は，共同相続人の全員が共同してのみこれをすることができる。

❸ 相続人が，自己のために相続の開始があったことを知った時から３カ月（家庭裁判所が期間の伸長をした場合は当該期間）以内に，限定承認又は放棄をしなかったときは，単純承認をしたものとみなされる。

❹ 被相続人の子が，相続の開始後に相続放棄をした場合，その者の子がこれを代襲して相続人となる。

（本試験 2002年 問 12 出題）

問11 Aが，令和３年８月，Bに土地を賃貸し，Bがその土地上に建物を所有している場合の契約終了に伴う建物買取請求権に関する次の記述のうち，借地借家法の規定及び判例によれば，誤っているものはどれか。

❶ ＡＢ間の借地契約が，公正証書により10年の事業専用の目的で締結された場合には，Bは建物買取請求権を有しない。

❷ 建物買取請求権は，契約終了の理由を問わず，Bの債務不履行を原因とする契約終了の場合にも，BはAに対して建物の買取りを請求することができる。

❸ BがAの承諾を得て土地をCに転貸し，建物を譲渡した場合，ＡＢ間，ＢＣ間の契約が，ともに期間満了し更新がなければ，CはAに対し直接建物買取請求権を有する。

❹ Bが適法にAに建物買取請求権を行使すると，その所有権は直ちにBからAに移転するが，BはAが代金を支払うまで，建物の引渡しを拒むことができる。

（本試験 2002年 問 13 改題）

Ａが所有する甲建物をＢに対して３年間賃貸する旨の契約をした場合における次の記述のうち，借地借家法の規定によれば，正しいものはどれか。

❶ ＡがＢに対し，甲建物の賃貸借契約の期間満了の１年前に更新をしない旨の通知をしていれば，ＡＢ間の賃貸借契約は期間満了によって当然に終了し，更新されない。

❷ Ａが甲建物の賃貸借契約の解約の申入れをした場合には申入れ日から３月で賃貸借契約が終了する旨を定めた特約は，Ｂがあらかじめ同意していれば，有効となる。

❸ Ｃが甲建物を適法に転借している場合，ＡＢ間の賃貸借契約が期間満了によって終了するときに，Ｃがその旨をＢから聞かされていれば，ＡはＣに対して，賃貸借契約の期間満了による終了を対抗することができる。

❹ ＡＢ間の賃貸借契約が借地借家法第38条の定期建物賃貸借で，契約の更新がない旨を定めるものである場合，当該契約前にＡがＢに契約の更新がなく期間の満了により終了する旨を記載した書面を交付して説明しなければ，契約の更新がない旨の約定は無効となる。

（本試験 2017年 問 12 出題）

問13 建物の区分所有等に関する法律に関する次の記述のうち，誤っているものはどれか。

❶ 管理者は，少なくとも毎年１回集会を招集しなければならない。

❷ 区分所有者の５分の１以上で議決権の５分の１以上を有するものは，管理者に対し，会議の目的たる事項を示して，集会の招集を請求することができるが，この定数は規約で減ずることはできない。

❸ 集会の招集の通知は，区分所有者が管理者に対して通知を受け取る場所をあらかじめ通知した場合には，管理者はその場所にあててすれば足りる。

❹ 集会は，区分所有者全員の同意があれば，招集の手続を経ないで開くことができる。

（本試験 2017年 問 13 出題）

問14 不動産登記の申請に関する次の記述のうち，誤っているものはどれか。

❶ 登記の申請を共同してしなければならない者の一方に登記手続をすべきことを命ずる確定判決による登記は，当該申請を共同してしなければならない者の他方が単独で申請することができる。

❷ 相続又は法人の合併による権利の移転の登記は，登記権利者が単独で申請することができる。

❸ 登記名義人の氏名若しくは名称又は住所についての変更の登記又は更正の登記は，登記名義人が単独で申請することができる。

❹ 所有権の登記の抹消は，所有権の移転の登記の有無にかかわらず，現在の所有権の登記名義人が単独で申請することができる。

（本試験 2005年 問 16 出題）

問15 国土利用計画法第 23 条の届出（以下この問において「事後届出」という。）に関する次の記述のうち，正しいものはどれか。

❶ 宅地建物取引業者Aが，自己の所有する市街化区域内の 2,000 ㎡ の土地を，個人B，個人Cに 1,000 ㎡ ずつに分割して売却した場合，B，Cは事後届出を行わなければならない。

❷ 個人Dが所有する市街化区域内の 3,000 ㎡ の土地を，個人Eが相続により取得した場合，Eは事後届出を行わなければならない。

❸ 宅地建物取引業者Fが所有する市街化調整区域内の 6,000 ㎡ の一団の土地を，宅地建物取引業者Gが一定の計画に従って，3,000 ㎡ ずつに分割して購入した場合，Gは事後届出を行わなければならない。

❹ 甲市が所有する市街化調整区域内の 12,000 ㎡ の土地を，宅地建物取引業者Hが購入した場合，Hは事後届出を行わなければならない。

（本試験 2019年 問 22 出題）

問16 都市計画法に関する次の記述のうち，誤っているものはどれか。

❶ 都市計画区域は，一体の都市として総合的に整備し，開発し，及び保全される必要がある区域であり，2以上の都府県にまたがって指定されてもよい。

❷ 都市計画は，都市計画区域内において定められるものであるが，道路や公園などの都市施設については，特に必要があるときは当該都市計画区域外においても定めることができる。

❸ 市街化区域は，既に市街地を形成している区域であり，市街化調整区域は，おおむね10年以内に市街化を図る予定の区域及び市街化を抑制すべき区域である。

❹ 無秩序な市街化を防止し，計画的な市街化を進めるため，都市計画区域を市街化区域と市街化調整区域に区分することができるが，すべての都市計画区域において区分する必要はない。

（本試験 2002年 問 17 出題）

問17 都市計画法の開発許可に関する次の記述のうち，正しいものはどれか。なお，この問における都道府県知事とは，地方自治法に基づく指定都市，中核市にあってはその長をいうものとする。

❶ 都道府県知事は，開発許可の申請があったときは，申請があった日から21日以内に，許可又は不許可の処分をしなければならない。

❷ 開発行為とは，主として建築物の建築の用に供する目的で行う土地の区画形質の変更をいい，建築物以外の工作物の建設の用に供する目的で行う土地の区画形質の変更は開発行為には該当しない。

❸ 開発許可を受けた者は，開発行為に関する工事を廃止したときは，遅滞なく，その旨を都道府県知事に届け出なければならない。

❹ 開発行為を行おうとする者は，開発許可を受けてから開発行為に着手するまでの間に，開発行為に関係がある公共施設の管理者と協議し，その同意を得なければならない。

（本試験 2004年 問 18 出題）

問18 建築基準法に関する次の記述のうち，正しいものはどれか。

❶ 防火地域にある建築物で，外壁が耐火構造のものについては，その外壁を隣地境界線に接して設けることができる。

❷ 高さ30mの建築物には，原則として非常用の昇降機を設けなければならない。

❸ 準防火地域内においては，延べ面積が2,000㎡の共同住宅は準耐火建築物としなければならない。

❹ 延べ面積が1,000㎡を超える耐火建築物は，防火上有効な構造の防火壁又は防火床によって有効に区画し，かつ，各区画の床面積の合計をそれぞれ1,000㎡以内としなければならない。

(本試験2016年 問18 改題)

問19 建築基準法(以下この問において「法」という。)に関する次の記述のうち，誤っているものはどれか。

❶ 田園住居地域内においては，建築物の高さは，一定の場合を除き，10m又は12mのうち当該地域に関する都市計画において定められた建築物の高さの限度を超えてはならない。

❷ 一の敷地で，その敷地面積の40％が第二種低層住居専用地域に，60％が第一種中高層住居専用地域にある場合は，原則として，当該敷地内には大学を建築することができない。

❸ 都市計画区域の変更等によって法第3章の規定が適用されるに至った際現に建築物が立ち並んでいる幅員2mの道で，特定行政庁の指定したものは，同章の規定における道路とみなされる。

❹ 容積率規制を適用するに当たっては，前面道路の境界線又はその反対側の境界線からそれぞれ後退して壁面線の指定がある場合において，特定行政庁が一定の基準に適合すると認めて許可した建築物については，当該前面道路の境界線又はその反対側の境界線は，それぞれ当該壁面線にあるものとみなす。

(本試験2018年 問19 出題)

問20 宅地造成等規制法に関する次の記述のうち，誤っているものはどれか。なお，この問において「都道府県知事」とは，地方自治法に基づく指定都市，中核市及び施行時特例市にあってはその長をいうものとする。

❶ 宅地造成工事規制区域内において，過去に宅地造成に関する工事が行われ現在は造成主とは異なる者がその工事が行われた宅地を所有している場合，当該宅地の所有者は，宅地造成に伴う災害が生じないよう，その宅地を常時安全な状態に維持するように努めなければならない。

❷ 宅地造成工事規制区域内において行われる宅地造成に関する工事について許可をする都道府県知事は，当該許可に，工事の施行に伴う災害を防止するために必要な条件を付することができる。

❸ 宅地を宅地以外の土地にするために行う土地の形質の変更は，宅地造成に該当しない。

❹ 宅地造成工事規制区域内において，切土であって，当該切土をする土地の面積が400㎡で，かつ，高さ1mの崖を生ずることとなるものに関する工事を行う場合には，一定の場合を除き，都道府県知事の許可を受けなければならない。

(本試験 2018年 問20 出題)

問21 土地区画整理法に関する次の記述のうち，誤っているものはどれか。

❶ 施行者は，換地処分を行う前において，換地計画に基づき換地処分を行うため必要がある場合においては，施行地区内の宅地について仮換地を指定することができる。

❷ 仮換地が指定された場合においては，従前の宅地について権原に基づき使用し，又は収益することができる者は，仮換地の指定の効力発生の日から換地処分の公告がある日まで，仮換地について，従前の宅地について有する権利の内容である使用又は収益と同じ使用又は収益をすることができる。

❸ 施行者は，仮換地を指定した場合において，特別の事情があるときは，その仮換地について使用又は収益を開始することができる日を仮換地の指定の効力発生日と別に定めることができる。

❹ 土地区画整理組合の設立の認可の公告があった日後，換地処分の公告がある日までは，施行地区内において，土地区画整理事業の施行の障害となるおそれがある土地の形質の変更を行おうとする者は，当該土地区画整理組合の許可を受けなければならない。

(本試験 2016年 問21 出題)

問22 農地法（以下この問において「法」という。）に関する次の記述のうち，正しいものはどれか。

❶ 山林を開墾し現に水田として耕作している土地であっても，土地登記簿上の地目が山林である限り，法の適用を受ける農地には当たらない。

❷ 農業者が，住宅を建設するために法第4条第1項の許可を受けた農地をその後住宅建設の工事着工前に宅地として売却する場合，改めて法第5条第1項の許可を受ける必要はない。

❸ 耕作目的で農地の売買契約を締結し，代金の支払をした場合でも，法第3条第1項の許可を受けていなければその所有権の移転の効力は生じない。

❹ 農業者が，自ら農業用倉庫として利用する目的で自己の所有する農地を転用する場合には，転用する農地の面積の規模にかかわらず，法第4条第1項の許可を受ける必要がある。

（本試験 2006年 問 25 出題）

問23 印紙税に関する次の記述のうち，正しいものはどれか。

❶ 印紙税の課税文書である不動産譲渡契約書を作成したが，印紙税を納付せず，その事実が税務調査により判明した場合は，納付しなかった印紙税額と納付しなかった印紙税額の 10% に相当する金額の合計額が過怠税として徴収される。

❷ 「Aの所有する甲土地（価額 3,000 万円）とBの所有する乙土地（価額 3,500 万円）を交換する」旨の土地交換契約書を作成した場合，印紙税の課税標準となる当該契約書の記載金額は 3,500 万円である。

❸ 「Aの所有する甲土地（価額 3,000 万円）をBに贈与する」旨の贈与契約書を作成した場合，印紙税の課税標準となる当該契約書の記載金額は，3,000 万円である。

❹ 売上代金に係る金銭の受取書（領収書）は記載された受取金額が 3 万円未満の場合，印紙税が課されないことから，不動産売買の仲介手数料として，現金 49,500 円（消費税及び地方消費税を含む。）を受け取り，それを受領した旨の領収書を作成した場合，受取金額に応じた印紙税が課される。

（本試験 2016年 問 23 改題）

問24 不動産取得税に関する次の記述のうち，正しいものはどれか。

❶ 令和3年4月に住宅以外の家屋を取得した場合，不動産取得税の標準税率は，100分の3である。

❷ 令和3年4月に宅地を取得した場合，当該取得に係る不動産取得税の課税標準は，当該宅地の価格の2分の1の額とされる。

❸ 不動産取得税は，不動産の取得に対して，当該不動産の所在する都道府県が課する税であるが，その徴収は特別徴収の方法がとられている。

❹ 令和3年4月に床面積250㎡である新築住宅に係る不動産取得税の課税標準の算定については，当該新築住宅の価格から1,200万円が控除される。

（本試験 2006年 問 28 改題）

問25 不動産の鑑定評価に関する次の記述のうち，正しいものはどれか。

❶ 不動産の価格を求める鑑定評価の手法は，原価法，取引事例比較法及び収益還元法に大別されるが，鑑定評価に当たっては，案件に即してこれらの三手法のいずれか1つを適用することが原則である。

❷ 取引事例比較法とは，まず多数の取引事例を収集して適切な事例の選択を行い，これらに係る取引価格に必要に応じて事情補正及び時点修正を行い，かつ，地域要因の比較及び個別的要因の比較を行って求められた価格を比較考量し，これによって対象不動産の試算価格を求める手法である。

❸ 収益還元法は，文化財の指定を受けた建造物等の一般的に市場性を有しない不動産も含め基本的にすべての不動産に適用すべきものであり，自用の不動産といえども賃貸を想定することにより適用されるものである。

❹ 賃料の鑑定評価において，支払賃料とは，賃料の種類の如何を問わず賃貸人等に支払われる賃料の算定の期間に対応する適正なすべての経済的対価をいい，純賃料及び不動産の賃貸借等を継続するために通常必要とされる諸経費等から成り立つものである。

（本試験 2001年 問 29 改題）

問26 宅地建物取引業の免許（以下この問において「免許」という。）に関する次の記述のうち，宅地建物取引業法の規定によれば，正しいものはいくつあるか。

ア Aの所有する商業ビルを賃借しているBが，フロアごとに不特定多数の者に反復継続して転貸する場合，AとBは免許を受ける必要はない。

イ 宅地建物取引業者Cが，Dを代理して，Dの所有するマンション（30戸）を不特定多数の者に反復継続して分譲する場合，Dは免許を受ける必要はない。

ウ Eが転売目的で反復継続して宅地を購入する場合でも，売主が国その他宅地建物取引業法の適用がない者に限られているときは，Eは免許を受ける必要はない。

エ Fが借金の返済に充てるため，自己所有の宅地を10区画に区画割りして，不特定多数の者に反復継続して売却する場合，Fは免許を受ける必要はない。

❶ 一つ
❷ 二つ
❸ 三つ
❹ なし

（本試験 2014年 問 26 出題）

問27 次の記述のうち，宅地建物取引業法の規定によれば，正しいものはどれか。

❶ 宅地建物取引業者は，販売予定の戸建住宅の展示会を実施する際，会場で売買契約の締結や売買契約の申込みの受付を行わない場合であっても，当該会場内の公衆の見やすい場所に国土交通省令で定める標識を掲示しなければならない。

❷ 宅地建物取引業者は，その事務所ごとに，その業務に関する帳簿を備え，取引の関係者から請求があったときは，閲覧に供しなければならない。

❸ 宅地建物取引業者は，主たる事務所には，設置しているすべての事務所の従業者名簿を，従たる事務所には，その事務所の従業者名簿を備えなければならない。

❹ 宅地建物取引業者は，その業務に従事させる者に，従業者証明書を携帯させなければならないが，その者が非常勤の役員や単に一時的に事務の補助をする者である場合には携帯をさせなくてもよい。

（本試験 2008年 問 42 出題）

宅地建物取引業の免許（以下この問において「免許」という。）に関する次の記述のうち，正しいものはどれか。

❶ 免許を受けようとするA社に，刑法第204条（傷害）の罪により懲役1年（刑の全部の執行猶予2年）の刑に処せられ，その執行猶予期間を満了した者が役員として在籍している場合，その満了の日から5年を経過していなくとも，A社は免許を受けることができる。

❷ 免許を受けようとするB社に，刑法206条（現場助勢）の罪により罰金の刑に処せられた者が非常勤役員として在籍している場合，その刑の執行が終わってから5年を経過していなくとも，B社は免許を受けることができる。

❸ 免許を受けようとするC社に，刑法第208条（暴行）の罪により拘留の刑に処せられた者が役員として在籍している場合，その刑の執行が終わってから5年を経過していなければ，C社は免許を受けることができない。

❹ 免許を受けようとするD社に，刑法第209条（過失傷害）の罪により科料の刑に処せられた者が非常勤役員として在籍している場合，その刑の執行が終わってから5年を経過していなければ，D社は免許を受けることができない。

（本試験 2012年 問26 出題）

問29 次の記述のうち，宅地建物取引業法（以下この問において「法」という。）の規定によれば，正しいものはどれか。

❶ 法人である宅地建物取引業者A（甲県知事免許）は，役員の住所について変更があった場合，その日から30日以内に，その旨を甲県知事に届け出なければならない。

❷ 法人である宅地建物取引業者B（乙県知事免許）が合併により消滅した場合，Bを代表する役員であった者は，その日から30日以内に，その旨を乙県知事に届け出なければならない。

❸ 宅地建物取引業者C（国土交通大臣免許）は，法第50条第2項の規定により法第31条の3第1項の国土交通省令で定める場所について届出をする場合，国土交通大臣及び当該場所の所在地を管轄する都道府県知事に，それぞれ直接届出書を提出しなければならない。

❹ 宅地建物取引業者D（丙県知事免許）は，建設業の許可を受けて新たに建設業を営むこととなった場合，Dは当該許可を受けた日から30日以内に，その旨を丙県知事に届け出なければならない。

（本試験 2009年 問28 出題）

問30 宅地建物取引士の登録（以下この問において「登録」という。）及び宅地建物取引士証に関する次の記述のうち，民法及び宅地建物取引業法の規定によれば，正しいものはどれか。

❶ 婚姻している未成年者は，登録実務講習を修了しても，法定代理人から宅地建物取引業を営むことについての許可を受けなければ登録を受けることができない。

❷ 登録を受けている者は，宅地建物取引士証の交付を受けていない場合は，その住所に変更があっても，登録を受けている都道府県知事に変更の登録を申請する必要はない。

❸ 宅地建物取引士証を亡失し，その再交付を申請している者は，再交付を受けるまでの間，宅地建物取引業法第35条に規定する重要事項の説明をする時は，宅地建物取引士証に代えて，再交付申請書の写しを提示すればよい。

❹ 甲県知事から宅地建物取引士証の交付を受けている者が，宅地建物取引士としての事務を禁止する処分を受け，その禁止の期間中に本人の申請により登録が消除された場合は，その者が乙県で宅地建物取引士資格試験に合格したとしても，当該期間が満了しないときは，乙県知事の登録を受けることができない。

（本試験 2010年 問 30 出題）

問31 宅地建物取引業者Ａ（国土交通大臣免許）が，宅地建物取引業法の規定に基づき供託する営業保証金に関する次の記述のうち，正しいものはどれか。

❶ Ａは，営業保証金を主たる事務所又はその他の事務所のいずれかの最寄りの供託所に供託することができる。

❷ Ａが営業保証金を供託した旨は，供託所から国土交通大臣あてに通知されることから，Ａがその旨を直接国土交通大臣に届け出る必要はない。

❸ Ａとの取引により生じた電気工事業者の工事代金債権について，当該電気工事業者は，営業継続中のＡが供託している営業保証金から，その弁済を受ける権利を有する。

❹ 営業保証金の還付により，営業保証金の額が政令で定める額に不足することとなった場合，Ａは，国土交通大臣から不足額を供託すべき旨の通知書の送付を受けた日から２週間以内にその不足額を供託しなければならない。

（本試験 2009年 問 30 出題）

宅地建物取引業保証協会（以下この問において「保証協会」という。）の社員である宅地建物取引業者に関する次の記述のうち，宅地建物取引業法の規定によれば，正しいものはどれか。

❶ 保証協会に加入することは宅地建物取引業者の任意であり，一の保証協会の社員となった後に，宅地建物取引業に関し取引をした者の保護を目的として，重ねて他の保証協会の社員となることができる。

❷ 保証協会に加入している宅地建物取引業者（甲県知事免許）は，甲県の区域内に新たに支店を設置した場合，その設置した日から1月以内に当該保証協会に追加の弁済業務保証金分担金を納付しないときは，社員の地位を失う。

❸ 保証協会から還付充当金の納付の通知を受けた社員は，その通知を受けた日から2週間以内に，その通知された額の還付充当金を主たる事務所の最寄りの供託所に供託しなければならない。

❹ 150万円の弁済業務保証金分担金を保証協会に納付して当該保証協会の社員となった者と宅地建物取引業に関し取引をした者（宅地建物取引業者を除く）は，その取引により生じた債権に関し，2,500万円を限度として，当該保証協会が供託した弁済業務保証金から弁済を受ける権利を有する。

（本試験 2016年 問 31 改題）

問33 宅地建物取引業者A社が，Bから自己所有の甲宅地の売却の媒介を依頼され，Bと媒介契約を締結した場合における次の記述のうち，宅地建物取引業法の規定によれば，正しいものはいくつあるか。

ア A社が，Bとの間に専任媒介契約を締結し，甲宅地の売買契約を成立させたときは，A社は，遅滞なく，登録番号，取引価格，売買契約の成立した年月日，売主及び買主の氏名を指定流通機構に通知しなければならない。

イ A社は，Bとの間に媒介契約を締結し，Bに対して甲宅地を売買すべき価額又はその評価額について意見を述べるときは，その根拠を明らかにしなければならない。

ウ A社がBとの間に締結した専任媒介契約の有効期間は，Bからの申出により更新することができるが，更新の時から3月を超えることができない。

❶ 一つ
❷ 二つ
❸ 三つ
❹ なし

（本試験 2013年 問 28 出題）

問34 宅地建物取引業者が行う広告に関する次の記述のうち，宅地建物取引業法の規定によれば，正しいものはどれか。

❶ 宅地建物取引業者は，宅地の造成又は建物の建築に関する工事が完了するまでの間は，当該工事に必要な都市計画法に基づく開発許可，建築基準法に基づく建築確認その他法令に基づく許可等の処分があった後でなければ，当該工事に係る宅地又は建物の売買その他の業務に関する広告をすることはできない。

❷ 宅地建物取引業者が，複数の区画がある宅地の売買について，数回に分けて広告をするときは，最初に行う広告以外には取引態様の別を明示する必要はない。

❸ 宅地建物取引業者は，建物の貸借の媒介において広告を行った場合には，依頼者の依頼の有無にかかわらず，報酬とは別に，当該広告の料金に相当する額を受領することができる。

❹ 宅地建物取引業の免許を取り消された者は，免許の取消し前に建物の売買の広告をしていれば，当該建物の売買契約を締結する目的の範囲内においては，なお宅地建物取引業者とみなされる。

（本試験 2011年 問 36 出題）

問35 宅地建物取引業者が行う宅地建物取引業法第35条に規定する重要事項の説明に関する次の記述のうち，誤っているものはどれか。なお，説明の相手方は宅地建物取引業者ではないものとする。

❶ 区分所有建物の売買の媒介を行う場合，当該１棟の建物及びその敷地の管理が委託されているときは，その委託を受けている者の氏名（法人にあっては，その商号又は名称）及び住所（法人にあっては，その主たる事務所の所在地）を説明しなければならない。

❷ 土地の売買の媒介を行う場合，移転登記の申請の時期の定めがあるときは，その内容を説明しなければならない。

❸ 住宅の売買の媒介を行う場合，敷地内のガス配管設備等に関して，当該住宅の売買後においても当該ガス配管設備等の所有権が家庭用プロパンガス販売業者にあるものとするときは，その旨を説明する必要がある。

❹ 中古マンションの売買の媒介を行う場合，当該マンションの計画的な維持修繕のための費用の積立てを行う旨の規約の定めがあるときは，その内容及び既に積み立てられている額について説明しなければならない。

（本試験 2017年 問 41 出題）

問36 宅地建物取引業者が媒介により建物の貸借の契約を成立させた場合，宅地建物取引業法第 37 条の規定により当該貸借の契約当事者に対して交付すべき書面に必ず記載しなければならない事項の組合せとして，正しいものはどれか。

ア 保証人の氏名及び住所

イ 建物の引渡しの時期

ウ 借賃の額並びにその支払の時期及び方法

エ 媒介に関する報酬の額

オ 借賃以外の金銭の授受の方法

❶ ア，イ

❷ イ，ウ

❸ ウ，エ，オ

❹ ア，エ，オ

（本試験 2013年 問 35 出題）

問37 宅地建物取引業者Ａ（消費税課税事業者）が売主Ｂ（消費税課税事業者）からＢ所有の土地付建物の媒介の依頼を受け，買主Ｃとの間で売買契約を成立させた場合，ＡがＢから受領できる報酬の上限額は，次のうちどれか。なお，土地付建物の代金は 6,600 万円（うち，土地代金は 4,400 万円）で，消費税額及び地方消費税額を含むものとする。

❶ 1,980,000 円

❷ 2,046,000 円

❸ 2,178,000 円

❹ 2,244,000 円

（本試験 2009年 問 41 改題）

問38 宅地建物取引業者Ａが行う業務に関する次の記述のうち，宅地建物取引業法の規定に違反するものはいくつあるか。

ア Ａは，自ら売主として，建物の売買契約を締結するに際し，買主が手付金を持ち合わせていなかったため手付金の分割払いを提案し，買主はこれに応じた。

イ Ａは，建物の販売に際し，勧誘の相手方から値引きの要求があったため，広告に表示した販売価格から100万円値引きすることを告げて勧誘し，売買契約を締結した。

ウ Ａは，土地の売買の媒介に際し重要事項の説明の前に，宅地建物取引士ではないＡの従業者をして媒介の相手方に対し，当該土地の交通等の利便の状況について説明させた。

エ Ａは，投資用マンションの販売に際し，電話で勧誘を行ったところ，勧誘の相手方から「購入の意思がないので二度と電話をかけないように」と言われたことから，電話での勧誘を諦め，当該相手方の自宅を訪問して勧誘した。

❶ 一つ

❷ 二つ

❸ 三つ

❹ 四つ

（本試験 2018年 問40 出題）

問39 宅地建物取引業法に規定する宅地建物取引士に関する次の記述のうち，正しいものはどれか。

❶ 都道府県知事は，その登録を受けている宅地建物取引士が，他人に自己の名義の使用を許し，その他人がその名義を使用して宅地建物取引士である旨の表示をしたとき，当該宅地建物取引士に対し，必要な指示をすることができる。

❷ 宅地建物取引業者は，10戸以上の一団の建物の分譲について案内所を設置して行う場合，その案内所において業務に従事する者の数に対する宅地建物取引士の数の割合が5分の1以上の成年者である専任の宅地建物取引士を置かなければならない。

❸ 宅地建物取引業者の従業者である宅地建物取引士は，本人の同意がある場合を除き，正当な理由がある場合でも，宅地建物取引業の業務を補助したことについて知り得た秘密を他に漏らしてはならない。

❹ 宅地建物取引士Aは，甲県知事から事務の禁止の処分を受け，宅地建物取引士証を甲県知事に提出したが，禁止処分の期間が満了した場合は，返還の請求がなくても，甲県知事は，直ちに宅地建物取引士証をAに返還しなければならない。

（本試験 2005年 問32 出題）

問40 宅地建物取引業者Ａ（甲県知事免許）に対する監督処分に関する次の記述のうち，宅地建物取引業法の規定によれば，誤っているものはどれか。

❶ Ａが，乙県の区域内の業務に関し乙県知事から受けた業務停止の処分に違反した場合でも，乙県知事は，Ａの免許を取り消すことはできない。

❷ Ａが，乙県の区域内の業務に関し乙県知事から指示を受け，その指示に従わなかった場合でも，甲県知事は，Ａに対し業務停止の処分をすることはできない。

❸ Ａが，甲県の区域内の業務に関し甲県知事から指示を受け，その指示に従わなかった場合で，情状が特に重いときであっても，国土交通大臣は，Ａの免許を取り消すことはできない。

❹ Ａの取締役が宅地建物取引業の業務に関し，建築基準法の規定に違反したとして罰金刑に処せられた場合，甲県知事は，Ａに対して必要な指示をすることができる。

（本試験 2006年 問 45 出題）

問41 宅地建物取引業者Ａが，自ら売主として宅地建物取引業者でない買主Ｂとの間で宅地の売買契約を締結した場合における次の記述のうち，民法及び宅地建物取引業法の規定並びに判例によれば，正しいものはどれか。

❶ 当事者の債務不履行を理由とする契約の解除に伴う損害賠償の予定額を定めていない場合，損害賠償の請求額は売買代金の額を超えてはならない。

❷ 当事者の債務不履行を理由とする契約の解除に伴う損害賠償の予定額を売買代金の２割とし，違約金の額を売買代金の１割とする定めは，これらを合算した額が売買代金の３割を超えていないことから有効である。

❸ Ａが，当該売買契約の解除を行う場合は，Ｂに対して「手付の倍額を現実に提供して，契約を解除する。」という意思表示を書面で行うことのみをもって，契約を解除することができる。

❹ Ａは，当該売買契約の締結日にＢから手付金を受領し，翌日，Ｂから内金を受領した。その２日後，ＡがＢに対して，手付の倍額を現実に提供することにより契約解除の申出を行った場合，Ｂは，契約の履行に着手しているとしてこれを拒むことができる。

（本試験 2010年 問 39 改題）

問42 宅地建物取引業者である売主Ａが，宅地建物取引業者Ｂの媒介により宅地建物取引業者ではない買主Ｃと新築マンションの売買契約を締結した場合において，宅地建物取引業法第37条の2の規定に基づくいわゆるクーリング・オフに関する次の記述のうち，正しいものはいくつあるか。

ア ＡとＣの間で，クーリング・オフによる契約の解除に関し，Ｃは契約の解除の書面をクーリング・オフの告知の日から起算して8日以内にＡに到達させなければ契約を解除することができない旨の特約を定めた場合，当該特約は無効である。

イ Ｃは，Ｂの事務所で買受けの申込みを行い，その3日後に，Ｃの自宅近くの喫茶店で売買契約を締結した場合，クーリング・オフによる契約の解除はできない。

ウ Ｃは，Ｂからの提案によりＣの自宅で買受けの申込みを行ったが，クーリング・オフについては告げられず，その10日後に，Ａの事務所で売買契約を締結した場合，クーリング・オフによる契約の解除はできない。

エ クーリング・オフについて告げる書面には，Ｂの商号又は名称及び住所並びに免許証番号を記載しなければならない。

❶ 一つ

❷ 二つ

❸ 三つ

❹ なし

（本試験 2018年 問 37 出題）

問43 宅地建物取引業者Ａが，自ら売主として，宅地建物取引業者でないＢとの間で建物の売買契約を締結する場合における次の記述のうち，民法及び宅地建物取引業法の規定によれば，正しいものはどれか。

❶ Ｃが建物の所有権を有している場合，ＡはＢとの間で当該建物の売買契約を締結してはならない。ただし，ＡがＣとの間で，すでに当該建物を取得する契約（当該建物を取得する契約の効力の発生に一定の条件が付されている。）を締結している場合は，この限りではない。

❷ Ａは，Ｂとの間における建物の売買契約において，「ＡがＢに対して契約不適合担保責任を負う期間は，建物の引渡しの日から１年間とする」旨の特約を付した。この場合，当該特約は無効となり，ＢがＡに対して契約不適合担保責任を追及することができる期間は，当該建物の引渡しの日から２年間となる。

❸ Ａは，Ｂから喫茶店で建物の買受けの申込みを受け，翌日，同じ喫茶店で当該建物の売買契約を締結した際に，その場で契約代金の２割を受領するとともに，残代金は５日後に決済することとした。契約を締結した日の翌日，ＡはＢに当該建物を引き渡したが，引渡日から３日後にＢから宅地建物取引業法第37条の２の規定に基づくクーリング・オフによる契約の解除が書面によって通知された。この場合，Ａは，契約の解除を拒むことができない。

❹ ＡＢ間の建物の売買契約における「宅地建物取引業法第37条の２の規定に基づくクーリング・オフによる契約の解除の際に，ＡからＢに対して損害賠償を請求することができる」旨の特約は有効である。

(本試験 2015年 問34 改題)

問44 宅地建物取引業者が行う宅地建物取引業法第35条に規定する重要事項の説明及び書面の交付に関する次の記述のうち，正しいものはどれか。なお，説明の相手方は宅地建物取引業者ではないものとする。

❶ 宅地建物取引業者ではない売主に対しては，買主に対してと同様に，宅地建物取引士をして，契約締結時までに重要事項を記載した書面を交付して，その説明をさせなければならない。

❷ 重要事項の説明及び書面の交付は，取引の相手方の自宅又は勤務する場所等，宅地建物取引業者の事務所以外の場所において行うことができる。

❸ 宅地建物取引業者が代理人として売買契約を締結し，建物の購入を行う場合は，代理を依頼した者に対して重要事項の説明をする必要はない。

❹ 重要事項の説明を行う宅地建物取引士は専任の宅地建物取引士でなくてもよいが，書面に記名押印する宅地建物取引士は専任の宅地建物取引士でなければならない。

（本試験 2015年 問 29 改題）

問45 特定住宅瑕疵担保責任の履行の確保等に関する法律に基づく住宅販売瑕疵担保保証金の供託又は住宅販売瑕疵担保責任保険契約の締結に関する次の記述のうち，正しいものはどれか。

❶ 宅地建物取引業者は，自ら売主として宅地建物取引業者である買主との間で新築住宅の売買契約を締結し，その住宅を引き渡す場合，住宅販売瑕疵担保保証金の供託又は住宅販売瑕疵担保責任保険契約の締結を行う義務を負う。

❷ 自ら売主として新築住宅を販売する宅地建物取引業者は，住宅販売瑕疵担保保証金の供託をする場合，宅地建物取引業者でない買主へのその住宅の引渡しまでに，買主に対し，保証金を供託している供託所の所在地等について記載した書面を交付して説明しなければならない。

❸ 自ら売主として新築住宅を宅地建物取引業者でない買主に引き渡した宅地建物取引業者は，基準日に係る住宅販売瑕疵担保保証金の供託及び住宅販売瑕疵担保責任保険契約の締結の状況について届出をしなければ，当該基準日以後，新たに自ら売主となる新築住宅の売買契約を締結することができない。

❹ 住宅販売瑕疵担保責任保険契約を締結している宅地建物取引業者は，当該保険に係る新築住宅に，構造耐力上主要な部分及び雨水の浸入を防止する部分の瑕疵（構造耐力又は雨水の浸入に影響のないものを除く。）がある場合に，特定住宅販売瑕疵担保責任の履行によって生じた損害について保険金を請求することができる。

（本試験 2015年 問 45 改題）

独立行政法人住宅金融支援機構（以下この問において「機構」という。）に関する次の記述のうち，誤っているものはどれか。

❶ 機構は，子どもを育成する家庭又は高齢者の家庭に適した良好な居住性能及び居住環境を有する賃貸住宅の建設又は改良に必要な資金の貸付けを業務として行っている。

❷ 機構は，証券化支援事業（買取型）において，債務者又は債務者の親族が居住する住宅のみならず，賃貸住宅の建設又は購入に必要な資金の貸付けに係る金融機関の貸付債権についても譲受けの対象としている。

❸ 機構は，証券化支援事業（買取型）において，バリアフリー性，省エネルギー性，耐震性，耐久性・可変性に優れた住宅を取得する場合に，貸付金の利率を一定期間引き下げる制度を実施している。

❹ 機構は，マンション管理組合や区分所有者に対するマンション共用部分の改良に必要な資金の貸付けを業務として行っている。

（本試験 2016年 問 46 出題）

宅地建物取引業者が行う広告に関する次の記述のうち，不当景品類及び不当表示防止法（不動産の表示に関する公正競争規約を含む。）の規定によれば，正しいものはどれか。

❶ 建築基準法第 28 条（居室の採光及び換気）の規定に適合した採光及び換気のための窓等がなくても，居室として利用できる程度の広さがあれば，広告において居室として表示できる。

❷ 新築分譲マンションの販売広告において，住戸により修繕積立金の額が異なる場合であって，全ての住戸の修繕積立金を示すことが困難であるときは，全住戸の平均額のみ表示すればよい。

❸ 私道負担部分が含まれている新築住宅を販売する際，私道負担の面積が全体の 5 ％以下であれば，私道負担部分がある旨を表示すれば足り，その面積までは表示する必要はない。

❹ 建築工事に着手した後に，その工事を相当の期間にわたり中断していた新築分譲マンションについては，建築工事に着手した時期及び中断していた期間を明瞭に表示しなければならない。

（本試験 2014年 問 47 出題）

問48 宅地建物取引業者が行う広告に関する次の記述のうち，不当景品類及び不当表示防止法（不動産の表示に関する公正競争規約を含む。）の規定によれば，正しいものはどれか。

❶ 宅地建物取引業者が自ら所有する不動産を販売する場合の広告には，取引態様の別として「直販」と表示すればよい。

❷ リフォーム済みの中古住宅について，リフォーム済みである旨を表示して販売する場合，広告中にはリフォームした時期及びリフォームの内容を明示しなければならない。

❸ 取引しようとする物件の周辺に存在するデパート，スーパーマーケット等の商業施設については，現に利用できるものでなければ広告に表示することはできない。

❹ 販売する土地が有効な利用が阻害される著しい不整形画地であっても，実際の土地を見れば不整形画地であることは認識できるため，当該土地の広告にはその旨を表示する必要はない。

（本試験 2012年 問 47 改題）

問49 土地に関する次の記述のうち，最も不適当なものはどれか。

❶ 山麓の地形の中で，地すべりによってできた地形は一見なだらかで，水はけもよく，住宅地として好適のように見えるが，末端の急斜面部等は斜面崩壊の危険度が高い。

❷ 台地の上の浅い谷は，豪雨時には一時的に浸水することがあり，現地に入っても気付かないことが多いが，住宅地としては注意を要する。

❸ 大都市の大部分は低地に立地しているが，この数千年の間に形成され，かつては湿地や旧河道であった地域が多く，地震災害に対して脆弱で，また洪水，高潮，津波等の災害の危険度も高い。

❹ 低地の中で特に災害の危険度の高い所は，扇状地の中の微高地，自然堤防，廃川敷となった旧天井川等であり，比較的危険度の低い所が沿岸部の標高の低いデルタ地域，旧河道等である。

（本試験 2018年 問 49 出題）

問50 建築の構造に関する次の記述のうち，最も不適当なものはどれか。

❶ 耐震構造は，建物の柱，はり，耐震壁などで剛性を高め，地震に対して十分耐えられるようにした構造である。

❷ 免震構造は，建物の下部構造と上部構造との間に積層ゴムなどを設置し，揺れを減らす構造である。

❸ 制震構造は，制震ダンパーなどを設置し，揺れを制御する構造である。

❹ 既存不適格建築物の耐震補強として，制震構造や免震構造を用いることは適していない。

（本試験 2013年 問 50 出題）

第１回　解答用紙

得点　／50

問題番号	解　答　番　号				問題番号	解　答　番　号			
第1問	①	②	③	④	第26問	①	②	③	④
第2問	①	②	③	④	第27問	①	②	③	④
第3問	①	②	③	④	第28問	①	②	③	④
第4問	①	②	③	④	第29問	①	②	③	④
第5問	①	②	③	④	第30問	①	②	③	④
第6問	①	②	③	④	第31問	①	②	③	④
第7問	①	②	③	④	第32問	①	②	③	④
第8問	①	②	③	④	第33問	①	②	③	④
第9問	①	②	③	④	第34問	①	②	③	④
第10問	①	②	③	④	第35問	①	②	③	④
第11問	①	②	③	④	第36問	①	②	③	④
第12問	①	②	③	④	第37問	①	②	③	④
第13問	①	②	③	④	第38問	①	②	③	④
第14問	①	②	③	④	第39問	①	②	③	④
第15問	①	②	③	④	第40問	①	②	③	④
第16問	①	②	③	④	第41問	①	②	③	④
第17問	①	②	③	④	第42問	①	②	③	④
第18問	①	②	③	④	第43問	①	②	③	④
第19問	①	②	③	④	第44問	①	②	③	④
第20問	①	②	③	④	第45問	①	②	③	④
第21問	①	②	③	④	第46問	①	②	③	④
第22問	①	②	③	④	第47問	①	②	③	④
第23問	①	②	③	④	第48問	①	②	③	④
第24問	①	②	③	④	第49問	①	②	③	④
第25問	①	②	③	④	第50問	①	②	③	④

冊子の使い方

この色紙を残したまま、「問題冊子」を
取り外し、ご利用ください。

※抜き取りの際の破損等による返品・交換には応じられません
のでご注意ください。

解答用紙の使い方

「問題冊子」を抜き取った後の色紙の裏
表紙を破線に沿って切り取り、コピー
してご利用ください。

2021年版 出る順宅建士
過去30年良問厳選問題集

第2回 問題

基礎編②

 合格推定点 **37**点

 制限時間 **2時間**

問題は、1ページから30ページまでの50問です。

問題の中の法令に関する部分は、2021年4月1日現在施行されている規定に基づいて出題されてます。

問1 ＡがＢに対し土地の売却の意思表示をしたが，その意思表示は錯誤によるものであった（なお，ＢはＡの錯誤につき善意無過失である）。この場合，次の記述のうち，民法の規定及び判例によれば，正しいものはどれか。

❶ 錯誤が法律行為の目的及び取引上の社会通念に照らして重要なものである場合であっても，この売却の意思表示を取り消すことはできない。

❷ 錯誤が，売却の意思表示をなすについての動機に関するものであり，それを当該意思表示の内容としてＡがＢに対して表示した場合であっても，この売却の意思表示を取り消すことはできない。

❸ 錯誤を理由としてこの売却の意思表示を取り消すことができる場合，表意者であるＡに重過失があるときは，Ａは自らその取消しを主張することができない。

❹ 錯誤を理由としてこの売却の意思表示を取り消すことができる場合，表意者であるＡがその錯誤を認めていないときは，Ｂはこの売却の意思表示の取消しを主張できる。

（本試験 2005年 問2改題）

問2 意思無能力者又は制限行為能力者に関する次の記述のうち，民法の規定及び判例によれば，正しいものはどれか。

❶ 意思能力を欠いている者が土地を売却する意思表示を行った場合，その親族が当該意思表示を取り消せば，取消しの時点から将来に向かって無効となる。

❷ 未成年者が土地を売却する意思表示を行った場合，その未成年者が婚姻をしていても，親権者が当該意思表示を取り消せば，意思表示の時点に遡って無効となる。

❸ 成年被後見人が成年後見人の事前の同意を得て土地を売却する意思表示を行った場合，成年後見人は，当該意思表示を取り消すことができる。

❹ 被保佐人が保佐人の事前の同意を得て土地を売却する意思表示を行った場合，保佐人は，当該意思表示を取り消すことができる。

（本試験 2003年 問1出題）

問3 A所有の甲土地を占有しているBによる権利の時効取得に関する次の記述のうち，民法の規定及び判例によれば，正しいものはどれか。

❶ Bが父から甲土地についての賃借権を相続により承継して賃料を払い続けている場合であっても，相続から20年間甲土地を占有したときは，Bは，時効によって甲土地の所有権を取得することができる。

❷ Bの父が11年間所有の意思をもって平穏かつ公然に甲土地を占有した後，Bが相続によりその占有を承継し，引き続き9年間所有の意思をもって平穏かつ公然に占有していても，Bは，時効によって甲土地の所有権を取得することはできない。

❸ Aから甲土地を買い受けたCが所有権の移転登記を備えた後に，Bについて甲土地所有権の取得時効が完成した場合，Bは，Cに対し，登記がなくても甲土地の所有者であることを主張することができる。

❹ 甲土地が農地である場合，BがAと甲土地につき賃貸借契約を締結して20年以上にわたって賃料を支払って継続的に耕作していても，農地法の許可がなければ，Bは，時効によって甲土地の賃借権を取得することはできない。

(本試験2015年 問4出題)

問4 AがBの代理人としてB所有の甲土地について売買契約を締結した場合に関する次の記述のうち，民法の規定及び判例によれば，正しいものはどれか。

❶ Aが甲土地の売却を代理する権限をBから書面で与えられている場合，A自らが買主となって売買契約を締結したときは，Aは甲土地の所有権を当然に取得する。

❷ Aが甲土地の売却を代理する権限をBから書面で与えられている場合，AがCの代理人となってBC間の売買契約を締結したときは，Cは甲土地の所有権を当然に取得する。

❸ Aが無権代理人であってDとの間で売買契約を締結した後に，Bの死亡によりAが単独でBを相続した場合，Dは甲土地の所有権を当然に取得する。

❹ Aが無権代理人であってEとの間で売買契約を締結した後に，Aの死亡によりBが単独でAを相続した場合，Eは甲土地の所有権を当然に取得する。

(本試験2008年 問3出題)

問5 ＡのＢからの借入金100万円の弁済に関する次の記述のうち，民法の規定及び判例によれば，誤っているものはどれか。

❶ Ａの兄Ｃは，Ａが反対しても，Ｂの承諾があれば，Ｂに弁済することができる。

❷ Ａの保証人ＤがＢに弁済した場合，Ｄは，Ａの承諾がなくても，Ｂに代位することができる。

❸ Ｂ名義の領収証をＥが持参したので，ＡがＥに弁済した場合において，Ｅに受領権限がなくても，Ａが過失無くしてその事情を知らなかったときは，Ａは，免責される。

❹ Ａは，弁済に当たり，Ｂに対して領収証を請求し，Ｂがこれを交付しないときは，その交付がなされるまで弁済を拒むことができる。

（本試験 1993年 問6改題）

問6 Ａは，Ａが所有している甲土地をＢに売却した。この場合に関する次の記述のうち，民法の規定及び判例によれば，誤っているものはどれか。

❶ 甲土地を何らの権原なく不法占有しているＣがいる場合，ＢがＣに対して甲土地の所有権を主張して明渡請求をするには，甲土地の所有権移転登記を備えなければならない。

❷ Ｂが甲土地の所有権移転登記を備えていない場合には，Ａから建物所有目的で甲土地を賃借して甲土地上にＤ名義の登記ある建物を有するＤに対して，Ｂは自らが甲土地の所有者であることを主張することができない。

❸ Ｂが甲土地の所有権移転登記を備えないまま甲土地をＥに売却した場合，Ｅは，甲土地の所有権移転登記なくして，Ａに対して甲土地の所有権を主張することができる。

❹ Ｂが甲土地の所有権移転登記を備えた後に甲土地につき取得時効が完成したＦは，甲土地の所有権移転登記を備えていなくても，Ｂに対して甲土地の所有権を主張することができる。

（本試験 2019年 問1出題）

問7 AがBに対する債務の担保のためにA所有建物に抵当権を設定し，登記をした場合に関する次の記述のうち，民法の規定及び判例によれば，正しいものはどれか。

❶ Aが通常の利用方法を逸脱して，建物の損傷行為を行う場合，Aの債務の弁済期が到来していないときでも，Bは，抵当権に基づく妨害排除請求をすることができる。

❷ 抵当権の登記に債務の利息に関する定めがあり，他に後順位抵当権者その他の利害関係者がいない場合でも，Bは，Aに対し，満期のきた最後の2年分を超える利息については抵当権を行うことはできない。

❸ 第三者の不法行為により建物が焼失したのでAがその損害賠償金を受領した場合，Bは，Aの受領した損害賠償金に対して物上代位をすることができる。

❹ 抵当権の消滅時効の期間は20年であるから，AのBに対する債務の弁済期から10年が経過し，その債務が消滅しても，Aは，Bに対し抵当権の消滅を主張することができない。

（本試験1995年 問6改題）

問8 A，B及びCが，建物を共有している場合（持分を各3分の1とする。）に関する次の記述のうち，民法の規定によれば，誤っているものはどれか。

❶ Aは，BとCの同意を得なければ，この建物に関するAの共有持分権を売却することはできない。

❷ Aは，BとCの同意を得なければ，この建物に物理的損傷及び改変などの変更を加えることはできない。

❸ Aが，その共有持分を放棄した場合，この建物は，BとCの共有となり，共有持分は各2分の1となる。

❹ 各共有者は何時でも共有物の分割を請求できるのが原則であるが，5年を超えない期間内であれば分割をしない旨の契約をすることができる。

（本試験2003年 問4出題）

問9 Aに雇用されているBが，勤務中にA所有の乗用車を運転し，営業活動のため得意先に向かっている途中で交通事故を起こし，歩いていたCに危害を加えた場合における次の記述のうち，民法の規定及び判例によれば，正しいものはどれか。

❶ BのCに対する損害賠償義務が消滅時効にかかったとしても，AのCに対する損害賠償義務が当然に消滅するものではない。

❷ Cが即死であった場合には，Cには事故による精神的な損害が発生する余地がないので，AはCの相続人に対して慰謝料についての損害賠償責任を負わない。

❸ Aの使用者責任が認められてCに対して損害を賠償した場合には，AはBに対して求償することができるので，Bに資力があれば，最終的にはAはCに対して賠償した損害額の全額を常にBから回収することができる。

❹ Cが幼児である場合には，被害者側に過失があるときでも過失相殺が考慮されないので，AはCに発生した損害の全額を賠償しなければならない。

（本試験 2012年 問9出題）

問10 請負契約に関する次の記述のうち，民法の規定及び判例によれば，誤っているものはどれか。

❶ 請負契約が請負人の責めに帰すべき事由によって中途で終了し，請負人が施工済みの部分に相当する報酬に限ってその支払を請求することができる場合，注文者が請負人に請求できるのは，注文者が残工事の施工に要した費用のうち，請負人の未施工部分に相当する請負代金額を超える額に限られる。

❷ 請負契約が注文者の責めに帰すべき事由によって中途で終了した場合，請負人は，残債務を免れるとともに，注文者に請負代金全額を請求できるが，自己の債務を免れたことによる利益を注文者に償還しなければならない。

❸ 請負契約の目的物に種類又は品質に関する契約不適合がある場合，注文者は，請負人から修補に代わる損害の賠償を受けていなくとも，特別の事情がない限り，報酬全額を支払わなければならない。

❹ 請負人が契約不適合を理由とする責任を負わない旨の特約をしたときであっても，知りながら告げなかった事実については，その責任を免れることはできない。

（本試験 2017年 問7改題）

問11 借地人Ａが，令和３年９月１日に甲地所有者Ｂと締結した建物所有を目的とする甲地賃貸借契約に基づいてＡが甲地上に所有している建物と甲地の借地権とを第三者Ｃに譲渡した場合に関する次の記述のうち，民法及び借地借家法の規定によれば，正しいものはどれか。

❶ 甲地上のＡ所有の建物が登記されている場合には，ＡがＣと当該建物を譲渡する旨の合意をすれば，Ｂの承諾の有無にかかわらず，ＣはＢに対して甲地の借地権を主張できる。

❷ Ａが借地権をＣに対して譲渡するに当たり，Ｂに不利になるおそれがないにもかかわらず，Ｂが借地権の譲渡を承諾しない場合には，ＡはＢの承諾に代わる許可を与えるように裁判所に申し立てることができる。

❸ Ａが借地上の建物をＤに賃貸している場合には，ＡはあらかじめＤの同意を得ておかなければ，借地権を譲渡することはできない。

❹ ＡＢ間の借地契約が専ら事業の用に供する建物（居住の用に供するものを除く。）の所有を目的とし，かつ，存続期間を20年とする借地契約である場合には，ＡはＢの承諾の有無にかかわらず，借地権をＣに対して譲渡することができ，ＣはＢに対して甲地の借地権を主張できる。

（本試験2005年 問13改題）

問12 ＡはＢと，Ｂ所有の甲建物につき，居住を目的として，期間３年，賃料月額20万円と定めて賃貸借契約（以下この問において「本件契約」という。）を締結した。この場合における次の記述のうち，借地借家法の規定及び判例によれば，誤っているものはどれか。

❶ ＡもＢも相手方に対し，本件契約の期間満了前に何らの通知もしなかった場合，従前の契約と同一の条件で契約を更新したものとみなされるが，その期間は定めがないものとなる。

❷ ＢがＡに対し，本件契約の解約を申し入れる場合，甲建物の明渡しの条件として，一定額以上の財産上の給付を申し出たときは，Ｂの解約の申入れに正当事由があるとみなされる。

❸ 甲建物の適法な転借人であるＣが，Ｂの同意を得て甲建物に造作を付加した場合，期間満了により本件契約が終了するときは，ＣはＢに対してその造作を時価で買い取るよう請求することができる。

❹ 本件契約が借地借家法第38条の定期建物賃貸借で，契約の更新がない旨を定めた場合でも，ＢはＡに対し，同条所定の通知期間内に，期間満了により本件契約が終了する旨の通知をしなければ，期間３年での終了をＡに対抗することができない。

（本試験2016年 問12出題）

問13 建物の区分所有等に関する法律（以下この問において「法」という。）に関する次の記述のうち，誤っているものはどれか。

❶ 管理者は，利害関係人の請求があったときは，正当な理由がある場合を除いて，規約の閲覧を拒んではならない。

❷ 規約に別段の定めがある場合を除いて，各共有者の共用部分の持分は，その有する専有部分の壁その他の区画の内側線で囲まれた部分の水平投影面積の割合による。

❸ 一部共用部分に関する事項で区分所有者全員の利害に関係しないものは，区分所有者全員の規約に定めることができない。

❹ 法又は規約により集会において決議すべきとされた事項であっても，区分所有者全員の書面による合意があったときは，書面による決議があったものとみなされる。

（本試験 2011年 問13 出題）

問14 所有権保存の登記に関する次の記述のうち，誤っているものはどれか。

❶ 所有権の登記がされていない建物について，その所有権が自己にあることを確定判決によって確認された者は，当該建物の所有権保存の登記を申請することができる。

❷ 土地の登記簿の表題部に被相続人が所有者として記載されている場合において，その相続人が複数あるときは，共同相続人の1人は，自己の持分についてのみ所有権保存の登記を申請することができる。

❸ 土地収用法による収用によって土地の所有権を取得した者は，直接自己名義に当該土地の所有権保存の登記を申請することができる。

❹ 1棟の建物を区分した建物の登記簿の表題部所有者から所有権を取得した者は，直接自己名義に当該建物の所有権保存の登記を申請することができる。

（本試験 2000年 問14 改題）

問15 国土利用計画法第23条に規定する届出（以下この問において「事後届出」という。）に関する次の記述のうち，正しいものはどれか。

❶ 市街化区域内の土地（面積2,500㎡）を購入する契約を締結した者は，その契約を締結した日から起算して3週間以内に事後届出を行わなければならない。

❷ Aが所有する監視区域内の土地（面積10,000㎡）をBが購入する契約を締結した場合，A及びBは事後届出を行わなければならない。

❸ 都市計画区域外に所在し，一団の土地である甲土地（面積6,000㎡）と乙土地（面積5,000㎡）を購入する契約を締結した者は，事後届出を行わなければならない。

❹ 市街化区域内の甲土地（面積3,000㎡）を購入する契約を締結した者が，その契約締結の1月後に甲土地と一団の土地である乙土地（面積4,000㎡）を購入することとしている場合においては，甲土地の事後届出は，乙土地の契約締結後に乙土地の事後届出と併せて行うことができる。

（本試験2016年 問15 出題）

問16 都市計画法に関する次の記述のうち，正しいものはどれか。

❶ 地区計画は，建築物の建築形態，公共施設その他の施設の配置等からみて，一体としてそれぞれの区域の特性にふさわしい態様を備えた良好な環境の各街区を整備し，開発し，及び保全するための計画であり，用途地域が定められている土地の区域においてのみ定められる。

❷ 都市計画事業の認可の告示があった後においては，当該都市計画事業を施行する土地内において，当該事業の施行の障害となるおそれがある土地の形質の変更を行おうとする者は，都道府県知事及び当該事業の施行者の許可を受けなければならない。

❸ 都市計画事業については，土地収用法の規定による事業の認定及び当該認定の告示をもって，都市計画法の規定による事業の認可又は承認及び当該認可又は承認の告示とみなすことができる。

❹ 特別用途地区は，用途地域内の一定の地区における当該地区の特性にふさわしい土地利用の増進，環境の保護等の特別の目的の実現を図るため当該用途地域の指定を補完して定める地区である。

（本試験2006年 問18 出題）

問17 都市計画法の開発許可に関する次の記述のうち，正しいものはどれか。

❶ 開発許可申請書には，予定建築物の用途のほか，その構造，設備及び予定建築価額を記載しなければならない。

❷ 開発許可の申請は，自己が所有している土地についてのみ行うことができる。

❸ 開発許可を受けた開発区域内の土地においては，開発工事完了の公告があるまでの間は，原則として，建築物を建築することができない。

❹ 開発許可処分については，開発審査会の裁決を経なければ，その取消しの訴えを提起することができない。

（本試験 2001年 問 19 改題）

問18 建築基準法に関する次の記述のうち，正しいものはどれか。

❶ 建築物の高さ 31m 以下の部分にある全ての階には，非常用の進入口を設けなければならない。

❷ 防火地域内にある 3 階建ての木造の建築物を増築する場合，その増築に係る部分の床面積の合計が 10㎡以内であれば，その工事が完了した際に，建築主事又は指定確認検査機関の完了検査を受ける必要はない。

❸ 4 階建ての事務所の用途に供する建築物の 2 階以上の階にあるバルコニーその他これに類するものの周囲には，安全上必要な高さが 1.1m 以上の手すり壁，さく又は金網を設けなければならない。

❹ 建築基準法の改正により，現に存する建築物が改正後の規定に適合しなくなった場合，当該建築物の所有者又は管理者は速やかに当該建築物を改正後の建築基準法の規定に適合させなければならない。

（本試験 2018年 問 18 出題）

問19 第二種低層住居専用地域に指定されている区域内の土地（以下この問において「区域内の土地」という。）に関する次の記述のうち，建築基準法の規定によれば，正しいものはどれか。ただし，特定行政庁の許可については考慮しないものとする。

❶ 区域内の土地においては，美容院の用途に供する部分の床面積の合計が100㎡である2階建ての美容院を建築することができない。

❷ 区域内の土地においては，都市計画において建築物の外壁又はこれに代わる柱の面から敷地境界線までの距離の限度を2m又は1.5mとして定めることができる。

❸ 区域内の土地においては，高さが9mを超える建築物を建築することはできない。

❹ 区域内の土地においては，建築物を建築しようとする際，当該建築物に対する建築基準法第56条第1項第2号のいわゆる隣地斜線制限の適用はない。

（本試験2007年 問22出題）

問20 宅地造成等規制法に関する次の記述のうち，誤っているものはどれか。なお，この問において「都道府県知事」とは，地方自治法に基づく指定都市，中核市及び施行時特例市にあってはその長をいうものとする。

❶ 都道府県知事は，宅地造成工事規制区域内の宅地について，宅地造成に伴う災害を防止するために必要があると認める場合には，その宅地の所有者に対して，擁壁等の設置等の措置をとることを勧告することができる。

❷ 宅地造成工事規制区域の指定の際に，当該宅地造成工事規制区域内において宅地造成工事を行っている者は，当該工事について改めて都道府県知事の許可を受けなければならない。

❸ 宅地造成に関する工事の許可を受けた者が，工事施行者を変更する場合には，遅滞なくその旨を都道府県知事に届け出ればよく，改めて許可を受ける必要はない。

❹ 宅地造成工事規制区域内において，宅地を造成するために切土をする土地の面積が500㎡であって盛土が生じない場合，切土をした部分に生じる崖の高さが1.5mであれば，都道府県知事の許可は必要ない。

（本試験2015年 問19出題）

問21 土地区画整理法に関する次の記述のうち，正しいものはどれか。

❶ 施行者は，宅地の所有者の申出又は同意があった場合においては，その宅地を使用し，又は収益することができる権利を有する者に補償をすれば，換地計画において，その宅地の全部又は一部について換地を定めないことができる。

❷ 施行者は，施行地区内の宅地について換地処分を行うため，換地計画を定めなければならない。この場合において，当該施行者が土地区画整理組合であるときは，その換地計画について市町村長の認可を受けなければならない。

❸ 関係権利者は，換地処分があった旨の公告があった日以降いつでも，施行地区内の土地及び建物に関する登記を行うことができる。

❹ 土地区画整理事業の施行により公共施設が設置された場合においては，その公共施設は，換地処分があった旨の公告があった日の翌日において，原則としてその公共施設の所在する市町村の管理に属することになる。

（本試験 2014年 問 20 出題）

問22 農地に関する次の記述のうち，農地法（以下この問において「法」という。）の規定によれば，正しいものはどれか。

❶ 市街化区域内の農地を耕作のために借り入れる場合，あらかじめ農業委員会に届出をすれば，法第3条第1項の許可を受ける必要はない。

❷ 市街化調整区域内の4ヘクタールを超える農地について，これを転用するために所有権を取得する場合，農林水産大臣の許可を受ける必要がある。

❸ 銀行から500万円を借り入れるために農地に抵当権を設定する場合，法第3条第1項又は第5条第1項の許可を受ける必要がある。

❹ 相続により農地の所有権を取得した者は，遅滞なく，その農地の存する市町村の農業委員会にその旨を届け出なければならない。

（本試験 2017年 問 15 出題）

問23 租税特別措置法第 36 条の 2 の特定の居住用財産の買換えの場合の長期譲渡所得の課税の特例に関する次の記述のうち，正しいものはどれか。

❶ 譲渡資産とされる家屋については，その譲渡に係る対価の額が 5,000 万円以下であることが，適用要件とされている。

❷ 買換資産とされる家屋については，譲渡資産の譲渡をした日からその譲渡をした日の属する年の 12 月 31 日までに取得をしたものであることが，適用要件とされている。

❸ 譲渡資産とされる家屋については，その譲渡をした日の属する年の 1 月 1 日における所有期間が 5 年を超えるものであることが，適用要件とされている。

❹ 買換資産とされる家屋については，その床面積のうち自己の居住の用に供する部分の床面積が 50㎡以上のものであることが，適用要件とされている。

（本試験 2007年 問 26 出題）

問24 固定資産税に関する次の記述のうち，正しいものはどれか。

❶ 年度の途中において土地の売買があった場合の当該年度の固定資産税は，売主と買主がそれぞれその所有していた日数に応じて納付しなければならない。

❷ 固定資産税における土地の価格は，地目の変換がない限り，必ず基準年度の価格を 3 年間据え置くこととされている。

❸ 固定資産税の納税義務者は，常に固定資産課税台帳に記載されている当該納税義務者の固定資産に係る事項の証明を求めることができる。

❹ 固定資産税の徴収方法は，申告納付によるので，納税義務者は，固定資産を登記した際に，その事実を市町村長に申告又は報告しなければならない。

（本試験 2003年 問 28 出題）

問25 地価公示法に関する次の記述のうち，誤っているものはどれか。

❶ 都市及びその周辺の地域等において，土地の取引を行う者は，取引の対象土地に類似する利用価値を有すると認められる標準地について公示された価格を指標として取引を行うよう努めなければならない。

❷ 地価公示は，土地鑑定委員会が，毎年1回，2人以上の不動産鑑定士の鑑定評価を求め，その結果を審査し，必要な調整を行って，標準地の正常な価格を判定し，これを公示するものである。

❸ 標準地の正常な価格とは，土地について，自由な取引が行われるとした場合に通常成立すると認められる価格をいい，当該土地に地上権がある場合には，その地上権が存するものとして通常成立すると認められる価格をいう。

❹ 標準地の鑑定評価は，近傍類地の取引価格から算定される推定の価格，近傍類地の地代等から算定される推定の価格及び同等の効用を有する土地の造成に要する推定の費用の額を勘案して行われる。

（本試験 2002年 問 29 改題）

問26 宅地建物取引業の免許（以下この問において「免許」という。）に関する次の記述のうち，正しいものはどれか。

❶ 宅地建物取引業を営もうとする者は，同一県内に2以上の事務所を設置してその事業を営もうとする場合にあっては，国土交通大臣の免許を受けなければならない。

❷ Aが，B社が甲県に所有する1棟のマンション（20戸）を，貸主として不特定多数の者に反復継続して転貸する場合，Aは甲県知事の免許を受けなければならない。

❸ C社が乙県にのみ事務所を設置し，Dが丙県に所有する1棟のマンション（10戸）について，不特定多数の者に反復継続して貸借の代理を行う場合，C社は乙県知事の免許を受けなければならない。

❹ 宅地建物取引業を営もうとする者が，国土交通大臣又は都道府県知事から免許を受けた場合，その有効期間は，国土交通大臣から免許を受けたときは5年，都道府県知事から免許を受けたときは3年である。

（本試験 2011年 問 26 出題）

問27 宅地建物取引業の免許（以下この問において「免許」という。）に関する次の記述のうち，宅地建物取引業法の規定によれば，正しいものはどれか。

❶ 宅地建物取引業者Aが免許の更新の申請を行った場合において，免許の有効期間の満了の日までにその申請について処分がなされないときは，Aの従前の免許は，有効期間の満了によりその効力を失う。

❷ 甲県に事務所を設置する宅地建物取引業者B（甲県知事免許）が，乙県所在の宅地の売買の媒介をする場合，Bは国土交通大臣に免許換えの申請をしなければならない。

❸ 宅地建物取引業を営もうとする個人Cが，懲役の刑に処せられ，その刑の執行を終えた日から5年を経過しない場合，Cは免許を受けることができない。

❹ いずれも宅地建物取引士ではないDとEが宅地建物取引業者F社の取締役に就任した。Dが常勤，Eが非常勤である場合，F社はDについてのみ役員の変更を免許権者に届け出る必要がある。

（本試験 2018年 問 36 出題）

問28 宅地建物取引業者が売主である新築分譲マンションを訪れた買主Aに対して，当該宅地建物取引業者の従業者Bが行った次の発言内容のうち，宅地建物取引業法の規定に違反しないものはいくつあるか。

ア A：眺望の良さが気に入った。隣接地は空地だが，将来の眺望は大丈夫なのか。

 B：隣接地は，市有地で，現在，建築計画や売却の予定がないことを市に確認しました。将来，建つとしても公共施設なので，市が眺望を遮るような建物を建てることは絶対ありません。ご安心ください。

イ A：先日来たとき，5年後の転売で利益が生じるのが確実だと言われたが本当か。

 B：弊社が数年前に分譲したマンションが，先日高値で売れました。このマンションはそれより立地条件が良く，また，近隣のマンション価格の動向から見ても，5年後値上がりするのは間違いありません。

ウ A：購入を検討している。貯金が少なく，手付金の負担が重いのだが。

 B：弊社と提携している銀行の担当者から，手付金も融資の対象になっていると聞いております。ご検討ください。

エ A：昨日，申込証拠金10万円を支払ったが，都合により撤回したいので申込証拠金を返してほしい。

 B：お預かりした10万円のうち，社内規程上，お客様の個人情報保護のため，申込書の処分手数料として，5,000円はお返しできませんが，残金につきましては法令に従いお返しします。

❶ 一つ
❷ 二つ
❸ 三つ
❹ なし

（本試験 2015年 問41出題）

問29 宅地建物取引業法に関する次の記述のうち，正しいものはどれか。

❶ 甲県に事務所を設置する宅地建物取引業者（甲県知事免許）が，乙県所在の物件を取引する場合，国土交通大臣へ免許換えの申請をしなければならない。

❷ 宅地建物取引業者（甲県知事免許）は，乙県知事から指示処分を受けたときは，その旨を甲県知事に届け出なければならない。

❸ 免許を受けようとする法人の政令で定める使用人が，覚せい剤取締法違反により懲役刑に処せられ，その刑の執行を終わった日から5年を経過していない場合，当該使用人が取締役に就任していなければ当該法人は免許を受けることができる。

❹ 宅地建物取引業に関し不正又は不誠実な行為をするおそれが明らかな者は，宅地建物取引業法の規定に違反し罰金の刑に処せられていなくても，免許を受けることができない。

（本試験 2013年 問 43 出題）

問30 宅地建物取引士資格登録（以下この問において「登録」という。）及び宅地建物取引士証に関する次の記述のうち，宅地建物取引業法の規定によれば，正しいものはどれか。

❶ 宅地建物取引士A（甲県知事登録）が，宅地建物取引業者B社（乙県知事免許）に従事した場合，Aは乙県知事に対し，甲県知事を経由して登録の移転を申請しなければならない。

❷ 宅地建物取引士Cが，宅地建物取引業者D社を退職し，宅地建物取引業者E社に就職したが，CはD社及びE社においても専任の宅地建物取引士ではないので，宅地建物取引士資格登録簿の変更の登録は申請しなくてもよい。

❸ Fは，不正の手段により登録を受けたとして，登録の消除の処分の聴聞の期日及び場所が公示された後，自らの申請により，登録が消除された。Fは，登録が消除された日から5年を経過せずに新たに登録を受けることができる。

❹ 宅地建物取引士Gは，宅地建物取引士証の有効期間内に更新をせず，有効期間の満了日から2週間後に宅地建物取引士証の交付を受けた。その2週間の間にGに重要事項説明を行わせた宅地建物取引業者H社は業務停止処分を受けることがある。

（本試験 2004年 問 34 出題）

問31 宅地建物取引業者Ａ（甲県知事免許）の営業保証金に関する次の記述のうち，宅地建物取引業法の規定によれば，誤っているものはどれか。なお，Ａは，甲県内に本店と一つの支店を設置して事業を営んでいるものとする。

❶ Ａが販売する新築分譲マンションの広告を受託した広告代理店は，その広告代金債権に関し，Ａが供託した営業保証金からその債権の弁済を受ける権利を有しない。

❷ Ａは，免許の有効期間の満了に伴い，営業保証金の取戻しをするための公告をしたときは，遅滞なく，その旨を甲県知事に届け出なければならない。

❸ Ａは，マンション３棟を分譲するための現地出張所を甲県内に設置した場合，営業保証金を追加して供託しなければ，当該出張所でマンションの売買契約を締結することはできない。

❹ Ａの支店でＡと宅地建物取引業に関する取引をした者は，その取引により生じた債権に関し，1,500万円を限度として，Ａが供託した営業保証金からその債権の弁済を受ける権利を有する。

（本試験2007年 問37出題）

問32 宅地建物取引業者Ａが宅地建物取引業保証協会（以下この問において「保証協会」という。）に加入した場合に関する次の記述のうち，宅地建物取引業法の規定によれば，正しいものはどれか。

❶ Ａが保証協会に加入する前に，Ａと宅地建物取引業に関し取引をした者（宅地建物取引業者を除く）は，弁済業務保証金について弁済を受けることができない。

❷ Ａは保証協会に加入した後に新たに事務所を開設したときは，その日から２週間以内に，営業保証金500万円を主たる事務所のもよりの供託所に供託しなければならない。

❸ Ａがその一部の事務所を廃止したため，保証協会が弁済業務保証金分担金をＡに返還しようとするときは，保証協会は，弁済業務保証金の還付請求権者に対し，一定期間内に認証を受けるため申し出るべき旨の公告を行う必要はない。

❹ Ａが，保証協会から弁済業務保証金の還付に係る還付充当金を納付すべき旨の通知を受けた日から２週間以内に，通知された額の還付充当金を保証協会に納付しない場合，保証協会は納付をすべき旨の催告をしなければならず，催告が到達した日から１月以内にＡが納付しない場合は，Ａは社員としての地位を失う。

（本試験2005年 問45改題）

問33 宅地建物取引業者Ａ社が，Ｂから自己所有の宅地の売買の媒介を依頼された場合における次の記述のうち，宅地建物取引業法の規定によれば，正しいものはどれか。

❶ Ａ社は，Ｂとの間で締結した媒介契約が専任媒介契約であるか否かにかかわらず，所定の事項を指定流通機構に登録しなければならない。

❷ Ａ社は，Ｂとの間で専任媒介契約を締結したときは，Ｂからの申出があれば，所定の事項を指定流通機構に登録しない旨の特約を定めることができる。

❸ Ａ社は，Ｂとの間で専任媒介契約を締結し，所定の事項を指定流通機構に登録したときは，その登録を証する書面を遅滞なくＢに引き渡さなければならない。

❹ Ａ社は，Ｂとの間で専任媒介契約を締結した場合，当該宅地の売買契約が成立したとしても，その旨を指定流通機構に通知する必要はない。

(本試験 2011年 問 31 出題)

問34 宅地建物取引業者が行う広告に関する次の記述のうち，宅地建物取引業法の規定によれば，正しいものはいくつあるか。

ア 宅地の販売広告において，宅地の将来の環境について，著しく事実に相違する表示をしてはならない。

イ 宅地又は建物に係る広告の表示項目の中に，取引物件に係る現在又は将来の利用の制限があるが，この制限には，都市計画法に基づく利用制限等の公法上の制限だけではなく，借地権の有無等の私法上の制限も含まれる。

ウ 顧客を集めるために売る意思のない条件の良い物件を広告することにより他の物件を販売しようとした場合，取引の相手方が実際に誤認したか否か，あるいは損害を受けたか否かにかかわらず，監督処分の対象となる。

エ 建物の売却について代理を依頼されて広告を行う場合，取引態様として，代理であることを明示しなければならないが，その後，当該物件の購入の注文を受けたとき，広告を行った時点と取引態様に変更がない場合でも，遅滞なく，その注文者に対し取引態様を明らかにしなければならない。

❶ 一つ
❷ 二つ
❸ 三つ
❹ 四つ

(本試験 2017年 問 42 出題)

問35 宅地建物取引業者Ａが，マンションの分譲に際して行う宅地建物取引業法第35条の規定に基づく重要事項の説明に関する次の記述のうち，正しいものはどれか。なお，説明の相手方は宅地建物取引業者ではないものとする。

❶ 当該マンションの建物又はその敷地の一部を特定の者にのみ使用を許す旨の規約の定めがある場合，Ａは，その内容だけでなく，その使用者の氏名及び住所について説明しなければならない。

❷ 建物の区分所有等に関する法律第2条第4項に規定する共用部分に関する規約がまだ案の段階である場合，Ａは，規約の設定を待ってから，その内容を説明しなければならない。

❸ 当該マンションの建物の計画的な維持修繕のための費用の積立を行う旨の規約の定めがある場合，Ａは，その内容を説明すれば足り，既に積み立てられている額については説明する必要はない。

❹ 当該マンションの建物の計画的な維持修繕のための費用を特定の者にのみ減免する旨の規約の定めがある場合，Ａは，買主が当該減免対象者であるか否かにかかわらず，その内容を説明しなければならない。

（本試験 2008年 問 37 改題）

問36 宅地建物取引業者が建物の貸借の媒介を行う場合における宅地建物取引業法第35条に規定する重要事項の説明に関する次の記述のうち，正しいものはどれか。なお，説明の相手方は宅地建物取引業者ではないものとする。

❶ 当該建物が住宅の品質確保の促進等に関する法律第5条第1項に規定する住宅性能評価を受けた新築住宅であるときは，その旨を説明しなければならない。

❷ 当該建物が既存の建物であるときは，既存住宅に係る住宅の品質確保の促進等に関する法律第6条第3項に規定する建設住宅性能評価書の保存の状況について説明しなければならない。

❸ 当該建物が既存の建物である場合，石綿使用の有無の調査結果の記録がないときは，石綿使用の有無の調査を自ら実施し，その結果について説明しなければならない。

❹ 当該建物が建物の区分所有等に関する法律第2条第1項に規定する区分所有権の目的であるものであって，同条第3項に規定する専有部分の用途その他の利用の制限に関する規約の定めがあるときは，その内容を説明しなければならない。

（本試験 2019年 問 28 出題）

問37 宅地建物取引業者Ａ社が宅地建物取引業法第37条の規定により交付すべき書面（以下この問において「37条書面」という。）に関する次の記述のうち，宅地建物取引業法の規定によれば，正しいものの組合せはどれか。

ア Ａ社は，建物の貸借に関し，自ら貸主として契約を締結した場合に，その相手方に37条書面を交付しなければならない。

イ Ａ社は，建物の売買に関し，その媒介により契約が成立した場合に，当該売買契約の各当事者のいずれに対しても，37条書面を交付しなければならない。

ウ Ａ社は，建物の売買に関し，その媒介により契約が成立した場合に，天災その他不可抗力による損害の負担に関する定めがあるときは，その内容を記載した37条書面を交付しなければならない。

エ Ａ社は，建物の売買に関し，自ら売主として契約を締結した場合に，その相手方が宅地建物取引業者であれば，37条書面を交付する必要はない。

❶ ア，イ

❷ イ，ウ

❸ ウ，エ

❹ ア，エ

（本試験 2013年 問 31 出題）

問38 宅地建物取引業者Ａ（消費税課税事業者）は貸主Ｂから建物の貸借の媒介の依頼を受け，宅地建物取引業者Ｃ（消費税課税事業者）は借主Ｄから建物の貸借の媒介の依頼を受け，ＢとＤの間での賃貸借契約を成立させた。この場合における次の記述のうち，宅地建物取引業法（以下この問において「法」という。）の規定によれば，正しいものはどれか。なお，１か月分の借賃は９万円（消費税等相当額を含まない。）である。

❶　建物を店舗として貸借する場合，当該賃貸借契約において200万円の権利金（権利設定の対価として支払われる金銭であって返還されないものをいい，消費税等相当額を含まない。）の授受があるときは，Ａ及びＣが受領できる報酬の限度額の合計は220,000円である。

❷　ＡがＢから49,500円の報酬を受領し，ＣがＤから49,500円の報酬を受領した場合，ＡはＢの依頼によって行った広告の料金に相当する額を別途受領することができない。

❸　Ｃは，Ｄから報酬をその限度額まで受領できるほかに，法第35条の規定に基づく重要事項の説明を行った対価として，報酬を受領することができる。

❹　建物を居住用として貸借する場合，当該賃貸借契約において100万円の保証金（Ｄの退去時にＤに全額返還されるものとする。）の授受があるときは，Ａ及びＣが受領できる報酬の限度額の合計は110,000円である。

（本試験 2017年 問 26 改題）

問39 宅地建物取引業法に規定する宅地建物取引士証，従業者証明書，従業者名簿，帳簿及び標識に関する次の記述のうち，誤っているものはどれか。

❶ 宅地建物取引業者の従業者は，宅地建物取引業者が発行する従業者証明書をその業務に従事する間，常に携帯し，取引の関係者から請求があったときは，従業者証明書を提示しなければならないが，従業者が宅地建物取引士である場合は，宅地建物取引士証の提示をもってこれに代えることができる。

❷ 宅地建物取引業者は，その事務所ごとに従業者名簿を備え，取引の関係者から請求があったときは，当該名簿をその者の閲覧に供しなければならないが，当該名簿を事務所のパソコンのハードディスクに記録し，ディスプレイの画面に表示する方法で閲覧に供することもできる。

❸ 宅地建物取引業者は，その事務所ごとにその業務に関する帳簿を備え，取引のあったつど，所定の事項を記載しなければならないが，当該帳簿の記載事項を事務所のパソコンのハードディスクに記録し，必要に応じ当該事務所においてパソコンやプリンタを用いて紙面に印刷することが可能な環境を整えることで，当該帳簿への記載に代えることができる。

❹ 宅地建物取引業者は，売主として一団の宅地建物の分譲を当該物件から約500 m離れた駅前に案内所を設置して行う場合，当該物件の所在する場所及び案内所のそれぞれに，免許証番号，主たる事務所の所在地等の所定の事項を記載した標識を掲示しなければならない。

（本試験 2007年 問 45 出題）

問40 宅地建物取引業者Ａが，自ら売主として，宅地建物取引業者でないＢと建物の売買契約を締結する場合に関する次の記述のうち，宅地建物取引業法（以下この問において「法」という。）及び民法の規定によれば，正しいものはどれか。

❶ Ｂが契約の履行に着手するまでにＡが売買契約の解除をするには，手付の３倍に当たる額をＢに現実に提供しなければならないとの特約を定めることができる。

❷ Ａの違約によりＢが受け取る違約金を売買代金の額の10分の３とするとの特約を定めることができる。

❸ Ｂから法第37条の２の規定に基づくいわゆるクーリング・オフによる売買契約の解除があった場合でも，Ａが契約の履行に着手していれば，ＡはＢに対して，それに伴う損害賠償を請求することができる。

❹ Ａは，契約不適合担保責任を負うべき期間として，引渡しの日から２年で，かつ，Ｂが契約不適合を発見した時から30日以内とする特約を定めることができる。

（本試験 2008年 問 40 改題）

宅地建物取引業者Ａが自ら売主として締結した建物の売買契約について，買主が宅地建物取引業法第37条の２の規定に基づき売買契約の解除をする場合に関する次の記述のうち，正しいものはどれか。

❶ 宅地建物取引業者でない買主Ｂは，建物の物件の説明を自宅で受ける申し出を行い，自宅でこの説明を受け，即座に買受けを申し込んだ。後日，勤務先の近くのホテルのロビーで売買契約を締結した場合，Ｂは売買契約の解除はできない。

❷ 宅地建物取引業者でない買主Ｃは，建物の物件の説明をＡの事務所で受け，翌日，出張先から電話で買受けを申し込んだ。後日，勤務先の近くの喫茶店で売買契約を締結した場合，Ｃは売買契約の解除はできない。

❸ 宅地建物取引業者である買主Ｄは，建物の物件の説明をＡの事務所で受けた。後日，Ａの事務所近くの喫茶店で買受けを申し込むとともに売買契約を締結した場合，Ｄは売買契約の解除はできる。

❹ 宅地建物取引業者でない買主Ｅから売買契約の解除があった場合で，この契約の解除が法的要件を満たし，かつ，Ａが手付金を受領しているとき，Ａは契約に要した費用を手付金から控除して返還することができる。

（本試験 2002年 問 45 出題）

問42 宅地建物取引業者Ａが自ら売主となって宅地建物の売買契約を締結した場合に関する次の記述のうち，宅地建物取引業法の規定に違反するものはどれか。なお，この問において，ＡとＣ以外の者は宅地建物取引業者でないものとする。

❶ Ｂの所有する宅地について，ＢとＣが売買契約を締結し，所有権の移転登記がなされる前に，ＣはＡに転売し，Ａは更にＤに転売した。

❷ Ａの所有する土地付建物について，Ｅが賃借していたが，Ａは当該土地付建物を停止条件付でＦに売却した。

❸ Ｇの所有する宅地について，ＡはＧと売買契約の予約をし，Ａは当該宅地をＨに転売した。

❹ Ｉの所有する宅地について，ＡはＩと停止条件付で取得する売買契約を締結し，その条件が成就する前に当該物件についてＪと売買契約を締結した。

（本試験 2005年 問 35 出題）

問43 宅地建物取引業者Ａ（甲県知事免許）に対する監督処分に関する次の記述のうち，宅地建物取引業法（以下この問において「法」という。）の規定によれば，正しいものはどれか。

❶ Ａは，自らが売主となった分譲マンションの売買において，法第35条に規定する重要事項の説明を行わなかった。この場合，Ａは，甲県知事から業務停止を命じられることがある。

❷ Ａは，乙県内で宅地建物取引業に関する業務において，著しく不当な行為を行った。この場合，乙県知事は，Ａに対し，業務停止を命ずることはできない。

❸ Ａは，甲県知事から指示処分を受けたが，その指示処分に従わなかった。この場合，甲県知事は，Ａに対し，1年を超える期間を定めて，業務停止を命ずることができる。

❹ Ａは，自ら所有している物件について，直接賃借人Ｂと賃貸借契約を締結するに当たり，法第35条に規定する重要事項の説明を行わなかった。この場合，Ａは，甲県知事から業務停止を命じられることがある。

（本試験2016年 問26出題）

問44 宅地建物取引業法（以下この問において「法」という。）に規定する宅地建物取引士及び宅地建物取引士証に関する次の記述のうち，正しいものはどれか。

❶ 宅地建物取引業者は，20戸以上の一団の分譲建物の売買契約の申込みのみを受ける案内所を設置し，売買契約の締結は事務所で行う場合，当該案内所には専任の宅地建物取引士を置く必要はない。

❷ 未成年者は，成年者と同一の行為能力を有していたとしても，成年に達するまでは宅地建物取引士の登録を受けることができない。

❸ 宅地建物取引士は，法第35条の規定による重要事項説明を行うにあたり，相手方から請求があった場合にのみ，宅地建物取引士証を提示すればよい。

❹ 宅地建物取引士資格試験に合格した日から1年以内に宅地建物取引士証の交付を受けようとする者は，登録をしている都道府県知事の指定する講習を受講する必要はない。

（本試験2011年 問28出題）

宅地建物取引業者Ａが自ら売主として，宅地建物取引業者でない買主Ｂに新築住宅を販売する場合における次の記述のうち，特定住宅瑕疵担保責任の履行の確保等に関する法律の規定によれば，正しいものはどれか。

❶ Ｂが建設業者である場合，Ａは，Ｂに引き渡した新築住宅について，住宅販売瑕疵担保保証金の供託又は住宅販売瑕疵担保責任保険契約の締結を行う義務を負わない。

❷ Ａは，基準日に係る住宅販売瑕疵担保保証金の供託及び住宅販売瑕疵担保責任保険契約の締結の状況について届出をしなければ，当該基準日から３週間を経過した日以後，新たに自ら売主となる新築住宅の売買契約を締結してはならない。

❸ Ａは，住宅販売瑕疵担保保証金の供託をする場合，Ｂに対する供託所の所在地等について記載した書面の交付及び説明を，Ｂに新築住宅を引き渡すまでに行えばよい。

❹ Ａが住宅販売瑕疵担保保証金を供託する場合，当該住宅の床面積が 55 ㎡以下であるときは，新築住宅の合計戸数の算定に当たって，２戸をもって１戸と数えることになる。

（本試験 2013年 問 45 出題）

問46 独立行政法人住宅金融支援機構（以下この問において「機構」という。）に関する次の記述のうち，誤っているものはどれか。

❶ 機構は，住宅の建設又は購入に必要な資金の貸付けに係る金融機関の貸付債権の譲受けを業務として行っているが，当該住宅の建設又は購入に付随する土地又は借地権の取得に必要な資金の貸付けに係る貸付債権については，譲受けの対象としていない。

❷ 機構は，災害により，住宅が滅失した場合において，それに代わるべき建築物の建設又は購入に必要な資金の貸付けを業務として行っている。

❸ 機構は，貸付けを受けた者とあらかじめ契約を締結して，その者が死亡した場合に支払われる生命保険の保険金を当該貸付けに係る債務の弁済に充当する団体信用生命保険に関する業務を行っている。

❹ 機構が証券化支援事業（買取型）により譲り受ける貸付債権は，自ら居住する住宅又は自ら居住する住宅以外の親族の居住の用に供する住宅を建設し，又は購入する者に対する貸付けに係るものでなければならない。

（本試験 2013年 問 46 出題）

問47 宅地建物取引業者が行う広告に関する次の記述のうち，不当景品類及び不当表示防止法（不動産の表示に関する公正競争規約を含む。）の規定によれば，正しいものはどれか。

❶ 新築分譲マンションを数期に分けて販売する場合に，第1期の販売分に売れ残りがあるにもかかわらず，第2期販売の広告に「第1期完売御礼！いよいよ第2期販売開始！」と表示しても，結果として第2期販売期間中に第1期の売れ残り分を売り切っていれば，不当表示にはならない。

❷ 新築分譲マンションの広告に住宅ローンについても記載する場合，返済例を表示すれば，当該ローンを扱っている金融機関や融資限度額等について表示する必要はない。

❸ 販売しようとしている土地が，都市計画法に基づく告示が行われた都市計画道路の区域に含まれている場合は，都市計画道路の工事が未着手であっても，広告においてその旨を明示しなければならない。

❹ 築15年の企業の社宅を買い取って大規模にリフォームし，分譲マンションとして販売する場合，一般消費者に販売することは初めてであるため，「新発売」と表示して広告を出すことができる。

（本試験 2015年 問47 出題）

問48 宅地建物取引業者が行う広告等に関する次の記述のうち，不当景品類及び不当表示防止法（不動産の表示に関する公正競争規約の規定を含む。）によれば，正しいものはどれか。

❶ 平成 11 年 4 月 1 日に建築され，平成 19 年 4 月 1 日に増築された既存住宅を令和 2 年 4 月 1 日から販売する場合，当該増築日を起算点として「築 13 年」と表示してもよい。

❷ 建築基準法で規定する道路に 2 m 以上接していない土地に建築物を建築しようとしても，原則として建築基準法第 6 条第 1 項の確認を受けることはできないため，「建築不可」又は「再建築不可」と明示しなくてもよい。

❸ 新築賃貸マンションの賃料について，すべての住戸の賃料を表示することがスペース上困難な場合は，標準的な 1 住戸 1 か月当たりの賃料を表示すればよい。

❹ 宅地の造成又は建物の建築に関する工事の完了前であっても，宅地建物取引業法第 33 条に規定する許可等の処分があった後であれば，当該工事に係る宅地又は建物の内容又は取引条件その他取引に関する表示をしてもよい。

(本試験 2009年 問 47 改題)

問49 土地の形質に関する次の記述のうち，誤っているものはどれか。

❶ 地表面の傾斜は，等高線の密度で読み取ることができ，等高線の密度が高い所は傾斜が急である。

❷ 扇状地は山地から平野部の出口で，勾配が急に緩やかになる所に見られ，等高線が同心円状になるのが特徴的である。

❸ 等高線が山頂に向かって高い方に弧を描いている部分は尾根で，山頂から見て等高線が張り出している部分は谷である。

❹ 等高線の間隔の大きい河口付近では，河川の氾濫により河川より離れた場所でも浸水する可能性が高くなる。

(本試験 2008年 問 49 出題)

問50 建築物の材料に関する次の記述のうち，誤っているものはどれか。

❶ 集成材は，単板等を積層したもので，伸縮・変形・割れなどが生じにくくなるため，大規模な木造建築物の骨組みにも使用される。

❷ 木材の強度は，含水率が大きい状態の方が大きくなるため，建築物に使用する際には，その含水率を確認することが好ましい。

❸ 鉄筋コンクリート造に使用される骨材，水及び混和材料は，鉄筋をさびさせ，又はコンクリートの凝結及び硬化を妨げるような酸，塩，有機物又は泥土を含んではならない。

❹ 鉄は，炭素含有量が多いほど，引張強さ及び硬さが増大し，伸びが減少するため，鉄骨造には，一般に炭素含有量が少ない鋼が用いられる。

（本試験 2003年 問 50 出題）

第2回 解答用紙

得点 | /50

問題番号	解 答 番 号				問題番号	解 答 番 号			
第1問	①	②	③	④	第26問	①	②	③	④
第2問	①	②	③	④	第27問	①	②	③	④
第3問	①	②	③	④	第28問	①	②	③	④
第4問	①	②	③	④	第29問	①	②	③	④
第5問	①	②	③	④	第30問	①	②	③	④
第6問	①	②	③	④	第31問	①	②	③	④
第7問	①	②	③	④	第32問	①	②	③	④
第8問	①	②	③	④	第33問	①	②	③	④
第9問	①	②	③	④	第34問	①	②	③	④
第10問	①	②	③	④	第35問	①	②	③	④
第11問	①	②	③	④	第36問	①	②	③	④
第12問	①	②	③	④	第37問	①	②	③	④
第13問	①	②	③	④	第38問	①	②	③	④
第14問	①	②	③	④	第39問	①	②	③	④
第15問	①	②	③	④	第40問	①	②	③	④
第16問	①	②	③	④	第41問	①	②	③	④
第17問	①	②	③	④	第42問	①	②	③	④
第18問	①	②	③	④	第43問	①	②	③	④
第19問	①	②	③	④	第44問	①	②	③	④
第20問	①	②	③	④	第45問	①	②	③	④
第21問	①	②	③	④	第46問	①	②	③	④
第22問	①	②	③	④	第47問	①	②	③	④
第23問	①	②	③	④	第48問	①	②	③	④
第24問	①	②	③	④	第49問	①	②	③	④
第25問	①	②	③	④	第50問	①	②	③	④

冊子の使い方

この色紙を残したまま、「問題冊子」を
取り外し、ご利用ください。

※抜き取りの際の破損等による返品・交換には応じられません
のでご注意ください。

解答用紙の使い方

「問題冊子」を抜き取った後の色紙の裏
表紙を破線に沿って切り取り、コピー
してご利用ください。

2021年版 出る順宅建士 過去30年良問厳選問題集

第3回 問題

中級編①

 合格推定点 **36**点

 制限時間 **2時間**

問題は、1ページから31ページまでの50問です。
問題の中の法令に関する部分は、2021年4月1日現在施行されている規定に基づいて出題されてます。

問1 A所有の甲土地についてのＡＢ間の売買契約に関する次の記述のうち，民法の規定及び判例によれば，正しいものはどれか。

❶ Aは甲土地を「1,000万円で売却する」という意思表示を行ったが当該意思表示はAの真意ではなく，Bもその旨を知っていた。この場合，Bが「1,000万円で購入する」という意思表示をすれば，ＡＢ間の売買契約は有効に成立する。

❷ ＡＢ間の売買契約が，ＡとＢとで意を通じた仮装のものであったとしても，Aの売買契約の動機が債権者からの差押えを逃れるというものであることをＢが知っていた場合には，ＡＢ間の売買契約は有効に成立する。

❸ Aが第三者Cの強迫によりＢとの間で売買契約を締結した場合，Bがその強迫の事実を知っていたか否かにかかわらず，AはＡＢ間の売買契約に関する意思表示を取り消すことができる。

❹ ＡＢ間の売買契約が，Aが泥酔して意思無能力である間になされたものである場合，Aは，酔いから覚めて売買契約を追認するまではいつでも売買契約を取り消すことができ，追認を拒絶すれば，その時点から売買契約は無効となる。

（本試験2007年 問1出題）

問2 制限行為能力者に関する次の記述のうち，民法の規定及び判例によれば，正しいものはどれか。

❶ 古着の仕入販売に関する営業を許された未成年者は，成年者と同一の行為能力を有するので，法定代理人の同意を得ないで，自己が居住するために建物を第三者から購入したとしても，その法定代理人は当該売買契約を取り消すことができない。

❷ 被保佐人が，不動産を売却する場合には，保佐人の同意が必要であるが，贈与の申し出を拒絶する場合には，保佐人の同意は不要である。

❸ 成年後見人が，成年被後見人に代わって，成年被後見人が居住している建物を売却する際，後見監督人がいる場合には，後見監督人の許可があれば足り，家庭裁判所の許可は不要である。

❹ 被補助人が，補助人の同意を得なければならない行為について，同意を得ていないにもかかわらず，詐術を用いて相手方に補助人の同意を得たと信じさせていたときは，被補助人は当該行為を取り消すことができない。

（本試験2016年 問2出題）

問3 AからB，BからCに，甲地が順次売却され，AからBに対する所有権移転登記がなされた。この場合,民法の規定及び判例によれば,次の記述のうち誤っているものはどれか。

❶ Aが甲地につき全く無権利の登記名義人であった場合，真の所有者Dが所有権登記をBから遅滞なく回復する前に，Aが無権利であることにつき善意のCがBから所有権移転登記を受けたとき，Cは甲地の所有権をDに対抗できる。

❷ BからCへの売却後，AがAB間の契約を適法に解除して所有権を取り戻した場合，Aが解除を理由にして所有権登記をBから回復する前に，その解除につき善意のCがBから所有権移転登記を受けたときは，Cは甲地の所有権をAに対抗できる。

❸ BからCへの売却前に，AがAB間の契約を適法に解除して所有権を取り戻した場合，Aが解除を理由にして所有権登記をBから回復する前に，その解除につき善意のCがBから甲地を購入し，かつ，所有権移転登記を受けたときは，Cは甲地の所有権をAに対抗できる。

❹ BからCへの売却前に，取得時効の完成により甲地の所有権を取得したEがいる場合，Eがそれを理由にして所有権登記をBから取得する前に，Eの取得時効につき善意のCがBから甲地を購入し，かつ，所有権移転登記を受けたときは，Cは甲地の所有権をEに対抗できる。

（本試験2001年 問5出題）

問4 婚姻中の夫婦ＡＢ間には嫡出子ＣとＤがいて，Ｄは既に婚姻しており嫡出子Ｅがいたところ，Ｄは令和３年10月１日に死亡した。他方，Ａには離婚歴があり，前の配偶者との間の嫡出子Ｆがいる。Ａが令和３年10月２日に死亡した場合に関する次の記述のうち，民法の規定及び判例によれば，正しいものはどれか。

❶ Ａが死亡した場合の法定相続分は，Ｂが２分の１，Ｃが５分の１，Ｅが５分の１，Ｆが10分の１である。

❷ Ａが生前，Ａ所有の全財産のうち甲土地についてＣに相続させる旨の遺言をしていた場合には，特段の事情がない限り，遺産分割の方法が指定されたものとして，Ｃは甲土地の所有権を取得するのが原則である。

❸ Ａが生前，Ａ所有の全財産についてＤに相続させる旨の遺言をしていた場合には，特段の事情がない限り，Ｅは代襲相続により，Ａの全財産について相続するのが原則である。

❹ Ａが生前，Ａ所有の全財産のうち甲土地についてＦに遺贈する旨の意思表示をしていたとしても，Ｆは相続人であるので，当該遺贈は無効である。

（本試験 2013年 問10 改題）

問5 売主Ａ・買主Ｂ間の建物売買契約（所有権移転登記は行っていない。）が解除され，建物の所有者Ａが，Ｂ居住の建物をＣに売却して所有権移転登記をした場合に関する次の記述のうち，民法の規定及び判例によれば，正しいものはどれか。

❶ Ａが，Ｂに対して建物をＣのために占有することを指示し，Ｃがそれを承諾しただけでは，ＡがＣに建物を引き渡したことにはならない。

❷ Ｂが建物占有中に，地震によって玄関のドアが大破したので修繕し，その費用を負担した場合でも，ＢはＣに対してその負担額の償還を請求することはできない。

❸ Ｂは，占有中の建物の一部をＤに使用させ賃料を受領した場合，その受領額をＣに償還しなければならない。

❹ Ｃが暴力によって，Ｂから建物の占有を奪った場合，ＢはＣに占有回収の訴えを提起できるが，ＣはＢに対抗できる所有権があるので占有回収の訴えについては敗訴することはない。

（本試験 2002年 問３出題）

問6 代理に関する次の記述のうち，民法の規定及び判例によれば，誤っているものはいくつあるか。

ア 代理権を有しない者がした契約を本人が追認する場合，その契約の効力は，別段の意思表示がない限り，追認をした時から将来に向かって生ずる。

イ 不動産を担保に金員を借り入れる代理権を与えられた代理人が，本人の名において当該不動産を売却した場合，相手方において本人自身の行為であると信じたことについて正当な理由があるときは，表見代理の規定を類推適用することができる。

ウ 代理人は，行為能力者であることを要しないが，代理人が後見開始の審判を受けたときは，代理権が消滅する。

エ 代理人の意思表示の効力が意思の不存在，詐欺，強迫又はある事情を知っていたこと若しくは知らなかったことにつき過失があったことによって影響を受けるべき場合には，その事実の有無は，本人の選択に従い，本人又は代理人のいずれかについて決する。

❶ 一つ

❷ 二つ

❸ 三つ

❹ 四つ

（本試験 2014年 問2出題）

問7 法定地上権に関する次の１から４までの記述のうち，民法の規定，判例及び判決文によれば，誤っているものはどれか。

（判決文）

　土地について１番抵当権が設定された当時，土地と地上建物の所有者が異なり，法定地上権成立の要件が充足されていなかった場合には，土地と地上建物を同一人が所有するに至った後に後順位抵当権が設定されたとしても，その後に抵当権が実行され，土地が競落されたことにより１番抵当権が消滅するときには，地上建物のための法定地上権は成立しないものと解するのが相当である。

❶ 　土地及びその地上建物の所有者が同一である状態で，土地に１番抵当権が設定され，その実行により土地と地上建物の所有者が異なるに至ったときは，地上建物について法定地上権が成立する。

❷ 　更地である土地の抵当権者が抵当権設定後に地上建物が建築されることを承認した場合であっても，土地の抵当権設定時に土地と所有者を同じくする地上建物が存在していない以上，地上建物について法定地上権は成立しない。

❸ 　土地に１番抵当権が設定された当時，土地と地上建物の所有者が異なっていたとしても，２番抵当権設定時に土地と地上建物の所有者が同一人となれば，土地の抵当権の実行により土地と地上建物の所有者が異なるに至ったときは，地上建物について法定地上権が成立する。

❹ 　土地の所有者が，当該土地の借地人から抵当権が設定されていない地上建物を購入した後，建物の所有権移転登記をする前に土地に抵当権を設定した場合，当該抵当権の実行により土地と地上建物の所有者が異なるに至ったときは，地上建物について法定地上権が成立する。

（本試験 2009年 問７出題）

問8 保証に関する次の記述のうち，民法の規定及び判例によれば，誤っているものはどれか。

❶ 保証人となるべき者が，主たる債務者と連絡を取らず，同人からの委託を受けないまま債権者に対して保証したとしても，その保証契約は有効に成立する。

❷ 保証人となるべき者が，口頭で明確に特定の債務につき保証する旨の意思表示を債権者に対してすれば，その保証契約は有効に成立する。

❸ 連帯保証ではない場合の保証人は，債権者から債務の履行を請求されても，まず主たる債務者に催告すべき旨を債権者に請求できる。ただし，主たる債務者が破産手続開始の決定を受けたとき，又は行方不明であるときは，この限りでない。

❹ 連帯保証人が2人いる場合，連帯保証人間に連帯の特約がなくとも，連帯保証人は各自全額につき保証責任を負う。

（本試験2010年 問8出題）

問9 Aは，B所有の建物を賃借し，毎月末日までに翌月分の賃料50万円を支払う約定をした。またAは敷金300万円をBに預託し，敷金は賃貸借終了後明渡し完了後にBがAに支払うと約定された。AのBに対するこの賃料債務に関する相殺についての次の記述のうち，民法の規定及び判例によれば，正しいものはどれか。

❶ Aは，Bが支払不能に陥った場合は，特段の合意がなくても，Bに対する敷金返還請求権を自働債権として，弁済期が到来した賃料債務と対当額で相殺することができる。

❷ AがBに対し不法行為に基づく損害賠償請求権を有した場合，Aは，このBに対する損害賠償請求権を自働債権として，弁済期が到来した賃料債務と対当額で相殺することはできない。

❸ AがBに対して商品の売買代金請求権を有しており，それが令和3年9月1日をもって時効により消滅した場合，Aは，同年9月2日に，このBに対する代金請求権を自働債権として，同年8月31日に弁済期が到来した賃料債務と対当額で相殺することはできない。

❹ AがBに対してこの賃貸借契約締結以前から貸付金債権を有しており，その弁済期が令和3年8月31日に到来する場合，同年8月20日にBのAに対するこの賃料債権に対する差押があったとしても，Aは，同年8月31日に，このBに対する貸付金債権を自働債権として，弁済期が到来した賃料債務と対当額で相殺することができる。

（本試験2004年 問8出題）

ＡがＢから建物所有の目的で土地を買い受ける契約をしたが，ＡＢ間に特約はなかった。この場合，民法の規定及び判例によれば，次の記述のうち誤っているものはどれか。

❶ この土地がＣ所有であることをＡが知って契約した場合でも，Ｂがこの土地をＣから取得してＡに移転できないときには，Ａは，Ｂに対して契約を解除することができる。

❷ この土地の8割の部分はＢの所有であるが，2割の部分がＤの所有である場合で，ＢがＤ所有の部分を取得してＡに移転できないことをＡが知って契約したときは，Ａは，Ｂに対して契約を解除することができない。

❸ この土地が抵当権の目的とされており，その実行の結果Ｅが競落したとき，Ａは，Ｂに対して契約を解除することができる。

❹ Ａに引き渡された土地の8割が都市計画街路の区域内にあり，契約内容に適合しないものである場合，Ａは，Ｂに対して契約を解除することができる。

（本試験 1996年 問8改題）

問11 Ａが居住用の甲建物を所有する目的で，期間30年と定めてＢから乙土地を賃借した場合に関する次の記述のうち，借地借家法の規定及び判例によれば，正しいものはどれか。なお，Ａは借地権登記を備えていないものとする。

❶ Ａが甲建物を所有していても，建物保存登記をＡの子Ｃ名義で備えている場合には，Ｂから乙土地を購入して所有権移転登記を備えたＤに対して，Ａは借地権を対抗することができない。

❷ Ａが甲建物を所有していても，登記上の建物の所在地番，床面積等が少しでも実際のものと相違している場合には，建物の同一性が否定されるようなものでなくても，Ｂから乙土地を購入して所有権移転登記を備えたＥに対して，Ａは借地権を対抗することができない。

❸ ＡＢ間の賃貸借契約を公正証書で行えば，当該契約の更新がなく期間満了により終了し，終了時にはＡが甲建物を収去すべき旨を有効に規定することができる。

❹ Ａが地代を支払わなかったことを理由としてＢが乙土地の賃貸借契約を解除した場合，契約に特段の定めがないときは，Ｂは甲建物を時価で買い取らなければならない。

（本試験 2016年 問11出題）

問12 賃貸人と賃借人との間で，建物につき，期間5年として借地借家法第38条に定める定期借家契約（以下「定期借家契約」という。）を締結する場合と，期間5年として定期借家契約ではない借家契約（以下「普通借家契約」という。）を締結する場合に関する次の記述のうち，民法及び借地借家法の規定によれば，正しいものはどれか。なお，借地借家法第40条に定める一時使用目的の賃貸借契約は考慮しないものとする。

❶ 賃借権の登記をしない限り賃借人は賃借権を第三者に対抗することができない旨の特約を定めた場合，定期借家契約においても，普通借家契約においても，当該特約は無効である。

❷ 賃貸借契約開始から3年間は賃料を増額しない旨の特約を定めた場合，定期借家契約においても，普通借家契約においても，当該特約は無効である。

❸ 期間満了により賃貸借契約が終了する際に賃借人は造作買取請求をすることができない旨の規定は，定期借家契約では有効であるが，普通借家契約では無効である。

❹ 賃貸人も賃借人も契約期間中の中途解約をすることができない旨の規定は，定期借家契約では有効であるが，普通借家契約では無効である。

（本試験2015年 問12出題）

問13 建物の区分所有等に関する法律に関する次の記述のうち，正しいものはどれか。

❶ 管理者が選任されていない場合，集会においては，規約に別段の定めがある場合及び別段の決議をした場合を除いて，集会を招集した区分所有者の1人が議長となる。

❷ 集会の招集の通知は，会日より少なくとも2週間前に発しなければならないが，この期間は規約で伸縮することができる。

❸ 集会の議事録が書面で作成されているときは，議長及び集会に出席した区分所有者の1人がこれに署名し，押印をしなければならない。

❹ 区分所有者は，規約に別段の定めがない限り集会の決議によって，管理者を選任することができる。この場合，任期は2年以内としなければならない。

（本試験2015年 問13出題）

問14 不動産の登記に関する次の記述のうち，不動産登記法の規定によれば，誤っているものはどれか。

❶ 新築した建物又は区分建物以外の表題登記がない建物の所有権を取得した者は，その所有権の取得の日から1月以内に，所有権の保存の登記を申請しなければならない。

❷ 登記することができる権利には，抵当権及び賃借権が含まれる。

❸ 建物が滅失したときは，表題部所有者又は所有権の登記名義人は，その滅失の日から1月以内に，当該建物の滅失の登記を申請しなければならない。

❹ 区分建物の所有権の保存の登記は，表題部所有者から所有権を取得した者も，申請することができる。

（本試験 2016年 問14 出題）

問15 国土利用計画法第23条の届出（以下この問において「事後届出」という。）に関する次の記述のうち，正しいものはどれか。

❶ Aが，市街化区域において，Bの所有する面積3,000㎡の土地を一定の計画に基づき1,500㎡ずつ順次購入した場合，Aは事後届出を行う必要はない。

❷ Cは，市街化調整区域において，Dの所有する面積8,000㎡の土地を民事調停法に基づく調停により取得し，その後当該土地をEに売却したが，この場合，CとEはいずれも事後届出を行う必要はない。

❸ 甲県が所有する都市計画区域外に所在する面積12,000㎡の土地について，10,000㎡をFに，2,000㎡をGに売却する契約を，甲県がそれぞれF，Gと締結した場合，FとGのいずれも事後届出を行う必要はない。

❹ 事後届出に係る土地の利用目的について，乙県知事から勧告を受けたHが勧告に従わなかった場合，乙県知事は，当該届出に係る土地売買の契約を無効にすることができる。

（本試験 2005年 問17 出題）

問16 都市計画法に関する次の記述のうち，誤っているものはどれか。

❶ 田園住居地域内の農地の区域内において，土地の形質の変更を行おうとする者は，一定の場合を除き，市町村長の許可を受けなければならない。

❷ 風致地区内における建築物の建築については，一定の基準に従い，地方公共団体の条例で，都市の風致を維持するため必要な規制をすることができる。

❸ 市街化区域については，少なくとも用途地域を定めるものとし，市街化調整区域については，原則として用途地域を定めないものとする。

❹ 準都市計画区域については，無秩序な市街化を防止し，計画的な市街化を図るため，都市計画に市街化区域と市街化調整区域との区分を定めなければならない。

（本試験 2018年 問 16 出題）

問17 都市計画法に関する次の記述のうち，正しいものはどれか。ただし，許可を要する開発行為の面積については，条例による定めはないものとし，この問において「都道府県知事」とは，地方自治法に基づく指定都市，中核市及び施行時特例市にあってはその長をいうものとする。

❶ 準都市計画区域において，店舗の建築を目的とした 4,000㎡の土地の区画形質の変更を行おうとする者は，あらかじめ，都道府県知事の許可を受けなければならない。

❷ 市街化区域において，農業を営む者の居住の用に供する建築物の建築を目的とした 1,500㎡の土地の区画形質の変更を行おうとする者は，都道府県知事の許可を受けなくてよい。

❸ 市街化調整区域において，野球場の建設を目的とした 8,000㎡の土地の区画形質の変更を行おうとする者は，あらかじめ，都道府県知事の許可を受けなければならない。

❹ 市街化調整区域において，医療法に規定する病院の建築を目的とした 1,000㎡の土地の区画形質の変更を行おうとする者は，都道府県知事の許可を受けなくてよい。

（本試験 2019年 問 16 出題）

❶ 鉄筋コンクリート造であって，階数が2の住宅を新築する場合において，特定行政庁が，安全上，防火上及び避難上支障がないと認めたときは，検査済証の交付を受ける前においても，仮に，当該建築物を使用することができる。

❷ 長屋の各戸の界壁は，自動スプリンクラー設備等設置部分の界壁等を除き，小屋裏又は天井裏に達するものとしなければならない。

❸ 下水道法に規定する処理区域内においては，便所は，汚水管が公共下水道に連結された水洗便所としなければならない。

❹ ホテルの用途に供する建築物を共同住宅（その用途に供する部分の床面積の合計が300㎡）に用途変更する場合，建築確認は不要である。

（本試験 2017年 問18 出題）

問19 建築基準法（以下この問において「法」という。）に関する次の記述のうち，誤っているものはどれか

❶ 地方公共団体は，延べ面積が1,000㎡を超える建築物の敷地が接しなければならない道路の幅員について，条例で，避難又は通行の安全の目的を達するために必要な制限を付加することができる。

❷ 建蔽率の限度が10分の8とされている地域内で，かつ，防火地域内にある耐火建築物については，建蔽率の制限は適用されない。

❸ 建築物が第二種中高層住居専用地域及び近隣商業地域にわたって存する場合で，当該建築物の過半が近隣商業地域に存する場合には，当該建築物に対して法第56条第1項第3号の規定（北側斜線制限）は適用されない。

❹ 建築物の敷地が第一種低層住居専用地域及び準住居地域にわたる場合で，当該敷地の過半が準住居地域に存する場合には，作業場の床面積の合計が100㎡の自動車修理工場は建築可能である。

（本試験 2013年 問18 出題）

問20 宅地造成等規制法に関する次の記述のうち，誤っているものはどれか。なお，この問において「都道府県知事」とは，地方自治法に基づく指定都市，中核市及び施行時特例市にあってはその長をいうものとする。

❶ 宅地造成工事規制区域内において宅地造成に関する工事を行う場合，宅地造成に伴う災害を防止するために行う高さ4mの擁壁の設置に係る工事については，政令で定める資格を有する者の設計によらなければならない。

❷ 宅地造成工事規制区域内において行われる切土であって，当該切土をする土地の面積が600㎡で，かつ，高さ1.5mの崖を生ずることとなるものに関する工事については，都道府県知事の許可が必要である。

❸ 宅地造成工事規制区域内において行われる盛土であって，当該盛土をする土地の面積が300㎡で，かつ，高さ1.5mの崖を生ずることとなるものに関する工事については，都道府県知事の許可が必要である。

❹ 都道府県知事は，宅地造成工事規制区域内の宅地について，宅地造成に伴う災害の防止のため必要があると認める場合においては，その宅地の所有者，管理者，占有者，造成主又は工事施行者に対し，擁壁の設置等の措置をとることを勧告することができる。

（本試験 2013年 問19出題）

問21 土地区画整理法に関する次の記述のうち，誤っているものはどれか。

❶ 土地区画整理事業の施行者は，換地処分を行う前において，換地計画に基づき換地処分を行うため必要がある場合においては，施行地区内の宅地について仮換地を指定することができる。

❷ 仮換地が指定された場合においては，従前の宅地について権原に基づき使用し，又は収益することができる者は，仮換地の指定の効力発生の日から換地処分の公告がある日まで，仮換地について，従前の宅地について有する権利の内容である使用又は収益と同じ使用又は収益をすることができる。

❸ 土地区画整理事業の施行者は，施行地区内の宅地について換地処分を行うため，換地計画を定めなければならない。この場合において，当該施行者が土地区画整理組合であるときは，その換地計画について都道府県知事及び市町村長の認可を受けなければならない。

❹ 換地処分の公告があった場合においては，換地計画において定められた換地は，その公告があった日の翌日から従前の宅地とみなされ，換地計画において換地を定めなかった従前の宅地について存する権利は，その公告があった日が終了した時において消滅する。

（本試験 2009年 問21出題）

問22 農地に関する次の記述のうち，農地法（以下この問において「法」という。）の規定によれば，正しいものはどれか。

❶ 相続により農地を取得する場合は，法第3条第1項の許可を要しないが，相続人に該当しない者に対する特定遺贈により農地を取得する場合も，同項の許可を受ける必要はない。

❷ 法第2条第3項の農地所有適格法人の要件を満たしていない株式会社は，耕作目的で農地を借り入れることはできない。

❸ 法第3条第1項又は法第5条第1項の許可が必要な農地の売買について，これらの許可を受けずに売買契約を締結しても，その所有権の移転の効力は生じない。

❹ 農業者が，市街化調整区域内の耕作しておらず遊休化している自己の農地を，自己の住宅用地に転用する場合，あらかじめ農業委員会へ届出をすれば，法第4条第1項の許可を受ける必要がない。

（本試験 2016年 問22 出題）

問23 住宅用家屋の所有権の移転登記に係る登録免許税の税率の軽減措置（以下この問において「軽減措置」という。）に関する次の記述のうち，正しいものはどれか。

❶ 軽減措置の適用対象となる住宅用家屋は，床面積が100㎡以上で，その住宅用家屋を取得した個人の居住の用に供されるものに限られる。

❷ 軽減措置は，贈与により取得した住宅用家屋に係る所有権の移転登記には適用されない。

❸ 軽減措置に係る登録免許税の課税標準となる不動産の価額は，売買契約書に記載された住宅用家屋の実際の取引価格である。

❹ 軽減措置の適用を受けるためには，その住宅用家屋の取得後6か月以内に所有権の移転登記をしなければならない。

（本試験 2009年 問23 出題）

問24 不動産取得税に関する次の記述のうち，正しいものはどれか。

❶ 不動産取得税は，不動産の取得があった日の翌日から起算して3月以内に当該不動産が所在する都道府県に申告納付しなければならない。

❷ 不動産取得税は不動産の取得に対して課される税であるので，家屋を改築したことにより当該家屋の価格が増加したとしても，新たな不動産の取得とはみなされないため，不動産取得税は課されない。

❸ 相続による不動産の取得については，不動産取得税は課されない。

❹ 一定の面積に満たない土地の取得については，不動産取得税は課されない。

(本試験 2018年 問24 出題)

問25 不動産の鑑定評価に関する次の記述のうち，不動産鑑定評価基準によれば，正しいものはどれか。

❶ 不動産の価格を求める鑑定評価の手法は，原価法，取引事例比較法及び収益還元法に大別され，鑑定評価に当たっては，原則として案件に応じてこれらの手法のうち少なくとも二つを選択して適用すべきこととされている。

❷ 土地についての原価法の適用において，宅地造成直後と価格時点とを比べ，公共施設等の整備等による環境の変化が価格水準に影響を与えていると認められる場合には，地域要因の変化の程度に応じた増加額を熟成度として加算できる。

❸ 特殊価格とは，市場性を有する不動産について，法令等による社会的要請を背景とする評価目的の下で，正常価格の前提となる諸条件を満たさない場合における不動産の経済価値を適正に表示する価格をいう。

❹ 収益還元法は，対象不動産が将来生み出すであろうと期待される純収益の現在価値の総和を求めることにより対象不動産の試算価格を求める手法であることから，賃貸用不動産の価格を求める場合に有効であり，自用の住宅地には適用すべきでない。

(本試験 2008年 問29 出題)

問26 次の記述のうち，宅地建物取引業法（以下この問において「法」という。）の規定によれば，正しいものはいくつあるか。

ア 都市計画法に規定する工業専用地域内の土地で，建築資材置き場の用に供されているものは，法第2条第1号に規定する宅地に該当する。

イ 社会福祉法人が，高齢者の居住の安定確保に関する法律に規定するサービス付き高齢者向け住宅の貸借の媒介を反復継続して営む場合は，宅地建物取引業の免許を必要としない。

ウ 都市計画法に規定する用途地域外の土地で，倉庫の用に供されているものは，法第2条第1号に規定する宅地に該当しない。

エ 賃貸住宅の管理業者が，貸主から管理業務とあわせて入居者募集の依頼を受けて，貸借の媒介を反復継続して営む場合は，宅地建物取引業の免許を必要としない。

❶ 一つ

❷ 二つ

❸ 三つ

❹ 四つ

（本試験 2015年 問26 出題）

問27 宅地建物取引業者の従業者名簿に関する次の記述のうち，宅地建物取引業法の規定に違反しないものはどれか。

❶ 従業者名簿に，従業者の氏名，生年月日及び主たる職務内容を記載したが，宅地建物取引士であるか否かの別は記載しなかった。

❷ 従業者名簿を，最終の記載をした日から5年間保存し，その後直ちに廃棄した。

❸ 従業者名簿を，それぞれの事務所ごとに作成して備え付け，主たる事務所に一括して備え付けることはしなかった。

❹ 取引の関係者から従業者名簿の閲覧を求められたが，宅地建物取引業法第45条に規定する秘密を守る義務を理由に，この申出を断った。

（本試験 1997年 問30 改題）

問28 宅地建物取引業者が，その業務に関して行う次の行為のうち，宅地建物取引業法の規定に違反するものはいくつあるか。

ア 都市計画法による市街化調整区域内の土地について，「近々，市街化区域と市街化調整区域との区分（区域区分）を定めることが都道府県の義務でなくなる。」と記載し，当該土地について，すぐにでも市街化区域に変更されるがごとく表示して広告すること

イ 定期建物賃貸借を媒介する場合に，宅地建物取引業法第35条に規定する重要事項の説明において，期間の定めがない旨の説明を行うこと

ウ 建築に関する工事の完了前において，建築基準法第6条第1項の確認を受ける必要のある建物について，その確認の申請後，確認を受ける前に，当該確認を受けることができるのは確実である旨表示して，当該建物の分譲の広告をすること

エ 競売開始決定がなされた自己の所有に属しない宅地について，裁判所による競売の公告がなされた後，入札前に，自ら売主として宅地建物取引業者でない者と当該宅地の売買契約を締結すること

❶ 一つ
❷ 二つ
❸ 三つ
❹ 四つ

（本試験 2001年 問34 改題）

問29 宅地建物取引業の免許（以下この問において「免許」という。）に関する次の記述のうち，誤っているものはどれか。

❶ A社の役員Bは，宅地建物取引業者C社の役員として在籍していたが，その当時，C社の役員Dがかつて禁錮以上の刑に処せられ，その刑の執行が終わった日から5年を経過していないとしてC社は免許を取り消されている。この場合，A社は，C社が免許を取り消されてから5年を経過していなくても，免許を受けることができる。

❷ E社の役員のうちに，刑法第246条の詐欺罪により罰金の刑に処せられ，その刑の執行が終わった日から5年を経過しない者がいる場合，E社は免許を受けることができない。

❸ F社の役員のうちに，指定暴力団の構成員がいた場合，暴力団員による不当な行為の防止等に関する法律の規定に違反していなくても，F社は免許を受けることができない。

❹ 宅地建物取引業者G社は，引き続いて1年以上事業を休止したときは，免許の取消しの対象となる。

（本試験 2011年 問 27 出題）

問30 宅地建物取引業法に規定する営業保証金に関する次の記述のうち，誤っているものはどれか。

❶ 宅地建物取引業者は，主たる事務所を移転したことにより，その最寄りの供託所が変更となった場合において，金銭のみをもって営業保証金を供託しているときは，従前の供託所から営業保証金を取り戻した後，移転後の最寄りの供託所に供託しなければならない。

❷ 宅地建物取引業者は，事業の開始後新たに事務所を設置するため営業保証金を供託したときは，供託物受入れの記載のある供託書の写しを添附して，その旨を免許を受けた国土交通大臣又は都道府県知事に届け出なければならない。

❸ 宅地建物取引業者は，一部の事務所を廃止し営業保証金を取り戻そうとする場合には，供託した営業保証金につき還付を請求する権利を有する者に対し，6月以上の期間を定めて申し出るべき旨の公告をしなければならない。

❹ 宅地建物取引業者は，営業保証金の還付があったために営業保証金に不足が生じたときは，国土交通大臣又は都道府県知事から不足額を供託すべき旨の通知書の送付を受けた日から2週間以内に，不足額を供託しなければならない。

（本試験 2017年 問 32 出題）

問31 1棟の建物に属する区分所有建物の貸借の媒介を行う場合の宅地建物取引業法第35条の規定に基づく重要事項の説明に関する次の記述のうち，誤っているものはどれか。

❶ 当該1棟の建物の敷地に関する権利の種類及び内容を説明しなければならない。

❷ 台所，浴室，便所その他の当該区分所有建物の設備の整備の状況について説明しなければならない。

❸ 当該1棟の建物及びその敷地の管理がA（個人）に委託されている場合には，Aの氏名及び住所を説明しなければならない。

❹ 貸借契約終了時における敷金その他の金銭の精算に関する事項が定まっていない場合には，その旨を説明しなければならない。

（本試験 1999年 問 41 出題）

問32 次の記述のうち，宅地建物取引業法の規定によれば，正しいものはどれか。

❶ 都道府県知事は，不正の手段によって宅地建物取引士資格試験を受けようとした者に対しては，その試験を受けることを禁止することができ，また，その禁止処分を受けた者に対し2年を上限とする期間を定めて受験を禁止することができる。

❷ 宅地建物取引士の登録を受けている者が本籍を変更した場合，遅滞なく，登録をしている都道府県知事に変更の登録を申請しなければならない。

❸ 宅地建物取引士の登録を受けている者が死亡した場合，その相続人は，死亡した日から30日以内に登録をしている都道府県知事に届出をしなければならない。

❹ 甲県知事の宅地建物取引士の登録を受けている者が，その住所を乙県に変更した場合，甲県知事を経由して乙県知事に対し登録の移転を申請することができる。

（本試験 2009年 問 29 出題）

問33 宅地建物取引業法第35条に規定する重要事項の説明に関する次の記述のうち，正しいものはどれか。なお，説明の相手方は宅地建物取引業者ではないものとする。

❶ 宅地建物取引業者は，自ら売主として分譲マンションの売買を行う場合，管理組合の総会の議決権に関する事項について，管理規約を添付して説明しなければならない。

❷ 宅地建物取引業者は，分譲マンションの売買の媒介を行う場合，建物の区分所有等に関する法律第2条第4項に規定する共用部分に関する規約の定めが案の段階であっても，その案の内容を説明しなければならない。

❸ 宅地建物取引業者は，マンションの1戸の貸借の媒介を行う場合，建築基準法に規定する容積率及び建蔽率に関する制限があるときは，その制限内容を説明しなければならない。

❹ 宅地建物取引業者は，マンションの1戸の貸借の媒介を行う場合，借賃以外に授受される金銭の定めがあるときは，その金銭の額，授受の目的及び保管方法を説明しなければならない。

(本試験 2013年 問33 改題)

問34 宅地建物取引業者Aが，自ら売主として，宅地建物取引業者でないBと宅地の売買契約を締結した場合，宅地建物取引業法第37条の2の規定に基づくいわゆるクーリング・オフについてAがBに告げるときに交付すべき書面の内容に関する次の記述のうち，誤っているものはどれか。

❶ Aについては，その商号又は名称及び住所並びに免許証番号，Bについては，その氏名（法人の場合，その商号又は名称）及び住所が記載されていなければならない。

❷ Bは，クーリング・オフについて告げられた日から起算して8日を経過するまでの間は，代金の全部を支払った場合を除き，書面によりクーリング・オフによる契約の解除を行うことができることが記載されていなければならない。

❸ クーリング・オフによる契約の解除は，Bが当該契約の解除を行う旨を記載した書面を発した時にその効力を生ずることが記載されていなければならない。

❹ Bがクーリング・オフによる契約の解除を行った場合，Aは，それに伴う損害賠償又は違約金の支払をBに請求することができないこと，また，売買契約の締結に際し，手付金その他の金銭が支払われているときは，遅滞なくその全額をBに返還することが記載されていなければならない。

(本試験 2016年 問44 出題)

問35 甲県知事の宅地建物取引士資格登録（以下この問において「登録」という。）を受け，乙県内の宅地建物取引業者の事務所に勤務している宅地建物取引士Aに関する次の記述のうち，宅地建物取引業法の規定によれば，正しいものはどれか。

❶ Aは，不正の手段により登録を受けたとして，登録の消除の処分の聴聞の期日及び場所が公示された後，自らの申請によりその登録が消除された場合，当該申請に相当の理由がなくとも，登録が消除された日から5年を経ずに新たに登録を受けることができる。

❷ Aが甲県知事から事務の禁止の処分を受け，その禁止の期間が満了していないときは，Aは宅地建物取引士としてすべき事務を行うことはできないが，Aは乙県知事に対して，甲県知事を経由して登録の移転の申請をすることができる。

❸ Aは，宅地建物取引士証の有効期間の更新を受けようとするときは，必ず甲県知事が指定する講習で交付の申請前1年以内に行われるものを受講しなければならない。

❹ Aは，禁錮以上の刑に処せられ登録が消除された場合は，速やかに，宅地建物取引士証を甲県知事に返納しなければならない。

（本試験 2006年 問 32 改題）

問36 宅地建物取引業者Ａが，自ら売主として宅地建物取引業者でない買主Ｂとの間で締結した売買契約に関する次の記述のうち，宅地建物取引業法の規定によれば，正しいものはいくつあるか。

ア Ａは，Ｂとの間で建築工事完了後の建物に係る売買契約（代金 3,000 万円）において，「Ａが契約の履行に着手するまでは，Ｂは，売買代金の１割を支払うことで契約の解除ができる」とする特約を定め，Ｂから手付金 10 万円を受領した。この場合，この特約は有効である。

イ Ａは，Ｂとの間で建築工事完了前の建物に係る売買契約（代金 3,000 万円）を締結するに当たり，保険事業者との間において，手付金等について保証保険契約を締結して，手付金 300 万円を受領し，後日保険証券をＢに交付した。

ウ Ａは，Ｂとの間で建築工事完了前のマンションに係る売買契約（代金 3,000 万円）を締結し，その際に手付金 150 万円を，建築工事完了後，引渡し及び所有権の登記までの間に，中間金 150 万円を受領したが，合計額が代金の 10 分の 1 以下であるので保全措置を講じなかった。

❶ 一つ

❷ 二つ

❸ 三つ

❹ なし

（本試験 2015年 問 40 出題）

問37 宅地建物取引業者A社（国土交通大臣免許）が行う宅地建物取引業者B社（甲県知事免許）を売主とする分譲マンション（100戸）に係る販売代理について，A社が単独で当該マンションの所在する場所の隣地に案内所を設けて売買契約の締結をしようとする場合における次の記述のうち，宅地建物取引業法（以下この問において「法」という。）の規定によれば，正しいものの組合せはどれか。なお，当該マンション及び案内所は甲県内に所在するものとする。

ア A社は，マンションの所在する場所に法第50条第1項の規定に基づく標識を掲げなければならないが，B社は，その必要がない。

イ A社が設置した案内所について，売主であるB社が法第50条第2項の規定に基づく届出を行う場合，A社は当該届出をする必要がないが，B社による届出書については，A社の商号又は名称及び免許証番号も記載しなければならない。

ウ A社は，成年者である専任の宅地建物取引士を当該案内所に置かなければならないが，B社は，当該案内所に成年者である専任の宅地建物取引士を置く必要がない。

エ A社は，当該案内所に法第50条第1項の規定に基づく標識を掲げなければならないが，当該標識へは，B社の商号又は名称及び免許証番号も記載しなければならない。

❶ ア，イ

❷ イ，ウ

❸ ウ，エ

❹ ア，エ

（本試験 2012年 問42 出題）

宅地建物取引業者A及び宅地建物取引業者B（共に消費税課税事業者）が受け取る報酬に関する次の記述のうち，正しいものはいくつあるか。

ア Aが居住用建物の貸借の媒介をするに当たり，依頼者からの依頼に基づくことなく広告をした場合でも，その広告が貸借の契約の成立に寄与したとき，Aは，報酬とは別に，その広告料金に相当する額を請求できる。

イ Aは売主から代理の依頼を受け，Bは買主から媒介の依頼を受けて，代金4,000万円の宅地の売買契約を成立させた場合，Aは売主から277万2,000円，Bは買主から138万6,000円の報酬をそれぞれ受けることができる。

ウ Aは貸主から，Bは借主から，それぞれ媒介の依頼を受けて，共同して居住用建物の賃貸借契約を成立させた場合，貸主及び借主の承諾を得ていれば，Aは貸主から，Bは借主からそれぞれ借賃の1.1か月分の報酬を受けることができる。

❶ 一つ

❷ 二つ

❸ 三つ

❹ なし

（本試験 2014年 問37 出題）

問39 宅地建物取引業者Ａが宅地建物取引業法（以下この問において「法」という。）第37条の規定により交付すべき書面（以下この問において「37条書面」という。）に関する次の記述のうち，法の規定によれば，正しいものはいくつあるか。

ア Ａは，その媒介により建築工事完了前の建物の売買契約を成立させ，当該建物を特定するために必要な表示について37条書面で交付する際，法第35条の規定に基づく重要事項の説明において使用した図書の交付により行った。

イ Ａが自ら貸主として宅地の定期賃貸借契約を締結した場合において，借賃の支払方法についての定めがあるときは，Ａは，その内容を37条書面に記載しなければならず，借主が宅地建物取引業者であっても，当該書面を交付しなければならない。

ウ 土地付建物の売主Ａは，買主が金融機関から住宅ローンの承認を得られなかったときは契約を無条件で解除できるという取決めをしたが，自ら住宅ローンのあっせんをする予定がなかったので，37条書面にその取決めの内容を記載しなかった。

エ Ａがその媒介により契約を成立させた場合において，契約の解除に関する定めがあるときは，当該契約が売買，貸借のいずれに係るものであるかを問わず，37条書面にその内容を記載しなければならない。

❶ 一つ

❷ 二つ

❸ 三つ

❹ 四つ

（本試験 2019年 問36 出題）

宅地建物取引業者Ａが，Ｂから自己所有の宅地の売買の媒介を依頼された場合における当該媒介に係る契約に関する次の記述のうち，宅地建物取引業法（以下この問において「法」という。）の規定によれば，正しいものはどれか。

❶ Ａは，Ｂとの間で専任媒介契約を締結したときは，宅地建物取引士に法第34条の２第１項の規定に基づき交付すべき書面の記載内容を確認させた上で，当該宅地建物取引士をして記名押印させなければならない。

❷ Ａは，Ｂとの間で有効期間を２月とする専任媒介契約を締結した場合，Ｂの申出により契約を更新するときは，更新する媒介契約の有効期間は当初の有効期間を超えてはならない。

❸ Ａは，Ｂとの間で一般媒介契約（専任媒介契約でない媒介契約）を締結する際，Ｂから媒介契約の有効期間を６月とする旨の申出があったとしても，当該媒介契約において３月を超える有効期間を定めてはならない。

❹ Ａは，Ｂとの間で締結した媒介契約が一般媒介契約であるか，専任媒介契約であるかにかかわらず，宅地を売買すべき価額をＢに口頭で述べたとしても，法第34条の２第１項の規定に基づき交付すべき書面に当該価額を記載しなければならない。

（本試験 2010年 問 33 出題）

問41 甲県知事の宅地建物取引士資格登録（以下この問において「登録」という。）を受けている宅地建物取引士Ａへの監督処分に関する次の記述のうち，宅地建物取引業法の規定によれば，正しいものはどれか。

❶ Ａは，乙県内の業務に関し，他人に自己の名義の使用を許し，当該他人がその名義を使用して宅地建物取引士である旨の表示をした場合，乙県知事から必要な指示を受けることはあるが，宅地建物取引士として行う事務の禁止の処分を受けることはない。

❷ Ａは，乙県内において業務を行う際に提示した宅地建物取引士証が，不正の手段により交付を受けたものであるとしても，乙県知事から登録を消除されることはない。

❸ Ａは，乙県内の業務に関し，乙県知事から宅地建物取引士として行う事務の禁止の処分を受け，当該処分に違反したとしても，甲県知事から登録を消除されることはない。

❹ Ａは，乙県内の業務に関し，甲県知事又は乙県知事から報告を求められることはあるが，乙県知事から必要な指示を受けることはない。

（本試験 2013年 問 42 出題）

問42 宅地建物取引業者Aが行う業務に関する次の記述のうち，宅地建物取引業法（以下この問において「法」という。）の規定に違反しないものはいくつあるか。

ア　Aは，法第49条に規定されている業務に関する帳簿について，業務上知り得た秘密が含まれているため，当該帳簿の閉鎖後，遅滞なく，専門業者に委託して廃棄した。

イ　Aは，宅地の売却を希望するBと専任代理契約を締結した。Aは，Bの要望を踏まえ，当該代理契約に指定流通機構に登録しない旨の特約を付したため，その登録をしなかった。

ウ　Aの従業者Cは，投資用マンションの販売において，勧誘に先立ちAの名称を告げず，自己の氏名及び契約締結の勧誘が目的であることを告げたうえで勧誘を行ったが，相手方から関心がない旨の意思表示があったので，勧誘の継続を断念した。

エ　Aは，自ら売主として新築マンションを分譲するに当たり，売買契約の締結に際して買主から手付を受領した。その後，当該契約の当事者の双方が契約の履行に着手する前に，Aは，手付を買主に返還して，契約を一方的に解除した。

❶　一つ

❷　二つ

❸　三つ

❹　なし

（本試験 2017年 問28 出題）

問43 宅地建物取引士と宅地建物取引士証に関する次の記述のうち、宅地建物取引業法（以下この問において「法」という。）の規定に違反しないものはどれか。

❶ Aは、専任の宅地建物取引士として従事していた宅地建物取引業者B社を退職し、宅地建物取引業者C社に専任の宅地建物取引士として従事することとなり、B社は宅地建物取引業者名簿登載事項の変更の届出をAの退職から半年後に、C社はAの就任から10日後に当該届出を行った。

❷ Dは、宅地建物取引業者が業務に関し展示会を実施する場所であって、宅地又は建物の売買の契約を締結する国土交通省令で定める場所（業務に従事する者11名）における唯一の専任の宅地建物取引士である。

❸ Eは、自らが有する宅地建物取引士証の有効期間が満了して半年になるが、宅地建物取引士資格登録をしている都道府県知事が指定する講習を受講したので、当該宅地建物取引士証の更新の申請をせず、宅地建物取引士としてすべき事務を行っている。

❹ Fは、宅地建物取引士として宅地の売買に係る法第37条の書面の交付を買主に対して行い、その際、買主から宅地建物取引士証の提示を求められたが、法第35条の重要事項の説明を行う際に提示していたので、これを拒んだ。

（本試験2002年 問31出題）

問44 宅地建物取引業保証協会（以下この問において「保証協会」という。）の社員である宅地建物取引業者Aに関する次の記述のうち，宅地建物取引業法の規定によれば，正しいものはどれか。

❶ Aは，保証協会の社員の地位を失った場合，Aとの宅地建物取引業に関する取引により生じた債権に関し権利を有する者に対し，6月以内に申し出るべき旨の公告をしなければならない。

❷ 保証協会は，Aの取引の相手方から宅地建物取引業に係る取引に関する苦情を受けた場合は，Aに対し，文書又は口頭による説明を求めることができる。

❸ Aは，保証協会の社員の地位を失った場合において，保証協会に弁済業務保証金分担金として150万円の納付をしていたときは，全ての事務所で営業を継続するためには，1週間以内に主たる事務所の最寄りの供託所に営業保証金として1,500万円を供託しなければならない。

❹ Aは，その一部の事務所を廃止したときは，保証協会が弁済業務保証金の還付請求権者に対し，一定期間内に申し出るべき旨の公告をした後でなければ，弁済業務保証金分担金の返還を受けることができない。

(本試験 2018年 問44 出題)

宅地建物取引業者Ａが，自ら売主として，宅地建物取引業者でないＢに新築住宅を販売する場合における次の記述のうち，特定住宅瑕疵担保責任の履行の確保等に関する法律の規定によれば，正しいものはどれか。

❶ Ａは，住宅販売瑕疵担保保証金を供託する場合，当該住宅の床面積が100㎡以下であるときは，新築住宅の合計戸数の算定に当たって，２戸をもって１戸と数えることになる。

❷ Ａは，当該住宅をＢに引き渡した日から３週間以内に，住宅販売瑕疵担保保証金の供託又は住宅販売瑕疵担保責任保険契約の締結の状況について，宅地建物取引業の免許を受けた国土交通大臣又は都道府県知事に届け出なければならない。

❸ Ａは，住宅販売瑕疵担保保証金の供託をする場合，Ｂに対し，当該住宅の売買契約を締結するまでに，供託所の所在地等について記載した書面を交付して説明しなければならない。

❹ Ａは，住宅瑕疵担保責任保険法人と住宅販売瑕疵担保責任保険契約の締結をした場合，Ｂが住宅の引渡しを受けた時から10年以内に当該住宅を転売したときは，住宅瑕疵担保責任保険法人にその旨を申し出て，当該保険契約の解除をしなければならない。

（本試験 2016年 問 45 出題）

問46 独立行政法人住宅金融支援機構（以下この問において「機構」という。）に関する次の記述のうち，誤っているものはどれか。

❶ 機構は，地震に対する安全性の向上を主たる目的とする住宅の改良に必要な資金の貸付けを業務として行っている。

❷ 機構は，証券化支援事業（買取型）において，住宅の改良に必要な資金の貸付けに係る貸付債権について譲受けの対象としている。

❸ 機構は，高齢者の家庭に適した良好な居住性能及び居住環境を有する住宅とすることを主たる目的とする住宅の改良（高齢者が自ら居住する住宅について行うものに限る。）に必要な資金の貸付けを業務として行っている。

❹ 機構は，市街地の土地の合理的な利用に寄与する一定の建築物の建設に必要な資金の貸付けを業務として行っている。

（本試験 2014年 問 46 出題）

問47 宅地建物取引業者が行う広告に関する次の記述のうち，不当景品類及び不当表示防止法（不動産の表示に関する公正競争規約を含む。）の規定によれば，正しいものはどれか。

❶ 新築分譲マンションの販売広告で完成予想図により周囲の状況を表示する場合，完成予想図である旨及び周囲の状況はイメージであり実際とは異なる旨を表示すれば，実際に所在しない箇所に商業施設を表示するなど現況と異なる表示をしてもよい。

❷ 宅地の販売広告における地目の表示は，登記簿に記載されている地目と現況の地目が異なる場合には，登記簿上の地目のみを表示すればよい。

❸ 住戸により管理費が異なる分譲マンションの販売広告を行う場合，全ての住戸の管理費を示すことが広告スペースの関係で困難なときには，1住戸当たりの月額の最低額及び最高額を表示すればよい。

❹ 完成後8か月しか経過していない分譲住宅については，入居の有無にかかわらず新築分譲住宅と表示してもよい。

（本試験 2013年 問 47 出題）

問48 宅地建物取引業者が行う広告等に関する次の記述のうち，不当景品類及び不当表示防止法（不動産の表示に関する公正競争規約を含む。）の規定によれば，正しいものはどれか。

❶ 路地状部分のみで道路に接する土地を取引する場合は，その路地状部分の面積が当該土地面積の50％以上を占めていなければ，路地状部分を含む旨及び路地状部分の割合又は面積を明示せずに表示してもよい。

❷ 不動産物件について表示する場合，当該物件の近隣に，現に利用できるデパートやスーパーマーケット等の商業施設が存在することを表示する場合は，当該施設までの徒歩所要時間を明示すれば足り，道路距離は明示せずに表示してもよい。

❸ 傾斜地を含むことにより当該土地の有効な利用が著しく阻害される場合は，原則として，傾斜地を含む旨及び傾斜地の割合又は面積を明示しなければならないが，マンションについては，これを明示せずに表示してもよい。

❹ 温泉法による温泉が付いたマンションであることを表示する場合，それが温泉に加温したものである場合であっても，その旨は明示せずに表示してもよい。

（本試験 2010年 問 47 出題）

LEC東京リーガルマインド 2021年版 出る順宅建士 過去30年良問厳選問題集 30

問49 日本の土地に関する次の記述のうち，最も不適当なものはどれか。

❶ 国土を山地と平地に大別すると，山地の占める比率は，国土面積の約75％である。

❷ 火山地は，国土面積の約7％を占め，山林や原野のままの所も多く，水利に乏しい。

❸ 台地・段丘は，国土面積の約12％で，地盤も安定し，土地利用に適した土地である。

❹ 低地は，国土面積の約25％であり，地盤も安定し，土地利用に適した土地である。

（本試験 2013年 問 49 出題）

問50 建築物の構造と材料に関する次の記述のうち，不適当なものはどれか。

❶ 常温において鉄筋と普通コンクリートの熱膨張率は，ほぼ等しい。

❷ コンクリートの引張強度は，圧縮強度より大きい。

❸ 木材の強度は，含水率が大きい状態のほうが小さくなる。

❹ 集成材は，単板などを積層したもので，大規模な木造建築物に使用される。

（本試験 2010年 問 50 出題）

第３回　解答用紙

得点 ／50

問題番号	解	答	番	号
第1問	①	②	③	④
第2問	①	②	③	④
第3問	①	②	③	④
第4問	①	②	③	④
第5問	①	②	③	④
第6問	①	②	③	④
第7問	①	②	③	④
第8問	①	②	③	④
第9問	①	②	③	④
第10問	①	②	③	④
第11問	①	②	③	④
第12問	①	②	③	④
第13問	①	②	③	④
第14問	①	②	③	④
第15問	①	②	③	④
第16問	①	②	③	④
第17問	①	②	③	④
第18問	①	②	③	④
第19問	①	②	③	④
第20問	①	②	③	④
第21問	①	②	③	④
第22問	①	②	③	④
第23問	①	②	③	④
第24問	①	②	③	④
第25問	①	②	③	④

問題番号	解	答	番	号
第26問	①	②	③	④
第27問	①	②	③	④
第28問	①	②	③	④
第29問	①	②	③	④
第30問	①	②	③	④
第31問	①	②	③	④
第32問	①	②	③	④
第33問	①	②	③	④
第34問	①	②	③	④
第35問	①	②	③	④
第36問	①	②	③	④
第37問	①	②	③	④
第38問	①	②	③	④
第39問	①	②	③	④
第40問	①	②	③	④
第41問	①	②	③	④
第42問	①	②	③	④
第43問	①	②	③	④
第44問	①	②	③	④
第45問	①	②	③	④
第46問	①	②	③	④
第47問	①	②	③	④
第48問	①	②	③	④
第49問	①	②	③	④
第50問	①	②	③	④

冊子の使い方

この色紙を残したまま、「問題冊子」を取り外し、ご利用ください。

※抜き取りの際の破損等による返品・交換には応じられませんのでご注意ください。

解答用紙の使い方

「問題冊子」を抜き取った後の色紙の裏表紙を破線に沿って切り取り、コピーしてご利用ください。

2021年版 出る順宅建士 過去30年良問厳選問題集

第 **4** 回 問 題

中級編②

 合格推定点 **36**点

 制 限 時 間 **2**時間

問題は、1ページから31ページまでの50問です。

問題の中の法令に関する部分は、2021年4月1日現在施行されている規定に基づいて出題されてます。

問1 Aが，Bの欺罔行為によって，A所有の建物をCに売却する契約をした場合に関する次の記述のうち，民法の規定及び判例によれば，誤っているものはどれか。

❶ Aは，Bが欺罔行為をしたことを，Cが知っているとき又は知ることができたときでないと，売買契約の取消しをすることができない。

❷ AがCに所有権移転登記を済ませ，CがAに代金を完済した後，詐欺による有効な取消しがなされたときには，登記の抹消と代金の返還は同時履行の関係になる。

❸ Aは，詐欺に気が付いていたが，契約に基づき，異議を留めることなく所有権移転登記手続をし，代金を請求していた場合，詐欺による取消しをすることはできない。

❹ Cが当該建物を，詐欺について善意無過失のDに転売して所有権移転登記を済ませても，Aは詐欺による取消しをして，Dから建物の返還を求めることができる。

(本試験 2002年 問1改題)

問2 AがBに対して建物の建築工事を代金3,000万円で注文し，Bがこれを完成させた。この場合に関する次の記述のうち，民法の規定及び判例によれば，正しいものはどれか。

❶ 請負契約の目的物たる建物に種類・品質に関する契約内容の不適合がある場合において，目的物の修補が可能であれば，AはBに対して損害賠償請求を行う前に，修補を請求しなければならない。

❷ 請負契約の目的物たる建物に種類・品質に関する契約内容の不適合があるためにこれを建て替えざるを得ない場合には，Aは当該建物の建替えに要する費用相当額の損害賠償を請求することができる。

❸ 請負契約の目的物たる建物に種類・品質に関する契約内容の不適合があり，修補に要する費用が契約代金を超える場合には，Aは請負契約を解除することができない。

❹ 請負契約の目的物たる建物の種類・品質に関する契約内容の不適合について，Bが担保責任を負わない旨の特約をした場合には，Aは当該建物の契約不適合についてBの責任を一切追及することができなくなる。

(本試験 2006年 問6改題)

問3 AはBに甲建物を売却し，AからBに対する所有権移転登記がなされた。AB間の売買契約の解除と第三者との関係に関する次の記述のうち，民法の規定及び判例によれば，正しいものはどれか。

❶ BがBの債権者Cとの間で甲建物につき抵当権設定契約を締結し，その設定登記をした後，AがAB間の売買契約を適法に解除した場合，Aはその抵当権の消滅をCに主張できない。

❷ Bが甲建物をDに賃貸し引渡しも終えた後，AがAB間の売買契約を適法に解除した場合，Aはこの賃借権の消滅をDに主張できる。

❸ BがBの債権者Eとの間で甲建物につき抵当権設定契約を締結したが，その設定登記をする前に，AがAB間の売買契約を適法に解除し，その旨をEに通知した場合，BE間の抵当権設定契約は無効となり，Eの抵当権は消滅する。

❹ AがAB間の売買契約を適法に解除したが，AからBに対する甲建物の所有権移転登記を抹消する前に，Bが甲建物をFに賃貸し引渡しも終えた場合，Aは，適法な解除後に設定されたこの賃借権の消滅をFに主張できる。

（本試験 2004年 問9出題）

問4 土地の転貸借に関する次の1から4までの記述のうち，民法の規定，判例及び下記判決文によれば，誤っているものはどれか。

（判決文）

　土地の賃借人が賃貸人の承諾を得ることなく右土地を他に転貸しても，転貸について賃貸人に対する背信行為と認めるに足りない特段の事情があるため賃貸人が民法第612条第2項により賃貸借を解除することができない場合において，賃貸人が賃借人（転貸人）と賃貸借を合意解除しても，これが賃借人の賃料不払等の債務不履行があるため賃貸人において法定解除権の行使ができるときにされたものである等の事情のない限り，賃貸人は，転借人に対して右合意解除の効果を対抗することができず，したがって，転借人に対して賃貸土地の明渡を請求することはできないものと解するのが相当である。

❶ 土地の賃借人が無断転貸した場合において賃貸人に対する背信行為と認めるに足りない特段の事情があるため賃貸人が無断転貸を理由に賃貸借契約を解除できないときであっても，賃貸借契約を合意解除したときは，賃貸人は転借人に対して賃貸土地の明渡しを請求することができる。

❷ 土地の賃貸人が転貸借について承諾を与えた場合には，賃貸人は，無断転貸を理由としては賃貸借契約を解除することはできないが，賃借人と賃貸借契約を合意解除することは可能である。

❸ 土地の賃借人が無断転貸した場合，賃貸人は，賃貸借契約を民法第612条第2項により解除できる場合とできない場合があり，土地の賃借人が賃料を支払わない場合にも，賃貸人において法定解除権を行使できる場合とできない場合がある。

❹ 土地の賃借人が無断転貸した場合，転借人は，賃貸人と賃借人との間で賃貸借契約が合意解除されたとしても，賃貸人からの賃貸土地の明渡し請求を拒絶することができる場合がある。

（本試験 2015年 問9出題）

問5 Aは，Bに対して貸付金債権を有しており，Aはこの貸付金債権をCに対して譲渡した。この場合，民法の規定及び判例によれば，次の記述のうち誤っているものはどれか。

❶ 貸付金債権に譲渡禁止特約が付いている場合で，Cが譲渡禁止特約の存在を過失なく知らないとき，BはCに対して債務の履行を拒むことはできない。

❷ Bが債権譲渡を承諾しない場合，CがBに対して債権譲渡を通知するだけでは，CはBに対して自分が債権者であることを主張することができない。

❸ Aが貸付金債権をDに対しても譲渡し，Cへは確定日付のない証書，Dへは確定日付のある証書によってBに通知した場合で，いずれの通知もBによる弁済前に到達したとき，Bへの通知の到達の先後にかかわらず，DがCに優先して権利を行使することができる。

❹ Aが貸付金債権をEに対しても譲渡し，Cへは令和2年10月10日付，Eへは同月9日付のそれぞれ確定日付のある証書によってBに通知した場合で，いずれの通知もBによる弁済前に到達したとき，Bへの通知の到達の先後にかかわらず，EがCに優先して権利を行使することができる。

（本試験 2003年 問8改題）

問6 遺産分割に関する次の記述のうち，民法の規定及び判例によれば，正しいものはどれか。

❶ 被相続人は，遺言によって遺産分割を禁止することはできず，共同相続人は，遺産分割協議によって遺産の全部又は一部の分割をすることができる。

❷ 共同相続人は，既に成立している遺産分割協議につき，その全部又は一部を全員の合意により解除した上，改めて遺産分割協議を成立させることができる。

❸ 遺産に属する預貯金債権は，相続開始と同時に当然に相続分に応じて分割され，共同相続人は，その持分に応じて，単独で預貯金債権に関する権利を行使することができる。

❹ 遺産の分割は，共同相続人の遺産分割協議が成立した時から効力を生ずるが，第三者の権利を害することはできない。

（本試験 2019年 問6改題）

問7 共有に関する次の記述のうち，民法の規定及び判例によれば，誤っているものはどれか。

❶ 各共有者は，いつでも共有物の分割を請求することができるが，5年を超えない期間内であれば，分割をしない旨の契約をすることができる。

❷ 共有物である現物の分割請求が裁判所になされた場合において，分割によってその価格を著しく減少させるおそれがあるときは，裁判所は共有物の競売を命じることができる。

❸ 各共有者は，共有物の不法占拠者に対し，妨害排除の請求を単独で行うことができる。

❹ 他の共有者との協議に基づかないで，自己の持分に基づいて1人で現に共有物全部を占有する共有者に対し，他の共有者は単独で自己に対する共有物の明渡しを請求することができる。

（本試験 2011年 問3出題）

問8 相隣関係に関する次の記述のうち，民法の規定によれば，誤っているものはどれか。

❶ 土地の所有者は，境界において障壁を修繕するために必要であれば，必要な範囲内で隣地の使用を請求することができる。

❷ 複数の筆の他の土地に囲まれて公道に通じない土地の所有者は，公道に至るため，その土地を囲んでいる他の土地を自由に選んで通行することができる。

❸ Aの隣地の竹木の枝が境界線を越えてもAは竹木所有者の承諾なくその枝を切ることはできないが，隣地の竹木の根が境界線を越えるときは，Aはその根を切り取ることができる。

❹ 異なる慣習がある場合を除き，境界線から1m未満の距離において他人の宅地を見通すことができる窓を設ける者は，目隠しを付けなければならない。

（本試験 2009年 問4出題）

問9 ①不動産質権と②抵当権に関する次の記述のうち，民法の規定によれば，誤っているものはどれか。

❶ ①では，被担保債権の利息のうち，満期となった最後の2年分についてのみ担保されるが，②では，設定行為に別段の定めがない限り，被担保債権の利息は担保されない。

❷ ①は，10年を超える存続期間を定めたときであっても，その期間は10年となるのに対し，②は，存続期間に関する制限はない。

❸ ①は，目的物の引渡しが効力の発生要件であるのに対し，②は，目的物の引渡しは効力の発生要件ではない。

❹ ①も②も不動産に関する物権であり，登記を備えなければ第三者に対抗することができない。

(本試験2017年 問10 出題)

問10 Aが，その過失によってB所有の建物を取り壊し，Bに対して不法行為による損害賠償債務を負担した場合に関する次の記述のうち，民法の規定及び判例によれば，正しいものはどれか。

❶ Aの不法行為に関し，Bにも過失があった場合でも，Aから過失相殺の主張がなければ，裁判所は，賠償額の算定に当たって，賠償金額を減額することができない。

❷ 不法行為がAの過失とCの過失による共同不法行為であった場合，Aの過失がCより軽微なときでも，Bは，Aに対して損害の全額について賠償を請求することができる。

❸ Bが，不法行為による損害と加害者を知った時から1年間，損害賠償請求権を行使しなければ，当該請求権は消滅時効により消滅する。

❹ Aの損害賠償債務は，BからAへ履行の請求があった時から履行遅滞となり，Bは，その時以後の遅延損害金を請求することができる。

(本試験2000年 問8 出題)

問11 Aが所有者として登記されている甲土地上に，Bが所有者として登記されている乙建物があり，CがAから甲土地を購入した場合に関する次の記述のうち，民法及び借地借家法の規定並びに判例によれば，誤っているものはどれか。

❶ Bが甲土地を自分の土地であると判断して乙建物を建築していた場合であっても，Cは，Bに対して建物を収去して土地を明け渡すよう請求できない場合がある。

❷ BがAとの間で甲土地の使用貸借契約を締結していた場合には，Cは，Bに対して建物を収去して土地を明け渡すよう請求できる。

❸ BがAとの間で甲土地の借地契約を締結しており，甲土地購入後に借地権の存続期間が満了した場合であっても，Cは，Bに対して建物を収去して土地を明け渡すよう請求できない場合がある。

❹ BがAとの間で期間を定めずに甲土地の借地契約を締結している場合には，Cは，いつでも正当事由とともに解約を申し入れて，Bに対して建物を収去して土地を明け渡すよう請求できる。

(本試験 2007年 問 13 出題)

問12 Aが所有する甲建物をBに対して賃貸する場合の賃貸借契約の条項に関する次の記述のうち，民法及び借地借家法の規定によれば，誤っているものはどれか。

❶ AB間の賃貸借契約が借地借家法第38条に規定する定期建物賃貸借契約であるか否かにかかわらず，Bの造作買取請求権をあらかじめ放棄する旨の特約は有効に定めることができる。

❷ AB間で公正証書等の書面によって借地借家法第38条に規定する定期建物賃貸借契約を契約期間を2年として締結する場合，契約の更新がなく期間満了により終了することを書面を交付してあらかじめBに説明すれば，期間満了前にAがBに改めて通知しなくても契約が終了する旨の特約を有効に定めることができる。

❸ 法令によって甲建物を2年後には取り壊すことが明らかである場合，取り壊し事由を記載した書面によって契約を締結するのであれば，建物を取り壊すこととなる2年後には更新なく賃貸借契約が終了する旨の特約を有効に定めることができる。

❹ AB間の賃貸借契約が一時使用目的の賃貸借契約であって，賃貸借契約の期間を定めた場合には，Bが賃貸借契約を期間内に解約することができる旨の特約を定めていなければ，Bは賃貸借契約を中途解約することはできない。

(本試験 2011年 問 12 出題)

問13 建物の区分所有等に関する法律に関する次の記述のうち，誤っているものはどれか。

❶ 共用部分の保存行為は，規約に別段の定めがない限り，集会の決議を経ずに各区分所有者が単独ですることができる。

❷ 共用部分の変更（その形状又は効用の著しい変更を伴わないものを除く。）は，区分所有者及び議決権の各4分の3以上の多数による集会の決議で決するが，規約でこの区分所有者の定数及び議決権を各過半数まで減ずることができる。

❸ 管理者は，その職務に関して区分所有者を代理するため，その行為の効果は，規約に別段の定めがない限り，本人である各区分所有者に共用部分の持分の割合に応じて帰属する。

❹ 共用部分の管理に要した各区分所有者の費用の負担については，規約に別段の定めがない限り，共用部分の持分に応じて決まる。

（本試験 2012年 問 13 出題）

問14 不動産の表示に関する登記についての次の記述のうち，誤っているものはどれか。

❶ 土地の地目について変更があったときは，表題部所有者又は所有権の登記名義人は，その変更があった日から1月以内に，当該地目に関する変更の登記を申請しなければならない。

❷ 表題部所有者について住所の変更があったときは，当該表題部所有者は，その変更があった日から1月以内に，当該住所についての変更の登記を申請しなければならない。

❸ 表題登記がない建物（区分建物を除く。）の所有権を取得した者は，その所有権の取得の日から1月以内に，表題登記を申請しなければならない。

❹ 建物が滅失したときは，表題部所有者又は所有権の登記名義人は，その滅失の日から1月以内に，当該建物の滅失の登記を申請しなければならない。

（本試験 2009年 問 14 出題）

問15 国土利用計画法第23条の都道府県知事への届出（以下この問において「事後届出」という。）に関する次の記述のうち，正しいものはどれか。

❶ 宅地建物取引業者Aが，自ら所有する市街化区域内の5,000㎡の土地について，宅地建物取引業者Bに売却する契約を締結した場合，Bが契約締結日から起算して2週間以内に事後届出を行わなかったときは，A及びBは6月以下の懲役又は100万円以下の罰金に処せられる場合がある。

❷ 事後届出に係る土地の利用目的について，甲県知事から勧告を受けた宅地建物取引業者Cは，甲県知事に対し，当該土地に関する権利を買い取るべきことを請求することができる。

❸ 乙市が所有する市街化調整区域内の10,000㎡の土地と丙市が所有する市街化区域内の2,500㎡の土地について，宅地建物取引業者Dが購入する契約を締結した場合，Dは事後届出を行う必要はない。

❹ 事後届出に係る土地の利用目的について，丁県知事から勧告を受けた宅地建物取引業者Eが勧告に従わなかった場合，丁県知事は，その旨及びその勧告の内容を公表しなければならない。

（本試験 2010年 問 15 出題）

問16 都市計画法に関する次の記述のうち，誤っているものはどれか。

❶ 都市計画区域については，用途地域が定められていない土地の区域であっても，一定の場合には，都市計画に，地区計画を定めることができる。

❷ 高度利用地区は，市街地における土地の合理的かつ健全な高度利用と都市機能の更新とを図るため定められる地区であり，用途地域内において定めることができる。

❸ 準都市計画区域においても，用途地域が定められている土地の区域については，市街地開発事業を定めることができる。

❹ 高層住居誘導地区は，住居と住居以外の用途とを適正に配分し，利便性の高い高層住宅の建設を誘導するために定められる地区であり，近隣商業地域及び準工業地域においても定めることができる。

（本試験 2014年 問 15 出題）

問17 都市計画法に関する次の記述のうち，正しいものはどれか。ただし，許可を要する開発行為の面積について，条例による定めはないものとし，この問において「都道府県知事」とは，地方自治法に基づく指定都市，中核市及び施行時特例市にあってはその長をいうものとする。

❶ 準都市計画区域内において，工場の建築の用に供する目的で 1,000㎡の土地の区画形質の変更を行おうとする者は，あらかじめ，都道府県知事の許可を受けなければならない。

❷ 市街化区域内において，農業を営む者の居住の用に供する建築物の建築の用に供する目的で 1,000㎡の土地の区画形質の変更を行おうとする者は，あらかじめ，都道府県知事の許可を受けなければならない。

❸ 都市計画区域及び準都市計画区域外の区域内において，変電所の建築の用に供する目的で 1,000㎡の土地の区画形質の変更を行おうとする者は，あらかじめ，都道府県知事の許可を受けなければならない。

❹ 区域区分の定めのない都市計画区域内において，遊園地の建設の用に供する目的で 3,000㎡の土地の区画形質の変更を行おうとする者は，あらかじめ，都道府県知事の許可を受けなければならない。

(本試験 2017年 問 17 出題)

問18 建築基準法に関する次の記述のうち，正しいものはどれか。

❶ 建築基準法の改正により，現に存する建築物が改正後の建築基準法の規定に適合しなくなった場合，当該建築物は違反建築物となり，速やかに改正後の建築基準法の規定に適合させなければならない。

❷ 事務所の用途に供する建築物を，飲食店（その床面積の合計 250㎡）に用途変更する場合，建築主事又は指定確認検査機関の確認を受けなければならない。

❸ 住宅の居室には，原則として，換気のための窓その他の開口部を設け，その換気に有効な部分の面積は，その居室の床面積に対して，25 分の 1 以上としなければならない。

❹ 建築主事は，建築主から建築物の確認の申請を受けた場合において，申請に係る建築物の計画が建築基準法令の規定に適合しているかを審査すれば足り，都市計画法等の建築基準法以外の法律の規定に適合しているかは審査の対象外である。

(本試験 2012年 問 18 改題)

問19 建築基準法（以下この問において「法」という。）に関する次の記述のうち，正しいものはどれか。

❶ 都市計画区域又は準都市計画区域内における用途地域の指定のない区域内の建築物の建ぺい率の上限値は，原則として，法で定めた数値のうち，特定行政庁が土地利用の状況等を考慮し当該区域を区分して都道府県都市計画審議会の議を経て定めるものとなる。

❷ 第二種中高層住居専用地域内では，原則として，ホテル又は旅館を建築することができる。

❸ 幅員4m以上であり，法が施行された時点又は都市計画区域若しくは準都市計画区域に入った時点で現に存在する道は，特定行政庁の指定がない限り，法上の道路とはならない。

❹ 建築物の前面道路の幅員により制限される容積率について，前面道路が2つ以上ある場合には，これらの前面道路の幅員の最小の数値（12m未満の場合に限る。）を用いて算定する。

（本試験 2017年 問19 出題）

問20 宅地造成等規制法（以下この問において「法」という。）に関する次の記述のうち，誤っているものはどれか。なお，この問において「都道府県知事」とは，地方自治法に基づく指定都市，中核市及び施行時特例市にあってはその長をいうものとする。

❶ 宅地造成工事規制区域外に盛土によって造成された一団の造成宅地の区域において，造成された盛土の高さが5m未満の場合は，都道府県知事は，当該区域を造成宅地防災区域として指定することができない。

❷ 宅地造成工事規制区域内において，切土又は盛土をする土地の面積が600㎡である場合，その土地における排水施設は，政令で定める資格を有する者によって設計される必要はない。

❸ 宅地造成工事規制区域内の宅地において，高さが2mを超える擁壁を除却する工事を行おうとする者は，一定の場合を除き，その工事に着手する日の14日前までにその旨を都道府県知事に届け出なければならない。

❹ 宅地造成工事規制区域内において，宅地以外の土地を宅地に転用した者は，一定の場合を除き，その転用した日から14日以内にその旨を都道府県知事に届け出なければならない。

（本試験 2016年 問20 出題）

問21 土地区画整理法に関する次の記述のうち，正しいものはどれか。

❶ 組合施行の土地区画整理事業において，施行地区内の宅地について所有権を有する組合員から当該所有権の一部のみを承継した者は，当該組合員とはならない。

❷ 組合施行の土地区画整理事業において，換地処分前に，施行地区内の宅地について所有権を有する組合員から当該所有権を譲り受けた者は，当該組合の総会において賦課金徴収の議決があったときは，賦課金の納付義務を負う。

❸ 換地処分は，換地計画に係る区域の全部について土地区画整理事業の工事がすべて完了した後でなければすることができない。

❹ 組合施行の土地区画整理事業において，定款に特別の定めがある場合には，換地計画において，保留地の取得を希望する宅地建物取引業者に当該保留地に係る所有権が帰属するよう定めることができる。

（本試験 2006年 問 24 出題）

問22 農地法（以下この問において「法」という。）に関する次の記述のうち，正しいものはどれか。

❶ 農業者が相続により取得した市街化調整区域内の農地を自己の住宅用地として転用する場合には，法第 4 条第 1 項の許可を受ける必要はない。

❷ 住宅を建設する目的で市街化区域内の農地の所有権を取得するに当たって，あらかじめ農業委員会に届け出た場合には，法第 5 条第 1 項の許可を受ける必要はない。

❸ 耕作する目的で原野の所有権を取得し，その取得後，造成して農地にする場合には，法第 3 条第 1 項の許可を受ける必要がある。

❹ 市街化調整区域内の農地を駐車場に転用するに当たって，当該農地がすでに利用されておらず遊休化している場合には，法第 4 条第 1 項の許可を受ける必要はない。

（本試験 2007年 問 25 出題）

印紙税に関する次の記述のうち，正しいものはどれか。

❶ 当初作成した土地の賃貸借契約書において記載がされていなかった「契約期間」を補充するために「契約期間は 10 年とする」旨が記載された覚書を作成したが，当該覚書にも印紙税が課される。

❷ 本契約書を後日作成することを文書上で明らかにした，土地を 8,000 万円で譲渡することを証した仮契約書には，印紙税は課されない。

❸ 「甲土地を 6,000 万円，乙建物を 3,500 万円，丙建物を 1,500 万円で譲渡する」旨を記載した契約書を作成した場合，印紙税の課税標準となる当該契約書の記載金額は，6,000 万円である。

❹ 「A の所有する土地（価額 7,000 万円）と B の所有する土地（価額 1 億円）とを交換し，A は B に差額 3,000 万円支払う」旨を記載した土地交換契約書を作成した場合，印紙税の課税標準となる当該契約書の記載金額は，3,000 万円である。

（本試験 2011年 問 23 出題）

問24 固定資産税に関する次の記述のうち，正しいものはどれか。

❶ 令和 3 年 1 月 15 日に新築された家屋に対する令和 3 年度分の固定資産税は，新築住宅に係る特例措置により税額の 2 分の 1 が減額される。

❷ 固定資産税の税率は，1.7％を超えることができない。

❸ 区分所有家屋の土地に対して課される固定資産税は，各区分所有者が連帯して納税義務を負う。

❹ 市町村は，財政上その他特別の必要がある場合を除き，当該市町村の区域内において同一の者が所有する土地に係る固定資産税の課税標準額が 30 万円未満の場合には課税できない。

（本試験 2015年 問 24 改題）

問25 地価公示法に関する次の記述のうち，正しいものはどれか。

❶ 都市及びその周辺の地域等において，土地の取引を行う者は，取引の対象土地から最も近傍の標準地について公示された価格を指標として取引を行うよう努めなければならない。

❷ 標準地は，都市計画区域外や国土利用計画法の規定により指定された規制区域内からは選定されない。

❸ 標準地の正常な価格とは，土地について，自由な取引が行われるとした場合におけるその取引（一定の場合を除く。）において通常成立すると認められる価格をいい，当該土地に関して地上権が存する場合は，この権利が存しないものとして通常成立すると認められる価格となる。

❹ 土地鑑定委員会は，自然的及び社会的条件からみて類似の利用価値を有すると認められる地域において，土地の利用状況，環境等が特に良好と認められる一団の土地について標準地を選定する。

（本試験 2019年 問 25 出題）

問26 宅地建物取引業の免許（以下この問において「免許」という。）に関する次の記述のうち，正しいものはどれか。

❶ Aの所有するオフィスビルを賃借しているBが，不特定多数の者に反復継続して転貸する場合，AとBは免許を受ける必要はない。

❷ 建設業の許可を受けているCが，建築請負契約に付随して，不特定多数の者に建物の敷地の売買を反復継続してあっせんする場合，Cは免許を受ける必要はない。

❸ Dが共有会員制のリゾートクラブ会員権（宿泊施設等のリゾート施設の全部又は一部の所有権を会員が共有するもの）の売買の媒介を不特定多数の者に反復継続して行う場合，Dは免許を受ける必要はない。

❹ 宅地建物取引業者であるE（個人）が死亡し，その相続人FがEの所有していた土地を20区画に区画割りし，不特定多数の者に宅地として分譲する場合，Fは免許を受ける必要はない。

（本試験 2005年 問 30 出題）

問27 宅地建物取引業の免許（以下この問において「免許」という。）に関する次の記述のうち，正しいものはいくつあるか。

ア 破産手続開始の決定を受けた個人Aは，復権を得てから5年を経過しなければ，免許を受けることができない。

イ 宅地建物取引業法の規定に違反したことにより罰金の刑に処せられた取締役がいる法人Bは，その刑の執行が終わった日から5年を経過しなければ，免許を受けることができない。

ウ 宅地建物取引業者Cは，業務停止処分の聴聞の期日及び場所が公示された日から当該処分をする日又は当該処分をしないことを決定する日までの間に，相当の理由なく廃業の届出を行った。この場合，Cは，当該届出の日から5年を経過しなければ，免許を受けることができない。

エ 宅地建物取引業に係る営業に関し成年者と同一の行為能力を有する未成年者Dは，その法定代理人が禁錮以上の刑に処せられ，その刑の執行が終わった日から5年を経過しなければ，免許を受けることができない。

❶ 一つ　　**❷** 二つ

❸ 三つ　　**❹** 四つ

（本試験 2009年 問27 改題）

問28 宅地建物取引業者A（消費税課税事業者）は，Bが所有する建物について，B及びCから媒介の依頼を受け，Bを貸主，Cを借主とし，1か月分の借賃を10万円（消費税等相当額を含まない。），CからBに支払われる権利金（権利設定の対価として支払われる金銭であって返還されないものであり，消費税等相当額を含まない。）を150万円とする定期建物賃貸借契約を成立させた。この場合における次の記述のうち，宅地建物取引業法の規定によれば，正しいものはどれか。

❶ 建物が店舗用である場合，Aは，B及びCの承諾を得たときは，B及びCの双方からそれぞれ11万円の報酬を受けることができる。

❷ 建物が居住用である場合，Aが受け取ることができる報酬の額は，CからBに支払われる権利金の額を売買に係る代金の額とみなして算出される16万5,000円が上限となる。

❸ 建物が店舗用である場合，Aは，Bからの依頼に基づくことなく広告をした場合でも，その広告が賃貸借契約の成立に寄与したときは，報酬とは別に，その広告料金に相当する額をBに請求することができる。

❹ 定期建物賃貸借契約の契約期間が終了した直後にAが依頼を受けてBC間の定期建物賃貸借契約の再契約を成立させた場合，Aが受け取る報酬については，宅地建物取引業法の規定が適用される。

（本試験 2018年 問30 改題）

問29 宅地建物取引業者が行う広告に関する次の記述のうち，宅地建物取引業法（以下この問において「法」という。）の規定によれば，正しいものはいくつあるか。

ア 建物の所有者と賃貸借契約を締結し，当該建物を転貸するための広告をする際は，当該広告に自らが契約の当事者となって貸借を成立させる旨を明示しなければ，法第34条に規定する取引態様の明示義務に違反する。

イ 居住用賃貸マンションとする予定の建築確認申請中の建物については，当該建物の貸借に係る媒介の依頼を受け，媒介契約を締結した場合であっても，広告をすることができない。

ウ 宅地の売買に関する広告をインターネットで行った場合において，当該宅地の売買契約成立後に継続して広告を掲載していたとしても，最初の広告掲載時点で当該宅地に関する売買契約が成立していなければ，法第32条に規定する誇大広告等の禁止に違反することはない。

エ 新築分譲住宅としての販売を予定している建築確認申請中の物件については，建築確認申請中である旨を表示をすれば，広告をすることができる。

❶ 一つ　　**❷** 二つ
❸ 三つ　　**❹** 四つ

(本試験 2012年 問28 出題)

問30 宅地建物取引業者が，宅地建物取引業法第35条に規定する重要事項について説明をする場合に関する次の記述のうち，正しいものはどれか。

❶ 自ら売主として，マンション（建築工事完了前）の分譲を行うに当たり，建物の完成時における当該マンションの外壁の塗装については説明しなくてもよいが，建物の形状や構造については平面図を交付して説明しなければならない。

❷ 事業用建物の賃貸借の媒介を行うに当たっても，居住用建物と同様に，台所，浴室等の設備の整備状況について説明しなければならない。

❸ 宅地建物取引業者ではない売主から依頼されて建物の売買の媒介を行うに当たり，損害賠償額の予定は説明しなくてもよいが，売主が契約不適合担保責任を負わないことについては説明しなければならない。

❹ 自ら売主として，マンションの分譲を行うに当たり，管理組合の総会の議決権に関する事項については，管理規約を添付して説明しなければならない。

(本試験 2004年 問38 改題)

宅地建物取引業者Ａは，Ｂが所有し，居住している甲住宅の売却の媒介を，また，宅地建物取引業者Ｃは，Ｄから既存住宅の購入の媒介を依頼され，それぞれ媒介契約を締結した。その後，Ｂ及びＤは，それぞれＡ及びＣの媒介により，甲住宅の売買契約（以下この問において「本件契約」という。）を締結した。この場合における次の記述のうち，宅地建物取引業法（以下この問において「法」という。）の規定によれば，正しいものはどれか。なお，この問において「建物状況調査」とは，法第34条の2第1項第4号に規定する調査をいうものとする。

❶ Ａは，甲住宅の売却の依頼を受けた媒介業者として，本件契約が成立するまでの間に，Ｄに対し，建物状況調査を実施する者のあっせんの有無について確認しなければならない。

❷ Ａ及びＣは，本件契約が成立するまでの間に，Ｄに対し，甲住宅について，設計図書，点検記録その他の建物の建築及び維持保全の状況に関する書類で国土交通省令で定めるものの保存の状況及びそれぞれの書類に記載されている内容について説明しなければならない。

❸ ＣがＤとの間で媒介契約を締結する2年前に，甲住宅は既に建物状況調査を受けていた。この場合において，Ａ及びＣは，本件契約が成立するまでの間に，Ｄに対し，建物状況調査を実施している旨及びその結果の概要について説明しなければならない。

❹ Ａ及びＣは，Ｄが宅地建物取引業者である場合であっても，法第37条に基づき交付すべき書面において，甲住宅の構造耐力上主要な部分等の状況について当事者の双方が確認した事項があるときにその記載を省略することはできない。

（本試験 2018年 問 27 出題）

問32 宅地建物取引業者Aの業務に関する次の記述のうち，宅地建物取引業法（以下この問において「法」という。）の規定に違反しないものはどれか。

❶ Aは，マンションの一室の賃貸借を媒介するに当たり，建物の区分所有等に関する法律第2条第3項に規定する専有部分の用途について，管理規約で「ペット飼育禁止」の制限があったが，借主（宅地建物取引業者ではないものとする）に対し，そのことに関して法第35条の重要事項の説明を行わなかった。

❷ Aは，自ら売主となり，土地付建物の売買契約を締結したが，買主（宅地建物取引業者ではないものとする）Bが当該建物の隣に住んでいるので，都市ガスが供給されることを知っているとして，Bに対し，ガスの供給に関して法第35条の重要事項の説明を行わなかった。

❸ Aは，オフィスビルの所有者Cから賃貸借の媒介を依頼されたが，過去数次にわたってCの物件について賃貸借の媒介をしていたことから，当該依頼に係る媒介契約を締結したとき，Cに対し，書面の作成及び交付を行わなかった。

❹ Aは，売主Dと買主E（宅地建物取引業者ではないものとする）との間における中古マンションの売買を媒介するに当たり，管理規約に定めのある修繕積立金をDが滞納していたが，Eに対し，そのことに関して法第35条の重要事項の説明を行わなかった。

（本試験 2003年 問45改題）

宅地建物取引業者A社は，自ら売主として宅地建物取引業者でない買主Bとの間で，中古マンション（代金2,000万円）の売買契約（以下「本件売買契約」という。）を締結し，その際，代金に充当される解約手付金200万円（以下「本件手付金」という。）を受領した。この場合におけるA社の行為に関する次の記述のうち，宅地建物取引業法（以下この問において「法」という。）の規定に違反するものはいくつあるか。

ア 引渡前に，A社は，代金に充当される中間金として100万円をBから受領し，その後，本件手付金と当該中間金について法第41条の2に定める保全措置を講じた。

イ 本件売買契約締結前に，A社は，Bから申込証拠金として10万円を受領した。本件売買契約締結時に，当該申込証拠金を代金の一部とした上で，A社は，法第41条の2に定める保全措置を講じた後，Bから本件手付金を受領した。

ウ A社は，本件手付金の一部について，Bに貸付けを行い，本件売買契約の締結を誘引した。

❶ 一つ

❷ 二つ

❸ 三つ

❹ なし

（本試験 2012年 問34 出題）

問34 宅地建物取引業者が行う宅地建物取引業法第35条に規定する重要事項の説明に関する次の記述のうち，正しいものはどれか。なお，説明の相手方は宅地建物取引業者ではないものとする。

❶ 宅地の売買の媒介を行う場合，売買の各当事者すなわち売主及び買主に対して，書面を交付して説明しなければならない。

❷ 宅地の売買の媒介を行う場合，代金に関する金銭の貸借のあっせんの内容及び当該あっせんに係る金銭の貸借が成立しないときの措置について，説明しなければならない。

❸ 建物の貸借の媒介を行う場合，私道に関する負担について，説明しなければならない。

❹ 建物の売買の媒介を行う場合，天災その他不可抗力による損害の負担に関する定めがあるときは，その内容について，説明しなければならない。

(本試験 2017年 問33 出題)

問35 次の記述のうち，宅地建物取引業法の規定によれば，正しいものはどれか。なお，この問において「免許」とは，宅地建物取引業の免許をいう。

❶ 宅地建物取引業者Aは，免許の更新を申請したが，免許権者である甲県知事の申請に対する処分がなされないまま，免許の有効期間が満了した。この場合，Aは，当該処分がなされるまで，宅地建物取引業を営むことができない。

❷ Bは，新たに宅地建物取引業を営むため免許の申請を行った。この場合，Bは，免許の申請から免許を受けるまでの間に，宅地建物取引業を営む旨の広告を行い，取引する物件及び顧客を募ることができる。

❸ 宅地建物取引業者Cは，宅地又は建物の売買に関連し，兼業として，新たに不動産管理業を営むこととした。この場合，Cは兼業で不動産管理業を営む旨を，免許権者である国土交通大臣又は都道府県知事に届け出なければならない。

❹ 宅地建物取引業者である法人Dが，宅地建物取引業者でない法人Eに吸収合併されたことにより消滅した場合，一般承継人であるEは，Dが締結した宅地又は建物の契約に基づく取引を結了する目的の範囲内において宅地建物取引業者とみなされる。

(本試験 2017年 問36 出題)

問36 宅地建物取引業者Aが宅地建物取引業法第37条の規定により交付すべき書面（以下この問において「37条書面」という。）に関する次の記述のうち，同法の規定によれば，誤っているものの組合せはどれか。

ア Aが売主として宅地建物取引業者Bの媒介により，土地付建物の売買契約を締結した場合，Bが37条書面を作成し，その宅地建物取引士をして当該書面に記名押印させれば，Aは，宅地建物取引士による37条書面への記名押印を省略することができる。

イ Aがその媒介により，事業用宅地の定期賃貸借契約を公正証書によって成立させた場合，当該公正証書とは別に37条書面を作成して交付するに当たって，宅地建物取引士をして記名押印させる必要はない。

ウ Aが売主としてCとの間で売買契約を成立させた場合（Cは自宅を売却して購入代金に充てる予定である。），AC間の売買契約に「Cは，自宅を一定の金額以上で売却できなかった場合，本件売買契約を無条件で解除できる」旨の定めがあるときは，Aは，37条書面にその内容を記載しなければならない。

❶ ア，イ
❷ ア，ウ
❸ イ，ウ
❹ ア，イ，ウ

（本試験 2014年 問 42 出題）

問37 宅地建物取引士と宅地建物取引士証に関する次の記述のうち，宅地建物取引業法の規定によれば，正しいものはどれか。

❶ 宅地建物取引士は，常時宅地建物取引士証を携帯して，取引の関係者から請求があったとき提示することを要し，これに違反したときは，過料に処せられることがある。

❷ 宅地建物取引士は，宅地建物取引士証を紛失した場合，その再交付がなされるまでの間であっても，宅地建物取引士証を提示することなく，重要事項説明を行ったときは，宅地建物取引士としてすべき事務を行うことを禁止されることがある。

❸ 宅地建物取引士は，宅地建物取引士証を他人に貸与してはならず，これに違反したときは，事務の禁止の処分を受けることがあるが，情状が特に重くても，登録を消除されることはない。

❹ 宅地建物取引士は，勤務先を変更したとき，宅地建物取引士証の書換え交付の申請を行わなければならない。

（本試験 1994年 問 37 改題）

問38 自らが売主である宅地建物取引業者Ａと，宅地建物取引業者でないＢとの間での売買契約に関する次の記述のうち，宅地建物取引業法（以下この問において「法」という。）の規定によれば，正しいものはどれか。

❶ Ａは，Ｂとの間における建物の売買契約（代金2,000万円）の締結に当たり，手付金として100万円の受領を予定していた。この場合において，損害賠償の予定額を定めるときは，300万円を超えてはならない。

❷ ＡとＢが締結した建物の売買契約において，Ｂが手付金の放棄による契約の解除ができる期限について，金融機関からＢの住宅ローンの承認が得られるまでとする旨の定めをした。この場合において，Ａは，自らが契約の履行に着手する前であれば，当該承認が得られた後は，Ｂの手付金の放棄による契約の解除を拒むことができる。

❸ Ａは，喫茶店でＢから宅地の買受けの申込みを受けたことから，翌日，前日と同じ喫茶店で当該宅地の売買契約を締結し，代金の全部の支払を受けた。その4日後に，Ｂから法第37条の2の規定に基づくいわゆるクーリング・オフによる当該契約を解除する旨の書面による通知を受けた場合，Ａは，当該宅地をＢに引き渡していないときは，代金の全部が支払われたことを理由に当該解除を拒むことはできない。

❹ Ａは，Ｂとの間で宅地の割賦販売の契約（代金3,000万円）を締結し，当該宅地を引き渡した。この場合において，Ａは，Ｂから1,500万円の賦払金の支払を受けるまでに，当該宅地に係る所有権の移転登記をしなければならない。

（本試験2009年 問37出題）

問39 次の記述のうち，宅地建物取引業法（以下この問において「法」という。）の規定によれば，正しいものはどれか。

❶ 宅地建物取引業者A（甲県知事免許）は，マンション管理業に関し，不正又は著しく不当な行為をしたとして，マンションの管理の適正化の推進に関する法律に基づき，国土交通大臣から業務の停止を命じられた。この場合，Aは，甲県知事から法に基づく指示処分を受けることがある。

❷ 国土交通大臣は，宅地建物取引業者B（乙県知事免許）の事務所の所在地を確知できない場合，その旨を官報及び乙県の公報で公告し，その公告の日から30日を経過してもBから申出がないときは，Bの免許を取り消すことができる。

❸ 国土交通大臣は，宅地建物取引業者C（国土交通大臣免許）に対し，法第35条の規定に基づく重要事項の説明を行わなかったことを理由に業務停止を命じた場合は，遅滞なく，その旨を内閣総理大臣に通知しなければならない。

❹ 宅地建物取引業者D（丙県知事免許）は，法第72条第1項に基づく丙県職員による事務所への立入検査を拒んだ。この場合，Dは，50万円以下の罰金に処せられることがある。

(本試験 2017年 問 29 出題)

問40 宅地建物取引業者Aは，BからB所有の宅地の売却について媒介の依頼を受けた。この場合における次の記述のうち，宅地建物取引業法（以下この問において「法」という。）の規定によれば，誤っているものはいくつあるか。

ア AがBとの間で専任媒介契約を締結し，Bから「売却を秘密にしておきたいので指定流通機構への登録をしないでほしい」旨の申出があった場合，Aは，そのことを理由に登録をしなかったとしても法に違反しない。

イ AがBとの間で媒介契約を締結した場合，Aは，Bに対して遅滞なく法第34条の2第1項の規定に基づく書面を交付しなければならないが，Bが宅地建物取引業者であるときは，当該書面の交付を省略することができる。

ウ AがBとの間で有効期間を3月とする専任媒介契約を締結した場合，期間満了前にBから当該契約の更新をしない旨の申出がない限り，当該期間は自動的に更新される。

エ AがBとの間で一般媒介契約（専任媒介契約でない媒介契約）を締結し，当該媒介契約において，重ねて依頼する他の宅地建物取引業者を明示する義務がある場合，Aは，Bが明示していない他の宅地建物取引業者の媒介又は代理によって売買の契約を成立させたときの措置を法第34条の2第1項の規定に基づく書面に記載しなければならない。

❶ 一つ　　**❷** 二つ
❸ 三つ　　**❹** 四つ

（本試験 2014年 問 32 出題）

問41 宅地建物取引士Aが甲県知事の宅地建物取引士資格登録（以下この問において「登録」という。）を受けている場合に関する次の記述のうち，正しいものはどれか。

❶ Aが，乙県に所在する宅地建物取引業者の事務所の業務に従事するため，登録の移転とともに宅地建物取引士証の交付を受けたとき，登録移転後の新たな宅地建物取引士証の有効期間は，その交付の日から5年となる。

❷ Aが，宅地建物取引士として行う事務に関し不正な行為をしたとして，乙県知事から事務禁止処分を受けたときは，Aは，速やかに，宅地建物取引士証を乙県知事に提出しなければならない。

❸ Aは，氏名を変更したときは，遅滞なく変更の登録を申請するとともに，当該申請とあわせて，宅地建物取引士証の書換え交付を申請しなければならない。

❹ Aは，宅地建物取引士証の有効期間の更新を受けようとするときは，甲県知事に申請し，その申請前6月以内に行われる国土交通大臣の登録を受けた講習を受講しなければならない。

（本試験 1998年 問 30 改題）

問42 宅地建物取引業者Ａ社が，自ら売主として宅地建物取引業者でない買主Ｂとの間で締結した投資用マンションの売買契約について，Ｂが宅地建物取引業法第37条の2の規定に基づき，いわゆるクーリング・オフによる契約の解除をする場合における次の記述のうち，誤っているものの組合せはどれか。

ア　Ａ社は，契約解除に伴う違約金の定めがある場合，クーリング・オフによる契約の解除が行われたときであっても，違約金の支払を請求することができる。

イ　Ａ社は，クーリング・オフによる契約の解除が行われた場合，買受けの申込み又は売買契約の締結に際し受領した手付金その他の金銭の倍額をＢに償還しなければならない。

ウ　Ｂは，投資用マンションに関する説明を受ける旨を申し出た上で，喫茶店で買受けの申込みをした場合，その5日後，Ａ社の事務所で売買契約を締結したときであっても，クーリング・オフによる契約の解除をすることができる。

❶　ア，イ
❷　ア，ウ
❸　イ，ウ
❹　ア，イ，ウ

(本試験 2011年 問35 出題)

問43 宅地建物取引業者の営業保証金に関する次の記述のうち，宅地建物取引業法の規定によれば，誤っているものはどれか。なお，この問において，「還付請求権者」とは，同法第 27 条第 1 項の規定に基づき，営業保証金の還付を請求する権利を有する者をいう。

❶ 宅地建物取引業者は，宅地建物取引業に関し不正な行為をし，情状が特に重いとして免許を取り消されたときであっても，営業保証金を取り戻すことができる場合がある。

❷ 宅地建物取引業者は，免許の有効期間満了に伴い営業保証金を取り戻す場合は，還付請求権者に対する公告をすることなく，営業保証金を取り戻すことができる。

❸ 宅地建物取引業者は，一部の支店を廃止したことにより，営業保証金の額が政令で定める額を超えた場合は，還付請求権者に対し所定の期間内に申し出るべき旨を公告し，その期間内にその申出がなかったときに，その超過額を取り戻すことができる。

❹ 宅地建物取引業者は，宅地建物取引業保証協会の社員となった後において，社員となる前に供託していた営業保証金を取り戻す場合は，還付請求権者に対する公告をすることなく，営業保証金を取り戻すことができる。

（本試験 2010 年 問 31 出題）

問44 宅地建物取引業保証協会（以下この問において「保証協会」という。）に関する次の記述のうち，正しいものはどれか。

❶ 還付充当金の未納により保証協会の社員の地位を失った宅地建物取引業者は，その地位を失った日から 2 週間以内に弁済業務保証金を供託すれば，その地位を回復する。

❷ 保証協会は，その社員である宅地建物取引業者から弁済業務保証金分担金の納付を受けたときは，その納付を受けた日から 2 週間以内に，その納付を受けた額に相当する額の弁済業務保証金を供託しなければならない。

❸ 保証協会は，弁済業務保証金の還付があったときは，当該還付に係る社員又は社員であった者に対して，当該還付額に相当する額の還付充当金を保証協会に納付すべきことを通知しなければならない。

❹ 宅地建物取引業者が保証協会の社員となる前に，当該宅地建物取引業者に建物の貸借の媒介を依頼した者（宅地建物取引業者を除く）は，その取引により生じた債権に関し，当該保証協会が供託した弁済業務保証金について弁済を受ける権利を有しない。

（本試験 2014 年 問 39 改題）

問45 特定住宅瑕疵担保責任の履行の確保等に関する法律に基づく住宅販売瑕疵担保保証金の供託又は住宅販売瑕疵担保責任保険契約の締結に関する次の記述のうち，正しいものはどれか。

❶ 自ら売主として新築住宅を宅地建物取引業者でない買主に引き渡した宅地建物取引業者は，基準日に係る住宅販売瑕疵担保保証金の供託及び住宅販売瑕疵担保責任保険契約の締結の状況について届出をしなければ，当該基準日から起算して50日を経過した日以後，新たに自ら売主となる新築住宅の売買契約を締結してはならない。

❷ 宅地建物取引業者は，自ら売主として新築住宅を販売する場合だけでなく，新築住宅の売買の媒介をする場合においても，住宅販売瑕疵担保保証金の供託又は住宅販売瑕疵担保責任保険契約の締結を行う義務を負う。

❸ 住宅販売瑕疵担保責任保険契約は，新築住宅の買主が保険料を支払うことを約し，住宅瑕疵担保責任保険法人と締結する保険契約である。

❹ 自ら売主として新築住宅を販売する宅地建物取引業者は，住宅販売瑕疵担保保証金の供託をする場合，当該新築住宅の売買契約を締結するまでに，当該新築住宅の買主に対し，当該供託をしている供託所の所在地，供託所の表示等について記載した書面を交付して説明しなければならない。

（本試験 2014年 問45出題）

問46 独立行政法人住宅金融支援機構（以下この問において「機構」という。）に関する次の記述のうち，誤っているものはどれか。

❶ 機構は，団体信用生命保険業務として，貸付けを受けた者が死亡した場合のみならず，重度障害となった場合においても，支払われる生命保険の保険金を当該貸付けに係る債務の弁済に充当することができる。

❷ 機構は，直接融資業務において，高齢者の死亡時に一括償還をする方法により貸付金の償還を受けるときは，当該貸付金の貸付けのために設定された抵当権の効力の及ぶ範囲を超えて，弁済の請求をしないことができる。

❸ 証券化支援業務（買取型）に係る貸付金の利率は，貸付けに必要な資金の調達に係る金利その他の事情を勘案して機構が定めるため，どの金融機関においても同一の利率が適用される。

❹ 証券化支援業務（買取型）において，機構による譲受けの対象となる住宅の購入に必要な資金の貸付けに係る金融機関の貸付債権には，当該住宅の購入に付随する改良に必要な資金も含まれる。

（本試験 2017年　問 46 出題）

問47 宅地建物取引業者が行う広告に関する次の記述のうち，不当景品類及び不当表示防止法の規定によれば，正しいものはどれか。

❶ 不動産の販売広告において，自己の販売する物件の価格等の取引条件が競争事業者のものより有利である旨表示し，一般消費者を誘引して顧客を獲得しても，その表示内容を裏付ける合理的な根拠を広告に示していれば，不当表示となるおそれはない。

❷ 不動産の販売広告に係る甲物件の取引を顧客が申し出た場合に，甲物件に案内することを拒否したり，甲物件の難点を指摘して取引に応じることなく顧客に他の物件を勧めたときでも，甲物件が存在していれば，その広告は不当表示となるおそれはない。

❸ 新聞の折込広告において，分譲住宅40戸の販売を一斉に開始して1年経過後，売れ残った住宅30戸の販売を一時中止し，その6カ月後に一般日刊新聞紙の紙面広告で当該住宅を「新発売」と表示して販売したときでも，広告媒体が異なるので，不当表示となるおそれはない。

❹ 市街化調整区域内に所在する土地（開発許可を受けた開発区域内の土地その他の一定の土地を除く。）の販売広告においては，「市街化調整区域」と表示し，このほかに「現在は建築不可」と表示さえすれば，市街化区域への区分の変更が行われる予定がないとしても，不当表示となるおそれはない。

（本試験 1999年 問 47 改題）

問48 宅地建物取引業者が行う広告に関する次の記述のうち，不当景品類及び不当表示防止法（不動産の表示に関する公正競争規約を含む。）の規定によれば，正しいものはどれか。

❶ 新築分譲住宅について，価格Ａで販売を開始してから３か月以上経過したため，価格Ａから価格Ｂに値下げをすることとし，価格Ａと価格Ｂを併記して，値下げをした旨を表示する場合，値下げ金額が明確になっていれば，価格Ａの公表時期や値下げの時期を表示する必要はない。

❷ 土地上に古家が存在する場合に，当該古家が，住宅として使用することが可能な状態と認められる場合であっても，古家がある旨を表示すれば，売地と表示して販売しても不当表示に問われることはない。

❸ 新築分譲マンションの広告において，当該マンションの完成図を掲載する際に，敷地内にある電柱及び電線を消去する加工を施した場合であっても，当該マンションの外観を消費者に対し明確に示すためであれば，不当表示に問われることはない。

❹ 複数の売買物件を１枚の広告に掲載するに当たり，取引態様が複数混在している場合には，広告の下部にまとめて表示すれば，どの物件がどの取引態様かを明示していなくても不当表示に問われることはない。

(本試験 2018年 問 47 出題)

問49 土地に関する次の記述のうち，誤っているものはどれか。

❶ 丘陵地や台地内の小さな谷間は，軟弱地盤であることが多く，これを埋土して造成された宅地では，地盤沈下や排水不良を生じることが多い。

❷ 宅地周りの既存の擁壁の上に，ブロックを積み増し，盛土して造成することにより，宅地面積を広げつつ，安全な宅地として利用できることが多い。

❸ 丘陵地を切り盛りして平坦化した宅地において，切土部と盛土部にまたがる区域では，沈下量の違いにより不同沈下を生じやすい。

❹ 宅地の安定に排水処理は重要であり，擁壁の水抜き穴，盛土のり面の小段の排水溝等による排水処理の行われていない宅地は，不適当であることが多い。

(本試験 1997年 問 50 出題)

❶ ラーメン構造は，柱とはりを組み合わせた直方体で構成する骨組である。

❷ トラス式構造は，細長い部材を三角形に組み合わせた構成の構造である。

❸ アーチ式構造は，スポーツ施設のような大空間を構成するには適していない構造である。

❹ 壁式構造は，柱とはりではなく，壁板により構成する構造である。

（本試験 2011年 問 50 出題）

第４回　解答用紙

得点　／50

問題番号	解　答　番　号				問題番号	解　答　番　号			
第1問	①	②	③	④	第26問	①	②	③	④
第2問	①	②	③	④	第27問	①	②	③	④
第3問	①	②	③	④	第28問	①	②	③	④
第4問	①	②	③	④	第29問	①	②	③	④
第5問	①	②	③	④	第30問	①	②	③	④
第6問	①	②	③	④	第31問	①	②	③	④
第7問	①	②	③	④	第32問	①	②	③	④
第8問	①	②	③	④	第33問	①	②	③	④
第9問	①	②	③	④	第34問	①	②	③	④
第10問	①	②	③	④	第35問	①	②	③	④
第11問	①	②	③	④	第36問	①	②	③	④
第12問	①	②	③	④	第37問	①	②	③	④
第13問	①	②	③	④	第38問	①	②	③	④
第14問	①	②	③	④	第39問	①	②	③	④
第15問	①	②	③	④	第40問	①	②	③	④
第16問	①	②	③	④	第41問	①	②	③	④
第17問	①	②	③	④	第42問	①	②	③	④
第18問	①	②	③	④	第43問	①	②	③	④
第19問	①	②	③	④	第44問	①	②	③	④
第20問	①	②	③	④	第45問	①	②	③	④
第21問	①	②	③	④	第46問	①	②	③	④
第22問	①	②	③	④	第47問	①	②	③	④
第23問	①	②	③	④	第48問	①	②	③	④
第24問	①	②	③	④	第49問	①	②	③	④
第25問	①	②	③	④	第50問	①	②	③	④

冊子の使い方

この色紙を残したまま、「問題冊子」を
取り外し、ご利用ください。

※抜き取りの際の破損等による返品・交換には応じられません
　のでご注意ください。

解答用紙の使い方

「問題冊子」を抜き取った後の色紙の裏
表紙を破線に沿って切り取り、コピー
してご利用ください。

第5回 問題

上級編①

 合格推定点 **34**点

 制 限 時 間 **2**時間

問1 AがBに甲土地を売却した場合に関する次の記述のうち，民法の規定及び判例によれば，誤っているものはどれか。

❶ 甲土地につき売買代金の支払と登記の移転がなされた後，第三者の詐欺を理由に売買契約が取り消された場合，原状回復のため，BはAに登記を移転する義務を，AはBに代金を返還する義務を負い，各義務は同時履行の関係となる。

❷ Aが甲土地を売却した意思表示に錯誤があったとしても，Aに重大な過失があって取消しを主張することができない場合は，BもAの錯誤を理由として取消しを主張することはできない。

❸ AB間の売買契約が仮装譲渡であり，その後BがCに甲土地を転売した場合，Cが仮装譲渡の事実を知らなければ，Aは，Cに虚偽表示による無効を対抗することができない。

❹ Aが第三者の詐欺によってBに甲土地を売却し，その後BがDに甲土地を転売した場合，Bが第三者の詐欺の事実を過失なく知らなかったとしても，Dが第三者の詐欺の事実を知っていれば，Aは詐欺を理由にAB間の売買契約を取り消すことができる。

（本試験 2018年 問1出題）

問2 民法上の委任契約に関する次の記述のうち，民法の規定によれば，誤っているものはどれか。

❶ 委任契約は，委任者又は受任者のいずれからも，いつでもその解除をすることができる。ただし，相手方に不利な時期に委任契約の解除をしたときは，相手方に対して損害賠償責任を負う場合がある。

❷ 委任者が破産手続開始決定を受けた場合，委任契約は終了する。

❸ 委任契約が委任者の死亡により終了した場合，受任者は，委任者の相続人から終了についての承諾を得るときまで，委任事務を処理する義務を負う。

❹ 委任契約の終了事由は，これを相手方に通知したとき，又は相手方がこれを知っていたときでなければ，相手方に対抗することができず，そのときまで当事者は委任契約上の義務を負う。

（本試験 2006年 問9出題）

問3　令和３年９月１日にＡ所有の甲建物につきＡＢ間で売買契約が成立し，当該売買契約において同年９月30日をもってＢの代金支払と引換えにＡは甲建物をＢに引き渡す旨合意されていた。この場合に関する次の記述のうち，民法の規定によれば，正しいものはどれか。

❶　甲建物が同年８月31日時点でＡＢ両者の責めに帰すことができない火災により滅失していた場合，甲建物の売買契約は無効となり，Ａの甲建物引渡し債務も，Ｂの代金支払債務も共に消滅する。

❷　甲建物が同年９月15日時点でＡの責めに帰すべき火災により滅失した場合，有効に成立していた売買契約は，Ａの債務不履行によって無効となる。

❸　甲建物が同年９月15日時点でＢの責めに帰すべき火災により滅失した場合，Ｂは，代金支払債務の履行を拒むことができる。

❹　甲建物が同年９月15日時点で自然災害により滅失した場合，Ｂは，代金支払債務の履行を拒むことができる。

（本試験 2007年 問 10 改題）

問4　Ａが死亡し，相続人がＢとＣの２名であった場合に関する次の記述のうち，民法の規定及び判例によれば，正しいものはどれか。

❶　①ＢがＡの配偶者でＣがＡの子である場合と，②ＢとＣがいずれもＡの子である場合とでは，Ｂの法定相続分は①の方が大きい。

❷　Ａの死亡後，いずれもＡの子であるＢとＣとの間の遺産分割協議が成立しないうちにＢが死亡したときは，Ｂに配偶者Ｄと子Ｅがいる場合であっても，Ａの遺産分割についてはＥが代襲相続人として分割協議を行う。

❸　遺産分割協議が成立するまでの間に遺産である不動産から賃料債権が生じていて，ＢとＣがその相続分に応じて当該賃料債権を分割単独債権として確定的に取得している場合，遺産分割協議で当該不動産をＢが取得することになっても，Ｃが既に取得した賃料債権につき清算する必要はない。

❹　Ｂが自己のために相続の開始があったことを知った時から３か月以内に家庭裁判所に対して，相続によって得た財産の限度においてのみＡの債務及び遺贈を弁済すべきことを留保して相続を承認する限定承認をする旨を申述すれば，Ｃも限定承認をする旨を申述したとみなされる。

（本試験 2017年 問 6 出題）

問5 次の1から4までの記述のうち，民法の規定及び下記判決文によれば，誤っているものはどれか。

（判決文）

　期間の定めのある建物の賃貸借において，賃借人のために保証人が賃貸人との間で保証契約を締結した場合には，反対の趣旨をうかがわせるような特段の事情のない限り，保証人が更新後の賃貸借から生ずる賃借人の債務についても保証の責めを負う趣旨で合意がされたものと解するのが相当であり，保証人は，賃貸人において保証債務の履行を請求することが信義則に反すると認められる場合を除き，更新後の賃貸借から生ずる賃借人の債務についても保証の責めを免れないというべきである。

❶ 保証人が期間の定めのある建物の賃貸借の賃借人のために保証契約を締結した場合は，賃貸借契約の更新の際に賃貸人から保証意思の確認がなされていなくても，反対の趣旨をうかがわせるような特段の事情がない限り，更新後の賃借人の債務について保証する旨を合意したものと解される。

❷ 期間の定めのある建物の賃貸借の賃借人のための保証人が更新後の賃借人の債務についても保証の責任を負う趣旨で合意した場合には，賃借人の未払賃料が1年分に及んだとしても，賃貸人が保証債務の履行を請求することが信義則に反すると認められる事情がなければ，保証人は当該金額の支払義務を負う。

❸ 期間の定めのある建物の賃貸借の賃借人のための保証人が更新後の賃借人の債務についても保証の責任を負う場合，更新後の未払賃料について保証人の責任は及ぶものの，更新後に賃借人が賃借している建物を故意又は過失によって損傷させた場合の損害賠償債務には保証人の責任は及ばない。

❹ 期間の定めのある建物の賃貸借の賃借人のための保証人が更新後の賃借人の債務についても保証の責任を負う旨の合意をしたものと解される場合であって，賃貸人において保証債務の履行を請求することが信義則に反すると認められるときには，保証人は更新後の賃借人の債務について保証の責任を負わない。

（本試験 2013年 問7 出題）

問6 AがBに対して金銭の支払を求めて訴えを提起した場合の時効の完成猶予及び更新に関する次の記述のうち，民法の規定及び判例によれば，誤っているものはどれか。

❶ 訴えの提起後に当該訴えが取り下げられた場合には，時効の更新はされない。

❷ 訴えの提起後に当該訴えの却下の判決が確定した場合には，時効の更新はされない。

❸ 訴えの提起後に請求棄却の判決が確定した場合には，時効の更新はされない。

❹ 訴えの提起後に裁判上の和解が成立した場合には，時効の更新はされない。

（本試験 2019年 問 9 改題）

問7 Aは，A所有の甲土地にBから借り入れた3,000万円の担保として抵当権を設定した。この場合における次の記述のうち，民法の規定及び判例によれば，誤っているものはどれか。

❶ Aが甲土地に抵当権を設定した当時，甲土地上にA所有の建物があり，当該建物をAがCに売却した後，Bの抵当権が実行されてDが甲土地を競落した場合，DはCに対して，甲土地の明渡しを求めることはできない。

❷ 甲土地上の建物が火災によって焼失してしまったが，当該建物に火災保険が付されていた場合，Bは，甲土地の抵当権に基づき，この火災保険契約に基づく損害保険金を請求することができる。

❸ AがEから500万円を借り入れ，これを担保するために甲土地にEを抵当権者とする第2順位の抵当権を設定した場合，BとEが抵当権の順位を変更することに合意すれば，Aの同意がなくても，甲土地の抵当権の順位を変更することができる。

❹ Bの抵当権設定後，Aが第三者であるFに甲土地を売却した場合，FはBに対して，民法第383条所定の書面を送付して抵当権の消滅を請求することができる。

（本試験 2016年 問 4 出題）

問8 Aは，Bから建物を賃借し，Bに3,000万円の敷金を預託した。その後，Aは，Bの承諾を得て，この敷金返還請求権につき，Cからの借入金債務を担保するために，Cのために適法に質権を設定した。この場合，民法の規定によれば，次の記述のうち正しいものはどれか。

❶ Cは，Bの承諾が書面によるものであれば，確定日付を得ていなくても，この質権設定を，B以外の第三者に対しても対抗することができる。

❷ CのAに対する利息請求権は，常に満期となった最後の2年分についてのみ，この質権の被担保債権となる。

❸ CのAに対する債権の弁済期の前に，この敷金返還請求権の弁済期が到来した場合は，Cは，Bに対し，当該敷金を供託するよう請求できる。

❹ CのAに対する債権の弁済期が到来した場合，Cは，Bに対し，Bがこの質権設定を承諾したことを根拠に，この敷金返還請求権の弁済期の前に，当該敷金を直ちにCに交付するよう請求できる。

（本試験2002年 問5出題）

問9 Aが，Bに対して不動産を売却し，所有権移転登記及び引渡しをした場合のBの代金の弁済に関する次の記述のうち，民法の規定及び判例によれば，誤っているものはどれか。

❶ Bの親友Cが，Aに直接代金の支払いを済ませても，それがBの意思に反する弁済であり，AがBの意思に反する弁済であることを知っている場合には，Bの代金債務は消滅しない。

❷ Aが，Bに対し代金債権より先に弁済期の到来した別口の貸金債権を有する場合に，Bから代金債権の弁済として代金額の支払いを受けたとき，Aは，Bの意思に反しても，代金債権より先にその貸金債権に充当することができる。

❸ Bが，「AからDに対して代金債権を譲渡した」旨記載された偽造の文書を持参した取引上の社会通念に照らして代金債権の受領権者としての外観を有するDに弁済した場合で，Bが善意無過失であるとき，Bは，代金債務を免れる。

❹ Bの友人Eが，代金債務を連帯保証していたためAに全額弁済した場合，Eは，Bへの通知又は承諾がないときでも，Aに代位する。

（本試験1999年 問5改題）

問10 相続に関する次の記述のうち，民法の規定及び判例によれば，誤っているものはどれか。

❶ 無権代理人が本人に無断で本人の不動産を売却した後に，単独で本人を相続した場合，本人が自ら当該不動産を売却したのと同様な法律上の効果が生じる。

❷ 相続財産に属する不動産について，遺産分割前に単独の所有権移転登記をした共同相続人から移転登記を受けた第三取得者に対し，他の共同相続人は，自己の持分を登記なくして対抗することができる。

❸ 連帯債務者の一人が死亡し，その相続人が数人ある場合，相続人らは被相続人の債務の分割されたものを承継し，各自その承継した範囲において，本来の債務者とともに連帯債務者となる。

❹ 共同相続に基づく共有物の持分価格が過半数を超える相続人は，協議なくして単独で共有物を占有する他の相続人に対して，当然にその共有物の明渡しを請求することができる。

（本試験 2018年 問 10 出題）

問11 借地借家法に関する次の記述のうち，誤っているものはどれか。

❶ 建物の用途を制限する旨の借地条件がある場合において，法令による土地利用の規制の変更その他の事情の変更により，現に借地権を設定するにおいてはその借地条件と異なる建物の所有を目的とすることが相当であるにもかかわらず，借地条件の変更につき当事者間に協議が調わないときは，裁判所は，当事者の申立てにより，その借地条件を変更することができる。

❷ 賃貸借契約の更新の後において，借地権者が残存期間を超えて残存すべき建物を新たに築造することにつきやむを得ない事情があるにもかかわらず，借地権設定者がその建物の築造を承諾しないときは，借地権設定者が土地の賃貸借の解約の申入れをすることができない旨を定めた場合を除き，裁判所は，借地権者の申立てにより，借地権設定者の承諾に代わる許可を与えることができる。

❸ 借地権者が賃借権の目的である土地の上の建物を第三者に譲渡しようとする場合において，その第三者が賃借権を取得しても借地権設定者に不利となるおそれがないにもかかわらず，借地権設定者がその賃借権の譲渡を承諾しないときは，裁判所は，その第三者の申立てにより，借地権設定者の承諾に代わる許可を与えることができる。

❹ 第三者が賃借権の目的である土地の上の建物を競売により取得した場合において，その第三者が賃借権を取得しても借地権設定者に不利となるおそれがないにもかかわらず，借地権設定者がその賃借権の譲渡を承諾しないときは，裁判所は，その第三者の申立てにより，借地権設定者の承諾に代わる許可を与えることができる。

（本試験 2011年 問11 出題）

問12 賃貸人Ａ（個人）と賃借人Ｂ（個人）との間の居住用建物の賃貸借契約に関する次の記述のうち，借地借家法の規定及び判例によれば，誤っているものはどれか。

❶ Ｂが家賃減額の請求をしたが，家賃の減額幅についてＡＢ間に協議が調わず裁判になったときは，Ａは，その裁判が確定するまでの期間は，Ａが相当と認める金額の家賃を支払うようにＢに請求できる。

❷ Ｂが家賃減額の請求をしたが，家賃の減額幅についてＡＢ間に協議が調わず裁判になったときは，その請求にかかる一定額の減額を正当とする裁判が確定した時点以降分の家賃が減額される。

❸ 家賃が，近傍同種の建物の家賃に比較して不相当に高額になったときは，契約の条件にかかわらず，Ｂは，将来に向かって家賃の減額を請求することができる。

❹ ＡＢ間で，３年間は家賃を減額しない旨特に書面で合意した場合，その特約は効力を有しない。

（本試験 2001年 問 13 出題）

第5回
問題

問13 建物の区分所有等に関する法律（以下この問において「法」という。）についての次の記述のうち，誤っているものはどれか。

❶ 管理者は，少なくとも毎年１回集会を招集しなければならない。また，招集通知は，会日より少なくとも１週間前に，会議の目的たる事項を示し，各区分所有者に発しなければならない。ただし，この期間は，規約で伸縮することができる。

❷ 法又は規約により集会において決議をすべき場合において，これに代わり書面による決議を行うことについて区分所有者が１人でも反対するときは，書面による決議をすることができない。

❸ 建替え決議を目的とする集会を招集するときは，会日より少なくとも２月前に，招集通知を発しなければならない。ただし，この期間は規約で伸長することができる。

❹ 他の区分所有者から区分所有権を譲り受け，建物の専有部分の全部を所有することとなった者は，公正証書による規約の設定を行うことができる。

（本試験 2009年 問 13 出題）

問14 不動産の登記に関する次の記述のうち，誤っているものはどれか。

❶ 登記の申請をする者の委任による代理人の権限は，本人の死亡によっては，消滅しない。

❷ 承役地についてする地役権の設定の登記は，要役地に所有権の登記がない場合においても，することができる。

❸ 区分建物である建物を新築した場合において，その所有者について相続その他の一般承継があったときは，相続人その他の一般承継人も，被承継人を表題部所有者とする当該建物についての表題登記を申請することができる。

❹ 不動産の収用による所有権の移転の登記は，起業者が単独で申請することができる。

（本試験 2012年 問 14 出題）

問15 農地に関する次の記述のうち，農地法（以下この問において「法」という。）の規定によれば，正しいものはどれか。

❶ 市街化区域内の農地を耕作目的で取得する場合には，あらかじめ農業委員会に届け出れば，法第3条第1項の許可を受ける必要はない。

❷ 農業者が自己所有の市街化区域外の農地に賃貸住宅を建設するため転用する場合は，法第4条第1項の許可を受ける必要はない。

❸ 農業者が自己所有の市街化区域外の農地に自己の居住用の住宅を建設するため転用する場合は，法第4条第1項の許可を受ける必要はない。

❹ 農業者が住宅の改築に必要な資金を銀行から借りるため，市街化区域外の農地に抵当権の設定が行われ，その後，返済が滞ったため当該抵当権に基づき競売が行われ第三者が当該農地を取得する場合であっても，法第3条第1項又は法第5条第1項の許可を受ける必要がある。

（本試験 2015年 問 22 出題）

問16 都市計画法に関する次の記述のうち，正しいものはどれか。

❶ 都市計画施設の区域又は市街地開発事業の施行区域内において建築物の建築をしようとする者は，行為の種類，場所及び設計又は施行方法を都道府県知事に届け出なければならない。

❷ 都市計画事業の認可の告示があった後，当該認可に係る事業地内において当該事業の施行の障害となるおそれがある土地の形質の変更，建築物の建築，工作物の建設を行おうとする者は，当該事業の施行者の同意を得て，当該行為をすることができる。

❸ 都市計画事業の認可の告示があった後，当該認可に係る事業地内の土地建物等を有償で譲り渡した者は，当該譲渡の後速やかに，譲渡価格，譲渡の相手方その他の事項を当該事業の施行者に届け出なければならない。

❹ 市町村長は，地区整備計画が定められた地区計画の区域内において，地区計画に適合しない行為の届出があった場合には，届出をした者に対して，届出に係る行為に関し設計の変更その他の必要な措置をとることを勧告することができる。

(本試験 2008年 問 18 出題)

第 5 回

問題

問17 開発許可に関する次の記述のうち，都市計画法の規定によれば，誤っているものはどれか。なお，この問における都道府県知事とは，地方自治法の指定都市等にあっては，それぞれの指定都市等の長をいうものとする。

❶ 開発許可を受けた開発区域内において，開発行為に関する工事が完了した旨の公告があるまでの間は，開発許可を受けた者は，工事用の仮設建築物を建築するとき，その他都道府県知事が支障がないと認めたとき以外は，建築物を建築してはならない。

❷ 開発許可を受けた用途地域の定めのない開発区域内において，開発行為に関する工事が完了した旨の公告があった後は，民間事業者は，都道府県知事が許可したときを除けば，予定建築物以外の建築物を新築してはならない。

❸ 市街化調整区域のうち開発許可を受けた開発区域以外の区域において，民間事業者は，都道府県知事の許可を受けて，又は都市計画事業の施行としてでなければ，建築物を新築してはならない。

❹ 都市計画法の規定に違反する建築物を，それと知って譲り受けた者に対して，国土交通大臣又は都道府県知事は，都市計画上必要な限度において，建築物の除却など違反を是正するため必要な措置をとることを命ずることができる。

（本試験 2003年 問 19 出題）

問18 防火地域内において，地階を除く階数が5（高さ25ｍ），延べ面積が800㎡で共同住宅の用途に供する鉄筋コンクリート造の建築物で，その外壁が耐火構造であるものを建築しようとする場合に関する次の記述のうち，建築基準法の規定によれば，正しいものはどれか。

❶ 当該建築物は，防火上有効な構造の防火壁によって有効に区画しなければならない。

❷ 当該建築物について確認をする場合は，建築主事は，建築物の工事施工地又は所在地を管轄する消防長又は消防署長へ通知しなければならない。

❸ 当該建築物には，安全上支障がない場合を除き，非常用の昇降機を設けなければならない。

❹ 当該建築物は，外壁を隣地境界線に接して設けることができる。

（本試験 2003年 問 20 出題）

問19 建築基準法の確認に関する次の記述のうち，誤っているものはどれか。

❶ 高さが 14 m の木造の建築物を改築する場合，改築に係る部分の床面積が 100 ㎡のときでも，建築確認を受けなければならない。

❷ 延べ面積が 250 ㎡の下宿の用途に供する建築物を寄宿舎に用途変更する場合，建築確認を受ける必要はない。

❸ 都市計画区域内（都道府県知事が都道府県都市計画審議会の意見を聴いて指定する区域を除く。）において，延べ面積が 10 ㎡の倉庫を新築する場合，建築確認を受けなければならない。

❹ 延べ面積が 250 ㎡の自動車車庫について大規模の修繕をする場合，木造 1 階建てであれば，建築確認を受ける必要はない。

（本試験 1990年 問 21 改題）

問20 宅地造成等規制法に関する次の記述のうち，誤っているものはどれか。なお，この問において「都道府県知事」とは，地方自治法に基づく指定都市，中核市及び施行時特例市にあってはその長をいうものとする。

❶ 宅地造成工事規制区域内において行われる宅地造成に関する工事が完了した場合，造成主は，都道府県知事の検査を受けなければならない。

❷ 宅地造成工事規制区域内において行われる宅地造成に関する工事について許可をする都道府県知事は，当該許可に，工事の施行に伴う災害を防止するために必要な条件を付することができる。

❸ 都道府県知事は，宅地造成工事規制区域内における宅地の所有者，管理者又は占有者に対して，当該宅地又は当該宅地において行われている工事の状況について報告を求めることができる。

❹ 都道府県知事は，関係市町村長の意見を聴いて，宅地造成工事規制区域内で，宅地造成に伴う災害で相当数の居住者その他の者に危害を生ずるものの発生のおそれが大きい一団の造成宅地の区域であって一定の基準に該当するものを，造成宅地防災区域として指定することができる。

（本試験 2012年 問 20 出題）

土地区画整理法に関する次の記述のうち，正しいものはどれか。

❶ 個人施行者は，規準又は規約に別段の定めがある場合においては，換地計画に係る区域の全部について土地区画整理事業の工事が完了する以前においても換地処分をすることができる。

❷ 換地処分は，施行者が換地計画において定められた関係事項を公告して行うものとする。

❸ 個人施行者は，換地計画において，保留地を定めようとする場合においては，土地区画整理審議会の同意を得なければならない。

❹ 個人施行者は，仮換地を指定しようとする場合においては，あらかじめ，その指定について，従前の宅地の所有者の同意を得なければならないが，仮換地となるべき宅地の所有者の同意を得る必要はない。

（本試験 2013年 問 20 出題）

問22 次の記述のうち，誤っているものはどれか。

❶ 国土利用計画法によれば，同法第 23 条の届出に当たっては，土地売買等の対価の額についても都道府県知事（地方自治法に基づく指定都市にあっては，当該指定都市の長）に届け出なければならない。

❷ 森林法によれば，保安林において立木を伐採しようとする者は，一定の場合を除き，都道府県知事の許可を受けなければならない。

❸ 海岸法によれば，海岸保全区域内において土地の掘削，盛土又は切土を行おうとする者は，一定の場合を除き，海岸管理者の許可を受けなければならない。

❹ 都市緑地法によれば，特別緑地保全地区内において建築物の新築，改築又は増築を行おうとする者は，一定の場合を除き，公園管理者の許可を受けなければならない。

（本試験 2014年 問 22 出題）

問23 所得税法に関する次の記述のうち，正しいものはどれか。

❶ 譲渡所得の長期・短期の区分について，総合課税とされる譲渡所得の基因となる機械の譲渡は，譲渡のあった年の1月1日において所有期間が5年を超えているか否かで判定する。

❷ 譲渡所得の金額の計算上，資産の譲渡に係る総収入金額から控除する資産の取得費には，その資産の取得時に支出した購入代金や購入手数料等の金額は含まれるが，その資産の取得後に支出した設備費，改良費の額は含まれない。

❸ 総合課税の譲渡所得の特別控除額（50万円）は，譲渡益のうちまず長期譲渡に該当する部分の金額から控除し，なお控除しきれない特別控除額がある場合には，短期譲渡に該当する部分の金額から控除する。

❹ 個人に対して，譲渡所得の基因となる資産をその譲渡の時における価額の2分の1に満たない金額で譲渡した場合において，その譲渡により生じた損失の金額については，譲渡所得の金額の計算上，なかったものとみなされる。

（本試験2008年 問26出題）

問24 不動産取得税に関する次の記述のうち，正しいものはどれか。

❶ 令和3年4月に土地を取得した場合に，不動産取得税の課税標準となるべき額が30万円に満たないときには不動産取得税は課税されない。

❷ 平成10年4月に建築された床面積200㎡の中古住宅を法人が取得した場合の当該取得に係る不動産取得税の課税標準の算定については，当該住宅の価格から1,200万円が控除される。

❸ 令和3年4月に商業ビルの敷地を取得した場合の不動産取得税の標準税率は，100分の3である。

❹ 不動産取得税は，不動産の取得に対して課される税であるので，相続により不動産を取得した場合にも課税される。

（本試験2007年 問28改題）

不動産の鑑定評価に関する次の記述のうち，不動産鑑定評価基準によれば，正しいものはどれか。

❶ 不動産の鑑定評価によって求める価格は，基本的には正常価格であるが，市場性を有しない不動産については，鑑定評価の依頼目的及び条件に応じて限定価格，特定価格又は特殊価格を求める場合がある。

❷ 同一需給圏とは，一般に対象不動産と代替関係が成立して，その価格の形成について相互に影響を及ぼすような関係にある他の不動産の存する圏域をいうが，不動産の種類，性格及び規模に応じた需要者の選好性によって，その地域的範囲は狭められる場合もあれば，広域的に形成される場合もある。

❸ 鑑定評価の各手法の適用に当たって必要とされる取引事例等については，取引等の事情が正常なものと認められるものから選択すべきであり，売り急ぎ，買い進み等の特殊な事情が存在する事例を用いてはならない。

❹ 収益還元法は，対象不動産が将来生み出すであろうと期待される純収益の現在価値の総和を求めることにより対象不動産の試算価格を求める手法であるが，市場における土地の取引価格の上昇が著しいときは，その価格と収益価格との乖離が増大するものであるため，この手法の適用は避けるべきである。

（本試験 2016年 問 25 出題）

問26 宅地建物取引業の免許（以下この問において「免許」という。）に関する次の記述のうち，正しいものはどれか。

❶ 農地所有者が，その所有する農地を宅地に転用して売却しようとするときに，その販売代理の依頼を受ける農業協同組合は，これを業として営む場合であっても，免許を必要としない。

❷ 他人の所有する複数の建物を借り上げ，その建物を自ら貸主として不特定多数の者に反復継続して転貸する場合は，免許が必要となるが，自ら所有する建物を貸借する場合は，免許を必要としない。

❸ 破産管財人が，破産財団の換価のために自ら売主となり，宅地又は建物の売却を反復継続して行う場合において，その媒介を業として営む者は，免許を必要としない。

❹ 信託業法第3条の免許を受けた信託会社が宅地建物取引業を営もうとする場合，免許を取得する必要はないが，その旨を国土交通大臣に届け出ることが必要である。

（本試験 2010年 問 26 出題）

問27 宅地建物取引業法の規定によれば，次の記述のうち，正しいものはどれか。

❶ 宅地建物取引業者は，その事務所ごとにその業務に関する帳簿を備えなければならないが，当該帳簿の記載事項を事務所のパソコンのハードディスクに記録し，必要に応じ当該事務所においてパソコンやプリンターを用いて紙面に印刷することが可能な環境を整えていたとしても，当該帳簿への記載に代えることができない。

❷ 宅地建物取引業者は，その主たる事務所に，宅地建物取引業者免許証を掲げなくともよいが，国土交通省令で定める標識を掲げなければならない。

❸ 宅地建物取引業者は，その事務所ごとに，その業務に関する帳簿を備え，宅地建物取引業に関し取引のあった月の翌月1日までに，一定の事項を記載しなければならない。

❹ 宅地建物取引業者は，その業務に従事させる者に，従業者証明書を携帯させなければならないが，その者が宅地建物取引士で宅地建物取引士証を携帯していれば，従業者証明書は携帯させなくてもよい。

（本試験 2013年 問 41 出題）

問28 宅地建物取引業者Ａが宅地建物取引業法第37条の規定により交付すべき書面（以下この問において「37条書面」という。）に関する次の記述のうち，宅地建物取引業法の規定によれば，正しいものはいくつあるか。

ア Ａが売主を代理して中古マンションの売買契約を締結した場合において，契約不適合担保責任の履行に関して講ずべき保証保険契約の締結その他の措置についての定めがあるときは，Ａは，その内容を37条書面に記載しなければならず，当該書面を，売主及び買主に交付しなければならない。

イ Ａが媒介により中古戸建住宅の売買契約を締結させた場合，Ａは，引渡しの時期又は移転登記の申請の時期のいずれかを37条書面に記載しなければならず，売主及び買主が宅地建物取引業者であっても，当該書面を交付しなければならない。

ウ Ａが自ら貸主として宅地の定期賃貸借契約を締結した場合において，借賃の支払方法についての定めがあるときは，Ａは，その内容を37条書面に記載しなければならず，借主が宅地建物取引業者であっても，当該書面を交付しなければならない。

エ Ａが自ら買主として宅地の売買契約を締結した場合において，当該宅地に係る租税その他の公課の負担に関する定めがあるときは，Ａは，その内容を37条書面に記載しなければならず，売主が宅地建物取引業者であっても，当該書面を交付しなければならない。

❶ 一つ

❷ 二つ

❸ 三つ

❹ 四つ

（本試験 2015年 問 38 改題）

問29 宅地建物取引業法（以下この問において「法」という。）に関する次の記述のうち，誤っているものはどれか。

❶ 宅地建物取引業者でない売主と宅地建物取引業者である買主が，媒介業者を介さず宅地の売買契約を締結する場合，法第35条の規定に基づく重要事項の説明義務を負うのは買主の宅地建物取引業者である。

❷ 建物の管理が管理会社に委託されている当該建物の賃貸借契約の媒介をする宅地建物取引業者は，当該建物が区分所有建物であるか否かにかかわらず，その管理会社の商号又は名称及びその主たる事務所の所在地を，宅地建物取引業者ではない借主に説明しなければならない。

❸ 区分所有建物の売買において，売主及び買主が宅地建物取引業者である場合，当該売主は当該買主に対し，当該一棟の建物に係る計画的な維持修繕のための修繕積立金積立総額及び売買の対象となる専有部分に係る修繕積立金額及び滞納があることについての説明はしなくてもよい。

❹ 区分所有建物の売買において，売主及び買主が宅地建物取引業者である場合，当該売主は当該買主に対し，法第35条の2に規定する供託所等の説明をする必要はない。

（本試験2013年 問29改題）

問30 宅地建物取引業者Aが行う業務に関する次の記述のうち，宅地建物取引業法（以下この問において「法」という。）の規定によれば，正しいものはいくつあるか。

ア Aは，Bが所有する甲宅地の売却に係る媒介の依頼を受け，Bと専任媒介契約を締結した。このとき，Aは，法第34条の2第1項に規定する書面に記名押印し，Bに交付のうえ，宅地建物取引士をしてその内容を説明させなければならない。

イ Aは，Cが所有する乙アパートの売却に係る媒介の依頼を受け，Cと専任媒介契約を締結した。このとき，Aは，乙アパートの所在，規模，形質，売買すべき価額，依頼者の氏名，都市計画法その他の法令に基づく制限で主要なものを指定流通機構に登録しなければならない。

ウ Aは，Dが所有する丙宅地の貸借に係る媒介の依頼を受け，Dと専任媒介契約を締結した。このとき，Aは，Dに法第34条の2第1項に規定する書面を交付しなければならない。

❶ 一つ ❷ 二つ
❸ 三つ ❹ なし

（本試験2015年 問28出題）

問31 宅地建物取引業者Ａが，自ら売主として，宅地建物取引業者でないＢとの間でマンション（代金 4,000 万円）の売買契約を締結した場合に関する次の記述のうち，宅地建物取引業法（以下この問において「法」という。）の規定に違反するものの組合せはどれか。

ア Ａは，建築工事完了前のマンションの売買契約を締結する際に，Ｂから手付金 200 万円を受領し，さらに建築工事中に 200 万円を中間金として受領した後，当該手付金と中間金について法第 41 条に定める保全措置を講じた。

イ Ａは，建築工事完了後のマンションの売買契約を締結する際に，法第 41 条の2に定める保全措置を講じることなくＢから手付金 400 万円を受領した。

ウ Ａは，建築工事完了前のマンションの売買契約を締結する際に，Ｂから手付金 500 万円を受領したが，Ｂに当該手付金 500 万円を現実に提供して，契約を一方的に解除した。

エ Ａは，建築工事完了後のマンションの売買契約を締結する際に，当事者の債務の不履行を理由とする契約の解除に伴う損害賠償の予定額を 1,000 万円とする特約を定めた。

❶ ア，ウ

❷ イ，ウ

❸ ア，イ，エ

❹ ア，ウ，エ

（本試験 2016年 問 28 改題）

問32 宅地建物取引業法の規定に基づく監督処分等に関する次の記述のうち，誤っているものはどれか。

❶ 宅地建物取引業者A（甲県知事免許）は，自ら売主となる乙県内に所在する中古住宅の売買の業務に関し，当該売買の契約においてその目的物の契約不適合を担保すべき責任を負わない旨の特約を付した。この場合，Aは，乙県知事から指示処分を受けることがある。

❷ 甲県に本店，乙県に支店を設置する宅地建物取引業者B（国土交通大臣免許）は，自ら売主となる乙県内におけるマンションの売買の業務に関し，乙県の支店において当該売買の契約を締結するに際して，代金の30％の手付金を受領した。この場合，Bは，甲県知事から著しく不当な行為をしたとして，業務停止の処分を受けることがある。

❸ 宅地建物取引業者C（甲県知事免許）は，乙県内に所在する土地の売買の媒介業務に関し，契約の相手方の自宅において相手を威迫し，契約締結を強要していたことが判明した。この場合，甲県知事は，情状が特に重いと判断したときは，Cの宅地建物取引業の免許を取り消さなければならない。

❹ 宅地建物取引業者D（国土交通大臣免許）は，甲県内に所在する事務所について，業務に関する帳簿を備えていないことが判明した。この場合，Dは，甲県知事から必要な報告を求められ，かつ，指導を受けることがある。

（本試験 2015年 問43 改題）

問33 宅地建物取引業者Aが，宅地建物取引業法（以下この問において「法」という。）第37条の規定により交付すべき書面（以下この問において「37条書面」という。）に関する次の記述のうち，法の規定に違反しないものはどれか。

❶ Aは，売主を代理して宅地の売買契約を締結した際，買主にのみ37条書面を交付した。

❷ Aは，自ら売主となる宅地の売買契約において，手付金等を受領するにもかかわらず，37条書面に手付金等の保全措置の内容を記載しなかった。

❸ Aは，媒介により宅地の売買契約を成立させた場合において，契約の解除に関する定めがあるにもかかわらず，37条書面にその内容を記載しなかった。

❹ Aは，自ら売主となる宅地の売買契約において契約不適合担保責任に関する特約を定めたが，買主が宅地建物取引業者であり，契約不適合担保責任に関する特約を自由に定めることができるため，37条書面にその内容を記載しなかった。

（本試験2017年 問38改題）

問34 次の記述のうち，宅地建物取引業法（以下この問において「法」という。）の規定によれば，正しいものはどれか。

❶ 免許を受けている個人Aが死亡した場合，相続人にAの免許は承継されないが，相続人は，Aが生前に締結した契約に基づく取引を結了するための業務を行うことができるので，当該業務が終了した後に廃業届を提出すればよい。

❷ 免許を受けている法人Bが免許を受けていない法人Cとの合併により消滅した場合，Cは，Bが消滅した日から30日以内に，Bを合併した旨の届出を行えば，Bが受けていた免許を承継することができる。

❸ 免許を受けている個人Dが，自己の名義をもって個人Eに宅地建物取引業を営ませる行為は，Eが免許を受けているとしても，法第13条で禁止する名義貸しに該当する。

❹ 免許を受けている法人Fが，宅地建物取引業保証協会の社員でない場合は，営業保証金を供託し，その旨を免許権者に届け出た後でなければ事業を開始してはならないので，当該届出前に宅地建物取引業を営む目的で広告をした行為は，法第12条で禁止する無免許事業に該当する。

（本試験2010年 問28出題）

問35 宅地建物取引業者Ａ社による投資用マンションの販売の勧誘に関する次の記述のうち，宅地建物取引業法の規定に違反するものはいくつあるか。

ア Ａ社の従業員は，勧誘に先立ってＡ社の商号及び自らの氏名を告げてから勧誘を行ったが，勧誘の目的が投資用マンションの売買契約の締結である旨を告げなかった。

イ Ａ社の従業員は，「将来，南側に５階建て以上の建物が建つ予定は全くない。」と告げ，将来の環境について誤解させるべき断定的判断を提供したが，当該従業員には故意に誤解させるつもりはなかった。

ウ Ａ社の従業員は，勧誘の相手方が金銭的に不安であることを述べたため，売買代金を引き下げ，契約の締結を誘引した。

エ Ａ社の従業員は，勧誘の相手方から，「午後３時に訪問されるのは迷惑である。」と事前に聞いていたが，深夜でなければ迷惑にはならないだろうと判断し，午後３時に当該相手方を訪問して勧誘を行った。

❶ 一つ

❷ 二つ

❸ 三つ

❹ 四つ

（本試験 2012年 問 41 出題）

問36 宅地建物取引業者Ａ（法人）が甲県知事から免許を受けている場合に関する次の記述のうち，正しいものはどれか。

❶ Ａが，乙県内で建設業を営んでいる法人Ｂ（事務所１）を吸収合併して，Ｂの事務所をＡの支店とし，そこで建設業のみを営む場合，Ａは，国土交通大臣へ免許換えの申請をする必要はない。

❷ Ａが合併により消滅した場合，Ａの代表役員であった者は甲県知事にその旨の届出をしなければならないが，Ａの免許は，当該届出の時にその効力を失う。

❸ Ａが，乙県内で一団の宅地建物の分譲を行うため案内所を設置した場合，Ａは，国土交通大臣へ免許換えの申請をする必要がある。

❹ Ａの役員の１人が，刑法第 209 条（過失傷害）の罪により３年前に罰金の刑に処せられ，罰金を納付していることが判明した場合，甲県知事は，Ａの免許を取り消さなければならない。

（本試験 1997年 問 33 改題）

宅地建物取引業法第35条に規定する重要事項の説明を宅地建物取引士が行う場合における次の記述のうち，誤っているものはどれか。なお，説明の相手方は宅地建物取引業者ではないものとする。

❶ 建物の売買の媒介の場合は，建築基準法に規定する建蔽率及び容積率に関する制限があるときはその概要を説明しなければならないが，建物の貸借の媒介の場合は説明する必要はない。

❷ 宅地の売買の媒介の場合は，土砂災害警戒区域等における土砂災害防止対策の推進に関する法律第6条第1項により指定された土砂災害警戒区域内にあるときはその旨を説明しなければならないが，建物の貸借の媒介の場合は説明する必要はない。

❸ 建物の売買の媒介の場合は，住宅の品質確保の促進等に関する法律第5条第1項に規定する住宅性能評価を受けた新築住宅であるときはその旨を説明しなければならないが，建物の貸借の媒介の場合は説明する必要はない。

❹ 宅地の売買の媒介の場合は，私道に関する負担について説明しなければならないが，建物の貸借の媒介の場合は説明する必要はない。

（本試験 2010年 問35 改題）

問38 宅地建物取引業者A及びB（ともに消費税課税事業者）が受領した報酬に関する次の記述のうち，宅地建物取引業法の規定に違反するものの組合せはどれか。なお，この問において「消費税等相当額」とは，消費税額及び地方消費税額に相当する金額をいうものとする。

ア 土地付新築住宅（代金3,000万円。消費税等相当額を含まない。）の売買について，Aは売主から代理を，Bは買主から媒介を依頼され，Aは売主から211万2,000円を，Bは買主から105万6,000円を報酬として受領した。

イ Aは，店舗用建物について，貸主と借主双方から媒介を依頼され，借賃1か月分20万円（消費税等相当額を含まない。），権利金500万円（権利設定の対価として支払われる金銭であって返還されないもので，消費税等相当額を含まない。）の賃貸借契約を成立させ，貸主と借主からそれぞれ22万5,000円を報酬として受領した。

ウ 居住用建物（借賃1か月分10万円）について，Aは貸主から媒介を依頼され，Bは借主から媒介を依頼され，Aは貸主から8万円，Bは借主から5万5,000円を報酬として受領した。なお，Aは，媒介の依頼を受けるに当たって，報酬が借賃の0.55か月分を超えることについて貸主から承諾を得ていた。

❶ ア，イ ❷ イ，ウ
❸ ア，ウ ❹ ア，イ，ウ

（本試験 2015年 問33 改題）

問39 宅地建物取引業者Ａが，自ら売主として，宅地建物取引業者ではないＢとの間で宅地の売買契約を締結した場合における，宅地建物取引業法第37条の2の規定に基づくいわゆるクーリング・オフに関する次の記述のうち，誤っているものはいくつあるか。

ア Ｂがクーリング・オフにより売買契約を解除した場合，当該契約の解除に伴う違約金について定めがあるときは，Ａは，Ｂに対して違約金の支払を請求することができる。

イ Ａは，Ｂの指定した喫茶店で買受けの申込みを受けたが，その際クーリング・オフについて何も告げず，その3日後に，クーリング・オフについて書面で告げたうえで売買契約を締結した。この契約において，クーリング・オフにより契約を解除できる期間について買受けの申込みをした日から起算して10日間とする旨の特約を定めた場合，当該特約は無効となる。

ウ Ａが媒介を依頼した宅地建物取引業者Ｃの事務所でＢが買受けの申込みをし，売買契約を締結した場合，Ａからクーリング・オフについて何も告げられていなければ，当該契約を締結した日から起算して8日経過していてもクーリング・オフにより契約を解除することができる。

❶ 一つ

❷ 二つ

❸ 三つ

❹ なし

（本試験 2019年　問 38 出題）

問40 宅地建物取引業者Ａが自ら売主となる売買契約に関する次の記述のうち，宅地建物取引業法（以下この問において「法」という。）の規定によれば，正しいものはどれか。

❶ 宅地建物取引業者でない買主Ｂが，法第37条の2の規定に基づくクーリング・オフについてＡより書面で告げられた日から7日目にクーリング・オフによる契約の解除の書面を発送し，9日目にＡに到達した場合は，クーリング・オフによる契約の解除をすることができない。

❷ 宅地建物取引業者でない買主Ｃとの間で土地付建物の売買契約を締結するに当たって，Ｃが建物を短期間使用後取り壊す予定である場合には，建物についての契約不適合担保責任を負わない旨の特約を定めることができる。

❸ 宅地建物取引業者Ｄとの間で締結した建築工事完了前の建物の売買契約において，当事者の債務の不履行を理由とする契約の解除に伴う損害賠償の予定額を代金の額の30％と定めることができる。

❹ 宅地建物取引業者でない買主Ｅとの間で締結した宅地の売買契約において，当該宅地の引渡しを当該売買契約締結の日の1月後とし，当該宅地の契約不適合を担保すべき責任を負う期間について，当該売買契約を締結した日から2年間とする特約を定めることができる。

(本試験 2015年 問39 改題)

問41 宅地建物取引業法に規定する宅地建物取引士資格登録（以下この問において「登録」という。），宅地建物取引士及び宅地建物取引士証に関する次の記述のうち，正しいものはいくつあるか。

ア 登録を受けている者は，登録事項に変更があった場合は変更の登録申請を，また，破産手続開始の決定を受けて復権を得ない者となった場合はその旨の届出を，遅滞なく，登録している都道府県知事に行わなければならない。

イ 宅地建物取引士証の交付を受けようとする者（宅地建物取引士資格試験合格日から１年以内の者又は登録の移転に伴う者を除く。）は，都道府県知事が指定した講習を，交付の申請の90日前から30日前までに受講しなければならない。

ウ 宅地建物取引業法第35条に規定する事項を記載した書面への記名押印及び同法第37条の規定により交付すべき書面への記名押印については，専任の宅地建物取引士でなければ行ってはならない。

エ 宅地建物取引士は，事務禁止処分を受けた場合，宅地建物取引士証をその交付を受けた都道府県知事に速やかに提出しなければならないが，提出しなかったときは10万円以下の過料に処せられることがある。

❶ 一つ

❷ 二つ

❸ 三つ

❹ なし

（本試験 2013年 問 44 改題）

問42 宅地建物取引業法に規定する営業保証金に関する次の記述のうち，正しいものはどれか。

❶ 新たに宅地建物取引業を営もうとする者は，営業保証金を金銭又は国土交通省令で定める有価証券により，主たる事務所の最寄りの供託所に供託した後に，国土交通大臣又は都道府県知事の免許を受けなければならない。

❷ 宅地建物取引業者は，既に供託した額面金額 1,000 万円の国債証券と変換するため 1,000 万円の金銭を新たに供託した場合，遅滞なく，その旨を免許を受けた国土交通大臣又は都道府県知事に届け出なければならない。

❸ 宅地建物取引業者は，事業の開始後新たに従たる事務所を設置したときは，その従たる事務所の最寄りの供託所に政令で定める額を供託し，その旨を免許を受けた国土交通大臣又は都道府県知事に届け出なければならない。

❹ 宅地建物取引業者が，営業保証金を金銭及び有価証券をもって供託している場合で，主たる事務所を移転したためその最寄りの供託所が変更したときは，金銭の部分に限り，移転後の主たる事務所の最寄りの供託所への営業保証金の保管替えを請求することができる。

(本試験 2014年 問 29 出題)

問43 宅地建物取引業者Ａが，自ら売主となり，宅地建物取引業者Ｂと建物の売買契約を締結しようとする場合に関する次の記述のうち，宅地建物取引業法の規定によれば正しいものはどれか。

❶ ＡがＢから受け取る手付金の額が売買代金の２割を超える場合にはその手付金について宅地建物取引業法第 41 条又は第 41 条の２の規定による手付金等の保全措置を講じなければならない。

❷ 買主Ｂも宅地建物取引業者であるので，ＡがＢに対し手付金を貸し付けて契約の締結を誘引してもさしつかえない。

❸ 売買予定の建物が，建築工事完了前の建物である場合には，Ａは，建築基準法第６条第１項の確認の申請をすれば，Ｂと売買契約を締結することができる。

❹ ＡＢ間で，建物の譲渡価格について値引きをするかわりに，契約不適合担保責任の期間については，引渡しの日から６月間とする特約を結ぶ場合，この特約は有効である。

(本試験 2001年 問 42 改題)

問44 宅地建物取引業保証協会（以下この問において「保証協会」という。）に関する次の記述のうち，宅地建物取引業法（以下この問において「法」という。）の規定によれば，正しいものはどれか。

❶ 宅地建物取引業者が保証協会に加入しようとするときは，当該保証協会に弁済業務保証金分担金を金銭又は有価証券で納付することができるが，保証協会が弁済業務保証金を供託所に供託するときは，金銭でしなければならない。

❷ 保証協会は，宅地建物取引業の業務に従事し，又は，従事しようとする者に対する研修を行わなければならないが，宅地建物取引士については，法第 22 条の 2 の規定に基づき都道府県知事が指定する講習をもって代えることができる。

❸ 保証協会に加入している宅地建物取引業者（甲県知事免許）は，甲県の区域内に新たに支店を設置する場合，その日までに当該保証協会に追加の弁済業務保証金分担金を納付しないときは，社員の地位を失う。

❹ 保証協会は，弁済業務保証金から生ずる利息又は配当金，及び，弁済業務保証金準備金を弁済業務保証金の供託に充てた後に社員から納付された還付充当金は，いずれも弁済業務保証金準備金に繰り入れなければならない。

（本試験 2011年 問 43 出題）

❶ 宅地建物取引業者は，自ら売主として新築住宅を販売する場合及び新築住宅の売買の媒介をする場合において，住宅販売瑕疵担保保証金の供託又は住宅販売瑕疵担保責任保険契約の締結を行う義務を負う。

❷ 自ら売主として新築住宅を宅地建物取引業者でない買主に引き渡した宅地建物取引業者は，その住宅を引き渡した日から3週間以内に，住宅販売瑕疵担保保証金の供託又は住宅販売瑕疵担保責任保険契約の締結の状況について，宅地建物取引業の免許を受けた国土交通大臣又は都道府県知事に届け出なければならない。

❸ 自ら売主として新築住宅を宅地建物取引業者でない買主に引き渡した宅地建物取引業者は，基準日に係る住宅販売瑕疵担保保証金の供託及び住宅販売瑕疵担保責任保険契約の締結の状況について届出をしなければ，当該基準日の翌日から起算して50日を経過した日以後においては，新たに自ら売主となる新築住宅の売買契約を締結することができない。

❹ 住宅販売瑕疵担保責任保険契約を締結している宅地建物取引業者は，当該住宅を引き渡した時から10年間，住宅の構造耐力上主要な部分の瑕疵によって生じた損害についてのみ保険金を請求することができる。

（本試験 2018年 問 45 出題）

問46 独立行政法人住宅金融支援機構（以下この問において「機構」という。）に関する次の記述のうち，誤っているものはどれか。

❶ 機構は，証券化支援事業（買取型）において，民間金融機関から買い取った住宅ローン債権を担保としてMBS（資産担保証券）を発行している。

❷ 証券化支援事業（買取型）における民間金融機関の住宅ローン金利は，金融機関によって異なる場合がある。

❸ 機構は，証券化支援事業（買取型）における民間金融機関の住宅ローンについて，借入金の元金の返済を債務者本人の死亡時に一括して行う高齢者向け返済特例制度を設けている。

❹ 機構は，証券化支援事業（買取型）において，住宅の建設や新築住宅の購入に係る貸付債権のほか，中古住宅を購入するための貸付債権も買取りの対象としている。

（本試験 2012年 問 46 出題）

問47 宅地建物取引業者が行う広告等に関する次の記述のうち，不当景品類及び不当表示防止法（不動産の表示に関する公正競争規約を含む。）の規定によれば，正しいものはどれか。

❶ 分譲宅地（50区画）の販売広告を新聞折込チラシに掲載する場合，広告スペースの関係ですべての区画の価格を表示することが困難なときは，1区画当たりの最低価格，最高価格及び最多価格帯並びにその価格帯に属する販売区画数を表示すれば足りる。

❷ 新築分譲マンションの販売において，モデル・ルームは，不当景品類及び不当表示防止法の規制対象となる「表示」には当たらないため，実際の居室には付属しない豪華な設備や家具等を設置した場合であっても，当該家具等は実際の居室には付属しない旨を明示する必要はない。

❸ 建売住宅の販売広告において，実際に当該物件から最寄駅まで歩いたときの所要時間が15分であれば，物件から最寄駅までの道路距離にかかわらず，広告中に「最寄駅まで徒歩15分」と表示することができる。

❹ 分譲住宅の販売広告において，当該物件周辺の地元住民が鉄道会社に駅の新設を要請している事実が報道されていれば，広告中に地元住民が要請している新設予定時期を明示して，新駅として表示することができる。

（本試験 2011年 問 47 出題）

問48 造成された宅地及び擁壁に関する次の記述のうち，誤っているものはどれか。

❶ 盛土をする場合には，地表水の浸透により，地盤にゆるみ，沈下，崩壊又は滑りが生じないように締め固める。

❷ 切土又は盛土したがけ面の擁壁は，原則として，鉄筋コンクリート造，無筋コンクリート造又は間知石練積み造その他の練積み造とする。

❸ 擁壁の裏面の排水をよくするために，耐水材料での水抜き穴を設け，その周辺には砂利等の透水層を設ける。

❹ 造成して平坦にした宅地では，一般に盛土部分に比べて切土部分で地盤沈下量が大きくなる。

（本試験 2005年 問 50 改題）

問49 土地に関する次の記述のうち，最も不適当なものはどれか。

❶ 旧河道は，地震や洪水などによる災害を受ける危険度が高い所である。

❷ 地盤の液状化は，地盤の条件と地震の揺れ方により，発生することがある。

❸ 沿岸地域は，津波や高潮などの被害を受けやすく，宅地の標高や避難経路を把握しておくことが必要である。

❹ 台地や丘陵の縁辺部は，豪雨などによる崖崩れに対しては，安全である。

（本試験 2014年 問 49 出題）

問50 建物の構造に関する次の記述のうち，最も不適当なものはどれか。

❶ 木造は湿気に強い構造であり，地盤面からの基礎の立上がりをとる必要はない。

❷ 基礎の種類には，直接基礎，杭基礎等がある。

❸ 杭基礎には，木杭，既製コンクリート杭，鋼杭等がある。

❹ 建物は，上部構造と基礎構造からなり，基礎構造は上部構造を支持する役目を負うものである。

（本試験 2015年 問 50 出題）

第5回　解答用紙

問題番号	解　答　番　号				問題番号	解　答　番　号			
第1問	①	②	③	④	第26問	①	②	③	④
第2問	①	②	③	④	第27問	①	②	③	④
第3問	①	②	③	④	第28問	①	②	③	④
第4問	①	②	③	④	第29問	①	②	③	④
第5問	①	②	③	④	第30問	①	②	③	④
第6問	①	②	③	④	第31問	①	②	③	④
第7問	①	②	③	④	第32問	①	②	③	④
第8問	①	②	③	④	第33問	①	②	③	④
第9問	①	②	③	④	第34問	①	②	③	④
第10問	①	②	③	④	第35問	①	②	③	④
第11問	①	②	③	④	第36問	①	②	③	④
第12問	①	②	③	④	第37問	①	②	③	④
第13問	①	②	③	④	第38問	①	②	③	④
第14問	①	②	③	④	第39問	①	②	③	④
第15問	①	②	③	④	第40問	①	②	③	④
第16問	①	②	③	④	第41問	①	②	③	④
第17問	①	②	③	④	第42問	①	②	③	④
第18問	①	②	③	④	第43問	①	②	③	④
第19問	①	②	③	④	第44問	①	②	③	④
第20問	①	②	③	④	第45問	①	②	③	④
第21問	①	②	③	④	第46問	①	②	③	④
第22問	①	②	③	④	第47問	①	②	③	④
第23問	①	②	③	④	第48問	①	②	③	④
第24問	①	②	③	④	第49問	①	②	③	④
第25問	①	②	③	④	第50問	①	②	③	④

冊子の使い方

この色紙を残したまま、「問題冊子」を
取り外し、ご利用ください。

※抜き取りの際の破損等による返品・交換には応じられません
のでご注意ください。

解答用紙の使い方

「問題冊子」を抜き取った後の色紙の裏
表紙を破線に沿って切り取り、コピー
してご利用ください。

2021年版 出る順宅建士
過去30年良問厳選問題集

第6回 問題

上級編②

 合格推定点 **32**点

 制 限 時 間 **2**時間

問題は、1ページから31ページまでの50問です。

問題の中の法令に関する部分は、2021年4月1日現在施行されている規定に基づいて出題されてます。

問1 Aは，その所有する甲土地を譲渡する意思がないのに，Bと通謀して，Aを売主，Bを買主とする甲土地の仮装の売買契約を締結した。この場合に関する次の記述のうち，民法の規定及び判例によれば，誤っているものはどれか。なお，この問において「善意」又は「悪意」とは，虚偽表示の事実についての善意又は悪意とする。

❶ 善意のCがBから甲土地を買い受けた場合，Cがいまだ登記を備えていなくても，AはAB間の売買契約の無効をCに主張することができない。

❷ 善意のCが，Bとの間で，Bが甲土地上に建てた乙建物の賃貸借契約（貸主B，借主C）を締結した場合，AはAB間の売買契約の無効をCに主張することができない。

❸ Bの債権者である善意のCが，甲土地を差し押さえた場合，AはAB間の売買契約の無効をCに主張することができない。

❹ 甲土地がBから悪意のCへ，Cから善意のDへと譲渡された場合，AはAB間の売買契約の無効をDに主張することができない。

（本試験 2015年 問2出題）

問2 未成年者に関する次の記述のうち，民法の規定及び判例によれば，正しいものはどれか。

❶ 父母とまだ意思疎通することができない乳児は，不動産を所有することができない。

❷ 営業を許可された未成年者が，その営業のための商品を仕入れる売買契約を有効に締結するには，父母双方がいる場合，父母のどちらか一方の同意が必要である。

❸ 男は18歳に，女は16歳になれば婚姻することができるが，父母双方がいる場合には，必ず父母双方の同意が必要である。

❹ Aが死亡し，Aの妻Bと嫡出でない未成年の子CとDが相続人となった場合に，CとDの親権者である母EがCとDを代理してBとの間で遺産分割協議を行っても，有効な追認がない限り無効である。

（本試験 2013年 問2出題）

問3 Aが，Bに対して有する金銭債権をCに譲渡した場合に関する次の記述のうち，民法の規定及び判例によれば，誤っているものはどれか。

❶ 譲渡通知は，AがBに対してしなければならないが，CがAの代理人としてBに対して通知しても差し支えない。

❷ Bが譲渡を承諾する相手方は，A又はCのいずれでも差し支えない。

❸ Aが，CとDとに二重譲渡し，それぞれについて譲渡通知をした場合で，Cに係る通知の確定日付はDに係るものより早いが，Bに対しては，Dに係る通知がCに係る通知より先に到達したとき，Dへの債権譲渡が優先する。

❹ Bが，既にAに弁済をしていたのに，AのCに対する譲渡をAが通知した場合，Bは，弁済したことをCに主張することができない。

（本試験 2000年 問6改題）

問4 Aは，自己所有の甲不動産につき，B信用金庫に対し，極度額を3,000万円，被担保権の範囲を「信用金庫取引による債権」とする第1順位の根抵当権を設定し，その旨の登記をした。なお，担保すべき元本の確定期日は定めなかった。この場合に関する次の記述のうち，民法の規定及び判例によれば，正しいものはどれか。

❶ 元本の確定前に，被担保債権の範囲を変更するには，後順位の抵当権者がいる場合は，その者の承諾を得なければならない。

❷ 元本の確定前に，B信用金庫から，被担保債権の範囲に属する個別債権の譲渡を受けた者は，確定日付のある証書でAに対し債権譲渡通知を行っておけば，その債権について根抵当権を行使できる。

❸ B信用金庫は，確定した元本が極度額以下であれば，その元本に係る最後の2年分の約定金利については，極度額を超えても，根抵当権を行使できる。

❹ Aが友人CのためにB信用金庫との間で保証契約を締結し保証債務を負担した場合，B信用金庫のAに対するこの保証債権は，「信用金庫取引による債権」に含まれ，この根抵当権で担保される。

（本試験 2007年 問8出題）

問5 ＡがＢから甲土地を購入したところ，甲土地の所有者を名のるＣがＡに対して連絡してきた。この場合における次の記述のうち，民法の規定及び判例によれば，正しいものはどれか。

❶ ＣもＢから甲土地を購入しており，その売買契約書の日付とＢＡ間の売買契約書の日付が同じである場合，登記がなくても，契約締結の時刻が早い方が所有権を主張することができる。

❷ 甲土地はＣからＢ，ＢからＡと売却されており，ＣＢ間の売買契約がＢの強迫により締結されたことを理由として取り消された場合には，ＢＡ間の売買契約締結の時期にかかわらず，Ｃは登記がなくてもＡに対して所有権を主張することができる。

❸ Ｃが時効により甲土地の所有権を取得した旨主張している場合，取得時効の進行中にＢＡ間で売買契約及び所有権移転登記がなされ，その後に時効が完成しているときには，Ｃは登記がなくてもＡに対して所有権を主張することができる。

❹ Ｃは債権者の追及を逃れるために売買契約の実態はないのに登記だけＢに移し，Ｂがそれに乗じてＡとの間で売買契約を締結した場合には，ＣＢ間の売買契約が存在しない以上，Ａは所有権を主張することができない。

(本試験 2010年 問4出題)

問6 契約の解除に関する次の1から4までの記述のうち，民法の規定及び下記判決文によれば，誤っているものはどれか。

（判決文）

同一当事者間の債権債務関係がその形式は甲契約及び乙契約といった2個以上の契約から成る場合であっても，それらの目的とするところが相互に密接に関連付けられていて，社会通念上，甲契約又は乙契約のいずれかが履行されるだけでは契約を締結した目的が全体としては達成されないと認められる場合には，甲契約上の債務の不履行を理由に，その債権者が法定解除権の行使として甲契約と併せて乙契約をも解除することができる。

❶ 同一当事者間で甲契約と乙契約がなされても，それらの契約の目的が相互に密接に関連付けられていないのであれば，甲契約上の債務の不履行を理由に甲契約と併せて乙契約をも解除できるわけではない。

❷ 同一当事者間で甲契約と乙契約がなされた場合，甲契約の債務が履行されることが乙契約の目的の達成に必須であると乙契約の契約書に表示されていたときに限り，甲契約上の債務の不履行を理由に甲契約と併せて乙契約をも解除することができる。

❸ 同一当事者間で甲契約と乙契約がなされ，それらの契約の目的が相互に密接に関連付けられていても，そもそも甲契約を解除することができないような付随的義務の不履行があるだけでは，乙契約も解除することはできない。

❹ 同一当事者間で甲契約（スポーツクラブ会員権契約）と同時に乙契約（リゾートマンションの区分所有権の売買契約）が締結された場合に，甲契約の内容たる屋内プールの完成及び供用に遅延があると，この履行遅延を理由として乙契約を民法第541条により解除できる場合がある。

（本試験 2010年 問9出題）

問7 代理に関する次の記述のうち，民法の規定及び判例によれば，誤っているものはどれか。

❶ 売買契約を締結する権限を与えられた代理人は，特段の事情がない限り，相手方からその売買契約を取り消す旨の意思表示を受領する権限を有する。

❷ 委任による代理人は，本人の許諾を得たときのほか，やむを得ない事由があるときにも，復代理人を選任することができる。

❸ 復代理人が委任事務を処理するに当たり金銭を受領し，これを代理人に引き渡したときは，特段の事情がない限り，代理人に対する受領物引渡義務は消滅するが，本人に対する受領物引渡義務は消滅しない。

❹ 夫婦の一方は，個別に代理権の授権がなくとも，日常家事に関する事項について，他の一方を代理して法律行為をすることができる。

（本試験 2017年 問 1 出題）

問8 Aは，自己所有の甲土地の一部につき，通行目的で，隣地乙土地の便益に供する通行地役権設定契約（地役権の付従性について別段の定めはない。）を，乙土地所有者Bと締結した。この場合，民法の規定及び判例によれば，次の記述のうち正しいものはどれか。

❶ この通行地役権の設定登記をしないまま，Aが，甲土地をCに譲渡し，所有権移転登記を経由した場合，Cは，通路として継続的に使用されていることが客観的に明らかであり，かつ，通行地役権があることを知っていたときでも，Bに対して，常にこの通行地役権を否定することができる。

❷ この通行地役権の設定登記を行った後，Bが，乙土地をDに譲渡し，乙土地の所有権移転登記を経由した場合，Dは，この通行地役権が自己に移転したことをAに対して主張できる。

❸ Bは，この通行地役権を，乙土地と分離して，単独で第三者に売却することができる。

❹ Bが，契約で認められた部分ではない甲土地の部分を，継続的に行使され，かつ，外形上認識することができる形で，乙土地の通行の便益のために利用していた場合でも，契約で認められていない部分については，通行地役権を時効取得することはできない。

（本試験 2002年 問 4 改題）

問9 Aは，隣人Bの留守中に台風が接近して，屋根の一部が壊れていたB宅に甚大な被害が生じる差し迫ったおそれがあったため，Bからの依頼なくB宅の屋根を修理した。この場合における次の記述のうち，民法の規定によれば，誤っているものはどれか。

❶ Aは，Bに対して，特段の事情がない限り，B宅の屋根を修理したことについて報酬を請求することができない。

❷ Aは，Bからの請求があったときには，いつでも，本件事務処理の状況をBに報告しなければならない。

❸ Aは，B宅の屋根を善良な管理者の注意をもって修理しなければならない。

❹ AによるB宅の屋根の修理が，Bの意思に反することなく行われた場合，AはBに対し，Aが支出した有益な費用全額の償還を請求することができる。

（本試験 2018年 問5出題）

問10 不法行為による損害賠償に関する次の記述のうち，民法の規定及び判例によれば，誤っているものはどれか。

❶ 不法行為による損害賠償の支払債務は，催告を待たず，損害発生と同時に遅滞に陥るので，その時以降完済に至るまでの遅延損害金を支払わなければならない。

❷ 不法行為によって名誉を毀損された者の慰謝料請求権は，被害者が生前に請求の意思を表明しなかった場合でも，相続の対象となる。

❸ 加害者数人が，共同不法行為として民法第719条により各自連帯して損害賠償の責任を負う場合，その1人に対する履行の請求は，他の加害者に対してはその効力を有しない。

❹ 不法行為による損害賠償の請求権の消滅時効の期間は，権利を行使することができることとなった時から10年である。

（本試験 2007年 問5出題）

❶ ゴルフ場経営を目的とする土地賃貸借契約については，対象となる全ての土地について地代等の増減額請求に関する借地借家法第11条の規定が適用される。

❷ 借地権の存続期間が満了する際，借地権者の契約の更新請求に対し，借地権設定者が遅滞なく異議を述べた場合には，借地契約は当然に終了する。

❸ 二筆以上ある土地の借地権者が，そのうちの一筆の土地上に登記ある建物を所有し，登記ある建物がない他方の土地は庭として使用するために賃借しているにすぎない場合，登記ある建物がない土地には，借地借家法第10条第1項による対抗力は及ばない。

❹ 借地権の存続期間が満了する前に建物が滅失し，借地権者が残存期間を超えて存続すべき建物を建築した場合，借地権設定者が異議を述べない限り，借地権は建物が築造された日から当然に20年間存続する。

（本試験 2013年 問 12 出題）

問12 Aは，A所有の甲建物につき，Bとの間で期間を10年とする借地借家法第38条第1項の定期建物賃貸借契約を締結し，Bは甲建物をさらにCに賃貸（転貸）した。この場合に関する次の記述のうち，民法及び借地借家法の規定並びに判例によれば，正しいものはどれか。

❶ BがAに無断で甲建物をCに転貸した場合には，転貸の事情のいかんにかかわらず，AはAB間の賃貸借契約を解除することができる。

❷ Bの債務不履行を理由にAが賃貸借契約を解除したために当該賃貸借契約が終了した場合であっても，BがAの承諾を得て甲建物をCに転貸していたときには，AはCに対して甲建物の明渡しを請求することができない。

❸ AB間の賃貸借契約が期間満了で終了する場合であっても，BがAの承諾を得て甲建物をCに転貸しているときには，BのCに対する解約の申入れについて正当な事由がない限り，AはCに対して甲建物の明渡しを請求することができない。

❹ AB間の賃貸借契約に賃料の改定について特約がある場合には，経済事情の変動によってBのAに対する賃料が不相当となっても，BはAに対して借地借家法第32条第1項に基づく賃料の減額請求をすることはできない。

（本試験 2013年 問 11 出題）

問13 一棟の建物を区分した建物（以下この問において「区分建物」という。）についての登記に関する次の記述のうち，誤っているものはどれか。

❶ 区分建物の表題登記は，その一棟の建物に属する他の区分建物の表題登記とともに申請しなければならない。

❷ 区分建物の所有権の保存の登記は，表題部所有者から所有権を取得した者も，申請することができる。

❸ 区分建物が規約による共用部分である旨の登記は，当該建物の登記記録の表題部にされる。

❹ 登記官は，区分建物に関する敷地権について表題部に最初に登記をするときは，敷地権の目的たる土地の登記記録の表題部に敷地権の目的となった旨の登記をしなければならない。

（本試験 1996年 問 16 改題）

問14 不動産の登記に関する次の記述のうち，不動産登記法の規定によれば，誤っているものはどれか。

❶ 登記事項証明書の交付の請求は，利害関係を有することを明らかにすることなく，することができる。

❷ 土地所在図，地積測量図，地役権図面，建物図面及び各階平面図を除く登記簿の附属書類の閲覧の請求は，請求人が利害関係を有する部分に限り，することができる。

❸ 登記事項証明書の交付の請求は，請求情報を電子情報処理組織を使用して登記所に提供する方法によりすることができる。

❹ 筆界特定書の写しの交付の請求は，請求人が利害関係を有する部分に限り，することができる。

（本試験 2015年 問 14 出題）

❶ 第二種住居地域における地区計画については，一定の条件に該当する場合，開発整備促進区を都市計画に定めることができる。

❷ 準都市計画区域について無秩序な市街化を防止し，計画的な市街化を図るため必要があるときは，都市計画に，区域区分を定めることができる。

❸ 工業専用地域は，工業の利便を増進するため定める地域であり，風致地区に隣接してはならない。

❹ 市町村が定めた都市計画が，都道府県が定めた都市計画と抵触するときは，その限りにおいて，市町村が定めた都市計画が優先する。

(本試験 2015年 問 16 出題)

問16 都市計画法に関する次の記述のうち，正しいものはどれか。なお，この問において「都道府県知事」とは，地方自治法に基づく指定都市，中核市及び施行時特例市にあってはその長をいうものとする。

❶ 市街化区域内において開発許可を受けた者が，開発区域の規模を $100\,\text{㎡}$ に縮小しようとする場合においては，都道府県知事の許可を受けなければならない。

❷ 開発許可を受けた開発区域内の土地において，当該開発許可に係る予定建築物を建築しようとする者は，当該建築行為に着手する日の 30 日前までに，一定の事項を都道府県知事に届け出なければならない。

❸ 開発許可を受けた開発区域内において，開発行為に関する工事の完了の公告があるまでの間に，当該開発区域内に土地所有権を有する者のうち，当該開発行為に関して同意をしていない者がその権利の行使として建築物を建築する場合については，都道府県知事が支障がないと認めたときでなければ，当該建築物を建築することはできない。

❹ 何人も，市街化調整区域のうち開発許可を受けた開発区域以外の区域内において，都道府県知事の許可を受けることなく，仮設建築物を新築することができる。

(本試験 2015年 問 15 出題)

問17 建築基準法に関する次の記述のうち，正しいものはどれか。

❶ 住宅の地上階における居住のための居室には，採光のための窓その他の開口部を設け，その採光に有効な部分の面積は，その居室の床面積に対して7分の1以上としなければならない。

❷ 建築確認の対象となり得る工事は，建築物の建築，大規模の修繕及び大規模の模様替であり，建築物の移転は対象外である。

❸ 高さ15mの建築物には，周囲の状況によって安全上支障がない場合を除き，有効に避雷設備を設けなければならない。

❹ 準防火地域内において建築物の屋上に看板を設ける場合は，その主要な部分を不燃材料で造り，又は覆わなければならない。

(本試験 2014年 問17 出題)

問18 建築基準法（以下この問において「法」という。）に関する次の記述のうち，誤っているものはどれか。

❶ 高度地区内においては，建築物の高さは，高度地区に関する地方公共団体の条例において定められた内容に適合するものでなければならない。

❷ 認可の公告のあった建築協定は，その公告のあった日以後に協定の目的となっている土地の所有権を取得した者に対しても，効力がある。

❸ 商業地域内にある建築物については，法第56条の2第1項の規定による日影規制は，適用されない。ただし，冬至日において日影規制の対象区域内の土地に日影を生じさせる，高さ10mを超える建築物については，この限りでない。

❹ 特別用途地区内においては，地方公共団体は，その地区の指定の目的のために必要と認める場合においては，国土交通大臣の承認を得て，条例で，法第48条の規定による建築物の用途制限を緩和することができる。

(本試験 2009年 問19 出題)

問19 宅地造成等規制法に関する次の記述のうち，誤っているものはどれか。なお，この問における都道府県知事とは，地方自治法に基づく指定都市，中核市及び施行時特例市にあってはその長をいうものとする。

❶ 宅地を宅地以外の土地にするために行う土地の形質の変更は，宅地造成に該当しない。

❷ 都道府県知事は，宅地造成工事規制区域内において行われる宅地造成に関する工事についての許可に，当該工事の施行に伴う災害の防止その他良好な都市環境の形成のために必要と認める場合にあっては，条件を付することができる。

❸ 宅地以外の土地を宅地にするための切土であって，当該切土を行う土地の面積が400㎡であり，かつ，高さが1ｍのがけを生ずることとなる土地の形質の変更は，宅地造成に該当しない。

❹ 宅地以外の土地を宅地にするための盛土であって，当該盛土を行う土地の面積が1,000㎡であり，かつ，高さが80cmのがけを生ずることとなる土地の形質の変更は，宅地造成に該当する。

（本試験 2004年 問 23 出題）

問20 農地法（以下この問において「法」という。）に関する次の記述のうち，正しいものはどれか。

❶ 農地の賃貸借について法第3条第1項の許可を得て農地の引渡しを受けても，土地登記簿に登記をしなかった場合，その後，その農地について所有権を取得した第三者に対抗することができない。

❷ 雑種地を開墾し，現に畑として耕作されている土地であっても，土地登記簿上の地目が雑種地である限り，法の適用を受ける農地には当たらない。

❸ 国又は都道府県等が市街化調整区域内の農地（1ヘクタール）を取得して学校を建設する場合，都道府県知事等との協議が成立しても法第5条第1項の許可を受ける必要がある。

❹ 農業者が相続により取得した市街化調整区域内の農地を自己の住宅用地として転用する場合でも，法第4条第1項の許可を受ける必要がある。

（本試験 2013年 問 21 改題）

問21 土地区画整理法における仮換地指定に関する次の記述のうち, 誤っているものはどれか。

❶ 土地区画整理事業の施行者である土地区画整理組合が, 施行地区内の宅地について仮換地を指定する場合, あらかじめ, 土地区画整理審議会の意見を聴かなければならない。

❷ 土地区画整理事業の施行者は, 仮換地を指定した場合において, 必要があると認めるときは, 仮清算金を徴収し, 又は交付することができる。

❸ 仮換地が指定された場合においては, 従前の宅地について権原に基づき使用し, 又は収益することができる者は, 仮換地の指定の効力発生の日から換地処分の公告がある日まで, 仮換地について, 従前の宅地について有する権利の内容である使用又は収益と同じ使用又は収益をすることができる。

❹ 仮換地の指定を受けた場合, その処分により使用し, 又は収益することができる者のなくなった従前の宅地は, 当該処分により当該宅地を使用し, 又は収益することができる者のなくなった時から, 換地処分の公告がある日までは, 施行者が管理するものとされている。

(本試験 2008年 問 23 出題)

問22 国土利用計画法第 23 条の届出 (以下この問において「事後届出」という。) 及び同法第 27 条の 7 の届出 (以下この問において「事前届出」という。) に関する次の記述のうち, 正しいものはどれか。

❶ 監視区域内の市街化調整区域に所在する面積 6,000㎡ の一団の土地について, 所有者Aが当該土地を分割し, 4,000㎡ をBに, 2,000㎡ をCに売却する契約をB, Cと締結した場合, 当該土地の売買契約についてA, B及びCは事前届出をする必要はない。

❷ 事後届出においては, 土地の所有権移転後における土地利用目的について届け出ることとされているが, 土地の売買価額については届け出る必要はない。

❸ Dが所有する都市計画法第 5 条の 2 に規定する準都市計画区域内に所在する面積 7,000㎡ の土地について, Eに売却する契約を締結した場合, Eは事後届出をする必要がある。

❹ Fが所有する市街化区域内に所在する面積 4,500㎡ の甲地とGが所有する市街化調整区域内に所在する面積 5,500㎡ の乙地を金銭の授受を伴わずに交換する契約を締結した場合, F, Gともに事後届出をする必要がある。

(本試験 2004年 問 16 出題)

問23 住宅用家屋の所有権の移転登記に係る登録免許税の税率の軽減措置に関する次の記述のうち，正しいものはどれか。

❶ 個人が他の個人と共有で住宅用の家屋を購入した場合，当該個人は，その住宅の家屋の所有権の移転登記について，床面積に自己が有する共有持分の割合を乗じたものが 50 ㎡ 以上でなければ，この税率の軽減措置の適用を受けることができない。

❷ この税率の軽減措置は，登記の対象となる住宅用の家屋の取得原因を限定しており，交換を原因として取得した住宅用の家屋について受ける所有権の移転登記には適用されない。

❸ 所有権の移転登記に係る住宅用の家屋が耐火建築物の場合，築年数 25 年以内であっても，耐震基準適合証明書により一定の耐震基準を満たしていることが証明されないときは，この税率の軽減措置の適用を受けることができない。

❹ この税率の軽減措置の適用を受けるためには，登記の申請書に，その家屋が一定の要件を満たす住宅用の家屋であることについての税務署長の証明書を添付しなければならない。

（本試験 2018年 問 23 出題）

問24 固定資産税に関する次の記述のうち，地方税法の規定によれば，正しいものはどれか。

❶ 居住用超高層建築物（いわゆるタワーマンション）に対して課する固定資産税は，当該居住用超高層建築物に係る固定資産税額を，各専有部分の取引価格の当該居住用超高層建築物の全ての専有部分の取引価格の合計額に対する割合により按分した額を，各専有部分の所有者に対して課する。

❷ 住宅用地のうち，小規模住宅用地に対して課する固定資産税の課税標準は，当該小規模住宅用地に係る固定資産税の課税標準となるべき価格の 3 分の 1 の額とされている。

❸ 固定資産税の納期は，他の税目の納期と重複しないようにとの配慮から，4 月，7 月，12 月，2 月と定められており，市町村はこれと異なる納期を定めることはできない。

❹ 固定資産税は，固定資産の所有者に対して課されるが，質権又は 100 年より永い存続期間の定めのある地上権が設定されている土地については，所有者ではなくその質権者又は地上権者が固定資産税の納税義務者となる。

（本試験 2019年 問 24 出題）

問25 地価公示法に関する次の記述のうち，正しいものはどれか。

❶ 地価公示法の目的は，都市及びその周辺の地域等において，標準地を選定し，その周辺の土地の取引価格に関する情報を公示することにより，適正な地価の形成に寄与することである。

❷ 標準地は，土地鑑定委員会が，自然的及び社会的条件からみて類似の利用価値を有すると認められる地域において，土地の利用状況，環境等が通常と認められ，かつ，当該土地の使用又は収益を制限する権利が存しない一団の土地について選定する。

❸ 公示価格を規準とするとは，対象土地の価格を求めるに際して，当該対象土地とこれに類似する利用価値を有すると認められる1又は2以上の標準地との位置，地積，環境等の土地の客観的価値に作用する諸要因についての比較を行い，その結果に基づき，当該標準地の公示価格と当該対象土地の価格との間に均衡を保たせることをいう。

❹ 不動産鑑定士は，土地鑑定委員会の求めに応じて標準地の鑑定評価を行うに当たっては，近傍類地の取引価格から算定される推定の価格，近傍類地の地代等から算定される推定の価格又は同等の効用を有する土地の造成に要する推定の費用の額のいずれかを勘案してこれを行わなければならない。

（本試験 2013年 問 25 出題）

問26 宅地建物取引業の免許（以下この問において「免許」という。）に関する次の記述のうち，正しいものはどれか。

❶ Aが，競売により取得した宅地を 10 区画に分割し，宅地建物取引業者に販売代理を依頼して，不特定多数の者に分譲する場合，Aは免許を受ける必要はない。

❷ Bが，自己所有の宅地に自ら貸主となる賃貸マンションを建設し，借主の募集及び契約をCに，当該マンションの管理業務をDに委託する場合，Cは免許を受ける必要があるが，BとDは免許を受ける必要はない。

❸ 破産管財人が，破産財団の換価のために自ら売主となって，宅地又は建物の売却を反復継続して行い，その媒介をEに依頼する場合，Eは免許を受ける必要はない。

❹ 不特定多数の者に対し，建設業者Fが，建物の建設工事を請け負うことを前提に，当該建物の敷地に供せられる土地の売買を反復継続してあっせんする場合，Fは免許を受ける必要はない。

（本試験 2007年 問 32 出題）

問27 次の記述のうち，宅地建物取引業法（以下この問において「法」という。）の規定によれば，正しいものはどれか。

❶ 宅地建物取引業者は，自ら貸主として締結した建物の賃貸借契約について，法第49条に規定されている業務に関する帳簿に，法及び国土交通省令で定められた事項を記載しなければならない。

❷ 宅地建物取引業者は，その業務に関する帳簿を，一括して主たる事務所に備えれば，従たる事務所に備えておく必要はない。

❸ 宅地建物取引業者は，その業務に関する帳簿に報酬の額を記載することが義務付けられており，違反した場合は指示処分の対象となる。

❹ 宅地建物取引業者は，その業務に従事する者であっても，一時的に事務の補助のために雇用した者については，従業者名簿に記載する必要がない。

（本試験2017年 問35出題）

問28 宅地建物取引業者A（甲県知事免許）は，甲県に本店と支店を設け，営業保証金として1,000万円の金銭と額面金額500万円の国債証券を供託し，営業している。この場合に関する次の記述のうち宅地建物取引業法の規定によれば，正しいものはどれか。

❶ Aは，本店を移転したため，その最寄りの供託所が変更した場合は，遅滞なく，移転後の本店の最寄りの供託所に新たに営業保証金を供託しなければならない。

❷ Aは，営業保証金が還付され，営業保証金の不足額を供託したときは，供託書の写しを添附して，30日以内にその旨を甲県知事に届け出なければならない。

❸ 本店でAと宅地建物取引業に関する取引をした者は，その取引により生じた債権に関し，1,000万円を限度としてAからその債権の弁済を受ける権利を有する。

❹ Aは，本店を移転したため，その最寄りの供託所が変更した場合において，従前の営業保証金を取りもどすときは，営業保証金の還付を請求する権利を有する者に対し，一定期間内に申し出るべき旨の公告をしなければならない。

（本試験2016年 問40出題）

問29 宅地建物取引業者Ａが，自ら売主となり，宅地建物取引業者でない買主との間で締結した宅地の売買契約について，買主が宅地建物取引業法第37条の2の規定に基づき売買契約の解除（以下この問において「クーリング・オフ」という。）をする場合に関する次の記述のうち，正しいものはどれか。

❶ 買主Ｂは，20区画の宅地を販売するテント張りの案内所において，買受けを申し込み，契約を締結して，手付金を支払った。Ｂは，Ａからクーリング・オフについて書面で告げられていなくても，その翌日に契約の解除をすることができる。

❷ 買主Ｃは，喫茶店で買受けの申込みをした際に，Ａからクーリング・オフについて書面で告げられ，その4日後にＡの事務所で契約を締結した場合，契約締結日から起算して8日が経過するまでは契約の解除をすることができる。

❸ 買主Ｄは，ホテルのロビーで買受けの申込みをし，翌日，Ａの事務所で契約を締結した際に手付金を支払った。その3日後，Ｄから，クーリング・オフの書面が送付されてきた場合，Ａは，契約の解除に伴う損害額と手付金を相殺することができる。

❹ 買主Ｅは，自ら指定したレストランで買受けの申込みをし，翌日，Ａの事務所で契約を締結した際に代金の全部を支払った。その6日後，Ｅは，宅地の引渡しを受ける前にクーリング・オフの書面を送付したが，Ａは，代金の全部が支払われていることを理由に契約の解除を拒むことができる。

（本試験2003年 問39出題）

宅地建物取引業者Ａ（消費税課税事業者）が受け取ることのできる報酬額に関する次の記述のうち，宅地建物取引業法の規定によれば，誤っているものはどれか。なお，この問において報酬額に含まれる消費税等相当額は税率 10% で計算するものとする。

❶ 宅地（代金 200 万円。消費税等相当額を含まない。）の売買の代理について，通常の売買の代理と比較して現地調査等の費用が 8 万円（消費税等相当額を含まない。）多く要した場合，売主Ｂと合意していた場合には，ＡはＢから 308,000 円を上限として報酬を受領することができる。

❷ 事務所（1 か月の借賃 110 万円。消費税等相当額を含む。）の貸借の媒介について，Ａは依頼者の双方から合計で 110 万円を上限として報酬を受領することができる。

❸ 既存住宅の売買の媒介について，Ａが売主Ｃに対して建物状況調査を実施する者をあっせんした場合，ＡはＣから報酬とは別にあっせんに係る料金を受領することはできない。

❹ 宅地（代金 200 万円。消費税等相当額を含まない。）の売買の媒介について，通常の売買の媒介と比較して現地調査等の費用を多く要しない場合でも，売主Ｄと合意していた場合には，ＡはＤから 198,000 円を報酬として受領することができる。

（本試験 2019年 問 32 改題）

問31 宅地建物取引業者が行う宅地建物取引業法第35条に規定する重要事項の説明に関する次の記述のうち，正しいものはいくつあるか。なお，説明の相手方は宅地建物取引業者ではないものとする。

ア 区分所有権の目的である建物の売買の媒介を行う場合，当該建物が借地借家法第22条に規定する定期借地権の設定された土地の上に存するときは，当該定期借地権が登記されたものであるか否かにかかわらず，当該定期借地権の内容について説明しなければならない。

イ 宅地の貸借の媒介を行う場合，当該宅地が流通業務市街地の整備に関する法律第4条に規定する流通業務地区にあるときは，同法第5条第1項の規定による制限の概要について説明しなければならない。

ウ 建物の売買の媒介を行う場合，当該建物の売買代金の額並びにその支払の時期及び方法について説明する義務はないが，売買代金以外に授受される金銭があるときは，当該金銭の額及び授受の目的について説明しなければならない。

エ 建物の貸借の媒介を行う場合，当該建物が建築工事の完了前であるときは，必要に応じ当該建物に係る図面を交付した上で，当該建築工事の完了時における当該建物の主要構造部，内装及び外装の構造又は仕上げ並びに設備の設置及び構造について説明しなければならない。

❶ 一つ

❷ 二つ

❸ 三つ

❹ 四つ

（本試験 2016年 問 36 改題）

問32 宅地建物取引業者Ａ社が，自ら売主として宅地建物取引業者でない買主Ｂと宅地の売買について交渉を行う場合における次の記述のうち，宅地建物取引業法（以下この問において「法」という。）の規定に違反しないものはどれか。なお，この問において，「重要事項説明」とは，法第35条の規定に基づく重要事項の説明を，「37条書面」とは，法第37条の規定により交付すべき書面をいうものとする。

❶ Ｂは，買受けの申込みを行い，既に申込証拠金を払い込んでいたが，申込みを撤回することとした。Ａ社は，既にＢに重要事項説明を行っていたため，受領済みの申込証拠金については，解約手数料に充当するとして返還しないこととしたが，申込みの撤回には応じた。

❷ Ｂは，事業用地として当該宅地を購入する資金を金融機関から早急に調達する必要があったため，重要事項説明に先立って37条書面の交付を行うようＡ社に依頼した。これを受け，Ａ社は，重要事項説明に先立って契約を締結し，37条書面を交付した。

❸ Ｂは，当該宅地を購入するに当たり，Ａ社のあっせんを受けて金融機関から融資を受けることとした。この際，Ａ社は，重要事項説明において当該あっせんが不調に終わるなどして融資が受けられなくなった場合の措置について説明をし，37条書面へも当該措置について記載することとしたが，融資額や返済方法等のあっせんの内容については，37条書面に記載するので，重要事項説明に係る書面への記載は省略することとした。

❹ Ｂは，契約するかどうかの重要な判断要素の１つとして，当該宅地周辺の将来における交通整備の見通し等についてＡ社に確認した。Ａ社は，将来の交通整備について新聞記事を示しながら，「確定はしていないが，当該宅地から徒歩２分のところにバスが運行するという報道がある」旨を説明した。

（本試験 2012年 問 32 出題）

問33 宅地建物取引業者Ａが，自ら売主として宅地建物取引業者ではない買主Ｂとの間で宅地の売買契約を締結する場合における次の記述のうち，宅地建物取引業法の規定によれば，誤っているものはいくつあるか。

ア Ａが契約不適合担保責任を負う期間を売買契約に係る宅地の引渡しの日から３年間とする特約は，無効である。

イ Ａは，Ｂに売却予定の宅地の一部に甲市所有の旧道路敷が含まれていることが判明したため，甲市に払下げを申請中である。この場合，Ａは，重要事項説明書に払下申請書の写しを添付し，その旨をＢに説明すれば，売買契約を締結することができる。

ウ 「手付放棄による契約の解除は，契約締結後30日以内に限る」旨の特約を定めた場合，契約締結後30日を経過したときは，Ａが契約の履行に着手していなかったとしても，Ｂは，手付を放棄して契約の解除をすることができない。

❶ 一つ
❷ 二つ
❸ 三つ
❹ なし

（本試験 2014年 問 31 改題）

宅地建物取引業法の規定に基づく監督処分に関する次の記述のうち，正しいものはどれか。

❶ 国土交通大臣又は都道府県知事は，宅地建物取引業者に対して必要な指示をしようとするときは，行政手続法に規定する弁明の機会を付与しなければならない。

❷ 甲県知事は，宅地建物取引業者A社（国土交通大臣免許）の甲県の区域内における業務に関し，A社に対して指示処分をした場合，遅滞なく，その旨を国土交通大臣に通知するとともに，甲県の公報により公告しなければならない。

❸ 乙県知事は，宅地建物取引業者B社（丙県知事免許）の乙県の区域内における業務に関し，B社に対して業務停止処分をした場合は，乙県に備えるB社に関する宅地建物取引業者名簿へ，その処分に係る年月日と内容を記載しなければならない。

❹ 国土交通大臣は，宅地建物取引業者C社（国土交通大臣免許）が宅地建物取引業法第37条に規定する書面の交付をしていなかったことを理由に，C社に対して業務停止処分をしようとするときは，あらかじめ，内閣総理大臣に協議しなければならない。

（本試験 2012年 問 44 出題）

問35 宅地建物取引業法第35条に規定する重要事項の説明を宅地建物取引士が行う場合における次の記述のうち，同条の規定に違反しないものはどれか。なお，説明の相手方は宅地建物取引業者ではないものとする。

❶ 中古マンションの売買の媒介において，当該マンションに係る維持修繕積立金については説明したが，管理組合が保管している維持修繕の実施状況についての記録の内容については説明しなかった。

❷ 自ら売主となる新築住宅の売買において，重要事項の説明の時点で契約不適合担保責任の履行に関する責任保険の契約を締結する予定であることは説明したが，当該責任保険の概要については説明しなかった。

❸ 宅地の売買の媒介において，当該宅地が急傾斜地の崩壊による災害の防止に関する法律第3条の規定に基づく急傾斜地崩壊危険区域内にあることは説明したが，立木竹の伐採には都道府県知事の許可を受けなければならないことについては説明しなかった。

❹ 建物の売買の媒介において，登記された権利の種類及び内容については説明したが，移転登記の申請の時期については説明しなかった。

（本試験 2010年 問 36 改題）

問36 営業保証金を供託している宅地建物取引業者Aと宅地建物取引業保証協会（以下この問において「保証協会」という。）の社員である宅地建物取引業者Bに関する次の記述のうち，宅地建物取引業法の規定によれば，正しいものはいくつあるか。

ア A（国土交通大臣免許）は，甲県内にある主たる事務所とは別に，乙県内に新たに従たる事務所を設置したときは，営業保証金をその従たる事務所の最寄りの供託所に供託しなければならない。

イ Aは，令和2年5月1日に，Bに手付金500万円を支払い，宅地の売買契約を締結した。宅地の引渡しの前にBが失踪し，宅地の引渡しを受けることができなくなったときは，Aは，手付金について，弁済業務保証金から弁済を受けることができる。

ウ Bは，保証協会の社員の地位を失ったときは，その地位を失った日から1週間以内に，営業保証金を供託しなければならない。

エ Bの取引に関して弁済業務保証金の還付があったときは，Bは，保証協会から当該還付額に相当する額の還付充当金を納付すべき旨の通知を受けた日から2週間以内に，還付充当金を保証協会に納付しなければならない。

❶ 一つ
❷ 二つ
❸ 三つ
❹ 四つ

（本試験 2017年 問 39 出題）

問37 宅地建物取引業の免許（以下この問において「免許」という。）に関する次の記述のうち，宅地建物取引業法の規定によれば，誤っているものはどれか。

❶ A社は，不正の手段により免許を取得したことによる免許の取消処分に係る聴聞の期日及び場所が公示された日から当該処分がなされるまでの間に，合併により消滅したが，合併に相当の理由がなかった。この場合においては，当該公示の日の50日前にA社の取締役を退任したBは，当該消滅の日から5年を経過しなければ，免許を受けることができない。

❷ C社の政令で定める使用人Dは，刑法第234条（威力業務妨害）の罪により，懲役1年，刑の全部の執行猶予2年の刑に処せられた後，C社を退任し，新たにE社の政令で定める使用人に就任した。この場合においてE社が免許を申請しても，Dの執行猶予期間が満了していなければ，E社は免許を受けることができない。

❸ 営業に関し成年者と同一の行為能力を有しない未成年者であるFの法定代理人であるGが，刑法第247条（背任）の罪により罰金の刑に処せられていた場合，その刑の執行が終わった日から5年を経過していなければ，Fは免許を受けることができない。

❹ H社の取締役Iが，暴力団員による不当な行為の防止等に関する法律に規定する暴力団員に該当することが判明し，宅地建物取引業法第66条第1項第3号の規定に該当することにより，H社の免許は取り消された。その後，Iは退任したが，当該取消しの日から5年を経過しなければ，H社は免許を受けることができない。

（本試験 2015年 問 27 出題）

宅地建物取引業者が行う業務に関する次の記述のうち，宅地建物取引業法の規定によれば，正しいものはいくつあるか。なお，この問において「37条書面」とは，同法第37条の規定により交付すべき書面をいうものとする。

ア 宅地建物取引業者は，自ら売主として宅地建物取引業者ではない買主との間で新築分譲住宅の売買契約を締結した場合において，契約不適合担保責任の履行に関して講ずべき保証保険契約の締結その他の措置について定めがあるときは，当該措置についても37条書面に記載しなければならない。

イ 宅地建物取引業者は，37条書面を交付するに当たり，宅地建物取引士をして，その書面に記名押印の上，その内容を説明させなければならない。

ウ 宅地建物取引業者は，自ら売主として宅地の売買契約を締結した場合は，買主が宅地建物取引業者であっても，37条書面に当該宅地の引渡しの時期を記載しなければならない。

エ 宅地建物取引業者は，建物の売買の媒介において，当該建物に係る租税その他の公課の負担に関する定めがあるときは，その内容を37条書面に記載しなければならない。

❶ 一つ
❷ 二つ
❸ 三つ
❹ 四つ

（本試験 2014年 問40 改題）

宅地建物取引業法に関する次の記述のうち，誤っているものはどれか。なお，この問において，「35条書面」とは，同法第35条の規定に基づく重要事項を記載した書面を，「37条書面」とは，同法第37条の規定に基づく契約の内容を記載した書面をいうものとする。

❶ 宅地建物取引業者は，抵当権に基づく差押えの登記がされている建物の貸借の媒介をするにあたり，貸主から当該登記について告げられなかった場合であっても，35条書面及び37条書面に当該登記について記載しなければならない。

❷ 宅地建物取引業者は，37条書面の作成を宅地建物取引士でない従業者に行わせることができる。

❸ 宅地建物取引業者は，その媒介により建物の貸借の契約が成立した場合，天災その他不可抗力による損害の負担に関する定めがあるときには，その内容を37条書面に記載しなければならない。

❹ 37条書面に記名押印する宅地建物取引士は，35条書面に記名押印した宅地建物取引士と必ずしも同じ者である必要はない。

(本試験 2011年 問 34 出題)

問40 宅地建物取引業者A社が，自ら売主として宅地建物取引業者でない買主Bとの間で締結した売買契約に関する次の記述のうち，宅地建物取引業法の規定によれば，誤っているものはいくつあるか。

ア A社は，Bとの間で締結した中古住宅の売買契約において，引渡後2年以内に発見された雨漏り，シロアリの害，建物の構造耐力上主要な部分の契約不適合についてのみ責任を負うとする特約を定めることができる。

イ A社は，Bとの間における新築分譲マンションの売買契約（代金3,500万円）の締結に際して，当事者の債務の不履行を理由とする契約の解除に伴う損害賠償の予定額と違約金の合計額を700万円とする特約を定めることができる。

ウ A社は，Bとの間における土地付建物の売買契約の締結に当たり，手付金100万円及び中間金200万円を受領する旨の約定を設けた際，相手方が契約の履行に着手するまでは，売主は買主に受領済みの手付金及び中間金の倍額を支払い，また，買主は売主に支払済みの手付金及び中間金を放棄して，契約を解除できる旨の特約を定めた。この特約は有効である。

❶ 一つ ❷ 二つ
❸ 三つ ❹ なし

(本試験 2013年 問 38 改題)

問41 甲県知事の宅地建物取引士登録（以下この問において「登録」という。）を受けている宅地建物取引士Aに関する次の記述のうち，宅地建物取引業法の規定によれば，正しいものはどれか。

❶ Aが破産手続開始の決定を受けて復権を得ない者に該当することとなったときは，破産手続開始の決定を受けた日から30日以内にAの破産管財人が甲県知事にその旨を届け出なければならない。

❷ Aは，乙県知事から事務の禁止処分を受けたが，乙県内に所在する宅地建物取引業者Bの事務所の業務に従事しているため，その禁止の期間が満了すれば，甲県知事を経由して，乙県知事に登録の移転の申請をすることができる。

❸ Aが無免許営業等の禁止に関する宅地建物取引業法に違反して宅地建物取引業を営み，懲役1年，刑の全部の執行猶予3年及び罰金10万円の刑に処せられ，登録を消除されたとき，その執行猶予期間が満了すれば，その翌日から登録を受けることができる。

❹ Aが役員をしているC社が宅地建物取引業の免許を受けたにもかかわらず，営業保証金を供託せず免許が取り消された場合には，Aの登録は消除される。

（本試験 2003年 問 33 改題）

問42 宅地建物取引業者Ａが，ＢからＢ所有の中古マンションの売却の依頼を受け，Ｂと専任媒介契約（専属専任媒介契約ではない媒介契約）を締結した場合に関する次の記述のうち，宅地建物取引業法（以下この問において「法」という。）の規定によれば，正しいものはいくつあるか。

ア Ａは，２週間に１回以上当該専任媒介契約に係る業務の処理状況をＢに報告しなければならないが，これに加え，当該中古マンションについて購入の申込みがあったときは，遅滞なく，その旨をＢに報告しなければならない。

イ 当該専任媒介契約の有効期間は，３月を超えることができず，また，依頼者の更新しない旨の申出がなければ自動更新とする旨の特約も認められない。ただし，Ｂが宅地建物取引業者である場合は，ＡとＢの合意により，自動更新とすることができる。

ウ Ａは，当該専任媒介契約の締結の日から７日（ただし，Ａの休業日は含まない。）以内に所定の事項を指定流通機構に登録しなければならず，また，法第50条の6に規定する登録を証する書面を遅滞なくＢに提示しなければならない。

エ 当該専任媒介契約に係る通常の広告費用はＡの負担であるが，指定流通機構への情報登録及びＢがＡに特別に依頼した広告に係る費用については，成約したか否かにかかわらず，国土交通大臣の定める報酬の限度額を超えてその費用をＢに請求することができる。

❶ 一つ
❷ 二つ
❸ 三つ
❹ 四つ

（本試験 2017年 問 43 出題）

問43 次の記述のうち，宅地建物取引業法（以下この問において「法」という。）の規定によれば，正しいものはどれか。

❶ 宅地建物取引業者が，他の宅地建物取引業者が行う一団の宅地建物の分譲の代理又は媒介を，案内所を設置して行う場合で，その案内所が専任の宅地建物取引士を置くべき場所に該当しない場合は，当該案内所には，クーリング・オフ制度の適用がある旨を表示した標識を掲げなければならない。

❷ 宅地建物取引業者が，その従業者をして宅地の売買の勧誘を行わせたが，相手方が明確に買う意思がない旨を表明した場合，別の従業者をして，再度同じ相手方に勧誘を行わせることは法に違反しない。

❸ 宅地建物取引業者が，自ら売主となる宅地建物売買契約成立後，媒介を依頼した他の宅地建物取引業者へ報酬を支払うことを拒む行為は，不当な履行遅延（法第44条）に該当する。

❹ 宅地建物取引業者は，その事務所ごとに従業者名簿を備えなければならないが，退職した従業者に関する事項は従業者名簿への記載の対象ではない。

（本試験 2014年 問 41 出題）

問44 宅地建物取引士資格登録（以下この問において「登録」という。）又は宅地建物取引士に関する次の記述のうち，宅地建物取引業法の規定によれば，正しいものはいくつあるか。

ア 宅地建物取引士（甲県知事登録）が，乙県で宅地建物取引業に従事することとなったため乙県知事に登録の移転の申請をしたときは，移転後新たに5年を有効期間とする宅地建物取引士証の交付を受けることができる。

イ 宅地建物取引士は，取引の関係者から宅地建物取引士証の提示を求められたときは，宅地建物取引士証を提示しなければならないが，従業者証明書の提示を求められたときは，宅地建物取引業者の代表取締役である宅地建物取引士は，当該証明書がないので提示をしなくてよい。

ウ 宅地建物取引士が心身の故障により宅地建物取引士の事務を適正に行うことができない者として国土交通省令で定めるものとなったときは，その後見人は，3月以内に，その旨を登録をしている都道府県知事に届け出なければならない。

エ 宅地建物取引士の氏名等が登載されている宅地建物取引士資格登録簿は一般の閲覧に供されることはないが，専任の宅地建物取引士は，その氏名が宅地建物取引業者名簿に登載され，当該名簿が一般の閲覧に供される。

❶ 一つ　　❷ 二つ
❸ 三つ　　❹ なし

（本試験 2016年 問 38 改題）

問45 宅地建物取引業者Aが自ら売主として，宅地建物取引業者でない買主B に新築住宅を販売する場合における次の記述のうち，特定住宅瑕疵担保責任の履行の確保等に関する法律の規定によれば，正しいものはどれか。

❶ Aは，住宅販売瑕疵担保保証金の供託をする場合，Bに対し，当該住宅を引き渡すまでに，供託所の所在地等について記載した書面を交付して説明しなければならない。

❷ 自ら売主として新築住宅をBに引き渡したAが，住宅販売瑕疵担保保証金を供託する場合，その住宅の床面積が55㎡以下であるときは，新築住宅の合計戸数の算定に当たって，床面積55㎡以下の住宅2戸をもって1戸と数えることになる。

❸ Aは，基準日に係る住宅販売瑕疵担保保証金の供託及び住宅販売瑕疵担保責任保険契約の締結の状況についての届出をしなければ，当該基準日から1月を経過した日以後においては，新たに自ら売主となる新築住宅の売買契約を締結してはならない。

❹ Aは，住宅販売瑕疵担保責任保険契約の締結をした場合，当該住宅を引き渡した時から10年間，当該住宅の給水設備又はガス設備の瑕疵によって生じた損害について保険金の支払を受けることができる。

（本試験 2017年 問 45 出題）

問46 独立行政法人住宅金融支援機構（以下この問において「機構」という。）に関する次の記述のうち，誤っているものはどれか。

❶ 機構は，住宅の建設又は購入に必要な資金の貸付けに係る金融機関の貸付債権の譲受けを業務として行っているが，当該住宅の建設又は購入に付随する土地又は借地権の取得に必要な資金の貸付けに係る金融機関の貸付債権については，譲受けの対象としていない。

❷ 機構は，金融機関による住宅資金の供給を支援するため，金融機関が貸し付けた住宅ローンについて，住宅融資保険を引き受けている。

❸ 機構は，証券化支援事業（買取型）において，MBS（資産担保証券）を発行することにより，債券市場（投資家）から資金を調達している。

❹ 機構は，高齢者の家庭に適した良好な居住性能及び居住環境を有する住宅とすることを主たる目的とする住宅の改良（高齢者が自ら居住する住宅について行うものに限る。）に必要な資金の貸付けを業務として行っている。

（本試験 2018年 問 46 出題）

問47 宅地建物取引業者がインターネット不動産情報サイトにおいて行った広告表示に関する次の記述のうち，不当景品類及び不当表示防止法（不動産の表示に関する公正競争規約を含む。）の規定によれば，正しいものはどれか。

❶ 物件の所有者に媒介を依頼された宅地建物取引業者Aから入手した当該物件に関する情報を，宅地建物取引業者Bが，そのままインターネット不動産情報サイトに表示し広告を行っていれば，仮に入手した物件に関する情報が間違っていたとしても不当表示に問われることはない。

❷ 新築の建売住宅について，建築中で外装が完成していなかったため，当該建売住宅と規模，外観等は同一ではないが同じ施工業者が他の地域で手掛けた建売住宅の外観写真を，施工例である旨を明記して掲載した。この広告表示が不当表示に問われることはない。

❸ 取引しようとする賃貸物件から最寄りの甲駅までの徒歩所要時間を表示するため，当該物件から甲駅までの道路距離を 80m で除して算出したところ 5.25 分であったので，1分未満を四捨五入して「甲駅から5分」と表示した。この広告表示が不当表示に問われることはない。

❹ 新築分譲マンションについて，パンフレットには当該マンションの全戸数の専有面積を表示したが，インターネット広告には当該マンションの全戸数の専有面積のうち，最小面積及び最大面積のみを表示した。この広告表示が不当表示に問われることはない。

（本試験 2017年 問 47 出題）

問48 土地に関する次の記述のうち，最も不適当なものはどれか。

❶ 扇状地は，山地から河川により運ばれてきた砂礫等が堆積して形成された地盤である。

❷ 三角州は，河川の河口付近に見られる軟弱な地盤である。

❸ 台地は，一般に地盤が安定しており，低地に比べ，自然災害に対して安全度は高い。

❹ 埋立地は，一般に海面に対して比高を持ち，干拓地に比べ，水害に対して危険である。

（本試験 2017年 問 49 出題）

問49 建築物の構造に関する次の記述のうち，最も不適当なものはどれか。

❶ 鉄骨造は，自重が大きく，靭性が小さいことから，大空間の建築や高層建築にはあまり使用されない。

❷ 鉄筋コンクリート造においては，骨組の形式はラーメン式の構造が一般に用いられる。

❸ 鉄骨鉄筋コンクリート造は，鉄筋コンクリート造にさらに強度と靭性を高めた構造である。

❹ ブロック造を耐震的な構造にするためには，鉄筋コンクリートの布基礎及び臥梁により壁体の底部と頂部を固めることが必要である。

（本試験 2016年 問 50 出題）

問50 建築物の構造に関する次の記述のうち，最も不適当なものはどれか。

❶ 木造建物を造る際には，強度や耐久性において，できるだけ乾燥している木材を使用するのが好ましい。

❷ 集成木材構造は，集成木材で骨組を構成したもので，大規模な建物にも使用されている。

❸ 鉄骨構造は，不燃構造であり，耐火材料による耐火被覆がなくても耐火構造にすることができる。

❹ 鉄筋コンクリート構造は，耐久性を高めるためには，中性化の防止やコンクリートのひび割れ防止の注意が必要である。

（本試験 2018年 問 50 出題）

第6回　解答用紙

得点 ／50

問題番号	解　答　番　号
第1問	① ② ③ ④
第2問	① ② ③ ④
第3問	① ② ③ ④
第4問	① ② ③ ④
第5問	① ② ③ ④
第6問	① ② ③ ④
第7問	① ② ③ ④
第8問	① ② ③ ④
第9問	① ② ③ ④
第10問	① ② ③ ④
第11問	① ② ③ ④
第12問	① ② ③ ④
第13問	① ② ③ ④
第14問	① ② ③ ④
第15問	① ② ③ ④
第16問	① ② ③ ④
第17問	① ② ③ ④
第18問	① ② ③ ④
第19問	① ② ③ ④
第20問	① ② ③ ④
第21問	① ② ③ ④
第22問	① ② ③ ④
第23問	① ② ③ ④
第24問	① ② ③ ④
第25問	① ② ③ ④

問題番号	解　答　番　号
第26問	① ② ③ ④
第27問	① ② ③ ④
第28問	① ② ③ ④
第29問	① ② ③ ④
第30問	① ② ③ ④
第31問	① ② ③ ④
第32問	① ② ③ ④
第33問	① ② ③ ④
第34問	① ② ③ ④
第35問	① ② ③ ④
第36問	① ② ③ ④
第37問	① ② ③ ④
第38問	① ② ③ ④
第39問	① ② ③ ④
第40問	① ② ③ ④
第41問	① ② ③ ④
第42問	① ② ③ ④
第43問	① ② ③ ④
第44問	① ② ③ ④
第45問	① ② ③ ④
第46問	① ② ③ ④
第47問	① ② ③ ④
第48問	① ② ③ ④
第49問	① ② ③ ④
第50問	① ② ③ ④

令和②年度 10月試験

冊子の使い方

この色紙を残したまま、「問題冊子」を取り外し、ご利用ください。

※抜き取りの際の破損等による返品・交換には応じられませんのでご注意ください。

解答用紙の使い方

「問題冊子」を抜き取った後の色紙の裏表紙を破線に沿って切り取り、コピーしてご利用ください。

2021年版 出る順宅建士 過去30年良問厳選問題集

令和 **2** 年度

10月試験 問 題

付録①

 合格基準点 **38**点

 制 限 時 間 **2**時間

問題は、1ページから27ページまでの50問です。

問題の中の法令に関する部分は、2021年4月1日現在施行されている規定に基づいて出題されてます。

問1 Aが購入した甲土地が他の土地に囲まれて公道に通じない土地であった場合に関する次の記述のうち、民法の規定及び判例によれば、正しいものはどれか。

❶ 甲土地が共有物の分割によって公道に通じない土地となっていた場合には、Aは公道に至るために他の分割者の所有地を、償金を支払うことなく通行することができる。

❷ Aは公道に至るため甲土地を囲んでいる土地を通行する権利を有するところ、Aが自動車を所有していても、自動車による通行権が認められることはない。

❸ Aが、甲土地を囲んでいる土地の一部である乙土地を公道に出るための通路にする目的で賃借した後、甲土地をBに売却した場合には、乙土地の賃借権は甲土地の所有権に従たるものとして甲土地の所有権とともにBに移転する。

❹ Cが甲土地を囲む土地の所有権を時効により取得した場合には、AはCが時効取得した土地を公道に至るために通行することができなくなる。

（本試験 2020年10月 問1出題）

問2 令和2年7月1日に下記ケース①及びケース②の保証契約を締結した場合に関する次の1から4までの記述のうち、民法の規定によれば、正しいものはどれか。

（ケース①）　個人Aが金融機関Bから事業資金として1,000万円を借り入れ、CがBとの間で当該債務に係る保証契約を締結した場合

（ケース②）　個人Aが建物所有者Dと居住目的の建物賃貸借契約を締結し、EがDとの間で当該賃貸借契約に基づくAの一切の債務に係る保証契約を締結した場合

❶ ケース①の保証契約は、口頭による合意でも有効であるが、ケース②の保証契約は、書面でしなければ効力を生じない。

❷ ケース①の保証契約は、Cが個人でも法人でも極度額を定める必要はないが、ケース②の保証契約は、Eが個人でも法人でも極度額を定めなければ効力を生じない。

❸ ケース①及びケース②の保証契約がいずれも連帯保証契約である場合、BがCに債務の履行を請求したときはCは催告の抗弁を主張することができるが、DがEに債務の履行を請求したときはEは催告の抗弁を主張することができない。

❹ 保証人が保証契約締結の日前1箇月以内に公正証書で保証債務を履行する意思を表示していない場合、ケース①のCがAの事業に関与しない個人であるときはケース①の保証契約は効力を生じないが、ケース②の保証契約は有効である。

（本試験 2020年10月 問2出題）

問3 次の1から4までの契約に関する記述のうち、民法の規定及び下記判決文によれば、誤っているものはどれか。なお、これらの契約は令和2年4月1日以降に締結されたものとする。

（判決文）

法律が債務の不履行による契約の解除を認める趣意は、契約の要素をなす債務の履行がないために、該契約をなした目的を達することができない場合を救済するためであり、当事者が契約をなした主たる目的の達成に必須的でない附随的義務の履行を怠ったに過ぎないような場合には、特段の事情の存しない限り、相手方は当該契約を解除することができないものと解するのが相当である。

❶ 土地の売買契約において、売主が負担した当該土地の税金相当額を買主が償還する付随的義務が定められ、買主が売買代金を支払っただけで税金相当額を償還しなかった場合、特段の事情がない限り、売主は当該売買契約の解除をすることができない。

❷ 債務者が債務を履行しない場合であっても、債務不履行について債務者の責めに帰すべき事由がないときは付随的義務の不履行となり、特段の事情がない限り、債権者は契約の解除をすることができない。

❸ 債務不履行に対して債権者が相当の期間を定めて履行を催告してその期間内に履行がなされない場合であっても、催告期間が経過した時における債務不履行がその契約及び取引上の社会通念に照らして軽微であるときは、債権者は契約の解除をすることができない。

❹ 債務者が債務を履行しない場合であって、債務者がその債務の全部の履行を拒絶する意思を明確に表示したときは、債権者は、相当の期間を定めてその履行を催告することなく、直ちに契約の解除をすることができる。

（本試験 2020年10月 問3出題）

問4 建物の賃貸借契約が期間満了により終了した場合における次の記述のうち、民法の規定によれば、正しいものはどれか。なお、賃貸借契約は、令和2年7月1日付けで締結され、原状回復義務について特段の合意はないものとする。

❶ 賃借人は、賃借物を受け取った後にこれに生じた損傷がある場合、通常の使用及び収益によって生じた損耗も含めてその損傷を原状に復する義務を負う。

❷ 賃借人は、賃借物を受け取った後にこれに生じた損傷がある場合、賃借人の帰責事由の有無にかかわらず、その損傷を原状に復する義務を負う。

❸ 賃借人から敷金の返還請求を受けた賃貸人は、賃貸物の返還を受けるまでは、これを拒むことができる。

❹ 賃借人は、未払賃料債務がある場合、賃貸人に対し、敷金をその債務の弁済に充てるよう請求することができる。

（本試験 2020年10月 問4出題）

問5 AとBとの間で令和2年7月1日に締結された委任契約において、委任者Aが受任者Bに対して報酬を支払うこととされていた場合に関する次の記述のうち、民法の規定によれば、正しいものはどれか。

❶ Aの責めに帰すべき事由によって履行の途中で委任が終了した場合、Bは報酬全額をAに対して請求することができるが、自己の債務を免れたことによって得た利益をAに償還しなければならない。

❷ Bは、契約の本旨に従い、自己の財産に対するのと同一の注意をもって委任事務を処理しなければならない。

❸ Bの責めに帰すべき事由によって履行の途中で委任が終了した場合、BはAに対して報酬を請求することができない。

❹ Bが死亡した場合、Bの相続人は、急迫の事情の有無にかかわらず、受任者の地位を承継して委任事務を処理しなければならない。

（本試験 2020年10月 問5出題）

問6 ＡとＢとの間で令和２年７月１日に締結された売買契約に関する次の記述のうち、民法の規定によれば、売買契約締結後、ＡがＢに対し、錯誤による取消しができるものはどれか。

❶ Ａは、自己所有の自動車を100万円で売却するつもりであったが、重大な過失によりＢに対し「10万円で売却する」と言ってしまい、Ｂが過失なく「Ａは本当に10万円で売るつもりだ」と信じて購入を申し込み、ＡＢ間に売買契約が成立した場合

❷ Ａは、自己所有の時価100万円の壺を10万円程度であると思い込み、Ｂに対し「手元にお金がないので、10万円で売却したい」と言ったところ、ＢはＡの言葉を信じ「それなら10万円で購入する」と言って、ＡＢ間に売買契約が成立した場合

❸ Ａは、自己所有の時価100万円の名匠の絵画を贋作（がんさく）だと思い込み、Ｂに対し「贋作（がんさく）であるので、10万円で売却する」と言ったところ、Ｂも同様に贋作だと思い込み「贋作（がんさく）なら10万円で購入する」と言って、ＡＢ間に売買契約が成立した場合

❹ Ａは、自己所有の腕時計を100万円で外国人Ｂに売却する際、当日の正しい為替レート（１ドル100円）を重大な過失により１ドル125円で計算して「8,000ドルで売却する」と言ってしまい、Ａの錯誤について過失なく知らなかったＢが「8,000ドルなら買いたい」と言って、ＡＢ間に売買契約が成立した場合

（本試験 2020年10月 問６出題）

保証に関する次の記述のうち、民法の規定及び判例によれば、誤っているものはどれか。なお、保証契約は令和2年4月1日以降に締結されたものとする。

❶ 特定物売買における売主の保証人は、特に反対の意思表示がない限り、売主の債務不履行により契約が解除された場合には、原状回復義務である既払代金の返還義務についても保証する責任がある。

❷ 主たる債務の目的が保証契約の締結後に加重されたときは、保証人の負担も加重され、主たる債務者が時効の利益を放棄すれば、その効力は連帯保証人に及ぶ。

❸ 委託を受けた保証人が主たる債務の弁済期前に債務の弁済をしたが、主たる債務者が当該保証人からの求償に対して、当該弁済日以前に相殺の原因を有していたことを主張するときは、保証人は、債権者に対し、その相殺によって消滅すべきであった債務の履行を請求することができる。

❹ 委託を受けた保証人は、履行の請求を受けた場合だけでなく、履行の請求を受けずに自発的に債務の消滅行為をする場合であっても、あらかじめ主たる債務者に通知をしなければ、同人に対する求償が制限されることがある。

（本試験 2020年10月 問7出題）

問8 相続（令和2年7月1日に相続の開始があったもの）に関する次の記述のうち、民法の規定によれば、誤っているものはどれか。

❶ 相続回復の請求権は、相続人又はその法定代理人が相続権を侵害された事実を知った時から5年間行使しないときは、時効によって消滅する。

❷ 被相続人の子が相続開始以前に死亡したときは、その者の子がこれを代襲して相続人となるが、さらに代襲者も死亡していたときは、代襲者の子が相続人となることはない。

❸ 被相続人に相続人となる子及びその代襲相続人がおらず、被相続人の直系尊属が相続人となる場合には、被相続人の兄弟姉妹が相続人となることはない。

❹ 被相続人の兄弟姉妹が相続人となるべき場合であっても、相続開始以前に兄弟姉妹及びその子がいずれも死亡していたときは、その者の子（兄弟姉妹の孫）が相続人となることはない。

（本試験 2020年10月 問8出題）

問9 Ａがその所有する甲建物について、Ｂとの間で、①Ａを売主、Ｂを買主とする売買契約を締結した場合と、②Ａを贈与者、Ｂを受贈者とする負担付贈与契約を締結した場合に関する次の記述のうち、民法の規定及び判例によれば、正しいものはどれか。なお、これらの契約は、令和２年７月１日に締結され、担保責任に関する特約はないものとする。

❶ ①の契約において、Ｂが手付を交付し、履行期の到来後に代金支払の準備をしてＡに履行の催告をした場合、Ａは、手付の倍額を現実に提供して契約の解除をすることができる。

❷ ②の契約が書面によらずになされた場合、Ａは、甲建物の引渡し及び所有権移転登記の両方が終わるまでは、書面によらないことを理由に契約の解除をすることができる。

❸ ②の契約については、Ａは、その負担の限度において、売主と同じく担保責任を負う。

❹ ①の契約については、Ｂの債務不履行を理由としてＡに解除権が発生する場合があるが、②の契約については、Ｂの負担の不履行を理由としてＡに解除権が発生することはない。

（本試験 2020年10月 問９出題）

問10 Ａが甲土地を所有している場合の時効に関する次の記述のうち、民法の規定及び判例によれば、誤っているものはどれか。

❶ Ｂが甲土地を所有の意思をもって平穏かつ公然に17年間占有した後、ＣがＢを相続し甲土地を所有の意思をもって平穏かつ公然に３年間占有した場合、Ｃは甲土地の所有権を時効取得することができる。

❷ Ｄが、所有者と称するＥから、Ｅが無権利者であることについて善意無過失で甲土地を買い受け、所有の意思をもって平穏かつ公然に３年間占有した後、甲土地がＡの所有であることに気付いた場合、そのままさらに７年間甲土地の占有を継続したとしても、Ｄは、甲土地の所有権を時効取得することはできない。

❸ Ｄが、所有者と称するＥから、Ｅが無権利者であることについて善意無過失で甲土地を買い受け、所有の意思をもって平穏かつ公然に３年間占有した後、甲土地がＡの所有であることを知っているＦに売却し、Ｆが所有の意思をもって平穏かつ公然に甲土地を７年間占有した場合、Ｆは甲土地の所有権を時効取得することができる。

❹ Ａが甲土地を使用しないで20年以上放置していたとしても、Ａの有する甲土地の所有権が消滅時効にかかることはない。

（本試験 2020年10月 問10出題）

問11 Ａ所有の甲土地につき、令和２年７月１日にＢとの間で居住の用に供する建物の所有を目的として存続期間30年の約定で賃貸借契約（以下この問において「本件契約」という。）が締結された場合に関する次の記述のうち、民法及び借地借家法の規定並びに判例によれば、正しいものはどれか。

❶ Ｂは、借地権の登記をしていなくても、甲土地の引渡しを受けていれば、甲土地を令和２年７月２日に購入したＣに対して借地権を主張することができる。

❷ 本件契約で「一定期間は借賃の額の増減を行わない」旨を定めた場合には、甲土地の借賃が近傍類似の土地の借賃と比較して不相当となったときであっても、当該期間中は、ＡもＢも借賃の増減を請求することができない。

❸ 本件契約で「Ｂの債務不履行により賃貸借契約が解除された場合には、ＢはＡに対して建物買取請求権を行使することができない」旨を定めても、この合意は無効となる。

❹ ＡとＢとが期間満了に当たり本件契約を最初に更新する場合、更新後の存続期間を15年と定めても、20年となる。

（本試験 2020年10月 問 11 出題）

問12 ＡとＢとの間でＡ所有の甲建物をＢに対して、居住の用を目的として、期間２年、賃料月額10万円で賃貸する旨の賃貸借契約（以下この問において「本件契約」という。）を締結し、Ｂが甲建物の引渡しを受けた場合に関する次の記述のうち、民法及び借地借家法の規定並びに判例によれば、誤っているものはどれか。

❶ ＡがＣに甲建物を売却した場合、Ｂは、それまでに契約期間中の賃料全額をＡに前払いしていたことを、Ｃに対抗することができる。

❷ 本件契約が借地借家法第38条の定期建物賃貸借契約であって、賃料改定に関する特約がない場合、経済事情の変動により賃料が不相当となったときは、ＡはＢに対し、賃料増額請求をすることができる。

❸ 本件契約が借地借家法第38条の定期建物賃貸借契約である場合、Ａは、転勤、療養、親族の介護その他のやむを得ない事情があれば、Ｂに対し、解約を申し入れ、申入れの日から１月を経過することによって、本件契約を終了させることができる。

❹ 本件契約が借地借家法第38条の定期建物賃貸借契約であって、造作買取請求に関する特約がない場合、期間満了で本件契約が終了するときに、Ｂは、Ａの同意を得て甲建物に付加した造作について買取請求をすることができる。

（本試験 2020年10月 問 12 出題）

問13 建物の区分所有等に関する法律に関する次の記述のうち、正しいものはどれか。

❶ 共用部分の変更（その形状又は効用の著しい変更を伴わないものを除く。）は、区分所有者及び議決権の各4分の3以上の多数による集会の決議で決するが、この区分所有者の定数は、規約で2分の1以上の多数まで減ずることができる。

❷ 共用部分の管理に係る費用については、規約に別段の定めがない限り、共有者で等分する。

❸ 共用部分の保存行為をするには、規約に別段の定めがない限り、集会の決議で決する必要があり、各共有者ですることはできない。

❹ 一部共用部分は、これを共用すべき区分所有者の共有に属するが、規約で別段の定めをすることにより、区分所有者全員の共有に属するとすることもできる。

（本試験 2020年10月 問13 出題）

問14 不動産の登記に関する次の記述のうち、不動産登記法の規定によれば、正しいものはどれか。

❶ 敷地権付き区分建物の表題部所有者から所有権を取得した者は、当該敷地権の登記名義人の承諾を得なければ、当該区分建物に係る所有権の保存の登記を申請することができない。

❷ 所有権に関する仮登記に基づく本登記は、登記上の利害関係を有する第三者がある場合であっても、その承諾を得ることなく、申請することができる。

❸ 債権者Aが債務者Bに代位して所有権の登記名義人CからBへの所有権の移転の登記を申請した場合において、当該登記を完了したときは、登記官は、Aに対し、当該登記に係る登記識別情報を通知しなければならない。

❹ 配偶者居住権は、登記することができる権利に含まれない。

（本試験 2020年10月 問14 出題）

❶ 地区計画については、都市計画に、地区施設及び地区整備計画を定めるよう努めるものとされている。

❷ 都市計画事業の認可の告示があった後に当該認可に係る事業地内の土地建物等を有償で譲り渡そうとする者は、施行者の許可を受けなければならない。

❸ 第二種住居地域は、中高層住宅に係る良好な住居の環境を保護するため定める地域とされている。

❹ 市街化調整区域における地区計画は、市街化区域における市街化の状況等を勘案して、地区計画の区域の周辺における市街化を促進することがない等当該都市計画区域における計画的な市街化を図る上で支障がないように定めることとされている。

（本試験 2020年10月 問 15 出題）

問16 都市計画法に関する次の記述のうち、誤っているものはどれか。なお、この問において「都道府県知事」とは、地方自治法に基づく指定都市、中核市及び施行時特例市にあってはその長をいうものとする。

❶ 開発許可を申請しようとする者は、あらかじめ、開発行為又は開発行為に関する工事により設置される公共施設を管理することとなる者と協議しなければならない。

❷ 都市計画事業の施行として行う建築物の新築であっても、市街化調整区域のうち開発許可を受けた開発区域以外の区域内においては、都道府県知事の許可を受けなければ、建築物の新築をすることができない。

❸ 開発許可を受けた開発行為により公共施設が設置されたときは、その公共施設は、工事完了の告示の日の翌日において、原則としてその公共施設の存する市町村の管理に属するものとされている。

❹ 開発許可を受けた者から当該開発区域内の土地の所有権を取得した者は、都道府県知事の承認を受けて、当該開発許可を受けた者が有していた当該開発許可に基づく地位を承継することができる。

（本試験 2020年10月 問 16 出題）

❶ 階数が2で延べ面積が 200㎡ の鉄骨造の共同住宅の大規模の修繕をしようとする場合、建築主は、当該工事に着手する前に、確認済証の交付を受けなければならない。

❷ 居室の天井の高さは、一室で天井の高さの異なる部分がある場合、室の床面から天井の最も低い部分までの高さを 2.1 m 以上としなければならない。

❸ 延べ面積が 1,000㎡ を超える準耐火建築物は、防火上有効な構造の防火壁又は防火床によって有効に区画し、かつ、各区画の床面積の合計をそれぞれ 1,000㎡ 以内としなければならない。

❹ 高さ 30 m の建築物には、非常用の昇降機を設けなければならない。

（本試験 2020年10月 問 17 出題）

問18 建築基準法に関する次の記述のうち、正しいものはどれか。

❶ 公衆便所及び巡査派出所については、特定行政庁の許可を得ないで、道路に突き出して建築することができる。

❷ 近隣商業地域内において、客席の部分の床面積の合計が 200㎡ 以上の映画館は建築することができない。

❸ 建築物の容積率の算定の基礎となる延べ面積には、老人ホームの共用の廊下又は階段の用に供する部分の床面積は、算入しないものとされている。

❹ 日影による中高層の建築物の高さの制限に係る日影時間の測定は、夏至日の真太陽時の午前8時から午後4時までの間について行われる。

（本試験 2020年10月 問 18 出題）

宅地造成等規制法に関する次の記述のうち、誤っているものはどれか。なお、この問において「都道府県知事」とは、地方自治法に基づく指定都市、中核市及び施行時特例市にあってはその長をいうものとする。

❶ 土地の占有者又は所有者は、都道府県知事又はその命じた者若しくは委任した者が、宅地造成工事規制区域の指定のために当該土地に立ち入って測量又は調査を行う場合、正当な理由がない限り、立入りを拒み、又は妨げてはならない。

❷ 宅地を宅地以外の土地にするために行う土地の形質の変更は、宅地造成に該当しない。

❸ 宅地造成工事規制区域内において、宅地以外の土地を宅地に転用する者は、宅地造成に関する工事を行わない場合でも、都道府県知事の許可を受けなければならない。

❹ 宅地造成に関する工事の許可を受けた者が、工事施行者を変更する場合には、遅滞なくその旨を都道府県知事に届け出ればよく、改めて許可を受ける必要はない。

（本試験 2020年10月 問 19 出題）

問20 土地区画整理組合（以下この問において「組合」という。）に関する次の記述のうち、土地区画整理法の規定によれば、正しいものはどれか。

❶ 組合の設立認可を申請しようとする者は、施行地区となるべき区域内の宅地について借地権を有するすべての者の３分の２以上の同意を得なければならないが、未登記の借地権を有する者の同意を得る必要はない。

❷ 組合の総会の会議は、定款に特別な定めがある場合を除くほか、組合員の半数以上が出席しなければ開くことができない。

❸ 組合が賦課金を徴収する場合、賦課金の額は、組合員が施行地区内に有する宅地又は借地の地積等にかかわらず一律に定めなければならない。

❹ 組合の施行する土地区画整理事業に参加することを希望する者のうち、当該土地区画整理事業に参加するのに必要な資力及び信用を有する者であって定款で定められたものは、参加組合員として組合員となる。

（本試験 2020年10月 問 20 出題）

問21 農地に関する次の記述のうち、農地法（以下この問において「法」という。）の規定によれば、正しいものはどれか。

❶ 法第３条第１項の許可が必要な農地の売買については、この許可を受けずに売買契約を締結しても所有権移転の効力は生じない。

❷ 市街化区域内の自己の農地を駐車場に転用する場合には、農地転用した後に農業委員会に届け出ればよい。

❸ 相続により農地を取得することとなった場合には、法第３条第１項の許可を受ける必要がある。

❹ 農地に抵当権を設定する場合には、法第３条第１項の許可を受ける必要がある。

（本試験 2020年10月 問 21 出題）

問22 国土利用計画法第 23 条の届出（以下この問において「事後届出」という。）に関する次の記述のうち、正しいものはどれか。

❶ Aが所有する市街化区域内の 1,500 ㎡の土地をBが購入した場合には、Bは事後届出を行う必要はないが、Cが所有する市街化調整区域内の 6,000 ㎡の土地についてDと売買に係る予約契約を締結した場合には、Dは事後届出を行う必要がある。

❷ Eが所有する市街化区域内の 2,000 ㎡の土地をFが購入した場合、Fは当該土地の所有権移転登記を完了した日から起算して２週間以内に事後届出を行う必要がある。

❸ Gが所有する都市計画区域外の 15,000 ㎡の土地をHに贈与した場合、Hは事後届出を行う必要がある。

❹ Iが所有する都市計画区域外の 10,000 ㎡の土地とJが所有する市街化調整区域内の 10,000 ㎡の土地を交換した場合、I 及び Jは事後届出を行う必要はない。

（本試験 2020年10月 問 22 出題）

問23 印紙税に関する次の記述のうち、正しいものはどれか。

❶ 「建物の電気工事に係る請負代金は 1,100 万円（うち消費税額及び地方消費税額 100 万円）とする」旨を記載した工事請負契約書について、印紙税の課税標準となる当該契約書の記載金額は 1,100 万円である。

❷ 「Aの所有する土地（価額 5,000 万円）とBの所有する土地（価額 4,000 万円）とを交換する」旨の土地交換契約書を作成した場合、印紙税の課税標準となる当該契約書の記載金額は 4,000 万円である。

❸ 国を売主、株式会社Cを買主とする土地の売買契約において、共同で売買契約書を 2 通作成し、国とC社がそれぞれ 1 通ずつ保存することとした場合、C社が保存する契約書には印紙税は課されない。

❹ 「契約期間は 10 年間、賃料は月額 10 万円、権利金の額は 100 万円とする」旨が記載された土地の賃貸借契約書は、記載金額 1,300 万円の土地の賃借権の設定に関する契約書として印紙税が課される。

（本試験 2020年10月 問 23 出題）

問24 不動産取得税に関する次の記述のうち、正しいものはどれか。

❶ 令和 2 年 4 月に個人が取得した住宅及び住宅用地に係る不動産取得税の税率は 3 ％であるが、住宅用以外の土地に係る不動産取得税の税率は 4 ％である。

❷ 一定の面積に満たない土地の取得に対しては、狭小な不動産の取得者に対する税負担の排除の観点から、不動産取得税を課することができない。

❸ 不動産取得税は、不動産の取得に対して課される税であるので、家屋を改築したことにより、当該家屋の価格が増加したとしても、不動産取得税は課されない。

❹ 共有物の分割による不動産の取得については、当該不動産の取得者の分割前の当該共有物に係る持分の割合を超えない部分の取得であれば、不動産取得税は課されない。

（本試験 2020年10月 問 24 出題）

問25 不動産の鑑定評価に関する次の記述のうち、不動産鑑定評価基準によれば、誤っているものはどれか。

❶ 不動産の価格は、その不動産の効用が最高度に発揮される可能性に最も富む使用を前提として把握される価格を標準として形成されるが、不動産についての現実の使用方法は当該不動産が十分な効用を発揮していない場合があることに留意すべきである。

❷ 対象建築物に関する工事が完了していない場合でも、当該工事の完了を前提として鑑定評価を行うことがある。

❸ 特殊価格とは、一般的に市場性を有しない不動産について、その利用現況等を前提とした不動産の経済価値を適正に表示する価格をいい、例としては、文化財の指定を受けた建造物について、その保存等に主眼をおいた鑑定評価を行う場合において求められる価格があげられる。

❹ 原価法は、対象不動産が建物及びその敷地である場合において、再調達原価の把握及び減価修正を適切に行うことができるときに有効な手法であるが、対象不動産が土地のみである場合には、この手法を適用することはできない。

（本試験 2020年10月 問 25 出題）

問26 宅地建物取引業の免許（以下この問において「免許」という。）に関する次の記述のうち、宅地建物取引業法の規定によれば、正しいものはどれか。

❶ 宅地建物取引業者A社（甲県知事免許）が宅地建物取引業者ではないB社との合併により消滅した場合には、B社は、A社が消滅した日から30日以内にA社を合併した旨を甲県知事に届け出れば、A社が受けていた免許を承継することができる。

❷ 信託業法第3条の免許を受けた信託会社が宅地建物取引業を営もうとする場合には、国土交通大臣の免許を受けなければならない。

❸ 個人Cが、転売目的で競売により取得した宅地を多数の区画に分割し、宅地建物取引業者Dに販売代理を依頼して、不特定多数の者に分譲する事業を行おうとする場合には、免許を受けなければならない。

❹ 宅地建物取引業者E（乙県知事免許）は、乙県内に2以上の事務所を設置してその事業を営もうとする場合には、国土交通大臣に免許換えの申請をしなければならない。

（本試験 2020年10月 問 26 出題）

問27 宅地建物取引業者がその業務に関して行う広告に関する次の記述のうち、宅地建物取引業法の規定によれば、正しいものはいくつあるか。

ア 建物の売却について代理を依頼されて広告を行う場合、取引態様として、代理であることを明示しなければならないが、その後、当該物件の購入の注文を受けたときは、広告を行った時点と取引態様に変更がない場合を除き、遅滞なく、その注文者に対し取引態様を明らかにしなければならない。

イ 広告をするに当たり、実際のものよりも著しく優良又は有利であると人を誤認させるような表示をしてはならないが、誤認させる方法には限定がなく、宅地又は建物に係る現在又は将来の利用の制限の一部を表示しないことにより誤認させることも禁止されている。

ウ 複数の区画がある宅地の売買について、数回に分けて広告をする場合は、広告の都度取引態様の別を明示しなければならない。

エ 宅地の造成又は建物の建築に関する工事の完了前においては、当該工事に必要な都市計画法に基づく開発許可、建築基準法に基づく建築確認その他法令に基づく許可等の申請をした後でなければ、当該工事に係る宅地又は建物の売買その他の業務に関する広告をしてはならない。

❶ 一つ
❷ 二つ
❸ 三つ
❹ 四つ

（本試験 2020年10月 問 27 出題）

問28 宅地建物取引士に関する次の記述のうち、宅地建物取引業法の規定によれば、正しいものはどれか。

❶ 宅地建物取引士資格試験に合格した者は、合格した日から 10 年以内に登録の申請をしなければ、その合格は無効となる。

❷ 宅地建物取引士証の有効期間の更新の申請は、有効期間満了の 90 日前から 30 日前までにする必要がある。

❸ 宅地建物取引士は、重要事項の説明をするときは説明の相手方からの請求の有無にかかわらず宅地建物取引士証を提示しなければならず、また、取引の関係者から請求があったときにも宅地建物取引士証を提示しなければならない。

❹ 甲県知事の登録を受けている宅地建物取引士が、乙県知事に登録の移転を申請するときは、乙県知事が指定する講習を受講しなければならない。

（本試験 2020年10月 問 28 出題）

問29 宅地建物取引業者Ａが、ＢからＢ所有の住宅の売却の媒介を依頼された場合における次の記述のうち、宅地建物取引業法（以下この問において「法」という。）の規定によれば、正しいものはいくつあるか。

ア Ａは、Ｂとの間で専任媒介契約を締結し、所定の事項を指定流通機構に登録したときは、その登録を証する書面を遅滞なくＢに引き渡さなければならない。

イ Ａは、Ｂとの間で媒介契約を締結したときは、当該契約が国土交通大臣が定める標準媒介契約約款に基づくものであるか否かの別を、法第34条の2第1項の規定に基づき交付すべき書面に記載しなければならない。

ウ Ａは、Ｂとの間で専任媒介契約を締結するときは、Ｂの要望に基づく場合を除き、当該契約の有効期間について、有効期間満了時に自動的に更新する旨の特約をすることはできない。

エ Ａは、Ｂとの間で専属専任媒介契約を締結したときは、Ｂに対し、当該契約に係る業務の処理状況を1週間に1回以上報告しなければならない。

❶ 一つ

❷ 二つ

❸ 三つ

❹ 四つ

（本試験 2020年10月 問 29 出題）

問30 宅地建物取引業者A及び宅地建物取引業者B（ともに消費税課税事業者）が受領する報酬に関する次の記述のうち、宅地建物取引業法の規定によれば、正しいものはどれか。なお、借賃には消費税等相当額を含まないものとする。

❶ Aは売主から代理の依頼を、Bは買主から媒介の依頼を、それぞれ受けて、代金5,000万円の宅地の売買契約を成立させた場合、Aは売主から343万2,000円、Bは買主から171万6,000円、合計で514万8,000円の報酬を受けることができる。

❷ Aが単独で行う居住用建物の貸借の媒介に関して、Aが依頼者の一方から受けることができる報酬の上限額は、当該媒介の依頼者から報酬請求時までに承諾を得ている場合には、借賃の1.1か月分である。

❸ Aが単独で貸主と借主の双方から店舗用建物の貸借の媒介の依頼を受け、1か月の借賃25万円、権利金330万円（権利設定の対価として支払われるもので、返還されないものをいい、消費税等相当額を含む。）の賃貸借契約を成立させた場合、Aが依頼者の一方から受けることができる報酬の上限額は、30万8,000円である。

❹ Aが単独で行う事務所用建物の貸借の媒介に関し、Aが受ける報酬の合計額が借賃の1.1か月分以内であれば、Aは依頼者の双方からどのような割合で報酬を受けてもよく、また、依頼者の一方のみから報酬を受けることもできる。

（本試験 2020年10月 問30 出題）

問31 宅地建物取引業者が行う宅地建物取引業法第35条に規定する重要事項の説明に関する次の記述のうち、正しいものはどれか。なお、説明の相手方は宅地建物取引業者ではないものとする。

❶ 建物の売買の媒介だけでなく建物の貸借の媒介を行う場合においても、損害賠償額の予定又は違約金に関する事項について、説明しなければならない。

❷ 建物の売買の媒介を行う場合、当該建物について、石綿の使用の有無の調査の結果が記録されているか照会を行ったにもかかわらず、その存在の有無が分からないときは、宅地建物取引業者自らが石綿の使用の有無の調査を実施し、その結果を説明しなければならない。

❸ 建物の売買の媒介を行う場合、当該建物が既存の住宅であるときは、建物状況調査を実施しているかどうかを説明しなければならないが、実施している場合その結果の概要を説明する必要はない。

❹ 区分所有建物の売買の媒介を行う場合、建物の区分所有等に関する法律第2条第3項に規定する専有部分の用途その他の利用の制限に関する規約の定めがあるときは、その内容を説明しなければならないが、区分所有建物の貸借の媒介を行う場合は、説明しなくてよい。

（本試験 2020年10月 問 30 出題）

問32 宅地建物取引業者Ａが、自ら売主として、宅地建物取引業者ではないＢとの間で建物の売買契約を締結する場合における次の記述のうち、宅地建物取引業法（以下この問において「法」という。）の規定によれば、正しいものはどれか。

❶ ＡＢ間の建物の売買契約において、Ｂが当該契約の履行に着手した後においては、Ａは、契約の締結に際してＢから受領した手付金の倍額をＢに現実に提供したとしても、契約を解除することはできない。

❷ ＡＢ間の建物の売買契約における「法第37条の2の規定に基づくクーリング・オフによる契約の解除の際に、当該契約の締結に際しＡがＢから受領した手付金は返還しない」旨の特約は有効である。

❸ ＡＢ間の建物の割賦販売の契約において、Ｂからの賦払金が当初設定していた支払期日までに支払われなかった場合、Ａは直ちに賦払金の支払の遅滞を理由として当該契約を解除することができる。

❹ ＡＢ間で工事の完了前に当該工事に係る建物（代金5,000万円）の売買契約を締結する場合、Ａは、法第41条に定める手付金等の保全措置を講じた後でなければ、Ｂから200万円の手付金を受領してはならない。

（本試験 2020年10月 問 32 出題）

問33 宅地建物取引業者Ａが宅地建物取引業法第37条の規定により交付すべき書面（以下この問において「37条書面」という。）に関する次の記述のうち、正しいものはどれか。

❶ Ａが媒介により建物の貸借の契約を成立させたときは、37条書面に借賃の額並びにその支払の時期及び方法を記載しなければならず、また、当該書面を契約の各当事者に交付しなければならない。

❷ Ａが媒介により宅地の貸借の契約を成立させた場合において、当該宅地の引渡しの時期について重要事項説明書に記載して説明を行ったときは、その内容を37条書面に記載する必要はない。

❸ Ａが自ら売主として宅地建物取引業者である買主と建物の売買契約を締結した場合、37条書面に宅地建物取引士をして記名押印させる必要はない。

❹ Ａが自ら売主として宅地の売買契約を締結した場合、代金についての金銭の貸借のあっせんに関する定めがある場合における当該あっせんに係る金銭の貸借が成立しないときの措置については、37条書面に記載する必要はない。

（本試験 2020年10月 問 33 出題）

問34 宅地建物取引士の登録（以下この問において「登録」という。）及び宅地建物取引士証に関する次の記述のうち、宅地建物取引業法の規定によれば、正しいものはどれか。

❶ 甲県で宅地建物取引士資格試験に合格した後1年以上登録の申請をしていなかった者が宅地建物取引業者（乙県知事免許）に勤務することとなったときは、乙県知事あてに登録の申請をしなければならない。

❷ 登録を受けている者は、住所に変更があっても、登録を受けている都道府県知事に変更の登録を申請する必要はない。

❸ 宅地建物取引士は、従事先として登録している宅地建物取引業者の事務所の所在地に変更があったときは、登録を受けている都道府県知事に変更の登録を申請しなければならない。

❹ 丙県知事の登録を受けている宅地建物取引士が、丁県知事への登録の移転の申請とともに宅地建物取引士証の交付の申請をした場合は、丁県知事から、移転前の宅地建物取引士証の有効期間が経過するまでの期間を有効期間とする新たな宅地建物取引士証が交付される。

（本試験 2020年10月 問 34 出題）

問35 宅地建物取引業者Ａ（甲県知事免許）の営業保証金に関する次の記述のうち、宅地建物取引業法の規定によれば、正しいものはどれか。

❶ Ａから建設工事を請け負った建設業者は、Ａに対する請負代金債権について、営業継続中のＡが供託している営業保証金から弁済を受ける権利を有する。

❷ Ａが甲県内に新たに支店を設置したときは、本店の最寄りの供託所に政令で定める額の営業保証金を供託すれば、当該支店での事業を開始することができる。

❸ Ａは、営業保証金の還付により、営業保証金の額が政令で定める額に不足することとなったときは、甲県知事から不足額を供託すべき旨の通知書の送付を受けた日から２週間以内にその不足額を供託しなければならない。

❹ Ａが甲県内に本店及び２つの支店を設置して宅地建物取引業を営もうとする場合、供託すべき営業保証金の合計額は 1,200 万円である。

（本試験 2020年10月 問 35 出題）

問36 宅地建物取引業保証協会（以下この問において「保証協会」という。）に関する次の記述のうち、宅地建物取引業法の規定によれば、正しいものはどれか。

❶ 保証協会の社員との宅地建物取引業に関する取引により生じた債権を有する者は、当該社員が納付した弁済業務保証金分担金の額に相当する額の範囲内で弁済を受ける権利を有する。

❷ 保証協会の社員と宅地建物取引業に関し取引をした者が、その取引により生じた債権に関し、弁済業務保証金について弁済を受ける権利を実行するときは、当該保証協会の認証を受けるとともに、当該保証協会に対し還付請求をしなければならない。

❸ 保証協会は、弁済業務保証金の還付があったときは、当該還付に係る社員又は社員であった者に対し、当該還付額に相当する額の還付充当金をその主たる事務所の最寄りの供託所に供託すべきことを通知しなければならない。

❹ 保証協会は、弁済業務保証金の還付があったときは、当該還付額に相当する額の弁済業務保証金を供託しなければならない。

（本試験 2020年10月 問 36 出題）

問37 宅地建物取引業者Aが、自ら売主として宅地の売買契約を締結した場合に関する次の記述のうち、宅地建物取引業法の規定によれば、正しいものはいくつあるか。なお、この問において「37条書面」とは、同法第37条の規定に基づき交付すべき書面をいうものとする。

ア Aは、専任の宅地建物取引士をして、37条書面の内容を当該契約の買主に説明させなければならない。

イ Aは、供託所等に関する事項を37条書面に記載しなければならない。

ウ Aは、買主が宅地建物取引業者であっても、37条書面を遅滞なく交付しなければならない。

エ Aは、買主が宅地建物取引業者であるときは、当該宅地の引渡しの時期及び移転登記の申請の時期を37条書面に記載しなくてもよい。

❶ 一つ

❷ 二つ

❸ 三つ

❹ なし

（本試験 2020年10月 問37出題）

問38 宅地建物取引業者Aが、BからB所有の甲住宅の売却に係る媒介の依頼を受けて締結する一般媒介契約に関する次の記述のうち、宅地建物取引業法（以下この問において「法」という。）の規定によれば、正しいものはどれか。

❶ Aは、法第34条の2第1項の規定に基づき交付すべき書面に、宅地建物取引士をして記名押印させなければならない。

❷ Aは、甲住宅の価額について意見を述べる場合、Bに対してその根拠を口頭ではなく書面で明示しなければならない。

❸ Aは、当該媒介契約を締結した場合、指定流通機構に甲住宅の所在等を登録しなければならない。

❹ Aは、媒介契約の有効期間及び解除に関する事項を、法第34条の2第1項の規定に基づき交付すべき書面に記載しなければならない。

（本試験 2020年10月 問38出題）

問39 次の記述のうち、宅地建物取引業法の規定によれば、正しいものはどれか。

❶ 宅地建物取引業者は、従業者名簿の閲覧の請求があったときは、取引の関係者か否かを問わず、請求した者の閲覧に供しなければならない。

❷ 宅地建物取引業者は、その業務に従事させる者に従業者証明書を携帯させなければならず、その者が宅地建物取引士であり、宅地建物取引士証を携帯していても、従業者証明書を携帯させなければならない。

❸ 宅地建物取引業者は、その事務所ごとに従業者名簿を備えなければならないが、退職した従業者に関する事項は、個人情報保護の観点から従業者名簿から消去しなければならない。

❹ 宅地建物取引業者は、その業務に従事させる者に従業者証明書を携帯させなければならないが、その者が非常勤の役員や単に一時的に事務の補助をする者である場合には携帯させなくてもよい。

（本試験 2020年10月 問 39 出題）

問40 宅地建物取引業者Ａが、自ら売主として、宅地建物取引業者ではないＢとの間で宅地の売買契約を締結した場合における、宅地建物取引業法第 37 条の 2 の規定に基づくいわゆるクーリング・オフに関する次の記述のうち、Ｂがクーリング・オフにより契約の解除を行うことができるものはいくつあるか。

ア Ｂが喫茶店で当該宅地の買受けの申込みをした場合において、Ｂが、Ａからクーリング・オフについて書面で告げられた日の翌日から起算して 8 日目にクーリング・オフによる契約の解除の書面を発送し、10 日目にＡに到達したとき。

イ Ｂが喫茶店で当該宅地の買受けの申込みをした場合において、クーリング・オフによる契約の解除ができる期間内に、Ａが契約の履行に着手したとき。

ウ Ｂが喫茶店で当該宅地の買受けの申込みをした場合において、ＡとＢとの間でクーリング・オフによる契約の解除をしない旨の合意をしたとき。

エ Ａの事務所ではないがＡが継続的に業務を行うことができる施設があり宅地建物取引業法第 31 条の 3 第 1 項の規定により専任の宅地建物取引士が置かれている場所で、Ｂが買受けの申込みをし、2 日後に喫茶店で売買契約を締結したとき。

❶ 一つ

❷ 二つ

❸ 三つ

❹ 四つ

（本試験 2020年10月 問 40 出題）

問41 宅地建物取引業者が行う宅地建物取引業法第35条に規定する重要事項の説明に関する次の記述のうち、正しいものはどれか。

❶ 重要事項説明書には、代表者の記名押印があれば宅地建物取引士の記名押印は必要がない。

❷ 重要事項説明書に記名押印する宅地建物取引士は専任の宅地建物取引士でなければならないが、実際に重要事項の説明を行う者は専任の宅地建物取引士でなくてもよい。

❸ 宅地建物取引士証を亡失した宅地建物取引士は、その再交付を申請していても、宅地建物取引士証の再交付を受けるまでは重要事項の説明を行うことができない。

❹ 重要事項の説明は、宅地建物取引業者の事務所において行わなければならない。

(本試験 2020年10月 問 41 出題)

問42 宅地建物取引業者Aが、自ら売主として締結する売買契約に関する次の記述のうち、宅地建物取引業法(以下この問において「法」という。)及び民法の規定によれば、誤っているものはどれか。

❶ Aが宅地建物取引業者ではないBとの間で締結する宅地の売買契約において、当該宅地の種類又は品質に関して契約の内容に適合しない場合におけるその不適合を担保すべき責任を負う期間をBがその不適合を知った時から2年とする特約を定めた場合、この特約は有効である。

❷ Aが宅地建物取引業者ではないCとの間で建築工事の完了前に締結する建物(代金5,000万円)の売買契約においては、Aは、手付金200万円を受領した後、法第41条に定める手付金等の保全措置を講じなければ、当該建物の引渡し前に中間金300万円を受領することができない。

❸ Aが宅地建物取引業者Dとの間で造成工事の完了後に締結する宅地(代金3,000万円)の売買契約においては、Aは、法第41条の2に定める手付金等の保全措置を講じないで、当該宅地の引渡し前に手付金800万円を受領することができる。

❹ Aが宅地建物取引業者ではないEとの間で締結する建物の売買契約において、Aは当該建物の種類又は品質に関して契約の内容に適合しない場合におけるその不適合を担保すべき責任を一切負わないとする特約を定めた場合、この特約は無効となり、Aが当該責任を負う期間は当該建物の引渡日から2年となる。

(本試験 2020年10月 問 42 出題)

問43 宅地建物取引業の免許（以下この問において「免許」という。）に関する次の記述のうち、宅地建物取引業法の規定によれば、正しいものはどれか。

❶ 免許を受けようとするA社の取締役が刑法第204条（傷害）の罪により懲役1年執行猶予2年の刑に処せられた場合、刑の執行猶予の言渡しを取り消されることなく猶予期間を満了し、その日から5年を経過しなければ、A社は免許を受けることができない。

❷ 宅地建物取引業者である個人Bが死亡した場合、その相続人Cは、Bが締結した契約に基づく取引を結了する目的の範囲内において宅地建物取引業者とみなされ、Bが売主として締結していた売買契約の目的物を買主に引き渡すことができる。

❸ 宅地建物取引業者D社について破産手続開始の決定があった場合、D社を代表する役員は廃業を届け出なければならない。また、廃業が届け出られた日にかかわらず、破産手続開始の決定の日をもって免許の効力が失われる。

❹ 免許を受けようとするE社の取締役について、破産手続開始の決定があった場合、復権を得た日から5年を経過しなければ、E社は免許を受けることができない。

（本試験 2020年10月 問43 出題）

問44 宅地建物取引業者が行う宅地建物取引業法第35条に規定する重要事項の説明に関する次の記述のうち、誤っているものはどれか。なお、特に断りのない限り、説明の相手方は宅地建物取引業者ではないものとする。

❶ 昭和55年に新築の工事に着手し完成した建物の売買の媒介を行う場合、当該建物が地方公共団体による耐震診断を受けたものであるときは、その内容を説明しなければならない。

❷ 貸借の媒介を行う場合、敷金その他いかなる名義をもって授受されるかを問わず、契約終了時において精算することとされている金銭の精算に関する事項を説明しなければならない。

❸ 自らを委託者とする宅地又は建物に係る信託の受益権の売主となる場合、取引の相手方が宅地建物取引業者であっても、重要事項説明書を交付して説明をしなければならない。

❹ 区分所有建物の売買の媒介を行う場合、一棟の建物の計画的な維持修繕のための費用の積立てを行う旨の規約の定めがあるときは、その内容を説明しなければならないが、既に積み立てられている額について説明する必要はない。

（本試験 2020年10月 問44 出題）

問45 宅地建物取引業者Ａ（甲県知事免許）が、自ら売主として宅地建物取引業者ではない買主Ｂに新築住宅を販売する場合における次の記述のうち、特定住宅瑕疵担保責任の履行の確保等に関する法律の規定によれば、正しいものはどれか。

❶ Ａが媒介を依頼した宅地建物取引業者又はＢが住宅販売瑕疵担保責任保険契約の締結をしていれば、Ａは住宅販売瑕疵担保保証金の供託又は住宅販売瑕疵担保責任保険契約の締結を行う必要はない。

❷ Ａが住宅販売瑕疵担保保証金の供託をし、その額が、基準日において、販売新築住宅の合計戸数を基礎として算定する基準額を超えることとなった場合、甲県知事の承認を受けた上で、その超過額を取り戻すことができる。

❸ 新築住宅をＢに引き渡したＡは、基準日ごとに基準日から50日以内に、当該基準日に係る住宅販売瑕疵担保保証金の供託及び住宅販売瑕疵担保責任保険契約の締結の状況について、甲県知事に届け出なければならない。

❹ Ｂが宅地建物取引業者である場合であっても、Ａは、Ｂに引き渡した新築住宅について、住宅販売瑕疵担保保証金の供託又は住宅販売瑕疵担保責任保険契約の締結を行う義務を負う。

（本試験 2020年10月 問 45 出題）

問46 独立行政法人住宅金融支援機構（以下この問において「機構」という。）に関する次の記述のうち、誤っているものはどれか。

❶ 機構は、証券化支援事業（買取型）において、金融機関から買い取った住宅ローン債権を担保としてＭＢＳ（資産担保証券）を発行している。

❷ 機構は、災害により住宅が滅失した場合におけるその住宅に代わるべき住宅の建設又は購入に係る貸付金については、元金据置期間を設けることができない。

❸ 機構は、証券化支援事業（買取型）において、賃貸住宅の建設又は購入に必要な資金の貸付けに係る金融機関の貸付債権については譲受けの対象としていない。

❹ 機構は、貸付けを受けた者とあらかじめ契約を締結して、その者が死亡した場合に支払われる生命保険の保険金を当該貸付けに係る債務の弁済に充当する団体信用生命保険を業務として行っている。

（本試験 2020年10月 問 46 出題）

問47 宅地建物取引業者が行う広告に関する次の記述のうち、不当景品類及び不当表示防止法（不動産の表示に関する公正競争規約を含む。）の規定によれば、正しいものはどれか。

❶ 路地状部分（敷地延長部分）のみで道路に接する土地であって、その路地状部分の面積が当該土地面積のおおむね30％以上を占める場合には、路地状部分を含む旨及び路地状部分の割合又は面積を明示しなければならない。

❷ 新築住宅を販売するに当たり、当該物件から最寄駅まで実際に歩いたときの所要時間が15分であれば、物件から最寄駅までの道路距離にかかわらず、広告中に「最寄駅まで徒歩15分」と表示することができる。

❸ 新築分譲住宅を販売するに当たり、予告広告である旨及び契約又は予約の申込みには応じられない旨を明瞭に表示すれば、当該物件が建築確認を受けていなくても広告表示をすることができる。

❹ 新築分譲マンションを販売するに当たり、住戸により管理費の額が異なる場合であって、すべての住戸の管理費を示すことが広告スペースの関係で困難なときは、全住戸の管理費の平均額を表示すればよい。

（本試験 2020年10月 問47 出題）

問48 次の記述のうち、正しいものはどれか。

❶ 令和2年地価公示（令和2年3月公表）によれば、平成31年1月以降の1年間の地価変動は、全国平均では、住宅地については下落であったが、商業地については上昇であった。

❷ 令和2年版土地白書（令和2年6月公表）によれば、土地取引について、売買による所有権の移転登記の件数でその動向をみると、令和元年の全国の土地取引件数は約131万件となり、前年に比べて大きく増加した。

❸ 建築着工統計（令和2年1月公表）によれば、平成31年1月から令和元年12月までの持家及び分譲住宅の新設住宅着工戸数は前年に比べて増加したが、貸家の新設住宅着工戸数は減少した。

❹ 平成30年度法人企業統計調査（令和元年9月公表）によれば、不動産業の売上高経常利益率は、平成26年度から平成30年度までの5年間は、いずれも5％以下となっている。

（本試験 2020年10月 問48 出題）

❶ 都市の中小河川の氾濫の原因の一つは、急速な都市化、宅地化に伴い、降雨時に雨水が短時間に大量に流れ込むようになったことである。

❷ 中小河川に係る防災の観点から、宅地選定に当たっては、その地点だけでなく、周辺の地形と防災施設に十分注意することが必要である。

❸ 地盤の液状化については、宅地の地盤条件について調べるとともに、過去の地形についても古地図などで確認することが必要である。

❹ 地形や地質的な条件については、宅地に適しているか調査する必要があるが、周辺住民の意見は聴かなくてよい。

（本試験 2020年10月 問 49 出題）

問50 建築物の構造に関する次の記述のうち、最も不適当なものはどれか。

❶ 建物の構成は、大きく基礎構造と上部構造からなっており、基礎構造は地業と基礎盤から構成されている。

❷ 基礎の種類には、基礎の底面が建物を支持する地盤に直接接する直接基礎と、建物を支持する地盤が深い場合に使用する杭基礎（杭地業）がある。

❸ 直接基礎の種類には、形状により、柱の下に設ける独立基礎、壁体等の下に設けるべた基礎、建物の底部全体に設ける布基礎（連続基礎）等がある。

❹ 上部構造は、重力、風力、地震力等の荷重に耐える役目を負う主要構造と、屋根、壁、床等の仕上げ部分等から構成されている。

（本試験 2020年10月 問 50 出題）

令和2年度10月試験　解答用紙

得	
点	╱50

問題番号	解　答　番　号	問題番号	解　答　番　号
第1問	① ② ③ ④	第26問	① ② ③ ④
第2問	① ② ③ ④	第27問	① ② ③ ④
第3問	① ② ③ ④	第28問	① ② ③ ④
第4問	① ② ③ ④	第29問	① ② ③ ④
第5問	① ② ③ ④	第30問	① ② ③ ④
第6問	① ② ③ ④	第31問	① ② ③ ④
第7問	① ② ③ ④	第32問	① ② ③ ④
第8問	① ② ③ ④	第33問	① ② ③ ④
第9問	① ② ③ ④	第34問	① ② ③ ④
第10問	① ② ③ ④	第35問	① ② ③ ④
第11問	① ② ③ ④	第36問	① ② ③ ④
第12問	① ② ③ ④	第37問	① ② ③ ④
第13問	① ② ③ ④	第38問	① ② ③ ④
第14問	① ② ③ ④	第39問	① ② ③ ④
第15問	① ② ③ ④	第40問	① ② ③ ④
第16問	① ② ③ ④	第41問	① ② ③ ④
第17問	① ② ③ ④	第42問	① ② ③ ④
第18問	① ② ③ ④	第43問	① ② ③ ④
第19問	① ② ③ ④	第44問	① ② ③ ④
第20問	① ② ③ ④	第45問	① ② ③ ④
第21問	① ② ③ ④	第46問	① ② ③ ④
第22問	① ② ③ ④	第47問	① ② ③ ④
第23問	① ② ③ ④	第48問	① ② ③ ④
第24問	① ② ③ ④	第49問	① ② ③ ④
第25問	① ② ③ ④	第50問	① ② ③ ④

令和②年度 12月試験

冊子の使い方

この色紙を残したまま、「問題冊子」を取り外し、ご利用ください。

※抜き取りの際の破損等による返品・交換には応じられませんのでご注意ください。

解答用紙の使い方

「問題冊子」を抜き取った後の色紙の裏表紙を破線に沿って切り取り、コピーしてご利用ください。

　**不法行為（令和2年4月1日以降に行われたもの）に関する次の記述の
うち、民法の規定及び判例によれば、誤っているものはどれか。**

❶　建物の建築に携わる設計者や施工者は、建物としての基本的な安全性が欠け
る建物を設計し又は建築した場合、設計契約や建築請負契約の当事者に対して
も、また、契約関係にない当該建物の居住者に対しても損害賠償責任を負うこ
とがある。

❷　被用者が使用者の事業の執行について第三者に損害を与え、第三者に対して
その損害を賠償した場合には、被用者は、損害の公平な分担という見地から相
当と認められる額について、使用者に対して求償することができる。

❸　責任能力がない認知症患者が線路内に立ち入り、列車に衝突して旅客鉄道事
業者に損害を与えた場合、当該責任無能力者と同居する配偶者は、法定の監督
義務者として損害賠償責任を負う。

❹　人の生命又は身体を害する不法行為による損害賠償請求権は、被害者又はそ
の法定代理人が損害及び加害者を知った時から5年間行使しない場合、時効に
よって消滅する。

（本試験 2020年12月　問1出題）

問2　**AがBに対して、A所有の甲土地を売却する代理権を令和2年7月1日
に授与した場合に関する次の記述のうち、民法の規定及び判例によれば、正しい
ものはどれか。**

❶　Bが自己又は第三者の利益を図る目的で、Aの代理人として甲土地をDに売
却した場合、Dがその目的を知り、又は知ることができたときは、Bの代理行
為は無権代理とみなされる。

❷　BがCの代理人も引き受け、AC双方の代理人として甲土地に係るAC間の
売買契約を締結した場合、Aに損害が発生しなければ、Bの代理行為は無権代
理とはみなされない。

❸　AがBに授与した代理権が消滅した後、BがAの代理人と称して、甲土地を
Eに売却した場合、AがEに対して甲土地を引き渡す責任を負うことはない。

❹　Bが、Aから代理権を授与されていないA所有の乙土地の売却につき、Aの
代理人としてFと売買契約を締結した場合、AがFに対して追認の意思表示を
すれば、Bの代理行為は追認の時からAに対して効力を生ずる。

（本試験 2020年12月　問2出題）

問3 親族に関する次の記述のうち、民法の規定及び判例によれば、正しいものはどれか。

❶ 姻族関係は、離婚した場合及び夫婦の一方が死亡した場合、当然に終了する。

❷ 離婚に当たり、相手方に有責不法の行為がなければ、他の一方は、相手方に対して財産の分与を請求することができない。

❸ 未成年者に対して親権を行う者がないときは、家庭裁判所は、検察官の請求によって、親族の中から未成年後見人を選任する。

❹ 夫婦間で婚姻の届出前に別段の契約をしなかった場合、夫婦のいずれに属するか明らかでない財産は、その共有に属するものと推定される。

（本試験 2020年12月 問3出題）

問4 債務不履行に関する次の記述のうち、民法の規定及び判例によれば、誤っているものはどれか。なお、債務は令和2年4月1日以降に生じたものとする。

❶ 債務の履行について不確定期限があるときは、債務者は、その期限が到来したことを知らなくても、期限到来後に履行の請求を受けた時から遅滞の責任を負う。

❷ 債務の目的が特定物の引渡しである場合、債権者が目的物の引渡しを受けることを理由なく拒否したため、その後の履行の費用が増加したときは、その増加額について、債権者と債務者はそれぞれ半額ずつ負担しなければならない。

❸ 債務者がその債務について遅滞の責任を負っている間に、当事者双方の責めに帰することができない事由によってその債務の履行が不能となったときは、その履行不能は債務者の責めに帰すべき事由によるものとみなされる。

❹ 契約に基づく債務の履行が契約の成立時に不能であったとしても、その不能が債務者の責めに帰することができない事由によるものでない限り、債権者は、履行不能によって生じた損害について、債務不履行による損害の賠償を請求することができる。

（本試験 2020年12月 問4出題）

問5 時効に関する次の記述のうち、民法の規定及び判例によれば、誤っているものはどれか。なお、時効の対象となる債権の発生原因は、令和2年4月1日以降に生じたものとする。

❶ 消滅時効の援用権者である「当事者」とは、権利の消滅について正当な利益を有する者であり、債務者のほか、保証人、物上保証人、第三取得者も含まれる。

❷ 裁判上の請求をした場合、裁判が終了するまでの間は時効が完成しないが、当該請求を途中で取り下げて権利が確定することなく当該請求が終了した場合には、その終了した時から新たに時効の進行が始まる。

❸ 権利の承認があったときは、その時から新たに時効の進行が始まるが、権利の承認をするには、相手方の権利についての処分につき行為能力の制限を受けていないことを要しない。

❹ 夫婦の一方が他方に対して有する権利については、婚姻の解消の時から6箇月を経過するまでの間は、時効が完成しない。

(本試験 2020年12月 問5出題)

問6 AはBにA所有の甲建物を令和2年7月1日に賃貸し、BはAの承諾を得てCに適法に甲建物を転貸し、Cが甲建物に居住している場合における次の記述のうち、民法の規定及び判例によれば、誤っているものはどれか。

❶ Aは、Bとの間の賃貸借契約を合意解除した場合、解除の当時Bの債務不履行による解除権を有していたとしても、合意解除したことをもってCに対抗することはできない。

❷ Cの用法違反によって甲建物に損害が生じた場合、AはBに対して、甲建物の返還を受けた時から1年以内に損害賠償を請求しなければならない。

❸ AがDに甲建物を売却した場合、AD間で特段の合意をしない限り、賃貸人の地位はDに移転する。

❹ BがAに約定の賃料を支払わない場合、Cは、Bの債務の範囲を限度として、Aに対して転貸借に基づく債務を直接履行する義務を負い、Bに賃料を前払いしたことをもってAに対抗することはできない。

(本試験 2020年12月 問6出題)

問7　Aを売主、Bを買主として、令和2年7月1日に甲土地の売買契約（以下この問において「本件契約」という。）が締結された場合における次の記述のうち、民法の規定によれば、正しいものはどれか。

❶　甲土地の実際の面積が本件契約の売買代金の基礎とした面積より少なかった場合、Bはそのことを知った時から2年以内にその旨をAに通知しなければ、代金の減額を請求することができない。

❷　AがBに甲土地の引渡しをすることができなかった場合、その不履行がAの責めに帰することができない事由によるものであるときを除き、BはAに対して、損害賠償の請求をすることができる。

❸　Bが売買契約で定めた売買代金の支払期日までに代金を支払わなかった場合、売買契約に特段の定めがない限り、AはBに対して、年5％の割合による遅延損害金を請求することができる。

❹　本件契約が、Aの重大な過失による錯誤に基づくものであり、その錯誤が重要なものであるときは、Aは本件契約の無効を主張することができる。

（本試験 2020年12月　問7出題）

問8　1億2,000万円の財産を有するAが死亡した場合の法定相続分についての次の記述のうち、民法の規定によれば、正しいものの組み合わせはどれか。

ア　Aの長男の子B及びC、Aの次男の子Dのみが相続人になる場合の法定相続分は、それぞれ4,000万円である。

イ　Aの長男の子B及びC、Aの次男の子Dのみが相続人になる場合の法定相続分は、B及びCがそれぞれ3,000万円、Dが6,000万円である。

ウ　Aの父方の祖父母E及びF、Aの母方の祖母Gのみが相続人になる場合の法定相続分は、それぞれ4,000万円である。

エ　Aの父方の祖父母E及びF、Aの母方の祖母Gのみが相続人になる場合の法定相続分は、E及びFがそれぞれ3,000万円、Gが6,000万円である。

❶　ア、ウ

❷　ア、エ

❸　イ、ウ

❹　イ、エ

（本試験 2020年12月　問8出題）

問9 地役権に関する次の記述のうち、民法の規定及び判例によれば、誤っているものはどれか。

❶ 地役権は、継続的に行使されるもの、又は外形上認識することができるものに限り、時効取得することができる。

❷ 地役権者は、設定行為で定めた目的に従い、承役地を要役地の便益に供する権利を有する。

❸ 設定行為又は設定後の契約により、承役地の所有者が自己の費用で地役権の行使のために工作物を設け、又はその修繕をする義務を負担したときは、承役地の所有者の特定承継人もその義務を負担する。

❹ 要役地の所有権とともに地役権を取得した者が、所有権の取得を承役地の所有者に対抗し得るときは、地役権の取得についても承役地の所有者に対抗することができる。

(本試験 2020年12月 問9出題)

問10 不動産の共有に関する次の記述のうち、民法の規定によれば、誤っているものはどれか。

❶ 共有物の各共有者の持分が不明な場合、持分は平等と推定される。

❷ 各共有者は、他の共有者の同意を得なければ、共有物に変更を加えることができない。

❸ 共有物の保存行為については、各共有者が単独ですることができる。

❹ 共有者の一人が死亡して相続人がないときは、その持分は国庫に帰属する。

(本試験 2020年12月 問 10 出題)

問11 次の記述のうち、借地借家法の規定及び判例によれば、正しいものはどれか。

❶ 借地権者が借地権の登記をしておらず、当該土地上に所有権の登記がされている建物を所有しているときは、これをもって借地権を第三者に対抗することができるが、建物の表示の登記によっては対抗することができない。

❷ 借地権者が登記ある建物を火災で滅失したとしても、建物が滅失した日から２年以内に新たな建物を築造すれば、２年を経過した後においても、これをもって借地権を第三者に対抗することができる。

❸ 土地の賃借人が登記ある建物を所有している場合であっても、その賃借人から当該土地建物を賃借した転借人が対抗力を備えていなければ、当該転借人は転借権を第三者に対抗することができない。

❹ 借地権者が所有する数棟の建物が一筆の土地上にある場合は、そのうちの一棟について登記があれば、借地権の対抗力が当該土地全部に及ぶ。

（本試験 2020年12月 問 11 出題）

問12 賃貸人Ａと賃借人Ｂとの間で令和２年７月１日に締結した居住用建物の賃貸借契約に関する次の記述のうち、民法及び借地借家法の規定並びに判例によれば、誤っているものはどれか。

❶ 当該建物の修繕が必要である場合において、ＢがＡに修繕が必要である旨を通知したにもかかわらずＡが相当の期間内に必要な修繕をしないときは、Ｂは自ら修繕をすることができる。

❷ ＢがＡに無断でＣに当該建物を転貸した場合であっても、Ａに対する背信行為と認めるに足りない特段の事情があるときは、Ａは賃貸借契約を解除することができない。

❸ 賃貸借契約に期間を定め、賃貸借契約を書面によって行った場合には、ＡがＢに対しあらかじめ契約の更新がない旨を説明していれば、賃貸借契約は期間満了により終了する。

❹ Ｂが相続人なしに死亡した場合、Ｂと婚姻の届出をしていないが事実上夫婦と同様の関係にあった同居者Ｄは、Ｂが相続人なしに死亡したことを知った後１月以内にＡに反対の意思表示をしない限り、賃借人としてのＢの権利義務を承継する。

（本試験 2020年12月 問 12 出題）

問13 建物の区分所有等に関する法律に関する次の記述のうち、誤っているものはどれか。

❶ 規約の保管場所は、建物内の見やすい場所に掲示しなければならない。

❷ 管理者は、規約に特別の定めがあるときは、共用部分を所有することができる。

❸ 規約及び集会の決議は、区分所有者の特定承継人に対しては、その効力を生じない。

❹ 区分所有者は、規約に別段の定めがない限り集会の決議によって、管理者を解任することができる。

(本試験 2020年12月 問 13 出題)

問14 不動産の登記に関する次の記述のうち、不動産登記法の規定によれば、誤っているものはどれか。

❶ 表題部所有者が表示に関する登記の申請人となることができる場合において、当該表題部所有者について相続があったときは、その相続人は、当該表示に関する登記を申請することができる。

❷ 所有権の登記以外の権利に関する登記がある土地については、分筆の登記をすることができない。

❸ 区分建物が属する一棟の建物が新築された場合における当該区分建物についての表題登記の申請は、当該新築された一棟の建物についての表題登記の申請と併せてしなければならない。

❹ 登記の申請書の閲覧は、請求人が利害関係を有する部分に限り、することができる。

(本試験 2020年12月 問 14 出題)

問15 都市計画法に関する次の記述のうち、正しいものはどれか。

❶ 市街化区域及び区域区分が定められていない都市計画区域については、少なくとも道路、病院及び下水道を定めるものとされている。

❷ 市街化調整区域内においては、都市計画に、市街地開発事業を定めることができないこととされている。

❸ 都市計画区域は、市町村が、市町村都市計画審議会の意見を聴くとともに、都道府県知事に協議し、その同意を得て指定する。

❹ 準都市計画区域については、都市計画に、高度地区を定めることができないこととされている。

（本試験 2020年12月 問 15 出題）

問16 都市計画法に関する次の記述のうち、正しいものはどれか。ただし、許可を要する開発行為の面積については、条例による定めはないものとし、この問において「都道府県知事」とは、地方自治法に基づく指定都市、中核市及び、施行時特例市にあってはその長をいうものとする。

❶ 市街化調整区域において、非常災害のため必要な応急措置として 8,000㎡の土地の区画形質の変更を行おうとする者は、あらかじめ、都道府県知事の許可を受けなければならない。

❷ 市街化区域において、社会教育法に規定する公民館の建築の用に供する目的で行われる 1,500㎡の土地の区画形質の変更を行おうとする者は、都道府県知事の許可を受けなくてよい。

❸ 区域区分が定められていない都市計画区域において、店舗の建築の用に供する目的で行われる 2,000㎡の土地の区画形質の変更を行おうとする者は、あらかじめ、都道府県知事の許可を受けなければならない。

❹ 市街化調整区域において、自己の居住の用に供する住宅の建築の用に供する目的で行われる 100㎡の土地の区画形質の変更を行おうとする者は、都道府県知事の許可を受けなくてよい。

（本試験 2020年12月 問 16 出題）

問17 建築基準法に関する次の記述のうち、誤っているものはどれか。

❶ 建築物が防火地域及び準防火地域にわたる場合においては、その全部について、敷地の属する面積が大きい方の地域内の建築物に関する規定を適用する。

❷ 倉庫の用途に供する建築物で、その用途に供する3階以上の部分の床面積の合計が500㎡であるものは、耐火建築物としなければならない。

❸ 高さ25mの建築物には、周囲の状況によって安全上支障がない場合を除き、有効に避雷設備を設けなければならない。

❹ 高さ1m以下の階段の部分には、手すりを設けなくてもよい。

(本試験 2020年12月 問17 出題)

問18 次の記述のうち、建築基準法（以下この問において「法」という。）の規定によれば、誤っているものはどれか。

❶ 建築物の壁又はこれに代わる柱は、地盤面下の部分又は特定行政庁が建築審査会の同意を得て許可した歩廊の柱その他これに類するものを除き、壁面線を越えて建築してはならない。

❷ 特別用途地区内においては、地方公共団体は、その地区の指定の目的のために必要と認める場合は、国土交通大臣の承認を得て、条例で、法第48条第1項から第13項までの規定による用途制限を緩和することができる。

❸ 都市計画により建蔽率の限度が10分の8と定められている準工業地域においては、防火地域内にある耐火建築物については、法第53条第1項から第5項までの規定に基づく建蔽率に関する制限は適用されない。

❹ 田園住居地域内の建築物に対しては、法第56条第1項第3号の規定（北側斜線制限）は適用されない。

(本試験 2020年12月 問18 出題)

問19 宅地造成等規制法に関する次の記述のうち、誤っているものはどれか。

❶ 宅地造成工事規制区域は、宅地造成に伴い災害が生ずるおそれが大きい市街地又は市街地になろうとする土地の区域であって、宅地造成に関する工事につき規制を行う必要があるものについて、国土交通大臣が指定することができる。

❷ 宅地造成工事規制区域内において宅地造成に関する工事を行う場合、宅地造成に伴う災害を防止するために行う高さが5mを超える擁壁の設置に係る工事については、政令で定める資格を有する者の設計によらなければならない。

❸ 都道府県（地方自治法に基づく指定都市、中核市又は施行時特例市の区域にあっては、それぞれ指定都市、中核市又は施行時特例市）は、宅地造成工事規制区域の指定のために行う測量又は調査のため他人の占有する土地に立ち入ったことにより他人に損失を与えた場合においては、その損失を受けた者に対して、通常生ずべき損失を補償しなければならない。

❹ 宅地造成等規制法第8条第1項本文の許可を受けた宅地造成に関する工事が完了した場合、造成主は、都道府県知事（地方自治法に基づく指定都市、中核市及び施行時特例市にあってはその長）の検査を受けなければならない。

(本試験 2020年12月 問 19 出題)

問20 土地区画整理法に関する次の記述のうち、正しいものはどれか。

❶ 市町村が施行する土地区画整理事業の施行後の宅地の価額の総額が土地区画整理事業の施行前の宅地の価額の総額より減少した場合においては、その差額に相当する金額を、従前の宅地に存する建築物について賃借権を有する者に対して支払わなければならない。

❷ 施行者は、仮換地を指定した時に、清算金を徴収し、又は交付しなければならない。

❸ 換地計画において換地を定める場合においては、換地及び従前の宅地の位置、地積、土質、水利、利用状況、環境等が照応するように定めなければならない。

❹ 土地区画整理組合が施行する土地区画整理事業の換地計画においては、災害を防止し、及び衛生の向上を図るために宅地の地積の規模を適正にする特別な必要があると認められる場合は、その換地計画に係る区域内の地積が小である宅地について、過小宅地とならないように換地を定めることができる。

(本試験 2020年12月 問 20 出題)

問21 農地に関する次の記述のうち、農地法（以下この問において「法」という。）の規定によれば、正しいものはどれか。

❶ 山林を開墾し、農地として耕作している土地であっても、土地登記簿上の地目が山林であれば、法の適用を受ける農地に該当しない。

❷ 親から子に対して、所有するすべての農地を一括して贈与する場合には、法第3条第1項の許可を受ける必要はない。

❸ 耕作を目的として農業者が競売により農地を取得する場合であっても、法第3条第1項の許可を受ける必要がある。

❹ 市街化区域以外の区域に存する4 haを超える農地を転用する場合には、農林水産大臣の許可を受ける必要がある。

（本試験 2020年12月 問 21 出題）

問22 国土利用計画法第23条の届出（以下この問において「事後届出」という。）に関する次の記述のうち、正しいものはどれか。なお、この問において「都道府県知事」とは、地方自治法に基づく指定都市にあってはその長をいうものとする。

❶ 都道府県知事は、事後届出に係る土地の利用目的及び対価の額について、届出をした宅地建物取引業者に対し勧告することができ、都道府県知事から勧告を受けた当該業者が勧告に従わなかった場合、その旨及びその勧告の内容を公表することができる。

❷ 事後届出が必要な土地売買等の契約により権利取得者となった者が事後届出を行わなかった場合、都道府県知事から当該届出を行うよう勧告されるが、罰則の適用はない。

❸ 国が所有する市街化区域内の一団の土地である1,500㎡の土地と500㎡の土地を個人Aが購入する契約を締結した場合、Aは事後届出を行う必要がある。

❹ 個人Bが所有する都市計画区域外の11,000㎡の土地について、個人CがBとの間で対価を支払って地上権設定契約を締結した場合、Cは事後届出を行う必要がある。

（本試験 2020年12月 問 22 出題）

問23 住宅用家屋の所有権の移転登記に係る登録免許税の税率の軽減措置に関する次の記述のうち、正しいものはどれか。

❶ この税率の軽減措置の適用を受けるためには、やむを得ない事情がある場合を除き、その住宅用家屋の取得後1年以内に所有権の移転登記を受けなければならない。

❷ この税率の軽減措置は、住宅用家屋を相続により取得した場合に受ける所有権の移転登記についても適用される。

❸ この税率の軽減措置に係る登録免許税の課税標準となる不動産の価額は、売買契約書に記載されたその住宅用家屋の実際の取引価格である。

❹ 過去にこの税率の軽減措置の適用を受けたことがある者は、再度この措置の適用を受けることはできない。

（本試験 2020年12月 問 23 出題）

問24 固定資産税に関する次の記述のうち、正しいものはどれか。

❶ 固定資産税を既に全納した者が、年度の途中において土地の譲渡を行った場合には、その譲渡後の月数に応じて税額の還付を受けることができる。

❷ 固定資産税の税率は、1.7％を超えることができない。

❸ 固定資産税の納期は、4月、7月、12月及び2月中において、当該市町村の条例で定めることとされているが、特別の事情がある場合においては、これと異なる納期を定めることができる。

❹ 200㎡以下の住宅用地に対して課する固定資産税の課税標準は、課税標準となるべき価格の2分の1の額とする特例措置が講じられている。

（本試験 2020年12月 問 24 出題）

❶ 土地鑑定委員会は、その土地に地上権が存する場合であっても、標準地として選定することができる。

❷ 土地鑑定委員会は、標準地について、2人以上の不動産鑑定士の鑑定評価を求めるものとし、当該2人以上の不動産鑑定士は、土地鑑定委員会に対し、鑑定評価書を連名で提出しなければならない。

❸ 土地鑑定委員会は、標準地の正常な価格を判定したときは、標準地の単位面積当たりの価格のほか、当該標準地の価格の総額についても官報で公示しなければならない。

❹ 土地収用法その他の法律によって土地を収用することができる事業を行う者は、標準地として選定されている土地を取得する場合において、当該土地の取得価格を定めるときは、公示価格と同額としなければならない。

（本試験 2020年12月 問 25 出題）

問26 次の記述のうち、宅地建物取引業法の規定によれば、正しいものはどれか。

❶ 宅地建物取引業者は、建物の売買に際し、買主に対して売買代金の貸借のあっせんをすることにより、契約の締結を誘引してはならない。

❷ 宅地建物取引士は、自ら役員を務める宅地建物取引業者が宅地建物取引業に関し不正な行為をし、情状が特に重いことにより免許を取り消された場合、宅地建物取引士の登録を消除されることとなる。

❸ 宅地建物取引業者は、建築工事完了前の賃貸住宅について、借主として貸借の契約を締結してはならない。

❹ 宅地建物取引業者は、10区画以上の一団の宅地の分譲を行う案内所を設置し、当該案内所において売買の契約の締結をし、又は契約の申込みを受ける場合は、当該案内所にその業務に関する帳簿を備え付けなければならない。

（本試験 2020年12月 問 26 出題）

問27 宅地建物取引業者がその業務に関して行う広告に関する次の記述のうち、宅地建物取引業法の規定によれば、正しいものはどれか。

❶ 広告の表示が実際のものよりも著しく優良又は有利であると人を誤認させるようなものであっても、誤認による損害が実際に発生していなければ、監督処分の対象とならない。

❷ 宅地建物取引業者は、建築確認申請中の建物について、建築確認申請中である旨を表示すれば、自ら売主として当該建物を販売する旨の広告をすることができる。

❸ 宅地建物取引業者は、宅地の造成工事の完了前においては、当該造成工事に必要とされる許可等の処分があった後であれば、当該宅地の販売に関する広告をすることができる。

❹ テレビやインターネットを利用して行う広告は、新聞の折込チラシや配布用のチラシと異なり、規制の対象とならない。

(本試験 2020年12月 問 27 出題)

問28 宅地建物取引業者Aが、BからB所有の宅地の売却について媒介の依頼を受けた場合における次の記述のうち、宅地建物取引業法の規定によれば、正しいものはいくつあるか。なお、この問において「専任媒介契約」とは、専属専任媒介契約ではない専任媒介契約をいうものとする。

ア AがBとの間で専任媒介契約を締結した場合、Bの要望により当該宅地を指定流通機構に登録しない旨の特約をしているときを除き、Aは、当該契約締結日から7日以内（Aの休業日を含まない。）に、当該宅地の所在等を指定流通機構に登録しなければならない。

イ AがBとの間で専任媒介契約を締結した場合、AはBに対して、当該契約に係る業務の処理状況を1週間に1回以上報告しなければならない。

ウ AがBとの間で一般媒介契約を締結し、当該契約において、Bが他の宅地建物取引業者に重ねて依頼するときは当該他の宅地建物取引業者を明示する義務がある旨を定める場合、Aは、Bが明示していない他の宅地建物取引業者の媒介又は代理によって売買の契約を成立させたときの措置を宅地建物取引業法第34条の2第1項の規定に基づき交付すべき書面に記載しなければならない。

エ AがBとの間で一般媒介契約を締結した場合、AがBに対し当該宅地の価額について意見を述べるときは、不動産鑑定士に評価を依頼して、その根拠を明らかにしなければならない。

❶ 一つ

❷ 二つ

❸ 三つ

❹ 四つ

（本試験 2020年12月 問 28 出題）

問29 次の記述のうち、宅地建物取引業法の規定によれば、正しいものはどれか。

❶ 宅地建物取引業者（甲県知事免許）が、乙県内に新たに事務所を設置して宅地建物取引業を営むため、国土交通大臣に免許換えの申請を行い、その免許を受けたときは、国土交通大臣から、免許換え前の免許（甲県知事）の有効期間が経過するまでの期間を有効期間とする免許証の交付を受けることとなる。

❷ 宅地建物取引士（甲県知事登録）が、乙県に所在する宅地建物取引業者の事務所の業務に従事することとなったため、乙県知事に登録の移転の申請とともに宅地建物取引士証の交付の申請をしたときは、乙県知事から、有効期間を5年とする宅地建物取引士証の交付を受けることとなる。

❸ 宅地建物取引士（甲県知事登録）が、乙県に所在する建物の売買に関する取引において宅地建物取引士として行う事務に関し不正な行為をし、乙県知事により事務禁止処分を受けたときは、宅地建物取引士証を甲県知事に提出しなければならない。

❹ 宅地建物取引業者（甲県知事免許）は、乙県内で一団の建物の分譲を行う案内所を設置し、当該案内所において建物の売買の契約を締結し、又は契約の申込みを受ける場合、国土交通大臣に免許換えの申請をしなければならない。

(本試験 2020年12月 問29 出題)

問30 宅地建物取引業保証協会（以下この問において「保証協会」という。）に関する次の記述のうち、宅地建物取引業法の規定によれば、正しいものはどれか。

❶ 本店と3つの支店を有する宅地建物取引業者が保証協会に加入しようとする場合、当該保証協会に、110万円の弁済業務保証金分担金を納付しなければならない。

❷ 保証協会の社員又は社員であった者が、当該保証協会から、弁済業務保証金の還付額に相当する還付充当金を当該保証協会に納付すべき旨の通知を受けたときは、その通知を受けた日から2週間以内に、その通知された額の還付充当金を当該保証協会に納付しなければならない。

❸ 保証協会に加入している宅地建物取引業者は、保証を手厚くするため、更に別の保証協会に加入することができる。

❹ 保証協会の社員（甲県知事免許）と宅地建物取引業に関し取引をした者が、その取引により生じた債権に関し、当該保証協会が供託した弁済業務保証金について弁済を受ける権利を実行しようとするときは、弁済を受けることができる額について甲県知事の認証を受ける必要がある。

(本試験 2020年12月 問30 出題)

問31 宅地建物取引業の免許に関する次の記述のうち、宅地建物取引業法の規定によれば、正しいものはどれか。

❶ 宅地建物取引業者が、免許を受けてから1年以内に事業を開始せず免許が取り消され、その後5年を経過していない場合は、免許を受けることができない。

❷ 免許を受けようとしている法人の政令で定める使用人が、破産手続開始の決定を受け、復権を得てから5年を経過していない場合、当該法人は免許を受けることができない。

❸ 免許権者は、免許に条件を付することができ、免許の更新に当たっても条件を付することができる。

❹ 宅地建物取引業者の役員の住所に変更があったときは、30日以内に免許権者に変更を届け出なければならない。

(本試験 2020年12月 問 31 出題)

問32 宅地建物取引業者が行う宅地建物取引業法第35条に規定する重要事項の説明に関する次の記述のうち、正しいものはいくつあるか。なお、説明の相手方は宅地建物取引業者ではないものとする。

ア 宅地の売買の媒介を行う場合、当該宅地が急傾斜地の崩壊による災害の防止に関する法律第3条第1項により指定された急傾斜地崩壊危険区域にあるときは、同法第7条第1項に基づく制限の概要を説明しなければならない。

イ 建物の貸借の媒介を行う場合、当該建物が土砂災害警戒区域等における土砂災害防止対策の推進に関する法律第7条第1項により指定された土砂災害警戒区域内にあるときは、その旨を説明しなければならない。

ウ 宅地の貸借の媒介を行う場合、文化財保護法第46条第1項及び第5項の規定による重要文化財の譲渡に関する制限について、その概要を説明する必要はない。

エ 宅地の売買の媒介を行う場合、当該宅地が津波防災地域づくりに関する法律第21条第1項により指定された津波防護施設区域内にあるときは、同法第23条第1項に基づく制限の概要を説明しなければならない。

❶ 一つ

❷ 二つ

❸ 三つ

❹ 四つ

(本試験 2020年12月 問 32 出題)

問33 宅地建物取引業法に規定する営業保証金に関する次の記述のうち、正しいものはどれか。

❶ 宅地建物取引業者は、事業の開始後、新たに従たる事務所を設置したときは、その従たる事務所の最寄りの供託所に政令で定める額の営業保証金を供託し、その旨を免許権者に届け出なければならない。

❷ 宅地建物取引業者は、主たる事務所を移転したためその最寄りの供託所が変更した場合、国債証券をもって営業保証金を供託しているときは、遅滞なく、従前の主たる事務所の最寄りの供託所に対し、営業保証金の保管替えを請求しなければならない。

❸ 宅地建物取引業者は、免許の有効期間満了に伴い営業保証金を取り戻す場合は、還付請求権者に対する公告をすることなく、営業保証金を取り戻すことができる。

❹ 免許権者は、宅地建物取引業者が宅地建物取引業の免許を受けた日から3月以内に営業保証金を供託した旨の届出をしないときは、その届出をすべき旨の催告をしなければならず、その催告が到達した日から1月以内に届出がないときは、当該宅地建物取引業者の免許を取り消すことができる。

（本試験 2020年12月 問 33 出題）

問34 宅地建物取引業者（消費税課税事業者）が受けることができる報酬に関する次の記述のうち、宅地建物取引業法の規定によれば、誤っているものはどれか。

❶ 宅地建物取引業者が受けることのできる報酬は、依頼者が承諾していたとしても、国土交通大臣の定める報酬額の上限を超えてはならない。

❷ 宅地建物取引業者は、その業務に関し、相手方に不当に高額の報酬を要求した場合、たとえ受領していなくても宅地建物取引業法違反となる。

❸ 宅地建物取引業者が、事業用建物の貸借（権利金の授受はないものとする。）の媒介に関する報酬について、依頼者の双方から受けることのできる報酬の合計額は、借賃（消費税等相当額を含まない。）1か月分の1.1倍に相当する金額が上限であり、貸主と借主の負担の割合については特段の規制はない。

❹ 宅地建物取引業者は、依頼者の依頼によらない広告の料金に相当する額を報酬額に合算する場合は、代理又は媒介に係る報酬の限度額を超える額の報酬を依頼者から受けることができる。

（本試験 2020年12月 問 34 出題）

問35 宅地建物取引業者Aが行う媒介業務に関する次の記述のうち、宅地建物取引業法の規定によれば、正しいものはいくつあるか。なお、この問において「37条書面」とは、同法第37条の規定により交付すべき書面をいうものとする。

ア Aが建物の売買契約を成立させた場合においては、37条書面を買主に交付するに当たり、37条書面に記名押印した宅地建物取引士ではないAの従業者が当該書面を交付することができる。

イ Aが建物の賃貸借契約を成立させた場合においては、契約の当事者が宅地建物取引業者であっても、37条書面には、引渡しの時期及び賃借権設定登記の申請の時期を記載しなければならない。

ウ Aが建物の売買契約を成立させた場合において、天災その他不可抗力による損害の負担に関する定めがあるときは、重要事項説明書にその旨記載していたとしても、その内容を37条書面に記載しなければならない。

エ Aが事業用宅地の定期賃貸借契約を公正証書によって成立させた場合においては、公正証書とは別に37条書面を作成し交付するに当たり、契約の当事者が宅地建物取引業者であっても、宅地建物取引士をして37条書面に記名押印させなければならない。

❶ 一つ

❷ 二つ

❸ 三つ

❹ 四つ

(本試験 2020年12月 問35 出題)

問36 宅地建物取引業者の守秘義務に関する次の記述のうち、宅地建物取引業法（以下この問において「法」という。）の規定によれば、正しいものはどれか。

❶ 宅地建物取引業者は、依頼者本人の承諾があった場合でも、秘密を他に漏らしてはならない。

❷ 宅地建物取引業者が、宅地建物取引業を営まなくなった後は、その業務上取り扱ったことについて知り得た秘密を他に漏らしても、法に違反しない。

❸ 宅地建物取引業者は、裁判の証人として、その取り扱った宅地建物取引に関して証言を求められた場合、秘密に係る事項を証言することができる。

❹ 宅地建物取引業者は、調査の結果判明した法第35条第1項各号に掲げる事項であっても、売主が秘密にすることを希望した場合は、買主に対して説明しなくてもよい。

(本試験 2020年12月 問36 出題)

問37 宅地建物取引業法第 37 条の規定により交付すべき書面（以下この問において「37 条書面」という。）に関する次の記述のうち、同法の規定によれば、正しいものはどれか。

❶ 既存の建物の構造耐力上主要な部分等の状況について当事者の双方が確認した事項がない場合、確認した事項がない旨を 37 条書面に記載しなければならない。

❷ 代金又は交換差金についての金銭の貸借のあっせんに関する定めがない場合、定めがない旨を 37 条書面に記載しなければならない。

❸ 損害賠償額の予定又は違約金に関する定めがない場合、定めがない旨を 37 条書面に記載しなければならない。

❹ 宅地又は建物に係る租税その他の公課の負担に関する定めがない場合、定めがない旨を 37 条書面に記載しなければならない。

（本試験 2020年12月 問 37 出題）

問38 宅地建物取引士に関する次の記述のうち、宅地建物取引業法及び民法の規定によれば、正しいものはいくつあるか。

ア 宅地建物取引業者は、事務所に置く唯一の専任の宅地建物取引士が退任した場合、その日から 30 日以内に新たな専任の宅地建物取引士を設置し、その設置の日から 2 週間以内に、専任の宅地建物取引士の変更があった旨を免許権者に届け出なければならない。

イ 未成年者も、法定代理人の同意があれば、宅地建物取引業者の事務所に置かれる専任の宅地建物取引士となることができる。

ウ 宅地建物取引士は、重要事項説明書を交付するに当たり、相手方が宅地建物取引業者である場合、相手方から宅地建物取引士証の提示を求められない限り、宅地建物取引士証を提示する必要はない。

エ 成年被後見人又は被保佐人は、宅地建物取引士として都道府県知事の登録を受けることができない。

❶ 一つ

❷ 二つ

❸ 三つ

❹ なし

（本試験 2020年12月 問 38 出題）

問39 宅地建物取引業者Ａが、自ら売主として宅地建物取引業者ではない買主Ｂとの間で締結した宅地の売買契約について、Ｂが宅地建物取引業法第37条の2の規定に基づき、いわゆるクーリング・オフによる契約の解除をする場合における次の記述のうち、誤っているものはどれか。

❶ Ｂは、Ａの仮設テント張りの案内所で買受けの申込みをし、2日後、Ａの事務所で契約を締結した上で、代金全額を支払った。その5日後、Ｂが、宅地の引渡しを受ける前に当該契約について解除の書面を送付した場合、Ａは代金全額が支払われていることを理由に契約の解除を拒むことができる。

❷ Ｂは、自らの希望により自宅近くの喫茶店において買受けの申込みをし、売買契約を締結した。当該契約に係るクーリング・オフについては、その3日後にＡから書面で告げられた場合、Ｂは、当該契約の締結日から10日後であっても契約の解除をすることができる。

❸ Ｂは、Ａの仮設テント張りの案内所で買受けの申込みをし、Ａの事務所でクーリング・オフについて書面で告げられ、その日に契約を締結した。この書面の中で、クーリング・オフによる契約の解除ができる期間を14日間としていた場合、Ｂは、当該契約の締結日から10日後であっても契約の解除をすることができる。

❹ Ｂは、売買契約締結後に速やかに建物建築工事請負契約を締結したいと考え、自ら指定した宅地建物取引業者であるハウスメーカー（Ａから当該宅地の売却について代理又は媒介の依頼は受けていない。）の事務所で買受けの申込み及び売買契約の締結をし、その際、クーリング・オフについて書面で告げられた。その6日後、Ｂが当該契約について解除の書面を送付した場合、Ａは契約の解除を拒むことができない。

（本試験 2020年12月 問 39 出題）

問40 宅地建物取引業法（以下この問において「法」という。）に規定する業務に関する禁止事項についての次の記述のうち、正しいものはどれか。

❶ 宅地建物取引業者が、マンション販売の勧誘をするに際し、相手方から購入を希望しない旨の返事があった後に、当該勧誘を継続することは法に違反しない。

❷ 宅地建物取引業者は、契約の相手方に対して資金不足を理由に手付の貸付けを行ったが、契約締結後償還された場合は法に違反しない。

❸ 宅地建物取引業者は、契約の締結の勧誘をするに際し、理由の如何を問わず、相手方に対して当該契約を締結するかどうかを判断するために必要な時間を与えることを拒んではならない。

❹ 宅地建物取引業者は、勧誘の相手方が金銭的に不安であることを述べたため、売買代金の額を引き下げて、契約の締結を勧誘したとしても、法に違反しない。

（本試験 2020年12月 問 40 出題）

問41 宅地建物取引業法第49条に規定する帳簿に関する次の記述のうち、正しいものはどれか。

❶ 宅地建物取引業者は、本店と複数の支店がある場合、支店には帳簿を備え付けず、本店に支店の分もまとめて備え付けておけばよい。

❷ 宅地建物取引業者は、宅地建物取引業に関し取引のあったつど、その年月日、その取引に係る宅地又は建物の所在及び面積その他国土交通省令で定める事項を帳簿に記載しなければならない。

❸ 宅地建物取引業者は、帳簿を各事業年度の末日をもって閉鎖するものとし、閉鎖後5年間当該帳簿を保存しなければならないが、自ら売主となり、又は売買の媒介をする新築住宅に係るものにあっては10年間保存しなければならない。

❹ 宅地建物取引業者は、帳簿の記載事項を、事務所のパソコンのハードディスクに記録し、必要に応じ当該事務所においてパソコンやプリンターを用いて明確に紙面に表示する場合でも、当該記録をもって帳簿への記載に代えることができない。

（本試験 2020年12月 問 41 出題）

問42 宅地建物取引業法第35条に規定する重要事項の説明に関する次の記述のうち、誤っているものはどれか。なお、説明の相手方は宅地建物取引業者ではないものとする。

❶ 地域における歴史的風致の維持及び向上に関する法律第12条第1項により指定された歴史的風致形成建造物である建物の売買の媒介を行う場合、その増築をするときは市町村長への届出が必要である旨を説明しなくてもよい。

❷ 既存の建物の売買の媒介を行う場合、当該建物の建築確認済証がなくなっているときは、その旨を説明すればよい。

❸ 区分所有建物の売買の媒介を行う場合、一棟の建物の維持修繕の実施状況が記録されているときは、その内容を説明しなければならない。

❹ 建物の貸借の媒介を行う場合、台所、浴室、便所その他の当該建物の設備の整備の状況について、説明しなければならない。

（本試験 2020年12月 問 42 出題）

問43 宅地建物取引業法に規定する宅地建物取引士及びその登録（以下この問において「登録」という。）に関する次の記述のうち、正しいものはどれか。

❶ 登録を受けている者が精神の機能の障害により宅地建物取引士の事務を適正に行うに当たって必要な認知、判断及び意思疎通を適切に行うことができない者となった場合、本人がその旨を登録をしている都道府県知事に届け出ることはできない。

❷ 甲県知事の登録を受けている宅地建物取引士が乙県知事に登録の移転の申請を行うとともに宅地建物取引士証の交付の申請を行う場合、交付の申請前6月以内に行われる乙県知事が指定した講習を受講しなければならない。

❸ 宅地建物取引士が、事務禁止処分を受け、宅地建物取引士証をその交付を受けた都道府県知事に速やかに提出しなかったときは、50万円以下の罰金に処せられることがある。

❹ 宅地建物取引士が、刑法第222条（脅迫）の罪により、罰金の刑に処せられ、登録が消除された場合、刑の執行を終わり又は執行を受けることがなくなった日から5年を経過するまでは、新たな登録を受けることができない。

（本試験 2020年12月 問 43 出題）

問44 宅地建物取引業法に関する次の記述のうち、正しいものはいくつあるか。

ア 宅地には、現に建物の敷地に供されている土地に限らず、将来的に建物の敷地に供する目的で取引の対象とされる土地も含まれる。

イ 農地は、都市計画法に規定する用途地域内に存するものであっても、宅地には該当しない。

ウ 建物の敷地に供せられる土地であれば、都市計画法に規定する用途地域外に存するものであっても、宅地に該当する。

エ 道路、公園、河川等の公共施設の用に供せられている土地は、都市計画法に規定する用途地域内に存するものであれば宅地に該当する。

❶ 一つ

❷ 二つ

❸ 三つ

❹ 四つ

(本試験 2020年12月 問 44 出題)

問45 宅地建物取引業者Ａが自ら売主として、宅地建物取引業者ではない買主Ｂに新築住宅を販売する場合における次の記述のうち、特定住宅瑕疵担保責任の履行の確保等に関する法律によれば、正しいものはどれか。

❶ Ａが、住宅販売瑕疵担保保証金を供託する場合、当該住宅の床面積が $100\,\text{m}^2$ 以下であるときは、新築住宅の合計戸数の算定に当たって、２戸をもって１戸と数えることになる。

❷ Ａは、住宅瑕疵担保責任保険法人と住宅販売瑕疵担保責任保険契約の締結をした場合、Ｂが住宅の引渡しを受けた時から10年以内に当該住宅を転売したときは、当該住宅瑕疵担保責任保険法人にその旨を申し出て、当該保険契約の解除をしなければならない。

❸ Ａは、住宅販売瑕疵担保責任保険契約の締結をした場合、当該住宅を引き渡した時から10年間、当該住宅の構造耐力上主要な部分、雨水の浸入を防止する部分、給水設備又はガス設備の隠れた瑕疵によって生じた損害について保険金の支払を受けることができる。

❹ 住宅販売瑕疵担保責任保険契約は、新築住宅を引き渡したＡが住宅瑕疵担保責任保険法人と締結する必要があり、Ｂが保険料を支払うものではない。

(本試験 2020年12月 問 45 出題)

問46 独立行政法人住宅金融支援機構（以下この問において「機構」という。）に関する次の記述のうち、誤っているものはどれか。

❶ 機構は、地震に対する安全性の向上を主たる目的とする住宅の改良に必要な資金の貸付けを業務として行っている。

❷ 証券化支援事業（買取型）における民間金融機関の住宅ローン金利は、金融機関によって異なる場合がある。

❸ 機構は、高齢者が自ら居住する住宅に対して行うバリアフリー工事に係る貸付けについて、貸付金の償還を高齢者の死亡時に一括して行うという制度を設けている。

❹ 証券化支援業務（買取型）において、機構による譲受けの対象となる住宅の購入に必要な資金の貸付けに係る金融機関の貸付債権には、当該住宅の購入に付随する改良に必要な資金は含まれない。

（本試験 2020年12月 問 46 出題）

問47 宅地建物取引業者が行う広告に関する次の記述のうち、不当景品類及び不当表示防止法（不動産の表示に関する公正競争規約を含む。）の規定によれば、正しいものはどれか。

❶ 建築基準法第42条第2項の規定により道路とみなされる部分（セットバックを要する部分）を含む土地については、セットバックを要する旨及びその面積を必ず表示しなければならない。

❷ 取引態様については、「売主」、「貸主」、「代理」又は「媒介（仲介）」の別を表示しなければならず、これらの用語以外の「直販」、「委託」等の用語による表示は、取引態様の表示とは認められない。

❸ インターネット上に掲載している賃貸物件について、掲載した後に契約済みとなり実際には取引できなくなっていたとしても、当該物件について消費者からの問合せがなく、故意に掲載を継続していたものでなければ、不当表示に問われることはない。

❹ 新築分譲住宅を販売するに当たり、販売価格が確定していないため直ちに取引することができない場合、その取引開始時期をあらかじめ告知する予告広告を行うことはできない。

（本試験 2020年12月 問 47 出題）

問48 次の記述のうち、正しいものはどれか。

❶ 建築着工統計（令和2年1月公表）によれば、平成31年1月から令和元年12月までの新設住宅着工戸数は約90.5万戸となり、3年ぶりに増加に転じた。

❷ 令和2年版国土交通白書（令和2年6月公表）によれば、平成31年3月末における宅地建物取引業者数は12万4,000を超えている。

❸ 令和2年版土地白書（令和2年6月公表）によれば、平成30年の住宅地、工業用地等の宅地は約196万haあるが、前年に比べて大きく減少した。

❹ 平成30年度法人企業統計調査（令和元年9月公表）によれば、不動産業について、平成30年度の売上高営業利益率及び売上高経常利益率は、いずれも10％以下となっている。

（本試験 2020年12月 問 48 出題）

問49 土地に関する次の記述のうち、最も不適当なものはどれか。

❶ 山地は、地形がかなり急峻で、大部分が森林となっている。

❷ 低地は、一般に洪水や地震などに対して弱く、防災的見地からは住宅地として好ましくない。

❸ 埋立地は、一般に海面に対して数mの比高を持ち、干拓地に比べ自然災害に対して危険度が高い。

❹ 台地は、一般に地盤が安定しており、低地に比べ自然災害に対して安全度が高い。

（本試験 2020年12月 問 49 出題）

問50 建築物の構造に関する次の記述のうち、最も不適当なものはどれか。

❶ 基礎は、硬質の支持地盤に設置するとともに、上部構造とも堅固に緊結する必要がある。

❷ 木造建物を耐震、耐風的な構造にするためには、できるだけ建物の形態を単純にすることが適切である。

❸ 鉄骨造は、不燃構造であり、靱性が大きいことから、鋼材の防錆処理を行う必要はない。

❹ 近年、コンクリートと鉄筋の強度が向上しており、鉄筋コンクリート造の超高層共同住宅建物もみられる。

（本試験 2020年12月 問 50 出題）

令和２年度12月試験　解答用紙

得点 ／50

問題番号	解　答　番　号			
第1問	①	②	③	④
第2問	①	②	③	④
第3問	①	②	③	④
第4問	①	②	③	④
第5問	①	②	③	④
第6問	①	②	③	④
第7問	①	②	③	④
第8問	①	②	③	④
第9問	①	②	③	④
第10問	①	②	③	④
第11問	①	②	③	④
第12問	①	②	③	④
第13問	①	②	③	④
第14問	①	②	③	④
第15問	①	②	③	④
第16問	①	②	③	④
第17問	①	②	③	④
第18問	①	②	③	④
第19問	①	②	③	④
第20問	①	②	③	④
第21問	①	②	③	④
第22問	①	②	③	④
第23問	①	②	③	④
第24問	①	②	③	④
第25問	①	②	③	④

問題番号	解　答　番　号			
第26問	①	②	③	④
第27問	①	②	③	④
第28問	①	②	③	④
第29問	①	②	③	④
第30問	①	②	③	④
第31問	①	②	③	④
第32問	①	②	③	④
第33問	①	②	③	④
第34問	①	②	③	④
第35問	①	②	③	④
第36問	①	②	③	④
第37問	①	②	③	④
第38問	①	②	③	④
第39問	①	②	③	④
第40問	①	②	③	④
第41問	①	②	③	④
第42問	①	②	③	④
第43問	①	②	③	④
第44問	①	②	③	④
第45問	①	②	③	④
第46問	①	②	③	④
第47問	①	②	③	④
第48問	①	②	③	④
第49問	①	②	③	④
第50問	①	②	③	④

2021年版 出る順宅建士 過去30年良問厳選問題集

第 **1** 回

解答・解説

基礎編 ①

 合格推定点 **38**点

◆出題項目・正解一覧＆成績診断
◆解答・解説

第1回 基礎編①

出題項目・正解一覧＆成績診断

科目	問	出題項目	正解	チェック	科目	問	出題項目	正解	チェック
権利関係	1	意思表示	4	☐☐	宅建業法	26	宅建業の意味	1	☐☐
	2	代理	2	☐☐		27	事務所の設置	1	☐☐
	3	債務不履行・解除	4	☐☐		28	免許の申請	1	☐☐
	4	契約不適合責任	1	☐☐		29	免許の効力	2	☐☐
	5	賃貸借：判決文問題	1	☐☐		30	宅地建物取引士の登録	4	☐☐
	6	委任	2	☐☐		31	営業保証金	4	☐☐
	7	抵当権	4	☐☐		32	弁済業務保証金	4	☐☐
	8	保証・連帯債務	2	☐☐		33	媒介・代理契約	2	☐☐
	9	不法行為	1	☐☐		34	広告等に関する規制	1	☐☐
	10	相続	4	☐☐		35	重要事項の説明	2	☐☐
	11	借地借家法（借地）	2	☐☐		36	37条書面	2	☐☐
	12	借地借家法（借家）	4	☐☐		37	報酬額の制限	3	☐☐
	13	建物区分所有法	2	☐☐		38	その他の業務上の規制	2	☐☐
	14	不動産登記法	4	☐☐		39	手続きの総合問題	1	☐☐
法令上の制限	15	国土利用計画法	3	☐☐		40	監督・罰則	2	☐☐
	16	都市計画法：都市計画の内容	3	☐☐		41	自ら売主制限総合	4	☐☐
	17	都市計画法：開発行為の規制	3	☐☐		42	クーリング・オフ	2	☐☐
	18	建築基準法総合	1	☐☐		43	自ら売主制限総合	3	☐☐
	19	建築基準法総合	2	☐☐		44	重要事項の説明	2	☐☐
	20	宅地造成等規制法	4	☐☐		45	瑕疵担保履行法	4	☐☐
	21	土地区画整理法	4	☐☐	5問免除	46	住宅金融支援機構法	2	☐☐
	22	農地法	3	☐☐		47	景品表示法	4	☐☐
税・価格	23	印紙税	2	☐☐		48	景品表示法	2	☐☐
	24	不動産取得税	2	☐☐		49	土地	4	☐☐
	25	不動産鑑定評価基準	2	☐☐		50	建物	4	☐☐

科目別の成績		総合成績	
科目（問題番号）	**正答／正答目標**	合計	
権利関係（問1～問14）	点／10点		
宅建業法（問26～問45）	点／18点		**点**
法令上の制限（問15～問22）	点／6点		
税・価格（問23～問25）	点／2点	この回の合格推定点は **38**点です。	
5問免除（問46～問50）	点／4点		

問1	意思表示	解答 ❹	合格者正解率	不合格者正解率	受験者正解率
			95.6%	77.4%	90.0%

❶ **正** 詐欺によって契約を取り消した者と取消し後に物権を取得した者との優劣は，原則として，登記の先後によって決する（民法177条，判例）。したがって，Aは，取消し後に甲土地を取得し登記を備えた背信的悪意者ではないCに対して，所有権を対抗することができず，登記なくして甲土地の返還を請求することができない。よって，本肢は正しい。

❷ **正** 詐欺による意思表示の取消しは，取り消しの前に現れた善意かつ無過失の第三者に対抗することができない（民法96条3項）。したがって，Aは，詐欺について悪意のCに対して，詐欺による意思表示の取消しを対抗できるため，甲土地の返還を請求することができる。よって，本肢は正しい。

❸ **正** 表意者は，法律行為の目的及び取引上の社会通念に照らして重要なものに錯誤があったときは，意思表示を取り消すことができる。ただし，表意者に重大な過失があった場合は，原則として，表意者は自らその取消しを主張できない（民法95条1項，3項）。そして，錯誤による意思表示の取消しは，取消しの前に現れた善意かつ無過失の第三者に対抗することができない（民法95条4項）。したがって，重大な過失のないAは，悪意の第三者Cに対して，錯誤による意思表示の取消しを主張し，甲土地の返還を請求することができる。よって，本肢は正しい。

❹ **誤** 表意者に重過失があれば錯誤による取消しは主張できない。

　③で述べたように，表意者は，重大な過失があった場合，原則として，錯誤による取消しを主張できない（民法95条3項）。したがって，Aは，意思表示に法律行為の目的及び取引上の社会通念に照らして重要な錯誤があったとしても，重大な過失があるため，Bに対して，錯誤による取消しを主張できず，甲土地の返還を請求することができない。よって，本肢は誤りであり，本問の正解肢となる。

問2	代理	解答 ❷	合格者正解率	不合格者正解率	受験者正解率
			95.5%	75.3%	88.6%

❶ **正** 無権代理人がした契約は，本人がその追認をした場合には，本人に対して効力が生じる（民法113条1項）。したがって，Bが無権代理人であっても，Aが当該売買契約をCに対して追認すれば，AC間の売買契約は有効となる。よって，本肢は正しい。

❷ **誤** 無権代理人が単独で本人を相続すると，追認拒絶はできない。

　無権代理人が単独で本人を相続した場合には，当該無権代理行為は当然に有効となる。無権代理人による追認拒絶は信義に反し許されないからである（判例）。したがって，

無権代理人Ｂが本人Ａを相続した場合，Ｂは自らの無権代理行為の追認を拒絶することはできない。よって，本肢は誤りであり，本問の正解肢となる。

❸ **正**　本人が単独で無権代理人を相続しても，本人による追認拒絶は信義に反するものではない（判例）。したがって，本人Ａが無権代理人Ｂを相続した場合には，ＡＣ間の売買契約が当然に有効となるわけではない。よって，本肢は正しい。

❹ **正**　無権代理人が本人を他の相続人と共同相続した場合，他の共同相続人全員が共同して追認しない限り，無権代理行為は，無権代理人の相続分に相当する部分においても，当然に有効となるものではない（判例）。よって，本肢は正しい。

問3	債務不履行・解除	解答 ❹	合格者正解率 89.1%	不合格者正解率 71.4%	受験者正解率 83.0%

❶ **正**　契約の一方当事者は，契約締結に先立ち，信義則上の説明義務に違反して，契約を締結するか否かに関する判断に影響を及ぼすべき情報を相手方に提供しなかった場合には，相手方が契約締結により被った損害について，不法行為責任を負うことはあっても，債務不履行責任を負うことはない（判例）。よって，本肢は正しい。

❷ **正**　利息付金銭消費貸借契約において，利率に関する定めがない場合，借主の債務不履行により貸主が借主に対して請求することができる遅延損害金は，債務者が遅滞の責任を負った最初の時点における法定利率（年３パーセント）による（民法419条１項本文，404条１項，２項）。よって，本肢は正しい。

❸ **正**　不動産の売買契約においては，売主が不動産を第一の買主とは別に，第二の買主に二重に譲渡し，第二の買主への移転登記が終了した場合には，売主に帰責事由があるといえるので，第一の買主は売主に対して債務不履行に基づく損害賠償請求をすることができる（判例）。よって，本肢は正しい。

❹ **誤**　金銭債務においては，不可抗力をもって抗弁とすることはできない。

　金銭の給付を目的とする債務の不履行については，債務者は，不可抗力を抗弁とすることができない（民法419条３項）。したがって，ＡＢ間の金銭消費貸借契約において，借主Ｂは当該契約に基づく金銭の返済をＣからＢに支払われる売掛債権で予定していたが，その入金がなかった（Ｂの責めに帰すべき事由はない。）ため，返済期限が経過してしまった場合，Ｂは債務不履行に陥り，Ａに対して遅延損害金の支払義務を負う。よって，本肢は誤りであり，本問の正解肢となる。

	問4	契約不適合責任	解答❶	合格者正解率	不合格者正解率	受験者正解率
				80.5%	46.9%	68.0%

❶　**誤**　引渡し日から2年間ではなく知った時から1年間である。

　宅建業者が自ら売主となる場合の目的物の種類又は品質に関しての契約不適合責任については，その責任を追及するために行う通知の期間を目的物の引渡しの日から2年以上とする特約を除き，民法の規定よりも買主に不利となる特約をしてはならず，この規定に反する特約は無効となる（宅建業法40条1項，2項）。そして，この場合，民法の規定が適用され，その期間は，買主が目的物の種類又は品質に関しての契約不適合の事実を知った時から1年となる（民法566条本文）。したがって，本肢の「一切の契約不適合責任を負わない」旨の合意は，Bに不利な特約として無効であり，民法の規定により，Aは，Bが契約不適合の事実を知った時から1年以内に通知を受けた場合は，契約不適合責任を負わなければならない。よって，本肢は誤りであり，本問の正解肢となる。

❷　**正**　売買の目的物に抵当権が設定されており，その抵当権が実行された結果，買主が所有権を失った場合，権利の移転について全部不能となっているため，解除することができる（民法542条1項）。よって，本肢は正しい。

❸　**正**　目的物の種類又は品質に関する契約不適合責任は，契約内容の不適合を知った時から1年以内にその旨をAに通知しないときは，原則として追及することができない（民法566条本文）。そして，買主が契約不適合責任を追及する場合，契約不適合責任を追及する意思を裁判外で明確に告げることで足り，裁判上で権利行使をする必要はない（判例）。よって，本肢は正しい。

❹　**正**　本肢も肢1の記述のとおり，民法が適用される（宅建業法40条2項）。買主の契約不適合責任に基づく損害賠償請求権は，①債権者が権利を行使することができることを知った時から5年間，②権利を行使することができる時から10年間行使しないときに，時効消滅する（民法166条1項，判例）。したがって，Bは引渡しから2年間だけでなく，損害賠償請求権が時効消滅するまで，当該損害賠償を請求することができる。よって，本肢は正しい。

	問5	賃貸借：判決文問題	解答❶	合格者正解率	不合格者正解率	受験者正解率
				85.8%	68.6%	78.3%

❶　**誤**　含まれているのは通常の使用によって生じた減価である。

　判決文では，「賃借人が社会通念上通常の使用をした場合に生ずる賃借物件の劣化又は価値の減少を意味する通常損耗に係る投下資本の減価の回収は，通常，減価償却費や修繕費等の必要経費分を賃料の中に含ませてその支払を受けることにより行われている。」とされている。本肢では，賃借人がどのように使用しても，賃借物件に発生する

損耗による減価の回収は,賃貸人が全て賃料に含ませてその支払を受けるとされている。よって，本肢は誤りであり，本問の正解肢となる。

❷ 正 判決文では,通常損耗について,「賃借人が社会通念上通常の使用をした場合に生ずる賃借物件の劣化又は価値の減少を意味する」とされている。よって，本肢は正しい。

❸ 正 判決文では,「建物の賃借人にその賃貸借において生ずる通常損耗についての原状回復義務を負わせるのは，賃借人に予期しない特別の負担を課すことになるから，賃借人に同義務が認められるためには,(中略) その旨の特約 (以下「通常損耗補修特約」という。) が明確に合意されていることが必要であると解するのが相当である。」とされている。よって，本肢は正しい。

❹ 正 判決文では,「賃借物件の損耗の発生は，賃貸借という契約の本質上当然に予定されているものである。」とされている。また,「通常損耗に係る投下資本の減価の回収は，通常，減価償却費や修繕費等の必要経費分を賃料の中に含ませてその支払を受けることにより行われている。」とされている。さらに，賃借人に通常損耗についての原状回復義務が認められるためには,「その旨の特約 (以下「通常損耗補修特約」という。) が明確に合意されていることが必要であると解するのが相当である。」とされている。よって，本肢は正しい。

問6	委任	解答❷	合格者正解率	不合格者正解率	受験者正解率
			94.9%	**79.7%**	**88.0%**

❶ 誤 委任契約の成立に委任状の交付は不要。

委任も契約の一類型であるから,委任契約により成立する(民法643条)。したがって,たとえ高価な財産の売買の委任であったとしても，当事者の合意がありさえすれば，委任状なくして委任契約は成立する。よって，本肢は誤り。

❷ 正 委任契約は無償が原則であり，受任者は，有償の特約をしなければ，委任者に対して報酬を請求することができない (民法648条1項)。また，受任者が委任事務を処理するのに必要な費用を出したときは，その費用及び利息を請求できる (民法650条1項)。よって，本肢は正しく，本問の正解肢となる。

❸ 誤 無報酬の場合でも賠償請求できる。

受任者の注意義務は，有償無償にかかわらず，善良な管理者の注意義務である (民法644条)。受任者がかかる義務に違反し，委任者に損害が発生した場合は，損害賠償請求できる (民法415条参照)。したがって，AはBに損害賠償請求できる。よって，本肢は誤り。

❹ 誤 Aの解除によりBが不利益を被った以上，賠償請求可。

委任は，各当事者が，いつでも解除することができる。また，当事者の一方が，やむ

を得ない理由もなく，相手方にとって不利な時期に委任を解除した場合は，その損害を賠償しなければならない（民法651条2項1号）。したがって，Bは，Aに対して損害賠償請求できる。よって，本肢は誤り。

問7	抵当権	解答❹	合格者正解率	不合格者正解率	受験者正解率
			88.0%	59.2%	75.0%

❶　誤　通常の利用方法により使用する場合，妨害排除請求することはできない。

　抵当権設定者が通常の利用方法により担保物を使用する場合，抵当権者は妨害排除請求することはできない。そして，抵当権設定者が，抵当権が設定された土地に建物を建築する行為は通常の利用方法にあたる。したがって，Aは，Bに乙建物の収去を請求することはできない。よって，本肢は誤り。

❷　誤　Aの抵当権設定時に建物が存在する必要がある。

　法定地上権が成立するための要件の1つとして，抵当権設定時に土地の上に建物が存在する必要がある（民法388条）。判例は，更地について抵当権が設定された場合，一貫して厳格に解し，法定地上権の成立を否定している。したがって，Aの抵当権設定当時，甲地が更地であった本肢の場合も，法定地上権は成立しない。よって，本肢は誤り。

❸　誤　一番抵当権設定時に建物が存在する必要がある。

　更地に一番抵当権を設定後，建物を築造し，次いで二番抵当権を設定し，二番抵当権者の申立てにより競売された場合，法定地上権は成立しない（判例）。したがって，Dの抵当権が実行されても，乙建物のために法定地上権は成立しない。よって，本肢は誤り。

❹　正　抵当権設定後，その設定者が抵当地に建物を築造した場合，抵当権者は土地と共に建物を競売できるが，優先弁済権は土地の代金にしか行使することができない（民法389条1項）。よって，本肢は正しく，本問の正解肢となる。

問8	保証・連帯債務	解答❷	合格者正解率	不合格者正解率	受験者正解率
			85.5%	55.0%	74.3%

❶　誤　B，C，Fに免除しても，他の者には影響しない。

　連帯債務者の1人に対してその債務を免除したとしても，別段の意思表示のない限り，他の債務者に対して免除の効力は生じない（民法441条）。一方，主たる債務者の債務を免除すれば，保証債務も消滅する（付従性）。しかし，連帯保証人の債務を免除しても，別段の意思表示のない限り，主たる債務者の債務に影響を及ぼさない（民法458条，441条）。よって，本肢は誤り。

❷　正　連帯債務の債権者が連帯債務者の1人に対してした履行の請求は，別段の意

思表示のない限り，他の債務者に対してその効果は及ばない（民法441条）。一方，債権者が主たる債務者に履行の請求をすると，連帯保証人にも効果は及ぶ（民法457条1項）。しかし，債権者が連帯保証人に履行の請求をしても，別段の意思表示のない限り，主たる債務者にその効果は及ばない（民法458条，441条）。よって，本肢は正しく，本問の正解肢となる。

❸　**誤**　B，C，Fにつき，時効が完成しても他の者には影響しない。

消滅時効の完成によって，連帯債務者の1人の債務が消滅したとしても，別段の意思表示のない限り，他の連帯債務者に対してその効力は生じない（相対効，民法441条）。一方，主たる債務者の債務について時効が完成すると，連帯保証人も全額の債務を免れる（付従性）。しかし，連帯保証人について消滅時効が完成しても，主たる債務者は債務を免れない。よって，本肢は誤り。

❹　**誤**　Eの主債務が無効の場合，Fは連帯保証債務を負わない。

連帯債務者の1人について契約の無効があっても，他の連帯債務者の債務に影響を及ぼさず(民法437条)，それぞれ1,000万円の債務を負う。一方，主たる債務が無効であった場合，連帯保証債務も無効となり，連帯保証債務を負わなくなる。しかし，連帯保証契約が無効であっても，主たる債務者は1,000万円の債務を負うことに変わりない。よって，本肢は誤り。

問9	不法行為	解答❶	合格者正解率 93.9%	不合格者正解率 83.4%	受験者正解率 89.9%

❶　**正**　使用者Aは，被害者Cに損害全額の賠償をした場合に，Dに対し，求償権を行使できるかが問題となる。自動車事故によってCに損害を負わせたBD各自の行為には，不法行為（民法709条）とともに共同不法行為責任が成立する（民法719条1項前段）。また，BはAの被用者であるところ，勤務中にA所有の乗用車を運転して営業活動のため顧客Cを同乗させている途中で事故を起こしているため，事業の執行についてなされた不法行為として，Aは使用者責任を負う（民法715条1項本文）。使用者は，被害者の損害を全額賠償した場合，被用者と共同不法行為者である第三者との過失割合に従って定められる第三者の負担部分について，第三者に対し，求償権を行使できる（判例）。使用者は，被用者と一体をなすものとして，被用者と同一の責任を負うからである。したがって，Aは，Dに対し，BとDの過失割合に従って求償権を行使できる。よって，本肢は正しく，本問の正解肢となる。

❷　**誤**　信義則上相当と認められる限度で求償請求することができる。

本肢では，使用者Aは，Dに損害全額の賠償をした場合に，Bに対し求償権を行使できるか問題となる。使用者は，被害者の損害を全額賠償した場合，被用者に対して求償権を行使できる（民法715条3項）。もっとも，使用者から被用者に対する求償権の行

使は，損害の公平な分担という見地から信義則上相当と認められる限度に制限される（判例）。使用者は被用者を使用することによって利益を上げているのに，被用者が生じさせた損害の全てを被用者に転嫁できるとするのは報償責任の原理から相当でないからである。したがって，使用者Aは，信義則上相当と認められる限度で，被用者Bに対し求償権を行使できる。よって，本肢は誤り。

❸　誤　共同不法行為者に対しても損害賠償請求できる。

　肢1の解説で言及したように，被害者CはABに対し損害賠償請求できる。また，BDには共同不法行為が成立するが，共同不法行為が成立する場合，被害者は各不法行為者に対し損害全額の賠償を請求することができ（判例），各不法行為者の損害賠償債務は連帯債務となる。したがって，Cは，Dに対し損害賠償請求できる。よって，本肢は誤り。

❹　誤　使用者責任が成立する場合でも，被用者に対し損害賠償請求できる。

　Bは，自動車事故によってDに損害を負わせているため，Dに対し損害賠償責任を負う（民法709条）。また，事業の執行についてなされた被用者Bの不法行為として，Aは使用者責任を負う（民法715条1項本文）。そして，被用者の不法行為責任と使用者責任は，連帯債務となるため，被害者は被用者と使用者のいずれに対しても損害全額の賠償を請求することができる。したがって，Dは，A及びBに対し損害賠償請求できる。よって，本肢は誤り。

問 10	相続	解答 ❹	合格者正解率	不合格者正解率	受験者正解率
			97.4%	**84.0%**	**91.3%**

❶　正　相続の放棄をしようとする者は，その旨を家庭裁判所に申述しなければならない（民法938条）。よって，本肢は正しい。

❷　正　相続人が数人あるときは，限定承認は，共同相続人の全員が共同してのみこれをすることができる（民法923条）。よって，本肢は正しい。

❸　正　相続人が，自己のために相続の開始があったことを知った時から3カ月（家庭裁判所が期間の伸長をしたときは当該期間）以内に，限定の承認又は放棄をしなかったときは，単純承認をしたものとみなされる（民法915条1項，921条1項2号）。よって，本肢は正しい。

❹　誤　相続放棄した者の子は代襲相続しない。

　被相続人の子が，相続の開始後に相続放棄をした場合，その者の子は，代襲相続しない（民法939条，民法887条2項参照）。よって，本肢は誤りであり，本問の正解肢となる。

❶ **正** 専ら事業の用に供する建物（居住の用に供するものを除く）の所有を目的とし，かつ，存続期間を 10 年として借地権を設定する場合には，建物買取請求権の規定は適用しない（借地借家法 23 条 2 項，13 条 1 項参照）。よって，本肢は正しい。

❷ **誤** 債務不履行による契約終了の場合，建物買取請求不可。

　債務不履行による土地賃貸借契約解除の場合には，借地人は，建物買取請求権を有しない（判例）。したがって，Bの債務不履行を原因とする契約終了の場合には，Bは，Aに対して建物の買取りを請求することはできない。よって，本肢は誤りであり，本問の正解肢となる。

❸ **正** 転借地権が設定され，転借地権者が借地上に建物を所有している場合において，借地権の存続期間が満了したが，契約の更新がないときは，転借地権者は，借地権設定者に対して，直接，建物買取請求権を行使することができる（借地借家法 13 条 1 項，3 項）。したがって，Cは，Aに対し直接建物買取請求権を有する。よって，本肢は正しい。

❹ **正** 建物買取請求権が行使された場合，買取請求権者の建物移転義務と賃貸人の代金支払義務とは，同時履行の関係に立つから，買取請求権者は，賃貸人が代金を支払うまで，建物の引渡しを拒むことができる（民法 533 条，判例）。したがって，BはAが代金を支払うまで，建物の引渡しを拒むことができる。よって，本肢は正しい。

❶ **誤** 当然には終了しない。

　建物の賃貸借について期間の定めがある場合において，当事者が期間の満了の 1 年前から 6 月前までの間に相手方に対して更新をしない旨の通知をしなかったときは，従前の契約と同一の条件で契約を更新したものとみなす（借地借家法 26 条 1 項）。ただし，建物の賃貸人による通知については，正当の事由が必要である（借地借家法 28 条）。したがって，賃貸人Aが通知をしただけで当然に終了するものではない。よって，本肢は誤り。

❷ **誤** 特約は無効である。

　建物の賃貸人が賃貸借の解約の申入れをした場合においては，建物の賃貸借は，解約の申入れの日から 6 月を経過することによって終了し，これよりも建物の賃借人に不利な特約は無効となる（借地借家法 27 条 1 項，30 条）。申入れ日から 3 月で終了する旨の特約は賃借人に不利なものであり無効である。Bの同意は影響しない。よって，本肢

は誤り。

❸ 誤 AからCに対する通知が必要である。

　建物の転貸借がされている場合において，建物の賃貸借が期間の満了によって終了するときは，建物の賃貸人は，建物の転借人にその旨の通知をしなければ，その終了を建物の転借人に対抗することができない（借地借家法34条1項）。したがって，転借人Cが賃借人であるBから聞かされているだけでは，賃貸人AはCに対し終了を対抗できない。よって，本肢は誤り。

❹ 正 定期建物賃貸借契約をしようとするときは，建物の賃貸人は，あらかじめ，建物の賃借人に対し，契約の更新がなく，期間の満了により当該建物の賃貸借は終了することについて，その旨を記載した書面を交付して説明しなければならない（借地借家法38条2項）。そして，賃貸人Aが賃借人Bにこの説明をしなかったときは，契約の更新がないこととする旨の定めは無効となる（借地借家法38条3項）。よって，本肢は正しく，本問の正解肢となる。

問13	建物区分所有法	解答❷	合格者正解率 85.8%	不合格者正解率 63.4%	受験者正解率 75.8%

❶ 正 管理者は，少なくとも毎年1回集会を招集しなければならない（区分所有法34条2項）。よって，本肢は正しい。

❷ 誤 規約で減ずることができる。

　区分所有者の5分の1以上で議決権の5分の1以上を有するものは，管理者に対し，会議の目的たる事項を示して，集会の招集を請求することができる。そして，この定数は，規約で減ずることができる（区分所有法34条3項）。よって，本肢は誤りであり，本問の正解肢となる。

❸ 正 集会の招集の通知は，区分所有者が管理者に対して通知を受けるべき場所を通知したときは，その場所にあててすれば足りる（区分所有法35条3項前段）。よって，本肢は正しい。なお，通知を受けるべき場所を通知しなかったときは区分所有者の所有する専有部分が所在する場所にあててすれば足りる（区分所有法35条3項）。

❹ 正 区分所有法上，集会の招集については，「集会の招集の通知は，会日より少なくとも1週間前に，会議の目的たる事項を示して，各区分所有者に発しなければならない。」等の細かい手続が規定されている（区分所有法35条各項）。しかし，区分所有者全員の同意があるときは，招集の手続を経ないで開くことができる（区分所有法36条）。よって，本肢は正しい。

❶ **正** 登記の申請を共同してしなければならない者の一方に登記手続をすべきことを命ずる確定判決による登記は，他の一方が単独で申請することができる（不登法63条1項）。よって，本肢は正しい。

❷ **正** 相続又は法人の合併による権利の移転の登記は，登記権利者が単独で申請することができる（不登法63条2項）。よって，本肢は正しい。

❸ **正** 登記名義人の氏名もしくは名称又は住所についての変更の登記又は更正の登記は，登記名義人が単独で申請することができる（不登法64条1項）。よって，本肢は正しい。

❹ **誤** 所有権移転登記がない場合にのみ単独申請できる。

権利に関する登記の申請は，原則として，登記権利者及び登記義務者が共同してしなければならない（共同申請主義，不登法60条）。しかし，所有権の登記の抹消は，所有権の移転の登記がない場合（すなわち，所有権の保存の登記の場合）に限り，所有権の登記名義人が単独で申請することができる（不登法77条）。したがって，所有権の移転の登記がなされている場合には，当該所有権の登記の抹消は，原則どおり，登記権利者及び登記義務者が共同して申請しなければならない。よって，本肢は誤りであり，本問の正解肢となる。

❶ **誤** 市街化区域内の土地1,000㎡を購入しても事後届出は不要である。

土地売買等の契約により土地に関する権利の移転又は設定を受けることとなる者（売買契約における買主等）は，原則として，その契約を締結した日から起算して2週間以内に，都道府県知事に届け出なければならない（事後届出 国土法23条1項）。しかし，市街化区域にあっては，2,000㎡未満の場合には届出は不要である（国土法23条2項1号イ）。本肢の場合，買主であるB及びCは，それぞれ1,000㎡しか購入していないことから事後届出は不要となる。よって，本肢は誤り。

❷ **誤** 相続による取得については国土法の届出は不要である。

事後届出が必要となるのは，「対価を得て行う契約」を締結した場合である（国土法23条1項，14条1項）。相続は，「対価を得て行う契約」ではないことから，事後届出をする必要はない。したがって，Eは，事後届出を行う必要はない。よって，本肢は誤り。

❸ **正** 市街化調整区域内において，5,000㎡以上の一団の土地に関する権利を対価を

得て移転又は設定する契約を締結した場合には，権利取得者は，事後届出を行わなければならない（国土法23条1項，2項1号ロ）。また，それぞれの契約においては，届出対象面積に満たない場合であっても，一定の計画に従って購入し，合計面積が届出対象面積に達している場合，事後届出を行う必要がある。よって，本肢は正しく，本問の正解肢となる。

④　誤　市から購入する場合，国土法の届出は不要である。

当事者の一方又は双方が国，地方公共団体その他政令で定める法人である場合，事後届出を行う必要はない（国土法23条2項3号，18条）。したがって，地方公共団体である「市」から購入をしているHは事後届出を行う必要はない。よって，本肢は誤り。

問 16	都市計画法：都市計画の内容	解答 ③	合格者正解率 96.2%	不合格者正解率 78.8%	受験者正解率 88.3%

❶　正　都市計画区域は，一体の都市として総合的に整備し，開発し，及び保全される必要がある区域である。そして，必要があれば，一つの市町村の区域外にわたり指定することができ，2以上の都府県にまたがって指定することもできる（都計法5条1項，4項）。よって，本肢は正しい。

❷　正　通常の都市計画は都市計画区域において定められるが，都市施設については，特に必要があるときは，都市計画区域外においても定めることができる（都計法11条1項）。よって，本肢は正しい。

❸　誤　市街化調整区域は，市街化を抑制すべき区域である。

市街化区域とは，すでに市街地を形成している区域及びおおむね10年以内に優先的かつ計画的に市街化を図るべき区域である（都計法7条2項）。これに対し，市街化調整区域とは，市街化を抑制すべき区域である（都計法7条3項）。よって，本肢は誤りであり，本問の正解肢となる。

❹　正　都市計画区域については，無秩序な市街化を防止し，計画的な市街化を図るため必要があるときには，市街化区域と市街化調整区域に区分することができる（都計法7条1項）。すなわち，この区域区分は，必ず定めるというものでなく，定めるか否かは任意である。よって，本肢は正しい。

問 17	都市計画法：開発行為の規制	解答 ③	合格者正解率 89.9%	不合格者正解率 67.0%	受験者正解率 81.0%

❶　誤　21日以内ではない。

都道府県知事は，開発許可の申請があったときは，「遅滞なく」，許可又は不許可の処

分をしなければならない（都計法 35 条 1 項）。21 日以内ではない。よって，本肢は誤り。

❷ 誤　特定工作物の建設の用に供するものも該当する。

開発行為とは，主として「建築物の建築」又は「特定工作物の建設」の用に供する目的で行う土地の区画形質の変更をいう（都計法 4 条 12 項）。したがって，建築物以外の工作物の建設の用に供する目的で行うものであっても，特定工作物の建設の用に供する目的で土地の区画形質の変更を行う場合であれば，開発行為に該当する。よって，本肢は誤り。

❸ 正　開発許可を受けた者は，開発行為に関する工事を廃止したときは，遅滞なく，その旨を都道府県知事に届け出なければならない（都計法 38 条）。よって，本肢は正しく，本問の正解肢となる。

❹ 誤　開発許可を受けてからではない。

開発許可を申請しようとする者は，あらかじめ，開発行為に関係がある公共施設の管理者と協議し，その同意を得なければならない（都計法 32 条 1 項）。したがって，協議等は，開発許可を申請する前に行わなければならず，開発許可を受けてからするものではない。よって，本肢は誤り。

問18	建築基準法総合	解答❶	合格者正解率 92.8%	不合格者正解率 68.3%	受験者正解率 84.0%

❶ 正　防火地域又は準防火地域内にある建築物で，外壁が耐火構造のものについては，その外壁を隣地境界線に接して設けることができる（建基法 63 条）。よって，本肢は正しく，本問の正解肢となる。

❷ 誤　31 m を超えていないので不要。

高さ 31 m を超える建築物には，原則として非常用の昇降機を設けなければならない（建基法 34 条 2 項）。したがって，高さ 30 m の建築物であれば，非常用の昇降機を設ける必要はない。よって，本肢は誤り。

❸ 誤　延べ面積 1,500㎡を超える建築物は，耐火建築物又は延焼防止建築物としなければならない。

準防火地域内においては，地階を除く階数が 4 以上である建築物又は延べ面積が 1,500㎡を超える建築物は耐火建築物又はそれと同等以上の延焼防止性能を有する一定の建築物（延焼防止建築物）としなければならない（建基法 61 条，施行令 136 条の 2 第 1 号）。したがって，延べ面積が 2,000㎡の共同住宅は耐火建築物又は延焼防止建築物としなければならない。よって，本肢は誤り。

❹ 誤　耐火建築物なので防火壁又は防火床による区画割りは不要。

延べ面積が 1,000㎡を超える建築物は，原則として防火上有効な構造の防火壁又は防火床によって有効に区画し，かつ，各区画の床面積の合計をそれぞれ 1,000㎡以内とし

なければならない。もっとも，耐火建築物又は準耐火建築物はこの限りでない（建基法26条但書1号）。よって，本肢は誤り。

問19	建築基準法総合	解答❷	合格者正解率 82.0%	不合格者正解率 59.5%	受験者正解率 72.2%

❶　正　田園住居地域内においては，建築物の高さは，10 m 又は 12 m のうち当該地域に関する都市計画において定められた建築物の高さの限度を超えてはならない（建基法55条1項）。よって，本肢は正しい。なお，第一種・第二種低層住居専用地域内においても同様の規制がある。

❷　誤　過半の属する地域の用途規制が適用されるので大学を建築することができる。
　建築物の敷地が用途規制の異なる複数の地域にわたる場合には，その敷地の全部について敷地の過半の属する地域の用途規制に関する規定が適用される（建基法91条）。したがって，本肢の場合，第一種中高層住居専用地域内にあるものとして規制が及ぶ。そして，第一種中高層住居専用地域内においては，大学を建築することができる（建基法48条　別表第二（は））。よって，本肢は誤りであり，本問の正解肢となる。

❸　正　建築基準法第3章の規定が適用されるに至った際現に建築物が立ち並んでいる幅員4メートル未満の道で，特定行政庁の指定したものは，道路とみなされる（建基法42条2項）。よって，本肢は正しい。

❹　正　前面道路の境界線又はその反対側の境界線からそれぞれ後退して壁面線の指定がある場合において，特定行政庁が掲げる基準に適合すると認めて許可した建築物については，当該前面道路の境界線又はその反対側の境界線は，それぞれ当該壁面線にあるものとみなして，容積率の規定を適用するものとする（建基法52条11項）。よって，本肢は正しい。

問20	宅地造成等規制法	解答❹	合格者正解率 99.4%	不合格者正解率 84.2%	受験者正解率 92.7%

❶　正　宅地造成工事規制区域内の宅地の所有者は，宅地造成に伴う災害が生じないよう，その宅地を常時安全な状態に維持するように努めなければならない（宅造法16条1項）。区域内の所有者に対して努力義務が要求されており，所有者と造成主が同一人物であることは要求されていない。よって，本肢は正しい。なお，管理者又は占有者に対しても同様の努力義務がある。

❷　正　宅地造成工事規制区域内において行われる宅地造成に関する工事について許可をする場合，都道府県知事は，工事の施行に伴う災害を防止するため必要な条件を付

することができる（宅造法8条3項）。よって，本肢は正しい。

❸　**正**　宅地以外の土地を宅地にするため又は宅地において行う土地の形質の変更で政令で定めるものは宅地造成に該当するが，宅地を宅地以外の土地にするために行うものは宅地造成に該当しない（宅造法2条2号）。よって，本肢は正しい。

❹　**誤**　宅地造成にあたらないので許可は不要である。

　宅地造成工事として都道府県知事の許可が必要となる規模は，①切土部分に高さが2mを超えるがけを生ずることとなる切土，②盛土部分に高さが1mを超えるがけを生ずることとなる盛土，③切土と盛土とを同時にする場合であって，盛土をした土地の部分に高さが1m以下のがけを生じ，かつ，当該切土及び盛土をした土地の部分に高さが2mを超えるがけを生ずることとなるもの，④①〜③に該当しない切土又は盛土であって，面積が500㎡を超えるものをいう（宅造法2条2号，施行令3条）。本肢の場合は，①〜④のいずれにも該当せず，宅地造成にあたらないことから，許可を受ける必要はない（宅造法8条1項）。よって，本肢は誤りであり，本問の正解肢となる。

問21	土地区画整理法	解答 ❹	合格者正解率 94.9%	不合格者正解率 68.5%	受験者正解率 85.5%

❶　**正**　施行者は，換地処分を行う前において，換地計画に基づき換地処分を行うため必要がある場合においては，施行地区内の宅地について仮換地を指定することができる（区画法98条1項前段）。よって，本肢は正しい。

❷　**正**　仮換地が指定された場合においては，従前の宅地について権原に基づき使用し，又は収益することができる者は，仮換地の指定の効力発生の日から換地処分の公告がある日まで，仮換地について，従前の宅地について有する権利の内容である使用又は収益と同じ使用又は収益をすることができる（区画法99条1項）。よって，本肢は正しい。

❸　**正**　施行者は，仮換地を指定した場合において，特別の事情があるときは，その仮換地について使用又は収益を開始することができる日を仮換地の指定の効力発生日と別に定めることができる（区画法99条2項前段）。よって，本肢は正しい。

❹　**誤**　組合ではなく都道府県知事等の許可。

　土地区画整理組合の設立の認可の公告があった日後，換地処分の公告がある日までは，施行地区内において，土地区画整理事業の施行の障害となるおそれがある土地の形質の変更を行おうとする者は，都道府県知事（市の区域内にあっては，当該市の長）の許可を受けなければならない（区画法76条1項2号）。当該土地区画整理組合の許可ではない。よって，本肢は誤りであり，本問の正解肢となる。

問22	農地法	解答 ❸	合格者正解率	不合格者正解率	受験者正解率
			94.0%	74.0%	85.3%

❶ **誤** 現況が耕作している土地は農地にあたる。

　農地法上の農地かどうかは，現況で判断する。登記簿上の地目が山林でも，現に水田として耕作されている以上，農地法上の農地となる（農地法２条１項）。よって，本肢は誤り。

❷ **誤** ５条の許可が必要である。

　農地を宅地として売却しようとしているので，転用目的権利移動にあたる（農地法５条１項）。当初の４条許可では，権利移動について判断されていない。権利移動についても判断を受けるために，改めて５条許可を受けなければならない。よって，本肢は誤り。

❸ **正** 農地法３条の許可を受けないでした契約は，効力を生じない（農地法３条７項）。よって，本肢は正しく，本問の正解肢となる。

❹ **誤** ２アール未満であれば，４条の許可不要。

　農業者が，自己の所有する農地を農業用施設に供する場合，それが２アール未満であるときに限り，農地法４条の許可を受ける必要がない（農地法４条１項但書８号，規則29条１号）。よって，本肢は誤り。

問23	印紙税	解答 ❷	合格者正解率	不合格者正解率	受験者正解率
			93.7%	73.1%	86.4%

❶ **誤** 印紙税を納付しなかったときの過怠税は実質３倍である。

　印紙税を納付すべき課税文書の作成者が納付すべき印紙税を当該課税文書の作成の時までに納付しなかった場合には，当該納付しなかった印紙税の額とその２倍に相当する金額との合計額に相当する過怠税を徴収される（印紙税法20条１項）。したがって，印紙税額の実質３倍の過怠税を徴収されるのであって，納付しなかった印紙税額の10％に相当する金額の合計額を過怠税として徴収されるのではない。よって，本肢は誤り。

❷ **正** 交換契約書において，交換対象物の双方の価格が記載されている場合には，いずれか高いほうの金額を記載金額とする（印紙税基本通達23条(1)ロ）。よって，本肢は正しく，本問の正解肢となる。

❸ **誤** 贈与契約書は記載金額のない契約書である。

　贈与契約書については，時価の記載がなされていても，譲渡の対価たる金額はないので，記載金額のない不動産の譲渡に関する契約書として扱う（印紙税基本通達23条(1)ホ）。よって，本肢は誤り。

❹ **誤** ５万円未満の金銭の受取書は非課税である。

売上代金に係る金銭の受取書であっても，記載された受取金額が5万円未満のものは，非課税である（印紙税法別表17号）。よって，本肢は誤り。

問24　不動産取得税　解答❷

合格者正解率	不合格者正解率	受験者正解率
92.2%	66.8%	82.8%

❶　**誤**　100分の3ではなく，100分の4である。

　平成20年4月1日以降に住宅以外の家屋を取得した場合，不動産取得税の標準税率は100分の4である（地方税法73条の15）。よって，本肢は誤り。

❷　**正**　宅地を取得した場合においては「宅地評価土地の取得に対して課する不動産取得税の課税標準の特例」の適用を受けることができ，当該取得に係る不動産取得税の課税標準は，当該土地の価格の2分の1とされる（地方税法附則11条の5第1項）。よって，本肢は正しく，本問の正解肢となる。

❸　**誤**　特別徴収ではなく，普通徴収である。

　不動産取得税の徴収は，普通徴収の方法がとられている（地方税法73条の17第1項）。よって，本肢は誤り。なお，不動産取得税は，不動産の取得に対し，その不動産の所在する都道府県において課する税であるとする点は正しい（地方税法73条の2第1項，1条2項）。

❹　**誤**　240㎡を超えているから，特例の適用はない。

　新築住宅を取得した場合，不動産取得税の課税標準の算定については，1戸につき1,200万円を価格から控除する特例措置が講じられているが，この特例の適用を受けるためには，当該住宅の床面積が50㎡（当該専有部分が貸家の用に供されるものである場合は40㎡）以上240㎡以下であることが必要である（地方税法73条の14第1項，施行令37条の16）。したがって，床面積250㎡である新築住宅については，この特例措置の適用はない。よって，本肢は誤り。

問25　不動産鑑定評価基準　解答❷

合格者正解率	不合格者正解率	受験者正解率
87.9%	74.0%	79.9%

❶　**誤**　複数の鑑定評価の手法を適用すべきである。

　不動産の価格を求める鑑定評価の基本的な手法は，原価法，取引事例比較法及び収益還元法に大別され，鑑定評価に当たっては，原則として，地域分析及び個別分析により把握した対象不動産に係る市場の特性等を適切に反映した複数の鑑定評価の手法を適用すべきである（不動産鑑定評価基準総論7章1節，8章7節）。よって，本肢は誤り。

❷　**正**　取引事例比較法とは，まず多数の取引事例を収集して適切な事例の選択を行

い，これらに係る取引価格に必要に応じて事情補正及び時点修正を行い，かつ，地域要因の比較及び個別的要因の比較を行って求められた価格を比較考量し，これによって対象不動産の試算価格を求める手法である(不動産鑑定評価基準総論7章1節Ⅲ1)。よって，本肢は正しく，本問の正解肢となる。

❸ 誤 市場性を有しない不動産も含めるのではない。

収益還元法は，文化財の指定を受けた建造物等の一般的に市場性を有しない不動産以外のものには基本的にすべて適用すべきものとされている（不動産鑑定評価基準総論7章1節Ⅳ1）。よって，「市場性を有しない不動産も含め」とする本肢は誤り。なお，「自用の不動産といえども賃貸を想定することにより適用される」という点については正しい。

❹ 誤 支払賃料ではない。

支払賃料とは，各支払時期に支払われる賃料をいい，契約にあたって，権利金，敷金，保証金などの一時金が授受される場合においては，当該一時金の運用益及び償却額とあわせて実質賃料を構成するものである(不動産鑑定評価基準総論7章2節Ⅰ1)。よって，本肢は誤り。なお，本肢は実質賃料に関する記述である。

問26	宅建業の意味	解答❶	合格者正解率 77.3%	不合格者正解率 51.9%	受験者正解率 69.6%

ア 正 Aは，Bに商業ビル（建物）を自ら貸借しているにすぎない。したがって，Aの行為は「取引」にあたらず，Aは，免許を必要としない。他方，Bは，Aから賃借した建物を不特定多数の者に反復継続して転貸しているが，自ら転貸を行うことも「取引」にあたらない。したがって，AもBも，免許を必要としない（業法2条2号，3条1項）。よって，本肢は正しい。

イ 誤 宅建業者に代理を依頼していても，分譲していれば免許が必要である。

マンションの所有者が，宅建業者の代理により，分譲する場合であっても，自ら不特定多数の者に反復継続して分譲している以上，免許を受ける必要がある（業法2条2号，3条1項）。したがって，Dは，免許を受ける必要がある。よって，本肢は誤り。

ウ 誤 国その他宅地建物取引業法の適用のない者からの購入も業に該当し免許が必要。

国その他宅建業法の適用のない者から宅地を購入する行為も不特定かつ多数人に対して取引を行うことに該当し，それを転売目的で反復継続して行う以上，「業」に該当し免許が必要となる（業法2条2号，3条1項）。したがって，Eは，免許を受ける必要がある。よって，本肢は誤り。

エ 誤 借金の返済目的であっても，不特定多数に売買している以上免許が必要である。

自己所有の宅地を 10 区画に分割し，不特定多数の者に反復継続して販売する場合，宅建業を行うことになるから，免許を受ける必要がある（業法 2 条 2 号，3 条 1 項）。したがって，Fは，免許を受ける必要がある。よって，本肢は誤り。

　以上より，正しいものはアの一つであり，❶が本問の正解肢となる。

<table>
<tr><td rowspan="2">問
27</td><td rowspan="2">事務所の設置</td><td rowspan="2">解答 ❶</td><td>合格者正解率</td><td>不合格者正解率</td><td>受験者正解率</td></tr>
<tr><td>66.5%</td><td>49.8%</td><td>60.4%</td></tr>
</table>

❶ 正　宅建業者は，業務に関し展示会その他これに類する催しを実施する場合，その場所の公衆の見やすい場所に，国土交通省令で定める標識を掲示しなければならない（業法 50 条 1 項，規則 19 条 1 項 5 号）。これは，当該場所で売買契約の締結や売買契約の申込みの受付を行わない場合であっても同様である。よって，本肢は正しく，本問の正解肢となる。

❷ 誤　閲覧に供する必要はない。

　宅建業者は，その事務所ごとに，その業務に関する帳簿を備える必要がある（業法 49 条）。しかし，従業者名簿と異なり，帳簿を閲覧に供する義務はない（業法 48 条 4 項参照）。よって，本肢は誤り。

❸ 誤　従業者名簿は事務所ごとに備付け。主たる事務所も同じ。

　宅建業者は，「その事務所ごとに」従業者名簿を備える必要があるが（業法 48 条 3 項），本肢のように，主たる事務所にすべての事務所の従業者名簿を備える必要はない。よって，本肢は誤り。

❹ 誤　非常勤の役員や一時的な事務補助者にも携帯させる。

　宅建業者は，従業者に，従業者証明書を携帯させる義務を負う（業法 48 条 1 項）。この従業者証明書を携帯させるべき者には，非常勤の役員，単に一時的に事務の補助をする者も含まれる（解釈・運用の考え方）。よって，本肢は誤り。

<table>
<tr><td rowspan="2">問
28</td><td rowspan="2">免許の申請</td><td rowspan="2">解答 ❶</td><td>合格者正解率</td><td>不合格者正解率</td><td>受験者正解率</td></tr>
<tr><td>76.3%</td><td>44.3%</td><td>65.3%</td></tr>
</table>

❶ 正　法人の役員に免許欠格事由に該当する者がいる場合，その法人は免許を受けることができない（業法 5 条 1 項 12 号）。そして，禁錮以上の刑に処せられ，その刑の執行を終わった日等から 5 年を経過していない場合，免許欠格事由に該当するが（業法 5 条 1 項 5 号），刑の全部の執行猶予が付されている場合は，その執行猶予期間を満了していれば，満了日の翌日から直ちに免許を受けることができる（刑法 27 条参照）。

したがって，A社は免許を受けることができる。よって，本肢は正しく，本問の正解肢となる。

❷ 誤 現場助勢罪で罰金刑の場合は，免許欠格事由にあたる。

　法人の役員に免許欠格事由に該当する者がいる場合，その法人は免許を受けることができない（業法5条1項12号）。宅建業法違反等の一定の罪を犯し罰金刑に処せられた場合，免許欠格事由に該当するが（業法5条1項6号），現場助勢罪は，この一定の罪に含まれる。また，「役員」（業法5条1項12号）には，非常勤役員も含まれる。したがって，B社は免許を受けることができない。よって，本肢は誤り。

❸ 誤 拘留に処せられても免許を受けることができる。

　法人の役員に免許欠格事由に該当する者がいる場合，その法人は免許を受けることができない（業法5条1項12号）。法人の役員は，拘留の刑に処せられても，免許欠格事由に該当しない（業法5条1項6号）。したがって，C社は免許を受けることができる。よって，本肢は誤り。

❹ 誤 科料に処せられても免許を受けることができる。

　法人の役員に免許欠格事由に該当する者がいる場合，その法人は免許を受けることができない（業法5条1項12号）。法人の役員は，科料の刑に処せられても，免許欠格事由に該当しない（業法5条1項6号）。したがって，D社は免許を受けることができる。よって，本肢は誤り。

問29	免許の効力	解答❷	合格者正解率 96.1%	不合格者正解率 79.3%	受験者正解率 90.9%

❶ 誤 役員の住所変更は届出不要。

　法人である宅建業者の役員の住所に変更があっても，変更の届出をする必要はない（業法9条，8条2項3号参照）。よって，本肢は誤り。

❷ 正 法人が合併により消滅した場合，その法人を代表する役員であった者は，30日以内に，その旨をその免許を受けた国土交通大臣又は都道府県知事に届け出なければならない（廃業等の届出，業法11条1項2号）。したがって，合併により消滅したBを代表する役員であった者は，その日から30日以内に，その旨を乙県知事に届け出なければならない。よって，本肢は正しく，本問の正解肢となる。

❸ 誤 国土交通大臣に直接届出書を提出するのではない。

　宅建業者は，契約の締結又は申込みを受ける案内所等を設置する場合，一定の事項を，免許を受けた国土交通大臣又は都道府県知事及び案内所等の所在地を管轄する都道府県知事に届け出なければならない（業法50条2項）。そして，免許権者が国土交通大臣である場合，案内所等の所在地を管轄する都道府県知事を経由して届け出なければならない（業法78条の3第2項）。国土交通大臣に直接届出書を提出するのではない。よっ

て，本肢は誤り。

❹ 誤 **兼業業種の変更は，届出不要。**

　宅建業以外の事業を行っている場合のその事業の種類は，宅建業者名簿の登載事項ではあるが（業法8条，規則5条2号），変更があったとしても変更の届出をする必要はない（業法9条）。よって，本肢は誤り。

<table>
<tr><td>問
30</td><td>宅地建物取引士の登録</td><td>解答 ❹</td><td>合格者正解率
91.2%</td><td>不合格者正解率
82.5%</td><td>受験者正解率
88.1%</td></tr>
</table>

❶ 誤 **婚姻している未成年者は，法定代理人の許可を要しない。**

　未成年者が婚姻をしたときは，成年に達したものとみなされる（民法753条）。したがって，婚姻した未成年者は，法定代理人から営業の許可を受けなくても，登録を受けることができる（業法18条1項1号参照）。よって，本肢は誤り。

❷ 誤 **住所に変更があった場合，変更の登録が必要。**

　登録を受けている者は，住所に変更があったときは，遅滞なく，変更の登録を申請しなければならない（業法20条，18条2項）。登録を受けている以上，宅地建物取引士証の交付を受けているか否かにかかわらず，変更の登録を申請しなければならない。よって，本肢は誤り。

❸ 誤 **重要事項説明の際は宅地建物取引士証の提示必要。**

　宅地建物取引士は，重要事項の説明をするときは，宅地建物取引士証を提示しなければならない（業法35条4項）。重要事項の説明の際，宅地建物取引士証の提示に代えて，再交付申請書の写しを提示すればよい旨の規定はない。よって，本肢は誤り。

❹ 正 事務禁止の処分を受け，その禁止の期間中に，自ら登録消除の申請をして登録が消除され，その禁止期間が満了しない者は，登録を受けることができない（業法18条1項11号）。よって，本肢は正しく，本問の正解肢となる。

<table>
<tr><td>問
31</td><td>営業保証金</td><td>解答 ❹</td><td>合格者正解率
98.4%</td><td>不合格者正解率
83.3%</td><td>受験者正解率
93.8%</td></tr>
</table>

❶ 誤 **主たる事務所のもよりの供託所に供託する。**

　宅建業者は，営業保証金を主たる事務所のもよりの供託所に供託しなければならない（業法25条1項）。主たる事務所又はその他の事務所のいずれかのもよりの供託所に供託するのではない。よって，本肢は誤り。

❷ 誤 **Aが直接届け出なければならない。**

　宅建業者は，営業保証金を供託したときは，その旨をその免許を受けた国土交通大臣

又は都道府県知事に届け出なければならない（業法25条4項）。したがって，営業保証金を供託した旨は，Aが直接国土交通大臣に届け出る必要がある。よって，本肢は誤り。なお，営業保証金を供託した旨を供託所から免許権者あてに通知するという規定はない。

❸ 誤　宅建業に関する取引により生じた債権しか弁済されない。

営業保証金から弁済を受けるためには，宅建業者に対し，宅建業に関する「取引」により生じた債権を有していることが必要である（業法27条1項）。電気工事業者の工事代金債権は，宅建業に関する「取引」により生じた債権ではないので，営業保証金から弁済を受ける権利は有しない。よって，本肢は誤り。

❹ 正　宅建業者は，営業保証金が還付されたため，営業保証金が政令で定める額に不足することとなったときは，免許権者から通知書の送付を受けた日から2週間以内に，その不足額を供託しなければならない（業法28条1項,営業保証金規則5条）。よって，本肢は正しく，本問の正解肢となる。

問32	弁済業務保証金	解答❹	合格者正解率	不合格者正解率	受験者正解率
			97.4%	77.0%	90.2%

❶ 誤　加入できるのは，一つの保証協会のみ。

一の保証協会の社員である者は，他の保証協会の社員となることができない（業法64条の4第1項）。よって，本肢は誤り。

❷ 誤　1カ月ではなく，2週間以内に納付。

保証協会の社員である宅建業者は，新たに事務所を設置した場合，設置してから2週間以内に，1カ所につき30万円の弁済業務保証金分担金を保証協会に納付しなければならず，納付しなければ社員の地位を失う（業法64条の9第2項，3項）。よって，本肢は誤り。

❸ 誤　最寄りの供託所ではなく，保証協会に納付。

弁済業務保証金の還付があった場合に，保証協会から還付充当金を納付すべき旨の通知を受けた社員は，その通知を受けた日から2週間以内に，還付充当金を当該保証協会に納付しなければならない（業法64条の10第2項）。よって，本肢は誤り。

❹ 正　保証協会の社員と宅建業に関し取引をした者（宅建業者を除く）は，その取引により生じた債権に関し，当該社員が社員でないとしたならば供託すべき営業保証金の額を限度として，弁済業務保証金から弁済を受ける権利を有する（業法64条の8第1項）。本肢では，150万円の弁済業務保証金分担金を納付していることから，本店に加え支店が3カ所あり，もし保証協会の社員でないとしたならば，1,000万円＋（500万円×3）＝2,500万円の営業保証金を供託していることになる（業法25条，施行令2条の4）。したがって，2,500万円を限度として弁済を受ける権利を有する。よって，

本肢は正しく，本問の正解肢となる。

<table>
<tr><td>問
33</td><td>媒介・代理契約</td><td>解答 ❷</td><td>合格者正解率
82.2%</td><td>不合格者正解率
64.2%</td><td>受験者正解率
75.2%</td></tr>
</table>

ア　誤　売主及び買主の氏名は通知不要。

指定流通機構に登録している宅建業者は，登録に係る宅地又は建物の売買又は交換の契約が成立したときは，遅滞なく，①登録番号，②宅地又は建物の取引価格，③契約の成立した年月日を，当該登録に係る指定流通機構に通知しなければならない（業法34条の2第7項，規則15条の13）。しかし，売主，買主の氏名を通知する必要はない。よって，本肢は誤り。

イ　正　宅建業者は，宅地又は建物を売買すべき価額又はその評価額について意見を述べるときは，その根拠を明らかにしなければならない（業法34条の2第2項）。よって，本肢は正しい。

ウ　正　専任媒介契約は，依頼者からの申出がある場合には，更新することができ，更新後の期間は3カ月を超えることができない（業法34条の2第4項）。よって，本肢は正しい。

以上より，正しいものはイとウの二つであり，❷が本問の正解となる。

<table>
<tr><td>問
34</td><td>広告等に関する規制</td><td>解答 ❶</td><td>合格者正解率
96.9%</td><td>不合格者正解率
89.2%</td><td>受験者正解率
93.2%</td></tr>
</table>

❶　正　宅建業者は，宅地の造成，建物の建築に関する工事の完了前では，当該工事に必要な開発許可，建築確認等が下りた後でなければ，すべての取引態様における広告をすることはできない（業法33条）。よって，本肢は正しく，本問の正解肢となる。

❷　誤　初回に限らず広告のつど取引態様の明示が必要。

宅建業者は，宅地，建物の売買，交換，貸借に関する広告をするときは，取引態様の別を明示しなければならない（業法34条1項）。取引態様の別の明示は，広告をするつど必要である。よって，本肢は誤り。

❸　誤　依頼者の依頼に基づく広告料金は報酬と別途受領可。

宅建業者は，依頼者の報酬とは別に広告料金を請求することはできない。ただし，依頼者の依頼によって行う広告料金については，報酬とは別途受領することができる（業法46条3項，報酬告示第9）。よって，本肢は誤り。

❹　誤　広告をしていても，それだけでは宅建業者とみなされない。

宅建業者は，免許の効力が失われた場合でも，その者又は一般承継人は，当該宅建業者が締結した契約に基づく取引を結了する目的の範囲内で宅建業者とみなされる（業法76条）。したがって，広告をしていたというだけで，宅建業者とみなされることはない。よって，本肢は誤り。

問35	重要事項の説明	解答❷	合格者正解率 94.7%	不合格者正解率 68.4%	受験者正解率 83.1%

❶　**正**　宅建業者が区分所有建物の売買の媒介を行う場合において，当該1棟の建物及びその敷地の管理が委託されているときは，その委託を受けている者の氏名（法人にあっては，その商号又は名称）及び住所（法人にあっては，その主たる事務所の所在地）を重要事項説明書に記載して宅地建物取引士をして重要事項説明書を交付して説明をさせなければならない（業法35条1項6号，規則16条の2第8号）。よって，本肢は正しい。

❷　**誤**　移転登記の申請時期の説明は不要。
　宅建業者は，移転登記の申請の時期を37条書面に記載しなければならないが（業法37条1項5号），重要事項説明書に記載して説明する必要はない（業法35条1項参照）。よって，本肢は誤りであり，本問の正解肢となる。

❸　**正**　宅建業者は，ガスの供給のための施設の整備の状況について重要事項説明書に記載して宅地建物取引士をして重要事項説明書を交付して説明をさせなければならない（業法35条1項4号）。ガス配管設備等に関して，住宅の売買後においても宅地内のガスの配管設備等の所有権が家庭用プロパンガス販売業者にあるものとする場合には，その旨の説明をさせなければならない（解釈・運用の考え方）。よって，本肢は正しい。

❹　**正**　宅建業者は，区分所有建物の売買の媒介を行う場合において，当該1棟の建物の計画的な維持修繕のための費用の積立てを行う旨の規約の定めがあるときは，その内容及び既に積み立てられている額を重要事項説明書に記載して宅地建物取引士をして重要事項説明書を交付して説明をさせなければならない（業法35条1項6号，規則16条の2第6号）。よって，本肢は正しい。

問36	37 条書面	解答❷	合格者正解率 94.2%	不合格者正解率 73.3%	受験者正解率 86.0%

ア　**記載する必要はない**　保証人の氏名及び住所は，37条書面の記載事項とはされていない。よって，本肢は必ず記載しなければならない事項ではない。

イ　必ず記載しなければならない　建物の引渡しの時期は，37条書面に必ず記載しなければならない（業法37条1項4号）。よって，本肢は必ず記載しなければならない事項である。

ウ　必ず記載しなければならない　借賃の額ならびにその支払い時期及び方法は，37条書面に必ず記載しなければならない（業法37条2項2号）。よって，本肢は必ず記載しなければならない事項である。

エ　記載する必要はない　媒介に関する報酬の額は，媒介契約書面の記載事項であるが（業法34条の2第1項6号），37条書面の記載事項とはされていない。よって，本肢は必ず記載すべき事項ではない。

オ　記載する必要はない　借賃以外の金銭の授受に関する事項は，定めがある場合に限り記載する事項であり（業法37条2項3号），必ず記載しなければならない事項ではない。また，定めがある場合であっても，その額ならびに当該金銭の授受の時期及び目的は記載事項とされているが，授受の方法は記載事項とされていない（業法37条2項3号）。よって，本肢は必ず記載すべき事項ではない。

　以上より，必ず記載しなければならない事項はイ，ウであり，❷が本問の正解肢となる。

問37	報酬額の制限	解答 ❸	合格者正解率	不合格者正解率	受験者正解率
			65.5%	**36.7%**	**56.7%**

　代金に消費税及び地方消費税が含まれているときは，これを含まない価格を報酬額の算定の基礎とする（業法46条，報酬告示第2）。ただし，土地の代金には課税されないため，本問の場合，建物の代金のみから消費税及び地方消費税を除けばよく，(2,200万円÷1.1)＋4,400万円＝6,400万円が基礎となる。そして，Aは消費税の課税事業者であることから，報酬額の上限は，(6,400万円×3％＋6万円)×1.1＝217万8,000円となる。よって，❸が本問の正解肢となる。

問38	その他の業務上の規制	解答 ❷	合格者正解率	不合格者正解率	受験者正解率
			92.7%	**69.9%**	**82.7.%**

ア　違反する　手付の分割受領も「信用の供与」に該当する。

　宅建業者は，その業務に関して，宅建業者の相手方等に対し，手付について貸付けその他信用の供与をすることにより契約の締結を誘引する行為をしてはならない（業法47条3号）。そして，手付の分割受領も「信用の供与」に該当する（解釈・運用の考え方）。よって，本肢は宅建業法の規定に違反する。

イ　違反しない　肢アの解説で述べたとおり，手付について貸付けその他信用の供与をすることは禁止されている（業法47条3号）。この点，代金の値引きは当該「信用の供与」に該当しない。よって，本肢は宅建業法の規定に違反しない。

ウ　違反しない　宅建業法35条に規定される，いわゆる重要事項については宅地建物取引士に説明をさせなければならない（業法35条1項）。しかし，土地の交通等の利便の状況は，この重要事項説明対象とはなっていない（業法35条，規則16条等参照）。よって，当該説明を従業者に行わせても，宅建業法の規定に違反しない。

エ　違反する　勧誘を継続してはならない。

宅建業者は，宅建業者の相手方等が当該契約を締結しない旨の意思（当該勧誘を引き続き受けることを希望しない旨の意思を含む。）を表示したにもかかわらず，当該勧誘を継続することをしてはならない（業法47条の2第3項，規則16条の12第1号ニ）。よって，本肢は宅建業法の規定に違反する。

以上より，宅建業法の規定に違反するものは，**ア**，**エ**の二つであり，**②**が本問の正解肢となる。

問39 手続きの総合問題	解答❶	合格者正解率 94.7%	不合格者正解率 67.5%	受験者正解率 84.4%

❶　正　宅地建物取引士は，宅地建物取引士証を他人に貸与するなどして，他人に自己の名義の使用を許し，その他人がその宅地建物取引士の名義を使用して宅地建物取引士である旨を表示したときには，指示処分を受けることがある（業法68条1項2号）。よって，本肢は正しく，本問の正解肢となる。

❷　誤　案内所に置く専任の宅地建物取引士は1名でよい。

宅建業者は，一団の宅地又は建物の分譲を行う案内所で，宅地建物の売買等の契約を締結し，又は，これらの契約の申込みを受けるときは，その案内所に1名以上の成年者である専任の宅地建物取引士を置かなければならない（業法31条の3第1項，規則15条の5の2第2号，15条の5の3）。業務に従事する者の5分の1以上である必要はない。よって，本肢は誤り。

❸　誤　本人の同意がなくても，正当な理由があればよい。

宅建業者の使用人その他の従業者は，正当な理由がある場合を除き，宅建業の業務を補助したことについて知り得た秘密を他に漏らしてはならない（守秘義務，業法75条の3）。この正当な理由には，本人の同意がある場合のほか，裁判の証人になる場合などがある。よって，本肢は誤り。

❹　誤　返還の請求がなければ返還不要。

宅地建物取引士が事務禁止処分を受けたことにより，宅地建物取引士証の提出を受け

た都道府県知事は，事務禁止期間が満了した場合においてその提出者から返還の請求があったときは，直ちに，宅地建物取引士証を返還しなければならない（業法22条の2第8項）。甲県知事は，Aからの請求があったときに宅地建物取引士証を返還すればよい。よって，本肢は誤り。

問40	監督・罰則	解答 ❷	合格者正解率	不合格者正解率	受験者正解率
			97.8%	80.7%	91.5%

❶ **正** 免許の取消しは，免許権者のみがすることができる（業法66条）。したがって，乙県知事は，Aの免許を取り消すことはできない。よって，本肢は正しい。

❷ **誤** 免許権者は，指示処分に違反した宅建業者に業務停止処分することができる。

　免許権者は，その免許を受けた宅建業者が指示に従わない場合，当該宅建業者に対し業務停止の処分をすることができる（業法65条2項3号）。したがって，免許権者である甲県知事は，Aに対し業務停止の処分をすることができる。よって，本肢は誤りであり，本問の正解肢となる。

❸ **正** 指示に従わなかった場合には業務停止処分事由に該当する（業法65条2項3号）。そして，業務停止処分事由に該当し，情状が特に重いときは，免許取消処分事由に該当する（業法66条1項9号）。免許の取消しは，免許権者のみがすることができる（業法66条）。したがって，国土交通大臣は，Aの免許を取り消すことはできない。よって，本肢は正しい。

❹ **正** 宅建業者が業務に関し他の法令に違反し，宅建業者として不適当であると認められるときは，免許権者は当該宅建業者に対して必要な指示をすることができる（業法65条1項3号）。そして，Aの取締役が宅建業の業務に関し，建築基準法の規定に違反していることから，宅建業者として不適当であるといえる。よって，本肢は正しい。

問41	自ら売主制限総合	解答 ❹	合格者正解率	不合格者正解率	受験者正解率
			94.0%	78.0%	88.2%

❶ **誤** 損害賠償の予定額の定めがなければ，実際の損害額を請求できる。

　宅建業者が自ら売主となる宅地又は建物の売買契約において，当事者の債務不履行を理由とする契約の解除に伴う損害賠償額を予定し，又は違約金を定めるときは，これらを合算した額が代金の額の10分の2を超えることとなる定めをしてはならない（業法38条1項）。しかし，これはあらかじめ損害賠償額や違約金の額を定める場合の制限である。その定めがないのであれば，売買代金の額と無関係に，実際の損害額を証明して請求することができる。よって，本肢は誤り。

❷ 誤 合算して代金の額の2割を超えてはならない。

　宅建業者が自ら売主となる宅地又は建物の売買契約において，損害賠償額を予定し，又は違約金を定めるときは，これらを合算した額が代金の額の10分の2を超えることとなる定めをしてはならない（業法38条1項）。そして，これに反する特約は，代金の額の10分の2を超える部分について，無効とされる（業法38条2項）。よって，本肢は誤り。

❸ 誤 売主が手付解除するには現実の提供が必要。

　宅建業者が，自ら売主となる宅地又は建物の売買契約の締結に際して手付を受領したときは，その手付がいかなる性質のものであっても解約手付とされ，これに反する特約で，買主に不利なものは，無効である（業法39条2項，3項）。そして，売主が解約手付に基づく解除を行うには，買主に対して，手付の倍額の金員を現実に提供することを要するとされている（民法557条，判例）。したがって，本肢のように契約解除の意思表示を書面で行うことのみで手付解除をすることはできない。よって，本肢は誤り。

❹ 正 解約手付による契約の解除は，相手方が履行に着手するまでに行う必要がある（業法39条2項，民法557条，判例）。買主が中間金の支払いを行うなど既に履行に着手している以上，売主は，手付に基づく解除をすることはできない。したがって，Bは，履行に着手しているとして，売主の手付解除を拒むことができる。よって，本肢は正しく，本問の正解肢となる。

問42　クーリング・オフ　解答❷

合格者正解率	不合格者正解率	受験者正解率
53.8%	45.9%	50.3%

ア 正 宅建業者ではない買主は，申込みの撤回又は契約の解除を行うことができる旨及びその方法について，売主である宅建業者から，書面で告げられた日から起算して8日以内であればクーリング・オフによる申込みの撤回又は契約の解除をすることができる（業法37条の2第1項1号）。当該申込みの撤回又は契約の解除の効果は，買主が契約を解除する旨の書面を発した時に生ずる（業法37条の2第2項）。そして，これらの規定と異なる特約で買主に不利なものは無効となる（業法37条の2第4項）。以上より，告知の日から起算して8日以内に書面を到達させなければならないとする本肢の特約は，買主であるCに不利なものとして無効となる。よって，本肢は正しい。

イ 正 売主である宅建業者から依頼された媒介業者の事務所で買受けの申込み又は売買契約を締結した場合，クーリング・オフによる申込みの撤回又は契約の解除はできなくなる（業法37条の2第1項本文，規則16条の5第1号ハ）。また，買受けの申込みの場所と契約締結の場所が異なる場合は，「申込み」の場所で判断する。以上より，Cが媒介業者であるBの事務所で申込みをしている以上，Cはクーリング・オフによる契約の解除をすることはできない。よって，本肢は正しい。

ウ　誤　クーリング・オフをすることができる。

　買主の自宅で売買契約を締結した場合であっても，買主の申出によるものでないときには，買主は，クーリング・オフをすることができる（業法37条の2第1項，規則16条の5第2号）。買受けの申込みの場所と契約締結の場所が異なる場合は，「申込み」の場所で判断する。また，そもそもクーリング・オフについては告げられていないので，10日後であってもクーリング・オフによる契約の解除をすることができる。したがって，本肢のCはクーリング・オフによる契約の解除をすることができる。よって，本肢は誤り。

エ　誤　媒介業者の商号等の記載は不要である。

　クーリング・オフについて告げる書面の記載内容については，宅建業法規則16条の6に規定があり，売主である宅建業者の商号又は名称及び住所並びに免許証番号は記載するものとされているが，媒介業者に関する商号又は名称及び住所並びに免許証番号の記載は要求されていない（規則16条の6）。本肢の場合，Aの商号等の記載は必要であるが，Bの商号等の記載は不要ということである。よって，本肢は誤り。

　以上より，正しいものはアとイの二つであり，❷が本問の正解肢となる。

問43	自ら売主制限総合	解答❸	合格者正解率 88.3%	不合格者正解率 58.0%	受験者正解率 77.9%

❶　誤　所有者との契約が停止条件付であるので，契約はできない。

　宅建業者は，自己の所有に属しない宅地又は建物について，当該宅地又は建物を取得する契約（予約を含み，その効力の発生が条件に係るものを除く。）を締結しているとき，その他宅建業者が当該宅地又は建物を取得できることが明らかな場合などを除き，自ら売主となる売買契約を締結してはならない（業法33条の2第1号）。よって，本肢は誤り。

❷　誤　「引渡しから2年間」にはならない。

　宅建業者は，自ら売主となる宅地又は建物の売買契約において，その目的物の契約不適合担保責任に関し，民法に規定するものより買主に不利となる特約をしてはならないが，例外として，売主が契約不適合担保責任を負う期間について目的物の引渡しの日から2年以上となる特約をすることができる（業法40条1項）。本肢の特約は「引渡しの日から1年間」としているので，2年以上ではないため無効となり，民法の「買主が契約不適合を知った時から1年以内に通知」（民法566条）が適用される。よって，本肢は誤り。

**❸　正　**買主が当該宅地又は建物の引渡しを受け，かつ，代金の全部を支払った場合は，クーリング・オフをすることができなくなる（業法37条の2第1項2号）。本肢では，残代金支払日の前日にクーリング・オフによる契約の解除が書面によって通知されてい

るため，Aは契約の解除を拒むことができない。なお，本肢では申込みの撤回等ができる旨の書面による告知について記載はないが，申込時に告知がなされていたとしても，申込日から起算して8日を経過する前に契約解除の書面を発しているため，クーリング・オフできる結論に変わりはない。よって，本肢は正しく，本問の正解肢となる。

❹ **誤** クーリング・オフが行われた業者は，損害賠償又は違約金の請求ができない。

　宅建業者が自ら売主となる宅地又は建物の売買契約において，クーリング・オフが行われた場合，宅建業者は，クーリング・オフに伴う損害賠償又は違約金の支払いを請求することができない（業法37条の2第1項）。また，これに反する特約で申込者等に不利なものは無効である（業法37条の2第4項）。よって，本肢は誤り。

問44	重要事項の説明	解答❷	合格者正解率	不合格者正解率	受験者正解率
			94.0%	74.9%	87.4%

❶ **誤** 売主には説明不要である。

　重要事項の説明は，物件を取得したり借りたりしようとする人に，契約を締結するかどうかの判断材料を与えるためのものである。したがって，重要事項の説明は，契約締結前に，売買であれば買主のみ，貸借であれば借主のみ，交換であれば両当事者に対して行う（業法35条）。したがって，売主には説明不要である。よって，本肢は誤り。

❷ **正** 重要事項の説明をする場所については特に定めはない。したがって，宅建業者の事務所以外の場所でも行うことができる。よって，本肢は正しく，本問の正解肢となる。

❸ **誤** 宅建業者が代理したときは，代理を依頼した者（買主）に，説明する。

　宅建業者が当事者を代理して売買契約を締結するときは，代理を依頼した者（買主）に，重要事項の説明をしなければならない（業法35条1項）。よって，本肢は誤り。

❹ **誤** 重要事項説明書に記名押印する宅地建物取引士は，専任である必要はない。

　宅建業者は，宅地建物取引士に，重要事項の説明をさせる必要がある（業法35条1項）。しかし，説明担当者は宅地建物取引士でありさえすればよく，専任の宅地建物取引士である必要はない。また，書面に記名押印する場合も専任の宅地建物取引士である必要はない（業法35条5項参照）。よって，本肢は誤り。

問45	瑕疵担保履行法	解答❹	合格者正解率	不合格者正解率	受験者正解率
			81.3%	49.9%	70.5%

❶ **誤** 買主が宅建業者のときは資力確保措置は不要である。

　宅建業者が住宅瑕疵担保保証金供託又は住宅瑕疵担保責任保険契約締結（資力確保措

置）の義務を負うのは，自ら売主として新築住宅を宅建業者でない買主に販売する場合である（住宅瑕疵担保履行法 2 条 7 項 2 号ロ，11 条 1 項，2 項）。宅建業者が買主である場合には，資力確保措置を執る必要はない。よって，本肢は誤り。

❷ **誤** 供託所の所在地等を記載した書面を売買契約締結時までに交付して説明する必要がある。

　宅建業者が自ら売主として宅建業者でない買主に対して新築住宅を売買するとき，保証金を供託している場合は，供託所の場所等を記載した書面を，売買契約を締結するまでに交付しなければならない（住宅瑕疵担保履行法 15 条）。引渡しまでに交付して説明すればよいわけではない。よって，本肢は誤り。

❸ **誤** 新たな売買契約締結が禁止されるのは，基準日の「翌日から起算して 50 日を経過した日」以後である。

　新築住宅を引き渡した宅建業者は，基準日に係る資力確保措置の状況の届出をしなければ，当該基準日の「翌日から起算して 50 日を経過した日」以後においては，新たに自ら売主となる新築住宅の売買契約を締結してはならない（住宅瑕疵担保履行法 13 条）。基準日以後ではない。よって，本肢は誤り。

❹ **正** 住宅販売瑕疵担保責任保険契約を締結している宅建業者は，当該特定住宅販売瑕疵担保責任（住宅品確法 95 条 1 項）を履行したときに，その履行によって生じた損害を填補するため，保険金を請求できる（住宅瑕疵担保履行法 2 条 7 項 2 号イ）。よって，本肢は正しく，本問の正解肢となる。

問46	住宅金融支援機構法	解答 ❷	合格者正解率 46.1%	不合格者正解率 33.6%	受験者正解率 41.5%

❶ **正** 機構は，子どもを育成する家庭又は高齢者の家庭に適した良好な居住性能及び居住環境を有する賃貸住宅の建設に必要な資金又は当該賃貸住宅の改良に必要な資金の貸付けを業務として行う（機構法 13 条 1 項 8 号）。よって，本肢は正しい。

❷ **誤** 賃貸住宅の建設等の貸付債権は譲受けの対象となっていない。

　機構は，住宅の建設又は購入に必要な資金の貸付けに係る貸付債権の譲受けを行う（証券化支援事業（買取型），機構法 13 条 1 項 1 号）。この貸付債権の対象に「自ら居住する住宅又は自ら居住する住宅以外の親族の居住の用に供する住宅を建設し，又は購入する者に対する貸付に係る」債権は含まれているが，「賃貸住宅の建設又は購入に必要な資金の貸付けに係る金融機関の貸付債権」は含まれていない（機構業務方法書 3 条各号参照）。よって，本肢は誤りであり，本問の正解肢となる。

❸ **正** 機構は，住宅の建設又は購入に必要な資金の貸付けに係る貸付債権の譲受けを行う（証券化支援事業（買取型），機構法 13 条 1 項 1 号）。この貸付債権は，一般的に「フラット 35」と呼ばれる長期固定金利住宅ローンである。そして，｜フラット 35

S」とは、省エネルギー性・耐震性等、質の高い住宅を取得する場合に、借入金利を一定期間引き下げる制度のことである(住宅金融支援機構ホームページ)。「フラット35 S」を利用する場合は、金利の引下げを受けることができる。よって、本肢は正しい。

❹ **正** 機構は、マンションの共用部分の改良に必要な資金の貸付けを業務として行う（機構法13条1項7号）。よって、本肢は正しい。

問47	景品表示法	解答 ❹	合格者正解率	不合格者正解率	受験者正解率
			92.5%	74.4%	86.7%

❶ **誤** 居室という表示はできない。

採光及び換気のための窓その他の開口部の面積の当該室の床面積に対する割合が建築基準法第28条の規定に適合していないため、居室と認められない納戸その他の部分については、その旨を「納戸」等と表示しなければならない（表示規約規則10条17号）。一定の広さがあれば居室と表示ができる旨の規定はない。よって、本肢は誤り。

❷ **誤** 平均額の表示ではない。

修繕積立金については、1戸当たりの月額（予定額であるときは、その旨）を表示すること。ただし、住戸により修繕積立金の額が異なる場合において、そのすべての住戸の修繕積立金を示すことが困難であるときは、最低額及び最高額のみで表示することができる（表示規約規則10条43号）。平均額の表示ではない。よって、本肢は誤り。

❸ **誤** 面積の表示も必要である。

私道負担部分が含まれている新築住宅を販売するときは、土地面積及び私道負担面積を表示しなければならない（表示規約別表4-13、5-9）。私道負担面積が5%以下であれば、その面積の表示を省略できる旨の規定はない。よって、本肢は誤り。

❹ **正** 建築工事に着手した後に、同工事を相当の期間にわたり中断していた新築住宅又は新築分譲マンションについては、建築工事に着手した時期及び中断していた期間を明示しなければならない（表示規約規則8条14号）。よって、本肢は正しく、本問の正解肢となる。

問48	景品表示法	解答 ❷	合格者正解率	不合格者正解率	受験者正解率
			77.1%	56.8%	69.9%

❶ **誤** 「売主」と表示しなければならない。

取引態様は、「売主」、「貸主」、「代理」又は「媒介（仲介）」の別をこれらの用語を用いて表示しなければならない（表示規約規則10条1号）。自ら所有する不動産を直接販売する意味で「直販」という文字を用いることはできず、「売主」としなければなら

ない。よって，本肢は誤り。

❷　正　建物をリフォーム又は改築（以下「リフォーム等」という。）したことを表示する場合は，そのリフォーム等の内容及び時期を明示しなければならない（表示規約規則10条21号）。よって，本肢は正しく，本問の正解肢となる。

❸　誤　現に利用できなくても将来確実に利用できるなら表示することができる。

　デパート，スーパーマーケット等の商業施設は，現に利用できるものを物件までの道路距離を明示して表示しなければならない。ただし，現に利用できなくても将来確実に利用できるものであれば，予定時期を明示して表示することができる（表示規約規則10条31号）。よって，本肢は誤り。

❹　誤　著しく特異な地勢の土地は，その旨を明示しなければならない。

　土地の有効な利用が阻害される著しい不整形画地及び区画の地盤面が2段以上に分かれている等の著しく特異な地勢の土地については，その旨を表示しなければならない（表示規約規則8条11号）。実際の土地を見れば不整形画地であると認識できるからといって表示を省略することはできない。よって，本肢は誤り。

問49	土地	解答❹	合格者正解率	不合格者正解率	受験者正解率
			97.3%	82.2%	90.6%

❶　適当　山麓の地形の中で，地すべりによってできた地形は一見なだらかで，水はけもよく，住宅地として好適のように見える。しかし，これらの地形の末端の急斜面部等は，斜面崩壊等の危険が高いので注意を要する。よって，本肢は適当である。

❷　適当　台地の上の浅い谷等は，現地に入っても一見して気付かぬことが多いが，豪雨時には，一時的に浸水することもあり，注意を要する。よって，本肢は適当である。

❸　適当　大都市地域は，都市としての広がりを得やすく，用水や交通の便利さから大部分が低地に立地している。しかし，低地は，一般に洪水や地震，津波，高潮に対して弱く，防災的見地からは好ましくない。よって，本肢は適当である。

❹　不適当　危険度に関する地域の対応が逆である。

　低地の中で災害に対して比較的危険度の低い所は，扇状地の中の微高地，自然堤防，砂丘，砂州，廃川敷となった旧天井川等である。一方，低地の中で災害に対して特に危険度が高い所は，沿岸部の標高の低いデルタ地域，海抜0m以下の地帯，旧河道等である。本肢の記述は地域の対応が逆である。よって，本肢は最も不適当であり，本問の正解肢となる。

問 50	建物	解答 ④	合格者正解率 87.7%	不合格者正解率 77.1%	受験者正解率 83.4%

❶ **適当** 耐震構造は，建物の柱，はり，耐震壁などで建物自体の剛性を高め，地震に対して十分耐えられるようにした構造である。よって，本肢は適当である。

❷ **適当** 免震構造は，一般に，建物の下部構造と上部構造との間に積層ゴムなどを設置し，地震による揺れを減らす構造である。よって，本肢は適当である。

❸ **適当** 制震構造は，建物の骨組み（ブレースなど）に制震ダンパーなどを設置し，地震による揺れを制御する構造である。よって，本肢は適当である。

❹ **不適当** 制震構造や免震構造を用いることができる。

既存不適格建築物の耐震補強として，制震構造や免震構造を用いることができる。よって，適していないとする本肢は不適当であり，本問の正解肢となる。

2021年版 出る順宅建士 過去30年良問厳選問題集

第2回 解答・解説

基礎編②

合格推定点 **37**点

◈出題項目・正解一覧＆成績診断
◈解答・解説

出題項目・正解一覧＆成績診断

科目	問	出題項目	正解	チェック	科目	問	出題項目	正解	チェック
権利関係	1	意思表示	3	☐☐	宅建業法	26	宅建業の意味	3	☐☐
	2	制限行為能力者	3	☐☐		27	免許総合	3	☐☐
	3	時効	3	☐☐		28	その他の業務上の規制	1	☐☐
	4	代理	3	☐☐		29	免許の効力	4	☐☐
	5	弁済	1	☐☐		30	宅地建物取引士の登録	4	☐☐
	6	物権変動	1	☐☐		31	営業保証金	3	☐☐
	7	抵当権	1	☐☐		32	弁済業務保証金	3	☐☐
	8	共有	1	☐☐		33	媒介・代理契約	3	☐☐
	9	不法行為	1	☐☐		34	広告等に関する規制	4	☐☐
	10	請負	3	☐☐		35	重要事項の説明	4	☐☐
	11	借地借家法（借地）	2	☐☐		36	重要事項の説明	4	☐☐
	12	借地借家法（借家）	2	☐☐		37	37条書面	2	☐☐
	13	建物区分所有法	3	☐☐		38	報酬額の制限	1	☐☐
	14	不動産登記法	2	☐☐		39	宅建業法の総合問題	1	☐☐
法令上の制限	15	国土利用計画法	3	☐☐		40	自ら売主制限総合	1	☐☐
	16	都市計画法：都市計画の内容	4	☐☐		41	クーリング・オフ	1	☐☐
	17	都市計画法：開発行為の規制	3	☐☐		42	自己所有に属しない物件の契約締結制限	4	☐☐
	18	建築基準法総合	3	☐☐		43	監督・罰則	1	☐☐
	19	建築基準法総合	4	☐☐		44	宅地建物取引士総合	4	☐☐
	20	宅地造成等規制法	2	☐☐		45	瑕疵担保履行法	4	☐☐
	21	土地区画整理法	4	☐☐	5問免除	46	住宅金融支援機構法	1	☐☐
	22	農地法	4	☐☐		47	景品表示法	3	☐☐
税・価格	23	所得税	4	☐☐		48	景品表示法	4	☐☐
	24	固定資産税	3	☐☐		49	土地	3	☐☐
	25	地価公示法	3	☐☐		50	建物	2	☐☐

科目別の成績		総合成績
科目（問題番号）	正答／正答目標	合計
権利関係（問1～問14）	点／9点	
宅建業法（問26～問45）	点／18点	**点**
法令上の制限（問15～問22）	点／6点	
税・価格（問23～問25）	点／2点	この回の合格推定点は **37**点です。
5問免除（問46～問50）	点／4点	

問1	意思表示	解答❸	合格者正解率	不合格者正解率	受験者正解率
			95.7%	83.1%	91.0%

❶　**誤**　錯誤が重要なものであれば取り消すことができる。

　錯誤が法律行為の目的及び取引上の社会通念に照らして重要なものであれば，取り消すことができる。意思表示は，表示の錯誤又は動機の錯誤（動機が表示された場合）に基づくものであって，それが法律行為の目的及び取引上の社会通念に照らして重要なものである場合には，取り消すことができる（民法95条1項）。よって，本肢は誤り。

❷　**誤**　動機の錯誤は，相手方に表示されていたときには，取り消すことができる。

　意思表示の動機に錯誤がある場合，表意者が法律行為の基礎とした事情を相手方に表示した場合には，その意思表示を取り消すことができる（民法95条2項）。したがって，Aの売却の意思表示を取り消すことができる。よって，本肢は誤り。

❸　**正**　意思表示は，表示の錯誤又は動機の錯誤（動機が表示された場合）に基づくものであって，それが法律行為の目的及び取引上の社会通念に照らして重要なものであり（民法95条1項），表意者に重大な過失がなかったとき（民法95条3項柱書）は，取り消すことができる。本肢の場合，重過失であるAは取消しを主張することができない。よって，本肢は正しく，本問の正解肢となる。

❹　**誤**　表意者が認めていない錯誤は第三者が取消しの主張をすることはできない。

　錯誤を根拠とする取消しの主張については，表意者自身が，その意思表示の瑕疵を認めず，錯誤を理由として意思表示の取消しを主張する意思がないときは，原則として，第三者がその意思表示の取消しを主張することはできない。したがって，本肢の場合，Bから錯誤取消しの主張をすることはできない。よって，本肢は誤り。

問2	制限行為能力者	解答❸	合格者正解率	不合格者正解率	受験者正解率
			83.3%	61.1%	71.7%

❶　**誤**　意思無能力者が結んだ契約は，取消しできない。

　意思能力を欠いている者の意思表示は，無効である（民法3条の2）。意思表示の取消しにより無効となるわけではない。よって，本肢は誤り。

❷　**誤**　婚姻をした者が結んだ契約は，取消しできない。

　未成年者が婚姻をしたときは，その未成年者は，成年に達したものとみなされる（成年擬制，民法753条）。したがって，婚姻をした未成年者が意思表示を行った場合，成年者が意思表示を行った場合と同様に取り扱われ，親権者であっても，契約を締結したのが未成年者であることを理由に取り消すことはできない。よって，本肢は誤り。

❸　**正**　成年被後見人の法律行為は，日用品の購入その他日常生活に関する行為を除

き，取り消すことができる（民法9条）。これは，成年後見人の事前の同意を得ていた場合でも同様である。そして，この取消しは，成年被後見人のみならず，成年後見人も行うことができる（民法120条1項）。よって，本肢は正しく，本問の正解肢となる。

❹ **誤** 保佐人の同意を得て結んだ契約は，取消しできない。

被保佐人が保佐人の同意を得て行った行為は，取り消すことはできない（民法13条4項）。よって，本肢は誤り。

問 3	時効	解答 ❸	合格者正解率 90.7%	不合格者正解率 60.7%	受験者正解率 80.4%

❶ **誤** 賃借人には所有の意思が認められない。

所有権の取得時効が成立するには，占有が所有の意思に基づくことが必要である（民法162条1項）。Bは相続によって賃借人としての地位を承継して甲土地の占有を開始している（民法896条）。賃借人には所有の意思が認められないため，20年間占有しても取得時効により所有権を取得することはできない。よって，本肢は誤り。

❷ **誤** 自己の占有と前の占有者の占有を併せて主張して時効取得できる。

占有を承継した場合，前の占有者の占有を併せて主張することが可能である（民法187条1項）。Bの父は所有の意思をもって平穏・公然と甲土地を占有している。本肢において，Bの父の占有とBの占有を併せると，その期間は20年であるため，取得時効が成立する（民法162条1項）。よって，本肢は誤り。

❸ **正** CがAから売買によって甲土地の所有権を取得した後，Bは時効取得によって甲土地の所有権を原始取得する。時効完成前の承継人Cは，時効取得者Bにとっては物権変動の当事者と評価できるため，Cは「第三者」にあたらず，Bは登記なくして甲土地の所有権をCに主張できる（民法177条，判例）。よって，本肢は正しく，本問の正解肢となる。

❹ **誤** 農地法の許可がなくても賃借権の時効取得はできる。

農地法の許可のない賃貸借契約は効力を生じないため（農地法3条7項），農地法の許可がない場合は，原則として賃借権を取得することはできない。ところで，賃借権も一定の場合，時効取得できる（民法163条，判例）。また，農地法が許可を求めた趣旨に反することがなければ，許可を受けていなくても，賃借権の時効取得も認められる。本肢のBは，賃借人が継続的に耕作しているため，農地法が許可を求めた趣旨に反することはない。したがって，Bは農地法の許可がなくても賃借権を時効取得することができる（判例）。よって，本肢は誤り。

| 問4 | 代理 | 解答 ❸ | 合格者正解率 92.4% | 不合格者正解率 77.9% | 受験者正解率 86.7% |

❶　誤　Aの行為は自己契約であり，Aは甲土地を取得しない。

　自己契約は，本人があらかじめ許諾した場合を除き，原則として許されず（民法108条1項），これに違反して行われた行為は，無権代理行為となる。したがって，Aは，原則として，甲土地の所有権を取得しない。よって，本肢は誤り。

❷　誤　Aの行為は双方代理であり，Cは甲土地を取得しない。

　双方代理は，本人があらかじめ許諾した場合を除き，原則として許されず（民法108条1項），これに違反して行われた行為は，無権代理行為となる。したがって，Cは，原則として，甲土地の所有権を取得しない。よって，本肢は誤り。

❸　正　無権代理人が単独で本人を相続した場合には，当該無権代理行為は当然に有効となる（判例）。無権代理人による追認拒絶は信義に反し許されないからである。したがって，無権代理人Aが本人Bを相続した場合，Dは甲土地の所有権を当然に取得する。よって，本肢は正しく，本問の正解肢となる。

❹　誤　本人BがAを相続した場合，Eは当然には取得できない。

　本人が単独で無権代理人を相続しても，本人による追認拒絶は信義に反するものではない（判例）。また，相手方が善意無過失でなければ，本人が無権代理人の責任を負うこともない。したがって，本人Bが無権代理人Aを相続した場合には，Eは，当然には甲土地の所有権を取得することはできない。よって，本肢は誤り。

| 問5 | 弁済 | 解答 ❶ | 合格者正解率 － | 不合格者正解率 － | 受験者正解率 － |

❶　誤　Aの兄にすぎないCは，Aが反対すれば弁済できない。

　弁済をすることについて正当な利益を有する者でない第三者は，債務者の意思に反して弁済することができない（民法474条2項本文）。ここでいう，「正当な利益を有する者」とは，物上保証人，抵当不動産の第三取得者，後順位担保権者等の自ら債務を負わないが，債務者の意思に反してでも弁済しうる「利害関係」を有する第三者をいう。そのため，単に債務者の兄弟というだけでは，利害関係があるとはいえない。したがって，Cは，Aの意思に反して弁済をすることができない。よって，本肢は誤りであり，本問の正解肢となる。

❷　正　弁済をするにつき正当な利益を有する者は，弁済によって当然に債権者に代位する（法定代位，民法499条）。法定代位の場合，債務者への通知又は債務者の承諾は不要である（民法500条かっこ書）。保証人は弁済をすれば保証債務を免れるから，弁済をするにつき正当な利益を有する。したがって，Dは，弁済した場合，当然にBに

代位する。よって，本肢は正しい。

❸ **正** 弁済者が善意無過失で受取証書（領収証）の持参人に弁済した場合，たとえその者が受領権限を有しない者であっても，弁済は有効となる（民法478条）。よって，本肢は正しい。

❹ **正** 弁済者は弁済受領者に対して受取証書の交付を請求することができる。そして，弁済者は，弁済受領者が受取証書を交付しないときは，弁済を拒むことができる（民法486条）。よって，本肢は正しい。

問6	物権変動	解答❶	合格者正解率	不合格者正解率	受験者正解率
			81.6%	44.4%	70.2%

　登記がなければ土地の所有権を主張できない「第三者」とは，当事者及び包括承継人以外の者で，登記がないことを主張する正当な利益を有する者をいう（民法177条，判例）。

❶ **誤** 不法占拠者に対しては，登記なくして明渡請求をすることができる。

　土地の不法占拠者は，無権利者であり，登記がないことを主張する正当な利益を有しないため，「第三者」にあたらない。したがって，Bは不法占有しているCに対し，登記なくして明渡請求をすることができる。よって，本肢は誤りであり，本問の正解肢となる。

❷ **正** 借地上に自己名義の登記ある建物を所有している賃借人は，登記がないことを主張する正当な利益を有するので，「第三者」にあたる。したがって，登記を有しないBは，Dに対して，土地の所有者であることを主張することができない。よって，本肢は正しい。

❸ **正** 所有権が転々移転した場合の前主は，転得者との関係では当事者にあたるため，「第三者」にあたらない。したがって，EはAに対し，登記なくして甲土地の所有権を主張することができる。よって，本肢は正しい。

❹ **正** 時効完成前に所有者Aから所有権を取得し，登記を備えた者Bは，その後の時効取得者Fとの関係では，当事者にあたるため，「第三者」にあたらない。したがって，Fは登記なくして甲土地の所有権を主張することができる。よって，本肢は正しい。

問7	抵当権	解答❶	合格者正解率	不合格者正解率	受験者正解率
			－	－	－

❶ **正** 抵当権設定者が通常の利用方法を逸脱して抵当目的物である建物の損傷行為を行うことは，抵当権侵害となって許されない。このように抵当権が侵害された場合に

は，抵当権者は，妨害排除請求権を行使できる（判例）。よって，本肢は正しく，本問の正解肢となる。

❷ 誤 他に利害関係者がない場合，2年分の利息に限られない。

抵当権者は，利息その他の定期金を請求する権利を有するときは，その満期となった最後の2年分についてのみ，その抵当権を行使することができる（民法375条1項）。ただし，後順位抵当権者等がいない場合には，この2年分に制限されることなく優先弁済を受けることができる（判例）。よって，本肢は誤り。

❸ 誤 Aが損害賠償金を受領すると，Bは物上代位できない。

抵当権者は，抵当不動産が第三者の不法行為により滅失した場合には，その損害賠償金について物上代位することができる（民法372条，304条）。しかし，その場合には，抵当権設定者に賠償金が払い渡される前に差押えをしなければならない。本肢では，Bの差押え前にAが損害賠償金を受領しているので，物上代位をすることはできない。よって，本肢は誤り。

❹ 誤 債務が消滅した以上，Aは抵当権の消滅を主張できる。

抵当権は被担保債権とともに存在するので（付従性），被担保債権が消滅すれば抵当権も消滅する。Aの債務の消滅時効の期間は①債権者が権利を行使することができることを知った時から5年，②権利を行使することができる時から10年である（民法166条1項1号，2号）から，弁済期から10年が経過してAの債務が時効消滅すると，付従性によりBの抵当権も消滅する。抵当権の消滅時効期間が権利を行使することができる時から20年であること（民法166条2項）とは関係がない。よって，本肢は誤り。

問8	共有	解答 ❶	合格者正解率 93.0%	不合格者正解率 71.5%	受験者正解率 81.7%

❶ 誤 共有持分権の売却には他の共有者の同意は不要。

各共有者は，自己の持分を自由に処分することができる（民法206条参照）。したがって，Aは，BとCの同意を得なくても，Aの共有持分権を売却することができる。よって，本肢は誤りであり，本問の正解肢となる。

❷ 正 各共有者は，他の共有者の同意がなければ，共有物に変更を加えることはできない（民法251条）。したがって，Aは，BとCの同意を得なければ，この建物に物理的損傷及び改変などの変更を加えることはできない。よって，本肢は正しい。

❸ 正 共有者の1人がその持分を放棄したときは，その持分は，他の共有者に帰属する（民法255条）。したがって，Aが共有持分を放棄した場合，この建物は，BとCの共有となり，共有持分は各2分の1となる。よって，本肢は正しい。

❹ 正 各共有者は，原則として，いつでも共有物の分割を請求することができる。ただし，5年を超えない期間内であれば，分割しない旨の契約をすることができる（民

法 256 条 1 項)。よって，本肢は正しい。

<table>
<tr><td rowspan="2">問
9</td><td rowspan="2">不法行為</td><td rowspan="2">解答 ❶</td><td>合格者正解率</td><td>不合格者正解率</td><td>受験者正解率</td></tr>
<tr><td>83.8%</td><td>58.9%</td><td>75.2%</td></tr>
</table>

❶ **正** 被用者が負う損害賠償債務と使用者が負う損害賠償債務とは，連帯債務の関係に立つ。そして，連帯債務者の 1 人のために時効が完成したとしても，別段の意思表示のない限り，他の連帯債務者にその効力は生じないことから（民法 441 条），一方の債務が時効によって消滅したとしても，そのことによって，もう一方の債務が消滅することはない。よって，本肢は正しく，本問の正解肢となる。

❷ **誤** 即死の場合でも，Ｃの相続人は慰謝料請求権を相続する。

被害者が即死した場合でも，被害者に精神的損害についての損害賠償請求権が発生し，相続人がこれを承継する（民法 710 条，896 条本文，判例）。したがって，Ｃが即死した場合,Ｃに慰謝料請求権が発生し,Ｃの相続人がこれを承継する。よって,本肢は誤り。

❸ **誤** Ａは信義則上相当な額をＢに求償できる。

被害者に対して損害の賠償をした使用者が，被用者に対して求償権を行使することは妨げられない（民法 715 条 3 項）。そして，損害の公平な分担という見地から信義則上相当と認められる限度において，被用者に対して求償できる（判例）。したがって，Ａは常に全額をＢに求償できるわけではない。よって，本肢は誤り。

❹ **誤** 被害者側の過失も過失相殺において考慮される。

不法行為によって生じた損害の公平な分担を図るため，被害者と身分上ないし生活関係上一体をなすと認められる関係にある者（＝被害者側）の過失を考慮することができる（判例，民法 722 条 2 項）。したがって，ＡはＣに対して過失相殺が考慮された額を賠償する必要がある。よって，本肢は誤り。

<table>
<tr><td rowspan="2">問
10</td><td rowspan="2">請負</td><td rowspan="2">解答 ❸</td><td>合格者正解率</td><td>不合格者正解率</td><td>受験者正解率</td></tr>
<tr><td>39.9%</td><td>39.1%</td><td>39.6%</td></tr>
</table>

❶ **正** 請負において，仕事が完成に至らないまま契約関係が終了した場合に，請負人が施工済みの部分に相当する報酬に限ってその支払を請求することができるときには，注文者は，右契約関係の終了が請負人の責めに帰すべき事由によるものであり，請負人において債務不履行責任を負う場合であっても，注文者が残工事の施工に要した費用については，請負代金中未施工部分の報酬に相当する金額を超えるときに限り，その超過額の賠償を請求することができる（判例）。よって，本肢は正しい。

❷ **正** 請負契約において，仕事が完成しない間に，注文者の責めに帰すべき事由に

よりその完成が不能となった場合，請負人は，自己の残債務を免れ，注文者に請負代金全額を請求することができるが，自己の債務を免れたことによる利益は注文者に償還すべき義務を負う（判例）。よって，本肢は正しい。

❸ 誤 報酬を支払う必要はない。

　請負契約の目的物に種類又は品質に関する契約不適合がある場合，注文者は，信義則に反すると認められる場合を除き，請負人から修補に代わる損害の賠償を受けるまでは，報酬全額の支払を拒むことができる（判例）。よって，本肢は誤りであり，本問の正解肢となる。

❹ 正 請負人は，契約不適合を理由とする責任を負わない旨の特約をしたときであっても，知りながら告げなかった事実については，その責任を免れることができない（民法 559，572 条）。よって，本肢は正しい。

問 11	借地借家法（借地）	解答 ❷	合格者正解率 **93.5**%	不合格者正解率 **73.6**%	受験者正解率 **86.0**%

❶ 誤 借地上の建物の譲渡の場合，賃貸人の承諾が必要。

　賃借人は，賃貸人の承諾を得なければ，その賃借権を譲り渡し，又は賃借物を転貸することができない（民法 612 条 1 項）。そして，借地上の建物を第三者に譲渡した場合は，特別の事情がない限り，借地権も譲渡されたことになる（判例）。したがって，C は，B の承諾がなければ，B に甲地の借地権の取得を主張することができない。よって，本肢は誤り。

❷ 正 借地権者が賃借権の目的である土地の上の建物を第三者に譲渡しようとする場合において，借地権設定者に不利となるおそれがないにもかかわらず，借地権設定者がその賃借権の譲渡を承諾しないときは，借地権者は，借地権設定者の承諾に代わる許可を与えるように，裁判所に申し立てることができる（借地借家法 19 条 1 項）。よって，本肢は正しく，本問の正解肢となる。

❸ 誤 借地権の譲渡の場合，建物の賃借人の承諾は不要。

　賃借人は，賃貸人の承諾を得なければ，その賃借権を譲り渡し，又は賃借物を転貸することができない（民法 612 条 1 項）。したがって，A が借地権を譲渡するためには，あらかじめ B の承諾を得る必要があるのであって，D の承諾は必要でない。よって，本肢は誤り。

❹ 誤 事業用定期借地権の譲渡の場合でも，賃貸人の承諾が必要。

　賃借人は，賃貸人の承諾を得なければ，その賃借権を譲り渡し，又は賃借物を転貸することができない（民法 612 条 1 項）。このことは，事業用定期借地権であっても同様である。よって，本肢は誤り。

❶ **正** 期間の定めがある建物賃貸借において，当事者が期間の満了の1年前から6カ月前までの間に相手方に対して更新をしない旨の通知又は条件を変更しなければ更新をしない旨の通知をしなかったときは，従前の契約と同一の条件で契約を更新したものとみなされるが，その期間は定めがないものとされる（借地借家法26条1項）。よって，本肢は正しい。

❷ **誤** 立退料は正当事由の考慮要素の一つに過ぎない。

期間定めがある建物賃貸借の更新拒絶は，正当事由がなければ認められない（借地借家法28条）。このとき，賃貸人が建物の明渡しの条件として，一定額以上の財産上の給付を申し出たとしても，当該申し出は，正当事由があるか否かの考慮要素の一つに過ぎず，当該申し出があれば，正当事由があるとみなされるわけではない。よって，本肢は誤りであり，本問の正解肢となる。

❸ **正** 借地借家法が適用される建物賃貸借においては，賃借人に造作買取請求権が認められる。そして，適法に転貸借がなされている場合，転借人にも造作買取請求権が認められる（借地借家法33条2項，1項）よって，本肢は正しい。

❹ **正** 定期建物賃貸借であっても，その期間が1年以上である場合には，建物の賃貸人は，期間の満了の1年前から6カ月前までの間に建物の賃借人に対し期間の満了により建物の賃貸借が終了する旨の通知をしなければ，その終了を建物の賃借人に対抗することができない（借地借家法38条4項本文）。よって，本肢は正しい。

❶ **正** 規約は，原則として，管理者が保管しなければならない（区分所有法33条1項本文）。そして，規約を保管する者は，利害関係人の請求があったときは，正当な理由がある場合を除いて，規約の閲覧を拒んではならない（区分所有法33条2項）。よって，本肢は正しい。

❷ **正** 共用部分の各共有者の持分は，規約で別段の定めをする場合を除いて，その有する専有部分の床面積の割合による（区分所有法14条1項，4項）。そして，この場合の床面積は，壁その他の区画の内側線で囲まれた部分の水平投影面積による（区分所有法14条3項）。よって，本肢は正しい。

❸ **誤** 一部共用部分に関する事項も区分所有者全員の規約で定めることができる。

一部共用部分に関する事項で区分所有者全員の利害に関係しないものは，区分所有者全員の規約に定めがある場合を除いて，これを共用すべき区分所有者の規約で定めるこ

とができる（区分所有法30条2項）。したがって，一部共用部分に関する事項で区分所有者全員の利害に関係しないものであっても，区分所有者全員の規約で定めることができる。よって，本肢は誤りであり，本問の正解肢となる。

❹ **正** 区分所有法又は規約により集会において決議すべきものとされた事項については，区分所有者全員の書面による合意があったときは，書面による決議があったものとみなす（区分所有法45条2項）。よって，本肢は正しい。

問14	不動産登記法	解答 ❷	合格者正解率	不合格者正解率	受験者正解率
			73.2	**—**	**62.6%**

❶ **正** 所有権の登記がされていない建物について，確定判決により自己の所有権を確認された者は，直接自己名義に所有権保存登記を申請することができる（不登法74条1項2号）。よって，本肢は正しい。

❷ **誤** 自己の持分についてのみの所有権保存登記はできない。

共同相続人の1人は，自己の持分についてのみ所有権保存登記を申請することはできない（登記先例）。よって，本肢は誤りであり，本問の正解肢となる。なお，共同相続人の1人は，相続人全員のための保存行為として，共同相続人全員名義の所有権保存登記を申請することができる（民法252条但書）。

❸ **正** 土地収用法による収用によって土地の所有権を取得した者は，直接自己名義に所有権保存登記を申請することができる（不登法74条1項3号）。よって，本肢は正しい。

❹ **正** 1棟の建物を区分した建物について，登記簿の表題部所有者から所有権を取得した者は，直接自己名義に所有権保存登記を申請することができる（不登法74条2項）。よって，本肢は正しい。

問15	国土利用計画法	解答 ❸	合格者正解率	不合格者正解率	受験者正解率
			90.6%	**73.6%**	**84.6%**

❶ **誤** 3週間以内ではなく2週間以内。

市街化区域内において2,000㎡以上の一団の土地に関する権利を対価を得て移転又は設定する契約（予約を含む。）を締結した場合には，権利取得者は，その契約を締結した日から起算して2週間以内に，都道府県知事に届け出なければならない（国土法23条1項，2項1号イ）。よって，本肢は誤り。

❷ **誤** 監視区域内では，事後届出ではなく事前届出が必要。

監視区域に所在する一団の土地について，都道府県の規則で定める面積以上の土地売買等の契約を締結しようとする場合には，当事者は，原則として事前届出をする必要が

あるが，この規則で定められる面積は，最も広い都市計画区域外でも，10,000㎡に満た
ない範囲内に限られる（国土法27条の7第1項, 27条の4, 23条2項1号）。したがっ
て，本肢では，監視区域内の面積10,000㎡の土地の売買契約であるので，事前届出が
必要である。また，事前届出が必要な場合には，事後届出は不要である（国土法23条
2項2号）。よって，本肢は誤り。なお，事前届出は，契約当事者双方が届出をしなけ
ればならない（国土法27条の7第1項前段, 27条の4第1項）。

❸ **正** 都市計画区域外において，10,000㎡以上の一団の土地に関する権利を対価を
得て移転又は設定する契約を締結した場合には，権利取得者は，事後届出を行わなけれ
ばならない（国土法23条1項，2項1号ハ）。したがって，甲土地と乙土地は一団の
土地であるから，11,000㎡の一団の土地を購入したことになり，事後届出を行う必要が
ある。よって，本肢は正しく，本問の正解肢となる。

❹ **誤** 契約締結から2週間以内。

市街化区域内において，2,000㎡以上の一団の土地に関する権利を対価を得て移転又
は設定する契約を締結した場合には，権利取得者は，その契約を締結した日から起算し
て2週間以内に，都道府県知事に届け出なければならない（国土法23条1項，2項1
号イ）。したがって，それぞれの契約ごとに土地を購入する契約を締結した日から2週
間以内に届出をすることになる。甲土地についての事後届出と乙土地についての事後届
出はそれぞれ契約締結後2週間以内に行わなければならない。よって，本肢は誤り。

問16	都市計画法：都市計画の内容	解答❹	合格者正解率 87.1%	不合格者正解率 58.2%	受験者正解率 76.4%

❶ **誤** 用途地域が定められている土地の区域のみではない。

地区計画は，用途地域が定められていない土地の区域でも，一定の土地の区域には定
められる（都計法12条の5第1項2号参照）。用途地域が定められている土地の区域
内にのみ定められるわけではない。よって，本肢は誤り。

❷ **誤** 施行者の許可は不要である。

都市計画事業の認可の告示があった後において，当該事業地内で，当該事業の施行の
障害となるおそれがある土地の形質の変更を行おうとする者は，都道府県知事等の許可
が必要である（都計法65条1項）。しかし，事業の施行者の許可は不要である。よって，
本肢は誤り。

❸ **誤** 都市計画事業については土地収用法の事業の認定は行わない。

都市計画事業については，土地収用法の規定による事業の認定は行わず，都市計画法
の規定による事業の認可又は承認をもってこれに代えるものとする。また，都市計画法
の規定による認可又は承認の告示をもって，土地収用法の規定による事業の認定の告示
とみなされる（都計法70条1項）。本肢の記述は逆である。よって，本肢は誤り。

❹ **正** 特別用途地区は，用途地域内の一定の地区における当該地区の特性にふさわしい土地利用の増進，環境の保護等の特別の目的の実現を図るため，当該用途地域の指定を補完して定める地区である（都計法9条13項）。よって，本肢は正しく，本問の正解肢となる。

問17	都市計画法：開発行為の規制	解答 ❸	合格者正解率	不合格者正解率	受験者正解率
			96.3%	81.9%	88.0%

❶ **誤** 予定建築物について用途以外は記載する必要はない。

開発許可申請書には，予定建築物等（開発区域内において予定される建築物・特定工作物）の用途，設計，工事施行者等を記載するものとされている（都計法30条1項）。しかし，予定建築物の構造，設備及び予定建築価額の記載は不要である。よって，本肢は誤り。

❷ **誤** 自己が所有している必要はない。

開発許可を受けるためには，開発区域内の土地等の権利者の相当数の同意を得ていることが必要であるとされている（都計法33条1項14号）。したがって，開発許可を申請しようとする者は，所有者等の同意を得ていれば足りるのであり，土地が自己所有でなくてもよい。よって，本肢は誤り。

❸ **正** 開発許可を受けた開発区域内の土地においては，開発工事完了の公告があるまでの間は，原則として，建築物を建築し，又は特定工作物を建設してはならない（都計法37条本文）。よって，本肢は正しく，本問の正解肢となる。

❹ **誤** 開発審査会の裁決を経る必要はない。

開発許可処分の取消しの訴えは，その処分についての審査請求に対する開発審査会の裁決を経ることなく，提起することができるようになった（都計法52条削除）。よって，本肢は誤り。

問18	建築基準法総合	解答 ❸	合格者正解率	不合格者正解率	受験者正解率
			91.7%	69.0%	81.8%

❶ **誤** 非常用の進入口は3階以上の階に必要となる。

建築物の高さ31m以下の部分にある3階以上の階には，原則として非常用の進入口を設けなければならない（建基法施行令126条の6）。非常用の進入口は，高さ31m以下の部分にある全ての階に設けるのではない。よって，本肢は誤り。

❷ **誤** 建築確認が必要なので完了検査も必要となる。

防火地域又は準防火地域において建築物を増築し，改築し又は移転しようとする場合，その増築，改築又は移転に係る部分の床面積にかかわらず，建築確認が必要となる（建

基法6条1項，2項)。したがって，これらの工事が完了した際に，建築主事又は指定確認検査機関の完了検査を受ける必要がある（建基法7条1項，4項，7条の2第1項，4項)。よって，本肢は誤り。

❸ **正** 屋上広場又は2階以上の階にあるバルコニーその他これに類するものの周囲には，安全上必要な高さが1.1m以上の手すり壁，さく又は金網を設けなければならない（建基法施行令126条1項)。よって，本肢は正しく，本問の正解肢となる。

❹ **誤** 速やかに改正後の規定に適合させる必要はない。

建築基準法の改正により，現に存する建築物が建築基準法の規定に適合しなくなった場合，当該建築物に対しては，改正された建築基準法の規定は，適用しない（既存不適格建築物，建基法3条2項)。したがって，当該建築物を改正後の建築基準法の規定に適合させなければならないわけではない。よって，本肢は誤り。

問19	建築基準法総合	解答 ❹	合格者正解率	不合格者正解率	受験者正解率
			92.7%	63.2%	80.4%

❶ **誤** 建築することができる。

第二種低層住居専用地域内においては，美容院の用途に供する部分の床面積の合計が100㎡の2階建ての美容院は建築することができる（建基法48条2項，別表第二（ろ）2号，施行令130条の5の2第2号)。よって，本肢は誤り。

❷ **誤** 2mではない。

第二種低層住居専用地域内においては，建築物の外壁又はこれに代わる柱の面から敷地境界線までの距離（外壁の後退距離）の限度を都市計画において定める場合の限度は，1.5m又は1mとされている（建基法54条1項，2項)。2m又は1.5mではない。よって，本肢は誤り。

❸ **誤** 建築することができる。

第二種低層住居専用地域内においては，建築物の高さは，10m又は12mのうち，都市計画で定められた建築物の高さの限度を超えてはならない（建基法55条1項)。したがって，高さが9mであれば建築することができる。よって，本肢は誤り。

❹ **正** 第二種低層住居専用地域内においては，隣地斜線制限の適用はない（建基法56条1項2号)。よって，本肢は正しく，本問の正解肢となる。

問20	宅地造成等規制法	解答 ❷	合格者正解率	不合格者正解率	受験者正解率
			82.7%	47.1%	70.5%

❶ **正** 都道府県知事は，宅地造成工事規制区域内の宅地について，宅地造成に伴う災害の防止のため必要があると認める場合においては，その宅地の所有者，管理者，占

有者，造成主又は工事施行者に対し，擁壁等の設置又は改造その他を宅地造成に伴う災害防止のため必要な措置をとることを勧告することができる（宅造法16条2項）。よって，本肢は正しい。

❷ 誤 規制区域指定前からの宅地造成工事は宅造法の許可不要。

　宅地造成工事規制区域の指定の際，当該宅地造成工事規制区域内において行われている宅地造成に関する工事の造成主は，その指定があった日から21日以内に，国土交通省令で定めるところにより，当該工事について都道府県知事に届け出なければならない（宅造法15条1項）。この場合に，改めて許可を受ける必要はない。よって，本肢は誤りであり，本問の正解肢となる。

❸ 正 軽微な変更をしようとするときは，都道府県知事の許可を受ける必要はない（宅造法12条1項但書）。宅地造成に関する工事の許可を受けた者は，軽微な変更をしたときは，遅滞なく，その旨を都道府県知事に届け出なければならない（宅造法12条2項）。工事施行者を変更することは，軽微な変更にあたる（宅造法12条1項但書，規則26条1号）。よって，本肢は正しい。

❹ 正 宅地造成とは，宅地以外の土地を宅地にするため又は宅地において行う土地の形質の変更で政令で定めるもの（宅地を宅地以外の土地にするために行うものを除く。）をいう（宅造法2条2号）。政令で定めるものとは，切土については，切土部分に高さが2mを超えるがけを生ずることとなるものが該当する（施行令3条1号）。さらに，切土であって切土部分に高さが2m以下のがけを生ずることとなるときであっても，その土地の面積が500㎡を超えるものが該当する（施行令3条4号）。本肢の場合は，いずれにも該当しないので，都道府県知事の許可は必要ない。よって，本肢は正しい。

問21	土地区画整理法	解答❹	合格者正解率 85.7%	不合格者正解率 66.0%	受験者正解率 79.8%

❶ 誤 補償が必要である旨の規定はない。

　宅地の所有者の申出又は同意があった場合においては，換地計画において，その宅地の全部又は一部について換地を定めないことができる。この場合において，施行者は，換地を定めない宅地又はその部分について地上権，永小作権，賃借権等の権利を有する者があるときは，換地を定めないことについてこれらの者の同意を得なければならない（区画法90条）。補償をしなければならない旨の規定はない。よって，本肢は誤り。

❷ 誤 都道府県知事の認可が必要である。

　施行者は，施行地区内の宅地について換地処分を行うため，換地計画を定めなければならない。この場合において，施行者が土地区画整理組合であるときは，その換地計画について都道府県知事の認可を受けなければならない（区画法86条1項）。市町村長の認可ではない。よって，本肢は誤り。

❸ 誤 施行者が遅滞なく登記申請をしなければならない。

　施行者は，換地処分があった旨の公告があった場合，施行地区内の土地及び建物について土地区画整理事業の施行に因り変動があったときは，遅滞なく，その変動に係る登記を申請し，又は嘱託しなければならない（区画法107条2項）。よって，本肢は誤り。

❹ 正 土地区画整理事業の施行により公共施設が設置された場合においては，その公共施設は，換地処分があった旨の公告があった日の翌日において，その公共施設の所在する市町村の管理に属するものとする。ただし，管理すべき者について，他の法律又は規準，規約，定款もしくは施行規程に別段の定めがある場合においては，この限りでない（区画法106条1項）。よって，「原則として市町村の管理に属する」とする本肢は正しく，本問の正解肢となる。

問22	農地法	解答 ❹	合格者正解率 93.8%	不合格者正解率 70.6%	受験者正解率 83.5%

❶ 誤 市街化区域内であっても，農地法3条の許可が必要。

　農地法3条の許可について，市街化区域内の特則はない（農地法3条参照）。したがって，市街化区域内の農地を耕作のために借り入れる場合，農地法3条の許可が必要となる。よって，本肢は誤り。

❷ 誤 農地の面積にかかわらず，都道府県知事等の許可が必要。

　市街化調整区域内の農地を転用するために所有権を取得する場合，農地の面積が4ヘクタールを超えるか否かにかかわらず，都道府県知事等の許可が必要となる（農地法5条1項）。農林水産大臣の許可ではない。よって，本肢は誤り。

❸ 誤 抵当権を設定する場合は農地法3条・5条の許可は不要である。

　抵当権は，使用及び収益を目的とする権利ではないので，農地に抵当権を設定する場合，農地法3条又は5条の許可を受ける必要はない。よって，本肢は誤り。

❹ 正 農地又は採草放牧地について相続・遺産分割により使用・収益を目的とする権利を取得した者は，遅滞なく，その農地又は採草放牧地の存する市町村の農業委員会にその旨を届け出なければならない（農地法3条の3）。よって，本肢は正しく，本問の正解肢となる。

問23	所得税	解答 ❹	合格者正解率 87.4%	不合格者正解率 57.4%	受験者正解率 74.9%

❶ 誤 5,000万円以下ではなく，1億円以下。

　特定の居住用財産の買換えの場合の長期譲渡所得の課税の特例（特定の買換特例）の

適用について，譲渡資産の譲渡に係る対価の額が１億円以下であることという適用要件が設けられている（租特法 36 条の２第１項）。よって，本肢は誤り。

❷ 誤 「譲渡をした日から」ではなく，また「譲渡をした日の属する年」ではない。

買換資産とされる家屋については，譲渡資産を譲渡した日の属する年の前年１月１日から当該譲渡の日の属する年の翌年の 12 月 31 日までの間に取得することが適用要件とされている（租特法 36 条の２第１項本文）。よって，本肢は誤り。

❸ 誤 所有期間は５年超ではなく，10 年超である。

譲渡資産とされる家屋については，その譲渡をした日の属する年の１月１日における所有期間が 10 年を超えるものであることが適用要件とされている（租特法 36 条の２第１項本文）。よって，本肢は誤り。

❹ 正 買換資産とされる家屋については，その床面積のうち，自己が居住の用に供する部分の床面積が 50 ㎡以上のものであることが適用要件とされている（租特法 36 条の２第１項，施行令 24 条の２第３項１号イ）。よって，本肢は正しく，本問の正解肢となる。

問 24	固定資産税	解答 ❸	合格者正解率 68.5%	不合格者正解率 54.1%	受験者正解率 60.9%

❶ 誤 日数に応じて納付するのではない。

固定資産税の納税義務者は，原則として，賦課期日（１月１日）現在の固定資産の所有者である（地方税法 343 条１項，２項，359 条）。したがって，年度の途中に土地の売買があった場合でも，納税義務者は変わらず，売主と買主がその所有していた日数に応じて納付するわけではない。よって，本肢は誤り。

❷ 誤 必ずではない。

固定資産税における土地の価格は，原則として基準年度の価格が３年間据え置かれるが，地目の変換や市町村の廃置分合があったなど一定の場合には，当該土地に類似する土地の基準年度の価格に比準する価格で土地課税台帳等に登録されたものとする（地方税法 349 条）。したがって，地目の変換がない限り，必ず基準年度の価格を３年間据え置くわけではない。よって，本肢は誤り。

❸ 正 市町村長は，固定資産税の納税義務者からの請求があったときは，固定資産課税台帳に記載されている当該納税義務者の固定資産に係る事項の証明書を交付しなければならない（地方税法 382 条の３，施行令 52 条の 15）。よって，本肢は正しく，本問の正解肢となる。

❹ 誤 申告納付ではなく，普通徴収である。

固定資産税の徴収については，普通徴収の方法によらなければならない（地方税法 364 条１項）。よって，本肢は誤り。

❶ **正** 都市及びその周辺の地域等において，土地の取引を行う者は，取引の対象土地に類似する利用価値を有すると認められる標準地について公示された価格を指標として取引を行うよう努めなければならない（地価公示法１条の２）。よって，本肢は正しい。

❷ **正** 地価公示は，土地鑑定委員会が，毎年１回，２人以上の不動産鑑定士の鑑定評価を求め，その結果を審査し，必要な調整を行って，標準地の正常な価格を判定し，これを公示するものである（地価公示法２条１項）。よって，本肢は正しい。

❸ **誤** 地上権が存するものとしてではない。

標準地の正常な価格とは，土地について，自由な取引が行われるとした場合におけるその取引において通常成立すると認められる価格をいい，当該土地に地上権がある場合には，地上権が存しないものとして通常成立すると認められる価格をいう（地価公示法２条２項）。よって，「地上権が存するものとして」とする本肢は誤りであり，本問の正解肢となる。

❹ **正** 標準地の鑑定評価は，近傍類地の取引価格から算定される推定の価格，近傍類地の地代等から算定される推定の価格及び同等の効用を有する土地の造成に要する推定の費用の額を勘案して行われる（地価公示法４条）。よって，本肢は正しい。

❶ **誤** 都道府県知事の免許を受けなければならない。

宅建業を営もうとする者は，２以上の都道府県の区域内に事務所を設置してその事業を営もうとする場合には国土交通大臣の，１の都道府県の区域内にのみ事務所を設置してその事業を営もうとする場合には当該事務所の所在地を管轄する都道府県知事の免許を受けなければならない（業法３条１項）。本肢では，同一県内に２以上の事務所を設置するのであるから，都道府県知事の免許を受けなければならない。よって，本肢は誤り。

❷ **誤** 自ら「転貸」も取引にあたらないので免許不要。

Aはマンションを不特定多数の者に反復継続して転貸しているが，自ら転貸を行うことは，自ら貸借を行うことになるから，取引にあたらない（業法２条２号）。したがって，Aは宅建業の免許を受ける必要はない（業法３条１項）。よって，本肢は誤り。

❸ **正** C社は，不特定多数の者と反復継続してマンションの賃貸借契約の代理を行うので，宅建業を行うことになる（業法２条２号）。そして，C社は，乙県内にのみ事務所を設置しているので，乙県知事の宅建業の免許を受けなければならない（業法３条１項）。よって，本肢は正しく，本問の正解肢となる。

❹ **誤** 免許の有効期間は，5年である。

　宅建業を営もうとする者が，国土交通大臣又は都道府県知事から免許を受けた場合，免許の有効期間は，いずれも5年である（業法3条2項）。よって，本肢は誤り。

<table>
<tr><td>問
27</td><td>免許総合</td><td>解答 ❸</td><td>合格者正解率
97.7%</td><td>不合格者正解率
85.7%</td><td>受験者正解率
92.4%</td></tr>
</table>

❶ **誤** 処分がなされるまでの間は効力を失わない。

　免許の更新申請があった場合において，免許の有効期間の満了の日までにその申請についての処分がなされないときは，従前の免許は，有効期間の満了後もその処分がなされるまでの間は，なお効力を有する（業法3条4項）。よって，本肢は誤り。

❷ **誤** 免許換えは不要である。

　宅建業者は，事務所の廃止，移転，新設により現在受けている免許が不適当となる場合には，免許換えを申請しなければならない（業法7条1項，2項，3条1項，4条1項）。本肢の場合，事務所の廃止，移転，新設が行われていないことから免許換えは不要である。よって，本肢は誤り。

❸ **正** 禁錮以上の刑に処せられ，その刑の執行を終わり，又は執行を受けることがなくなった日から5年を経過しない者は免許を受けることはできない（業法5条1項5号）。よって，本肢は正しく，本問の正解肢となる。

❹ **誤** 非常勤の役員についても変更の届出が必要である。

　宅建業者は，その役員の氏名に変更を生じた場合，30日以内に，その旨を免許権者に届け出なければならない（変更の届出，業法9条，8条2項3号）。ここにいう「役員」には非常勤の者も含まれる。したがって，F社は，Dのみならず，Eについても届け出る必要がある。よって，本肢は誤り。

<table>
<tr><td>問
28</td><td>その他の業務上の規制</td><td>解答 ❶</td><td>合格者正解率
69.2%</td><td>不合格者正解率
49.7%</td><td>受験者正解率
62.6%</td></tr>
</table>

ア **違反する** 「眺望を遮るような建物を建てることは絶対にない」は断定的判断である。

　宅建業者は，宅建業に係る契約の締結の勧誘をするに際し，宅建業者の相手方などに対し，当該契約の目的物である宅地又は建物の将来の環境又は交通その他の利便について誤解させるべき断定的判断を提供してはならない（業法47条の2第3項，規則16条の12第1号イ）。「市が眺望を遮るような建物を建てることは絶対にありません」という発言は断定的判断に該当するため，宅建業者はこの発言をしてはならない。よって，本肢は宅建業法の規定に違反する。

イ　違反する　「5年後値上がりするのは間違いありません」は断定的判断である。

　宅建業者は，宅建業に係る契約の締結の勧誘をするに際し，相手方に対して，利益を生ずることが確実であると誤解させるべき断定的判断を提供してはならない（業法47条の2第1項）。したがって，宅建業者は「5年後値上がりするのは間違いありません」という断定的判断にあたる発言をしてはならない。よって，本肢は宅建業法の規定に違反する。

ウ　違反しない　宅建業者は，手付について貸付その他信用の供与をすることにより契約の締結を誘引してはならない（業法47条3号）。信用の供与とは，具体的には，「貸付」，「分割払い」，「後払い」などをいうが，銀行との金銭の貸借のあっせんをすることは信用の供与にはあたらない。よって，本肢は宅建業法の規定に違反しない。

エ　違反する　預り金を返還することを拒んではならない。

　宅建業者は，宅建業者の相手方等が契約の申込みの撤回を行うに際し，既に受領した預り金を返還することを拒んではならない（業法47条の2第3項，規則16条の12第2号）。したがって，契約が撤回されたときは，宅建業者は既に受領していた申込証拠金を返還しなければならない。よって，本肢は宅建業法の規定に違反する。

　以上より，宅建業法の規定に違反しないものはウのみであり，❶が本問の正解肢となる。

問29	免許の効力	解答 ❹	合格者正解率 84.5%	不合格者正解率 61.2%	受験者正解率 75.4%

❶　誤　宅建業者は全国で宅建業を営むことができる。

　都道府県知事免許を受けた宅建業者は，他の都道府県で宅建業を営むことができる。したがって，乙県の物件を取引するために免許換えを申請する必要はない。よって，本肢は誤り。なお，他の都道府県にも事務所を設置する場合には免許換えをする必要がある。

❷　誤　乙県知事が甲県知事に通知する。

　都道府県知事が，他の都道府県知事もしくは国土交通大臣の免許を受けた宅建業者に指示処分をしたときは，遅滞なく，その旨を当該宅建業者の免許権者に通知しなければならない（業法70条3項，65条3項）。免許権者への通知義務を負うのは都道府県知事であって，宅建業者ではない。よって，本肢は誤り。

❸　誤　政令で定める使用人が免許欠格事由に該当する場合，法人も免許不可。

　本肢の政令で定める使用人は，覚せい剤取締法違反により懲役刑に処せられ刑の執行を終わり5年を経過していないから，当該法人は免許を受けることはできない（業法5条1項5号，12号）。よって，本肢は誤り。

❹ 正 宅地建物取引業に関し不正又は不誠実な行為をするおそれが明らかなものは，免許を受けることができない（業法5条1項9号）。よって，本肢は正しく，本問の正解肢となる。

問30	宅地建物取引士の登録	解答 ❹	合格者正解率	不合格者正解率	受験者正解率
			95.7%	77.0%	88.4%

❶ 誤 登録の移転を申請する義務はない。

　宅地建物取引士が登録先以外の都道府県に所在する宅建業者の事務所で業務に従事し，又は従事しようとする場合，登録の移転を申請することができる（業法19条の2）。登録の移転の申請は義務ではないから，申請しなくてもよい。よって，本肢は誤り。

❷ 誤 勤務先の宅建業者を変更すると，変更の登録必要。

　宅地建物取引士は，登録を受けている事項に変更があったときは，遅滞なく変更の登録を申請しなければならない（業法20条，18条2項）。そして，勤務先の宅建業者の商号又は名称に変更があった場合には，変更の登録を申請する必要がある（規則14条の2第1項5号）。よって，本肢は誤り。

❸ 誤 登録が消除された日から5年経過しなければ登録不可。

　不正の手段により登録を受けたとして，登録の消除の処分の聴聞の期日及び場所が公示された後に，処分をするかしないかを決定するまでの間に，自らの申請により登録を消除された者（相当の理由のある者を除く）で，その登録が消除された日から5年を経過しない者は，登録を受けることができない（業法18条1項10号）。よって，本肢は誤り。

❹ 正 宅地建物取引士証の有効期間満了後，新たな宅地建物取引士証の交付を受けるまでは，宅地建物取引士証の交付を受けていない以上，宅地建物取引士ではない（業法2条4号）。そして，宅地建物取引士でない者に重要事項の説明を行わせた宅建業者は業務停止処分を受けることがある（業法65条2項2号，4項2号，35条1項）。よって，本肢は正しく，本問の正解肢となる。

問31	営業保証金	解答 ❸	合格者正解率	不合格者正解率	受験者正解率
			97.6%	81.4%	90.9%

❶ 正 営業保証金から還付を受けるためには，宅建業者に対し，宅建業に関する「取引」により生じた債権を有していることが必要である（業法27条1項）。広告代理店の広告委託契約に基づく債権（広告代金債権）は宅建業に関する「取引」により生じた債権とはいえず，その債権に関し，営業保証金から弁済を受けることはできない。よって，本肢は正しい。

❷ 正 宅建業者が営業保証金の取戻しをしようとするときは，原則として，還付請求権を有する者に対して6カ月を下らない一定期間内に申し出るべき旨を公告しなければならない（業法30条2項）。そして，公告をしたときは，遅滞なく，その旨を免許権者に届け出なければならない（営業保証金規則7条3項）。したがって，本肢のAは，遅滞なく，公告した旨を甲県知事に届け出なければならない。よって，本肢は正しい。

❸ 誤 出張所は営業保証金の供託不要。

　宅建業者は，事業の開始後新たに事務所を設置したときは，主たる事務所のもよりの供託所に，新たに営業保証金を供託しなければならない（業法26条，25条1項）。しかし，本肢は「分譲するための現地出張所」であるので事務所には該当せず，追加供託の必要はない。よって，本肢は誤りであり，本問の正解肢となる。

❹ 正 宅建業に関する取引をした者は，その取引により生じた債権に関し，宅建業者が供託した営業保証金の範囲内で，営業保証金からその債権の弁済を受ける権利を有する（業法27条1項）。したがって，Aと取引を行った者は，1,500万円を限度として，Aの供託した営業保証金の還付を請求することができる。よって，本肢は正しい。

問32	弁済業務保証金	解答❸	合格者正解率 94.9%	不合格者正解率 68.1%	受験者正解率 84.8%

❶ 誤 加入前に取引をした者も弁済を受けることができる。

　弁済業務保証金から弁済を受けるためには，その者（宅建業者を除く）が保証協会の社員である宅建業者と宅建業に係る取引をし，取引により生じた債権を有していることが必要である（業法64条の8）。ここでいう取引には，宅建業者が保証協会の社員となる前の取引も含まれる（業法64条の8第1項かっこ書）。よって，本肢は誤り。

❷ 誤 分担金30万円を保証協会に納付しなければならない。

　保証協会の社員である宅建業者が新たに事務所を設置した場合，設置してから2週間以内に，1カ所につき30万円の弁済業務保証金分担金を保証協会に納付しなければならない（業法64条の9第2項）。営業保証金を供託所に供託するのではない。よって，本肢は誤り。

❸ 正 保証協会の社員が一部の事務所を廃止したときは，保証協会は，認証を受けるべき旨の公告をすることなく，当該社員に弁済業務保証金分担金の返還をすることができる（業法64条の11第4項参照）。よって，本肢は正しく，本問の正解肢となる。

❹ 誤 催告をしなければならないとの規定はない。

　保証協会の社員は，還付充当金を納付すべき旨の通知を受けた日から2週間以内に，通知された額の還付充当金を保証協会に納付しなければ，保証協会の社員の地位を失う（業法64条の10第2項，3項）。この場合，催告等を受けなくても当然に社員の地位を失う。よって，本肢は誤り。

問33	媒介・代理契約	解答 ❸	合格者正解率	不合格者正解率	受験者正解率
			93.8%	80.2%	87.1%

❶ **誤**　一般媒介契約に指定流通機構への登録義務はない。

　専任媒介契約を締結したときは，契約の相手方を探索するため指定流通機構に登録しなければならない（業法34条の2第5項）。しかし，一般媒介契約にこのような義務は規定されていない。よって，本肢は誤り。

❷ **誤**　指定流通機構に登録しない旨の特約は無効。

　❶で述べたように，専任媒介契約を締結したときは，契約の相手方を探索するため指定流通機構に登録しなければならない（業法34条の2第5項）。そして，これに反する特約は，依頼者からの申出があっても，無効とされる（業法34条の2第10項）。よって，本肢は誤り。

❸ **正**　指定流通機構に登録をした宅建業者は，その登録を証する書面を遅滞なく依頼者に引き渡さなければならない（業法34条の2第6項）。よって，本肢は正しく，本問の正解肢となる。

❹ **誤**　成立したときは通知しなければならない。

　指定流通機構に登録している宅建業者は，登録に係る宅地又は建物の売買又は交換の契約が成立したときは，遅滞なくその旨を当該登録に係る指定流通機構に通知しなければならない（業法34条の2第7項）。よって，本肢は誤り。

問34	広告等に関する規制	解答 ❹	合格者正解率	不合格者正解率	受験者正解率
			92.8%	72.6%	83.8%

ア　正　宅建業者は，その業務に関して広告をするときは，当該広告に係る宅地又は建物の現在もしくは将来の環境について著しく事実に相違する表示をしてはならない（業法32条）。よって，本肢は正しい。

イ　正　宅建業者は，その業務に関して広告をするときは，当該広告に係る宅地又は建物の現在もしくは将来の利用の制限について著しく事実に相違し，若しくは有利であると人を誤認させるような表示をしてはならない（業法32条）。この制限には都市計画法に基づく利用制限等の公法上の制限だけでなく，借地権の有無等の私法上の制限も含まれる（解釈・運用の考え方）。よって，本肢は正しい。

ウ　正　顧客を集めるために売る意思のない条件の良い物件を広告し，実際は他の物件を販売しようとするおとり広告は，誇大広告等にあたり（業法32条，解釈・運用の考え方），監督処分の対象となる（業法65条2項2号，66条1項9号）。よって，本肢は正しい。

エ　正　宅建業者は，たとえ，事前に広告で取引態様を明示していたとしても，宅地又は建物の売買，交換又は貸借に関する注文を受けたときは，遅滞なく，その注文をした者に対し，取引態様の別を明らかにしなければならない（業法 34 条 2 項）。よって，本肢は正しい。

　以上より，正しいものは，ア，イ，ウ，エの四つすべてであり，**❹**が本問の正解肢となる。

問 35	重要事項の説明	解答 ❹	合格者正解率	不合格者正解率	受験者正解率
			90.7%	72.1%	83.5%

❶　誤　使用者の氏名・住所は説明不要。

　マンションの建物又は敷地の一部を特定の者にのみ使用を許す旨の規約の定め（案を含む。）がある場合，その内容は重要事項の説明事項であるが，その使用者の氏名及び住所は，重要事項の説明事項ではない（業法 35 条 1 項 6 号，規則 16 条の 2 第 4 号）。よって，本肢は誤り。

❷　誤　案の段階でも説明必要。

　建物の区分所有等に関する法律 2 条 4 項に規定する共用部分に関する規約の定め（案を含む。）があるときは，その内容は重要事項の説明事項となる（業法 35 条 1 項 6 号，規則 16 条の 2 第 2 号）。案の段階であっても重要事項の説明事項となるのであり，規約の成立を待ってから，その内容を説明するのではない。よって，本肢は誤り。

❸　誤　既に積み立てられている額についても説明必要。

　マンションの建物の計画的な維持修繕のための費用の積立てを行う旨の規約の定め（案を含む。）があるときは，その内容及び既に積み立てられている額は重要事項の説明事項となる（業法 35 条 1 項 6 号，規則 16 条の 2 第 6 号）。よって，本肢は誤り。

❹　正　マンションの建物の計画的な維持修繕のための費用，通常の管理費用その他の，マンションの所有者が負担しなければならない費用を特定の者にのみ減免する旨の規約（案を含む。）の定めがあるときは，その内容は重要事項の説明事項となる（業法 35 条 1 項 6 号，規則 16 条の 2 第 5 号）。したがって，宅建業者は，買主が当該減免対象者であるか否かにかかわらず，その内容を説明しなければならない。よって，本肢は正しく，本問の正解肢となる。

問 36	重要事項の説明	解答 ❹	合格者正解率	不合格者正解率	受験者正解率
			96.2%	80.8%	91.5%

❶　誤　貸借の媒介の場合，住宅性能評価を受けた新築住宅であることは説明不要。

当該建物が住宅の品質確保の促進等に関する法律5条1項に規定する住宅性能評価を受けた新築住宅であるとき，建物の貸借の媒介の場合は，その旨の説明をする必要がない（業法35条1項14号，規則16条の4の3第6号）。よって，本肢は誤り。

❷ **誤** 貸借の媒介の場合，建物の状況に関する書類の保存状況は説明不要。

当該建物が既存の建物であるときの，設計図書，点検記録その他の建物の建築及び維持保全の状況に関する書類で国土交通省令で定めるものの保存の状況は，建物の貸借の媒介の場合は説明する必要がない（業法35条1項6号の2ロ）。なお，既存住宅に係る住宅の品質確保の促進等に関する法律6条3項に規定する建設住宅性能評価書は，ここでいう「国土交通省令で定める書類」にあたる（業法35条1項6号の2ロ，規則16条の2の3第4号）。よって，本肢は誤り。

❸ **誤** 宅建業者が自ら石綿の使用の有無を調査する必要はない。

建物の貸借の媒介を行う場合，当該建物について，石綿の使用の有無の調査の結果が記録されているときは，その内容を説明しなければならない（業法35条1項14号，規則16条の4の3第4号）。調査結果の記録がないときは，説明する必要がない。また，石綿使用の有無の調査結果の記録がないときに，宅建業者が石綿の使用の有無の調査を自ら実施する必要はない。よって，本肢は誤り。

❹ **正** 区分所有建物の貸借の媒介を行う場合，区分所有法2条3項に規定する専有部分の用途その他の利用の制限に関する規約の定め（案を含む。）があるときは，その内容を説明しなければならない（業法35条1項6号，規則16条の2第3号）。よって，本肢は正しく，本問の正解肢となる。

問37	37 条書面	解答❷	合格者正解率	不合格者正解率	受験者正解率
			94.2%	71.8%	85.5%

ア **誤** 「自ら貸借」には宅建業法の規制は及ばない。

宅建業者が自ら貸主となり賃貸借契約を締結することは，宅建業法上の取引に該当せず，宅建業にはあたらない（業法2条2号）。したがって，貸主である宅建業者は，借主に37条書面を交付する必要はない。よって，本肢は誤り。

イ **正** 宅建業者は，その媒介により売買契約が成立したときは，売買契約の両当事者に37条書面を交付しなければならない（業法37条1項）。よって，本肢は正しい。

ウ **正** 天災その他不可抗力による損害の負担に関する定めがあるときは，その内容を37条書面に記載し，その書面を交付しなければならない（業法37条1項10号）。よって，本肢は正しい。

エ **誤** 相手方が業者でも37条書面の交付は省略できない。

宅建業者は，自ら売主として契約を締結したときは，その契約の相手方に37条書面を交付しなければならない（業法37条1項）。これは相手方が宅建業者であっても省

略できない（業法 78 条 2 項参照）。よって，本肢は誤り。

　以上より，正しいものの組合せはイ，ウであり，❷が本問の正解肢となる。

問38	報酬額の制限	解答❶	合格者正解率 88.1%	不合格者正解率 65.0%	受験者正解率 77.8%

❶　**正**　居住用建物以外の建物の貸借で権利金の授受があるものの媒介の場合，1 カ月分の借賃と，権利金の額を売買代金の額とみなして算出した額とを比較して，高いほうが限度額となる（報酬告示第 6）。したがって，A は貸主から，C は借主からそれぞれ，権利金から算出される額（200 万円× 5 ％）× 1.1 ＝ 11 万円を限度として報酬を受け取ることができる。したがって，その合計額である 22 万円が A 及び C の受領できる報酬の限度額となる。よって，本肢は正しく，本問の正解肢となる。

❷　**誤**　依頼者からの依頼があれば，報酬とは別に広告料金を請求することができる。
　宅建業者は，依頼者に報酬とは別に広告料金を請求することはできない。ただし，依頼者の依頼によって行う広告料金については，報酬とは別に受領することができる（業法 46 条 1 項，2 項，報酬告示第 9）。よって，本肢は誤り。

❸　**誤**　報酬とは別に，重要事項説明を行った対価を受領することはできない。
　宅建業者は，依頼者の依頼によって行う広告料金以外は報酬とは別に請求することはできない（業法 46 条 1 項，2 項，報酬告示第 9）。また，依頼者の特別の依頼によって支出する特別の費用に相当する額の金銭で事前に依頼者の承諾のあるものについても報酬とは別に受領することができると考えられているが，重要事項説明書等の書面の作成費用はそれに該当しない。よって，本肢は誤り。

❹　**誤**　居住用建物の場合，権利金による算出はできない。また，退去時に返還される金銭（保証金等）の額を基にした算出はできない。
　宅地又は建物（居住用建物を除く。）の貸借で権利金の授受があるものの媒介の場合，1 カ月分の借賃と，権利金の額を売買代金の額とみなして算出した額とを比較して，高いほうが限度額となる（報酬告示第 6）。しかし，居住用建物の場合，その方法によることはできない。また，本肢の場合は授受されている金銭が，保証金（退去時に全額借主に返還するもの）であり，権利金の授受がある場合の方法によることはできない。したがって，本肢の場合，A 及び C が受領できる限度額の合計は，1 カ月分の借賃に消費税等の額を加えた 9 万 9,000 円となる。よって，本肢は誤り。

問39 宅建業法の総合問題	解答 ❶	合格者正解率	不合格者正解率	受験者正解率
		97.4%	77.9%	89.3%

❶ **誤** 宅地建物取引士証と従業者証明書は別物である。

宅建業者は，従業者に従業者証明書を携帯させなければ，その者をその業務に従事させてはならない（業法48条1項）。また，従業者は，取引の関係者の請求があったときは，従業者証明書を提示しなければならない（業法48条2項）。この従業者証明書には業務に従事する事務所の所在地などの情報が記載されており（規則17条，様式8号），宅地建物取引士であることを証明する宅地建物取引士証の提示では，代えることができない。よって，本肢は誤りであり，本問の正解肢となる。

❷ **正** 宅建業者は，その事務所ごとに，従業者名簿を備えなければならない（業法48条3項）。また，宅建業者は，取引の関係者から請求があったときは，当該名簿をその者の閲覧に供しなければならない（業法48条4項）。そして，当該名簿は，パソコンのハードディスクに記録し，ディスプレイ等の入力装置の画面等に表示する方法によって閲覧に供することができる（規則17条の2第3項）。よって，本肢は正しい。

❸ **正** 宅建業者は，その事務所ごとに，その業務に関する帳簿を備え，宅建業に関する取引のあったつど，その年月日，その取引に係る宅地又は建物の所在及び面積その他を記載しなければならない（業法49条）。そして，当該帳簿の記載事項がパソコンのハードディスク等に記録され，必要に応じ，パソコン，プリンター等の機器により明確に紙面に表示することができる場合には当該記録をもって，帳簿への記載に代えることができる（規則18条2項）。よって，本肢は正しい。

❹ **正** 宅建業者は一団の宅地建物の分譲をする場合における当該宅地又は建物の所在する場所及び当該分譲を案内所を設置して行う場合にあってはその案内所のそれぞれに，公衆の見やすい場所に，所定の事項を記載した標識を掲げなければならない（業法50条1項，規則19条1項2号，3号）。よって，本肢は正しい。

問40 自ら売主制限総合	解答 ❶	合格者正解率	不合格者正解率	受験者正解率
		93.2%	73.6%	85.6%

❶ **正** 宅建業者は，自ら売主となる宅地又は建物の売買契約の締結に際して手付を受領したときは，相手方が契約の履行に着手するまでは，買主はその手付を放棄して，売主は手付の倍額を現実に提供して，契約を解除することができる（業法39条2項，判例）。この規定に反する特約で，買主に不利なものは無効であるが（業法39条3項），本肢の特約は，買主にとって有利な特約であり有効である。よって，本肢は正しく，本問の正解肢となる。

❷ 誤　業法の規定に反する特約なので定められない。

　宅建業者が自ら売主となる宅地又は建物の売買契約において，当事者の債務の不履行を理由とする契約の解除に伴う損害賠償の額を予定し，又は違約金を定めるときは，これらを合算した額が代金の額の10分の2を超えることとなる定めをしてはならない（業法38条1項）。よって，本肢は誤り。

❸ 誤　損害賠償の請求はできない。

　宅建業者が自ら売主となる宅地又は建物の売買契約において，クーリング・オフがなされた場合，宅建業者は，速やかに申込者に対して，申込みの際に受領した手付金その他の金銭を返還しなければならず，申込みの撤回に伴う損害賠償又は違約金の支払いを請求することはできない（業法37条の2第1項，3項）。よって，本肢は誤り。

❹ 誤　「発見した時から30日以内」とする特約不可。

　宅建業者が自ら売主となる場合において，契約不適合担保責任については，原則として，民法の規定よりも買主に不利となる特約をしてはならず，買主に不利な特約は無効となる（業法40条1項，2項）。しかし，例外として，契約不適合担保責任を負う期間を引渡しの日から2年以上とする特約は許される（業法40条1項）。したがって，本肢の特約の「契約不適合担保責任を負う期間は建物の引渡しの日から2年間」とするという部分は有効である。しかし，「買主が契約不適合を発見した時から30日以内とする」という部分は，買主に不利であり無効となる。よって，本肢は誤り。

問41	クーリング・オフ	解答❶	合格者正解率 **89.4%**	不合格者正解率 **57.2%**	受験者正解率 **74.8%**

❶ 正　「事務所等」で買受けの申込みをし，「事務所等」以外の場所で売買契約を締結した場合には，買主は，37条の2の規定に基づく売買契約の解除（以下クーリング・オフという）をすることはできない（業法37条の2第1項）。そして，買主が自ら申し出た場合の，買主の自宅又は勤務先は，ここにいう「事務所等」にあたる（規則16条の5第2号）。よって，本肢は正しく，本問の正解肢となる。

❷ 誤　電話で申し込んでいるのでクーリング・オフ可。

　「事務所等」以外の場所で買受けの申込みをし，又は売買契約を締結した場合には，買主は，クーリング・オフをすることができる（業法37条の2第1項）。本肢でCは，出張先で買受けを申し込んでいるので，「事務所等」以外の場所で買受けの申込みをしたことになる。したがって，Cは売買契約の解除ができる。よって，本肢は誤り。

❸ 誤　宅建業者はクーリング・オフ不可。

　本肢のような宅建業者相互間の取引には，クーリング・オフの規定は適用されない（業法78条2項）。したがって，Dは売買契約の解除はできない。よって，本肢は誤り。

④ **誤** 手付金は全額返還しなければならない。

　クーリング・オフがなされた場合，宅建業者は，申込者等に対し，速やかに，買受けの申込み又は売買契約の締結に際し受領した手付金その他の金銭を返還しなければならない（業法37条の2第3項）。したがって，Aは契約に要した費用を手付金から控除して返還することはできない。よって，本肢は誤り。

POINT

　クーリング・オフの分野では，①クーリング・オフができない場所，②クーリング・オフができなくなる時期，③クーリング・オフの方法，の3つをしっかりと押さえよう。

問42	自己所有に属しない物件の契約締結制限	解答④	合格者正解率 90.6%	不合格者正解率 67.5%	受験者正解率 82.1%

　宅建業者は，原則として，自ら売主となって自己の所有に属しない物件について売買契約を締結することができない。しかし，宅建業者が現在の所有者と物件を取得する契約（予約を含み，その効力の発生が条件に係るものを除く）を締結しているときは，契約を締結することができる（業法33条の2第1号）。

❶ **違反しない**　本肢では，BC間・CA間で売買契約が結ばれているので，Aは，Dと売買契約を締結することができる。この場合，Cへの所有権の移転登記の有無は関係ない。よって，本肢は宅建業法の規定に違反しない。

❷ **違反しない**　本肢の土地付建物はA所有であるので，そもそもAはFと売買契約を締結することができる。この場合の売買契約は停止条件付でも差し支えない。よって，本肢は宅建業法の規定に違反しない。

❸ **違反しない**　本肢では，AG間で売買の予約がなされているので，Aは，Hと売買契約を締結することができる。よって，本肢は宅建業法の規定に違反しない。

❹ **違反する**　所有者との契約が停止条件付きなので違反。

　本肢のAI間の売買契約は停止条件付きにすぎず，Aは，Jと売買契約を締結することはできない。よって，本肢は宅建業法の規定に違反し，本問の正解肢となる。

問43	監督・罰則	解答❶	合格者正解率 94.0%	不合格者正解率 78.1%	受験者正解率 88.4%

❶ **正**　宅建業者が重要事項の説明をしない場合，免許権者である国土交通大臣又は都道府県知事は，宅建業者に対して業務停止処分をすることができる（業法65条2項2号，35条1項）。したがって，重要事項の説明をしていないAは，業務停止処分を受

けることがある。よって，本肢は正しく，本問の正解肢となる。

❷ 誤　免許権者でない知事は指示処分，業務停止処分ができる。

　都道府県知事は，管轄する都道府県内の区域において，宅建業者が宅建業に関し不正又は著しく不当な行為をしたとき，当該宅建業者の免許権者でない場合であっても，指示処分及び業務停止処分をすることができる（業法65条3項，4項，2項5号参照）。よって，本肢は誤り。なお，免許取消処分をすることはできない。

❸ 誤　業務停止処分は1年以内の期間を定めて命じられる。

　宅建業者が都道府県知事の指示処分に違反した場合，免許権者は業務停止処分をすることができる（業法65条2項3号）。もっとも，業務停止処分は1年以内の期間を定めて命ぜられる（業法65条2項柱書）。よって，本肢は誤り。

❹ 誤　自ら貸借は宅建業にあたらない。

　自ら貸借することは宅建業にあたらないため，宅建業法の適用がない（業法2条2号）。したがって，宅建業者AとBとの賃貸借契約には宅建業法の適用がなく，AはBに重要事項の説明をしなくても宅建業法35条1項に違反することはないので，業務停止処分を受けることもない（業法65条2項2号参照）。よって，本肢は誤り。

問44	宅地建物取引士総合	解答❹	合格者正解率 **86.6**%	不合格者正解率 **64.2**%	受験者正解率 **75.7**%

❶ 誤　専任の宅地建物取引士を置かなければならない。

　一団の分譲建物の売買契約の申込みのみを受ける案内所には，成年者である専任の宅地建物取引士を置かなければならない（業法31条の3第1項，規則15条の5の2第2号）。よって，本肢は誤り。

❷ 誤　成年者と同一の行為能力を有していれば，登録できる。

　成年者と同一の行為能力を有する未成年者は，登録の基準等を満たせば，宅地建物取引士の登録を受けることができる（業法18条1項1号）。よって，本肢は誤り。

❸ 誤　重要事項説明では，必ず宅地建物取引士証を提示する。

　宅地建物取引士は，重要事項説明をするときは，相手方から請求がなくても，説明の相手方に，必ず宅地建物取引士証を提示しなければならない（業法35条4項）。よって，本肢は誤り。

**❹ 正　**宅地建物取引士証の交付を受けようとする者は，登録をしている都道府県知事が指定する講習で交付の申請前6カ月以内に行われるものを受講しなければならない（業法22条の2第2項本文）。しかし，宅建士試験に合格した日から1年以内に宅地建物取引士証の交付を受けようとする者は，当該講習を受講する必要はない（業法22条の2第2項但書）。よって，本肢は正しく，本問の正解肢となる。

問45	瑕疵担保履行法	解答 ❹	合格者正解率	不合格者正解率	受験者正解率
			78.0%	39.1%	63.0%

❶ **誤** 資力確保の義務がないのは買主が宅建業者である場合である。

　宅建業者は，自ら売主として，宅建業者でない者に対して新築住宅を販売する場合には，特定住宅販売瑕疵担保責任の履行を確保するため，住宅販売瑕疵担保保証金の供託，または住宅販売瑕疵担保責任保険契約の締結を行う義務を負う（住宅瑕疵担保履行法11条1項，2項，2条7項2号ロかっこ書）。買主Bは建設業者であり，宅建業者ではないため，資力確保措置を講じる必要がある。よって，本肢は誤り。

❷ **誤** 新たな売買契約締結が禁止されるのは，基準日の翌日から起算して「50日」を経過した日以後である。

　新築住宅を引き渡した宅建業者は，基準日に係る資力確保措置の状況の届出をしなければ，当該基準日の翌日から起算して50日を経過した日以後においては，新たに自ら売主となる新築住宅の売買契約を締結してはならない（住宅瑕疵担保履行法13条）。「基準日から3週間」ではない。よって，本肢は誤り。

❸ **誤** 供託所等に関する説明は，契約締結までに行わなければならない。

　宅建業者は，自ら売主となる新築住宅の買主に対して，売買契約を締結するまでに，住宅販売瑕疵担保保証金の供託している供託所の所在地等について，書面を交付して説明しなければならない（住宅瑕疵担保履行法15条）。引渡しをするまでではない。よって，本肢は誤り。

❹ **正** 住宅販売瑕疵担保保証金を供託する場合，販売新築住宅の合計戸数の算定に当たっては，床面積の合計が55㎡以下の住宅のものは，2戸をもって1戸と数えるものとする（住宅瑕疵担保履行法11条3項，施行令5条）。よって，本肢は正しく，本問の正解肢となる。

問46	住宅金融支援機構法	解答 ❶	合格者正解率	不合格者正解率	受験者正解率
			66.0%	44.5%	57.4%

❶ **誤** 付随する土地又は借地権の取得に係る貸付債権を含む。

　機構が金融機関から譲受ける貸付債権は，住宅の建設又は購入に付随する土地又は借地権の取得に必要な資金の貸付けに係る貸付債権を含む（機構法13条1項1号，施行令5条1項）。よって，本肢は誤りであり，本問の正解肢となる。

❷ **正** 機構は災害復興建築物（災害により住宅が滅失した場合において，それに代わるべき建築物）の建設又は購入に必要な資金の貸付けを業務として行っている（機構法13条1項5号）。よって，本肢は正しい。

❸ **正** 機構は，あらかじめ貸付けを受けた者と一定の契約を締結し，その者が死亡した場合に支払われる生命保険金を当該貸付けに係る債務の弁済に充当する団体信用生命保険を業務として行っている（機構法13条1項10号）。よって，本肢は正しい。

❹ **正** 機構が証券化支援事業（買取型）により譲り受ける貸付債権は，自ら居住する住宅又は自ら居住する住宅以外の親族の居住の用に供する住宅を建設し，又は購入する者に対する貸付けに係るものでなければならない(機構業務方法書3条1号)。よって，本肢は正しい。

問 47	景品表示法	解答 ❸	合格者正解率 98.6%	不合格者正解率 89.5%	受験者正解率 95.4%

❶ **誤** 合理的根拠なく売行きがよいという印象を与える言葉を用いてはならない。

　物件について，「完売」等著しく人気が高く，売行きがよいという印象を与える用語は，当該表示内容を裏付ける合理的な根拠を示す資料を現に有している場合を除き，当該用語の使用は不当表示にあたる(表示規約18条2項6号)。第1期の販売分が売れ残っているのに「完売御礼」と広告に記載することは，合理的な根拠なく売行きがよい印象を与える用語の使用をしているといえるため，不当表示にあたる。よって，本肢は誤り。

❷ **誤** 住宅ローンの広告には金融機関や融資限度額も表示しなければならない。

　住宅ローンについては，①金融機関の名称もしくは商号または都市銀行，地方銀行，信用金庫等の種類，②提携ローンまたは紹介ローンの別，③融資限度額，④借入金の利率および利息を徴する方式または返済例を明示して表示しなければならない（表示規約15条12号，表示規約施行規則10条44号）。したがって，返済例の表示だけではなく，①～③も表示しなければならない。よって，本肢は誤り。

❸ **正** 道路法18条1項の規定により道路区域が決定され，または都市計画法20条1項の告示が行われた都市計画道路等の区域に係る土地については，その旨を広告において明示しなければならない（表示規約施行規則8条13号）。都市計画道路である旨の告示がなされていれば，道路の工事が未着手であっても，その旨を広告で明示しなければならない。よって，本肢は正しく，本問の正解肢となる。

❹ **誤** 新築でない物件を新発売と表示することはできない。

　「新発売」という用語は，新たに造成された宅地または新築の住宅について，一般消費者に対し，初めて購入の申込みの勧誘を行うこと，という意義に即して使用しなければならない(表示規約18条1項2号)。また「新築」という用語は，建築後1年未満であって，居住の用に供されたことがないもの，という意義に即して使用しなければならない(表示規約18条1項1号)。築15年の社宅は新築ではないため，「新発売」と表示することは許されない。よって，本肢は誤り。

問 48	景品表示法	解答 ❹	合格者正解率	不合格者正解率	受験者正解率
			89.6%	67.1%	82.5%

❶ **誤** 「築13年」と表示してはならない。

　宅建業者は建物の建築経過年数について，実際のものよりも経過年数が短いと誤認されるおそれのある表示をしてはならない（表示規約23条1項18号）。本肢の住宅は建築後20年を経過している以上，「築13年」と表示することはできない。よって，本肢は誤り。

❷ **誤** 「再建築不可」又は「建築不可」と明示しなければならない。

　宅建業者は，建築基準法42条に規定する道路に2ｍ以上接していない土地については，原則として，「再建築不可」又は「建築不可」と明示しなければならない（表示規約規則8条2号）。よって，本肢は誤り。

❸ **誤** 標準的な1住戸1カ月当たりの賃料ではない。

　宅建業者は，新築賃貸マンションの賃料について，すべての住戸の賃料を表示することが困難である場合，1住戸当たりの最低賃料及び最高賃料を表示しなければならない（表示規約規則10条40号）。よって本肢は誤り。

❹ **正** 宅建業者は，宅地の造成又は建物の建築に関する工事の完了前であっても，宅建業法33条に規定する許可等の処分があった後であれば，当該工事に係る宅地又は建物の内容又は取引条件その他取引に関する広告表示をすることができる（表示規約5条）。よって，本肢は正しく，本問の正解肢となる。

問 49	土地	解答 ❸	合格者正解率	不合格者正解率	受験者正解率
			69.5%	50.8%	62.6%

❶ **正** 地表面の傾斜は，等高線の密度で読み取ることができ，等高線の密度が高い（間隔が狭い）所は傾斜が急で，等高線の密度が低い（間隔が広い）所は傾斜が緩やかである。よって，本肢は正しい。

❷ **正** 扇状地は，谷の出口の勾配が急に緩やかになる平地部で形成され，等高線は，谷の出口を中心とした扇形の同心円状になる。よって，本肢は正しい。

❸ **誤** 記述が逆である。

　等高線が山頂に向かって高い方に弧を描いている部分は谷で，山頂から見て等高線が張り出している部分は尾根である。本肢は，尾根と谷の記述が逆である。よって，本肢は誤りであり，本問の正解肢となる。

❹ **正** 等高線の間隔の大きい河口付近では，傾斜がほとんどなく，ほぼ平坦であることから，河川の氾濫により河川より離れた場所でも浸水する可能性が高くなる。よっ

て，本肢は正しい。

問50	建物	解答 ❷	合格者正解率	不合格者正解率	受験者正解率
			82.4%	60.8%	71.7%

❶ **正** 集成材は，単版等を積層したもので，伸縮・変形・割れなどが生じにくくなるため，大規模な木造建築物の骨組みにも使用される。よって，本肢は正しい。

❷ **誤** 木材の強度は，含水率が小さい状態のほうが大きくなる。

木材の強度は，乾燥して含水率が小さい状態のほうが大きくなる。よって，本肢は誤りであり，本問の正解肢となる。

❸ **正** 鉄筋コンクリート造に使用される骨材，水および混和材料は，鉄筋をさびさせ，またはコンクリートの凝結および硬化を妨げるような酸，塩，有機物または泥土を含んではならない（建基法施行令72条1号）。よって，本肢は正しい。

❹ **正** 鉄は，炭素含有量が多いほど，引張強さおよび硬さが増大し，伸びが減少する。そして，鉄骨造には，一般に炭素含有量が少ない鋼が用いられる（建基法施行令64条1項参照）。よって，本肢は正しい。

第**3**回

解答・解説

中級編①

合格推定点 **36**点

◈出題項目・正解一覧＆成績診断
◈解答・解説

第3回 中級編①

出題項目・正解一覧＆成績診断

科目	問	出題項目	正解	チェック	科目	問	出題項目	正解	チェック
権利関係	1	意思表示	3	☐☐	宅建業法	26	宅建業の意味	1	☐☐
	2	制限行為能力者	4	☐☐		27	従業者名簿	3	☐☐
	3	物権変動	1	☐☐		28	業務上の規制総合	4	☐☐
	4	相続	2	☐☐		29	免許の申請	2	☐☐
	5	占有権	3	☐☐		30	営業保証金	1	☐☐
	6	代理	2	☐☐		31	重要事項の説明	1	☐☐
	7	抵当権：判決文問題	3	☐☐		32	宅地建物取引士の登録	2	☐☐
	8	保証・連帯債務	2	☐☐		33	重要事項の説明	2	☐☐
	9	相殺	4	☐☐		34	クーリング・オフ	2	☐☐
	10	契約不適合責任	2	☐☐		35	宅地建物取引士総合	4	☐☐
	11	借地借家法（借地）	1	☐☐		36	手付金等保全措置	4	☐☐
	12	借地借家法（借家）	1	☐☐		37	事務所以外の場所の規制	3	☐☐
	13	建物区分所有法	1	☐☐		38	報酬額の制限	4	☐☐
	14	不動産登記法	1	☐☐		39	37条書面	2	☐☐
法令上の制限	15	国土利用計画法	3	☐☐		40	媒介・代理契約	4	☐☐
	16	都市計画法：都市計画の内容	4	☐☐		41	監督・罰則	2	☐☐
	17	都市計画法：開発行為の規制	1	☐☐		42	宅建業法の総合問題	4	☐☐
	18	建築基準法総合	4	☐☐		43	宅地建物取引士総合	2	☐☐
	19	建築基準法総合	3	☐☐		44	弁済業務保証金	2	☐☐
	20	宅地造成等規制法	1	☐☐		45	瑕疵担保履行法	3	☐☐
	21	土地区画整理法	3	☐☐	5問免除	46	住宅金融支援機構法	2	☐☐
	22	農地法	3	☐☐		47	景品表示法	3	☐☐
税・価格	23	登録免許税	2	☐☐		48	景品表示法	3	☐☐
	24	不動産取得税	3	☐☐		49	土地	4	☐☐
	25	不動産鑑定評価基準	2	☐☐		50	建物	2	☐☐

科目別の成績		総合成績	
科目（問題番号）	正答／正答目標	合計	
権利関係（問1～問14）	点／8点		
宅建業法（問26～問45）	点／17点		
法令上の制限（問15～問22）	点／5点	**点**	
税・価格（問23～問25）	点／3点	この回の合格推定点は	
5問免除（問46～問50）	点／3点	**36**点です。	

問1	意思表示	解答❸	合格者正解率	不合格者正解率	受験者正解率
			97.7%	86.2%	92.9%

❶ **誤** 相手方Bが悪意である以上，ＡＢ間の契約は無効である。

　表意者が，真意でないと知りつつなした意思表示も，原則として，表示どおりの効力が生じる（心裡留保，民法93条1項本文）。ただし，相手方がその意思表示が表意者の真意ではないことを知り，又は知ることができたときは，その意思表示は無効とされる（同法93条1項但書）。したがって，Bが悪意である以上，ＡＢ間の売買契約の意思表示は無効であり，契約は有効に成立しない。よって，本肢は誤り。

❷ **誤** 仮装の契約である以上，ＡＢ間の契約は無効である。

　相手方と通じてした虚偽の意思表示は，無効である（虚偽表示，民法94条1項）。したがって，ＡＢ間の仮装契約は無効であり，契約は成立しない。よって，本肢は誤り。

❸ **正** 強迫による意思表示は，取り消すことができる（民法96条1項）。そして，詐欺の場合と異なり，意思表示の相手方以外の第三者が強迫した場合でも，相手方が強迫の事実を知っていたか否かにかかわらず取り消すことができる（同法96条2項反対解釈）。よって，本肢は正しく，本問の正解肢となる。

❹ **誤** 意思無能力者が結んだ契約は，取消しできない。

　意思無能力者が結んだ契約はそもそも無効である（民法3条の2）。そして，無効な行為は，取消しができる行為と異なり，追認しても効力が生じない（民法119条本文）。したがって，Ａが泥酔して意思無能力である間になされた売買契約は無効であり，追認することも，追認拒絶することもできない。よって，本肢は誤り。

問2	制限行為能力者	解答❹	合格者正解率	不合格者正解率	受験者正解率
			88.7%	64.1%	79.9%

❶ **誤** 営業に関しない法律行為には，法定代理人の同意が必要。

　未成年者が法律行為をするには，原則としてその法定代理人の同意を得なければならない（民法5条1項本文）。もっとも，一種又は数種の営業を許された未成年者は，その営業に関しては，成年者と同一の行為能力を有する（民法6条1項）。本肢の未成年者が，自己が居住するために建物を購入する行為は，古着の仕入販売に関する営業と関係がない。したがって，本肢の未成年者は，当該行為につき行為能力がなく，当該行為を行うには原則どおり法定代理人の同意を得なければならない。よって，本肢は誤り。

❷ **誤** 贈与の申込みを拒絶するには，保佐人の同意が必要。

　被保佐人が，不動産を売却する場合に，保佐人の同意が必要であるとする本肢の前半は正しい（民法13条1項3号）。もっとも，被保佐人が贈与の申込みを拒絶するには，その保佐人の同意を得なければならない（民法13条1項7号）。よって，本肢は誤り。

❸ 誤 成年後見人による居住用の建物の売却には，家庭裁判所の許可が必要。

　成年後見人は，成年被後見人に代わって，その居住の用に供する建物を売却するには，家庭裁判所の許可を得なければならない（民法859条の3）。また，後見監督人の許可があれば，家庭裁判所の許可が不要になるという制度はない。よって，本肢は誤り。

❹ 正 制限行為能力者が行為能力者であることを信じさせるため詐術を用いたときは，その行為を取り消すことができない（民法21条）。したがって，詐術を用いて相手方に補助人の同意を得たと信じさせていたときは，被補助人は当該行為を取り消すことができない。よって，本肢は正しく，本問の正解肢となる。

問3	物権変動	解答❶	合格者正解率	不合格者正解率	受験者正解率
			64.9	**33.4**%	**46.7**%

❶ 誤 無権利者からの転得者Cは真の所有者Dに対抗できない。

　無権利者やその者からの譲受人，転得者は登記がなければ対抗できない第三者にあたらない。したがって，無権利者からの転得者Cは第三者にはあたらず，真の所有者Dは，登記がなくても，Cに対抗することができる。よって，本肢は誤りであり，本問の正解肢となる。

❷ 正 当事者の一方がその解除権を行使した場合，各当事者は，互いに原状回復義務を負うことになるが，第三者の権利を害することはできない（民法545条1項但書）。ここで，第三者が保護されるためには，第三者が対抗要件を備えていることが必要である（判例）。したがって，解除前の第三者CがBから所有権移転登記を受けていたときは，Cは，甲地の所有権をAに主張することができる。よって，本肢は正しい。

❸ 正 解除後に登場した第三者と，契約を解除して所有権を取り戻そうとする者とは，対抗関係に立つので，先に登記を備えた者が所有権を対抗することができる（民法177条，判例）。したがって，解除後の第三者CがBから所有権移転登記を受けたときは，Cは，甲地の所有権をAに対抗することができる。よって，本肢は正しい。

❹ 正 時効によって不動産の所有権を取得した者は，登記がなければ，時効完成後の第三者にその権利の取得を対抗することができない（民法177条，判例）。したがって，Cは登記を備えている以上，甲地の所有権をEに対抗することができる。よって，本肢は正しい。

❶　誤　嫡出子と前の配偶者の嫡出子は，相続分を等しくする。

　被相続人Aの子Dが，相続の開始以前に死亡した場合，Dの子Eが代襲して相続人となる（民法887条2項）。そのため，本問において，相続人となるのは，配偶者B，子であるF，C，子Dを代襲したEである。そして，子及び配偶者の相続分は，配偶者が2分の1，子が2分の1であり（民法900条1号），子が数人あるときの各自の相続分は相等しく（民法900条4号），代襲相続人の相続分は，その直系尊属が受けるべきであったものと同じとなる（民法901条1項）。したがって，本問の相続分は，Bが2分の1，Cが6分の1，Eが6分の1，Fが6分の1となる。よって，本肢は誤り。

❷　正　Aが自己所有の土地をCに相続させる旨の遺言をしている。そこで，特定の遺産を特定の相続人に「相続させる」趣旨の遺言の解釈が問題となる。「相続させる」趣旨の遺言は，遺贈と解すべき特段の事情がない限り，遺産の分割の方法を定めたものであり，原則として，何らの行為を要せずして，被相続人死亡の時に，直ちにその遺産はその相続人に相続により承継される（判例）。したがって，Cは甲土地の所有権を取得する。よって，本肢は正しく，本問の正解肢となる。

❸　誤　当該相続人が遺言者より先に死亡した場合，本件遺言は原則効力を生じない。

　Aの遺言によって相続させるものとされたDは，Aが死亡する以前に死亡している。そこで，遺産を相続させるものとされた推定相続人が遺言者の死亡以前に死亡した場合に，遺言の効力が生じるかが問題となる。「相続させる」趣旨の遺言をした遺言者は，通常，遺言時における特定の推定相続人に当該遺産を取得させる意思を有するにとどまるため，遺言により遺産を相続させるものとされた推定相続人が遺言者の死亡以前に死亡した場合には，遺言者がその推定相続人の代襲者その他の者に遺産を相続させる旨の意思を有していたとみるべき特段の事情のない限り，その効力を生じない（判例）。本肢の遺言では，遺言者が代襲相続人Eに全財産を相続させる意思を有していたとみるべき事実がうかがえない以上，EがAの全財産について相続するとはいえない。よって，本肢は誤り。

❹　誤　相続人に対する遺贈も有効となる。

　Aが生前，相続人であるFに対して遺贈する旨の意思表示をしている。そこで，相続人に対する遺贈が有効となるのかが問題となる。遺贈とは，遺言によって無償で財産的利益を他人に与える行為であり，相続人に対する遺贈を無効とする規定はないため，相続人に対する遺贈も有効である。したがって，Fに対する遺贈も有効である。よって，本肢は誤り。

❶ **誤** 指図による占有移転による引渡しが認められる。

売買契約が解除されたことにより，売主の所有物を買主が代理占有している場合において，この所有者が，その占有代理人に対して，第三者のためにその物を占有すべき旨を命じ，かつ，第三者がこれを承諾したときは，その第三者に占有が移転する（民法184条）。よって，本肢は誤り。

❷ **誤** 占有者BはCに必要費の償還請求をすることができる。

占有者が占有物を返還する場合においては，原則としてその物の保存のために支出した金額その他の必要費をその返還の相手方に償還させることができる（民法196条1項本文）。よって，本肢は誤り。

❸ **正** 悪意の占有者は，果実を所有権者に償還しなければならない（民法190条1項）。そして，賃料は果実にあたる。したがって，Bは，Dから受領した賃料額をCに償還しなければならない。よって，本肢は正しく，本問の正解肢となる。

❹ **誤** Cが敗訴することもある。

占有者がその占有を奪われたときは，占有回収の訴えによりその物の返還を請求することができるが，この占有回収の訴えは，所有権に関する理由に基づいて裁判をすることができない（民法200条1項，202条2項，判例）。したがって，Cが所有権を主張しても考慮されず，Cは，占有回収の訴えについて敗訴することもありうる。よって，本肢は誤り。

ア **誤** 追認の効力は，契約時にさかのぼって生じる。

追認の効力は，別段の意思表示がない限り，契約時にさかのぼって生じる（民法116条本文）。追認をしたときから将来に向かって生じるものではない。よって，本肢は誤り。

イ **正** 不動産を担保に金員を借り入れる代理権を与えられた代理人が，本人の名においてその不動産を売却した場合，相手方において本人自身の行為であると信じたことについて正当な理由があるときは，民法110条を類推適用することができる（判例）。よって，本肢は正しい。

ウ **正** 代理人は行為能力者であることは要しない（民法102条参照）。また，代理権は，代理人が後見開始の審判を受けたことによって消滅する（民法111条1項2号）。よって，本肢は正しい。

エ 誤 本人について決するものではない。

　意思表示の効力が意思の不存在，詐欺，強迫またはある事情を知っていたこと若しくは知らなかったことにつき過失があったことによって影響を受けるべき場合には，その事実の有無は，代理人について決するものとする（民法101条1項）。本人の選択に従って，本人または代理人のいずれかについて決するわけではない。よって，本肢は誤り。

　以上より，誤っているのはアとエの二つであり，**❷**が正解となる。

問7	抵当権：判決文問題	解答 ❸	合格者正解率 87.8%	不合格者正解率 58.7%	受験者正解率 78.9%

❶ **正**　法定地上権が成立するためには，抵当権設定当時，①建物が存在すること，②土地と建物が同一人所有であること，③土地・建物の一方または双方に抵当権が設定されたこと，④土地・建物の所有者が競売により異なるに至ったことが必要になる（民法388条）。本肢においては，上記①〜④の要件を満たすことになり，法定地上権が成立する。よって，本肢は正しい。

❷ **正**　抵当権設定に際し，土地抵当権者が建物の築造をあらかじめ承諾していた事実があっても，法定地上権は成立しない（民法388条，判例）。競落人は抵当権者の行為によりみだりにその所有地に法定地上権を負担させられる理由はないからである。したがって，本肢のように，抵当権設定後に地上建物が建築されることを承認していたとしても，法定地上権が成立することはない。よって，本肢は正しい。

❸ **誤** 1番抵当権設定時を基準にするため法定地上権は成立しない。

　1番抵当権設定当時，土地と地上建物の所有者が異なり，2番抵当権設定時に土地と地上建物の所有者が同一人となった場合であっても，法定地上権は成立しない（民法388条，判例）。本肢のような場合に，法定地上権の成立を肯定すると，法定地上権の不成立を前提に担保価値を高く評価した1番抵当権者を害することになるからである。よって，本肢は誤りであり，本問の正解肢となる。

❹ **正**　抵当権設定当時，土地・建物が同一人所有であれば，登記記録上は別人所有とされていても法定地上権は成立する（民法388条，判例）。抵当権設定に際し，現地検分をするのが通例であり，同一人所有であることを推知できるからである。したがって，本肢のように建物の所有権移転登記をする前に土地に抵当権を設定したとしても，法定地上権が成立することになる。よって，本肢は正しい。

問8	保証・連帯債務	解答 ❷	合格者正解率 76.7%	不合格者正解率 49.9%	受験者正解率 66.9%

❶ 正 保証契約は，債権者と保証人との契約であるから，債権者と保証人だけで有効に締結することができる。主たる債務者の委託の有無によって，求償の範囲が変わるだけである（民法459条，462条1項）。したがって，主たる債務者と連絡を取らず，同人からの委託を受けないまま債権者に対して保証したとしても，保証契約は有効に成立する。よって，本肢は正しい。

❷ 誤 保証契約は，書面又は電磁的記録でしなければ，効力を生じない。

保証契約は，書面又は電磁的記録でしなければ，その効力を生じない（民法446条2項，3項）。したがって，本肢においては，口頭で特定の債務につき保証する旨の意思表示を債権者に対してしたにすぎないから，保証契約は効力を生じない。よって，本肢は誤りであり，本問の正解肢となる。

❸ 正 債権者が保証人に債務の履行を請求したときは，連帯ではない保証人は，まず主たる債務者に催告すべき旨を請求することができる。ただし，主たる債務者が破産手続開始の決定を受けたとき，又はその行方が知れないときは，この限りではない（催告の抗弁権，民法452条）。よって，本肢は正しい。

❹ 正 保証人が数人いる場合（共同保証人）は，原則として，各保証人は債務額を全保証人間にそれぞれ等しい割合でその一部を保証する（分別の利益，民法456条）。しかし，連帯保証人には分別の利益はなく，連帯保証人は各自全額につき保証責任を負うことになる（判例）。よって，本肢は正しい。

問9	相殺	解答 ❹	合格者正解率 46.6%	不合格者正解率 19.7%	受験者正解率 36.1%

❶ 誤 敷金返還請求権は，建物の明渡しによりはじめて発生する。

敷金返還請求権は，賃貸借契約終了後，建物の明渡しによりはじめて発生する（判例）。したがって，建物の明渡しがなされていない本肢においては，Aは，Bに対する敷金返還請求権を自働債権として，弁済期が到来した賃料債務と相殺することはできない。よって，本肢は誤り。

❷ 誤 不法行為の被害者側が相殺をすることは認められる。

債務が不法行為によって生じたときには，債務者は相殺することができない（民法509条柱書本文）。しかし，被害者の側から，不法行為に基づく損害賠償請求権を自働債権として相殺することは認められている（判例）。したがって，被害者であるAは，Bに対する損害賠償請求権を自働債権として，弁済期が到来した賃料債務と対当額で相殺することができる。よって，本肢は誤り。

❸ 誤 時効消滅以前に相殺適状にあったときは相殺することができる。

　自働債権が時効によって消滅している場合も，その消滅以前に相殺適状にあったときは相殺することができる（民法508条）。したがって，Aは，時効消滅したBに対する代金請求権を自働債権として，賃料債務と対当額で相殺することができる。よって，本肢は誤り。

❹ 正 支払いの差止めを受けた第三債務者は，自己の債権が差押え後に取得されたものでない限り，自働債権および受働債権の弁済期の前後を問わず，相殺適状に達しさえすれば，差押え後においても，これを自働債権として相殺できる（民法511条，判例）。したがって，賃料債権に対する差押え前に貸付金債権を有していたAは，賃料債権に対する差押えがあったとしても，弁済期が到来した賃料債務と対当額で相殺することができる。よって，本肢は正しく，本問の正解肢となる。

問10	契約不適合責任	解答❷	合格者正解率	不合格者正解率	受験者正解率
			－	－	－

❶ 正 売買の目的物の全部が他人の物であり，売主が権利の全部を移転できない場合，買主は，そのことについて善意・悪意にかかわらず，その売買契約を解除することができる（民法542条1項）。よって，本肢は正しい。

❷ 誤 Aは悪意の場合でも，契約を解除できる。

　売買の目的物の一部が他人の物であり，その権利の一部を移転しない場合は，買主の善意・悪意を問わず，解除することができる（民法565条，564条，542条）。よって，本肢は誤りであり，本問の正解肢となる。

❸ 正 売買の目的物に抵当権が設定されており，その抵当権が実行された結果，買主が所有権を失った場合，権利の移転について全部不能となっているため，解除することができる（民法542条1項）。よって，本肢は正しい。

❹ 正 売主が買主に移転した権利が契約の内容に適合しないものであり，その不履行により，残存する部分のみでは契約をした目的を達することができない場合には，契約を解除することができる（民法562条，564条，542条）。そして，この契約不適合には物理的な契約不適合ばかりではなく，法律的な契約不適合も含まれる（判例）。本肢のように，売買の目的物である土地が都市計画街路の区域内にある場合には建築物の建築が規制されるから，法律上の契約不適合があるといえる。そして，この土地の8割が建築物の建築をすることができないため，残存する部分のみでは契約をした目的を達することができないことになる。したがって，Aは契約を解除することができる。よって，本肢は正しい。

❶ 正 土地について賃借権の登記がなくても，土地の上に借地権者が登記されている建物を所有するときは，これをもって第三者に対抗することができる（借地借家法10条1項）。しかし，配偶者名義や長男名義などの場合，第三者に対抗することができない（判例）。本肢では，建物保存登記がAの子C名義であるため，Aは，乙土地の所有権移転登記を備えたDに対して，借地権を対抗することができない。よって，本肢は正しく，本問の正解肢となる。

❷ 誤 建物の同一性が認められれば，借地権を対抗できる。

借地上の建物の登記に表示された所在地番及び床面積が実際と異なる場合であっても，一定の事情の下では，登記されている建物との同一性は肯定される（判例）。そして，肢1の解説でも述べたとおり，土地の上に借地権者が登記されている建物を所有するときは，これをもって第三者に対抗することができる。したがって，甲建物の登記を備えているAは，Dに対して借地権を対抗することができる。よって，本肢は誤り。

❸ 誤 建物買取請求権を認める規定は特約で排除できない。

借地権の存続期間が満了した場合の建物買取請求についての規定は強行規定であるため，借地権者に不利な内容の特約は無効となる（借地借家法13条1項，16条）。本肢の特約は，「賃貸借契約終了時にはAが甲建物を収去すべき」となっており，借地権者の建物買取請求を否定するものであるため，借地権者であるAにとって不利な内容といえ，無効である。また，公正証書によって事業用定期借地権を設定した場合であれば，更新や建物買取請求を認めない旨を特約で定めることもできるが（借地借家法23条1項），本問ではAは居住用の甲建物を所有する目的で乙土地を賃借しているので通常の借地権の設定であり，事業用定期借地権の設定にあたらない。よって，本肢は誤り。

❹ 誤 借地権者の債務不履行による解除の場合，建物買取請求権は認められない。

建物買取請求権が認められるのは，借地権の存続期間が満了したことによって賃貸借契約が終了した場合である（借地借家法13条1項）。債務不履行によって賃貸借契約が解除された場合には建物買取請求権は認められない。したがって，地代を支払わなかったことを理由として賃貸借契約が解除された場合には，Bは甲建物を時価で買い取る必要はない。よって，本肢は誤り。

問 12	借地借家法（借家）	解答 ❶	合格者正解率	不合格者正解率	受験者正解率
			66.6%	**37.2%**	**56.5%**

❶ 正 建物賃貸借では引渡しも対抗要件となる（借地借家法31条）。対抗要件を登記とする特約は，この規定に反する賃借人に不利な特約であるため，無効である（借地

借家法 37 条）。このことは普通建物賃貸借であっても，定期建物賃貸借であっても変わらない。よって，本肢は正しく，本問の正解肢となる。

❷ 誤 いずれの借家契約でも借賃を増額しない特約は有効である。

定期建物賃貸借では借賃の改定に関する特約があれば借賃増額請求権の規定（借地借家法 32 条 1 項本文）は適用されないため，3 年間賃料を増額しない旨の特約（以下，本件特約とする。）は有効である（借地借家法 38 条 7 項）。また，普通建物賃貸借でも一定の期間建物の借賃を増額しない旨の特約がある場合は，借賃増減額請求権は発生しないとされているため（借地借家法 32 条 1 項但書），本件特約は有効である。したがって，定期建物賃貸借，普通建物賃貸借ともに本件特約は有効である。よって，本肢は誤り。

❸ 誤 いずれの借家契約でも造作買取請求をすることができない旨の特約は有効である。

造作買取請求権を定める借地借家法 33 条は，強行規定とされていないため（借地借家法 37 条），建物賃貸借において造作買取請求権につき賃借人に不利となるような特約を結んでも，この特約は有効である。したがって，期間満了時に造作買取請求を認めない旨の特約は，いずれの建物賃貸借であっても有効である。よって，本肢は誤り。

❹ 誤 期間の定めのある建物賃貸借では解約権を認めない旨の特約は有効である。

期間の定めのある普通借家契約では中途解約は原則として認められておらず（民法 618 条反対解釈），中途解約を認めない旨の特約は当然有効である。一方，定期借家契約では，居住用建物の賃貸借について，賃借人からの中途解約が認められる場合があり（借地借家法 38 条 5 項），賃借人からの中途解約を認めない特約は，これを排除することとなるので無効となる（借地借家法 38 条 6 項）。よって，本肢は誤り。

問13	建物区分所有法	解答 ❶	合格者正解率	不合格者正解率	受験者正解率
			59.8%	36.5%	51.8%

❶ 正 集会においては，規約に別段の定めがある場合および別段の決議をした場合を除いて，管理者または集会を招集した区分所有者の 1 人が議長となる（区分所有法 41 条）。したがって，管理者が選任されていない場合であって，規約に別段の定めがなく別段の決議もない場合，集会を招集した区分所有者の 1 人が議長となる。よって，本肢は正しく，本問の正解肢となる。

❷ 誤 2 週間ではなく 1 週間。

集会の招集の通知は，会日より少なくとも 1 週間前に，会議の目的たる事項を示して，各区分所有者に発しなければならない。ただし，この期間は，規約で伸縮することができる（区分所有法 35 条 1 項）。よって，本肢は誤り。

❸ 誤 1 人ではなく 2 人。

集会の議事録が書面で作成されているときは，議長及び集会に出席した区分所有者の

２人がこれに署名押印しなければならない(区分所有法42条３項)。よって，本肢は誤り。

❹ 誤 任期は２年に限られない。

区分所有者は，規約に別段の定めがない限り集会の決議によって，管理者を選任し，または解任することができる(区分所有法25条１項)。しかし，管理者を選任する場合に，任期を２年以内としなければならないとする規定はない。よって，本肢は誤り。

問14	不動産登記法	解答❶	合格者正解率	不合格者正解率	受験者正解率
			52.7%	32.1%	45.2%

❶ 誤 権利に関する登記には，申請義務はない。

所有権の保存の登記は権利に関する登記であるため，申請義務はない。したがって，新築した建物又は区分建物以外の表題登記がない建物の所有権を取得したとしても，その所有権の取得の日から１カ月以内に所有権の保存の登記を申請する必要はない。よって，本肢は誤りであり，本問の正解肢となる。なお，新築した建物又は区分建物以外の表題登記がない建物の所有権を取得した者は，その所有権の取得の日から１カ月以内に，表題登記を申請しなければならない（不登法47条１項）。

❷ 正 抵当権，賃借権は登記することができる権利である（不登法３条７号，８号）。よって，本肢は正しい。

❸ 正 建物が滅失したときは，表題部所有者又は所有権の登記名義人は，その滅失の日から１カ月以内に，当該建物の滅失の登記を申請しなければならない（不登法57条）。よって，本肢は正しい。

❹ 正 区分建物にあっては，表題部所有者から所有権を取得した者も，所有権保存の登記を申請することができる（不登法74条２項前段）。よって，本肢は正しい。

問15	国土利用計画法	解答❸	合格者正解率	不合格者正解率	受験者正解率
			86.5%	56.6%	75.2%

❶ 誤 一団の土地として事後届出をする必要がある。

市街化区域内においては，原則として2,000㎡以上の一団の土地売買等の契約について事後届出が必要であり，一団の土地であるか否かは，権利取得者を基準に判断される（国土法23条２項１号かっこ書,同号イ）。したがって，Aは，一定の計画に基づき1,500㎡ずつ順次購入した場合，3,000㎡の一団の土地を購入したことになるから，事後届出を行う必要がある。よって，本肢は誤り。

❷ 誤 Eは事後届出をする必要がある。

市街化調整区域等の市街化区域を除く都市計画区域内においては，原則として5,000㎡

以上の土地売買等の契約について事後届出が必要であるが，民事調停法に基づく調停によって取得した場合は，事後届出を行う必要はない（国土法23条2項1号ロ，3号）。したがって，市街化調整区域において8,000㎡の土地を民事調停法に基づく調停によって取得したCは事後届出を行う必要はない。しかし，その後当該土地を取得したEは事後届出を行う必要がある。よって，本肢は誤り。

❸　**正**　当事者の一方又は双方が国，地方公共団体その他政令で定める法人である場合は，事後届出を行う必要はない（国土法23条2項3号）。したがって，甲県と契約して土地を取得したF，Gは，いずれも事後届出を行う必要はない。よって，本肢は正しく，本問の正解肢となる。

❹　**誤**　勧告に従わなかった場合でも無効にすることはできない。

都道府県知事は，事後届出に係る土地の利用目的について勧告した場合において，勧告を受けた者がその勧告に従わないときは，その旨及びその勧告の内容を公表することができる（国土法26条）。しかし，勧告に従わなかった場合でも，契約は有効であり，都道府県知事が契約を無効にすることができる旨の規定はない。よって，本肢は誤り。

問16	都市計画法：都市計画の内容	解答❹	合格者正解率 98.1%	不合格者正解率 78.4%	受験者正解率 89.5%

❶　**正**　田園住居地域内の農地の区域内において，土地の形質の変更，建築物の建築その他工作物の建設又は土石その他の政令で定める物件の堆積を行おうとする者は，原則として市町村長の許可を受けなければならない（都計法52条1項本文）。よって，本肢は正しい。

❷　**正**　風致地区内における建築物の建築，宅地の造成，木竹の伐採その他の行為については，政令で定める基準に従い，地方公共団体の条例で，都市の風致を維持するため必要な規制をすることができる（都計法58条1項）。よって，本肢は正しい。

❸　**正**　市街化区域については，少なくとも用途地域を定めるものとし，市街化調整区域については，原則として用途地域を定めないものとする（都計法13条1項7号）。よって，本肢は正しい。

❹　**誤**　準都市計画区域に区域区分を定めることはできない。

都市計画区域について無秩序な市街化を防止し，計画的な市街化を図るため必要があるときは，都市計画に，市街化区域と市街化調整区域との区分（以下「区域区分」という。）を定めることができる（都計法7条1項本文）。準都市計画区域には，区域区分を定めることはできない。よって，本肢は誤りであり，本問の正解肢となる。

❶ **正** 準都市計画区域においては，規模が 3,000 ㎡未満の開発行為は許可が不要となる（都計法 29 条 1 項但書 1 号，施行令 19 条 1 項）。したがって，準都市計画区域内における 4,000 ㎡の土地の区画形質の変更は都道府県知事の許可が必要となる。本肢は正しく，本問の正解肢となる。

❷ **誤** 1,000 ㎡以上である場合，開発許可を受けなければならない。

農業を営む者の居住の用に供する建築物は「農林漁業用建築物」である（都計法 29 条 1 項 2 号）。市街化区域においては，農林漁業用建築物の建築のための開発行為は，その規模が 1,000 ㎡以上である場合，開発許可を受けなければならない（都計法 29 条 1 項但書 2 号参照，施行令 19 条 1 項）。よって，本肢は誤り。

❸ **誤** 8,000 ㎡の野球場の建設は開発行為にあたらない。

開発行為とは，主として建築物の建築又は特定工作物の建設の用に供する目的で行う土地の区画形質の変更をいう（都計法 4 条 12 項）。野球場は 1 ヘクタール（10,000 ㎡）以上のものでなければ特定工作物にはあたらない（都計法 4 条 11 項，施行令 1 条 2 項 1 号）。したがって，野球場の建設の用に供する目的で行う 8,000 ㎡の土地の区画形質の変更は，そもそも開発行為にはあたらないことから開発許可を受ける必要はない（都計法 29 条 1 項）。よって，本肢は誤り。

❹ **誤** 1,000 ㎡についても開発行為は許可が必要である。

市街化調整区域においては，小規模開発の例外がないため，1,000 ㎡の土地の区画形質の変更についても開発行為は許可が必要となる（都計法 29 条 1 項但書 1 号，施行令 19 条 1 項）。また，医療法に規定する病院の建築についても許可が不要となることはない（施行令 20 条等参照）。よって，本肢は誤り。

❶ **正** 大規模建築物を新築する場合，特定行政庁が，安全上，防火上及び避難上支障がないと認めたときには，検査済証の交付を受ける前においても，仮に，当該建築物又は建築物の部分を使用し，又は使用させることができる（建基法 7 条の 6 第 1 項但書 1 号）。よって，本肢は正しい。

❷ **正** 長屋又は共同住宅の各戸の界壁は，自動スプリンクラー設備等設置部分の界壁等を除き，準耐火構造とし，一定の場合を除き，小屋裏又は天井裏に達せしめなければならない（建基法施行令 114 条 1 項）。よって，本肢は正しい。

❸ 正 下水道法2条8号に規定する処理区域内においては，便所は，水洗便所（汚水管が下水道法2条3号に規定する公共下水道に連結されたものに限る。）以外の便所としてはならない（建基法31条1項）。よって，本肢は正しい。

❹ 誤 特殊建築物に用途変更するので，建築確認が必要となる。

　建築物の用途を変更して特殊建築物のいずれかとする場合（当該用途の変更が一定の類似の用途相互間におけるものである場合を除く。）においては，建築確認が必要となる（建基法87条1項，6条1項1号）。200㎡を超える共同住宅は特殊建築物である（建基法別表第1）。また，ホテルと共同住宅は類似の用途にはならない（建基法施行令137条の18第4号）。したがって，ホテルの用途に供する建築物を床面積300㎡の共同住宅に用途変更する場合，建築確認が必要となる。よって，本肢は誤りであり，本問の正解肢となる。

問19	建築基準法総合	解答❸	合格者正解率 82.3%	不合格者正解率 51.1%	受験者正解率 70.2%

❶ 正 地方公共団体は，特殊建築物，階数が3以上である建築物，政令で定める窓その他の開口部を有しない居室を有する建築物又は延べ面積が1,000㎡を超える建築物の敷地が接しなければならない道路の幅員等について，条例で，必要な制限を付加することができる（建基法43条3項）。よって，本肢は正しい。

❷ 正 建蔽率の限度が10分の8とされている地域内で，かつ，防火地域内にある耐火建築物等については，建蔽率の制限は適用されない（建基法53条6項1号）。よって，本肢は正しい。

❸ 誤 第二種中高層住居専用地域に属する建物の部分には適用がある。

　北側斜線制限は，第一種低層住居専用地域，第二種低層住居専用地域，田園住居地域，第一種中高層住居専用地域，第二種中高層住居専用地域において適用がある（建基法56条1項3号）。北側斜線制限の適用がある地域と適用のない地域にわたって建築物が存する場合は，適用地域に係る建築物の部分について，北側斜線制限が適用される（建基法91条，56条5項）。よって，本肢は誤りであり，本問の正解肢となる。

❹ 正 建築物の敷地が用途規制の異なる複数の地域にわたる場合，その建築物又はその敷地の全部について，敷地の過半の属する地域の用途規制に関する規定が適用される（建基法91条）。本肢の敷地は過半が準住居地域内であり，床面積100㎡の自動車修理工場は建築可能である（建基法48条7項，別表第二（と）2号）。よって，本肢は正しい。

❶ **誤** 高さ５ｍ以下なので，資格を有する者の設計である必要はない。

　宅地造成工事規制区域内において宅地造成に関する工事を行う場合，宅地造成に伴う災害を防止するために行う高さ５ｍを超える擁壁の設置に係る工事については，政令で定める資格を有する者の設計によらなければならない（宅造法９条２項，施行令16条１号）。よって，本肢は誤りであり，本問の正解肢となる。

❷ **正** 宅地造成工事規制区域内において行われる宅地造成に関する工事については，原則として，造成主は，当該工事に着手する前に，都道府県知事の許可を受けなければならない（宅造法８条１項本文）。そして，宅地において行われる切土であって，切土をする土地の面積が500㎡を超えるものは，宅地造成に関する工事にあたる（宅造法２条２号，施行令３条４号）。したがって，切土をする土地の面積が600㎡のときには，原則として，あらかじめ都道府県知事の許可を受けなければならない。よって，本肢は正しい。

❸ **正** 宅地において行われる盛土であって，当該盛土をした土地の部分に高さが１ｍを超える崖を生じるものは，宅地造成に関する工事にあたる（宅造法２条２号，施行令３条２号）。したがって，原則として，あらかじめ都道府県知事の許可を受けなければならない（宅造法８条１項本文）。よって，本肢は正しい。

❹ **正** 都道府県知事は，宅地造成工事規制区域内の宅地について，宅地造成に伴う災害の防止のため必要があると認める場合においては，その宅地の所有者，管理者，占有者，造成主又は工事施行者に対し，擁壁の設置等の措置をとることを勧告することができる（宅造法16条２項）。よって，本肢は正しい。

| 問21 | 土地区画整理法 | 解答 ❸ | 合格者正解率 71.5% | 不合格者正解率 46.6% | 受験者正解率 63.9% |

❶ **正** 施行者は，換地処分を行う前において，換地計画に基づき換地処分を行うため必要がある場合においては，施行地区内の宅地について仮換地を指定することができる（区画法98条１項）。よって，本肢は正しい。

❷ **正** 仮換地が指定された場合においては，従前の宅地について権原に基づき使用し，又は収益することができる者は，仮換地の指定の効力発生の日から換地処分の公告がある日まで，仮換地について，従前の宅地について有する権利の内容である使用又は収益と同じ使用又は収益をすることができる（区画法99条１項）。よって，本肢は正しい。

❸ **誤** 都道府県知事の認可で足り，市町村長の認可は不要である。

施行者は，施行地区内の宅地について換地処分を行うため，換地計画を定めなければならない。この場合において，施行者が個人施行者，組合，区画整理会社，市町村又は機構等であるときは，その換地計画について都道府県知事の認可を受けなければならない（区画法86条1項）。したがって，都道府県知事の認可を受ける必要はあるが，市町村長の認可を受ける必要はない。よって，本肢は誤りであり，本問の正解肢となる。

❹　**正**　換地処分の公告があった場合においては，換地計画において定められた換地は，その公告があった日の翌日から従前の宅地とみなされ，換地計画において換地を定めなかった従前の宅地について存する権利は，その公告があった日が終了した時において消滅する（区画法104条1項）。よって，本肢は正しい。

問22	農地法	解答 ❸	合格者正解率 92.2%	不合格者正解率 68.3%	受験者正解率 83.7%

❶　**誤**　相続人以外の者に対する特定遺贈は許可が必要である。

　農地についての所有権等の権利設定又は移転であっても，相続や遺産分割による場合は，例外的に農地法3条1項の許可は不要となる（農地法3条1項12号）。しかし，相続人以外の者に対する特定遺贈は農地法3条1項の許可が必要である（規則15条5号）。本肢は，前半は正しいが，後半が誤りである。よって，本肢は誤り。

❷　**誤**　農地所有適格法人でない法人も3条許可を得られる場合がある。

　農地所有適格法人以外の法人が所有権，地上権，永小作権等の権利を取得しようとする場合，農地法3条1項の許可を得ることはできない（農地法3条2項2号）。しかし，農地を借り入れようとする場合の許可要件に，農地所有適格法人でなければならないというものはない（農地法3条3項各号参照）。したがって，農地所有適格法人の要件を満たしていない株式会社であっても耕作目的で農地を借り入れることができる。よって，本肢は誤り。

❸　**正**　農地法3条1項又は5条1項の許可を得ていない権利設定又は移転は，その効力を生じない（農地法3条7項，5条3項）。したがって，農地法3条1項又は5条1項の許可のない農地の売買契約を締結してもその効力は生じず，所有権移転の効力も生じない。よって，本肢は正しく，本問の正解肢となる。

❹　**誤**　市街化調整区域では4条許可に代わる農業委員会への届出の特則はない。

　農地法上の「農地」とは，耕作の目的に供される土地をいい（農地法2条1項），遊休化している農地（いわゆる休耕地）も，耕作しうる以上「農地」にあたる。そして，市街化調整区域内の農地を転用する場合は，4条1項の許可を受ける必要がある。よって，本肢は誤り。なお，市街化区域内の農地は，4条1項の許可を得なくても農業委員会への届出により転用することができる（農地法4条1項7号）。

❶ 誤 100㎡以上ではなく，50㎡以上である。

　登録免許税の税率の軽減措置の適用を受けることができる住宅用家屋は，個人の住宅の用に供される１棟の家屋で，床面積の合計が50㎡以上である場合に限られる（租特法73条，施行令42条１項）。登録免許税の税率の軽減措置の適用を受けることができる住宅用家屋の床面積は，100㎡以上ではない。よって，本肢は誤り。

❷ 正 住宅用家屋の所有権の移転の登記に係る登録免許税の税率の軽減措置の適用を受けることができるのは，売買又は競落により住宅用家屋を取得した場合に限られる（租特法73条，施行令42条３項）。したがって，贈与により取得した場合には，適用されない。よって，本肢は正しく，本問の正解肢となる。

❸ 誤 実際の取引価格ではない。

　登録免許税の課税標準は，原則として，固定資産課税台帳登録価格である（登免法10条１項，附則７条）。売買契約書に記載された実際の取引価格ではない。よって，本肢は誤り。

❹ 誤 ６カ月以内ではなく，１年以内である。

　登録免許税の税率の軽減措置の適用を受けるためには，適用対象となる住宅用家屋の取得後１年以内に所有権の移転登記を受ける必要がある（租特法73条）。取得後６カ月以内に所有権の移転登記を受けるのではない。よって，本肢は誤り。

問 24 不動産取得税 解答**③** | 合格者正解率 | 不合格者正解率 | 受験者正解率 |
88.8% | 69.7% | 80.5%

❶ 誤 申告納付ではない。

　不動産取得税の徴収は，普通徴収の方法によらなければならない（地税法73条の17第１項）。納税者に納税通知書を交付することにより徴収するのであり，申告納付ではない（地税法73条の17第２項）。よって，本肢は誤り。

❷ 誤 価格が増加すれば課税される。

　不動産取得税は，不動産の取得に対して課される税である（地税法73条の２第１項）。家屋を改築したことにより当該家屋の価格が増加した場合には，当該改築をもって家屋の取得とみなして，不動産取得税が課される（地税法73条の２第３項）。よって，本肢は誤り。

❸ 正 相続による不動産の取得に対しては，不動産取得税を課することができない（地税法73条の７第１号）。よって，本肢は正しく，本問の正解肢となる。

❹ 誤 面積によって非課税とする旨の規定はない。

　一定の面積に満たない土地の取得については，不動産取得税を課さないとする旨の規定はない。よって，本肢は誤り。

問25	不動産鑑定評価基準	解答❷	合格者正解率	不合格者正解率	受験者正解率
			61.8%	35.5%	52.2%

❶ 誤 二つを選択して適用するのではない。

　不動産の価格を求める鑑定評価の手法は，原価法，取引事例比較法，収益還元法に大別され，鑑定評価にあたっては，原則として，これらの三手法を併用すべきである（不動産鑑定評価基準総論7章1節，8章6節）。よって，本肢は誤り。

❷ 正 土地についての原価法の適用において，宅地造成直後の対象地の地域要因と価格時点における対象地の地域要因とを比較し，公共施設，利便施設等の整備および住宅等の建設等により，社会的，経済的環境の変化が価格水準に影響を与えていると認められる場合には，地域要因の変化の程度に応じた増加額を熟成度として加算することができる（不動産鑑定評価基準総論7章1節Ⅱ2（2）①）。よって，本肢は正しく，本問の正解肢となる。

❸ 誤 特殊価格ではない。

　特殊価格とは，文化財等の一般的に市場性を有しない不動産について，その利用現況等を前提とした不動産の経済価値を適正に表示する価格をいう（不動産鑑定評価基準5章3節Ⅰ4）。よって，本肢は誤り。なお，本肢の記述は，特定価格に関するものである。

❹ 誤 自用の住宅地にも適用すべきである。

　収益還元法は，対象不動産が将来生み出すであろうと期待される純収益の現在価値の総和を求めることにより対象不動産の試算価格を求める手法である。そして，この手法は，文化財の指定を受けた建造物等の一般的に市場性を有しない不動産以外のものにはすべて適用すべきものであり，自用の住宅地といえども賃貸を想定することにより適用されるものである（不動産鑑定評価基準7章1節Ⅳ1）。よって，本肢は誤り。

問26	宅建業の意味	解答❶	合格者正解率	不合格者正解率	受験者正解率
			71.4%	50.9%	64.3%

ア 正 工業専用地域は用途地域である。そして，用途地域内の土地は，一定の場合を除き，宅地に該当する（業法2条1号）。したがって，工業専用地域内の資材置き場の用に供されている土地は，宅地である。よって，本肢は正しい。

イ 誤 社会福祉法人も貸借の媒介を行うときは免許が必要となる。

住宅の貸借の媒介を反復継続して行う場合，宅建業を行うことになるから，免許を受ける必要がある（業法3条1項，2条2号）。この点，本肢のような社会福祉法人の場合も同様であり，免許が不要となる場合にあたらない。よって，本肢は誤り。

ウ　誤　倉庫の用に供されている土地は宅地である。

現に建物が建っている土地であれば，建物の種類やその場所は問わず，すべて宅地に該当する（業法2条1号）。したがって，倉庫の用に供されている土地は宅地である。よって，本肢は誤り。

エ　誤　貸借の媒介を反復継続して行う場合，賃貸住宅管理業者も免許が必要である。

住宅の貸借の媒介を反復継続して行う場合，宅建業を行うことになるから，免許を受ける必要がある（業法3条1項，2条2号）。この場合，賃貸住宅の管理業者であっても，宅建業の免許が必要となる。よって，本肢は誤り。

以上より，正しいものはアの一つであり，**❶**が本問の正解肢となる。

問27	従業者名簿	解答❸	合格者正解率	不合格者正解率	受験者正解率
			―	―	―

❶　違反する　宅地建物取引士であるか否か記載しなければならない。

従業者名簿には，従業者の，(1)氏名，(2)従業者証明書番号，(3)生年月日，(4)主たる職務の内容，(5)宅地建物取引士であるか否か，(6)当該事務所の従業者となった年月日，(7)当該事務所の従業者でなくなったときはその年月日，を記載しなければならない（業法48条3項，施行規則17条の2第1項）。よって，宅地建物取引士であるか否かの別を記載しなかった本肢は，宅建業法に違反する。

❷　違反する　最終の記載をした日から10年間保存しなければならない。

従業者名簿は，最終の記載をした日から10年間保存しなければならない（施行規則17条の2第4項）。よって，5年間だけ保存し直ちに廃棄した本肢は，宅建業法に違反する。

❸　違反しない　従業者名簿は，それぞれの事務所ごとに作成して備え付ければ足り，主たる事務所に一括して備え付ける必要はない（業法48条3項）。よって，本肢は宅建業法に違反せず，本問の正解肢となる。

❹　違反する　従業者名簿を閲覧に供しなければならない。

宅建業者は，取引の関係者から請求があったときは，従業者名簿を閲覧に供しなければならない（業法48条4項）。従業者名簿の内容は，業法45条により保護されるべき秘密には該当しないから，守秘義務を理由に閲覧の申出を断ることはできない。よって，本肢は宅建業法に違反する。

問28	業務上の規制総合	解答 ④	合格者正解率	不合格者正解率	受験者正解率
			69.2%	40.3%	52.5%

ア 違反する 宅建業者は，その業務に関して広告するときは，当該広告に係る宅地又は建物の現在もしくは将来の利用の制限などに関して著しく事実に相違する表示をし，又は実際のものより著しく優良であり，もしくは有利であると人を誤認させるような表示をしてはならない（業法 32 条）。本肢の広告は，著しく人を誤認させるような表示である。よって，本肢は宅建業法の規定に違反する。

イ 違反する 宅建業者は，定期建物賃貸借の媒介をする場合は，重要事項の説明において，定期建物賃貸借である旨説明しなければならない（業法 35 条 1 項 14 号，規則 16 条の 4 の 3 第 9 号）。定期建物賃貸借は，期間の定めのある契約であるにもかかわらず，期間の定めのない旨の説明を行うことは，事実に反する説明を行うことになる。よって，本肢は宅建業法の規定に違反する。

ウ 違反する 宅建業者は，宅地の造成又は建物の建築に関する工事の完了前においては，当該工事に関し必要とされる開発許可，建築確認等があった後でなければ，当該工事に係る宅地又は建物の売買その他の業務に関する広告をしてはならない（業法 33 条）。したがって，建築確認を受ける前に，当該建物の分譲の広告をしてはならない。よって，本肢は宅建業法の規定に違反する。

エ 違反する 宅建業者は，自己の所有に属しない宅地又は建物について，当該宅地又は建物を取得する契約（予約を含み停止条件付のものを除く）を締結しているとき等を除き，自ら売主となる売買契約を締結してはならない（業法 33 条の 2）。裁判所による競売の公告がなされたからといって，当該宅地を取得する契約をしたわけではない。よって，本肢は宅建業法の規定に違反する。

　以上より，宅建業法に違反するものはア，イ，ウ，エの四つすべてであり，④が本問の正解肢となる。

問29	免許の申請	解答 ②	合格者正解率	不合格者正解率	受験者正解率
			58.1%	39.0%	48.8%

❶ 正 免許の欠格事由に該当するのは，宅建業法 66 条 1 項 8 号又は 9 号に該当（①不正手段による免許取得，②業務停止処分事由に該当し，情状が特に重い，③業務停止処分に違反）することを理由とする免許取消しである（業法 5 条 1 項 2 号，3 号）。C社が免許を取り消されたのは，その役員が禁錮以上の刑に処せられたことによるもので，宅建業法 66 条 1 項 8 号又は 9 号に該当することによるものではないから，その当

時C社の役員だったBは, 免許欠格事由に該当しない(業法5条1項2号)。したがって, 役員Bが免許欠格事由に該当しない以上, A社は免許を受けることができる（業法5条1項12号）。よって, 本肢は正しい。

❷ **誤** 詐欺罪により罰金刑に処せられても, 免許可。

　法人の役員に免許欠格事由に該当する者がいる場合, その法人は免許を受けることはできない（業法5条1項12号）。そして, 一定の罪を犯し罰金刑に処せられた場合, 免許欠格事由に該当するが, 詐欺罪は, この一定の罪には含まれない（業法5条1項6号）。したがって, 役員が免許欠格事由に該当しない以上, E社は免許を受けることができる。よって, 本肢は誤りであり, 本問の正解肢となる。

❸ **正** 指定暴力団の構成員は, 暴力団員による～法律第2条6号に規定する暴力団員に該当する（業法5条1項7号）。したがって, 役員に指定暴力団の構成員がいるF社は, 免許を受けることはできない（業法5条1項12号）。よって, 本肢は正しい。

❹ **正** 宅建業者が, 免許を受けてから1年以内に事業を開始せず, 又は引き続いて1年以上事業を休止したときは,免許の取消しの対象となる(業法66条1項6号)。よって, 本肢は正しい。

問30	営業保証金	解答❶	合格者正解率	不合格者正解率	受験者正解率
			97.5%	78.1%	89.0%

❶ **誤** 金銭で供託しているときは, 保管替えを請求しなければならない。

　主たる事務所を移転したため, もよりの供託所が変更した場合, 金銭のみをもって営業保証金を供託しているときは, 遅滞なく費用を予納して, 営業保証金を供託している供託所に対し, 移転後の主たる事務所のもよりの供託所へ営業保証金の保管替えを請求しなければならない（業法29条1項前段）。よって, 本肢は誤りであり, 本問の正解肢となる。なお, 金銭以外を供託している場合, 遅滞なく, 営業保証金を移転後の主たる事務所のもよりの供託所に新たに供託し, 従前の供託所から取り戻す（業法29条1項後段）。

❷ **正** 宅建業者は, 営業保証金を供託したときは, その供託物受入れの記載のある供託書の写しを添附して, その旨をその免許を受けた国土交通大臣又は都道府県知事に届け出なければならない（業法25条4項）。このことは, 事業の開始後新たに事務所を設置したときも同様である（業法26条2項）。よって, 本肢は正しい。

❸ **正** 宅建業者は, 一部の事務所を廃止した場合において, 営業保証金の額が政令で定める額を超えることとなったときは, その超過額について, 取り戻すことができる（業法30条1項）。そして, この場合には, 原則として, 還付請求権者に対し, 6カ月を下らない一定期間内に申し出るべき旨を公告し, その期間内にその申出がなかった場合でなければ, 取り戻すことができない（業法30条2項）。よって, 本肢は正しい。

❹ 正 宅建業者は，営業保証金が還付されたため，営業保証金が政令で定める額に不足することとなったときは，免許権者から通知書の送付を受けた日から2週間以内に，その不足額を供託しなければならない（業法28条1項，営業保証金規則5条）。よって，本肢は正しい。

問31	重要事項の説明	解答❶	合格者正解率	不合格者正解率	受験者正解率
			−	−	−

❶ 誤 重要事項の説明対象ではない。

区分所有建物の貸借の媒介を行う場合，当該1棟の建物の敷地に関する権利の種類および内容は重要事項の説明対象ではない。これは建物の貸借の契約以外の契約（売買・交換）で説明しなければならない事項である（業法35条1項6号，施行規則16条の2）。よって，本肢は誤りであり，本問の正解肢となる。

❷ 正 建物の貸借の契約にあたっては，台所，浴室，便所その他の当該建物の設備の整備の状況について，重要事項として説明しなければならない（業法35条1項14号，施行規則16条の4の3第7号）。したがって，区分所有建物の貸借の媒介を行う場合でも，台所，浴室，便所その他の当該区分所有建物の設備の整備の状況について説明しなければならない。よって，本肢は正しい。

❸ 正 区分所有建物の貸借の契約にあっては，当該1棟の建物およびその敷地の管理が委託されているときは，その委託を受けている者の氏名（法人にあっては，その商号または名称）および住所（法人にあっては，その主たる事務所の所在地）を，重要事項として説明しなければならない（業法35条1項6号，施行規則16条の2第8号）。よって，本肢は正しい。

❹ 正 建物の貸借の契約にあっては，敷金その他いかなる名義をもって授受されるかを問わず，契約終了時において精算することとされている金銭の精算に関する事項を，重要事項として説明しなければならない。この場合，定まっている場合はその内容を説明しなければならないし，定まっていない場合でも，その旨を説明しなければならない（業法35条1項14号，施行規則16条の4の3第11号）。よって，本肢は正しい。

問32	宅地建物取引士の登録	解答❷	合格者正解率	不合格者正解率	受験者正解率
			86.3%	61.0%	78.6%

❶ 誤 2年ではない。

都道府県知事は，不正の手段によって試験を受け，又は受けようとした者に対しては，合格の決定を取り消し，又はその試験を受けることを禁止することができる（業法17

第3回

解答・解説

条1項)。そして，都道府県知事は，合格の取消し等の処分を受けた者に対し，情状により，3年以内の期間を定めて試験を受けることができないものとすることができる（業法17条3項）。2年を上限とする期間ではない。よって，本肢は誤り。

❷ **正** 登録を受けている者が本籍を変更したときは，本人が，遅滞なく，変更の登録を申請しなければならない（業法20条，18条2項，規則14条の2第1項1号）。よって，本肢は正しく，本問の正解肢となる。

❸ **誤** 死亡した日からではない。

登録を受けている者が死亡した場合，その相続人は，死亡を知った日から30日以内に，登録をしている都道府県知事に届け出なければならない（死亡等の届出，業法21条1号）。死亡した日から30日以内ではない。よって，本肢は誤り。

❹ **誤** 住所移転の場合，登録の移転の申請はできない。

登録の移転の申請ができるのは，登録を受けている者が，その登録先以外の都道府県内に所在する宅建業者の事務所の業務に従事し，又は従事しようとするときである（業法19条の2）。したがって，甲県知事の登録を受けている者が，その住所を乙県に変更しても，登録の移転の申請はできない。よって，本肢は誤り。

問 33	重要事項の説明	解答 ❷	合格者正解率 86.1%	不合格者正解率 59.0%	受験者正解率 75.7%

❶ **誤** 管理組合総会の議決権については説明不要。

宅建業者がマンションの分譲を行う場合，管理組合の総会の議決権に関する事項について，重要事項として説明が必要な事項に含まれない（業法35条1項6号，規則16条の2参照）。よって，本肢は誤り。

❷ **正** 建物の区分所有等に関する法律2条4項に規定する共用部分に関する規約の定め（案を含む。）があるときは，その内容は重要事項の説明事項となる（業法35条1項6号，規則16条の2第2号）。よって，本肢は正しく，本問の正解肢となる。

❸ **誤** 建物貸借の場合，建蔽率，容積率に関する制限は説明不要。

建物の貸借においては，建蔽率，容積率に関する制限は，説明事項とされていない（業法35条1項2号，施行令3条3項）。よって，本肢は誤り。

❹ **誤** 保管方法の説明は不要。

建物の貸借の媒介を行う場合，借賃以外に授受される金銭の額及び当該金銭の授受の目的について説明しなければならない（業法35条1項7号）。しかし保管方法については説明不要である。よって，本肢は誤り。

問34	クーリング・オフ	解答❷	合格者正解率 85.8%	不合格者正解率 66.2%	受験者正解率 78.9%

❶ **正** 宅建業者はクーリング・オフの方法について書面で告知しなければならない（業法37条の2第1項1号，規則16条の6）。そして，その書面の内容として買主の氏名及び住所，売主の商号又は住所ならびに免許証番号を記載しなければならない（規則16条の6第1号，2号）。よって，本肢は正しい。

❷ **誤** 代金全部を支払った場合でも，引渡しを受けていなければクーリング・オフ可。

　クーリング・オフの方法を告知する書面には，クーリング・オフができなくなる例外を記載しなければならない（規則16条の6第3号）。そして，クーリング・オフができなくなる例外には，買主が宅地又は建物の引渡しを受け，かつ，代金の全部を支払った場合がある（業法37条の2第1項2号）。したがって，本肢では引渡しについての記載が不足しているということになる。よって，本肢は誤りであり，本問の正解肢となる。

❸ **正** クーリング・オフの方法を告知する書面には，クーリング・オフの効力が生じるのは申込みの撤回の書面を発した時であることについて記載しなければならない（規則16条の6第5号）。よって，本肢は正しい。

❹ **正** クーリング・オフの方法を告知する書面には，クーリング・オフによる解除に伴って，売主は損害賠償請求ができないこと，手付金等の支払済みの金銭を返還しなければならないこと，について記載しなければならない（規則16条の6第4号，6号）。よって，本肢は正しい。

問35	宅地建物取引士総合	解答❹	合格者正解率 95.4%	不合格者正解率 79.1%	受験者正解率 89.4%

❶ **誤** 登録を消除された日から5年間登録を受けることができない。

　不正の手段により登録を受けたとして，登録の消除の処分の聴聞の期日および場所が公示された日から当該処分をする日または当該処分をしないことを決定する日までに相当の理由なく登録の消除の申請をした者は，登録が消除された日から5年間登録を受けることができない（業法18条1項10号）。よって，本肢は誤り。

❷ **誤** 事務禁止処分期間中に登録の移転の申請をすることができない。

　登録を受けている者は，登録をしている都道府県知事の管轄する都道府県以外の都道府県に所在する宅建業者の事務所で業務に従事し，または従事しようとする場合，当該事務所の所在地を管轄する都道府県知事へ登録の移転を申請することができる。そして，その申請は，現在登録をしている都道府県知事を経由して行う。しかし，事務の禁止の処分を受けている者は，その禁止期間中，登録の移転の申請をすることができない（業

法 19 条の 2 但書)。よって，本肢は誤り。

❸　誤　交付の申請前 6 カ月以内に行われる法定講習を受講しなければならない。

　宅地建物取引士証の交付を受けようとする者は，原則として，登録をしている都道府県知事が指定する講習で，交付の申請前 6 カ月以内に行われるものを受講しなければならない（業法 22 条の 2 第 2 項）。1 年以内ではない。よって，本肢は誤り。

❹　正　宅地建物取引士は，登録が消除されたときは，速やかに，宅地建物取引士証をその交付を受けた都道府県知事，すなわちその登録している都道府県知事に返納しなければならない（業法 22 条の 2 第 6 項）。よって，本肢は正しく，本問の正解肢となる。

問 36	手付金等保全措置	解答 ❹	合格者正解率 26.8%	不合格者正解率 16.9%	受験者正解率 23.4%

ア　誤　代金の 1 割を支払うという特約は買主に不利であり無効である。

　宅建業者が自ら売主となる取引において，手付金が交付されたとき，相手方が契約の履行に着手するまでは，買主はその手付を放棄して，宅建業者はその倍額を現実に提供して，契約の解除をすることができる（業法 39 条 2 項）。したがって，買主 B は手付金 10 万円の放棄で契約を解除できる。本肢の特約は，代金の 1 割である 300 万円を支払わなければ解除できない特約であり，買主に不利な特約として無効となる（業法 39 条 3 項）。よって，本肢は誤り。

イ　誤　保険証券の交付前に手付金を受領することはできない。

　宅建業者が自ら売主となる取引において，建物の工事完了前に売買契約を結ぶときは，売買代金の 5 ％又は 1,000 万円を超える手付金等を受領する前に保全措置を講じなければならない（業法 41 条 1 項）。本肢の手付金 300 万円は代金の 5 ％を超えるので保全措置が必要となる。そして，保証保険契約の締結による保全措置の場合，手付金の受領前に保険証券又はこれに代わるべき書面を，買主に交付しなければならない（業法 41 条 1 項 2 号）。よって，手付金の受領後に保険証券を交付している本肢は誤り。

ウ　誤　売買契約時に未完成であったため，未完成物件として保全の要否を判断する。

　完成物件に関するものか未完成物件に関するものかの判断は，契約締結時の状態で判断する（解釈・運用の考え方）。本肢の A B 間の売買契約は「工事完了前」に締結されているため，保全措置の要否の判断は未完成物件に関するものとして判断される。本肢の場合，売買契約時に手付金 150 万円を受領し，その後中間金として 150 万円を受領しようとしているのであるから，合計額である 300 万円が代金の 5 ％を超えるか否かで判断されることになる。300 万円は代金 3,000 万円の 5 ％を超えるため，中間金である 150 万円を受領する前に保全措置を講じなければならない（業法 41 条 1 項）。よって，保全措置を講じなかったとする本肢は誤り。

以上より，正しいものは一つもなく，❹が本問の正解肢となる。

問37 事務所以外の場所の規制 解答❸

合格者正解率	不合格者正解率	受験者正解率
82.5%	55.5%	73.2%

ア 誤 物件の所在場所に標識を掲示するのは，AではなくB。

　宅建業者は，一団の宅地建物を分譲する場合，その宅地又は建物の所在する場所に標識を掲げなければならない（業法50条1項，規則19条1項2号）。標識を掲示する必要があるのは，Aではなく，分譲をするBである。よって，本肢は誤り。

イ 誤 契約を締結する案内所では，案内所設置業者が義務を負う。

　宅建業者は，一団の宅地建物の分譲を案内所を設置して行う場合，業務を開始する日の10日前までに，その旨を，免許を受けた国土交通大臣又は都道府県知事及び案内所の所在地を管轄する都道府県知事に届け出なければならない（業法50条2項，規則19条3項）。届出をする必要があるのはBではなく，案内所を設置するAである。よって，本肢は誤り。

ウ 正 宅建業者は，一団の宅地建物の分譲の代理・媒介を案内所を設置して行う場合，その案内所が契約の締結又は申込みを受けるものであるときは，その案内所について，成年者である専任の宅地建物取引士を置かなければならない（業法31条の3第1項，規則15条の5の2第3号）。設置義務を負うのは，当該案内所を設置する代理・媒介業者であり，売主である宅建業者ではない。よって，本肢は正しい。

エ 正 他の宅建業者が行う一団の宅地建物の分譲の代理又は媒介を案内所を設置して行う場合，当該案内所を設置する宅建業者は，当該案内所に，売主の商号又は名称，免許証番号等を記載した国土交通省令で定める標識を掲げなければならない（業法50条1項，規則19条1項4号，2項5号，様式11号の2）。よって，本肢は正しい。

　以上より，正しいものの組合せはウとエであり，❸が本問の正解肢となる。

問38 報酬額の制限 解答❹

合格者正解率	不合格者正解率	受験者正解率
84.8%	52.5%	74.9%

ア 誤 依頼者からの依頼がない場合，報酬と別に広告料金を請求することはできない。

　宅建業者は，依頼者に報酬とは別に広告料金を請求することはできない。ただし，依頼者の依頼によって行う広告料金については，報酬とは別に受領することができる（業法46条1項，2項，報酬告示第9）。したがって，依頼がない以上，報酬とは別に広

告費の請求をすることができない。よって，本肢は誤り。

イ　誤　A，Bの受領できる報酬の合計は，277 万 2,000 円までである。

売買の代理を行ったA社が受領できる報酬の限度額は，（4,000 万円× 3 ％＋ 6 万）× 1.1 × 2 ＝ 277 万 2,000 円となる（報酬告示第 2 ）。また，売買の媒介を行ったB社が受領できる報酬の限度額は，（4,000 万円× 3 ％＋ 6 万）× 1.1 ＝ 138 万 6,000 円となる（報酬告示第 2 ）。しかし，双方が受領できる報酬の合計の限度額は，277 万 2,000 円であり，Aが 277 万 2,000 円受領したうえで，Bが 138 万 6,000 円受領することはできない。よって，本肢は誤り。

ウ　誤　A，Bの受領できる報酬の合計は，借賃の 1.1 カ月分までである。

居住の用に供する建物の賃貸借の媒介に関して依頼者の一方から受けることのできる報酬の額は，当該媒介の依頼を受けるに当たって当該依頼者の承諾を得ている場合を除き，借賃の 1 月分の 0.55 倍に相当する金額以内であり，借賃の 1.1 カ月分の報酬を受けることはできない（報酬告示第 4 ）。また，宅地または建物の貸借の媒介の依頼者双方から受領することのできる報酬は，原則として，借賃の 1 月分の 1.1 倍に相当する金額が限度となる。AおよびBがそれぞれ 1.1 カ月分を受領することはできない（報酬告示第 4 ）。よって，本肢は誤り。

以上により，正しいものは，一つもなく，**❹**が本問の正解肢となる。

問39	37 条書面	解答❷	合格者正解率 64.8%	不合格者正解率 45.6%	受験者正解率 58.9%

ア　正　宅建業法 37 条 1 項 2 号に規定する宅地建物を特定するために必要な表示について書面で交付する際，工事完了前の建物については，重要事項の説明の時に使用した図書を交付することにより行うものとする（解釈・運用の考え方）。よって，本肢は正しい。

イ　誤　自ら貸借であり，宅建業法の適用はない。

自ら貸借は，取引にあたらず，宅建業法の規定は適用されない（業法 2 条 2 号）。したがって，借賃の支払方法を記載する必要はなく，37 条書面を交付する必要もない。よって，本肢は誤り。

ウ　誤　取決めの内容は 37 条書面に記載しなければならない。

契約の解除に関する定めがあるときは，その内容を，37 条書面に記載しなければならない（37 条 1 項 7 号）。買主が金融機関から住宅ローンの承認を得られなかったときは契約を無条件で解除できるという取決めは「契約の解除に関する定め」に該当するため，住宅ローンのあっせんをする予定の有無にかかわらず，その内容を 37 条書面に記載しなければならない。よって，本肢は誤り。

エ　正　契約の解除に関する定めがあるときは，その内容を，売買又は交換の場合のみならず貸借の場合においても37条書面に記載しなければならない（業法37条1項7号，2項1号）。よって，本肢は正しい。

　以上より，正しいものはア，エの二つであり，**❷**が本問の正解肢となる。

問40	媒介・代理契約	解答**④**	合格者正解率	不合格者正解率	受験者正解率
			82.0%	**57.5%**	**73.1%**

❶　誤　宅地建物取引士をして記名押印させる必要はない。
　媒介契約書への記名押印は，宅建業者が行うものとされており，また宅地建物取引士をして媒介契約書の内容を確認させる義務もない（業法34条の2第1項）。よって，本肢は誤り。

❷　誤　専任媒介契約では更新後の期間も3カ月以内。
　専任媒介契約は，依頼者の申出がある場合には，更新することができ，更新後の期間は3カ月を超えることができない（業法34条の2第4項）。3カ月以内であれば，当初の契約期間を超えることも可能である。よって，本肢は誤り。

❸　誤　一般媒介契約には有効期間の制限はない。
　一般媒介契約については，契約期間の制限はない（業法34条の2第3項参照）。したがって，一般媒介契約において有効期間を6カ月とする定めは，有効である。よって，本肢は誤り。

❹　正　媒介契約書には，媒介契約の種類にかかわらず，宅地又は建物を売買すべき価額又はその評価額を記載しなければならない（業法34条の2第1項2号）。売買すべき価額を口頭で述べたとしても，同様である。よって，本肢は正しく，本問の正解肢となる。

問41	監督・罰則	解答**②**	合格者正解率	不合格者正解率	受験者正解率
			97.8%	**77.9%**	**90.2%**

❶　誤　事務禁止処分を受けることもある。
　都道府県知事は，当該都道府県の区域内において，宅地建物取引士が，他人に自己の名義の使用を許し，当該他人がその名義を使用して宅地建物取引士である旨の表示をした場合，他の都道府県知事の登録を受けている宅地建物取引士であっても，必要な指示をすることができ，さらに事務の禁止の処分をすることもできる（業法68条3項，4項，1項2号）。よって，本肢は誤り。

❷ 正 不正の手段により宅地建物取引士証の交付を受けたとき，当該宅地建物取引士が登録している都道府県知事は登録を消除しなければならない（業法 68 条の 2 第 1 項 3 号）。この場合，登録している都道府県知事以外の知事は登録を消除することはできない。したがって，A は乙県知事から登録を消除されることはない。よって，本肢は正しく，本問の正解肢となる。

❸ 誤 他の都道府県知事の事務禁止処分に反しても登録を消除される。

登録している都道府県知事以外の知事から事務の禁止の処分を受け，当該処分に違反したときは，登録している都道府県知事から登録を消除される（業法 68 条の 2 第 1 項 4 号，68 条 4 項）。よって，本肢は誤り。

❹ 誤 他の都道府県知事から指示処分を受けることもある。

都道府県知事は，その登録を受けている宅地建物取引士及び当該都道府県の区域内で事務を行う宅地建物取引士に対して，報告を求めることができる（業法 72 条 3 項）。また，都道府県知事は，当該都道府県の区域内において，他の都道府県知事の登録を受けている宅地建物取引士に対し，必要な指示をすることができる（業法 68 条 3 項）。よって，本肢は誤り。

問 42	宅建業法の総合問題	解答 ❹	合格者正解率 76.1%	不合格者正解率 57.0%	受験者正解率 67.7%

ア 違反する 帳簿は閉鎖後一定期間保存しなければならない。

宅建業者は，その事務所ごとに，その業務に関する帳簿を備える必要があり（業法 49 条），当該帳簿は，帳簿の閉鎖後 5 年間（当該宅建業者が自ら売主となる新築住宅に係るものにあっては 10 年間）保存しなければならない（規則 18 条第 3 項）。閉鎖後，遅滞なく破棄している本肢は，宅建業法の規定に違反する。

イ 違反する 専任代理契約の場合，必ず指定流通機構へ登録しなければならない。

売買又は交換の媒介において，専任媒介契約を締結したときは，契約の相手方を探索するため指定流通機構に登録しなければならない（業法 34 条の 2 第 5 項）。そして，これに反する特約は，依頼者の要望であっても，無効とされる（業法 34 条の 2 第 10 項）。本肢は専任代理契約であるが，その場合，媒介契約の規定が準用される（業法 34 条の 3）。よって，登録しなかった本肢は，宅建業法の規定に違反する。

ウ 違反する 販売の勧誘に際して，宅建業者の名称を告げなければならない。

宅建業者の従業者は，宅建業に係る契約の締結の勧誘をするに際し，宅建業者の相手方などに対し，当該勧誘に先立って宅建業者の商号又は名称及び当該勧誘を行う者の氏名並びに当該契約の締結について勧誘をする目的である旨を告げなければならない（業法 47 条の 2 第 3 項，規則 16 条の 12 第 1 号ハ）。よって，宅建業者の商号又は名称を告げていない本肢は，宅建業法の規定に違反する。

エ 違反する 売主である宅建業者は，手付の倍額を現実に提供しなければならない。

宅建業者が，自ら売主となった場合において，宅地又は建物の売買契約の締結に際して手付を受領したときは，その手付がいかなる性質のものであっても，相手方が契約の履行に着手するまでは，買主はその手付を放棄して，当該宅建業者はその倍額を現実に提供して，契約の解除をすることができる（業法39条2項）。よって，売主である宅建業者が手付を返還して解除している本肢は，宅建業法の規定に違反する。

以上より，宅建業法に違反しないものは，一つもなく，**❹**が本問の正解肢となる。

問 43	宅地建物取引士総合	解答 ❷	合格者正解率 90.0%	不合格者正解率 65.3%	受験者正解率 78.8%

❶ 違反する 変更の届出は30日以内。

宅建業者は，宅地建物取引業者名簿登載事項のうち，事務所ごとに置かれる成年者である専任の宅地建物取引士の氏名に変更があった場合，30日以内にその旨を免許権者に届け出なければならない（変更の届出，業法9条，8条2項6号，31条の3第1項）。よって，B社が半年後に変更の届出をしている本肢は，宅建業法の規定に違反する。

❷ 違反しない 宅建業者は，業務に関し展示会その他これに類する催しを実施する場所で，契約の締結等を行う場合，それぞれの場所ごとに，1名以上の成年者である専任の宅地建物取引士を置かなければならない（業法31条の3第1項，規則15条の5の2第4号，15条の5の3）。よって，本肢は宅建業法の規定に違反せず，本問の正解肢となる。

❸ 違反する 宅地建物取引士ではないため事務を行うことはできない。

宅地建物取引士証の有効期間は，申請により更新する（業法22条の3第1項）。そして，宅地建物取引士証の交付を受けようとする者は，登録をしている都道府県知事が指定する講習で交付の申請前6カ月以内に行われるものを受講しなければならない（業法22条の3第2項，22条の2第2項）。したがって，都道府県知事が指定する講習を受講したのみで，宅地建物取引士証の更新の申請を行っていなければ，宅地建物取引士証の更新はされていないので，Eは，宅地建物取引士としてすべき事務を行うことができない。よって，本肢は宅建業法の規定に違反する。

❹ 違反する 請求があったときは提示しなければならない。

宅地建物取引士は，取引の関係者から請求があったときは，宅地建物取引士証を提示しなければならない（業法22条の4）。これは，重要事項の説明の際に提示していても同様である。よって，取引の関係者である買主から宅地建物取引士証の提示を求められたにもかかわらず，Fがこれを拒んでいる本肢は，宅建業法の規定に違反する。

❶ 誤 公告をするのは保証協会である。

　保証協会は，社員が社員の地位を失ったときは，当該社員であった者に係る宅建業に関する取引により生じた債権に関し権利を有する者に対し，6月を下らない一定期間内に認証を受けるため申し出るべき旨を公告しなければならない（業法64条の11第4項）。公告をするのは保証協会であって，社員であった宅建業者Aではない。よって，本肢は誤り。

❷ 正 　保証協会は，宅建業者の相手方等から社員の取り扱った宅建業に係る取引に関する苦情の解決について必要があると認めるときは，当該社員に対し，文書もしくは口頭による説明を求めることができる（業法64条の5第2項）。よって，本肢は正しく，本問の正解肢となる。

❸ 誤 供託すべき額は 2,500 万円となる。

　社員たる宅建業者が保証協会の社員の地位を失ったときは，当該地位を失った日から1週間以内に，営業保証金を供託しなければならない（業法64条の15）。営業保証金の額は，主たる事務所につき1,000万円，その他の事務所につき事務所ごとに500万円の割合による金額の合計額である（業法25条2項，施行令2条の4）。そして，弁済業務保証金分担金の額は，主たる事務所につき60万円，その他の事務所につき事務所ごとに30万円の割合による金額の合計額である（施行令7条）。したがって，弁済業務保証金分担金として150万円を納付しているAの事務所の数は，150万円－60万円＝90万円，90万円÷30万円＝3となり，結果，主たる事務所数1，その他の事務所数3となる。以上より，1,000万円＋500万円×3＝2,500万円となり，Aが供託すべき額は2,500万円となる。よって，本肢は誤り。

❹ 誤 公告をすることなく取り戻すことができる。

　保証協会は，社員が一部の事務所を廃止したためにその社員が納付した弁済業務保証金分担金の額が政令で定める額を超えることになったときには，その超過額に相当する額の弁済業務保証金を，公告をすることなく取り戻すことができる（業法64条の11第1項，4項参照）。よって，本肢は誤り。

問 45	瑕疵担保履行法	解答 ❸	合格者正解率 95.6%	不合格者正解率 82.3%	受験者正解率 90.8%

❶ **誤** 100㎡以下ではない。

　宅建業者は，所定の新築住宅について，瑕疵担保責任の履行を確保するため，住宅販売瑕疵担保保証金の供託をしていなければならないが，この新築住宅の合計戸数は，その床面積の合計が55㎡以下のものは，その2戸をもって1戸とする（住宅瑕疵担保履行法11条1項，3項，施行令5条）。よって，本肢は誤り。

❷ **誤** 引き渡した日から3週間ではない。

　所定の新築住宅を引き渡した宅建業者は，基準日から3週間以内に，その住宅に関する資力確保措置の状況について，免許を受けた国土交通大臣又は都道府県知事に届け出なければならない（住宅瑕疵担保履行法12条1項，規則16条1項）。よって，本肢は誤り。

❸ **正** 自ら新築住宅の売主となる宅建業者は，住宅販売瑕疵担保保証金の供託をする場合，買主に対し，当該新築住宅の売買契約を締結するまでの間に，供託をしている供託所の所在地等について，これらの事項を記載した書面を交付して説明しなければならない（住宅瑕疵担保履行法15条）。よって，本肢は正しく，本問の正解肢となる。

❹ **誤** 10年以内に転売した場合に保険契約を解除できる旨の規定はない。

　住宅販売瑕疵担保責任保険契約を締結した場合，その契約期間は買主が引渡しを受けた時から10年以上の期間にわたって有効でなければならず，国土交通大臣の承認を受けた場合を除き，変更又は解除をすることができない（住宅瑕疵担保履行法2条7項4号，5号）。10年以内に転売した場合に保険契約を解除できる旨の規定はない。よって，本肢は誤り。

問 46	住宅金融支援機構法	解答 ❷	合格者正解率 25.9%	不合格者正解率 23.6%	受験者正解率 25.2%

❶ **正** 機構は，地震に対する安全性の向上を主たる目的とする住宅の改良に必要な資金の貸付けを業務として行っている（機構法13条1項6号）。よって，本肢は正しい。

❷ **誤** 改良に必要な資金の貸付債権は譲受けの対象ではない。

　機構は，住宅の建設又は購入に必要な資金（当該住宅の建設又は購入に付随する行為で政令で定めるものに必要な資金を含む。）の貸付けに係る一定の金融機関の貸付債権の譲受けを行うことを業務としている（機構法13条1項1号）。譲受けの対象となるのは，住宅の「建設」「購入」の場合であって「改良」は対象としていない。よって，本肢は誤りであり，本問の正解肢となる。

❸ **正** 機構は，高齢者の家庭に適した良好な居住性能及び居住環境を有する住宅と

することを主たる目的とする住宅の改良（高齢者が自ら居住する住宅について行うものに限る。）に必要な資金の貸付けを行うことを業務として行っている（機構法13条1項9号）。よって，本肢は正しい。

❹ **正** 機構は，合理的土地利用建築物の建設又は合理的土地利用建築物で人の居住の用その他その本来の用途に供したことのないものの購入に必要な資金（当該合理的土地利用建築物の建設又は購入に付随する行為で政令で定めるものに必要な資金を含む。）に必要な資金の貸付けを行うことを業務として行っている(機構法13条1項7号)。よって，本肢は正しい。

問 47	景品表示法	解答 ❸	合格者正解率	不合格者正解率	受験者正解率
			86.6%	**76.0%**	**82.4%**

❶ **誤** 優良であると誤認される表示をしてはならない。

　事業者は，学校，病院，官公署その他の公共・公益施設又はデパート，商店その他の商業施設もしくは生活施設の利用の便宜について，実際のものよりも優良であると誤認されるおそれのある表示をしてはならない（表示規約23条1項35号）。よって，本肢は誤り。

❷ **誤** 登記簿の地目と現況の地目は併記する。

　事業者は，物件の地目について，登記簿に記載されているものを表示しなければならない。この場合において，登記簿に記載されている地目と現況の地目が異なる場合には，現況の地目を併記しなければならない(表示規約規則10条19号)。よって，本肢は誤り。

❸ **正** 事業者は，管理費について，1戸当たりの月額を表示しなければならない。ただし，住戸により管理費の額が異なる場合において，そのすべての住宅の管理費を示すことが困難であるときは，最低額及び最高額のみで表示することができる（表示規約規則10条41号）。よって，本肢は正しく，本問の正解肢となる。

❹ **誤** 居住の用に供されたことがあってはならない。

　事業者は，新築という用語については，建築後1年未満であって，居住の用に供されたことがないものという意味で使用しなければならない（表示規約18条1項1号）。したがって，入居の有無にかかわらずに使用することはできない。よって，本肢は誤り。

問 48	景品表示法	解答 ❸	合格者正解率	不合格者正解率	受験者正解率
			41.5%	**19.0%**	**33.2%**

❶ **誤** おおむね30%以上占めるときは明示する。

　路地状部分のみで道路に接する土地であって，その路地状部分の面積が当該土地面積

のおおむね 30％以上を占めるときは，路地状部分を含む旨及び路地状部分の割合又は面積を明示しなければならない（表示規約規則 8 条 4 号）。よって，本肢は誤り。

❷ 誤 道路距離を明示して表示しなければならない。

　デパート，スーパーマーケット，商店等の商業施設は，現に利用できるものを物件までの道路距離を明示して表示しなければならない（表示規約規則 10 条 31 号）。よって，本肢は誤り。

❸ 正 傾斜地を含むことにより，当該土地の有効な利用が著しく阻害される場合（マンションを除く。）は，傾斜地を含む旨及び傾斜地の割合又は面積を明示しなければならない（表示規約規則 8 条 10 号）。マンションは除かれているから，マンションについては明示せずに表示してよい。よって，本肢は正しく，本問の正解肢となる。

❹ 誤 温泉に加温したものについては，その旨を明示する。

　温泉法による温泉について，温泉に加温したものについては，その旨を明示して表示しなければならない（表示規約規則 10 条 26 号ア）。よって，本肢は誤り。

問 49	土地	解答 ❹	合格者正解率	不合格者正解率	受験者正解率
			97.5%	88.3%	93.8%

❶ 適当 国土を山地と平地に大別すると，山地の占める比率は，国土面積の約 75％であり，平地の占める割合は国土面積の約 25％にすぎない。よって，本肢は適当である。

❷ 適当 火山地は，国土面積の約 7％を占めており，山地に比べて地形はなだらかであるが，土質が悪く水利に乏しく，開発が進まずに疎林や原野になっている所が多い。よって，本肢は適当である。

❸ 適当 台地・段丘は，国土面積の約 12％を占めており，地盤も安定し，災害も少ない。ほとんどすべての土地利用に適した土地であり，商業用地，住宅用地，農業用地等，用途を問わず多く利用されている。よって，本肢は適当である。

❹ 不適当 液状化などの災害危険度は高い。

　低地は，国土面積の約 13％を占めており，そのほとんどが地盤の軟弱な地域となっている。地震災害に対して脆弱であり，液状化の危険度は高い。また，洪水，高潮等の災害の危険度も高い。よって，本肢は最も不適当であり，本問の正解肢となる。

問 50	建物	解答 ❷	合格者正解率	不合格者正解率	受験者正解率
			69.8%	46.7%	61.2%

❶ 適当 常温・常圧において鉄筋とコンクリートの熱膨張率は，高温で熱せられても 900℃位までは，ほぼ等しい。よって，本肢は適当である。

❷ 不適当 引張強度のほうが小さい。

　コンクリートの引張強度は，一般に圧縮強度の10分の1程度で，圧縮強度より小さい。よって，本肢は不適当であり，本問の正解肢となる。

❸ 適当 木材の強度は，含水率が大きい状態のほうが小さく，乾燥して含水率が小さい状態のほうが大きくなる。よって，本肢は適当である。

❹ 適当 集成材は，単板などを積層したもので，伸縮・変形・割れなどが生じにくいものであり，大規模な木造建築物に使用される。よって，本肢は適当である。

2021年版 出る順宅建士 過去30年良問厳選問題集

第4回 解答・解説

中級編②

 合格推定点 **36**点

◈ 出題項目・正解一覧＆成績診断
◈ 解答・解説

第4回 中級編②

出題項目・正解一覧＆成績診断

科目	問	出題項目	正解	チェック	科目	問	出題項目	正解	チェック
権利関係	1	意思表示	4	☐☐	宅建業法	26	宅建業の意味	1	☐☐
	2	請負	2	☐☐		27	免許の申請	1	☐☐
	3	債務不履行・解除	1	☐☐		28	報酬額の制限	4	☐☐
	4	賃貸借判決文問題	1	☐☐		29	広告等に関する規制	1	☐☐
	5	債権譲渡	4	☐☐		30	重要事項の説明	2	☐☐
	6	相続	2	☐☐		31	宅建業法の総合問題	4	☐☐
	7	共有	4	☐☐		32	業務上の規制総合	3	☐☐
	8	相隣関係	2	☐☐		33	手付金等保全措置	2	☐☐
	9	抵当権	1	☐☐		34	重要事項の説明	2	☐☐
	10	不法行為	2	☐☐		35	免許の効力	4	☐☐
	11	借地借家法（借地）	4	☐☐		36	37条書面	1	☐☐
	12	借地借家法（借家）	2	☐☐		37	宅地建物取引士証	2	☐☐
	13	建物区分所有法	2	☐☐		38	自ら売主制限総合	3	☐☐
	14	不動産登記法	2	☐☐		39	監督・罰則	4	☐☐
法令上の制限	15	国土利用計画法	3	☐☐		40	媒介・代理契約	3	☐☐
	16	都市計画法：都市計画の内容	3	☐☐		41	宅地建物取引士証	3	☐☐
	17	都市計画法：開発行為の規制	2	☐☐		42	クーリング・オフ	1	☐☐
	18	建築基準法総合	2	☐☐		43	営業保証金	2	☐☐
	19	建築基準法総合	1	☐☐		44	弁済業務保証金	3	☐☐
	20	宅地造成等規制法	1	☐☐		45	瑕疵担保履行法	4	☐☐
	21	土地区画整理法	2	☐☐	5問免除	46	住宅金融支援機構法	3	☐☐
	22	農地法	2	☐☐		47	景品表示法	1	☐☐
税・価格	23	印紙税	1	☐☐		48	景品表示法	2	☐☐
	24	固定資産税	4	☐☐		49	土地	2	☐☐
	25	地価公示法	3	☐☐		50	建物	3	☐☐

科目別の成績		総合成績	
科目（問題番号）	正答／正答目標	合計	
権利関係（問 1 〜問 14）	点／ 9 点		
宅建業法（問 26 〜問 45）	点／ 17 点	**点**	
法令上の制限（問 15 〜問 22）	点／ 6 点		
税・価格（問 23 〜問 25）	点／ 2 点	この回の合格推定点は	
5問免除（問 46 〜問 50）	点／ 3 点	**36** 点です。	

問1	意思表示	解答❹	合格者正解率	不合格者正解率	受験者正解率
			94.8%	80.4%	88.3%

❶ **正** AはBの欺罔行為，つまり詐欺によってCと売買契約を結んでいることから，いわゆる第三者の詐欺の問題である。そして，第三者の詐欺によって意思表示をした場合，その意思表示の相手方が，その詐欺の事実を知らず，又は知ることができなかったときはその意思表示を取り消すことができないが，知っていたとき又は知ることができたときは取り消すことができる（民法96条2項）。よって，本肢は正しい。

❷ **正** 売買契約を詐欺を理由として取り消した場合，その契約は初めからなかったものとなるので，契約当事者は，互いに相手方に対して，すでに受け取った物を返還する義務を負う（民法121条，121条の2第1項）。この場合における，当事者の義務は，同時履行の関係にある（判例，民法533条本文）。したがって，Cに移転された登記の抹消とAが受け取った代金の返還は，同時履行の関係になる。よって，本肢は正しい。

❸ **正** 本肢のAのように，詐欺に気が付いていても，異議を留めることなく契約の全部もしくは一部の履行をし，又は相手方に履行の請求をしたときは，追認をしたものとみなされる（法定追認，民法125条1号，2号）。したがって，Aは，詐欺による取消しをすることができない。よって，本肢は正しい。

❹ **誤** 詐欺による意思表示の取消しは善意かつ無過失の第三者に対抗不可。

詐欺による意思表示の取消しは，善意かつ無過失の第三者に対抗することができない（民法96条3項）。したがって，Bの詐欺を理由としてAが取消しをしても，Aは，善意無過失のDから建物の返還を求めることはできない。よって，本肢は誤りであり，本問の正解肢となる。

問2	請負	解答❷	合格者正解率	不合格者正解率	受験者正解率
			71.7%	49.5%	63.5%

❶ **誤** 損害賠償請求する前に修補請求する必要はない。

注文者が請負人に対して契約不適合責任を追及する場合，目的物の修補とともに損害賠償を請求することができる（民法559条，562条，564条）。よって，本肢は誤り。

❷ **正** 請負契約の目的物たる建物に種類・品質に関する契約内容の不適合がある場合，注文者は請負人に対して損害賠償請求をすることができる（民法559条，564条，415条1項）。したがって，請負目的物である建物に建て替えざるを得ない契約不適合が存在する場合，注文者は請負人に対し，建物の建替え費用相当額の損害賠償を請求することができる。よって，本肢は正しく，本問の正解肢となる。

❸ **誤** 注文者は請負契約を解除することができる。

請負契約の目的物たる建物に種類・品質に関する契約内容の不適合があり，修補に要する費用が契約代金を超える場合にも，注文者は請負契約を解除することができる（民法559条，564条，541条）。よって，本肢は誤り。

❹　**誤**　担保責任を負わない旨の特約をしても責任追及しうる。

　請負人が担保責任を負わない旨の特約をしているときであっても，請負人が知りながら告げなかった事実については担保責任を免れることはできない（民法559条，572条）。したがって，一切責任を追及することができなくなるわけではない。よって，本肢は誤り。

問3	債務不履行・解除	解答❶	合格者正解率	不合格者正解率	受験者正解率
			56.3%	35.9%	48.4%

❶　**正**　売買契約が解除された場合でも，第三者は，登記などの対抗要件を備えていれば保護される（判例）。したがって，Aは抵当権設定登記を備えたCに抵当権の消滅を主張できない。よって，本肢は正しく，本問の正解肢となる。

❷　**誤**　Aは建物の引渡しを受けたDには主張できない。

　売買契約が解除された場合でも，第三者は，登記などの対抗要件を備えていれば保護される（判例）。そして，建物賃貸借では，建物の引渡しをもって，第三者への対抗要件となる（借地借家法31条）。したがって，Aは，建物の引渡しを受けているDに賃借権の消滅を主張できない。よって，本肢は誤り。

❸　**誤**　抵当権設定行為が無効となるわけではない。

　売買契約が解除された場合でも，第三者は，登記などの対抗要件を備えていれば保護される（判例）。ただし，第三者が対抗要件を備えていなくても，契約そのものが無効になるわけではない。よって，本肢は誤り。

❹　**誤**　Aは建物の引渡しを受けたFには主張できない。

　売買契約を解除した者と解除後に権利を取得した第三者とは，対抗関係に立つ（民法177条，判例）。したがって，Aは，建物の引渡しを受けているFに賃借権の消滅を主張できない。よって，本肢は誤り。

問4	賃貸借判決文問題	解答❶	合格者正解率	不合格者正解率	受験者正解率
			80.2%	55.9%	71.9%

❶　**誤**　明渡しを請求できない。

　判決文は，承諾なき転貸（無断転貸）があっても，転貸について背信行為と認めるに足りない特段の事情があるため，賃貸人が民法612条2項による解除をすることがで

きない場合において，賃貸人が賃借人と賃貸借を合意解除しても，特段の事情のない限り，賃貸人は転借人に対して合意解除の効果を対抗することができず，転借人に対して賃貸土地の明渡を請求することはできない，としている。しかし，本肢は，判決文の考えとは逆に，合意解除すれば土地の明渡しを請求することができるとしている。よって，本肢は誤りであり，本問の正解肢となる。

❷ **正** 賃貸人の承諾がある転貸の場合には，無断転貸を理由として賃貸借契約を解除することはできない（民法612条2項参照）。よって，本肢の前半部分は正しい。また，賃貸人と賃借人が合意解除したとしても，この解除の効果は転借人に対抗できないに過ぎないのであって，賃貸人と賃借人の間で合意解除が許されなくなるわけではない（民法613条3項本文）。よって，本肢は正しい。

❸ **正** 判決文は，無断転貸があっても，それが背信行為と認めるに足りない特段の事情がある場合には，民法612条により解除できない場合があることを前提としている（判例）。また，賃借人に軽微な賃料不払があっても，信頼関係を破壊するほどのものでなければ，解除することは認められないとした判例がある（判例）。よって，本肢は正しい。

❹ **正** 肢1の解説で述べたように，判決文は，無断転貸があっても，賃貸人が民法612条2項による解除をすることができない場合において，賃貸人が賃借人と賃貸借を合意解除しても，特段の事情のない限り，賃貸人は転借人に対して合意解除の効果を対抗することができず，転借人に対して賃貸土地の明渡を請求することはできないとしている。よって，本肢は正しい。

| 問5 | 債権譲渡 | 解答 ❹ | 合格者正解率 64.7% | 不合格者正解率 29.4% | 受験者正解率 46.2% |

❶ **正** 債権に譲渡禁止特約が付されている場合であっても，当該債権譲渡は有効である（民法466条2項）。しかし，譲渡禁止特約について悪意・重過失の譲受人その他の第三者に対しては，債務者は，その債務の履行を拒むことができ，かつ，譲渡人に対する弁済その他の債務を消滅させる事由をもってその第三者に対抗することができる（民法466条3項）。したがって，Bは譲渡禁止特約について善意・無過失のCに対して，債務の履行を拒むことができない。よって，本肢は正しい。

❷ **正** 債権譲渡は，譲渡人が債務者に通知するか，又は，債務者が承諾しなければ，債務者に対抗することができない（民法467条1項）。したがって，債権譲渡の通知は債権の譲渡人であるAが行わなければならず，譲受人であるCが債務者に対して通知をしたとしても，債務者Bの承諾がない以上，Cは，Bに対して自分が債権者であることを主張することができない。よって，本肢は正しい。

❸ **正** 債権が二重に譲渡された場合において，一方の譲渡の通知が確定日付のある

証書によってなされ，他方の譲渡の通知が確定日付のない証書によってなされたとき，確定日付のある証書による通知が優先する（民法467条2項，判例）。したがって，確定日付のある通知がなされているDがCに優先して権利を行使することができる。よって，本肢は正しい。

❹ **誤** Bへの通知が先に到達したほうが優先する。

債権が二重に譲渡された場合において，双方の譲渡の通知が確定日付のある証書によってなされたとき，譲受人相互間の優劣は，その通知が債務者に到達した日時の先後により決する（判例）。したがって，Bへの通知の到達の先後により，CとEの優劣が決することになる。よって，本肢は誤りであり，本問の正解肢となる。

問6	相続	解答❷	合格者正解率 50.7%	不合格者正解率 32.4%	受験者正解率 45.1%

❶ **誤** 被相続人は，遺言によって遺産分割を禁止することができる。

共同相続人は，原則として，いつでも，遺産分割協議により遺産の全部又は一部の分割をすることができる（民法907条1項）。ただし，被相続人は，遺言で，相続開始の時から5年を超えない期間を定めて，遺産の分割を禁止することができる（民法908条）。よって，本肢は誤り。

❷ **正** 遺産分割の解除は，法的安定性を害することになるため，原則として認められない（判例）。ただし，共同相続人は，既に成立している遺産分割協議につき，その全部又は一部を全員の合意により解除した上，改めて遺産分割協議を成立させることはできる（判例）。よって，本肢は正しく，本問の正解肢となる。

❸ **誤** 預貯金債権は，相続開始と同時に当然に相続分に応じて分割はされない。

共同相続された預貯金債権は，相続開始と同時に相続分に応じて分割されることはなく，遺産分割の対象となる（判例）。したがって，共同相続人は，持分に応じて，単独で預貯金債権に関する権利を行使することはできない。よって，本肢は誤り。なお，各共同相続人は，遺産に属する預貯金債権のうち相続開始時の債権額の3分の1に当該共同相続人の相続分を乗じた額（預貯金債権の債務者ごとに法務省令で定める額を限度とする。）については，単独でその権利を行使することができる（民法909条の2前段）。

❹ **誤** 遺産の分割は，相続開始の時から効力を生ずる。

遺産の分割は，「相続開始の時」にさかのぼってその効力を生ずる（民法909条本文）。共同相続人の「遺産分割協議が成立した時」ではない。よって，本肢は誤り。なお，第三者の権利を害することはできない，とする点は正しい（民法909条但書）。

問7	共有	解答 ❹	合格者正解率	不合格者正解率	受験者正解率
			54.4%	38.0%	46.4%

❶ **正** 共有物の各共有者は，いつでも共有物の分割を請求することができる（民法256条1項本文）。ただし，共有者間で，5年を超えない期間を定めて分割を禁止する特約を結ぶことも認められる（民法256条1項但書）。よって，本肢は正しい。

❷ **正** 共有物の分割について共有者間の協議が調わない場合には，裁判所に分割を請求することができる（民法258条1項）。この場合，裁判所は，共有物の現物を分割することができないとき，又は分割によってその価格を著しく減少させるおそれがあるときは，共有物の競売を命ずることができる（民法258条2項）。よって，本肢は正しい。

❸ **正** 共有物に関する保存行為は，各共有者が単独で行うことができる（民法252条但書）。本肢のような共有物の不法占拠者に対する妨害排除の請求は，共有物の保存行為にあたるとされており，各共有者が単独で行うことができる（判例）。よって，本肢は正しい。

❹ **誤** 当然に明渡しを請求することはできない。

　各共有者は，共有物の全部について，その持分に応じた使用をすることができる（民法249条）。したがって，本肢のように，他の共有者との協議に基づかないで1人で共有物全部を占有する共有者に対しても，他の共有者から当然に共有物の明渡しを求めることができるわけではない（判例）。よって，本肢は誤りであり，本問の正解肢となる。

問8	相隣関係	解答 ❷	合格者正解率	不合格者正解率	受験者正解率
			88.6%	66.9%	82.0%

❶ **正** 土地の所有者は，境界又はその付近において障壁又は建物を築造し又は修繕するため必要な範囲内で隣地の使用を請求できる（民法209条1項本文）。したがって，障壁を修繕するために必要であれば，必要な範囲内で隣地の使用を請求できる。よって，本肢は正しい。

❷ **誤** 他の土地を自由に選んで通行できるのではない。

　公道に至るために他の土地を通行するには，通行権を有する者のために必要であり，かつ，他の土地のために損害が最も少ないものを選ばなければならない（民法211条1項）。他の土地を自由に選んで通行できるわけではない。よって，本肢は誤りであり，本問の正解肢となる。

❸ **正** 土地の所有者は，隣地から竹木の枝が境界線を越えて伸びてきたとしても，自らこれを切り取ることはできず，竹木の所有者に切除させることができるにすぎない（民法233条1項）。これに対して，土地の所有者は，隣地から竹木の根が境界線を越

えて伸びてきたときは，自らこれを切り取ることができる（民法233条2項）。よって，本肢は正しい。

❹ 正 境界線から1メートル未満の距離において他人の宅地を見通すことができる窓又は縁側を設ける者は，目隠しを付けなければならない（民法235条1項）。ただし，異なる慣習があるときは，その慣習に従う（民法236条）。よって，本肢は正しい。

問9	抵当権	解答❶	合格者正解率	不合格者正解率	受験者正解率
			79.8%	50.6%	66.8%

❶ 誤 不動産質権は利息が担保されないが，抵当権は担保される。

不動産質権者は，その債権の利息を請求することができない（民法358条）。抵当権者は，利息に関し，その満期となった最後の2年分についてのみ抵当権を行使することができる（民法375条1項）。よって，本肢は①についても，②についても誤りであり，本問の正解肢となる。

❷ 正 不動産質権の存続期間は10年を超えることができず，これより長い期間を定めたときであっても，その期間は10年となる（民法360条1項）。抵当権については，存続期間に関する制限はない。よって，本肢は正しい。

❸ 正 質権の設定は，債権者にその目的物を引き渡すことによって，その効力を生ずる（民法344条）。抵当権にはこのような規定はなく，引渡しは効力の発生要件ではない。よって，本肢は正しい。

❹ 正 質権も抵当権も物権であり，ともに登記が対抗要件である（民法177条，不動産登記法3条，4条参照）。よって，本肢は正しい。

問10	不法行為	解答❷	合格者正解率	不合格者正解率	受験者正解率
			65.3%	－	53.1%

❶ 誤 過失相殺の主張がなくても，賠償金額の減額はできる。

不法行為においては，裁判所は，被害者の過失を認定することができるときには，当事者が過失相殺の主張をしていなくても，損害賠償の額を定めるにあたってこれを考慮することができる（民法722条2項）。したがって，Aから過失相殺の主張がなくても，Bの過失を認定することができれば，裁判所は賠償額の算定にあたって賠償金額を減額することができる。よって，本肢は誤り。

❷ 正 数人が共同の不法行為によって他人に損害を加えたときは，各自連帯して全損害につき賠償の責任を負う（民法719条1項）。したがって，Aの過失がCより軽微であったとしても，Bは，Aに対して損害の全額について賠償を請求することができる。

よって，本肢は正しく，本問の正解肢となる。

❸ **誤** 1年間ではなく，3年間である。

　不法行為による損害賠償請求権は，被害者又はその法定代理人が損害及び加害者を知った時から3年間行使しないと，時効により消滅する（民法724条1号）。したがって，Bが，不法行為による損害と加害者を知った時から1年間損害賠償請求権を行使しなくても，当該請求権は消滅時効により消滅しない。よって，本肢は誤り。

❹ **誤** 請求があった時ではなく，損害発生時から遅滞となる。

　不法行為に基づく損害賠償債務は，期限の定めのない債務であるが，被害者保護の見地から催告を待たず，損害発生と同時に遅滞に陥る（判例）。したがって，Bは損害発生以後の遅延損害金を請求することができる。よって，本肢は誤り。

問11 借地借家法（借地） 解答❹	合格者正解率	不合格者正解率	受験者正解率
	74.3%	44.3%	61.8%

❶ **正**　Bが甲土地を自分の土地であると判断していた場合，Bは甲土地を時効により取得できる場合がある（民法162条）。この場合，CがAから甲土地を購入した時期がBの時効完成前ならば当然，Bの時効完成後であってもBが甲土地について登記を得たときは，CはBに対して甲土地の所有権を対抗できない以上，本肢のような請求をすることはできない（民法177条，判例）。よって，本肢は正しい。

❷ **正**　使用貸借契約については，借地借家法の適用はない（借地借家法1条）。したがって，Bは甲土地上に自己名義で登記した建物を所有している場合であっても，その使用借権をCに対抗することはできないので，CはBに対して建物を収去して土地を明け渡すよう請求できる。よって，本肢は正しい。

❸ **正**　借地権の存続期間が満了した場合であっても，借地権者が契約の更新を請求したときや，借地権者が土地の使用を継続するときは，建物がある場合に限り，契約は更新される（借地借家法5条2項）。いずれの場合でも，借地権設定者が遅滞なく異議を述べれば更新を拒絶できるが，この異議を述べるためには正当事由が必要である（借地借家法6条）。したがって，借地権設定者が正当事由を欠くため異議を述べることができないときは，借地権が存続することになり，本肢のような請求をすることはできない。よって，本肢は正しい。

❹ **誤** いつでも解約申入れできるわけではない。

　借地権設定契約において期間の定めがない場合，その存続期間は30年となる（借地借家法3条本文）。このことは借地権設定後当該土地を取得した者も同様である。したがって，本肢のような請求をすることはできない。よって，本肢は誤りであり，本問の正解肢となる。

❶ **正** 借家人に不利な特約を無効とする借地借家法37条は，造作買取請求権を規定する33条を対象としていないので，造作買取請求権をあらかじめ放棄する旨の特約は有効である（借地借家法37条，33条参照）。この特約は，建物賃貸借契約が定期建物賃貸借契約であるか否かを問わず，有効に定めることができる。よって，本肢は正しい。

❷ **誤** あらかじめ終了する旨の通知をしなければ，終了を対抗できない。

期間が1年以上の定期建物賃貸借契約においては，期間満了の1年前から6月前までの間に借家人に対する通知をしなければ，契約は終了しない（借地借家法38条4項）。そして，これに反する特約で建物の賃借人に不利なものは，無効とされる（借地借家法38条6項）。したがって，本肢の特約は無効である。よって，本肢は誤りであり，本問の正解肢となる。

❸ **正** 取壊し予定建物については，建物を取り壊すべき事由を記載した書面によれば，建物を取り壊すこととなる時に賃貸借契約が終了する旨の特約を定めることができる（借地借家法39条1項，2項）。よって，本肢は正しい。

❹ **正** 一時使用目的の建物賃貸借契約は，民法のみが適用され，借地借家法は適用されない（借地借家法40条）。民法では，期間を定めた賃貸借契約については，期間内に解約する権利を留保しなければ，各当事者は解約の申入れをすることができない（民法618条，617条1項）。よって，本肢は正しい。

❶ **正** 共用部分の管理に関する事項のうち，保存行為については，規約に別段の定めがある場合を除き，集会の決議を経ずに各区分所有者が単独ですることができる（区分所有法18条1項但書，2項）。よって，本肢は正しい。

❷ **誤** 規約で減ずることができるのは区分所有者の定数についてのみ。

共用部分の変更（その形状又は効用の著しい変更を伴わないものを除く。）は区分所有者及び議決権の各4分の3以上の多数による集会の決議で決する（区分所有法17条1項）。ただし，区分所有者の定数については，規約で過半数まで減ずることができる（区分所有法17条1項但書）。よって，議決権についてまで減ずることができるとする本肢は誤りであり，本問の正解肢となる。

❸ **正** 管理者は，その職務に関し，区分所有者を代理する（区分所有法26条2項）。そして，管理者がその職務の範囲内で第三者との間で行った行為の責任は，規約で別段

の定めがない限り，各区分所有者が共用部分の持分割合に応じて負担する（区分所有法29条1項，14条1項）。よって，本肢は正しい。

❹ **正** 各区分所有者は，規約に別段の定めがない限り，その持分に応じて，共用部分の負担を負い，共用部分から生じる利益を収取する（区分所有法19条）。したがって，共用部分の管理に要した費用についても，その持分割合に応じて負担する。よって，本肢は正しい。

問14	不動産登記法	解答❷	合格者正解率	不合格者正解率	受験者正解率
			57.4%	35.4%	50.7%

❶ **正** 地目又は地積について変更があったときは，表題部所有者又は所有権の登記名義人は，その変更があった日から1月以内に，当該地目又は地積に関する変更の登記を申請しなければならない（不登法37条1項）。よって，本肢は正しい。

❷ **誤** 住所変更の場合，変更の登記の申請義務はない。

表題部所有者について住所の変更があった場合の変更の登記は，当該表題部所有者の申請によるが（不登法31条），住所についての変更の登記を1月以内に申請しなければならないというような申請義務を課す旨の規定はない。よって，本肢は誤りであり，本問の正解肢となる。

❸ **正** 新築した建物又は区分建物以外の表題登記がない建物の所有権を取得した者は，その所有権の取得の日から1月以内に，表題登記を申請しなければならない（不登法47条1項）。よって，本肢は正しい。

❹ **正** 建物が滅失したときは，表題部所有者又は所有権の登記名義人は，その滅失の日から1月以内に，当該建物の滅失の登記を申請しなければならない（不登法57条）。よって，本肢は正しい。

問15	国土利用計画法	解答❸	合格者正解率	不合格者正解率	受験者正解率
			79.7%	50.9%	69.2%

❶ **誤** 届出義務のないAに罰則は適用されない。

市街化区域内においては，2,000㎡以上の一団の土地に関する権利を移転・設定する契約を締結した場合には，権利取得者は，その契約を締結した日から起算して2週間以内に，都道府県知事に届け出なければならない（国土法23条1項，2項1号イ）。そして，届出が必要な契約を締結したにもかかわらず，届出をしなかった者は，6カ月以下の懲役又は100万円以下の罰金に処せられる（国土法47条1号）。本肢の場合，届出義務があるBに罰則が適用されるが，届出義務のないAに罰則が適用されることはない。よっ

て本肢は誤り。

❷ 誤 買取請求できる旨の規定はない。

　許可制がとられる規制区域に所在する土地について，不許可の処分を受けた者は，都道府県知事に対し，当該土地に関する権利を買い取るべきことを請求することができる（国土法19条1項）。しかし，事後届出制の場合に，勧告を受けた者が買取請求をすることができる旨の規定はない。よって，本肢は誤り。

❸ 正 当事者の一方又は双方が国，地方公共団体（都道府県，市町村等）その他政令で定める法人である場合，事後届出を行う必要はない（国土法23条2項3号）。したがって，Dは事後届出を行う必要はない。よって，本肢は正しく，本問の正解肢となる。

❹ 誤 公表の義務はない。

　都道府県知事は，土地の利用目的について勧告をした場合において，その勧告を受けた者がその勧告に従わないときは，その旨及びその勧告の内容を公表することができる（国土法26条）。都道府県知事は勧告の内容を公表することができるのであって，公表しなければならないという義務はない。よって，本肢は誤り。

問16	都市計画法：都市計画の内容	解答❸	合格者正解率 **59.2%**	不合格者正解率 **31.4%**	受験者正解率 **50.8%**

❶ 正 地区計画は，建築物の建築形態，公共施設その他の施設の配置等からみて，一体としてそれぞれの区域の特性にふさわしい態様を備えた良好な環境の各街区を整備し，開発し，及び保全するための計画であり，用途地域が定められている土地の区域，用途地域が定められていない一定の土地の区域に定めることができる（都計法12条の5第1項2号）。よって，本肢は正しい。

❷ 正 高度利用地区は，土地の合理的かつ健全な高度利用と都市機能の更新とを図るため，建築物の容積率の最高限度及び最低限度，建築物の建蔽率の最高限度，建築物の建築面積の最低限度ならびに壁面の位置の制限を定める地区であり，用途地域内において定めるものである（都計法9条19項）。よって，本肢は正しい。

❸ 誤 準都市計画区域に市街地開発事業を定めることはできない。

　市街地開発事業は，市街化区域又は区域区分が定められていない都市計画区域内において，一体的に開発し，又は整備する必要がある土地の区域について定めるものであり，準都市計画区域に定めることはできない（都計法13条1項12号）。よって，本肢は誤りであり，本問の正解肢となる。

❹ 正 高層住居誘導地区は，住居と住居以外の用途とを適正に配分し，利便性の高い高層住宅の建設を誘導するため，第一種住居地域，第二種住居地域，準住居地域，近隣商業地域，準工業地域で一定の容積率の定められたものの内において定める地区である（都計法9条17項）。よって，本肢は正しい。

			合格者正解率	不合格者正解率	受験者正解率
問17	都市計画法：開発行為の規制	解答 ❷	87.4%	65.3%	77.6%

❶ **誤** 準都市計画区域で開発許可が必要となる規模は 3,000㎡以上である。

準都市計画区域内において行う開発行為で，その規模が 3,000㎡未満であるものは，開発許可が不要となる（都計法29条1項但書1号，施行令19条1項）。本肢では，準都市計画区域内でその規模が 1,000㎡の開発行為であるから，都道府県知事の許可を受ける必要はない。よって，本肢は誤り。

❷ **正** 市街化区域内においては，農業を営む者の居住の用に供する建築物の建築の用に供する目的で行う開発行為は，その規模が 1,000㎡以上であれば，あらかじめ，都道府県知事の許可を受けなければならない（都計法29条1項但書1号，2号，施行令19条1項）。よって，本肢は正しく，本問の正解肢となる。

❸ **誤** 変電所は公益上必要な建築物であり，開発許可は不要である。

駅舎その他の鉄道の施設，図書館，公民館，変電所その他これらに類する公益上必要な建築物の建築の用に供する目的で行う開発行為は，許可が不要となる（都計法29条1項但書3号）。本肢は，変電所の建築の用に供する目的で行う開発行為であるから，開発許可は不要である。よって，本肢は誤り。

❹ **誤** 3,000㎡の遊園地は，第2種特定工作物とならない。

遊園地はその規模が 10,000㎡以上であれば，第2種特定工作物になる（都計法4条11項，施行令1条2項1号）。本肢では，その規模が 3,000㎡であるから，第2種特定工作物にはならない。したがって，開発行為に該当しないので，都道府県知事の許可を受ける必要はない。よって，本肢は誤り。

			合格者正解率	不合格者正解率	受験者正解率
問18	建築基準法総合	解答 ❷	86.9	66.5%	79.9%

❶ **誤** 既存不適格建築物は違反建築物とはならない。

建築基準法の改正により，現に存する建築物が建築基準法の規定に適合しなくなった場合，当該建築物に対しては，改正された建築基準法の規定は，適用しない（建基法3条2項）。これを既存不適格建築物という。したがって，当該建築物は違反建築物とはならない。よって，本肢は誤り。

❷ **正** 特殊建築物への用途変更は，その用途に供する部分の床面積が 200㎡を超える場合に建築確認が必要となる（建基法87条1項）。飲食店は特殊建築物であるから（建基法6条1項1号，別表第一（い）（四），施行令115条の3第3号），その用途に供する部分の床面積が 250㎡である本問では，建築確認が必要となる。よって，本肢は正し

く，本問の正解肢となる。

❸ 誤 20分の1以上としなければならない。

住宅の居室には，原則として，換気のための窓その他の開口部を設け，その換気に有効な部分の面積は，その居室の床面積に対して，20分の1以上としなければならない（建基法28条2項）。25分の1以上ではない。よって，本肢は誤り。

❹ 誤 建築基準法以外の規定に適合しているかも審査対象である。

建築主事は，建築主からの建築物の確認の申請を受けた場合において，申請に係る建築物の計画が建築基準関係規定に適合しているかについて審査しなければならない。ここで建築基準関係規定とは，建築基準法令の規定その他建築物の敷地，構造又は建築設備に関する法律並びにこれに基づく命令及び条例の規定で政令で定めるものをいう（建基法6条1項）。都市計画法等もここに含まれる（施行令9条12号）。よって，本肢は誤り。

問19	建築基準法総合	解答 ❶	合格者正解率 65.8%	不合格者正解率 47.1%	受験者正解率 57.5%

❶ 正 用途地域の指定のない区域内の建築物の建蔽率の上限値は，10分の3，10分の4，10分の5，10分の6又は10分の7のうち，特定行政庁が土地利用の状況等を考慮し当該区域を区分して都道府県都市計画審議会の議を経て定める（建基法53条1項6号）。よって，本肢は正しく，本問の正解肢となる。

❷ 誤 第二種中高層住居専用地域では，原則，ホテルも旅館も建築できない。

第二種中高層住居専用地域では，原則として，ホテル又は旅館は建築できない（建基法48条4項，別表第2）。よって，本肢は誤り。

❸ 誤 幅員4m以上のものは，原則として建築基準法上の道路である。

都市計画区域及び準都市計画区域内では，幅員4m以上のものは道路である（建基法42条1項）。よって，本肢は誤り。なお，建築基準法が施行された時点又は都市計画区域もしくは準都市計画区域に入った時点で現に存在する道で，特定行政庁の指定がない限り，建築基準法上の道路にならないのは，幅員が4m未満の道の場合である（建基法42条2項）。

❹ 誤 前面道路の幅員の最大の数値を用いる。

前面道路（前面道路が2以上あるときは，その幅員の最大のもの。）の幅員が12m未満である建築物の容積率は，当該前面道路の幅員のメートルの数値に，区分に従い，その定める数値を乗じたもの以下でなければならない（建基法52条2項）。前面道路の幅員の最小の数値を用いて算定するのではない。よって，本肢は誤り。

	合格者正解率	不合格者正解率	受験者正解率
問20 宅地造成等規制法 解答❶	67.4%	38.4%	57.1%

❶ **誤** 5m未満でも指定できる。

都道府県知事は，宅地造成に伴う災害で相当数の居住者に危害を生ずるものの発生のおそれが大きい一団の造成宅地（宅地造成工事規制区域内の土地を除く）の区域であって，一定の基準に該当するものを，造成宅地防災区域として指定することができる（宅造法20条1項）。そして，造成された盛土の高さが5m未満でも，盛土をした土地の面積が3,000㎡以上であり，かつ，盛土をしたことにより，当該盛土をした土地の地下水位が盛土をする前の地盤面の高さを超え，盛土の内部に浸入しているものは，造成宅地防災区域として指定できる（施行令19条1項1号イ）。よって，本肢は誤りであり，本問の正解肢となる。

❷ **正** 宅地造成工事規制区域内において宅地造成に関する工事を行う場合，切土又は盛土をする土地の面積が1,500㎡を超える土地における排水施設の設置については，政令で定める資格を有する者の設計によらなければならない（宅造法9条2項，施行令16条2号）。よって，本肢は正しい。

❸ **正** 宅地造成工事規制区域内の宅地において，高さが2mを超える擁壁の除却工事を行おうとする者は，一定の場合を除き，その工事に着手する日の14日前までに，その旨を都道府県知事に届け出なければならない（宅造法15条2項，施行令18条）。よって，本肢は正しい。

❹ **正** 宅地造成工事規制区域内において，宅地以外の土地を宅地に転用した者は，一定の場合を除き，その転用した日から14日以内に，その旨を都道府県知事に届け出なければならない（宅造法15条3項）。よって，本肢は正しい。

	合格者正解率	不合格者正解率	受験者正解率
問21 土地区画整理法 解答❷	82.8%	60.3%	74.5%

❶ **誤** 施行地区内の宅地の所有者は組合員となる。

組合が施行する土地区画整理事業に係る施行地区内の宅地について所有権又は借地権を有する者は，すべてその組合の組合員となる（区画法25条1項）。したがって，施行地区内の宅地について所有権を有する組合員から当該所有権の一部のみを承継した者も組合員となる。よって，本肢は誤り。

❷ **正** 施行地区内の宅地について組合員の有する所有権の全部又は一部を承継した者がある場合においては，その組合員が組合に対して有する権利義務は，その承継した者に移転する（区画法26条1項）。よって，本肢は正しく，本問の正解肢となる。

❸ 誤 すべて完了した後に限られない。

　規準，規約，定款又は施行規程に別段の定めがある場合においては，換地計画に係る区域の全部について工事が完了する以前においても換地処分をすることができる（区画法103条2項但書）。よって，本肢は誤り。

❹ 誤 保留地は施行者が取得するから，定めることはできない。

　換地計画において定められた保留地は，換地処分の公告があった日の翌日において，施行者が取得する（区画法104条11項）。したがって，換地計画において，保留地の取得を希望する宅地建物取引業者に，当該保留地に係る所有権が帰属するように定めることはできない。よって，本肢は誤り。

問22	農地法	解答 ❷	合格者正解率 89.9%	不合格者正解率 62.7%	受験者正解率 78.6%

❶ 誤 市街化調整区域内では4条の許可が必要である。

　農地を農地以外のものに転用する場合には，原則として農地法4条の許可を受けなければならない（農地法4条1項）。したがって，市街化調整区域内の農地を自己の住宅用地に転用する場合には，農地法4条の許可を受ける必要がある。よって，本肢は誤り。

❷ 正　農地を農地以外のものに転用するために取得する場合には，原則として農地法5条の許可を受けなければならない（農地法5条1項）。しかし，市街化区域内にある農地を農地以外のものに転用するために取得する場合には，あらかじめ農業委員会に届け出れば，農地法5条の許可を受ける必要はない(農地法5条1項但書6号)。よって，本肢は正しく，本問の正解肢となる。

❸ 誤 原野は農地ではない。

　原野は，農地法上の農地又は採草放牧地にあたらない（農地法2条1項）。農地法3条の許可を必要とするのは，農地又は採草放牧地について所有権を移転し，又は地上権等の使用収益を目的とする権利を設定又は移転する場合であるから，原野の所有権を取得し，その後造成して農地にする場合には，農地法3条の許可を受ける必要はない（農地法3条1項）。よって，本肢は誤り。

❹ 誤 遊休化していても農地であるから4条の許可が必要である。

　農地法上の「農地」とは，耕作の目的に供される土地をいい（農地法2条1項），遊休化している農地（いわゆる休耕地）も，耕作しうる以上農地にあたる。そして，農地を農地以外のものに転用する場合には，原則として農地法4条の許可を受けなければならない（農地法4条1項）。よって，本肢は誤り。

❶ **正** 課税文書となる「契約書」とは，契約証書，協定書，約定書その他名称のいかんを問わず，契約（その予約を含む。）の成立，更改，契約の内容の変更，補充の事実を証すべき文書をいう（印紙税法別表第一課税物件表，課税物件表の適用に関する通則5）。したがって，契約内容を補充する「覚書」も課税文書に含まれ，印紙税が課される。よって，本肢は正しく，本問の正解肢となる。

❷ **誤** 仮契約書にも課税される。

❶で述べたように，課税文書となる「契約書」とは，名称のいかんを問わず，契約の成立等を証すべき文書をいう（印紙税法別表第一課税物件表，課税物件表の適用に関する通則5）。仮契約書も，契約の成立等を証すべき書面であるから，印紙税が課される。よって，本肢は誤り。

❸ **誤** 記載金額は 6,000 万円ではなく，1億 1,000 万円である。

一の文書に，課税物件表の同一の号の課税事項の記載金額が2以上ある場合，当該記載金額の合計額を記載金額とする（印紙税法別表第一，基本通達24条（一））。したがって，「甲土地を 6,000 万円，乙建物を 3,500 万円，丙建物を 1,500 万円で譲渡する」旨を記載した契約書を作成した場合，印紙税の課税標準となる当該契約書の記載金額は，これらを合計した1億 1,000 万円である。よって，本肢は誤り。

❹ **誤** 記載金額は 3,000 万円ではなく，1億円である。

交換契約書において，交換対象物の双方の価額が記載されているときは，いずれか高いほうの金額を記載金額として印紙税が課せられる（印紙税法基本通達23条（一）ロ）。したがって，本肢の土地交換契約書に係る印紙税の課税標準となる記載金額は1億円となる。よって，本肢は誤り。

❶ **誤** 賦課期日は当該年度の初日の属する年の1月1日である。

新築された住宅に対する固定資産税の減額は，当該住宅に対して新たに固定資産税が課されることとなった年度から3年度分，中高層耐火建築物である住宅については当該住宅に対して新たに固定資産税が課されることとなった年度から5年度分，固定資産税額の2分の1に相当する額を当該住宅に係る固定資産税額から減額する（地方税法附則15条の6）。固定資産税の賦課期日は当該年度の初日の属する年の1月1日とする（地方税法359条）。本肢の建物は，令和3年1月15日に新築されているため，令和3年

度分の固定資産税は課税されない。課税されないので減税ということも生じない。よって，本肢は誤り。

❷ 誤 税率の上限に関する規定はない。

固定資産税の標準税率は，100分の1.4であるが，制限税率に関する規定は廃止されている（地方税法350条1項）。よって，本肢は誤り。

❸ 誤 自己の持分に応じた税額を各自が納税する。

区分所有に係る家屋の敷地の用に供されている土地に対して課する固定資産税は，当該共用土地に係る固定資産税額を当該共用土地に係る各共用土地納税義務者の当該共用土地に係る持分の割合によってあん分した額を，当該各共用土地納税義務者の当該共用土地に係る固定資産税として納付する義務を負う（地方税法352条の2第1項）。したがって，各区分所有者が連帯して納税義務を負うわけではない。よって，本肢は誤り。

❹ 正 市町村は，同一の者について当該市町村の区域内におけるその者の所有に係る土地に対して課する固定資産税の課税標準となるべき額が30万円に満たない場合においては，固定資産税を課することができない。ただし，財政上その他特別の必要がある場合においては，当該市町村の条例の定めるところによって，その額が30万円に満たないときであっても，固定資産税を課することができる（地方税法351条）。よって，本肢は正しく，本問の正解肢となる。

問25	地価公示法	解答 ❸	合格者正解率	不合格者正解率	受験者正解率
			92.0%	66.6%	84.2%

❶ 誤 最も近傍の標準地の価格を指標とするものではない。

都市及びその周辺の地域等において，土地の取引を行う者は，取引の対象土地に類似する利用価値を有すると認められる標準地について公示された価格を指標として取引を行うよう努めなければならないものとされている（地価公示法1条の2）。「最も近傍の標準地」の価格を指標とするものではない。よって，本肢は誤り。

❷ 誤 都市計画区域外からも選定できる。

土地鑑定委員会は，「都市計画区域その他の土地取引が相当程度見込まれるもの」として国土交通省令で定める区域内の標準地について，正常な価格を判定し，これを公示するものとする（地価公示法2条）。したがって，都市計画区域外から選定することもできる。よって，本肢は誤り。なお，国土利用計画法の規制区域内から選定されないという点は正しい。

❸ 正 「正常な価格」とは，土地について，自由な取引が行われるとした場合におけるその取引において通常成立すると認められる価格をいい，当該土地に関して地上権等の権利が存する場合には，その権利が存しないものとして通常成立すると認められる価格をいう（地価公示法2条2項）。よって，本肢は正しく，本問の正解肢となる。なお，

当該土地に建物その他の定着物がある場合もその建物等は存しないものとする。

❹ 誤 環境等が特に良好と認められる土地を選定するものではない。

標準地は，土地鑑定委員会が，自然的及び社会的条件からみて類似の利用価値を有すると認められる地域において，土地の利用状況，環境等が通常と認められる一団の土地について選定するものとする（地価公示法3条）。「環境等が通常と認められる一団の土地」であって，「環境等が特に良好と認められる一団の土地」ではない。よって，本肢は誤り。

問 26	宅建業の意味	解答 ❶	合格者正解率	不合格者正解率	受験者正解率
			87.6%	61.4%	77.6%

❶ 正 Aは，Bに建物を自ら賃貸しているにすぎず，「取引」にあたらないため，免許を必要としない。他方，Bは，Aから賃借した建物を転貸しているが，自ら転貸を行うことも「取引」にあたらないので，免許を必要としない（業法2条2号，3条1項）。よって，本肢は正しく，本問の正解肢となる。

❷ 誤 建物の敷地は「宅地」。あっせんは「媒介」。

建物の敷地は宅地であるから，その売買のあっせん（媒介等）を反復継続して行うことは，宅建業に該当する（業法2条2号）。したがって，Cは，宅建業の免許を受ける必要がある（業法3条1項）。よって，本肢は誤り。

❸ 誤 共有会員制リゾートクラブ会員権の売買の媒介は免許必要。

共有会員制のリゾートクラブ会員権（宿泊施設等のリゾート施設の全部又は一部の所有権を会員が共有するもの）の売買は建物の売買と同視でき，その媒介を業として行う行為は，宅建業に該当する（旧建設省通達，業法2条2号）。よって，本肢は誤り。

❹ 誤 相続人が新たに宅建業を行う場合，免許必要。

宅建業者の相続人は，宅建業者が締結した契約に基づく取引を結了する目的の範囲内では宅建業者とみなされる（業法76条）。しかし，本肢のように新たに宅地の分譲を行うような場合には，宅建業の免許を受ける必要がある（業法3条1項）。よって，本肢は誤り。

問 27	免許の申請	解答 ❶	合格者正解率	不合格者正解率	受験者正解率
			61.9%	37.5%	54.4%

ア 誤 復権を得れば直ちに免許を受けることができる。

破産手続開始の決定を受けても復権を得れば直ちに免許を受けることができる（業法5条1項1号）。復権を得てから5年を経過する必要はない。よって，本肢は誤り。

イ　正　宅建業法に違反したことにより罰金の刑に処せられ，その刑の執行を終わった日から5年を経過しない取締役がいる法人Bは，免許を受けることができない（業法5条1項12号，6号）。よって，本肢は正しい。

ウ　誤　業務停止処分による場合は，免許を受けることができる。

　宅建業法66条1項8号又は9号に該当するとして，免許の取消処分の聴聞の期日及び場所が公示された日から当該処分をする日又は当該処分をしないことを決定する日までの間に，相当の理由なく廃業の届出を行った場合，当該届出の日から5年を経過しなければ免許を受けることができない（業法5条1項3号）。しかし，業務停止処分は免許の基準に該当せず，相当の理由なく廃業の届出をしたとしても5年を経過するまでの間に免許を受けることができる。よって，本肢は誤り。

エ　誤　"有する"未成年者は法定代理人と無関係に免許可。

　宅建業に係る営業に関し成年者と同一の行為能力を有する未成年者は，法定代理人が免許欠格事由に該当していても，免許を受けることができる（業法5条1項11号参照）。よって，本肢は誤り。

　以上より，正しいものはイの一つであり，❶が本問の正解肢となる。

問28	報酬額の制限	解答❹	合格者正解率 89.0%	不合格者正解率 69.5%	受験者正解率 80.4%

❶　誤　双方から11万円を受領することはできない。

　居住用建物以外の賃貸借で，権利金等の授受がある場合には，権利金等の額を売買代金とみなして報酬計算した額と1カ月分の借賃とを比較して，高いほうが報酬限度額となる（業法46条，報酬告示第4，第6）。本肢の場合，権利金を基準とすると（150万円×5％）7万5,000円をB及びCから受領でき，合計は15万円となる。これは借賃1カ月分の10万円よりも高い。しかし，この7万5,000円に消費税を上乗せしても7万5,000円×1.1＝8万2,500円となるので，B及びCから11万円の報酬を受けることはできない。よって，本肢は誤り。なお，本肢の11万円は，借賃に消費税を上乗せした額であるが，借賃を基準とする報酬を当事者双方から受領することはできない。

❷　誤　居住用建物の場合，権利金を基準とできない。

　居住用建物の場合，そもそも権利金を基準として報酬額を算出することはできない（報酬告示第6）。よって，本肢は誤り。

❸　誤　依頼者の依頼がなければ，広告料金を請求できない。

　宅建業者は，依頼者の依頼がなければ，報酬とは別に広告料金を請求することはできない（業法46条，報酬告示第9）。寄与の有無は影響しない。よって，本肢は誤り。

❹ 正 定期建物賃貸借の再契約に関して宅建業者が受けることのできる報酬については，新規の契約と同様に宅建業法及び告示の規定が適用される（業法46条，報酬告示第4，解釈・運用の考え方）。よって，本肢は正しく，本問の正解肢となる。

問29	広告等に関する規制	解答 ❶	合格者正解率	不合格者正解率	受験者正解率
			53.3%	32.9%	46.2%

ア 誤 「自ら貸借」には宅建業法の規制は及ばない。

自ら借り受けた建物を他に転貸する行為も「自ら貸借」に該当するため宅建業にあたらず，宅建業法の規制は及ばない。したがって，広告に自らが契約の当事者となって貸借を成立させる旨を明示しなくとも取引態様の明示義務に違反しない。よって，本肢は誤り。

イ 正 宅建業者は，宅地の造成又は建物の建築に関する工事の完了前においては，当該工事に関し必要とされる許可，確認等があった後でなければ，すべての取引態様における広告をすることができない（業法33条）。よって，本肢は正しい。

ウ 誤 誇大広告の禁止は継続的に求められる。

売買契約が成立した物件のように，物件は存在するが，実際には取引の対象とはなり得ない物件に関する広告表示をすることは誇大広告の禁止に違反し許されない（業法32条）。そして，継続的に広告を行う場合には，掲載時のみならず掲載後も継続的に違反しないことが求められる。また，インターネットによる広告の場合も当該規制は及ぶ。よって，本肢は誤り。

エ 誤 申請中の表示をしても広告は不可。

宅建業者は，宅地の造成又は建物の建築に関する工事の完了前においては，当該工事に関し必要とされる許可，確認等があった後でなければ，すべての取引態様における広告をすることができない（業法33条）。したがって，建築確認申請中である旨の表示をしている場合であっても広告をすることはできない。よって，本肢は誤り。

以上より，正しいものはイの一つであり，❶が本問の正解肢となる。

問30	重要事項の説明	解答 ❷	合格者正解率	不合格者正解率	受験者正解率
			59.4%	38.2%	51.1%

❶ 誤 壁面の塗装の状況についても説明する必要がある。

宅建業者は，工事完了前の建物の分譲にあたり，当該建物の工事完了時における形状，構造，主要構造部，内装および外装の構造または仕上げならびに設備の設置および構造

を，重要事項として説明しなければならない（業法 35 条 1 項 5 号，規則 16 条）。ここにいう「外装の仕上げ」には，壁面の塗装の状況も含まれる（解釈・運用の考え方）。よって，外壁の塗装については説明しなくてもよいとする本肢は誤り。なお，建物の形状や構造については，平面図を交付して説明しなければならないとする点は正しい（解釈・運用の考え方）。

❷ **正** 宅建業者は，建物の貸借の契約にあたり，台所，浴室，便所その他当該建物の設備の整備の状況を，重要事項として説明しなければならない（業法 35 条 1 項 14 号，規則 16 条の 4 の 3 第 7 号）。この点は，事業用建物であっても居住用建物であっても同様である。よって，本肢は正しく，本問の正解肢となる。

❸ **誤** 損害賠償の予定は説明必要，契約不適合担保責任は説明不要。

宅建業者は，建物の売買契約にあたり，損害賠償額の予定に関する事項は重要事項として説明しなければならないが（業法 35 条 1 項 9 号），契約不適合担保責任に関する事項については説明する必要はない。よって，本肢は誤り。

❹ **誤** 管理組合の総会の議決権に関する事項は説明する必要はない。

宅建業者がマンションの分譲を行うにあたり，管理組合の総会の議決権に関する事項は，重要事項として説明が必要な事項に含まれていない。よって，本肢は誤り。

問 31	宅建業法の総合問題	解答 ❹	合格者正解率 81.4%	不合格者正解率 57.2%	受験者正解率 70.8%

❶ **誤** あっせんの有無について確認する必要はない。

重要事項の説明事項となるのは，建物状況調査（実施後国土交通省令で定める期間の経過していないものに限る。）を実施しているかどうか，及びこれを実施している場合におけるその結果の概要であり，建物状況調査を実施する者のあっせんの有無ではない（業法 35 条 1 項 6 号の 2 イ）。よって，本肢は誤り。なお，建物状況調査を実施する者のあっせんの有無は，媒介契約書の記載事項である（業法 34 条の 2 第 1 項 4 号）。

❷ **誤** 書類に記載されている内容を説明する必要はない。

媒介業者 A 及び C は，売買契約が成立するまでの間に，宅建業者でない場合の D に対して，設計図書，点検記録その他の建物の建築及び維持保全の状況に関する書類で国土交通省令で定めるものの保存の状況について重要事項として説明をしなければならない（業法 35 条 1 項 6 号の 2 ロ）。しかし，それぞれの書類に記載されている内容を説明する必要はない。よって，本肢は誤り。

❸ **誤** 建物状況調査は，1 年を経過していないものに限る。

重要事項の説明事項となる建物状況調査は，実施後国土交通省令で定める期間である 1 年を経過していないものに限る（業法 35 条 1 項 6 号の 2 イ，規則 16 条の 2 の 2）。したがって，媒介契約を締結する 2 年前に受けた建物状況調査は，実施している旨及び

その結果の概要について重要事項として説明する必要はない。よって，本肢は誤り。

❹ **正** 宅建業者は，売買契約が成立したときは，宅建業者を含む各当事者に，遅滞なく，37条書面を交付しなければならない。そして，当該建物が既存の建物であるときは，建物の構造耐力上主要な部分等の状況について当事者の双方が確認した事項はこの37条書面に必ず記載する事項であり，省略することはできない（業法37条1項2号の2）。よって，本肢は正しく，本問の正解肢となる。

問32 業務上の規制総合 解答❸

❶ **違反する** 制限がある場合は，貸借でも説明必要。

区分所有建物の専有部分の用途その他の利用の制限に関する規約の定め（その案を含む）があるときは，その内容を，重要事項として説明しなければならない（業法35条1項6号，規則16条の2第3号）。そして，当該規約の定めには，ペット飼育の禁止又は制限に関するものも含まれる（解釈・運用の考え方）。したがって，Aは，管理規約で「ペット飼育禁止」の制限があることについて説明する必要がある。よって，本肢は宅建業法の規定に違反する。

❷ **違反する** ガスの供給については説明必要。

飲用水，電気及びガスの供給ならびに排水のための施設の整備の状況については，重要事項として説明しなければならない（業法35条1項4号）。したがって，Aは，ガスの供給に関して説明をする必要がある。よって，本肢は宅建業法の規定に違反する。

❸ **違反しない** 宅建業者は，宅地又は建物の売買又は交換の媒介契約を締結したときは，遅滞なく，一定事項を記載した書面を作成して記名押印し，依頼者に交付しなければならない（業法34条の2第1項）。しかし，貸借の媒介契約の場合には，書面を作成して，依頼者に交付する必要はない。よって，本肢は宅建業法の規定に違反せず，本問の正解肢となる。

❹ **違反する** 修繕積立金の滞納についても説明必要。

区分所有建物の売買・交換契約においては，当該一棟の建物の計画的な維持修繕のための費用の積立てを行う旨の規約の定めがあるときは，その内容及び既に積立てられている額について，重要事項として説明する必要がある（業法35条1項6号，規則16条の2第6号）。そして，当該区分所有建物に関し修繕積立金についての滞納があるときは，その額を告げることとする（解釈・運用の考え方）。したがって，Aは，管理規約に定めのある修繕積立金をDが滞納していることを説明する必要がある。よって，本肢は宅建業法の規定に違反する。

問 33	手付金等保全措置	解答 ❷	合格者正解率 75.4%	不合格者正解率 48.3%	受験者正解率 66.0%

ア　違反する　中間金を受領する前に保全措置を講ずることが必要。

　自ら売主制限の規制が適用になる場合，宅建業者は保全措置を講じなければ手付金等を受領できないのが原則である。ただし，完成物件を取引する場合，受け取る手付金等の額が代金の10％以下であり，かつ1,000万円以下であれば保全措置を講ずる必要はない（業法41条の2第1項，施行令3条の3）。本問では中間金を受領するときに手付金と合わせると代金の10％を超えてしまうので，中間金を受領する前に本件手付金と中間金を合わせた300万円について保全措置を講ずる必要がある。よって，本肢は宅建業法の規定に違反する。

イ　違反しない　手付金等の保全措置の対象となる手付金等とは，契約締結後，引渡しまでの間に，代金の一部として授受される金銭をいうので，本肢の申込証拠金は手付金等にあたる。申込証拠金と本件手付金を合計すると210万円となるから，本件手付金を受領する前に保全措置を講ずる必要がある。よって，本肢は宅建業法の規定に違反しない。

ウ　違反する　手付の貸与は禁止されている。

　宅建業者は，手付について貸付けその他信用の供与をすることにより契約の締結を誘引してはならない（業法47条3号）。よって，本肢は宅建業法の規定に違反する。

　以上より，宅建業法の規定に違反するのはアとウの二つであり，❷が本問の正解肢となる。

問 34	重要事項の説明	解答 ❷	合格者正解率 85.8%	不合格者正解率 51.3%	受験者正解率 70.5%

❶　誤　売主には，重要事項の説明をする必要はない。

　宅建業者は，売買，交換又は貸借の契約が成立するまでの間に，買主，借主，交換の両当事者に，宅地建物取引士をして，一定事項を記載した書面を交付して説明をさせなければならない（業法35条1項）。しかし，売主や貸主に対しては，交付と説明は不要である。よって，本肢は誤り。

❷　正　代金等に関する金銭の貸借をあっせんすることとした場合，あっせんの内容と当該あっせんが不成立のときの措置を，重要事項として説明し，重要事項説明に係る書面に記載しなければならない（業法35条1項12号）。よって，本肢は正しく，本問の正解肢となる。

❸ 誤 建物の貸借においては，私道に関する負担は，説明事項ではない。

　宅地の売買・貸借においては，私道に関する負担に関する事項について説明しなければならない（業法 35 条 1 項 3 号）。しかし，建物の貸借においては説明事項とされていない。よって，本肢は誤り。

❹ 誤 天災その他不可抗力による損害の負担は，重要事項説明の対象ではない。

　天災その他不可抗力による損害の負担に関する定め（危険負担の定め）があるときは，宅建業者は，その内容を 37 条書面に記載し，その書面を交付しなければならない（業法 37 条 1 項 10 号）。しかし，重要事項説明の対象ではない。よって，本肢は誤り。

問35　免許の効力　　解答 ❹

合格者正解率	不合格者正解率	受験者正解率
92.6%	76.3%	85.4%

❶ 誤 処分がなされるまでの間は宅建業を行うことができる。

　免許の更新の申請があった場合において，その有効期間の満了の日までにその申請について処分がなされないときは，従前の免許は，同項の有効期間の満了後もその処分がなされるまでの間は，なお効力を有する（業法 3 条 4 項）。したがって，Aは免許の処分がなされるまでの間も宅建業を営むことができる。よって，本肢は誤り。

❷ 誤 免許申請中は，広告等事業活動をすることができない。

　宅建業者は，新たに免許を受け，営業保証金を供託し，その旨を免許権者に届け出た後でなければ，その事業を開始してはならない（業法 3 条，12 条 2 項，25 条 5 項）。したがって，Bは免許の申請中に事業である広告をすることはできない。よって，本肢は誤り。

❸ 誤 兼業する事業に変更が生じたとしても，届出対象とはならない。

　宅建業者は，宅建業者名簿登載事項のうち一定事項について変更があったときは，30日以内にその旨を免許権者に届け出なければならない（変更の届出，業法 9 条，8 条 2 項各号）。しかし，兼業している宅建業以外の事業の種類は，宅建業者名簿登載事項ではあるが，変更の届出の対象とはなっていない（業法 9 条，8 条 2 項 8 号，規則 5 条 2 号）。よって，本肢は誤り。

❹ 正 宅建業者が吸収合併により消滅した場合は，当該宅建業者を吸収した一般承継人である存続会社は，当該宅建業者が締結した契約に基づく取引を結了する目的の範囲内においては，なお宅建業者とみなされる（業法 76 条，11 条 1 項 2 号）。よって，本肢は正しく，本問の正解肢となる。

ア　誤　売主である宅建業者も，宅地建物取引士をして記名押印させなければならない。

　宅建業者は，37 条書面には，宅地建物取引士をして記名押印させなければならない（業法 37 条 3 項）。売主となっている宅建業者 A も宅地建物取引士をして記名押印させなければならない。よって，本肢は誤り。

イ　誤　公正証書で契約を成立させても，宅地建物取引士の記名押印が必要である。

　宅建業者は，37 条書面には，宅地建物取引士をして記名押印させなければならない（業法 37 条 3 項）。事業用宅地の定期賃貸借契約を公正証書によって成立させた場合でも同様である。よって，本肢は誤り。

ウ　正　契約の解除に関する定めがあるときは，その内容を 37 条書面に記載しなければならない（業法 37 条 1 項 7 号）。「C は，自宅を一定の金額以上で売却できなかった場合，本件売買契約を無条件で解除できる」旨の定めは解除に関する事項であり，その定めがあれば，37 条書面に記載しなければならない。よって，本肢は正しい。

　以上より，誤っているものは，ア，イであり，❶が本問の正解肢となる。

❶　誤　取引関係者からの請求時に提示しなくても，罰則なし。

　宅地建物取引士は，取引の関係者から請求があったときには，必ず宅地建物取引士証を提示しなければならない（業法 22 条の 4）。しかし，この規定に違反したとしても，過料に処せられることはない。重要事項の説明の際の宅地建物取引士証の提示義務に違反したときに過料に処せられることと区別してほしい。よって，本肢は誤り。

❷　正　宅地建物取引士は，重要事項の説明をするときには，必ず宅地建物取引士証を提示しなければならない（業法 35 条 4 項）。この規定に違反すると，宅地建物取引士は，事務禁止処分を受けることがある（業法 68 条 2 項，4 項）。よって，本肢は正しく，本問の正解肢となる。

❸　誤　情状が特に重い場合，登録を消除されることもある。

　宅地建物取引士は，宅地建物取引士証を他人に貸与するなどして，他人に自己の名義の使用を許し，その他人が宅地建物取引士の名義を使用して宅地建物取引士である旨を表示したときには，事務禁止処分を受けることがある（業法 68 条 2 項，4 項）。そして，この規定に違反して情状が特に重いときには，登録消除処分を受けることがある（業法

68 条の 2 第 1 項 4 号）。よって，本肢は誤り。

④ 誤 勤務先を変更しても，宅地建物取引士証の書換えは不要。

　宅地建物取引士は，その氏名又は住所を変更したときは，変更の登録の申請とあわせて，宅地建物取引士証の書換え交付を申請しなければならない（規則 14 条の 13）。しかし，勤務先を変更したときには，宅地建物取引士証の書換え交付を申請する必要はない。よって，本肢は誤り。

問38	自ら売主制限総合	解答 ❸	合格者正解率	不合格者正解率	受験者正解率
			90.6%	73.0%	85.2%

❶ 誤 400 万円を超えてはならない。

　宅建業者が自ら売主となる売買契約においては，債務不履行を理由とする契約の解除に伴う損害賠償の予定額及び違約金を定めるときは，これらを合算して，代金額の 10 分の 2 を超える定めをしてはならない（業法 38 条 1 項）。しかし，本肢の手付金はそのいずれでもない（業法 39 条 2 項参照）。したがって，代金額の 10 分の 2 である 400 万円を上限として，損害賠償の予定額を定めることができる。よって，本肢は誤り。

❷ 誤 特約は無効。A の履行着手前であれば B は手付解除可。

　宅建業者が自ら売主となる売買契約の締結に際して手付を受領したときは，売主が契約の履行に着手するまでは買主は手付を放棄して契約の解除をすることができ，これに反する特約で買主に不利なものは無効となる（業法 39 条 2 項，3 項，判例）。本肢の特約は買主に不利な特約として無効となり，売主 A は，自らが契約の履行に着手する前であれば，B の手付放棄による契約の解除を拒むことはできない。よって，本肢は誤り。

❸ 正　「事務所等」以外の場所で売買契約を締結した買主は，クーリング・オフをすることができる（業法 37 条の 2 第 1 項）。しかし，例外として，①宅建業者からクーリング・オフについて書面で告げられた日から 8 日を経過したとき（業法 37 条の 2 第 1 項 1 号，規則 16 条の 6），②物件の引渡しを受け，かつ代金の全部を支払ったとき（業法 37 条の 2 第 1 項 2 号）は，クーリング・オフをすることができなくなる。本肢の場合，まだ引渡しがなされていないため，クーリング・オフをすることができる。よって，本肢は正しく，本問の正解肢となる。

❹ 誤 900 万円を超える額の支払いを受けるまでである。

　宅建業者は，自ら売主として割賦販売を行った場合には，引渡しまでに買主に登記を移転しなければならない（業法 43 条 1 項本文）。ただし，代金額の 10 分の 3 以下の金銭の支払いしか受けていないときは，10 分の 3 を超える額の金銭の支払いを受けるまでに登記を移転すればよい（業法 43 条 1 項かっこ書）。本肢では，代金額の 10 分の 3 である 900 万円を超える額の賦払金の支払いを受けるまでに移転登記をしなければならない。よって，本肢は誤り。

❶ **誤** 宅建業の業務に関しないので，指示処分を受けることはない。

免許権者は，宅建業者が業務に関し他の法令に違反し，宅建業者として不適当であると認められるときは，当該宅建業者に対して指示処分をすることができる（業法65条1項3号）。しかし，宅建業に関係のない業務（本肢においては「マンション管理業」）に関する法令に違反しても，宅建業法上の処分を受けることはない。よって，本肢は誤り。

❷ **誤** 免許を取り消すことができるのは，免許権者だけである。

免許権者は，宅建業者の事務所の所在地を確知できないとき等において，官報又は当該都道府県の公報でその事実を公告し，その公告の日から30日を経過しても当該宅建業者から申出がないときは，当該宅建業者の免許を取り消すことができる（業法67条1項）。しかし，取り消すことができるのはあくまでも免許権者である。本肢における免許権者でない国土交通大臣はBの免許を取り消すことができない。よって，本肢は誤り。

❸ **誤** 大臣免許を受けているものに対して処分するときは，内閣総理大臣と協議。

国土交通大臣が，その免許を受けた宅建業者に対して，重要事項の説明をしていなかったことを理由に，業務停止処分をしようとするときは，あらかじめ，内閣総理大臣に協議しなければならない（業法71条の2第1項，65条2項2号）。しかし，処分を命じた後，通知しなければならない旨の規定はない。よって，本肢は誤り。

❹ **正** 国土交通大臣又は都道府県知事は，宅建業の適正な運営を確保するため必要があると認めるときは，その業務について必要な報告を求め，又はその職員に事務所その他その業務を行う場所に立ち入り，帳簿，書類その他業務に関係のある物件を検査させることができる。違反した宅建業者は，50万円以下の罰金に処せられることがある（業法72条1項，83条1項6号）。よって，本肢は正しく，本問の正解肢となる。

ア 誤 依頼者からの申出があっても，指定流通機構への登録を省略することはできない。

宅建業者は，専任媒介契約を締結した場合，指定流通機構に登録しなければならない（業法34条の2第5項）。そして，この登録は，たとえ本肢のように依頼者から登録しないでほしい旨の申出があっても省略することはできない。よって，本肢は誤り。

イ 誤 依頼者が宅建業者であっても，媒介契約書面を交付しなければならない。

宅建業者は，売買の媒介契約を締結した場合，遅滞なく，一定事項を記載した書面を作成して記名押印し，依頼者にこれを交付しなければならない（業法34条の2第1項）。そして，この書面の交付は，依頼者が宅建業者の場合でも省略できない（業法78条2項参照）。よって，本肢は誤り。

ウ 誤 依頼者からの申出がない場合に自動更新されるわけではない。

専任媒介契約の有効期間は3カ月を超えることができない。そして，この有効期間の更新は，依頼者の申出がある場合に限られる（業法34条の2第3項，4項）。依頼者からの申出がない場合に自動的に更新されるわけではない。よって，本肢は誤り。

エ 正 売買の媒介契約の書面には，媒介契約に違反した場合の措置を記載しなければならない。他の宅地建物取引業者を明示する義務がある一般媒介契約にあっては，依頼者が明示していない他の宅地建物取引業者の媒介又は代理によって売買又は交換の契約を成立させたときの措置を記載しなければならない（業法34条の2第1項8号，規則15条の9第3号）。よって，本肢は正しい。

以上より，誤っているものはア，イ，ウの三つであり，**❸**が本問の正解肢となる。

問41	宅地建物取引士証	解答❸	合格者正解率	不合格者正解率	受験者正解率
			—	—	—

❶ 誤 移転前の宅地建物取引士証の有効期間の残りの期間となる。

宅地建物取引士証の有効期間は5年であるが（業法22条の2第3項），登録の移転とともに，宅地建物取引士証の交付を受けたときは，その移転後の新たな宅地建物取引士証の有効期間は，移転前の宅地建物取引士証の有効期間の残りの期間である（業法22条の2第3項，5項）。したがって，本肢の宅地建物取引士証の有効期間は，「交付の日から5年」にはならない。よって，本肢は誤り。

❷ 誤 甲県知事に提出しなければならない。

宅地建物取引士が，監督処分として事務の禁止処分を受けたときは，速やかに宅地建物取引士証をその「交付を受けた都道府県知事」に提出しなければならない（業法22条の2第7項）。したがって，Aは，乙県知事にではなく，甲県知事に宅地建物取引士証を提出しなければならない。よって，本肢は誤り。

❸ 正 宅地建物取引士が氏名を変更したときは，変更の登録の申請とともに宅地建物取引士証の書換え交付を申請しなければならない（業法20条，規則14条の13）。したがって，Aは，変更の登録とともに宅地建物取引士証の書換え交付の申請をしなければならない。よって，本肢は正しく，本問の正解肢となる。

❹ 誤 知事が指定する講習を受講しなければならない。

宅地建物取引士証の更新を受けようとするときは，その申請前6カ月以内に，都道府

県知事が指定する講習を受講しなければならない（業法22条の3第2項，22条の2第2項）。「国土交通大臣の登録を受けた講習」ではない。よって，本肢は誤り。

問42	クーリング・オフ	解答❶	合格者正解率 94.5%	不合格者正解率 76.6%	受験者正解率 85.9%

ア　誤　クーリング・オフが行われた業者は，損害賠償又は違約金の請求ができない。
　宅建業者が自ら売主となる宅地又は建物の売買契約において，クーリング・オフが行われた場合，宅建業者は，クーリング・オフに伴う損害賠償又は違約金の支払を請求することができない（業法37条の2第1項）。よって，本肢は誤り。

イ　誤　返還する金銭は倍額ではない。
　宅建業者が自ら売主となる宅地又は建物の売買契約において，クーリング・オフが行われた場合においては，宅建業者は，申込者等に対し，速やかに，買受けの申込み又は売買契約の締結に際し受領した手付金その他の金銭を返還しなければならない（業法37条の2第3項）。倍額を償還するのではない。よって，本肢は誤り。

ウ　正　宅建業者が自ら売主となる宅地又は建物の売買契約において，買主がその自宅又は勤務先において説明を受ける旨を申し出た場合，その自宅又は勤務先は事務所等の場所とされるが，喫茶店は事務所等以外の場所である（業法37条の2第1項，規則16条の5第2号）。そして，申込みの場所と契約の場所が異なる場合は，申込みの場所を基準とするから，喫茶店（事務所等以外の場所）で買受けの申込みをしたBは，契約締結の場所にかかわらず，クーリング・オフを行うことができる。よって，本肢は正しい。

　以上より，誤っているものの組合せはア，イであり，❶が本問の正解肢となる。

問43	営業保証金	解答❷	合格者正解率 96.0%	不合格者正解率 76.2%	受験者正解率 88.8%

❶　正　宅建業に関し不正または著しく不当な行為をし，情状が特に重い場合は，免許は必ず取り消される（業法66条1項9号，65条2項5号）。この場合，宅建業者であった者またはその承継人は，営業保証金を取り戻すことができる（業法30条1項）。よって，本肢は正しい。

❷　誤　免許の有効期間満了による取戻しには公告必要。
　免許の有効期間が満了したときは，宅建業者であった者またはその承継人は，営業保証金を取り戻すことができる（業法30条1項）。この場合の営業保証金の取戻しには，原則として，公告が必要である（業法30条2項）。よって，本肢は誤りであり，本問

の正解肢となる。

❸ 正 宅建業者は，一部の事務所を廃止した場合において，営業保証金の額が政令で定める額を超えることとなったときは，その超過額について，取り戻すことができる（業法 30 条 1 項）。そして，この場合には，原則として，還付請求権者に対し，6 カ月を下らない一定期間内に申し出るべき旨を公告し，その期間内にその申出がなかった場合でなければ，取り戻すことができない（業法 30 条 2 項）。よって，本肢は正しい。

❹ 正 宅建業者は，保証協会の社員となったことにより営業保証金を供託することを要しなくなったときは，供託した営業保証金を取り戻すことができる（業法 64 条の 14 第 1 項）。この場合の営業保証金の取戻しには，公告は不要である。よって，本肢は正しい。

問 44	弁済業務保証金	解答 ❸	合格者正解率 **85.9%**	不合格者正解率 **59.8%**	受験者正解率 **77.9%**

❶ 誤 保証協会の社員の地位を失った後，供託により地位を回復するという制度はない。

　保証協会の社員である宅建業者が保証協会から還付充当金を納付すべき旨の通知を受けた場合，その日から 2 週間以内に，還付充当金を納付しなければ社員の地位を失う（業法 64 条の 10 第 2 項，3 項）。還付充当金の未納により保証協会の社員の地位を失った場合，その日から 1 週間以内に営業保証金を供託しなければならない（業法 64 条の 15）。弁済業務保証金を供託することによって社員の地位を回復するといった制度はない。よって，本肢は誤り。

❷ 誤 2 週間ではなく，1 週間以内に弁済業務保証金を供託しなければならない。

　宅地建物取引業保証協会は，社員となろうとする宅建業者から弁済業務保証金分担金の納付を受けたときは，その日から 1 週間以内に，その納付を受けた額に相当する額の弁済業務保証金を供託しなければならない（業法 64 条の 7 第 1 項）。2 週間ではなく，1 週間である。よって，本肢は誤り。

❸ 正 宅地建物取引業保証協会は，権利の実行により弁済業務保証金の還付があったときは，当該還付に係る社員又は社員であった者に対し，当該還付額に相当する額の還付充当金を宅地建物取引業保証協会に納付すべきことを通知しなければならない（業法 64 条の 10 第 1 項）。よって，本肢は正しく，本問の正解肢となる。

❹ 誤 社員となる前に行った取引を含む。

　弁済業務保証金から還付を受けるためには，宅建業者と取引した者（宅建業者を除く）が取引により生じた債権を有していることが必要であるが，ここでいう取引には，宅建業者が保証協会の社員となる前にしたものも含まれる（業法 64 条の 8 第 1 項かっこ書）。よって，本肢は誤り。

❶ 誤 新たな売買契約締結が禁止されるのは，基準日の「翌日」から起算して50日を経過した日以後である。

　新築住宅を引き渡した宅建業者は，基準日に係る資力確保措置の状況の届出をしなければ，当該基準日の「翌日」から起算して50日を経過した日以後においては，新たに自ら売主となる新築住宅の売買契約を締結してはならない（住宅瑕疵担保履行法13条）。基準日から50日ではない。よって，本肢は誤り。

❷ 誤 媒介業者に資力確保の義務はない。

　宅建業者は，各基準日において，当該基準日前10年間に自ら売主となる売買契約に基づき買主に引き渡した新築住宅について，当該買主に対する特定住宅販売瑕疵担保責任の履行を確保するため，住宅販売瑕疵担保保証金の供託，又は住宅販売瑕疵担保責任保険契約の資力確保措置を講ずる義務負う（住宅瑕疵担保履行法11条1項，2項）。しかし，媒介業者には資力確保措置を講ずる義務はない。よって，本肢は誤り。

❸ 誤 売主である宅建業者が保険料を支払う契約である。

　住宅瑕疵担保責任保険契約は，新築住宅を自ら売主として販売する宅建業者が住宅瑕疵担保責任保険法人と締結する保険契約であり，宅建業者が保険料を支払うことを約するものである（住宅瑕疵担保履行法11条2項かっこ書，2条7項1号）。新築住宅の買主が保険料を支払うわけではない。よって，本肢は誤り。

❹ 正 宅建業者は，自ら売主となる新築住宅の買主に対し，当該新築住宅の売買契約を締結するまでに，その住宅販売瑕疵担保保証金の供託をしている供託所の所在地等について，これらの事項を記載した書面を交付して説明しなければならない（住宅瑕疵担保履行法15条，施行規則21条）。よって，本肢は正しく，本問の正解肢となる。

❶ 正 機構は貸付けを受けた者とあらかじめ契約を締結することによって，その者が死亡した場合に支払われる生命保険の保険金を当該貸付けに係る債務の弁済に充当することができる（団体信用生命保険業務）。これは死亡の場合のみならず，重度障害の状態となった場合も含まれている（機構法13条1項10号）。よって，本肢は正しい。

❷ 正 機構は，直接融資業務において高齢者死亡時に一括償還をする方法により貸付金の償還を受けるときは，当該貸付金の貸付けのために設定された抵当権の効力の及ぶ範囲を超えて，弁済の請求をしないことができる（機構業務方法書24条5項）。よっ

て，本肢は正しい。

❸ 誤 金融機関によって異なる。

借入金利は各金融機関が決定することから，どの金融機関においても同一の利率が適用されるものではない。そのため，機構は，そのホームページにおいて，「借入金利に関する注意事項」という文書を掲載し注意喚起を促している（機構ホームページ）。よって，本肢は誤りであり，本問の正解肢となる。

❹ 正 機構は，住宅の建設又は購入に必要な資金の貸付けに係る貸付債権の譲受けを行うことができる。いわゆる証券化支援業務（買取型）である。この場合の貸付債権には，住宅の購入に付随する土地もしくは借地権の取得又は当該住宅の改良に必要な資金も含まれる（機構法13条1項1号，施行令5条1項2号）。よって，本肢は正しい。

問47	景品表示法	解答❶	合格者正解率	不合格者正解率	受験者正解率
			－	－	－

❶ 正 価格その他の取引条件について，「日本一」「日本初」「業界一」「超」「当社だけ」「他に類を見ない」「抜群」等，競争事業者の供給するもの又は競争事業者よりも優位に立つことを意味する用語を使用してはならない（表示規約18条2項2号）。ただし，当該表示内容を裏付ける合理的な根拠を示す資料を現に有している場合は，例外的に不当表示とはならない。本肢の表示はこの例外に該当する（表示規約18条2項）。よって，本肢は正しく，本問の正解肢となる。

❷ 誤 取引する意思がない物件は，おとり広告となる。

実際には取引する意思がない物件に関する表示をしてはならない（おとり広告の禁止，表示規約21条3号）。本肢の広告は，このおとり広告に該当し，不当表示となるおそれがある。よって，本肢は誤り。

❸ 誤 既に販売した物件は，「新発売」と表示することはできない。

新発売という用語は，新たに造成された宅地又は新築の住宅（造成工事前又は建築工事完了前のものを含む）について，一般消費者に対し，初めて購入の申込みの勧誘を行うこと（一団の宅地又は建物を数期に区分して販売する場合は，期ごとの勧誘）をいい，その申込みを受けるに際して一定の期間を設ける場合においては，その期間内の勧誘をいう（表示規約18条1項2号）。このことは，広告媒体が異なるからといって変わるものではない。よって，本肢は誤り。

❹ 誤 「現在は建築不可」は，不当表示となるおそれがある。

市街化調整区域に所在する土地については，都市計画法の開発許可を受けている場合等を除き，「市街化調整区域。宅地の造成及び建物の建築はできません。」と16ポイント以上の文字で明示しなければならない（表示規約規則8条1号）。よって，本肢は誤り。

❶ **誤** 旧価格の公表時期や値下げの時期を明示しなければならない。

物件の価格について二重価格表示をする場合，事実に相違する広告表示又は実際のものもしくは競争事業者に係るものよりも有利であると誤認されるおそれのある広告表示をしてはならない（表示規約20条）。そして，過去の販売価格を比較対照価格とする二重価格表示については，過去の販売価格の公表時期及び値下げの時期を明示しなければならない（表示規約施行規則13条）。よって，本肢は誤り。

❷ **正** 土地取引において，当該土地上に古家，廃屋等が存在するときは，その旨を明示しなければならない（表示規約施行規則8条6号）。住宅として使用することが可能であることの表示は要求されていない。よって，本肢は正しく，本問の正解肢となる。

❸ **誤** 周囲の状況について，現況に反する表示をしてはならない。

宅地又は建物の見取図，完成図又は完成予想図は，その旨を明示して用い，当該物件の周囲の状況について表示するときは，現況に反する表示をしてはならない（表示規約施行規則10条23号）。したがって，電柱や電線を消去する加工を施せば，不当表示に問われることがある。よって，本肢は誤り。

❹ **誤** どの物件がどの取引態様かを明示しなければならない。

取引態様は，「売主」，「貸主」，「代理」又は「媒介（仲介）」の別をこれらの用語を用いて表示しなければならない（表示規約施行規則10条1号）。そして，取引態様については，事実に相違する表示又は実際のものもしくは競争事業者に係るものよりも優良もしくは有利であると誤認されるおそれのある表示をしてはならない（表示規約23条1号）。したがって，どの物件がどの取引態様かを明示しなければ，不当表示に問われることがある。よって，本肢は誤り。

			合格者正解率	不合格者正解率	受験者正解率
問49	土地	解答❷	―	―	―

❶ **正** 丘陵地や台地内の小さな谷間は，地盤も軟弱で，地震や洪水の被害を受けやすい。そして，これを埋土して造成された宅地では，地盤沈下や排水不良を起こしやすい。よって，本肢は正しい。

❷ **誤** 安全な宅地としては利用できない。

擁壁を設置する場合には，鉄筋コンクリート造，無筋コンクリート造又は間知石練積み造その他の練積み造のものとしなければならない（宅造法施行令6条）。また，石材その他の組積材は，コンクリートを用いて一体の擁壁としなければならない（宅造法施

行令8条2号）。本肢のように，ブロックを擁壁に積み増し，盛土して造成すると，宅地は崩壊の危険性が高くなる。よって，本肢は誤りであり，本問の正解肢となる。

❸ **正** 丘陵地を切り盛りして平坦化した宅地で，切土部と盛土部にまたがる区域では，崩壊のおそれが多い。また，盛土部分は地盤が弱く，不同沈下を生じやすい。よって，本肢は正しい。

❹ **正** 宅地の水はけをよくするためには，排水処理は重要である。そのため，擁壁には水抜き穴を設けなければならず，盛土をする場合には，雨水その他の地表水を排除することができるように排水施設を設ける必要がある（宅造法施行令10条，13条）。そのような排水処理が行われていない宅地は，不適当であることが多い。よって，本肢は正しい。

問50	建物	解答 ❸	合格者正解率	不合格者正解率	受験者正解率
			92.5%	85.0%	89.0%

❶ **適当** ラーメン構造は，柱とはりといった部材の各接点が剛に接合されて一体となった骨組みによる構造をいう。この骨組みは，柱とはりを組み合わせて直方体を形成することとなる。したがって，ラーメン構造は，柱とはりを組み合わせた直方体で構成する骨組であるといえる。よって，本肢は適当である。

❷ **適当** トラス式構造とは，部材の節点が，ピン接合となっている三角形を単位とした構造骨組みによる構造をいう。一般的に，部材は細長いものを使用する。したがって，細長い部材を三角形に組み合わせた構成の構造といえる。よって，本肢は適当である。

❸ **不適当** アーチ式構造は，大空間を構成するのに適した構造である。

アーチ式構造とは，材軸が曲線状をなす骨組をいい，主として軸方向圧縮力により，力が伝達されるものをいう。この構造は，一般に体育館等のスポーツ施設のように大空間を構成する場合に使用される。したがって，アーチ式構造は，大空間を構成するのに適した構造である。よって，本肢は最も不適当であり，本問の正解肢となる。

❹ **適当** 壁式構造とは，板状の部材で構成されている構造をいう。壁や床といった平面的な構造体のみで構成される構造で，柱の代わりに壁で建物荷重を支えるものである。したがって，壁式構造は，壁板により構成する構造であるといえる。よって，本肢は，適当である。

2021年版 出る順宅建士
過去30年良問厳選問題集

第**5**回

解答・解説

上級編①

 合格推定点 **34**点

◆出題項目・正解一覧＆成績診断
◆解答・解説

出題項目・正解一覧&成績診断

科目	問	出題項目	正解	チェック	科目	問	出題項目	正解	チェック
権利関係	1	意思表示	4	☐☐	宅建業法	26	宅建業の意味	4	☐☐
	2	委任	3	☐☐		27	事務所の設置	2	☐☐
	3	危険負担	4	☐☐		28	37 条書面	2	☐☐
	4	相続	3	☐☐		29	業務上の規制総合	1	☐☐
	5	保証：判決文問題	3	☐☐		30	媒介・代理契約	4	☐☐
	6	時効	4	☐☐		31	自ら売主制限総合	4	☐☐
	7	抵当権	2	☐☐		32	監督・罰則	2	☐☐
	8	質権	3	☐☐		33	37 条書面	2	☐☐
	9	弁済	2	☐☐		34	免許の効力	3	☐☐
	10	民法総合	4	☐☐		35	業務上の規制総合	3	☐☐
	11	借地借家法（借地）	3	☐☐		36	手続きの総合問題	1	☐☐
	12	借地借家法（借家）	2	☐☐		37	重要事項の説明	2	☐☐
	13	建物区分所有法	4	☐☐		38	報酬額の制限	3	☐☐
	14	不動産登記法	2	☐☐		39	クーリング・オフ	2	☐☐
法令上の制限	15	農地法	4	☐☐		40	自ら売主制限総合	3	☐☐
	16	都市計画事業制限	4	☐☐		41	宅地建物取引士総合	1	☐☐
	17	都市計画法：開発行為の規制	3	☐☐		42	営業保証金	2	☐☐
	18	建築基準法総合	4	☐☐		43	宅建業法の総合問題	4	☐☐
	19	建築確認	4	☐☐		44	弁済業務保証金	4	☐☐
	20	宅地造成等規制法	4	☐☐		45	瑕疵担保履行法	3	☐☐
	21	土地区画整理法	1	☐☐	5問免除	46	住宅金融支援機構法	3	☐☐
	22	その他の法令上の規制	4	☐☐		47	景品表示法	1	☐☐
税・価格	23	所得税	4	☐☐		48	土地	4	☐☐
	24	不動産取得税	3	☐☐		49	土地	4	☐☐
	25	不動産鑑定評価基準	2	☐☐		50	建物	1	☐☐

科目別の成績		総合成績	
科目（問題番号）	正答／正答目標	合計	
権利関係（問 1 ～問 14）	点／ 8 点		
宅建業法（問 26 ～問 45）	点／ 17 点		**点**
法令上の制限（問 15 ～問 22）	点／ 5 点		
税・価格（問 23 ～問 25）	点／ 1 点	この回の合格推定点は **34** 点です。	
5 問免除（問 46 ～問 50）	点／ 4 点		

問1	意思表示	解答 ❹	合格者正解率	不合格者正解率	受験者正解率
			80.0%	55.5%	69.3%

❶ **正** 詐欺に基づく取消しがあった場合，当事者の原状回復義務は同時履行になる（民法533条，判例）。第三者の詐欺による場合も同様である。よって，本肢は正しい。

❷ **正** 錯誤に基づく取消しの主張は，原則として表意者のみがすることができる（民法95条，判例）。したがって，表意者が錯誤に基づく取消し主張をできない場合，相手方も当該取消しの主張をすることはできない。よって，本肢は正しい。

❸ **正** 虚偽表示による意思表示の無効は，善意の第三者に対抗することができない（民法94条2項）。よって，本肢は正しい。

❹ **誤** 相手方が善意かつ無過失なので取り消すことができない。

　第三者が詐欺を行った場合，相手方がその事実について悪意又は有過失のとき，その意思表示を取り消すことができる（民法96条2項）。本肢の場合，相手方Bが善意かつ無過失なのでAは売買契約を取り消すことはできない。この場合，新たな買受人であるDの主観は影響しない。よって，本肢は誤りであり，本問の正解肢となる。

問2	委任	解答 ❸	合格者正解率	不合格者正解率	受験者正解率
			65.7%	45.1%	58.1%

❶ **正** 委任は，各当事者がいつでもその解除をすることができる（民法651条1項）。ただし，当事者の一方が相手方の不利な時期に委任の解除をしたときは，やむを得ない事由があったときを除いて，相手方の損害を賠償しなければならない（民法651条2項1号）。よって，本肢は正しい。

❷ **正** 委任は，①委任者又は受任者の死亡，②委任者又は受任者が破産手続開始の決定を受けたとき，③受任者が後見開始の審判を受けたことのいずれかの事由によって終了する（民法653条）。よって，本肢は正しい。

❸ **誤** 相続人が委任事務を処理できる時まで処理する義務あり。

　委任契約が委任者の死亡により終了した場合において，急迫の事情があるときは，受任者は委任者の相続人が委任事務を処理することができるに至るまで，必要な処分をしなければならない（民法654条）。しかし，受任者は，委任者の相続人から終了についての承諾を得るときまで委任事務を処理する義務を負うわけではない。よって，本肢は誤りであり，本問の正解肢となる。

❹ **正** 委任の終了事由は，これを相手方に通知したとき，又は相手方がこれを知っていたときでなければ，これをもってその相手方に対抗することができない（民法655条）。したがって，そのときまで当事者は委任契約上の義務を負う。よって，本肢は正しい。

❶ **誤** 契約前に滅失しても，契約は有効である。

A所有の甲建物は，売買契約成立前に滅失している。この場合，Aの甲建物引渡債務は原始的不能であるが，それによって甲建物の売買契約が無効となることはない（民法412条の2第2項参照）。よって，本肢は誤り。

❷ **誤** 債務不履行によって契約は無効とならない。

A所有の甲建物が債務者Aの責めに帰すべき火災により滅失した場合，売買契約が無効となるのではなく，債務不履行の問題となり，Bは契約の解除（民法542条1項1号）や損害賠償請求（民法415条）をすることができる。よって，本肢は誤り。

❸ **誤** Bに帰責事由がある以上，Bは債務の履行を拒むことができない。

A所有の甲建物が買主Bの責めに帰すべき火災により滅失した場合，買主Bは，反対給付である代金支払債務の履行を拒むことができない。（民法536条2項）。よって，本肢は誤り。

❹ **正** 当事者双方の責めに帰することができない事由によって債務を履行することができなくなったときは，債権者は，反対給付の履行を拒むことができる（民法536条1項）。よって，本肢は正しく，本問の正解肢となる。

❶ **誤** 各2分の1であり等しい。

被相続人の子（民法887条1項），配偶者（民法890条）は，相続人となる。また，子及び配偶者が相続人であるときは，子の相続分及び配偶者の相続分は，各2分の1となる（民法900条1号）。また，子が数人あるときは，各自の相続分は相等しいものとなる（民法900条4号）。したがって，①，②いずれの場合も，法定相続分は各2分の1であり等しい。よって，本肢は誤り。

❷ **誤** 代襲相続は生じない。

被相続人の子が，相続の開始以前に死亡したとき，その者の子がこれを代襲して相続人となる（民法887条2項）。しかし，本肢では，Aが死亡した後にBが死亡していることから，Bの子であるEに代襲相続が生じることはない。よって，本肢は誤り。

❸ **正** 賃料債権は，遺産とは別個の財産であり，各共同相続人がその相続分に応じて分割単独債権として確定的に取得する（判例）。したがって，当該賃料債権の帰属は後にされた遺産分割の影響を受けないことから，Cが既に取得した賃料債権につき清算をする必要はない。よって，本肢は正しく，本問の正解肢となる。

❹ 誤　限定承認は，共同相続人の全員が共同してのみすることができる。

　相続人が数人あるときは，限定承認は，共同相続人の全員が共同してのみこれをすることができる（民法923条）。そして，一人が限定承認をすれば，他の相続人も限定承認をする旨を申述したとみなされるとする規定は存在しない。したがって，Ｃも限定承認をする旨を申述したとみなされることはない。よって，本肢は誤り。

問5	保証：判決文問題	解答❸	合格者正解率 87.1%	不合格者正解率 66.1%	受験者正解率 78.9%

❶ 正　本肢では，保証人が期間の定めのある建物賃貸借の賃借人（以下「賃借人」という。）のために保証契約を締結した場合，保証人は更新後の賃借人の債務についても保証する責任を負うか問題となる。判決文（最判平9.11.13）前段は，「反対の趣旨をうかがわせるような特段の事情がない限り，保証人が更新後の賃貸借から生ずる賃借人の債務についても保証の責めを負う趣旨で合意がされたものと解するのが相当」であると判断している。これは，当事者の合理的意思解釈として，特段の事情がない限り，保証契約締結時に保証人が更新後の賃貸借から生ずる賃借人の債務についても保証の責めを負う旨の合意がなされたことを認定したものである。よって，本肢は正しい。

❷ 正　本肢では，保証人がいかなる範囲の責任を負うのかが問題となる。判決文後段は，保証人が更新後の賃借人の債務についても保証の責任を負う趣旨で合意した場合，「保証人は，賃貸人において保証債務の履行を請求することが信義則に反すると認められる場合を除き，更新後の賃貸借から生ずる賃借人の債務についても保証の責めを免れない」と判断している。したがって，賃借人の未払賃料が1年分に及んだとしても，賃貸人が保証債務の履行を請求することが信義則に反すると認められる事情がなければ，保証人は当該金額の支払義務を負う。よって，本肢は正しい。

❸ 誤　損害賠償債務についても保証人の責任は及ぶ。

　本肢では，更新後に賃借人が賃借建物を故意または過失によって損傷させた場合の損害賠償債務について保証人の責任が及ぶかが問題となる。判決文後段は，「更新後の賃貸借から生ずる賃借人の債務」についても保証人が責任を負うと判断しており，更新後に賃借人が賃借建物を故意又は過失によって損傷させた場合の損害賠償債務についての保証人の責任を除外していない。したがって，当該損害賠償債務についても保証人の責任は及ぶ。よって，本肢は誤りであり，本問の正解肢となる。

❹ 正　本肢では，賃貸人において保証債務の履行を請求することが信義則に反すると認められるときに，保証人は更新後の賃借人の債務について保証の責任を負うのかが問題となる。判決文後段は，保証人は「賃貸人において保証債務の履行を請求することが信義則に反すると認められる場合を除き，更新後の賃貸借から生ずる賃借人の債務についても保証の責めを免れない」と判断している。したがって，賃貸人において保証債

務の履行を請求することが信義則に反すると認められるときには，保証人は更新後の賃貸借から生ずる賃借人の債務について保証の責任を負わないことになる。よって，本肢は正しい。

問6	時効	解答 ❹	合格者正解率 70.4%	不合格者正解率 45.5%	受験者正解率 62.8%

❶ **正** 裁判上の請求は，時効の完成猶予事由である（民法147条1項1号）。そして，裁判上の請求をした後に確定判決又は確定判決と同一の効力を有するものによって権利が確定した場合は，時効が更新される（民法147条2項）。ただし，裁判上の請求が，確定判決又は確定判決と同一の効力を有するものによって権利が確定することなく終了した場合は，終了時から6カ月が経過するまで時効の完成が猶予されるにとどまる（民法147条1項柱書かっこ書）。この「権利が確定することなく終了した場合」には，訴えの却下，訴えの取下げ等がある。

したがって，訴えの提起後に訴えが取下げられた場合，訴えの取下げから6カ月が経過するまで時効の完成が猶予されるにとどまり更新されない。よって，本肢は正しい。

❷ **正** ❶で述べたように，訴えの却下は「権利が確定することなく終了した場合」にあたる。したがって，訴えの提起後に当該訴えの却下の判決が確定した場合，却下判決から6カ月が経過するまで時効の完成が猶予されるにとどまり更新されない。よって，本肢は正しい。

❸ **正** 請求棄却判決とは，請求している権利の不存在が裁判上で確定された場合をいい，「権利が確定することなく終了した場合」にあたる。したがって，訴えの提起後に請求棄却の判決が確定した場合には，棄却判決確定から6カ月が経過するまで時効の完成が猶予されるにとどまる。よって，本肢は正しい。

❹ **誤** 裁判上の和解によって権利が確定した場合，時効の更新が生じる。

裁判上の和解は，「確定判決と同一の効力を有するもの」（147条2項）にあたる。したがって，訴えの提起後に裁判上の和解が成立し権利が確定した場合には，時効が更新される。よって，本肢は誤りであり，本問の正解肢となる。

問7	抵当権	解答 ❷	合格者正解率 36.4%	不合格者正解率 25.7%	受験者正解率 32.6%

❶ **正** 土地と建物を所有する者が，土地に抵当権を設定し，その後当該土地を第三者に売却した場合であっても，法定地上権は成立する（民法388条前段，判例）。したがって，Cのために法定地上権が成立するので，DはCに対して甲土地の明渡しを求めるこ

とはできない。よって，本肢は正しい。

❷ **誤** 建物に関する債権に対して物上代位はできない。

　火災保険金請求権については，建物の抵当権に基づく物上代位が認められる（民法372条，304条1項本文，判例）。もっとも，甲土地上の建物は，甲土地の抵当権の目的物ではないので，甲土地の抵当権に基づいて当該建物の火災保険金請求権を行使することはできない。よって，本肢は誤りであり，本問の正解肢となる。

❸ **正** 抵当権の順位の変更は，各抵当権者の合意と，利害関係人がいる場合には利害関係人の承諾がある場合に認められ（民法374条1項），抵当権設定者の合意は不要である。よって，本肢は正しい。

❹ **正** 抵当不動産の第三取得者は，民法383条所定の書面を送付して抵当権の消滅を請求することができる（民法379条）。よって，本肢は正しい。

問8	質権	解答❸	合格者正解率	不合格者正解率	受験者正解率
			62.8%	**46.2%**	**55.3%**

❶ **誤** 確定日付を得ていなければ，第三者に対抗できない。

　債権に対する質権の設定を受けたことを第三債務者以外の第三者に対抗するためには，第三債務者に確定日付のある証書によって通知をするか，第三債務者が確定日付のある証書によって承諾をすることが必要である（民法364条，467条2項）。したがって，Bの承諾が確定日付を得ていないのであれば，Cは，質権を第三者に対して対抗することができない。よって，本肢は誤り。

❷ **誤** 満期となった最後の2年分に限定されない。

　質権は元本の他利息等を担保するが（民法362条，346条），債権質の場合，不動産質のように，利息は最後の2年分という制限はない（民法361条，375条参照）。よって，本肢は誤り。

❸ **正** 第三債務者の債務の弁済期が，債権質権者の債権の弁済期前に到来したときは，質権者は，第三債務者にその弁済金額を供託させることができる（民法366条3項）。したがって，Cは，Bに対し，敷金を供託するよう請求することができる。よって，本肢は正しく，本問の正解肢となる。

❹ **誤** 直ちに敷金を返還するようには請求できない。

　質権者は，質権の目的である債権を直接に取り立てることができるが（民法366条1項），第三債務者も期限の利益を有する（民法136条1項）。したがって，Cは，Bに対し，敷金を直ちに交付するよう請求することはできない。よって，本肢は誤り。

❶ **正** 弁済をするについて正当な利益を有する者でない第三者は，債務者の意思に反して，弁済をすることができない（民法474条2項）。ここでいう，「正当な利益を有する者」とは，物上保証人，抵当不動産の第三取得者，後順位担保権者等の自ら債務を負わないが，債務者の意思に反してでも弁済しうる「利害関係」を有する第三者をいう。Bの親友であるCは，弁済について法律上の利害関係を有しないので，Bの意思に反して弁済をすることはできない。もっとも，債務者の意思に反することを債権者が知らなかったときは，弁済が有効となる（民法474条2項ただし書）。本肢の場合，Cの弁済はBの意思に反しており，Aがそのことを知っているため，Cの弁済は無効であり，Bの代金債務は消滅しない。よって，本肢は正しい。

❷ **誤** Aは債務者Bの意思に反して弁済の充当はできない。

債務者が同一の債権者に対して数個の金銭債務を負担する場合において，債務者が弁済として提供した金銭の額が，すべての債務を消滅させるのに足りないときには，当事者の合意がない限り，債務者が，弁済の時に弁済を充当する債務を指定することができる（民法488条1項）。したがって，債務者Bが代金債務の弁済として支払っている以上，Bの意思に反することはできない。よって，本肢は誤りであり，本問の正解肢となる。

❸ **正** 受領権者以外の者であって取引上の社会通念に照らして受領権者としての外観を有するものに対してした弁済は，弁済者が善意無過失のときに限り，有効となる（民法478条）。したがって，Bが善意無過失で弁済している本肢の場合，Bの弁済は有効となり，Bは，代金債務を免れる。よって，本肢は正しい。

❹ **正** 弁済をする正当の利益を有する者が弁済をした場合，その者は，債務者の承諾又は債務者への通知がなくても，当然に債権者に代位する（民法499条，500条かっこ書）。そして，連帯保証人は，弁済をする正当の利益を有する者にあたる。したがって，連帯保証人Eは，弁済した場合，Bの承諾がなくても，Aに代位する。よって，本肢は正しい。

			合格者正解率	不合格者正解率	受験者正解率
問10	民法総合	解答④	85.9%	61.1%	75.1%

❶ **正** 無権代理人が単独で本人を相続した場合，無権代理人による追認拒絶は信義に反し許されないことから，当該無権代理行為は当然に有効となる（判例）。結果，本人が自ら売却したのと同様の法律上の効果が生じることになる。よって，本肢は正しい。

❷ **正** 相続財産である不動産につき，遺産分割協議前に，共同相続人の1人が，他

の共同相続人の同意なく自己名義への所有権移転登記をし，これを第三者に譲渡し，所有権移転登記をしても，他の共同相続人は，自己の持分を登記なくして，その第三者に対抗することができる（判例）。よって，本肢は正しい。

❸ **正** 連帯債務の場合，相続人は，各相続分に応じて分割された債務を承継し，各自その範囲において，本来の連帯債務者とともに連帯債務者となる（判例）。よって，本肢は正しい。

❹ **誤** 当然に明渡しを請求することはできない。

相続人が数人あるときは，相続財産は，その共有となる（民法898条）。各共有者は，共有物の全部についてその持分に応じた使用をすることができる（民法249条）。そして，共有持分の価格が過半数を超えるものであっても，共有物を単独で占有する他の共有者に対して当然にはその明渡しを請求することはできない（判例）。よって，本肢は誤りであり，本問の正解肢となる。

問 11	借地借家法（借地）	解答❸	合格者正解率 67.5%	不合格者正解率 40.1%	受験者正解率 54.2%

❶ **正** 建物の種類，構造，規模又は用途を制限する旨の借地条件がある場合において，法令による土地利用の規制の変更，付近の土地の利用状況の変化その他の事情の変更により現に借地権を設定するにおいてはその借地条件と異なる建物の所有を目的とすることが相当であるにもかかわらず，借地条件の変更につき当事者間に協議が調わないときは，裁判所は，当事者の申立てにより，その借地条件を変更することができる（借地借家法17条1項）。よって，本肢は正しい。

❷ **正** 借地契約の更新の後において，借地権者が残存期間を超えて存続すべき建物を新たに築造することにつきやむを得ない事情があるにもかかわらず，借地権設定者がその建物の築造を承諾しないときは，借地権設定者が地上権の消滅の請求又は土地の賃貸借の解約の申入れをすることができない旨を定めた場合を除き，裁判所は，借地権者の申立てにより，借地権設定者の承諾に代わる許可を与えることができる（借地借家法18条1項）。よって，本肢は正しい。

❸ **誤** 承諾に代わる許可を申し立てるのは，借地権者である。

借地権者が賃借権の目的である土地の上の建物を第三者に譲渡しようとする場合において，その第三者が賃借権を取得し，又は転借をしても借地権設定者に不利となるおそれがないにもかかわらず，借地権設定者がその賃借権の譲渡又は転貸を承諾しないときは，裁判所は，借地権者の申立てにより，借地権設定者の承諾に代わる許可を与えることができる（借地借家法19条1項）。裁判所へ申し立てることができるのは借地権者であり，第三者ではない。よって，本肢は誤りであり，本問の正解肢となる。

❹ 正 第三者が賃借権の目的である土地の上の建物を競売又は公売により取得した場合において，その第三者が賃借権を取得しても借地権設定者に不利となるおそれがないにもかかわらず，借地権設定者がその賃借権の譲渡を承諾しないときは，裁判所は，その第三者の申立てにより，借地権設定者の承諾に代わる許可を与えることができる（借地借家法20条1項）。よって，本肢は正しい。

問12	借地借家法（借家）	解答 ❷	合格者正解率	不合格者正解率	受験者正解率
			56.1%	39.7%	46.6%

❶ 正 建物の借賃の減額について当事者間に協議が調わない場合，その請求を受けた者（貸主）は，減額を正当とする裁判が確定するまでは，相当と認める額の借賃の支払いを請求することができる（借地借家法32条3項本文）。よって，本肢は正しい。

❷ 誤 裁判が確定した時点ではなく，減額請求した時点である。

借賃の減額の請求をした後，減額を正当とする裁判が確定した場合，裁判が確定した時点以降分だけでなく，減額の請求をしてから裁判が確定するまでの分の借賃も減額される（判例）。よって，本肢は誤りであり，本問の正解肢となる。

❸ 正 建物の借賃が，近傍同種の建物の借賃に比較して不相当となったときは，契約の条件にかかわらず，当事者は，将来に向かって借賃の額の増減を請求することができる（借地借家法32条1項本文）。よって，本肢は正しい。なお，一定の期間建物の借賃を増額しない旨の特約がある場合には，その期間は増額を請求することはできない（同法32条1項ただし書）。

❹ 正 一定の期間建物の借賃を減額しない旨の特約は，建物賃借人に不利な特約であり，効力を有しない（借地借家法32条1項但書参照）。よって，本肢は正しい。

問13	建物区分所有法	解答 ❹	合格者正解率	不合格者正解率	受験者正解率
			25.2%	10.5%	20.7%

❶ 正 管理者は，少なくとも毎年1回集会を招集しなければならない（区分所有法34条2項）。また，集会の招集の通知は，会日より少なくとも1週間前に，会議の目的たる事項を示して，各区分所有者に発しなければならない。ただし，この期間は，規約で伸縮することができる（区分所有法35条1項）。よって，本肢は正しい。

❷ 正 区分所有法又は規約により集会において決議をすべき場合において，区分所有者全員の承諾があるときは，書面又は電磁的方法による決議をすることができる（区分所有法45条1項）。したがって，全員の承諾が必要であるから，書面による決議を行うことについて区分所有者が1人でも反対するときは，書面による決議をすることが

できない。よって，本肢は正しい。

❸ **正** 建替え決議を目的とする集会を招集するときは，その招集の通知は，当該集会の会日より少なくとも2月前に発しなければならない。ただし，この期間は，規約で伸長することができる（区分所有法62条4項）。よって，本肢は正しい。

❹ **誤** 本肢の者は，公正証書による規約の設定はできない。

　最初に建物の専有部分の全部を所有する者は，公正証書により，一定の事項についての規約を設定することができる（区分所有法32条）。他の区分所有者から区分所有権を譲り受けた者は，「最初に」建物の専有部分の全部を所有する者ではないから，公正証書による規約の設定を行うことはできない。よって，本肢は誤りであり，本問の正解肢となる。

問14	不動産登記法	解答❷	合格者正解率	不合格者正解率	受験者正解率
			37.1%	20.1%	31.2%

❶ **正** 登記の申請をする者の委任による代理人の権限は，本人の死亡によっては，消滅しない（不動産登記法17条1号）。よって，本肢は正しい。

❷ **誤** 要役地に所有権の登記が必要。

　承役地についてする地役権の設定の登記は，要役地に所有権の登記がないときは，承役地に地役権の設定の登記をすることができない（不動産登記法80条3項）。よって，本肢は誤りであり，本問の正解肢となる。

❸ **正** 区分建物である建物を新築した場合において，その所有者について相続その他の一般承継があったときは，相続人その他の一般承継人も，被承継人を表題部所有者とする当該建物についての表題登記を申請することができる（不動産登記法47条2項）。よって，本肢は正しい。

❹ **正** 権利に関する登記の申請は，登記権利者及び登記義務者が共同してしなければならない（不動産登記法60条）のが原則であるが，不動産の収用による所有権の移転の登記は，起業者が単独で申請することができる（不動産登記法118条1項）。よって，本肢は正しい。

問15	農地法	解答❹	合格者正解率	不合格者正解率	受験者正解率
			82.9%	55.2%	73.5%

❶ **誤** 農地法3条許可に市街化区域の特則はない。

　農地又は採草放牧地について所有権を移転し，又は地上権，永小作権，質権，使用貸借による権利，賃借権もしくはその他の使用及び収益を目的とする権利を設定し，もし

くは移転する場合には，当事者が農業委員会の許可を受けなければならない（農地法3条1項）。農地法3条が適用される場合，市街化区域の特則はない。よって，本肢は誤り。

❷ **誤** 農地の転用には農地法4条許可が必要となる。

農地を農地以外のものにする者は，都道府県知事等の許可を受けなければならない（農地法4条1項）。農業者が自己所有の農地に賃貸住宅を建築するため転用する場合であっても，農地法4条の許可を不要とする規定はない。よって，本肢は誤り。

❸ **誤** 農地の転用には農地法4条許可が必要となる。

農地を農地以外のものにする者は，都道府県知事等の許可を受けなければならない（農地法4条1項）。農業者が自己所有の農地に自己の居住用の住宅を建築するため転用する場合であっても，農地法4条の許可を不要とする規定はない。よって，本肢は誤り。

❹ **正** 競売により農地を取得することは，農地の権利移動（農地法3条1項）又は農地の転用のための権利移動（農地法5条1項）に当たる。取得が競売によるものであっても許可を不要とする規定はない。よって，本肢は正しく，本問の正解肢となる。

問16 **都市計画事業制限** **解答❹**

合格者正解率	不合格者正解率	受験者正解率
83.3%	61.0%	74.7%

❶ **誤** 届出ではなく，許可が必要。

都市計画施設の区域又は市街地開発事業の施行区域内において建築物の建築を行おうとする者は，原則として，都道府県知事等の許可を受けなければならない（都計法53条1項）。都道府県知事への届出ではない。よって，本肢は誤り。

❷ **誤** 施行者の同意ではなく，知事等の許可が必要。

都市計画事業の認可の告示があった後において，当該事業地内で，当該事業の施行の障害となるおそれがある土地の形質の変更，建築物の建築その他工作物の建設を行い，又は一定の移動の容易でない物件の設置もしくは堆積を行おうとする者は，都道府県知事等の許可を受けなければならない（都計法65条1項）。事業の施行者の同意ではない。よって，本肢は誤り。

❸ **誤** 告示があった後ではなく，また譲渡後ではない。

都市計画事業の認可の告示に係る公告の日の翌日から起算して10日を経過した後に事業地内の土地建物等を有償で譲り渡そうとする者は，原則として，当該土地建物等，その予定対価の額及び当該土地建物等を譲り渡そうとする相手方等の事項を書面で施行者に届け出なければならない（都計法67条1項）。届出義務が課せられるのは公告の日の翌日から10日経過後であり，また譲渡前に届け出るのであって，譲渡後速やかに届け出るのではない。よって，本肢は誤り。

❹ **正** 市町村長は，地区整備計画が定められている地区計画の区域内において届出があった場合に，その届出に係る行為が地区計画に適合しないと認めるときは，その届

出をした者に対し，その届出に係る行為に関し設計の変更その他の必要な措置をとることを勧告することができる（都計法58条の2第3項）。よって，本肢は正しく，本問の正解肢となる。

問17	都市計画法：開発行為の規制	解答 ❸	合格者正解率 35.3%	不合格者正解率 30.1%	受験者正解率 32.6%

❶ **正** 開発許可を受けた開発区域内の土地においては，工事完了の公告があるまでの間は，原則として，建築物を建築し，又は特定工作物を建設してはならない（都計法37条本文）。ただし，開発許可を受けた者が，当該開発行為に関する工事用の仮設建築物又は特定工作物を建築し，又は建設するとき，その他都道府県知事が支障がないと認めたときは，この限りではない（都計法37条但書1号）。よって，本肢は正しい。なお，「開発行為に同意していない者」は本肢の「開発許可を受けた者」ではないから，考慮する必要はない（都計法37条但書2号参照）。

❷ **正** 開発許可を受けた開発区域内においては，工事完了の公告があった後は，都道府県知事が許可したとき，又は，用途地域等が定められているときを除き，当該開発許可に係る予定建築物以外の建築物を新築してはならない（都計法42条1項）。よって，本肢は正しい。

❸ **誤** 本肢の場合に限られない。

　市街化調整区域のうち開発許可を受けた開発区域以外の区域内においては，原則として，建築物の新築等をしてはならない。ただし，一定の例外に該当すれば建築することができ，この例外には，都道府県知事の許可を受けた場合や都市計画事業の施行として行う場合だけでなく，公益上必要な建築物を建築する場合や非常災害のため必要な応急措置として行う場合などがある（都計法43条1項）。よって，本肢は誤りであり，本問の正解肢となる。

❹ **正** 国土交通大臣又は都道府県知事は，都市計画法の規定に違反した者又は当該違反の事実を知って，当該違反に係る土地もしくは工作物等を譲り受けた者に対して，都市計画上必要な限度において，相当の期限を定めて，建築物等の除却その他違反を是正するため必要な措置をとることを命ずることができる（都計法81条1項1号）。よって，本肢は正しい。

問18	建築基準法総合	解答 ❹	合格者正解率 79.4%	不合格者正解率 45.4%	受験者正解率 61.5%

❶ **誤** 延べ面積が 800㎡の場合には不要。

延べ面積が 1,000 ㎡を超える建築物は, 原則として, 防火上有効な構造の防火壁によって有効に区画し, かつ, 各区画の床面積の合計をそれぞれ 1,000 ㎡以内としなければならない（建基法 26 条）。延べ面積が 800 ㎡であれば, その必要はない。よって, 本肢は誤り。

❷ 誤 通知ではなく同意が必要。

建築主事は, 建築確認をする場合においては, 原則として, 当該確認に係る建築物の工事施工地または所在地を管轄する消防長（消防本部を置かない市町村にあっては, 市町村長。）または消防署長の同意を得なければ, 当該確認をすることができない（建基法 93 条 1 項）。通知するわけではない。よって, 本肢は誤り。

❸ 誤 高さ 25 mの場合には不要。

高さ 31 mを超える建築物（政令で定めるものを除く。）には, 非常用の昇降機を設けなければならない（建基法 34 条 2 項）。高さ 25 mであれば, その必要はない。よって, 本肢は誤り。

❹ 正 防火地域または準防火地域内にある建築物で, 外壁が耐火構造のものについては, その外壁を隣地境界線に接して設けることができる（建基法 65 条）。よって, 本肢は正しく, 本問の正解肢となる。

問19	建築確認	解答❹	合格者正解率	不合格者正解率	受験者正解率
			—	—	—

❶ 正 高さが 13 mを超える木造の建築物を改築する場合には, 改築に係る床面積の部分の合計が 10 ㎡を超えるものであるとき, 建築確認を受ける必要がある（建基法 6 条 1 項 2 号, 2 項, 6 条の 2 第 1 項）。よって, 本肢は正しい。

❷ 正 寄宿舎等の特殊建築物に用途変更する場合で, その用途に供する部分の床面積の合計が 200 ㎡を超えるときには, 原則として建築確認を受ける必要がある。ただし, 一定の類似の用途相互での用途変更の場合には建築確認を受ける必要はない（建基法 87 条 1 項, 施行令 137 条の 18）。本肢の下宿から寄宿舎への用途変更はこれにあたる。よって, 本肢は正しい。

❸ 正 都市計画区域内においては, 都道府県知事が都道府県都市計画審議会の意見を聴いて指定する区域を除き, 建築物を新築する場合には, その規模を問わず, 建築確認を受ける必要がある（建基法 6 条 1 項 4 号）。よって, 本肢は正しい。

❹ 誤 200 ㎡超の自動車車庫であるから確認が必要。

自動車車庫等の特殊建築物について大規模の修繕をする場合は, その用途に供する部分の床面積の合計が 200 ㎡を超えるときに, 建築確認を受ける必要がある（建基法 6 条 1 項 1 号, 6 条の 2 第 1 項, 別表第一）。よって, 本肢は誤りであり, 本問の正解肢となる。

問 20	宅地造成等規制法	解答 ❹	合格者正解率 60.6%	不合格者正解率 34.2%	受験者正解率 51.5%

❶ **正** 宅地造成工事規制区域内において行われる宅地造成に関する工事を完了した場合においては，造成主は，国土交通省令で定めるところにより，都道府県知事の検査を受けなければならない（宅造法13条1項）。よって，本肢は正しい。

❷ **正** 宅地造成工事規制区域内において行われる宅地造成に関する工事について許可をする都道府県知事は，当該許可に，工事の施行に伴う災害を防止するため必要な条件を付することができる（宅造法8条3項）。よって，本肢は正しい。

❸ **正** 都道府県知事は，宅地造成工事規制区域内における宅地の所有者，管理者又は占有者に対して，当該宅地又は当該宅地において行われている工事の状況について報告を求めることができる（宅造法19条）。よって，本肢は正しい。

❹ **誤** 宅地造成工事規制区域内には，造成宅地防災区域を指定できない。

都道府県知事は，関係市町村長の意見を聴いて，宅地造成に伴う災害で相当数の居住者その他の者に危害を生ずるものの発生のおそれが大きい一団の造成宅地の区域であって政令で定める基準に該当するものを，造成宅地防災区域として指定することができる。この区域の指定は，宅地造成工事規制区域内の土地についてはできない（宅造法20条1項）。よって，本肢は誤りであり，本問の正解肢となる。

問 21	土地区画整理法	解答 ❶	合格者正解率 65.9%	不合格者正解率 31.8%	受験者正解率 52.7%

❶ **正** 規準，規約，定款又は施行規程に別段の定めがある場合においては，換地計画に係る区域の全部について土地区画整理事業の工事が完了する以前においても換地処分をすることができる（区画法103条2項但書）。よって，本肢は正しく，本問の正解肢となる。

❷ **誤** 「公告」ではなく，「通知」して行う。

換地処分は，関係権利者に換地計画において定められた関係事項を通知してする（区画法103条1項）。よって，「公告」としている本肢は誤り。

❸ **誤** 個人施行の場合には，審議会の同意は不要。

公的施行の場合，保留地を定めようとする場合においては，土地区画整理審議会の同意を得なければならない（区画法96条3項）。しかし，個人施行の場合には，同意は不要である。よって，本肢は誤り。

❹ **誤** 仮換地となるべき宅地の所有者の同意も必要。

仮換地を指定しようとする場合において，あらかじめ，その指定について，個人施行

者は，従前の宅地の所有者の同意及び仮換地となるべき宅地の所有者の同意を得る必要がある（区画法98条3項）。よって，本肢は誤り。

<table>
<tr><td>問
22</td><td>その他の法令上の規制</td><td>解答 ❹</td><td>合格者正解率
85.7%</td><td>不合格者正解率
55.6%</td><td>受験者正解率
76.6%</td></tr>
</table>

❶ **正** 国土利用計画法によれば，土地売買等の契約を締結した場合，当事者のうち当該土地売買等の契約により土地に関する権利の移転又は設定を受けることとなる者（買主等）は，土地売買等の契約に係る土地の土地に関する権利の移転又は設定の対価の額を都道府県知事（地方自治法に基づく指定都市にあっては，当該指定都市の長）に届け出なければならないものとされている（国土法23条1項6号，44条）。よって，本肢は正しい。

❷ **正** 森林法によれば，保安林においては，一定の例外を除き，都道府県知事の許可を受けなければ，立木を伐採してはならないものとされている（森林法34条1項）。よって，本肢は正しい。

❸ **正** 海岸法によれば，海岸保全区域内において，土地の掘削，盛土又は切土をしようとする者は，一定の例外を除き，海岸管理者の許可を受けなければならない（海岸法8条1項3号）。よって，本肢は正しい。

❹ **誤** 都道府県知事等の許可が必要。

特別緑地保全地区内においては，一定の例外を除き，都道府県知事等の許可を受けなければ，建築物その他の工作物の新築，改築又は増築をしてはならない（都市緑地法14条1項1号）。よって，「公園管理者」の許可としている本肢は誤りであり，本問の正解肢となる。

<table>
<tr><td>問
23</td><td>所得税</td><td>解答 ❹</td><td>合格者正解率
14.9%</td><td>不合格者正解率
13.7%</td><td>受験者正解率
14.5%</td></tr>
</table>

❶ **誤** 譲渡のあった年の1月1日における所有期間ではない。

総合課税とされる譲渡所得の基因となる機械の譲渡については，取得の日以後5年以内に譲渡がなされたか否かで長期・短期の区分を判定する（所得税法33条3項1号，2号）。よって，本肢は誤り。

❷ **誤** 含まれる。

譲渡所得の金額の計算上控除する資産の取得費には，その資産の取得に要した金額のみならず，設備費や改良費の額も含まれる（所得税法38条1項）。よって，本肢は誤り。

❸ **誤** まず長期譲渡から控除するのではない。

総合課税の譲渡所得の特別控除額（50万円）を控除する場合は，まず当該譲渡益のうち短期譲渡に係る部分の金額から控除し，その後長期譲渡に係る部分の金額から控除する（所得税法33条3項，4項，5項）。よって，本肢は誤り。

❹　**正**　個人が譲渡所得の基因となる資産をその譲渡の時における価額の2分の1に満たない金額で個人に譲渡した場合において，当該対価の額が当該資産の譲渡に係る譲渡所得の金額の計算上控除する必要経費又は取得費及び譲渡に要した費用の額の合計額に満たないときは，その不足額は，その譲渡所得の金額の計算上，なかったものとみなされる（所得税法59条2項，1項2号，施行令169条）。よって，本肢は正しく，本問の正解肢となる。

問24	不動産取得税	解答 ❸	合格者正解率	不合格者正解率	受験者正解率
			40.3%	**25.3%**	**34.0%**

❶　**誤**　30万円ではなく，10万円である。

　都道府県は，不動産取得税の課税標準となるべき額が，土地の取得にあっては10万円に満たない場合には，不動産取得税を課することができない（地方税法73条の15の2第1項）。土地の取得に係る不動産取得税の免税点は，10万円である。よって，本肢は誤り。

❷　**誤**　法人には適用されない。

　既存住宅（中古住宅）の取得に係る不動産取得税の課税標準の特例は，個人が自己の居住の用に供する既存住宅を取得した場合に適用され，法人の取得に対しては適用されない（地方税法73条の14第3項）。よって，本肢は誤り。なお，この既存住宅の取得に係る特例が適用される場合，平成9年4月1日以降に新築された既存住宅については，課税標準から1,200万円が控除されるとする点は正しい（地方税法73条の14第1項）。

❸　**正**　住宅又は土地の取得が行われた場合における不動産取得税の標準税率は，100分の3（3％）である（地方税法73条の15，附則11条の2第1項）。したがって，商業ビルの敷地（土地）を取得した場合の不動産取得税の標準税率は，100分の3である。よって，本肢は正しく，本問の正解肢となる。

❹　**誤**　課税されない。

　不動産取得税は，有償・無償の別，登記の有無等を問わず，不動産の取得に対して課される（地方税法73条の2第1項）が，相続による不動産の取得については，非課税とされている（地方税法73条の7第1号）。よって，本肢は誤り。

❶ **誤** 市場性を有しない不動産について求める価格は特殊価格のみ。

　不動産の鑑定評価によって求める価格は、基本的には正常価格である（不動産鑑定評価基準総論5章3節I）。したがって、前半部分は正しい。次に、特殊価格は、「文化財等の一般的に市場性を有しない不動産について、その利用現況等を前提とした不動産の経済価値を適正に表示する価格」をいう（不動産鑑定評価基準総論5章3節I4）が、正常価格，限定価格及び特定価格は「市場性を有する不動産について」求める価格を指す。したがって、限定価格及び特定価格を市場性を有しない不動産について求める価格としている点で、後半部分は誤りである。よって、本肢は誤り。

❷ **正** 同一需給圏とは、一般に対象不動産と代替関係が成立して、その価格の形成について相互に影響を及ぼすような関係にある他の不動産の存する圏域をいう。そして、同一需給圏は、不動産の種類、性格及び規模に応じた需要者の選好性によってその地域的範囲を異にするものである（不動産鑑定評価基準総論6章1節II1(2)）。よって、本肢は正しく、本問の正解肢となる。

❸ **誤** 特殊な取引事例等も補正により用いることができる。

　取引事例等は、鑑定評価の各手法に即応し、適切にして合理的な計画に基づき、豊富に秩序正しく収集し、選択すべきであり、投機的取引であると認められる事例等適正さを欠くものであってはならない。もっとも、取引事例等に係る取引等が特殊な事情を含み、これが当該取引事例等に係る価格等に影響を及ぼしているときは適切に補正しなければならない（不動産鑑定評価基準総論7章1節I3(1)）。したがって、鑑定評価の各手法の適用にあたっては、特殊な事情の存在する取引事例等であっても補正をすれば用いることができる。よって、本肢は誤り。

❹ **誤** 収益還元法は取引価格が著しく上昇しているときは活用されるべきである。

　収益還元法は、市場における不動産の取引価格の上昇が著しいときは、取引価格と収益価格との乖離が増大するものであるので、先走りがちな取引価格に対する有力な検証手段として、この手法が活用されるべきである（不動産鑑定評価基準総論7章1節IV1）。よって、本肢は誤り。

❶ **誤** 宅地の売買の代理を業とするから免許必要。

　農業協同組合は、免許不要の例外にあたらない。そして、宅地の売買の代理を業とし

て行う以上，宅建業にあたり，免許を必要とする（業法2条2号，3条1項）。よって，本肢は誤り。

❷ 誤 「自ら貸借」は免許不要。

自ら借り受けた建物を他に転貸する行為も「自ら貸借」に該当し，「取引」にあたらないため，免許を必要としない（業法2条2号，3条1項）。よって，本肢は誤り。

❸ 誤 宅地・建物の売買の媒介を業とするから免許必要。

宅地・建物の売買の媒介を反復継続して行う以上，媒介の依頼者を問わず，「宅建業」にあたるから，免許を必要とする（業法2条2号，3条1項）。よって，本肢は誤り。

❹ 正 信託業法3条の免許を受けた信託会社は，免許に関する規定が適用されないから，宅建業を営もうとする場合でも，免許を取得する必要はないが（業法77条1項），信託会社が宅建業を営もうとする場合は，その旨を国土交通大臣に届け出なければならない（業法77条3項）。よって，本肢は正しく，本問の正解肢となる。

問27	事務所の設置	解答 ❷	合格者正解率 93.2%	不合格者正解率 64.9%	受験者正解率 82.2%

❶ 誤 所定の要件を満たせば，電子媒体による代替が可能。

宅建業者は，その事務所ごとにその業務に関する帳簿を備えなければならない（業法49条）。そして，その帳簿は事務所のパソコンのハードディスクに記録し，必要に応じ当該事務所においてパソコンやプリンターを用いて紙面に表示されるときは，当該記録をもって当該帳簿への記載に代えることができる（規則18条2項）。よって，本肢は誤り。

❷ 正 宅建業者は，その事務所において，国土交通省令で定める標識を掲げなければならない（業法50条1項）。しかし，宅地建物取引業者免許証を掲げる必要はない。よって，本肢は正しく，本問の正解肢となる。

❸ 誤 取引のつど一定事項を記載しなければならない。

宅建業者は，宅建業に関し取引のあったつど，その年月日，その取引に係る宅地又は建物の所在及び面積その他国土交通省令で定める事項を記載しなければならない（業法49条）。「取引のあった月の翌月1日までに」記載するのではない。よって，本肢は誤り。

❹ 誤 宅地建物取引士証で代替することはできない。

宅建業者は，その業務に従事させる者に，従業者証明書を携帯させなければ，その者を業務に従事させてはならない（業法48条1項）。この従業者証明書は様式が法定されており（規則17条，別記様式第8号），宅地建物取引士証で代えることはできない。よって，本肢は誤り。

ア 正 宅建業者は，当事者を代理して契約した場合において，契約不適合担保責任の履行に関し保証保険契約の締結その他の措置についての定めがあるときは，その内容を 37 条書面に記載し，当該書面を相手方及び代理を依頼した者に交付しなければならない（業法 37 条 1 項 11 号）。したがって，中古マンションの売買契約において，契約不適合担保責任の履行に関して講ずべき保証保険契約の締結その他の措置について定めがあるときは，その内容を記載した書面を売主及び買主に交付しなければならない。よって，本肢は正しい。

イ 誤 移転登記の申請時期と建物の引渡し時期双方を記載しなければならない。

　宅建業者は，媒介により売買契約が成立した場合において，移転登記の申請時期及び引渡しの時期を 37 条書面に記載し，当該書面を売主及び買主に交付しなければならない。移転登記の申請時期と建物の引渡し時期双方を記載するのであり，いずれかを記載するのではない（業法 37 条 1 項 4 号，5 号）。また，37 条書面の交付は，相手が宅建業者であっても省略できない（業法 78 条 2 項参照）。よって，本肢は誤り。

ウ 誤 自ら貸主として行う場合は，宅建業法の適用がない。

　宅建業者が自ら貸主として貸借の契約を締結することは，宅建業法上の取引に該当せず，宅建業にはあたらない（業法 2 条 2 号）。したがって，宅建業者が自ら貸主として宅地の定期賃貸借契約を締結しても，宅建業法の適用がなく，借主に 37 条書面を交付する必要はない。よって，本肢は誤り。

エ 正 宅建業者は，宅地又は建物の売買又は交換において，自ら当事者として契約を締結したときはその相手方に遅滞なく 37 条書面を交付しなければならない（業法 37 条 1 項）。したがって，宅建業者である買主は，宅地にかかる租税その他の公課の負担に関する定めがあるときは，売主が宅建業者であっても，その旨を記載した 37 条書面を交付しなければならない（業法 37 条 1 項 12 号）。よって，本肢は正しい。

　以上より，正しいものはアとエの二つであり，❷が本問の正解肢となる。

❶ 誤 売主に対して重要事項説明は不要。

　宅建業者は，宅建業者の相手方等に対して，その者が取得し，又は借りようとしている宅地又は建物に関して法第 35 条の規定に基づく重要事項を説明しなければならない。

したがって，買主である宅建業者が売主に対して重要事項の説明をする必要はない。よって，本肢は誤りであり，本問の正解肢となる。

❷ 正 建物の管理が管理会社に委託されている当該建物の賃貸借契約の媒介をする宅建業者は，当該建物が区分所有建物であるか否かにかかわらず，その管理会社の商号又は名称及びその主たる事務所の所在地を，借主に説明しなければならない（業法35条1項6号，14号，規則16条の2第8号，規則16条の4の3第12号）。よって，本肢は正しい。

❸ 正 買主が宅建業者である場合，重要事項の説明は不要である（業法35条6項）。よって本肢は正しい。

❹ 正 法35条の2に規定する供託所の説明は，買主が宅建業者である場合には，省略することができる（業法35条の2）。よって本肢は正しい。

問30	媒介・代理契約	解答❹	合格者正解率 56.7%	不合格者正解率 26.3%	受験者正解率 46.3%

ア 誤 宅地建物取引士をして説明させる必要はない。

　宅建業者は，売買の媒介契約を締結したときは，遅滞なく，媒介契約の内容を記載した書面を作成して記名押印し，依頼者に交付しなければならない（業法34条の2第1項）。しかし，その内容を宅地建物取引士に説明させる必要はない。よって，本肢は誤り。

イ 誤 依頼者の氏名は登録する必要はない。

　宅建業者は，専任媒介契約を締結したときは，当該宅地又は建物につき，所在，規模，形質，売買すべき価額，都市計画法その他の法令に基づく制限で主要なもの等を指定流通機構に登録しなければならないが，依頼者の氏名を登録する必要はない（業法34条の2第5項，規則15条の11第1号）。よって，本肢は誤り。

ウ 誤 貸借の場合，媒介契約書面の作成・交付は不要である。

　宅建業者は，宅地又は建物の売買又は交換の媒介契約を締結したときは，遅滞なく，一定事項を記載した書面を作成して記名押印し，依頼者に交付しなければならない（業法34条の2第1項）。しかし，貸借の媒介の場合には，書面を作成して，依頼者に交付する必要はない。よって，本肢は誤り。

　以上より，正しいものは一つもなく，❹が本問の正解肢となる。

ア　違反する　合算して 200 万円を超えるので，受領できない。

　宅建業者が自ら売主となった場合には，原則として保全措置を講じた後でなければ，宅建業者でない買主から手付金等を受領してはならない。もっとも，未完成物件の場合，手付金等の額が代金の 5 ％かつ 1,000 万円以下のときは，保全措置を講じなくても受領できる（業法 41 条 1 項，施行令 3 条の 3）。本肢では，マンション代金が 4,000 万円であるから，その 5 ％にあたる 200 万円の手付金は受領できる。しかし，これに加えて中間金 200 万円を受領すると，代金の 5 ％を超えるので，保全措置を講じる前には受け取ることはできない。よって，本肢は宅建業法の規定に違反する。

イ　違反しない　宅建業者が自ら売主となった場合には，原則として保全措置を講じた後でなければ，宅建業者でない買主から手付金等を受領してはならない。もっとも，完成物件の場合，手付金等の額が代金の 10 ％かつ 1,000 万円以下のときは，保全措置を講じなくても受領できる（業法 41 条の 2 第 1 項，施行令 3 条の 3）。したがって，本肢では代金の 10 ％である 400 万円までは，保全措置を講じなくても受領できる。よって，本肢は宅建業法の規定に違反しない。

ウ　違反する　売主からの手付解除は，倍額の提供が必要。

　宅建業者が，自ら売主となった場合において，宅地又は建物の売買契約の締結に際して手付を受領したときは，その手付がいかなる性質のものであっても，相手方が契約の履行に着手するまでは，買主はその手付を放棄して，当該宅建業者はその倍額を現実に提供して，契約の解除をすることができる（業法 39 条 2 項）。本肢では，A は手付金と同額である 500 万円しか現実に提供していないため，契約を解除することはできない。よって，本肢は宅建業法の規定に違反する。

エ　違反する　10 分の 2 を超えてはならない。

　宅建業者が自ら売主となる宅地又は建物の売買契約において，損害賠償の額を予定し，又は違約金を定めるときは，これらを合算した額が代金の額の 10 分の 2 を超えることとなる定めをしてはならない（業法 38 条 1 項）。本肢では，代金の額の 10 分の 2 である 800 万円を超える 1,000 万円を損害賠償の予定額としている。よって，本肢は宅建業法の規定に違反する。

　以上より，宅建業法に違反するものはア，ウ，エであり，❹ が本問の正解肢となる。

❶ **正** 宅建業者は，自ら売主となって，宅建業者でないものとの間で宅地又は建物の売買契約をする場合，その目的物の契約不適合担保責任に関し，民法に規定するものより買主に不利となる特約をしてはならない（業法40条1項）。したがって，（買主が宅建業者でない場合は）契約不適合担保責任を負わない旨の特約をしてはならず，当該規定に違反すれば，指示処分を受けることがある（業法65条1項）。この場合，業務が行われた地の都道府県知事も指示処分をすることができる（業法65条3項）。よって，本肢は正しい。

❷ **誤** 免許権者及び業務地の知事以外から業務停止処分を受けることはない。

　宅建業者に対して指示処分又は業務停止処分をすることができるのは，免許権者と違反行為が行われている地の都道府県知事のみである。本肢の場合，免許権者は国土交通大臣で，違反行為が行われている地の知事は乙県知事であり，甲県知事から業務停止処分を受けることはない（業法65条2項4項参照）。よって，本肢は誤りであり，本問の正解肢となる。

❸ **正** 宅建業者が業務停止処分に該当する行為を行い，情状が特に重い場合，免許権者は，当該宅建業者の免許を取り消さなければならない（業法66条1項9号，65条2項2号，47条の2第2項）。したがって，宅建業者Cの免許権者である甲県知事は，Cの免許を取り消さなければならない。よって，本肢は正しい。

❹ **正** 国土交通大臣又は，都道府県知事（その都道府県の区域内で宅建業を営む場合に限る）は，必要な指導，助言，勧告を行うことができ，また，報告を受けることができる（業法71条，72条1項）。よって，本肢は正しい。

❶ **違反する** 37条書面の交付は，買主のみならず，売主に対しても必要。

　宅建業者は，契約が成立したときは，契約の両当事者に，遅滞なく，一定事項を記載した書面を交付しなければならない（業法37条）。契約の両当事者に交付しなければならないので，買主のみならず，売主にも交付しなければならない。よって，本肢は宅建業法に違反する。

❷ **違反しない** 手付金等の保全措置の内容は，重要事項説明書の記載事項であるが（業法35条1項10号），37条書面の記載事項ではない（業法37条1項各号参照）。したがって，手付金等の保全措置の内容が定められていても，当該内容を37条書面に記

第
5
回　　解答・解説

載する必要はない。よって，本肢は宅建業法に違反せず，本問の正解肢となる。

❸ 違反する 契約解除事項は，定めがあれば記載しなければならない。

契約の解除に関する事項は，37条書面の任意的記載事項である。定めがあれば記載しなければならない（業法37条1項7号）。よって，本肢は宅建業法に違反する。

❹ 違反する 37条書面は，相手方が宅建業者でも，交付しなければならない。

宅建業者は，契約が成立したときは，契約の両当事者に，遅滞なく，一定事項を記載した書面を交付しなければならない（業法37条）。相手方が宅建業者でも省略することはできない。また，契約不適合担保責任に関する特約（内容）は，37条書面の任意的記載事項であるので，定めがあればその内容を記載しなければならない（業法37条1項11号）。よって，本肢は宅建業法の規定に違反する。

問34	免許の効力	解答❸	合格者正解率 78.7%	不合格者正解率 57.1%	受験者正解率 70.8%

❶ 誤 死亡の事実を知った日から30日以内に届出必要。

宅建業者が死亡した場合，その相続人が死亡の事実を知った日から30日以内に，その旨を免許権者に届け出なければならない（業法11条1項1号）。業務が終了した後に廃業届を提出するわけではない。よって，本肢は誤り。なお，相続人に免許は承継されないとする点は正しい。

❷ 誤 免許を承継することはできない。

存続会社が合併した旨の届出を行えば，免許を承継する旨の規定はなく，免許が相続や法人の合併により承継されることはない。よって，本肢は誤り。

❸ 正 宅建業者は，自己の名義をもって，他人に宅建業を営ませてはならない（名義貸しの禁止，業法13条1項）。当該他人が宅建業の免許を受けているとしても，名義貸しに該当する。よって，本肢は正しく，本問の正解肢となる。

❹ 誤 無免許事業に該当しない。

宅建業の免許を受けない者は，宅建業を営む目的をもって，広告をしてはならない（業法12条2項，3条1項）。宅建業者は，営業保証金を供託した旨の届出をした後でなければ，その事業を開始してはならないから（業法25条5項），法人Fは，当該届出前に宅建業を営む目的で広告をすると，届出前の事業開始の違反となるが，免許を受けている以上，無免許事業には該当しない。よって，本肢は誤り。

問35　業務上の規制総合　解答 ❸

合格者正解率	不合格者正解率	受験者正解率
78.4%	53.3%	69.7%

ア　違反する　勧誘の目的を告げなければならない。

　宅建業者の従業員は，宅建業に係る契約の締結の勧誘をするに際し，宅建業者の相手方などに対し，当該勧誘に先立って宅建業者の商号又は名称及び当該勧誘を行う者の氏名ならびに当該契約の締結について勧誘をする目的である旨を告げなければならない（業法47条の2第3項，規則16条の12第1号ハ）。よって，本肢は宅建業法の規定に違反する。

イ　違反する　過失であっても，断定的判断を提供してはならない。

　宅建業者は，宅建業に係る契約の締結の勧誘をするに際し，宅建業者の相手方などに対し，当該契約の目的物である宅地又は建物の将来の環境又は交通その他の利便について誤解させるべき断定的判断を提供してはならない（業法47条の2第3項，規則16条の12第1号イ）。本肢の説明は，将来の環境について誤解をさせるべき断定的判断の提供にあたる。よって，本肢は宅建業法の規定に違反する。

ウ　違反しない　宅建業者は，手付について貸付その他信用の供与をすることにより，契約の締結を誘引してはならない（業法47条3号）。手付についての信用の供与とは，契約締結の際，手付けについて金銭等の有価物の現実の交付を後日に期することをいい，売買代金の引き下げは，これに当たらない。よって，本肢は宅建業法の規定に違反しない。

エ　違反する　迷惑を覚えさせるような時間に訪問してはならない。

　宅建業者は，宅建業に係る契約の締結の勧誘をするに際し，宅建業者の相手方などに対し，迷惑を覚えさせるような時間に電話し，又は訪問してはならない（業法47条の2第3項，規則16条の12第1号ホ）。よって，本肢は宅建業法の規定に違反する。

　以上より，宅建業法の規定に違反するのはア，イ，エの三つであり，❸が本問の正解肢となる。

問36　手続きの総合問題　解答 ❶

合格者正解率	不合格者正解率	受験者正解率
－	－	－

❶　正　Bの事務所であった乙県内の支店は，建設業のみを営んでいるので宅建業法上の事務所にあたらない（施行令1条の2，解釈・運用の考え方）。したがって，Aは，免許換えの申請をする必要はない（業法7条1項参照）。よって，本肢は正しく，本問の正解肢となる。

❷　誤　合併消滅した時に効力を失う。

　宅建業者である法人が合併により消滅した場合，免許が効力を失うのは合併により消

滅した時であり,届出の時ではない(業法11条1項2号,2項参照)。よって,本肢は誤り。なお,届出義務者が合併消滅した法人の代表役員であるとする点は正しい。

❸ 誤 免許権者は事務所の場所で決まる。

案内所を設置しても,免許換えの必要はない(業法7条1項参照)。よって,本肢は誤り。

❹ 誤 過失傷害罪による罰金刑であれば取り消されない。

宅建業者である法人の役員が免許欠格事由に該当する場合には,免許権者は,その免許を取り消さなければならない(業法66条1項3号)。しかし,「過失傷害罪」により罰金刑を受けても,免許欠格事由とはならないから(業法5条1項6号参照),そのような役員がいても法人の免許は取り消されない。よって,本肢は誤り。なお,「過失傷害罪」は,過失によって人を傷害した罪であり,故意に人を傷害した罪である「傷害罪」とは異なる。

⌒POINT⌒

会社の役員又は政令で定める使用人が免許欠格事由に該当していれば,その会社は免許を受けることができない。会社が免許欠格事由に該当する者を役員又は政令で定める使用人とした場合,その会社の免許は取り消される。

問37	重要事項の説明	解答❷	合格者正解率 96.0%	不合格者正解率 86.7%	受験者正解率 92.6%

❶ 正 建物の売買においては,建築基準法に規定する建蔽率,容積率に関する制限について,その概要を説明しなければならない(業法35条1項2号,施行令3条1項2号)。しかし,建物の貸借においては,建蔽率,容積率に関する制限は,説明事項とされていない(施行令3条3項)。よって,本肢は正しい。

❷ 誤 建物の貸借においても説明必要。

宅地の売買のみならず,建物の貸借においても,宅地又は建物が土砂災害警戒区域内にあるときは,その旨を説明しなければならない(業法35条1項14号,規則16条の4の3第2号)。よって,本肢は誤りであり,本問の正解肢となる。

❸ 正 建物の売買においては,当該建物が住宅の品質確保の促進等に関する法律に規定する住宅性能評価を受けた新築住宅であるときは,その旨を説明しなければならない(業法35条1項14号,規則16条の4の3第6号)。しかし,建物の貸借においては,説明事項とされていない。よって,本肢は正しい。

❹ 正 宅地の売買においては,私道に関する負担に関する事項について説明しなければならない(業法35条1項3号)。しかし,建物の貸借においては,説明事項とされていない。よって,本肢は正しい。

ア　違反する　複数業者の場合も業者1人分の報酬が限度となる。

　売買の媒介を行ったBが受領できる報酬の限度額は，（3,000万円×3％＋6万円）×1.1 ＝ 105万6,000円となる（報酬告示第2）。また，売買の代理を行ったAが受領できる報酬の限度額は，105万6,000円×2 ＝ 211万2,000円となる（報酬告示第3）。そして，複数の宅建業者が関与する場合，宅建業者全員の受領する報酬総額は，1人の宅建業者に依頼した場合の報酬限度額内でなければならない。本件では，AとBは合計316万8,000円の報酬を受領しているが，これは報酬総額の限度額である211万2,000円を超過している。よって，本肢は宅建業法の規定に違反する。

イ　違反しない　店舗用建物の貸借で権利金の授受があるものの媒介の場合，1ヵ月分の借賃と，権利金の額を売買代金の額とみなして算出した額とを比較して，高いほうが限度額となる（報酬告示第6）。したがって，Aは，貸主と借主それぞれから，権利金から算出される額（500万円×3％＋6万円）×1.1 ＝ 23万1,000円を限度として報酬を受け取ることができる。よって，本肢は宅建業法の規定に違反しない。

ウ　違反する　複数業者の場合も業者1人分の報酬が限度となる。

　居住用建物の貸借の媒介を行う場合，依頼者の双方から受領できる報酬額の合計は，借賃1ヵ月分が限度となる（報酬告示第4）。また，複数の宅建業者が関与する場合，宅建業者全員の受領する報酬総額は，1人の宅建業者に依頼した場合の報酬限度額内でなければならない。本件では，AとBは合計13万5,000円の報酬を受領しているが，これは報酬総額の限度額10万円×1.1 ＝ 11万円を超過している。よって，本肢は宅建業法の規定に違反する。

　以上より，宅建業法の規定に違反するものはア，ウであり，❸が本問の正解肢となる。

| 問 39 | クーリング・オフ | 解答 ❷ | 合格者正解率 69.6% | 不合格者正解率 47.4% | 受験者正解率 62.8% |

ア　誤　売主である宅建業者は，違約金の支払を請求することができない。

　クーリング・オフが行われた場合，宅建業者は，クーリング・オフに伴う損害賠償又は違約金の支払を請求することができない（業法37条の2第1項）。そして，申込者等に不利な特約は無効となるので，定めがあっても請求をすることはできない（業法37条の2第4項）。よって，本肢は誤り。

イ　正　申込者等が申込みの撤回等を行うことができる旨及びその申込みの撤回等を

行う場合の方法について書面を交付して告げられた場合において，その告げられた日から起算して8日を経過したとき，申込者等は，クーリング・オフをすることができなくなる（業法37条の2第1項1号，規則16条の6）。この点に関して，宅建業法の規定に反する特約で申込者等に不利なものは無効となる（業法37条の2第4項）。本肢の場合，書面で告げられたのは買受けの申込みをした日の3日後であり，買受けの申込みの日から起算して10日間という特約は，書面で告げられた日から起算して7日間となるので，宅建業法の規定よりも短くなる。したがって，この特約は無効となる。よって，本肢は正しい。

ウ 誤 媒介業者の事務所は，クーリング・オフができない事務所にあたる。

　宅建業者が他の宅建業者に対し，宅地又は建物の売却について代理又は媒介の依頼をした場合にあっては，代理又は媒介の依頼を受けた他の宅建業者の事務所又は事務所以外の場所で継続的に業務を行うことができる施設を有するものは，事務所等にあたる（業法37条の2第1項，規則16条の5第1号ハ）。したがって，Aが依頼した媒介業者Cの事務所で買受けの申込みがされているので，Bは，クーリング・オフをすることができない（業法37条の2第1項）。よって，本肢は誤り。

　以上より，誤っているものはア，ウの二つであり，**❷**が本問の正解肢となる。

問40	自ら売主制限総合	解答❸	合格者正解率 92.6%	不合格者正解率 68.1%	受験者正解率 84.2%

❶ 誤 クーリング・オフによる契約解除ができる。

　クーリング・オフについて書面で告げられた場合は，告げられた日から起算して8日経過すると，クーリング・オフはできなくなる（業法37条の2第1項1号，規則16条の6）。そしてクーリング・オフの効力はその書面を発した時に生じる（業法37条の2第2項）。したがって，Bは書面で告げられた日から7日目に解除の書面を発送しているため，クーリング・オフによる契約の解除をすることができる。よって，本肢は誤り。

❷ 誤 契約不適合担保責任を負わない旨の特約を定めることはできない。

　宅建業者は，自ら売主となる宅地又は建物の売買契約において，その目的物の契約不適合担保責任に関し，民法に規定するものより買主に不利となる特約をしてはならない（業法40条1項）。買主が建物を短期間使用後取り壊す予定である場合でも，変わらない。したがって，建物についての契約不適合担保責任を負わない旨の特約を定めることができない。よって，本肢は誤り。

❸ 正 宅建業者が自ら売主となる宅地の売買契約において，当事者の債務不履行を理由とする契約の解除に伴う損害賠償額の予定又は違約金を定めるときは，これらを

合算した額が代金の額の 10 分の 2 を超えることとなる定めをしてはならない（業法 38 条 1 項）。しかし，買主が宅建業者の場合は，この規制は適用がない（業法 78 条 2 項）。したがって，代金の額の 30％と定めることができる。よって，本肢は正しく，本問の正解肢となる。

❹ 誤 特約を定めることはできない。

宅建業者は，自ら売主となる宅地又は建物の売買契約において，その目的物の契約不適合担保責任に関し，民法に規定するものより買主に不利となる特約をしてはならないが，例外として，売主が契約不適合担保責任を負う期間について目的物の引渡しの日から 2 年以上となる特約をすることができる（業法 40 条 1 項）。本肢の特約は「売買契約を締結した日から 2 年間」としているので，引渡しから 1 年 11 カ月ということになり，定めることができない。よって，本肢は誤り。

<table>
<tr><td rowspan="2">問
41</td><td rowspan="2">宅地建物取引士総合</td><td rowspan="2">解答 ❶</td><td>合格者正解率</td><td>不合格者正解率</td><td>受験者正解率</td></tr>
<tr><td>45.2%</td><td>28.9%</td><td>38.9%</td></tr>
</table>

ア 誤 破産をした日から 30 日以内に届出。

宅地建物取引士登録を受けている者は，氏名，住所，本籍，勤務先の商号又は名称，免許証番号に変更があったときには，遅滞なく，変更の登録を申請しなければならない（業法 20 条，18 条 2 項）。また，宅地建物取引士登録を受けている者が破産手続開始の決定を受けて復権を得ない者となった場合には，本人は，その日から 30 日以内に届け出なければならない（業法 21 条 2 号，18 条 1 項 2 号）。よって，本肢は誤り。

イ 誤 申請前 6 カ月以内の法定講習を受講する必要がある。

宅地建物取引士証の交付を受けようとする者は，原則として，登録をしている都道府県知事が指定する講習で，交付の申請前 6 カ月以内に行われるものを受講しなければならない（業法 22 条の 2 第 2 項）。交付の申請の 90 日前から 30 日前までに受講するのではない。よって，本肢は誤り。

ウ 誤 宅地建物取引士であればよく，「専任」である必要はない。

35 条書面も 37 条書面も，宅地建物取引士が記名押印しなければならないが（業法 35 条 5 項，37 条 3 項），宅地建物取引士であればよく，専任の宅地建物取引士である必要はない。よって，本肢は誤り。

エ 正 宅地建物取引士は，事務禁止処分を受けた場合には，速やかに宅地建物取引士証をその交付を受けた都道府県知事に提出しなければならない（業法 22 条の 2 第 7 項）。これに違反した場合には，10 万円以下の過料に処せられる（業法 86 条）。よって，本肢は正しい。

以上より，正しいものはエの一つであり，❶が本問の正解肢となる。

❶ **誤** 営業保証金の供託は，宅建業の免許を受けた後に行う。

営業保証金の供託は，宅建業の免許を受けた後に行う（業法25条1項参照）。供託した後に免許を受けるのではない。よって，本肢は誤り。

❷ **正** 宅地建物取引業者は，営業保証金の変換のため新たに供託したときは，遅滞なく，その旨を，供託書正本の写しを添付して，その免許を受けている国土交通大臣又は都道府県知事に届け出なければならない（規則15条の4の2）。よって，本肢は正しく，本問の正解肢となる。

❸ **誤** 従たる事務所ではなく，主たる事務所のもよりの供託所。

宅地建物取引業者は，事業の開始後新たに事務所を設置したときは，営業保証金を主たる事務所のもよりの供託所に供託しなければならない。設置した従たる事務所のもよりの供託所ではない（業法26条1項，2項，25条1項）。よって，本肢は誤り。

❹ **誤** 保管替えは，金銭のみで供託している場合のみである。

保管替えの請求は，金銭のみをもって営業保証金を供託している場合にのみ認められる（業法29条1項）。本肢のように，営業保証金に有価証券が含まれている場合，金銭の部分に限っても営業保証金の保管替えの請求はできない。よって，本肢は誤り。

❶ **誤** 宅建業者間取引では保全措置不要。

手付額の制限や手付金等の保全措置の制限は宅建業者相互間の取引については，適用されない（業法78条2項）。したがって，Aは保全措置を講じることなくBから当該手付金を受領することができる。よって，本肢は誤り。

❷ **誤** 宅建業者間取引でも手付金を貸し付けてはならない。

宅建業者は，手付について貸付けその他信用の供与をすることにより契約の締結を誘引する行為をしてはならない（業法47条3号）。そして，当該制限は宅建業者相互間の取引についても適用される（業法78条2項参照）。よって，本肢は誤り。

❸ **誤** 宅建業者間取引でも建築確認前は売買契約不可。

宅建業者は，建物の建築に関する工事の完了前においては，当該工事に関し必要とされる建築基準法6条1項の確認その他があった後でなければ，売買契約を締結してはならない（業法36条）。そして，当該制限は宅建業者相互間の取引についても適用される（業法78条2項参照）。したがって，当該確認の申請をしているにすぎないAは，Bと売

買契約を締結することができない。よって，本肢は誤り。

❹ 正

　契約不適合担保責任についての特約の制限は，宅建業者相互間の取引については，適用されない（業法78条2項）。したがって，契約不適合担保責任の規定については，引渡しの日から6カ月間とするAB間の特約は有効である。よって，本肢は正しく，本問の正解肢となる。

問44	弁済業務保証金	解答❹	合格者正解率	不合格者正解率	受験者正解率
			70.3%	52.9%	61.9%

❶ 誤　分担金は金銭でのみ納付，弁済業務保証金は一定の有価証券でも供託可。

　弁済業務保証金分担金は，営業保証金とは異なり，金銭で納付しなければならず，有価証券をもって充てることはできない（業法64条の9第1項，25条3項の準用なし）。また，保証協会が供託する弁済業務保証金は，金銭のほか一定の有価証券によることもでき，金銭でしなければならないわけではない（業法64条の7第1項，3項，25条3項）。よって，本肢は誤り。

❷ 誤　知事指定講習をもって代えることはできない。

　保証協会は，宅地建物取引士その他宅地建物取引業の業務に従事し，又は従事しようとする者に対する研修を行わなければならない（業法64条の3第1項2号）。しかし，宅地建物取引士について，宅地建物取引士証交付の際に行われる都道府県知事が指定する講習をもって代えることができる旨の規定はない。よって，本肢は誤り。

❸ 誤　新事務所を設置した日から2週間以内に分担金を納付しなければならない。

　保証協会の社員は，弁済業務保証金分担金を納付した後に，新たに事務所を設置したときは，その日から2週間以内に，弁済業務保証金分担金を当該保証協会に納付しなければならない（業法64条の9第2項）。設置する日までに納付しなければならないわけではない。よって，本肢は誤り。

❹ 正　保証協会は，弁済業務保証金から生ずる利息又は配当金を弁済業務保証金準備金に繰り入れなければならない（業法64条の12第2項）。また，弁済業務保証金準備金を弁済業務保証金の供託に充てた後において，社員から還付充当金の納付を受けたときは，その還付充当金を弁済業務保証金準備金に繰り入れなければならない（業法

64 条の 12 第 6 項)。よって，本肢は正しく，本問の正解肢となる。

| 問45 | 瑕疵担保履行法 | 解答 ③ | 合格者正解率 95.7% | 不合格者正解率 72.3% | 受験者正解率 85.5% |

❶ **誤** 媒介をする場合，資力確保の義務はない。

　宅建業者は，各基準日において，当該基準日前 10 年間に自ら売主となる売買契約に基づき買主に引き渡した新築住宅について，当該買主に対する特定住宅販売瑕疵担保責任の履行を確保するため，住宅販売瑕疵担保保証金の供託又は住宅販売瑕疵担保責任保険契約の締結をしていなければならない(住宅瑕疵担保履行法 11 条 1 項，2 項)。しかし，新築住宅の売買の媒介をする場合は，住宅販売瑕疵担保保証金の供託又は住宅販売瑕疵担保責任保険契約の締結をする義務はない。よって，本肢は誤り。

❷ **誤** 住宅を引き渡した日から 3 週間以内ではない。

　新築住宅を引き渡した宅建業者は，基準日ごとに，住宅販売瑕疵担保保証金の供託又は住宅販売瑕疵担保責任保険契約の締結の状況について，基準日から 3 週間以内に，宅建業の免許を受けた国土交通大臣又は都道府県知事に届け出なければならない (住宅瑕疵担保履行法 12 条 1 項，規則 16 条 1 項)。届出期間は，住宅を引き渡した日から 3 週間以内ではない。よって，本肢は誤り。

❸ **正** 新築住宅を引き渡した宅建業者は，基準日に係る住宅販売瑕疵担保保証金の供託及び住宅販売瑕疵担保責任保険契約の締結の状況について届出をしなければ，当該基準日の翌日から起算して 50 日を経過した日以後においては，新たに自ら売主となる新築住宅の売買契約を締結してはならない (住宅瑕疵担保履行法 13 条本文)。よって，本肢は正しく，本問の正解肢となる。

❹ **誤** 構造耐力上主要な部分の瑕疵に限らない。

　住宅販売瑕疵担保責任とは，当該住宅を引き渡した時から 10 年間負う，住宅の構造耐力上主要な部分又は雨水の浸入を防止する部分の瑕疵についての担保責任をいう (住宅瑕疵担保履行法 2 条 5 項，住宅品質確保法 95 条 1 項，94 条 1 項)。住宅の構造耐力上主要な部分の瑕疵に限られるのではない。よって，本肢は誤り。

| 問46 | 住宅金融支援機構法 | 解答 ③ | 合格者正解率 57.9% | 不合格者正解率 34.8% | 受験者正解率 49.7% |

❶ **正** 機構の証券化支援事業には「買取型」(機構法 13 条 1 項 1 号) と「保証型」(機構法 13 条 1 項 2 号) があるが，本肢は「買取型」の説明である。機構は，民間金融機関が貸し付けた住宅ローンを買い取ることによって民間金融機関がかかえる長期の貸し

出しリスクを低減させるという役割を担っている。機構が買い取った住宅ローンは，最終的にはMBS（資産担保証券）に証券化され，債券市場で流通することになる。債券市場で投資家がMBSを購入することにより，機構は住宅ローン債権の買取り資金を調達している。よって，本肢は正しい。

❷ **正** 機構の証券化支援事業（買取型）の住宅ローン金利は長期固定金利であるが，民間金融機関が顧客に貸し出す金利は，機構が提示した金利に独自の利益分を上乗せして決定される。したがって，住宅ローン金利は，各金融機関によって異なる場合がある。よって，本肢は正しい。

❸ **誤** 高齢者向け返済特例は融資事業として行ったときに認められる制度である。

機構は，重要な政策上の理由が認められる場合に直接融資業務を行うが（機構法13条1項5号，6号等），高齢者に直接貸し付ける場合，元金の返済を債務者本人の死亡時に一括して行う高齢者向け返済特例が認められている（機構業務方法書24条4項）。証券化支援業務ではこのような特例は認められていない。よって，本肢は誤りであり，本問の正解肢となる。

❹ **正** 機構法において，住宅とは，人の居住の用に供する建築物又は建築物の人の居住の用に供する部分をいい，新築・中古を問わない（機構法2条1項）。したがって，証券化支援事業（買取型）の対象となる住宅ローン債権には新築住宅に係る貸付債権だけでなく，中古住宅を購入するための貸付債権も含まれる。よって，本肢は正しい。

問 47	景品表示法	解答 ❶	合格者正解率 97.8%	不合格者正解率 90.2%	受験者正解率 94.2%

❶ **正** 土地の価格については，1区画当たりの価格を表示するのが原則であるが（表示規約規則10条35号），すべての区画の価格を表示することが困難であるときは，分譲宅地の価格については，1区画当たりの最低価格，最高価格及び最多価格帯ならびにその価格帯に属する販売区画数を表示すれば足りる（表示規約規則10条36号）。よって，本肢は正しく，本問の正解肢となる。

❷ **誤** モデル・ルームは，「表示」にあたる。

表示規約において「表示」とは，顧客を誘引するための手段として事業者が不動産に関する事項について行う広告その他の表示であり，モデル・ルームその他これらに類似する物による表示も含まれる（表示規約4条5項1号）。よって，本肢は誤り。

❸ **誤** 道路距離80メートルにつき1分間で算出する。

徒歩による所要時間は，道路距離80メートルにつき1分間を要するものとして算出した数値を表示しなければならない。この場合において，1分未満の端数が生じたときは，1分として算出する（表示規約規則10条10号）。したがって，道路距離にかかわらず，徒歩による所要時間を表示することはできない。よって，本肢は誤り。

❹ 誤 運行主体が公表したものでないと，表示できない。

新設予定の鉄道，都市モノレールの駅もしくは路面電車の停留所又はバスの停留所は，当該路線の運行主体が公表したものに限り，その新設予定時期を明示して表示することができる（表示規約規則10条5号）。したがって，新駅設置を要請している事実があるだけでは，新駅と表示することはできない。よって，本肢は誤り。

| 問48 | 土地 | 解答 ❹ | 合格者正解率 83.6% | 不合格者正解率 66.8% | 受験者正解率 77.0% |

❶ 正 盛土をする場合には，盛土をした後の地盤に雨水その他の地表水又は地下水の浸透によるゆるみ，沈下，崩壊又は滑りが生じないように締め固めるとともに，必要に応じて地滑り抑止ぐい等の設置その他の措置を講じなければならない（宅造法施行令5条3号）。よって，本肢は正しい。

❷ 正 切土又は盛土したがけ面の擁壁は，原則として鉄筋コンクリート造，無筋コンクリート造又は間知石練積み造その他の練積み造のものとしなければならない（宅造法施行令6条1項2号）。よって，本肢は正しい。

❸ 正 擁壁には，その裏面の排水をよくするため，耐水材料を用いた水抜き穴を設け，かつ，擁壁の裏面で水抜き穴の周辺その他必要な場所には，砂利等の透水層を設けなければならない（宅造法施行令10条）。よって，本肢は正しい。

❹ 誤 盛土部分で地盤沈下量が大きくなる。

造成して平坦にした宅地では，一般に切土部分に比べて盛土部分で地盤沈下量が大きくなる。よって，本肢は誤りであり，本問の正解肢となる。

| 問49 | 土地 | 解答 ❹ | 合格者正解率 98.4% | 不合格者正解率 89.5% | 受験者正解率 95.6% |

❶ 適当 旧河道とは，過去に河川であった跡の土地のことをいう。低地の中でさらに周囲の土地よりも低い帯状のくぼ地になっている。浸水しやすく，排水も悪く，軟弱な地盤であるため，地震や洪水などによる災害を受ける危険度が高い所である。よって，本肢は適当である。

❷ 適当 地盤の液状化は，地下水で飽和している砂質地盤に地震動が加わることによって砂の粒子間のかみ合わせがはずれることによって生じる。したがって，地盤の条件と地震の揺れ方により，発生することがある。よって，本肢は適当である。

❸ 適当 沿岸地域は，海岸に面しているため，津波や高潮などの被害を受けやすい。したがって，普段から宅地の標高や避難経路を把握しておくことが必要である。よって，

本肢は適当である。

❹ **不適当** 縁辺部は崖崩れに対して危険な場所である。

　台地や丘陵は基本的には崖崩れに対して安全な場所である。しかし，台地や丘陵であっても，その縁辺部は，集中豪雨のときに崖崩れを起こすことが多いので，宅地には適さない。したがって，縁辺部は崖崩れに対して安全とはいえない。よって，本肢は最も不適当であり，本問の正解肢となる。

問 50	建物	解答 ❶	合格者正解率	不合格者正解率	受験者正解率
			99.1%	**93.7%**	**97.2%**

❶ **不適当** 木造は湿気に弱い構造である。

　木材は，水分を吸収すると，変形し，腐りやすく，またシロアリにも侵されやすくなる。木造は，木材に水分を吸収させてしまう湿気には弱い構造といえる。そのため，木造では，湿気を回避するため，地盤面基礎の立ち上がりを十分とる必要がある。よって，本肢は不適当であり，本問の正解肢となる。

❷ **適当** 基礎の種類には，基礎の底面が直接支持地盤に接する直接基礎と，地盤が深い場合に使用する杭基礎などがある。よって，本肢は適当である。

❸ **適当** 抗基礎には木杭，既製コンクリート杭，鋼杭，場所打ちコンクリート杭などがある。よって，本肢は適当である。

❹ **適当** 建物は上部構造と基礎構造から構成され，基礎構造は上部構造を安全に支持する役目を負うものである。なお，上部構造は建築空間の骨格を形成し，荷重に耐える役目を負う主要構造と，屋根・壁・床等の仕上げ部分などから構成される。よって，本肢は適当である。

2021年版 出る順宅建士
過去30年良問厳選問題集

第**6**回

解答・解説

上級編②

合格推定点 **32**点

◈出題項目・正解一覧＆成績診断
◈解答・解説

出題項目・正解一覧＆成績診断

科目	問	出題項目	正解	チェック	科目	問	出題項目	正解	チェック
権利関係	1	意思表示	2	☐☐	宅建業法	26	宅建業の意味	2	☐☐
	2	制限行為能力者	4	☐☐		27	事務所の設置	3	☐☐
	3	債権譲渡	4	☐☐		28	営業保証金	1	☐☐
	4	根抵当権	4	☐☐		29	クーリング・オフ	1	☐☐
	5	物権変動	3	☐☐		30	報酬額の制限	4	☐☐
	6	債務不履行：判決文問題	2	☐☐		31	重要事項の説明	4	☐☐
	7	代理	3	☐☐		32	業務上の規制総合	4	☐☐
	8	地役権	2	☐☐		33	自ら売主制限総合	3	☐☐
	9	民法総合	3	☐☐		34	監督・罰則	4	☐☐
	10	不法行為	4	☐☐		35	重要事項の説明	4	☐☐
	11	借地借家法（借地）	3	☐☐		36	保証金総合	2	☐☐
	12	借地借家法（借家）	4	☐☐		37	免許の申請	4	☐☐
	13	区分所有建物の登記	4	☐☐		38	37条書面	3	☐☐
	14	不動産登記法	4	☐☐		39	35条・37条書面	1	☐☐
法令上の制限	15	都市計画法：都市計画の内容	1	☐☐		40	自ら売主制限総合	2	☐☐
	16	都市計画法：開発行為の規制	4	☐☐		41	宅地建物取引士の登録	2	☐☐
	17	建築基準法総合	1	☐☐		42	媒介・代理契約	1	☐☐
	18	建築基準法総合	1	☐☐		43	宅建業法の総合問題	1	☐☐
	19	宅地造成等規制法	2	☐☐		44	宅地建物取引士総合	1	☐☐
	20	農地法	4	☐☐		45	瑕疵担保履行法	2	☐☐
	21	土地区画整理法	1	☐☐	5問免除	46	住宅金融支援機構法	1	☐☐
	22	国土利用計画法	4	☐☐		47	景品表示法	4	☐☐
税・価格	23	登録免許税	2	☐☐		48	土地	4	☐☐
	24	固定資産税	4	☐☐		49	建物	1	☐☐
	25	地価公示法	3	☐☐		50	建物	3	☐☐

科目別の成績		総合成績	
科目（問題番号）	**正答／正答目標**	合計	
権利関係（問1〜問14）	点／6点		
宅建業法（問26〜問45）	点／16点		**点**
法令上の制限（問15〜問22）	点／5点		
税・価格（問23〜問25）	点／2点	この回の合格推定点は	
5問免除（問46〜問50）	点／3点	**32**点です。	

❶ 正 虚偽表示に基づく契約は無効である（民法94条1項）。もっとも，虚偽表示について善意の「第三者」には契約の無効を対抗できない（民法94条2項）。ここにいう「第三者」（民法94条2項の第三者）とは，当事者及び包括承継人以外の者で，虚偽表示による法律行為の存在を前提として新たな利害関係を有するに至った者を指す。そして，第三者として保護されるために登記を備えることは不要である（判例）。本肢のCは仮装譲受人からの譲受人であるため，民法94条2項の「第三者」に該当する。したがって，AはCに無効を主張できない。よって，本肢は正しい。

❷ 誤 Aは，AB間の売買契約の無効をCに主張できる。

甲土地の仮装譲受人Bから，Bが甲土地上に建てた乙建物を借り受けたCは，甲土地について法律上の利害関係を有しない（判例）。したがって，Cは民法94条2項の「第三者」に該当せず，AはAB間の売買契約の無効をCに主張できる。よって，本肢は誤りであり，本問の正解肢となる。

❸ 正 仮装譲受人の債権者は，虚偽表示による売買の目的物である土地を差し押さえた場合には，虚偽表示に基づく法律関係を前提とした利害関係を有するといえる。本肢のCは民法94条2項の「第三者」に該当する。したがって，AはAB間の売買契約の無効をCに主張できない（判例）。よって，本肢は正しい。

❹ 正 虚偽表示による売買の目的物の転得者も民法94条2項の「第三者」に該当する（判例）。したがって，AはAB間の売買契約の無効を善意のDに対して主張できない。よって，本肢は正しい。

❶ 誤 乳児も権利能力を有しているので，不動産を所有することができる。

権利能力を有する者は，所有者（民法206条）となることができる。権利能力とは権利義務の主体となり得る能力をいい，自然人（個人のこと）の場合は出生によって権利能力を取得する（民法3条1項）。したがって，父母と意思疎通ができない乳児であっても，権利能力を有し，不動産を所有することができる。よって，本肢は誤り。

❷ 誤 営業の範囲内の契約を結ぶ場合，父母の同意は不要である。

未成年者が法律行為をするには原則として法定代理人の同意を得なければならない（民法5条1項本文）。もっとも，営業を許可された未成年者は，その営業に関して成年者と同一の行為能力を有する（民法6条1項）。つまり，許可された営業を遂行するのに必要な範囲内においては，法定代理人の同意を要しない。したがって，営業を許可さ

右余白縦書き：第6回　解答・解説

れた未成年者が，その営業のための商品を仕入れる売買契約を有効に締結するためには，法定代理人である父母のいずれの同意も不要である。よって，本肢は誤り。

❸　誤　父母の一方の同意で足りる場合がある。

　男は18歳に，女は16歳にならなければ，婚姻をすることができない（民法731条）。また，未成年の子が婚姻をするには，原則として，父母の同意を得なければならない（民法737条1項）。ただし，父母の一方が，同意をしないとき，行方不明のとき，死亡したとき，意思を表示することができないときには，他の一方の同意だけで足りる（民法737条2項）。よって，本肢は誤り。

❹　正　親権を行う者が数人の子に対して親権を行う場合，その一人と他の子との利益が相反する行為について，その親権を行う者は，その一方のために特別代理人の選任を家庭裁判所に請求しなければならず（民法826条2項，利益相反行為），これに反する行為は無権代理行為となるから（判例），有効な追認がない限り無効となる（民法113条1項）。そして，親権者が共同相続人である数人の子を代理して遺産分割の協議をすることは，利益相反行為に当たる（判例）。したがって，母EがCとDを代理してBとの間で遺産分割協議をすることは，利益相反行為であり，特別代理人が選任されていない本肢では無権代理行為となるから，有効な追認がない限り無効である。よって，本肢は正しい。

問 3	債権譲渡	解答 ❹	合格者正解率 **39.5%**	不合格者正解率 **−**	受験者正解率 **36.2%**

❶　正　債権譲渡において，譲受人は，譲渡人に代位して債務者に債権譲渡の通知をすることはできないが，譲渡人の代理人として，債務者に債権譲渡の通知をすることができる（民法467条1項，判例）。したがって，CがAの代理人としてBに対して通知しても差し支えない。よって，本肢は正しい。

❷　正　債権譲渡についての債務者の承諾の相手方は，譲渡人又は譲受人のいずれでも差し支えない（民法467条1項，判例）。したがって，BはA又はCのいずれに対して承諾をしてもよい。よって，本肢は正しい。

❸　正　債権が二重譲渡され，いずれの譲渡についても確定日付ある証書による通知がなされた場合，譲受人間の優劣は，通知が債務者に到達した日時の先後による（民法467条2項，判例）。したがって，Dの通知が先にBに到達しているからDへの債権譲渡が優先する。よって，本肢は正しい。

❹　誤　BはAに弁済したことを，Cに主張できる。

　債務者は，対抗要件具備時までに譲渡人に対して生じた事由をもって譲受人に対抗することができる（民法468条1項）。そして，債務者に対する債権譲渡の対抗要件は，債務者への通知又は承諾である（民法467条1項）。本肢の場合，Cが対抗要件を具備

するよりも前に，BがAに弁済している。したがって，Bは，弁済したことをCに主張することができる。よって，本肢は誤りであり，本問の正解肢となる。

<table>
<tr><td>問4</td><td>根抵当権</td><td>解答 ❹</td><td>合格者正解率
28.6%</td><td>不合格者正解率
17.1%</td><td>受験者正解率
23.8%</td></tr>
</table>

❶ **誤** 被担保債権の範囲の変更には後順位抵当権者の承諾不要。

根抵当権において，元本の確定前は後順位抵当権者の承諾を得ることなく，根抵当権の担保すべき債権の範囲の変更をすることができる（民法398条の4第1項，第2項）。よって，本肢は誤り。

❷ **誤** 元本確定前に債権譲渡を受けても根抵当権の行使不可。

元本の確定前に，根抵当権者から債権を取得した者は，その債権について根抵当権を行使することができない（随伴性の否定，民法398条の7第1項前段）。したがって，B信用金庫から，被担保債権の範囲に属する個別債権の譲渡を受けた者が，確定日付ある証書でAに対して債権譲渡通知を行っていても，根抵当権を行使することができない。よって，本肢は誤り。

❸ **誤** 極度額を超えて根抵当権を行使できない。

根抵当権者は，確定した元本ならびに利息その他の定期金及び債務の不履行によって生じた損害の賠償の全部について，極度額を限度として，その根抵当権を行使することができる（民法398条の3第1項）。極度額を超えて行使できるのではない。よって，本肢は誤り。

❹ **正** 根抵当権の担保すべき債権の範囲は，債務者との特定の継続的取引契約によって生ずるものその他債務者との一定の種類の取引によって生ずるものに限定して，定めなければならない（民法398条の2第2項）。「信用金庫取引による債権」は一定の種類の取引に入る。そして，「信用金庫取引による債権」として設定された根抵当権の被担保債権には，信用金庫の根抵当債務者に対する保証債権も含まれる（判例）。したがって，Aが友人CのためにB信用金庫との間で保証契約を締結した場合，この保証債権は，「信用金庫取引による債権」に含まれ，根抵当権で担保される。よって，本肢は正しく，本問の正解肢となる。

<table>
<tr><td>問5</td><td>物権変動</td><td>解答 ❸</td><td>合格者正解率
62.2%</td><td>不合格者正解率
31.4%</td><td>受験者正解率
50.9%</td></tr>
</table>

❶ **誤** 登記を備えていなければ，第三者に所有権を主張することができない。

不動産の二重譲渡では，原則として，先に登記を備えた者が第三者に所有権を主張することができる（民法177条）。売買契約締結の先後で決するのではない。したがって，

いずれも登記を備えていないＡＣは，自己の所有権を第三者に主張することができない。よって，本肢は誤り。

❷ 誤 取消しの前後で異なる。

強迫による意思表示は，取消前の第三者には，その取消しを主張することができる（民法96条1項，3項）。しかし，取消後の第三者に対しては，登記を備えなければ，自己が所有者であることを第三者に主張することができない（民法177条，判例）。よって，売買契約の時期にかかわらずとする本肢は誤り。

❸ 正 時効完成前に原所有者から所有権を取得し登記を備えた者に対し，その後の時効取得者は，登記を備えなくても所有権の取得を主張することができる（民法162条，判例）。当事者と同様の関係にあるからである。したがって，Ｃは登記を備えていなくてもＡに所有権を主張することができる。よって，本肢は正しく，本問の正解肢となる。

❹ 誤 Ａが善意であれば所有権を主張できる。

虚偽表示による契約は，無効である（民法94条1項）。しかし，この無効は善意の第三者に主張することができない（民法94条2項，判例）。したがって，Ａが善意であれば，Ａは自己の所有権を主張することができる。よって，本肢は誤り。

問6	債務不履行：判決文問題	解答❷	合格者正解率 64.3%	不合格者正解率 43.9%	受験者正解率 56.9%

❶ 正 甲契約と併せて乙契約を解除することができるのは，契約の目的が相互に密接に関連付けられている場合である（判決文）。したがって，本肢のように，契約の目的が相互に密接に関連付けられていない場合には，甲契約上の債務の不履行を理由に，甲契約と併せて乙契約をも解除できるわけではない。よって，本肢は正しい。

❷ 誤 乙契約の契約書に表示されていたときに限定されない。

契約の目的が相互に密接に関連付けられていて，社会通念上，甲契約又は乙契約のいずれかが履行されるだけでは契約を締結した目的が全体として達成されないと認められる場合に，甲契約と併せて乙契約をも解除することができる（判決文）。乙契約の契約書に表示されているときに限定されるわけではない。よって，本肢は誤りであり，本問の正解肢となる。

❸ 正 甲契約と併せて乙契約をも解除することができるのは，甲契約上の債務不履行が認められる場合である（判決文）。本肢のように，そもそも甲契約を解除することができないような付随的義務の不履行があるにすぎない場合には，契約の目的が相互に密接に関連付けられていても，甲契約を解除することができない以上，乙契約も解除することはできない。よって，本肢は正しい。

❹ 正 契約の目的が相互に密接に関連付けられていて，社会通念上，甲契約又は乙契約のいずれかが履行されるだけでは契約を締結した目的が全体として達成されないと

認められる場合に，甲契約と併せて乙契約をも解除することができる（判決文）。甲契約と乙契約とがこのような関係にあれば，甲契約の履行遅延を理由に乙契約を解除することができる（民法541条，判例）。よって，本肢は正しい。

問7	代理	解答 ❸	合格者正解率	不合格者正解率	受験者正解率
			57.4%	47.6%	53.1%

❶ **正** 売買契約を締結する権限を与えられた代理人は，特段の事情がない限り，相手方からその売買契約を取り消す旨の意思表示を受領する権限を有する（判例）。よって，本肢は正しい。

❷ **正** 委任による代理人は，本人の許諾を得たとき，又はやむを得ない事由があるときでなければ，復代理人を選任することができない（民法104条）。したがって，本人の許諾を得たときのほか，やむを得ない事由があるときにも復代理人を選任することができる。よって，本肢は正しい。

❸ **誤** 代理人に引き渡せば，本人に対する引渡義務は消滅する。

委任による代理人は，委任事務を処理するに当たって受領した金銭その他の物を委任者である本人に引き渡さなければならない（民法646条1項）。ただし，復代理人が委任事務を処理して受領した金銭を代理人に引き渡せば，本人に対する引渡義務は消滅する（判例）。よって，本肢は誤りであり，本問の正解肢となる。

❹ **正** 夫婦の一方が日常の家事に関して第三者と法律行為をした場合，これによって生じた債務を夫婦は連帯して負う（民法761条）。そして，夫婦は互いに日常家事に関する法律行為について個別の授権がなくても代理権を有する（判例）。よって，本肢は正しい。

問8	地役権	解答 ❷	合格者正解率	不合格者正解率	受験者正解率
			89.1%	75.7%	83.0%

❶ **誤** Cは原則として通行地役権を否定できない。

通行地役権の承役地が譲渡された場合において，譲渡の時に，承役地が要役地の所有者によって継続的に通路として使用されていることが客観的に明らかであり，かつ，承役地の譲受人がそのことを認識していたか，又は認識することが可能であったときは，その譲受人は，特段の事情がない限り，当該通行地役権を否定することはできない（判例）。よって，本肢は誤り。

❷ **正** 要役地の所有権が移転したときは，設定行為に別段の定めがない限り，地役権も要役地とともに移転する（民法281条1項）。そして，所有権の移転を承役地の所

有者に対抗することができるときは，これに伴う地役権の移転も登記がなくても対抗することができる（判例）。したがって，乙土地の所有権移転登記を経由したDは，地役権が移転したことをAに対して主張することができる。よって，本肢は正しく，本問の正解肢となる。

❸ **誤** 通行地役権を分離して売却することはできない。

地役権は要役地と分離して譲渡することはできない（民法 281 条 2 項）。よって，本肢は誤り。

❹ **誤** Bは通行地役権を時効取得できる。

地役権は，契約による場合だけでなく，継続的に行使され，かつ，外形上認識することができるものに限り，時効によっても取得することができる（民法 283 条）。したがって，Bは，通行地役権を時効取得することができる。よって，本肢は誤り。

| 問9 | 民法総合 | 解答❸ | 合格者正解率 34.3% | 不合格者正解率 27.2% | 受験者正解率 31.2% |

本問のように，法律義務がないにもかかわらず，他人のために事務を行うことを事務管理という。義務なく他人のために事務の管理を始めた者は，その事務の性質に従い，最も本人の利益に適合する方法によって，その事務の管理をしなければならない（民法 697 条 1 項）。

❶ **正** 事務管理を行った者は，本人のために有益な費用を支出したときは，本人に対し，その償還を請求することができる（民法 702 条 1 項）。しかし，報酬を請求できる旨の規定は存在しない。よって，本肢は正しい。

❷ **正** 事務管理を行った者は，本人からの請求があるときは，いつでも，事務管理の処理の状況を本人に報告しなければならない（民法 701 条，645 条）。よって，本肢は正しい。

❸ **誤** 急迫の場合，善良な管理者の注意義務は負わない。

事務管理を行う者は，原則として善良な管理者の注意義務をもって事務を行う。しかし，本人の財産に対する急迫の危害を免れさせるために事務管理をしたときは，悪意又は重大な過失がなければ，損害賠償責任を負わない（民法 698 条）。すなわち，このような場合は善良な管理者の注意義務を負わないということである。本問の場合，「台風の接近」「甚大な被害が生じる差し迫ったおそれ」というのであるからこの場合に該当し，善良な管理者の注意義務を負わない。よって，本肢は誤りであり，本問の正解肢となる。

❹ **正** 事務管理を行った者は，本人のために有益な費用を支出したときは，本人に対し，その全額の償還を請求することができる（民法 702 条 1 項）。よって，本肢は正しい。なお，管理者が本人の意思に反して事務管理をしたときは，本人が現に利益を受けている限度においてのみ費用の償還を請求することができる（民法 702 条 3 項）。

❶ **正** 不法行為による損害賠償債務は，催告を待たずに損害発生の時（不法行為の時）から遅滞に陥る（判例）。したがって，その時以降完済に至るまでの遅延損害金を支払わなければならない。よって，本肢は正しい。

❷ **正** 不法行為による慰謝料請求権は，被害者が生前に請求の意思を表明しなくても，当然に相続される（判例）。よって，本肢は正しい。

❸ **正** 共同不法行為が成立する場合，各加害者は損害全体について「連帯」して賠償する義務を負う（民法719条1項）。もっとも，連帯債務者の1人に対する履行の請求は，別段の意思表示のない限り，他の連帯債務者に対しては，その効力は及ばない（民法441条）。よって，本肢は正しい。

❹ **誤** 権利を行使することができる時から10年ではない。

　不法行為による損害賠償の請求権は，被害者又はその法定代理人が損害及び加害者を知った時から3年間又不法行為の時から20年間行使しないときは，時効によって消滅する（民法724条1号2号）。なお，人の生命又は身体を害する不法行為による損害賠償請求権の消滅時効は，被害者又はその法定代理人が損害及び加害者を知った時から5年間行使しないときは，時効により消滅する（民法724条の2）。よって，本肢は誤りであり，本問の正解肢となる。

❶ **誤** 「借地」に関する規定は，建物の所有を目的とする地上権・土地の賃借権が対象。

　借地借家法では，「借地」に関する規定については，建物の所有を目的とする地上権又は土地の賃借権でなければ適用されない（借地借家法1条）。本肢では，土地の賃貸借契約おいてゴルフ場経営を目的としているにすぎず，建物の所有を目的としていないため，借地借家法11条を直接適用することはできない。また，その土地が建物の所有と関連する態様で使用されている事実をうかがうこともできないため，借地借家法11条を類推適用することもできない（判例）。よって，本肢は誤り。

❷ **誤** 正当事由があることを要する。

　借地権者の地位の保護するため，借地権者からの契約の更新請求に対して借地権設定者が異議を述べる場合には，正当事由がなければならないとされている（借地借家法6条）。したがって，更新請求に対して借地権設定者が異議を述べれば，当然契約が終了するというわけではない。よって，本肢は誤り。

❸ 正 二筆以上ある土地の借地権者が，そのうち一筆の土地上に登記のある建物を所有しているにすぎない場合，登記ある建物がない他方の土地に借地借家法10条1項による対抗力は及ばない（判例）。よって，本肢は正しく，本問の正解肢となる。

❹ 誤 存続期間の延長のためには，借地権設定者の承諾が必要。

借地権の存続期間が満了する前に建物が滅失し，借地権者が存続期間を超えて存続すべき建物を築造した場合，借地権設定者の承諾がある場合に限り，借地権は，承諾があった日又は建物が築造された日のいずれか早い日から20年間存続する（借地借家法7条）。したがって，存続期間の延長が認められるためには借地権設定者の承諾が必要であり，借地権設定者が異議を述べないにすぎないときは，存続期間は延長されない。よって，本肢は誤り。

問12	借地借家法（借家）	解答 **❹**	合格者正解率 **19.4%**	不合格者正解率 **10.5%**	受験者正解率 **15.9%**

❶ 誤 背信的行為と認めるに足りない特段の事情があるときは解除できない。

賃借人Bは賃貸人Aに無断で，賃借物甲をCに転貸している。そこで，賃貸人の承諾なく転貸された場合に，民法612条2項により賃貸人が無制限に賃貸借契約を解除できるのか問題となる。この点，無断転貸の場合に賃貸人による賃貸借契約の解除が認められるのは，無断転貸により賃貸人と賃借人との信頼関係が崩れるからである。そのため，賃借人が賃貸人の承諾なく第三者をして目的物を使用収益させた場合でも，その行為が賃貸人に対する背信的行為と認めるに足りない特段の事情があるときは，解除権は発生しない（判例）。したがって，転貸がBのAに対する背信的行為といえない事情がある場合には解除権は発生せず，AはAB間の賃貸借契約を解除することはできない。よって，本肢は誤り。

❷ 誤 債務不履行解除された場合，賃貸人は転借人に明渡し請求できる。

賃貸人は，賃借人が適法に賃借物を転貸したとしても，賃借人の債務不履行により賃貸借契約を解除した場合には，転借人に対抗することができる（民法613条3項但書）。したがって，CはAに対抗できず，AはCに対して甲建物の明渡し請求をすることができる。よって，本肢は誤り。

❸ 誤 建物賃貸借の期間満了の場合，通知を行えば終了を転借人に対抗できる。

建物の賃貸借が期間の満了によって終了するときは，建物の賃貸人は，建物の転借人にその旨の通知をすれば，その終了を建物の転借人に対抗することができ，その通知をした日から6カ月経過後に転貸借が終了する（借地借家法34条1項，2項）。したがって，AはCに対して期間満了による終了を通知すれば，AはCに対抗することができ，正当事由がなくても，甲建物の明渡し請求をすることができる。よって，本肢は誤り。

❹ 正 定期建物賃貸借において，借賃増減請求の改定に関する特約がある場合，賃

料が不相当となっても減額請求をすることができない（借地借家法38条7項，32条1項）。ＡＢ間は定期建物賃貸借であるため，借賃の改定について特約があるときは，ＢはＡに賃料の減額請求ができない。よって，本肢は正しく，本問の正解肢となる。

| 問13 | 区分所有建物の登記 | 解答 ❹ |

合格者正解率	不合格者正解率	受験者正解率
－	－	－

❶ **正** 区分建物の表題登記は，その一棟の建物に属する他の区分建物の表題登記とともに申請しなければならない（不登法48条1項）。建物が一棟の建物を区分したものである場合には，各区分建物ごとに表題登記の申請を認めると，登記手続きが煩雑になるからである。よって，本肢は正しい。

❷ **正** 所有権保存の登記は，①表題部所有者又はその相続人その他の一般承継人，②所有権を有することが確定判決によって確認された者，③収用により所有権を取得した者，が申請することができる（不登法74条1項）。この他に，区分建物においては，表題部所有者から所有権を取得した者も，所有権保存の登記を申請することができる（不登法74条2項）。よって，本肢は正しい。

❸ **正** 区分建物における規約共用部分は，登記をしなければ第三者に対抗することができない（区分所有法4条2項）。そして，この登記は区分建物の登記記録の表題部に記載される（不登法44条1項6号，2条7号参照）。よって，本肢は正しい。

❹ **誤** 表題部ではなく，権利部である。
登記官は，区分建物に関する敷地権について表題部に最初に登記するときは，その敷地権の目的である土地の登記記録について，職権で，所有権，地上権その他の権利が敷地権である旨の登記をしなければならない（不登法46条）。この登記は，所有権，地上権その他の不動産についての権利に関する登記であるから，登記記録のうち，権利部になされる（不登法2条8号参照）。よって，本肢は誤りであり，本問の正解肢となる。

第6回　解答・解説

| 問14 | 不動産登記法 | 解答 ❹ |

合格者正解率	不合格者正解率	受験者正解率
22.1%	16.6%	20.2%

❶ **正** 何人も，登記官に対し，手数料を納付して，登記事項証明書の交付を請求することができる（不登法119条1項）。この場合に，利害関係を明らかにしなければならないとする規定はない。よって，本肢は正しい。

❷ **正** 何人も，登記官に対し，手数料を納付して，登記簿の附属書類の閲覧を請求することができる。ただし，土地所在図，地積測量図，地役権図面，建物図面及び各階平面図以外のものについては，請求人が利害関係を有する部分に限る（不登法121条2項，不動産登記令21条1項）。よって，本肢は正しい。

❸ **正**　登記事項証明書の交付の請求は，請求情報を電子情報処理組織を使用して登記所に提供する方法によりすることができる(不動産登記規則194条3項前段)。よって，本肢は正しい。

❹ **誤**　利害関係を有する部分という限定はない。

　何人も，登記官に対し，筆界特定手続記録のうち筆界特定書の写しの交付を請求することができる（不登法149条1項）。この場合に，請求人が利害関係を有する部分に限るという規定はない。よって，本肢は誤りであり，本問の正解肢となる。

問 15	都市計画法：都市計画の内容	解答 ❶	合格者正解率	不合格者正解率	受験者正解率
			50.5%	31.0%	43.8%

❶ **正**　開発整備促進区は，第二種住居地域，準住居地域もしくは工業地域が定められている土地の区域または用途地域が定められていない土地の区域（市街化調整区域を除く。）に定めることができる（都計法12条の5第4項4号）。よって，本肢は正しく，本問の正解肢となる。

❷ **誤**　準都市計画区域には，区域区分を定めることができない。

　都市計画区域について無秩序な市街化を防止し，計画的な市街化を図るため必要があるときは，都市計画に，市街化区域と市街化調整区域との区分を定めることができる（都計法7条1項）。したがって，準都市計画区域は都市計画区域外であり，区域区分を定めることができない。よって，本肢は誤り。

❸ **誤**　工業専用地域は風致地区に隣接することを禁止する旨の規定はない。

　工業専用地域は，工業の利便を増進するため定める地域とする（都計法9条12項）。しかし，風致地区に隣接してはならないという規定はない。よって，本肢は誤り。

❹ **誤**　都道府県が定めた都市計画のほうが優先する。

　市町村が定めた都市計画が，都道府県が定めた都市計画と抵触するときは，その限りにおいて，都道府県が定めた都市計画が優先する（都計法15条4項）。よって，本肢は誤り。

問 16	都市計画法：開発行為の規制	解答 ❹	合格者正解率	不合格者正解率	受験者正解率
			26.9%	12.8%	22.1%

❶ **誤**　都道府県知事の許可は不要である。

　開発許可を受けた者は，開発区域の位置，区域及び規模の変更をする場合においては，都道府県知事の許可を受けなければならない（都計法35条の2第1項本文）。ただし，市街化区域内において，開発行為の規模を1,000㎡未満に変更する場合には，開発許可

が不要となる（都計法35条の2第1項但書，29条1項但書1号，施行令19条1項）。よって，本肢は誤り。

❷　誤　予定建築物の建築について都道府県知事への届出は不要。

　開発許可を受けた開発区域内の土地において，工事が完了した旨の公告があるまでの間は，予定建築物であっても都道府県知事が支障がないと認めたときに建築することができる（都計法37条1号）。また，開発許可を受けた開発区域内の土地において，工事が完了した旨の公告があった後は，当該開発許可に係る予定建築物以外の建築物を建築する場合には都道府県知事の許可が必要となることがあるが（都計法42条1項），予定建築物を建築する場合にはこの許可は必要ではなく，都道府県知事に届出をする旨の規定もない。よって，本肢は誤り。

❸　誤　不同意の土地所有者は，建築物を建築できる。

　開発許可を受けた開発区域内において，開発行為に関する工事の完了の公告があるまでの間は，建築物を建築し，又は特定工作物を建設してはならない。ただし，①工事用の仮設建築物又は特定工作物を建築し，又は建設するとき，②都道府県知事が支障がないと認めたとき，③当該開発区域内に土地所有権を有する者のうち，当該開発行為に関して同意をしていない者がその権利の行使として建築物を建築するときはこの限りでない（都計法37条）。よって，本肢は誤り。

❹　正　何人も，市街化調整区域のうち開発許可を受けた開発区域以外の区域内においては，原則として，都道府県知事の許可を受けなければ建築物の新築をしてはならない。ただし，仮設建築物の新築についてはこの限りでない（都計法43条1項3号）。よって，本肢は正しく，本問の正解肢となる。

問 17	建築基準法総合	解答 ❶	合格者正解率	不合格者正解率	受験者正解率
			66.7%	**35.9%**	**57.4%**

❶　正　建築物の居室には，採光のための窓その他の開口部を設け，その採光に有効な部分の面積は，その居室の床面積に対して，住宅にあっては7分の1以上としなければならない（建基法28条1項）。よって，本肢は正しく，本問の正解肢となる。

❷　誤　移転も建築確認の対象となる。

　建築確認の対象となり得る工事は，建築，大規模の修繕及び大規模の模様替である（建基法6条1項）。建築とは，建築物を新築し，増築し，改築し，又は移転することをいう（建基法2条13号）。したがって，建築物の移転は対象となる工事である。よって，本肢は誤り。

❸　誤　高さ15mの建築物には避雷設備を設ける必要はない。

　有効に避雷設備を設けなければならない建築物は，高さが20mを超える建築物である（建基法33条本文）。したがって，高さ15mの建築物であれば避雷設備を設ける必

要はない。よって，本肢は誤り。

❹　誤　準防火地域内においては本肢のような規制はない。

　看板，広告塔，装飾塔その他これらに類する工作物で，建築物の屋上に設けるもの又は高さ３ｍを超えるものは，その主要な部分を不燃材料で造り，又は覆わなければならないという規制は，防火地域内にある工作物について適用される（建基法64条）。準防火地域内にある工作物に関してはこの規制は適用されない。よって，本肢は誤り。

問18	建築基準法総合	解答❶	合格者正解率	不合格者正解率	受験者正解率
			21.1%	11.6%	18.2%

❶　誤　地方公共団体の条例ではなく，都市計画である。

　高度地区内においては，建築物の高さは，高度地区に関する都市計画において定められた内容に適合するものでなければならない（建基法58条）。地方公共団体の条例において定められた内容ではない。よって，本肢は誤りであり，本問の正解肢となる。

❷　正　認可の公告のあった建築協定は，その公告のあった日以後において当該建築協定区域内の土地の所有者等となった者に対しても，その効力があるものとする（建基法75条）。よって，本肢は正しい。

❸　正　商業地域，工業地域，工業専用地域においては，日影規制は適用されない（建基法56条の２第１項，別表第四）が，対象区域外にある高さが10ｍを超える建築物で，冬至日において，対象区域内の土地に日影を生じさせるものは，当該対象区域内にある建築物とみなして，日影規制が適用される（建基法56条の２第４項）。よって，本肢は正しい。

❹　正　特別用途地区内においては，地方公共団体は，その地区の指定の目的のために必要と認める場合においては，国土交通大臣の承認を得て，条例で，建築基準法の規定による建築物の用途制限を緩和することができる（建基法49条２項）。よって，本肢は正しい。

問19	宅地造成等規制法	解答❷	合格者正解率	不合格者正解率	受験者正解率
			34.2%	14.6%	26.6%

❶　正　宅地を宅地以外の土地にするために行う土地の形質の変更は，宅地造成に該当しない（宅造法２条２号かっこ書）。よって，本肢は正しい。

❷　誤　本肢のような規定はない。

　都道府県知事は，宅地造成工事規制区域内において行われる宅地造成に関する工事についての許可に，工事の施行に伴う災害を防止するため必要な条件を付することができ

る（宅造法 8 条 3 項）。しかし，良好な都市環境の形成のために必要と認める場合に条件を付することができるとする規定はない。よって，本肢は誤りであり，本問の正解肢となる。

❸ **正** 宅地造成とは，宅地以外の土地を宅地にするため，又は宅地において行う土地の形質の変更で一定のものをいう（宅造法 2 条 2 号）。ここで一定のものとは，①切土部分に高さが 2 ｍを超えるがけを生ずることとなる切土，②盛土部分に高さが 1 ｍを超えるがけを生ずることとなる盛土，③切土と盛土とを同時にする場合であって，盛土をした土地の部分に高さが 1 ｍ以下のがけを生じ，かつ，当該切土及び盛土をした土地の部分に高さが 2 ｍを超えるがけを生ずることとなるもの，④①〜③に該当しない切土又は盛土であって，面積が 500 ㎡を超えるものをいう（宅造法施行令 3 条）。本肢の場合は，①〜④のいずれにもあたらないから，宅地造成に該当しない。よって，本肢は正しい。

❹ **正** 本肢の場合，面積が 500 ㎡を超える盛土をしているので，❸の④に該当する。したがって，本肢の土地の形質の変更は，宅地造成に該当する。よって，本肢は正しい。

問 20	農地法	解答 ❹	合格者正解率 79.6%	不合格者正解率 54.2%	受験者正解率 69.9%

❶ **誤** 農地賃貸借の対抗要件は，引渡しで足りる。

農地の賃貸借は，その登記がなくても，引渡しがあったときは，その後に物権を取得した第三者に対抗できる（農地法 16 条 1 項）。よって，本肢は誤り。

❷ **誤** 農地法上の農地か否かは現況で判断する。

農地法上の農地かどうかは，現況で判断する。登記簿上の地目が雑種地でも，現に畑として耕作されている土地であれば，農地法上の農地となる（農地法 2 条 1 項）。よって，本肢は誤り。

❸ **誤** 国又は都道府県等が取得する場合は，協議成立をもって許可とみなす。

国又は都道府県等が，農地を農地以外のものするため取得する場合，国又は都道府県等と都道府県知事等との協議が成立することをもって農地法第 5 条 1 項の許可があったものとみなす（農地法 5 条 4 項）。よって，本肢は誤り。

❹ **正** 農業者が相続により市街化調整区域内の農地を取得した場合，農地法 3 条の許可を受ける必要はない（農地法 3 条 1 項但書 12 号）。しかし，その農地を自己の住宅用地として転用する場合には，農地法第 4 条 1 項の許可を受ける必要がある。よって，本肢は正しく，本問の正解肢となる。

❶ **誤** 土地区画整理審議会の意見を聴くのではない。

土地区画整理組合が仮換地を指定しようとする場合は，あらかじめ，その指定について，総会もしくはその部会又は総代会の同意を得なければならない（区画法98条3項）。土地区画整理審議会の意見を聴かなければならないのは，施行者が公的機関の場合である（区画法98条3項）。よって，本肢は誤りであり，本問の正解肢となる。

❷ **正** 施行者は，仮換地を指定した場合において，必要があると認めるときは，仮に算出した仮清算金を，清算金の徴収又は交付の方法に準ずる方法により徴収し，又は交付することができる（区画法102条1項）。よって，本肢は正しい。

❸ **正** 仮換地が指定された場合においては，従前の宅地について権原に基づき使用し，又は収益することができる者は，仮換地の指定の効力発生の日から換地処分の公告がある日まで，仮換地について，従前の宅地について有する権利の内容である使用又は収益と同じ使用又は収益をすることができる（区画法99条1項）。よって，本肢は正しい。

❹ **正** 仮換地を指定した場合において，その処分により使用し，又は収益することができる者のなくなった従前の宅地については，当該処分により当該宅地を使用し，又は収益することができる者のなくなった時から換地処分の公告がある日までは，施行者がこれを管理する（区画法100条の2）。よって，本肢は正しい。

❶ **誤** 事前届出をする必要がある。

監視区域に所在する一団の土地について，都道府県の規則で定める面積以上の土地売買等の契約を締結しようとする場合には，当事者は，原則として事前届出をする必要がある。そして，この規則で定められる面積は，市街化区域以外の都市計画区域内では5,000㎡に満たない範囲内に限られ，事前届出においては，「一団の」土地といえるか否かは，権利取得者（買主等）・権利設定者（売主等）双方を基準に判断される（国土法27条の7第1項，27条の4）。本肢の場合，売主Aが分割して売却する契約を締結した土地の面積は6,000㎡であり，規則で定められる面積以上であるから，売買契約の当事者であるA，B及びCは，事前届出をする必要がある。よって，本肢は誤り。

❷ **誤** 価額についても届け出る必要がある。

事後届出においては，土地の利用目的のみならず土地の売買価額についても届け出る必要がある（国土法23条1項5号，6号）。よって，本肢は誤り。

❸ 誤 届出対象面積未満であるから事後届出を行う必要はない。

　都市計画区域外において 10,000 ㎡以上の土地売買等の契約を締結した場合，権利取得者は，原則として事後届出をする必要がある（国土法 23 条 1 項，2 項 1 号ハ）。準都市計画区域は，都市計画区域外であるから，7,000 ㎡である場合には，事後届出をする必要はない。よって，本肢は誤り。

❹ 正 市街化区域内においては 2,000 ㎡，市街化区域以外の都市計画区域内においては 5,000 ㎡以上の土地売買等の契約を締結した場合，権利取得者は，原則として事後届出をする必要がある（国土法 23 条 1 項，2 項 1 号）。土地の交換契約は，金銭の授受を伴わなくても，届出を要する土地売買等の契約にあたり，それぞれ一定面積以上の一団の土地について交換契約を締結した場合，事後届出をする必要がある。よって，本肢は正しく，本問の正解肢となる。

問 23	登録免許税	解答 ❷	合格者正解率 25.9%	不合格者正解率 24.1%	受験者正解率 25.1%

❶ 誤 持分割合で乗じた面積ではない。

　登録免許税の税率の軽減措置の適用を受けることができる住宅用家屋は，個人の住宅の用に供される 1 棟の家屋で，床面積が 50 ㎡以上である場合に限られる（租特法 73 条，施行令 42 条 1 項 1 号，41 条）。対象となる住宅用家屋の床面積が 50 ㎡以上あればよく，共有持分の割合で乗じたものが 50 ㎡以上であることは要求されていない。よって，本肢は誤り。

❷ 正 住宅用家屋の所有権の移転の登記に係る登録免許税の税率の軽減措置の適用を受けるためには，売買又は競落により住宅用家屋を取得することが必要である（租特法 73 条，施行令 42 条 3 項）。したがって，交換により取得した場合には，適用されない。よって，本肢は正しく，本問の正解肢となる。

❸ 誤 耐震基準適合証明書は不要である。

　築年数が 25 年以内の耐火建築物であれば登録免許税の税率の軽減措置の適用を受けることができる（租特法 73 条，施行令 42 条 1 項 2 号イ）。この場合，耐震基準適合証明書によって一定の耐震基準を満たしていることが適用要件とはなっていない。よって，本肢は誤り。

❹ 誤 税務署長の証明書は不要である。

　登録免許税の税率の軽減措置の適用を受けるためには，適用要件のすべてに該当する家屋であることにつき，個人の申請に基づき当該家屋の所在地の市町村長等が証明したものとする（租特法 73 条，施行令 42 条 1 項）。市町村長等の証明が必要であり，税務署長の証明書は要求されていない。よって，本肢は誤り。

❶ 誤 一定の補正率を反映して計算する。

居住用超高層建築物（いわゆるタワーマンション）の固定資産税の計算については，各区分所有者に按分する際に用いる各区分所有者の専有部分の床面積に，住戸の所在する階層の差違による床面積当たりの取引単価の変化の傾向を反映するための補正率（階層別専有床面積補正率）を反映して計算する（地方税法352条2項，施行規則15条の3の2）。各専有部分の取引価格の当該居住用超高層建築物の全ての専有部分の取引価格の合計額に対する割合により按分した額を対象とするものではない。よって，本肢は誤り。なお，階層別専有床面積補正率は，居住用超高層建築物の1階を100とし，階が1つ増えるごとに，これに10/39を加算した数値とされる。つまり，『○○階の階層別専有床面積補正率＝100＋10/39×（○○−1）』として計算される。

❷ 誤 6分の1である。

住宅用地のうち，小規模住宅用地に対して課する固定資産税の課税標準は，当該小規模住宅用地に係る固定資産税の課税標準となるべき価格の6分の1の額となる（地方税法349条の3の2第2項）。よって，本肢は誤り。

❸ 誤 異なる納期を定めることができる。

固定資産税の納期は，4月，7月，12月及び2月中において，当該市町村の条例で定める。ただし，特別の事情がある場合においては，これと異なる納期を定めることができる（地方税法362条1項）。よって，本肢は誤り。

❹ 正 固定資産税は，固定資産の所有者に課されることが原則であるが，質権又は100年より永い存続期間の定めのある地上権の目的である土地については，その質権者又は地上権者に課されることになる（地方税法343条1項）。よって，本肢は正しく，本問の正解肢となる。

❶ 誤 標準地の正常な価格を公示する。

地価公示法の目的は，都市及び周辺の地域等において，標準地を選定し，その正常な価格を公示することにより，適正な地価の形成に寄与することである（地価公示法1条）。また，土地鑑定委員会は標準地及びその「周辺」の土地の利用の現況を公示する（地価公示法6条4号）が，標準地「周辺」の土地の取引価格に関する情報を公示するのではない。よって，本肢は誤り。

❷ **誤** 権利が制限された土地を除外する規定はない。

　標準地は，土地鑑定委員会が，自然的及び社会的条件からみて類似の利用価値を有すると認められる地域において，土地の利用状況，環境等が通常と認められる一団の土地について選定する（地価公示法3条）。本肢の「当該土地の使用又は収益を制限する権利が存しない一団の土地について選定する」という条件は存しない。よって，本肢は誤り。

❸ **正** 公示価格を規準とするとは，対象土地の価格を求めるに際して，当該対象土地とこれに類似する利用価値を有すると認められる1又は2以上の標準地との位置，地積，環境等の土地の客観的価値に作用する諸要因についての比較を行い，その結果に基づき，当該標準地の公示価格と当該対象土地の価格との間に均衡を保たせることをいう（地価公示法11条）。よって，本肢は正しく，本問の正解肢となる。

❹ **誤** 「いずれか」を勘案して行うのではない。

　不動産鑑定士は，土地鑑定委員会の求めに応じて標準地の鑑定評価を行うにあたっては，近傍類地の取引価格から算定される推定の価格，近傍類地の地代等から算定される推定の価格「及び」同等の効用を有する土地の造成に要する推定の費用の額を勘案してこれを行わなければならない（地価公示法4条）。「いずれか」を勘案して行うのではない。よって，本肢は誤り。

問 26	宅建業の意味	解答 ❷	合格者正解率 96.3%	不合格者正解率 80.8%	受験者正解率 89.9%

❶ **誤** Aは宅地の売主なので免許必要。

　宅地の所有者が，宅建業者の代理により宅地を不特定多数の者に継続して販売する場合，その効果は所有者に帰属する（民法99条1項）。すなわち，所有者自身は，自ら宅地を不特定多数の者に継続して販売することになるので，免許を受ける必要がある（業法2条2号，3条1項）。したがって，Aは，免許を受ける必要がある。よって，本肢は誤り。

❷ **正** 自己の所有地にマンションを建築し，自ら賃貸することや，マンションの管理を行うことは，宅建業の「取引」に含まれず，宅建業にはあたらない。他方，Cは，Bからの代理の依頼を受けて建物を不特定多数の者に反復継続して賃貸することになるので，Cの行おうとする行為は宅建業にあたる。したがって，Cは免許を受ける必要があるが，B及びDは免許を受ける必要はない（業法2条2号，3条1項）。よって，本肢は正しく，本問の正解肢となる。

❸ **誤** Eは建物の売買の媒介をしているため，免許必要。

　宅地又は建物の売買の媒介を業として行うことは，宅建業にあたり，免許を受ける必要がある（業法2条2号，3条1項）。したがって，Eは，免許を受ける必要がある。よって，本肢は誤り。

❹ 誤 建物の敷地は「宅地」。あっせんは「媒介」。

　建物の敷地に供せられる土地は宅地であるから，その売買のあっせん（媒介等）を反復継続して行うことは，宅建業にあたる（業法2条1号，2号）。したがって，Fは，免許を受ける必要がある（業法3条1項）。よって，本肢は誤り。

問27	事務所の設置	解答❸	合格者正解率 91.8%	不合格者正解率 73.9%	受験者正解率 83.9%

❶ 誤 宅建業者が自ら貸主となる場合は，宅建業法の規制は及ばない。

　宅建業者が自ら貸主となる場合は，宅建業法の規制は及ばないので，帳簿記載義務は生じない（業法2条2号参照）。よって，本肢は誤り。

❷ 誤 帳簿は，各事務所ごとに備えなければならない。

　宅建業者は，その事務所ごとに，その業務に関する帳簿を備えなければならない（業法49条）。一括して主たる事務所に備え付ける必要はない。よって，本肢は誤り。

❸ 正 宅建業者は，国土交通省令の定めるところにより，その事務所ごとに，その業務に関する帳簿を備え，宅建業に関し取引のあったつど，その年月日，その取引に係る宅地又は建物の所在及び面積その他国土交通省令で定める事項を記載しなければならない（業法49条）。本肢の報酬の額は記載しなければならない事項である（規則18条1項7号）。そして，これを記載しなかった場合は，指示処分の対象となる（業法65条1項）。よって，本肢は正しく，本問の正解肢となる。

❹ 誤 従業者名簿には，一時的な事務の補助者も記載しなければならない。

　宅建業者は，国土交通省令で定めるところにより，その事務所ごとに，従業者名簿を備え，従業者の氏名等の所定の事項を記載しなければならない（業法48条3項）。そして，ここでいう「従業者」には，一時的に事務の補助をする者も含まれる（解釈・運用の考え方）。よって，本肢は誤り。

問28	営業保証金	解答❶	合格者正解率 85.1%	不合格者正解率 58.7%	受験者正解率 75.7%

❶ 正 主たる事務所の移転により最寄りの供託所が変更した場合に，金銭と有価証券で営業保証金を供託しているときは，保管替えの請求はできないため，移転先の事務所の最寄りの供託所に遅滞なく供託しなければならない（二重供託，業法29条1項）。Aは本店を移転し，営業保証金のうち500万円分は国債証券で供託しているため，二重供託しなければならない。よって，本肢は正しく，本問の正解肢となる。

❷ 誤 営業保証金の不足額を供託した旨の届出は2週間以内。

営業保証金の不足額を供託した場合，供託の日から2週間以内に免許権者に届け出なければならない（業法28条2項）。したがって，Aは不足額を供託した旨を甲県知事に届け出なければならないが，その時期は供託した日から30日以内ではなく2週間以内である。よって，本肢は誤り。

❸ 誤　還付請求は営業保証金の額が限度である。

宅建業者と宅建業に関して取引をした者（宅建業者を除く）は，取引により生じた債権につき，営業保証金の額を限度として，還付請求することができる（業法27条1項）。したがって，本肢では1,500万円を限度として還付請求をすることができる。よって，本肢は誤り。

❹ 誤　主たる事務所の変更に伴う営業保証金の取戻しは公告不要。

本店の移転により最寄りの供託所が変更した場合の営業保証金の取戻しの際には，二重供託となっているため，債権者に対する公告は不要である（業法30条2項本文かっこ書）。よって，本肢は誤り。

問29	クーリング・オフ	解答❶	合格者正解率 92.0%	不合格者正解率 67.2%	受験者正解率 79.0%

❶ 正　買主が宅建業者の案内所（土地に定着する建物内に設けられるもの）で売買契約の締結をした場合，買主は，クーリング・オフをすることができない（業法37条の2第1項，規則16条の5第1号ロ）。しかし，テント張りの案内所はこれに該当しない（解釈・運用の考え方）。したがって，Bは，契約の解除をすることができる。よって，本肢は正しく，本問の正解肢となる。

❷ 誤　契約締結日から起算するのではない。

買主は，クーリング・オフについて宅建業者から書面で告げられた日から起算して8日を経過したときは，クーリング・オフをすることができない（業法37条の2第1項1号，規則16条の6）。Cは，申込みをした際に書面で告げられているので，その日から8日経過するとクーリング・オフをすることができなくなる。契約締結日から起算するのではない。よって，本肢は誤り。

❸ 誤　手付金は全額返還しなければならない。

クーリング・オフがなされた場合，宅建業者は，買主に対し，速やかに，売買契約締結の際に受領した手付金その他の金銭を返還しなければならず，クーリング・オフに伴う損害賠償又は違約金の支払いを請求することはできない（業法37条の2第1項，3項）。したがって，Aは，契約の解除に伴う損害額と手付金を相殺することはできない。よって，本肢は誤り。

❹ 誤　引渡しを受けていないのでクーリング・オフ可。

買主が物件の引渡しを受け，かつ，代金の全部を支払ったときは，クーリング・

オフをすることができなくなる（業法37条の2第1項2号）。しかし，Eは，宅地の引渡しを受けていないので，クーリング・オフをすることができる。したがって，Aは，契約の解除を拒むことはできない。よって，本肢は誤り。

問 30	報酬額の制限	解答 ❹	合格者正解率	不合格者正解率	受験者正解率
			56.9%	38.5%	51.2%

❶ **正** 空家等の売買又は交換であって，通常の売買又は交換の代理と比較して現地調査等の費用を要するものについては，宅建業者が空家等の売買又は交換の代理に関して依頼者（空家等の売買又は交換を行う者である依頼者に限る。）から受けることのできる報酬の額は，通常の媒介の場合の報酬告示第2の計算方法により算出した金額と報酬告示第7の空家等の売買又は交換の媒介における特例の規定により算出した金額を合計した金額以内とする（報酬告示第8）。よって，308,000円（（200万円×5％×2＋8万円）×1.1）を上限として報酬を受領することができる。よって，本肢は正しい。

❷ **正** 宅建業者が宅地又は建物の貸借の媒介に関して依頼者の双方から受けることのできる報酬の額（消費税等を含む。）の合計額は，当該宅地又は建物の借賃（消費税等を含まない。）の1月分の1.1倍に相当する金額以内とする（報酬告示第4）。したがって，合計で110万円を上限として報酬を受領することができる。よって，本肢は正しい。

❸ **正** 建物状況調査を実施する者のあっせんは，媒介業務の一環であるため，宅建業者は，依頼者に対し建物状況調査を実施する者をあっせんした場合において，報酬とは別にあっせんに係る料金を受領することはできない（解釈・運用の考え方）。よって，本肢は正しい。

❹ **誤** 空家等の特例は，通常の場合に比較して現地調査等の費用を多く要するものに限る。

　空家等の売買又は交換の媒介における特例は，通常の売買又は交換の媒介と比較して現地調査等の費用を要するものが対象となる（報酬告示第7）。通常の売買又は交換の媒介と比較して現地調査等の費用を多く要しない場合，空家等の売買又は交換の媒介における特例は適用されない。本肢では代金200万円の宅地の売買の媒介であることから，200万円×5％＝10万円と消費税等1万円の合計である11万円が，AがDから報酬として受領できる金額となる（報酬告示第2）。よって，本肢は誤りであり，本問の正解肢となる。

	合格者正解率	不合格者正解率	受験者正解率
問31 重要事項の説明 解答④	45.9%	21.2%	37.0%

ア　正　建物の売買の媒介の場合，区分所有建物が目的であるときは，宅建業者は買主に対して，建物の敷地に関する権利につき説明する必要がある（業法35条1項6号，規則16条の2第1号）。よって，本肢は正しい。

イ　正　宅地の貸借の媒介の場合，宅建業者は借主に対して，一定の法令に基づく制限の概要を説明しなければならず，流通業務市街地の整備に関する法律第5条1項の規定による制限の概要も説明対象に含まれている（業法35条1項2号，施行令3条2項，3条1項11号）。よって，本肢は正しい。

ウ　正　建物の売買の媒介の場合，宅建業者は買主に対して，売買代金の額，支払時期及び方法については説明する必要がないが，代金以外に授受される金銭があるときは，当該金銭の額及び授受の目的については説明する必要がある（業法35条1項7号）。よって，本肢は正しい。

エ　正　建物の貸借の媒介の場合，建物が工事完了前であるときは，宅建業者は借主に対して，工事完了時における当該建物の形状，構造，主要構造部，内装及び外装の構造又は仕上げならびに設備の設置及び構造につき説明しなければならない（業法35条1項5号，規則16条）。そして，この説明の際には当該建物の敷地内における位置，各階の床面積及び間取りを示す平面図を交付して説明することとされている（解釈・運用の考え方）。よって，本肢は正しい。

　以上より，正しいものはア，イ，ウ，エの四つすべてであり，④が本問の正解肢となる。

	合格者正解率	不合格者正解率	受験者正解率
問32 業務上の規制総合 解答④	44.5%	30.2%	39.5%

❶　違反する　申込みの撤回の際，預り金の返還を拒んではならない。
　宅建業者は，相手方が申込みの撤回を行う際に，既に受領した預り金を返還することを拒んではならない（業法47条の2第3項，規則16条の12第2号）。重要事項の説明を終えているという理由で申込証拠金等の預り金を解約手数料に充当することは，預り金の返還を拒むことに該当する。よって，本肢は宅建業法の規定に違反する。

❷　違反する　重要事項の説明は契約が成立する前に行わなければならない。
　宅建業者は，契約が成立するまでの間に，重要事項を説明し，これを記載した書面を交付しなければならない（業法35条1項）。早急に資金を調達するという必要に迫られていても，重要事項を説明する前に契約を締結することは認められていない。よって，本肢は宅建業法の規定に違反する。

❸ 違反する 金銭の貸借のあっせんは重要事項の説明に係る書面の記載事項。

　代金等に関する金銭の貸借をあっせんすることとした場合，あっせんの内容と当該あっせんが不成立のときの措置を，重要事項として説明し，重要事項説明に係る書面に記載しなければならない（業法35条1項12号）。そして，契約成立後，37条書面において，当該あっせんが不成立の場合の措置を記載しなければならない（業法37条1項9号）。重要事項説明に係る書面にはあっせんの内容と不成立のときの措置を記載することが義務付けられているのに対し，37条書面では不成立のときの措置だけを記載すれば足りることとされている。よって，本肢は宅建業法の規定に違反する。

❹ 違反しない 　契約の目的物である宅地又は建物の将来の環境又は交通その他の利便について誤解させるべき断定的判断を提供することは禁止されている（業法47条の2第3項，規則16条の12第1号イ）。交通の整備の見通しについて「確定はしていないが，…報道がある」と報道内容を説明する程度では断定的判断を提供したとはいえない。よって，本肢は宅建業法の規定に違反せず，本問の正解肢となる。

問33	自ら売主制限総合	解答 ❸	合格者正解率 76.0%	不合格者正解率 44.5%	受験者正解率 66.4%

ア 誤 引渡しの日から2年以上とする特約は有効。

　宅建業者は，自ら売主となる宅地又は建物の売買契約において，その目的物の契約不適合担保責任に関し，民法に規定するものより買主に不利となる特約をしてはならないが，例外として，売主が契約不適合担保責任を負う期間について目的物の引渡しの日から2年以上となる特約をすることができる（業法40条1項）。したがって，契約不適合担保責任を負う期間を物件の引渡しの日から3年間とする特約は有効である。よって，本肢は誤り。

イ 誤 払下げ申請中には，売買契約を締結できない。

　宅建業者は，自己の所有に属しない宅地又は建物について，当該宅地又は建物を取得する契約（予約を含み停止条件付のものを除く）を締結しているとき，その他宅建業者が当該宅地又は建物を取得できることが明らかな場合などを除き，自ら売主となる売買契約を締結してはならない（業法33条の2第1号）。したがって，甲市に払下げ申請中の旧道路敷も甲市所有であり，Aは，自ら売主となって売買契約をすることができない。よって，本肢は誤り。

ウ 誤 買主に不利な特約は無効であり，買主は手付解除できる。

　宅建業者が自ら売主となる宅地又は建物の売買契約の締結に際して手付を受領したときは，売主が契約の履行に着手するまでは買主は手付を放棄して契約の解除をすることができ，これに反する特約で買主に不利なものは無効となる（業法39条2項，3項，判例）。契約締結後30日までとする特約は，買主に不利な特約として無効となり，Bは，

Aが履行に着手するまで手付放棄による手付解除をすることができる。よって，本肢は誤り。

以上より，誤っているものはア，イ，ウの三つすべてであり，❸が本問の正解肢となる。

問34	監督・罰則	解答 ❹	合格者正解率	不合格者正解率	受験者正解率
			19.7%	7.9%	15.6%

❶ **誤** 弁明の機会ではなく，聴聞が必要。

国土交通大臣又は都道府県知事は，宅建業者に対し処分をしようとするときは，「聴聞」を行わなければならない（業法69条1項）。弁明の機会の付与ではない。よって，本肢は誤り。

❷ **誤** 指示処分の場合，公告は不要。

国土交通大臣又は都道府県知事は，宅建業者に対し業務停止処分又は免許取消処分をしたときは，その旨を公告しなければならない（業法70条1項）。しかし，指示処分の場合は公告の必要はない。よって，本肢は誤り。

❸ **誤** 乙県ではなく，丙県。

宅建業者が指示又は業務停止処分を受けたときは，宅建業者名簿に，当該処分の年月日及び内容が記載される（業法8条2項8号，規則5条1項）。免許権者は，免許を付与した宅建業者を宅建業者名簿に登載し，当該名簿を備えなければならない（業法8条1項）。B社は丙県知事免許を有する業者であるので，B社が登載された宅建業者名簿は，丙県に備えられている。乙県ではない。よって，本肢は誤り。

❹ **正** 国土交通大臣が，その免許を受けた宅建業者に対して，宅建業法37条に規定する書面の交付をしていなかったことを理由に，業務停止処分をしようとするときは，あらかじめ，内閣総理大臣に協議しなければならない（業法71条の2第1項，65条2項2号）。よって，本肢は正しく，本問の正解肢となる。

問35	重要事項の説明	解答 ❹	合格者正解率	不合格者正解率	受験者正解率
			95.3%	75.6%	88.1%

❶ **違反する** 維持修繕の実施状況の記録の内容も説明必要。

マンションの売買において，当該マンションの計画的な維持修繕のための費用の積立てを行う旨の規約の定めがあるときは，その内容及び既に積み立てられている額について説明しなければならない（業法35条1項6号，規則16条の2第6号）。また，マンションの売買において，維持修繕の実施状況が記録されているときは，その内容をも説明しなければならない（業法35条1項6号，規則16条の2第9号）。よって，本肢は違反する。

❷ 違反する 責任保険の概要についても説明必要。

　宅建業者が自ら売主となる新築住宅の売買において，当該建物の契約不適合を担保すべき責任の履行に関する保証保険契約又は責任保険契約の締結の措置を講ずるかどうか，及びその措置を講ずる場合におけるその措置の概要を説明しなければならない（業法35条1項13号，規則16条の4の2第1号）。よって，本肢は違反する。

❸ 違反する 制限の概要について説明必要。

　宅地の売買において，当該宅地が急傾斜地の崩壊による災害の防止に関する法律に基づく急傾斜地危険区域内にあるときは，立木竹の伐採等には都道府県知事の許可を受けなければならないこと等の急傾斜地危険区域内における制限の概要についても説明しなければならない（業法35条1項2号，施行令3条1項23号，急傾斜地の崩壊による災害の防止に関する法律7条1項）。よって，本肢は違反する。

❹ 違反しない　建物の売買において，当該宅地又は建物の上に存する登記された権利の種類及び内容について説明しなければならない（業法35条1項1号）。しかし，移転登記の申請の時期については，説明事項とされていない。移転登記の申請時期は，37条書面の必要的記載事項である（業法37条1項5号）。よって，本肢は違反せず，本問の正解肢となる。

問 36	保証金総合	解答 ❷	合格者正解率	不合格者正解率	受験者正解率
			79.0%	**57.1%**	**69.3%**

ア　誤 設置した従たる事務所ではなく，主たる事務所のもよりの供託所。

　宅建業者は，事業の開始後に従たる事務所を設置したとき，当該事務所1つにつき500万円の営業保証金を主たる事務所のもよりの供託所に供託しなければならない（業法26条1項2項，25条1項）。設置した従たる事務所のもよりの供託所ではない。よって，本肢は誤り。

イ　誤 宅建業者は，営業保証金又は弁済業務保証金から弁済を受けることができない。

　宅建業者は，他の宅建業者との取引により損害を受けた場合であっても，営業保証金又は弁済業務保証金から還付を受けることができない（業法27条1項，64条の8第1項）。したがって，宅建業者であるBから損害を受けた宅建業者Aは，弁済業務保証金から還付を受けることができない。よって，本肢は誤り。

ウ　正　宅建業者が保証協会の社員の地位を失ったときは，その日から1週間以内に営業保証金を供託しなければならない（業法64条の15）。よって，本肢は正しい。

エ　正　弁済業務保証金の還付があった場合に，保証協会から還付充当金を納付すべき旨の通知を受けた社員は，その通知を受けた日から2週間以内に，還付充当金を保証協会に納付しなければならない（業法64条の10第2項）。よって，本肢は正しい。

以上より，正しいものはウ，エの二つであり，❷が本問の正解肢となる。

<table>
<tr><td rowspan="2">問
37</td><td rowspan="2">免許の申請</td><td rowspan="2">解答 ❹</td><td>合格者正解率</td><td>不合格者正解率</td><td>受験者正解率</td></tr>
<tr><td>50.4%</td><td>18.7%</td><td>39.6%</td></tr>
</table>

❶ **正** 宅建業法 66 条 1 項 8 号又は 9 号に該当するとして免許の取消処分の聴聞の期日及び場所が公示された日から，当該処分をする日又は当該処分をしないことを決定する日までの間に，合併により消滅した法人（合併につき相当の理由がある法人を除く。）の聴聞の期日及び場所の公示日前 60 日以内に役員であった者で，その消滅の日から 5 年を経過しない者は，免許を受けることができない（業法 5 条 1 項 4 号）。よって，本肢は正しい。

❷ **正** 法人の役員又は政令で定める使用人に免許欠格事由に該当する者がいる場合，その法人は免許を受けることができない（業法 5 条 1 項 12 号）。そして，禁錮以上の刑に処せられ，その刑の執行を終わり，又は執行を受けることがなくなった日から 5 年を経過しない者（刑の全部の執行猶予が付されていて，執行猶予期間を満了している場合を除く）は免許欠格事由に該当する（業法 5 条 1 項 5 号）。よって，本肢は正しい。

❸ **正** 宅建業に係る営業に関し成年者と同一の行為能力を有しない未成年者で，その法定代理人が免許欠格事由に該当するときは，免許を受けることはできない（業法 5 条 1 項 11 号）。そして，背任罪により罰金の刑に処せられ，その刑の執行を終わり，又は執行を受けることがなくなった日から 5 年を経過しない者は，免許欠格事由に該当する（業法 5 条 1 項 6 号）。よって，本肢は正しい。

❹ **誤** 役員が暴力団員であることを理由に取り消された場合は 5 年経過する必要がない。

宅建業を営んでいた者が，①不正手段による免許取得，②業務停止処分対象行為で情状が特に重い，③業務停止処分違反のいずれかを理由として免許を取り消され，取消しの日から 5 年を経過しない者は，免許を受けることができない（業法 5 条 1 項 2 号）。しかし，暴力団員又は暴力団員でなくなった日から 5 年を経過しない者が役員であることを理由に免許を取り消された場合は，上記事由に該当しない。よって，本肢は誤りであり，本問の正解肢となる。

<table>
<tr><td rowspan="2">問
38</td><td rowspan="2">37 条書面</td><td rowspan="2">解答 ❸</td><td>合格者正解率</td><td>不合格者正解率</td><td>受験者正解率</td></tr>
<tr><td>83.2%</td><td>62.1%</td><td>76.8%</td></tr>
</table>

ア 正 37 条書面に，当該宅地もしくは建物の契約不適合を担保すべき責任又は当該責任の履行に関して講ずべき保証保険契約の締結その他の措置についての定めがあるときは，その内容を記載しなければならない（業法 37 条 1 項 11 号）。よって，本肢は正

しい。

イ 誤 37条書面は説明する必要がない。

　宅建業者は，交付すべき書面を作成したときは，宅地建物取引士をして，当該書面に記名押印させなければならない（業法37条3項）。しかし，その内容の説明までする必要はない。よって，本肢は誤り。

ウ 正　宅建業者は，自ら売主として契約を締結したときは，その契約の相手方に37条書面を交付しなければならない（業法37条1項）。これは相手方が宅建業者であっても省略できない（業法78条2項参照）。また，売買において「引渡し時期」は，必ず記載しなければならない事項である（業法37条1項4号）。よって，本肢は正しい。

エ 正　建物の売買の媒介において，当該建物に係る租税その他の公課の負担に関する定めがあるときは，その内容を37条書面に記載しなければならない（業法37条1項12号）。よって，本肢は正しい。

　以上より，正しいものはア，ウ，エの三つであり，❸が本問の正解肢となる。

問39	35条・37条書面	解答❶	合格者正解率 76.5%	不合格者正解率 55.7%	受験者正解率 66.4%

❶ 誤 登記された権利について，37条書面には記載不要。

　登記された権利に関する事項は，35条書面の記載事項であるが，37条書面の記載事項ではない（業法35条1項1号，37条1項参照）。したがって，37条書面に当該登記について記載する必要はない。よって，本肢は誤りであり，本問の正解肢となる。

❷ 正　宅建業者は37条書面を作成したときは，宅地建物取引士をして当該書面に記名押印させなければならない（業法37条3項）。宅地建物取引士にさせなければならないのは，記名押印であって，作成については宅地建物取引士ではない従業者が行ってもよい。よって，本肢は正しい。

❸ 正　天災その他不可抗力による損害の負担（危険負担）に関する定めがあるときは，売買，交換，貸借のいずれの場合も，その内容を37条書面に記載しなければならない（業法37条2項1号，1項10号）。よって，本肢は正しい。

❹ 正　35条書面及び37条書面のいずれも，宅地建物取引士が記名押印しなければならないが，同一の宅地建物取引士が行うことは要求されていない（業法35条5項，37条3項）。したがって，必ずしも同じ宅地建物取引士である必要はない。よって，本肢は正しい。

ア 誤 責任の範囲を限定するのは買主に不利な特約だから無効。

宅建業者は，自ら売主となる売買契約において，その目的物の契約不適合担保責任に関し，民法に規定する期間についてその目的物の引渡しの日から2年以上となる特約をする場合を除き，民法の規定より買主に不利となる特約をしてはならない（業法40条）。本肢においては，責任の範囲を「雨漏り，シロアリの害，建物の構造耐力上主要な部分」と限定しており，買主に不利な特約であるから無効となる（業法40条2項）。よって，本肢は誤り。

イ 正 宅建業者が自ら売主となる場合において，当事者の債務不履行を理由とする損害賠償の額を予定し，又は違約金を定めるときは，これらを合算した額が代金の額の20％を超えることとなる定めをしてはならない（業法38条）。本肢では，代金3,500万円に対し，損害賠償の予定額と違約金の合計額は700万円であるから20％を超えていない。よって，本肢は正しい。

ウ 誤 中間金を放棄させるのは買主に不利な特約で無効。

宅建業者が自ら売主となる場合，受領する手付金は相手方が契約の履行に着手するまでは，買主はその手付を放棄して，宅建業者はその倍額を現実に提供して契約の解除をすることができ，それに反する特約で，買主に不利なものは無効となる（業法39条）。本肢で買主は手付金の他，中間金を放棄することまで契約解除の条件と定めているため，買主に不利な特約であり，無効となる。よって，本肢は誤り。

以上より，誤っているものはアとウの二つであり，❷が本問の正解肢となる。

❶ 誤 宅地建物取引士の破産は本人が届け出る。

宅地建物取引士が破産手続開始の決定を受けて復権を得ない者に該当することとなったときは，破産手続開始の決定を受けた日から30日以内に，本人が，登録をしている都道府県知事にその旨を届け出なければならない（業法21条2号，18条1項2号）。本人が届出をするのであって，破産管財人ではない。よって，本肢は誤り。

❷ 正 宅地建物取引士は，事務の禁止処分を受けた場合，その禁止の期間が満了するまでは登録の移転の申請をすることはできない。しかし，禁止期間が満了すれば，申請することができる。そして，登録の移転の申請は，登録をしている都道府県知事を経由して，業務に従事し又は従事しようとする事務所の所在地を管轄する都道府県知事に

対して行う（業法19条の2）。よって，本肢は正しく，本問の正解肢となる。

❸ **誤** 業法違反で罰金を納付しているので，5年間登録不可。

　宅地建物取引士は，禁錮以上の刑に処せられ，あるいは宅建業法違反等により罰金の刑に処せられた場合，登録が消除される（業法68条の2第1項1号，18条1項6号，18条1項7号）。本肢の場合，刑の全部の執行猶予が付されているのは懲役についてのみであり，罰金については付されていない。したがって，執行猶予期間が満了しても，Aは，その翌日から登録を受けることはできない。よって，本肢は誤り。

❹ **誤** 営業保証金未供託による免許取消しであれば消除不可。

　宅建業者である法人が，不正の手段により免許を受けたなど業法66条1項8号又は9号に該当することにより免許を取り消された場合，その法人の役員のうち，当該取消しに係る聴聞の期日及び場所の公示の日前60日以内に役員であった者は，登録が消除される（業法68条の2第1項1号，18条1項3号）。しかし，営業保証金を供託せず免許が取り消された場合は，業法66条1項8号又は9号に該当しない。よって，本肢は誤り。

問42	媒介・代理契約	解答❶	合格者正解率	不合格者正解率	受験者正解率
			21.2%	17.1%	19.4%

ア　正　専任媒介契約を締結した宅建業者は，依頼者に対し，当該専任媒介契約に係る業務の処理状況を2週間に1回以上報告しなければならない（業法34条の2第9項）。そして，当該媒介契約の目的物である宅地又は建物の売買又は交換の申込みがあったときは，遅滞なく，その旨を依頼者に報告しなければならない（業法34条の2第8項）。よって，本肢は正しい。

イ　誤　相手方が宅建業者でも自動更新とすることができない。

　専任媒介契約の有効期間は，3月を超えることができず（業法34条の2第3項），更新には依頼者からの申出が必要であって，自動更新は認められない（業法34条の2第4項）。そして，専任媒介契約の有効期間及び更新に関する規定は，宅建業者間相互の取引においても適用される（業法78条2項参照）。よって，本肢は誤り。

ウ　誤　登録を証する書面を提示ではなく，引き渡さなければならない。

　宅建業者は，専任媒介契約の締結の日から7日以内（休業日数は算入しない。）に指定流通機構に登録をしなければならない（業法34条の2第5項，規則15条の10）。指定流通機構に登録をした宅建業者は，業法50条の6に規定する登録を証する書面を遅滞なく依頼者に引き渡さなければならない（業法34条の2第6項）。提示するだけでは不十分である。よって，本肢は誤り。

エ　誤　指定流通機構への登録料を報酬とは別に請求することができない。

　宅建業者は，依頼者の依頼によって広告を行う場合に，広告の料金を依頼者に対し請

求できるのであって，原則として報酬とは別に必要経費の支払を請求することはできない（業法46条，報酬告示第9（1）項）。したがって，依頼者の依頼によって行う広告に係る費用を請求することはできても，指定流通機構への情報登録の費用まで請求することはできない。よって，本肢は誤り。

以上より，正しいものは，アのみであり，**❶**が本問の正解肢となる。

<table>
<tr><td rowspan="2">問
43</td><td rowspan="2">宅建業法の総合問題</td><td rowspan="2">解答 ❶</td><td>合格者正解率</td><td>不合格者正解率</td><td>受験者正解率</td></tr>
<tr><td>14.5%</td><td>13.2%</td><td>14.0%</td></tr>
</table>

❶ 正 宅建業者は，他の宅建業者が行う一団の宅地建物の分譲の代理又は媒介を案内所を設置して行う場合，当該案内所に，一定事項を記載した国土交通省令で定める標識を掲げなければならない（業法50条1項，規則19条1項4号，2項6号）。そして，宅地建物取引士の設置義務のない案内所に関する当該標識にはクーリング・オフ制度の適用がある旨を表示しなければならないとしている。よって，本肢は正しく，本問の正解肢となる。

❷ 誤 相手方が明確に買う意思がない旨を表明した場合，再度勧誘してはならない。
　宅建業者の相手方等が当該契約を締結しない旨の意思（当該勧誘を引き続き受けることを希望しない旨の意思を含む。）を表示したにもかかわらず，当該勧誘を継続することは禁止されている（業法47条の2第3項，規則16条の12第1号ニ）。よって，本肢は誤り。

❸ 誤 報酬の支払いを拒むことは，不当な履行遅延に該当しない。
　宅地建物取引業者は，その業務に関してなすべき宅地もしくは建物の登記もしくは引渡し又は取引に係る対価の支払いを不当に遅延する行為をしてはならない（業法44条）。しかし，報酬を支払うことを拒んでも，業法44条（不当な履行遅延）に該当しない。よって，本肢は誤り。

❹ 誤 最終の記載から10年間保存しなければならず，退職者も対象である。
　宅建業者は，その事務所ごとに，従業者名簿を備えなければならず，その従業者名簿には，当該事務所の従業者でなくなったときは，その年月日を記載する（業法48条3項，規則17条の2第1項5号）。このように，退職した従業者に関する事項も従業者名簿への記載事項である。よって，本肢は誤り。

第6回　解答・解説

問 44	宅地建物取引士総合	解答 ❶	合格者正解率	不合格者正解率	受験者正解率
			48.8%	36.7%	44.4%

ア　誤　移転後新たに5年ではない。

　宅地建物取引士証の有効期間は5年であるが（業法22条の2第3項），登録の移転とともに，宅地建物取引士証の交付を受けたときは，その移転後の新たな宅地建物取引士証の有効期間は，移転前の宅地建物取引士証の有効期間の残りの期間である（業法22条の2第4項，5項）。よって，本肢は誤り。

イ　誤　代表取締役も提示義務がある。

　宅地建物取引士は，取引の関係者から請求があったときは，宅地建物取引士証を提示しなければならない（業法22条の4）。したがって，前半部分は正しい。次に，宅建業者は，従業者に，その従業者であることを証する証明書を携帯させなければ，その者をその業務に従事させてはならない（業法48条1項）が，この従業者には代表者も含む（解釈・運用の考え方）。そして，従業者は，取引の関係者から請求があったときは，従業者証明書を提示しなければならない（業法48条2項）。したがって，宅建業者の代表取締役である宅地建物取引士であっても，従業者証明書を携帯しなければならず，取引の関係者からの請求があれば提示しなければならない。よって，本肢は誤り。

ウ　誤　3カ月以内ではなく30日以内。

　登録を受けている者が，心身の故障により宅地建物取引士の事務を適正に行うことができない者として国土交通省令で定めるものとなった場合，本人又はその法定代理人もしくは同居の親族は，30日以内に，登録をしている都道府県知事に届け出なければならない（業法21条3号）。3カ月以内ではない。よって，本肢は誤り。

エ　正　国土交通大臣又は都道府県知事は，宅建業者名簿を一般の閲覧に供しなければならない（業法10条）。しかし，宅地建物取引士資格登録簿については，そのような規定はなく，一般の閲覧には供されない。よって，本肢は正しい。

　以上より，正しいものはエの一つであり，❶が本問の正解肢となる。

問 45	瑕疵担保履行法	解答 ❷	合格者正解率	不合格者正解率	受験者正解率
			85.7%	58.7%	73.7%

❶　誤　引き渡すまでではなく，契約締結までに説明しなければならない。

　宅建業者は，自ら売主となって新築住宅の売買契約を締結する場合，買主に対し，当該新築住宅の売買契約を締結するまでに，その住宅販売瑕疵担保保証金の供託をしている供託所の所在地等について記載した書面を交付して説明しなければならない（住宅瑕疵担保履行法15条，規則21条）。住宅を引き渡すまでに説明するのではない。よって，

本肢は誤り。

❷ 正 新築住宅の合計戸数の算定に当たっては，新築住宅のうち，その床面積の合計が 55㎡ 以下のものは，その 2 戸をもって 1 戸とする（住宅瑕疵担保履行法 11 条 3 項，施行令 5 条）。よって，本肢は正しく，本問の正解肢となる。

❸ 誤 基準日から 1 月ではなく，基準日の翌日から 50 日経過後。

新築住宅を引き渡した宅建業者は，基準日ごとに，当該基準日に係る住宅瑕疵担保保証金の供託をし，かつ，住宅瑕疵担保保証金の供託の状況について届出をしなければ，当該基準日の翌日から起算して 50 日を経過した日以後においては，新たに自ら売主となる新築住宅の売買契約を締結してはならない（住宅瑕疵担保履行法 13 条本文）。基準日から 1 月を経過した日以後ではない。よって，本肢は誤り。

❹ 誤 支払いを受けることができるのは，構造耐力上主要な部分等の瑕疵である。

新築住宅の売主である宅建業者が，住宅販売瑕疵担保責任保険から保険金の支払いを受けることができるのは，新築住宅の構造耐力上主要な部分又は雨水の浸入を防止する部分の瑕疵による契約不適合責任を履行したときである（住宅瑕疵担保履行法 2 条 7 項 2 号イ，品確法 95 条 1 項）。ここにいう構造耐力上主要な部分とは，具体的には，住宅の基礎，基礎ぐい，壁，柱等をいい，雨水の浸入を防止する部分とは屋根，外壁，外壁内部の排水管等をいう（品確法施行令 5 条）。給水設備やガス設備は含まれない。よって，本肢は誤り。

問 46	住宅金融支援機構法	解答 ❶	合格者正解率	不合格者正解率	受験者正解率
			93.9%	**66.7%**	**81.8%**

❶ 誤 住宅の建設・購入に付随するものであれば譲受けの対象となる。

機構は，住宅の建設又は購入に必要な資金の貸付けに係る金融機関の貸付債権について，譲受けの対象としている（機構法 13 条 1 項 1 号）。また，機構は，住宅の建設又は購入に付随する土地又は借地権の取得に必要な資金の貸付けに係る金融機関の貸付債権について，譲受けの対象としている（機構法 13 条 1 項 1 号，施行令 5 条 1 項）。よって，本肢は誤りであり，本問の正解肢となる。

❷ 正 機構は，住宅融資保険法による保険を引き受けている（機構法 13 条 1 項 3 号）。よって，本肢は正しい。

❸ 正 機構は，民間金融機関が貸し付けた住宅ローン債権を買い取ることによって民間金融機関が抱える長期の貸出しリスクを低減させるという役割を担っている。機構が買い取った住宅ローン債権は，最終的には MBS（資産担保証券）に証券化され債券市場で流通することになる。債券市場で投資家が MBS を購入することにより，機構は，住宅ローン債権の買取資金を調達している。よって，本肢は正しい。

❹ 正 機構は，高齢者の家庭に適した良好な居住性能及び居住環境を有する住宅と

することを主たる目的とする住宅の改良（高齢者が自ら居住する住宅について行うものに限る。）に必要な資金の貸付けを業務として行っている（機構法13条1項9号）。よって，本肢は正しい。

問47	景品表示法	解答 ❹	合格者正解率	不合格者正解率	受験者正解率
			67.4%	54.4%	61.5%

❶ 誤 情報が間違っていれば不当表示となる。

他の宅建業者から入手した情報をそのまま掲載した場合であっても，広告において間違った情報を表示すれば不当表示となる（景品表示法5条以下，表示規約4章以下）。また，規制の対象となる広告媒体はインターネットやパソコン通信等によるものも含まれる（表示規約4条5項5号）。よって，本肢は誤り。

❷ 誤 外観等は同一でなければならない。

宅地又は建物の写真は，取引するものの写真を用いて表示しなければならない。ただし，取引しようとする建物が建築工事の完了前である等その建物の写真を用いることができない事情がある場合においては，取引しようとする建物と規模，形質及び外観が同一の他の建物の外観写真を，他の建物のものである旨を写真に接する位置に明示することによって用いることができる（表示規約施行規則10条22号）。規模，形質及び外観が同一でなければならない。よって，本肢は誤り。

❸ 誤 「6分」と表示しなければならない。

徒歩による所要時間は，道路距離80メートルにつき1分間を要するものとして算出した数値を表示しなければならず，1分未満の端数が生じたときは，1分として算出しなければならない（表示規約施行規則10条10号）。端数は1分として切り上げることから，本肢の場合「6分」と表示しなければならず，四捨五入してはならない。よって，本肢は誤り。

❹ 正 新築分譲マンションにおいては，パンフレット等の媒体を除き，専有面積は最小面積及び最大面積のみで表示することができる（表示規約施行規則別表第6の17）。したがって，パンフレットで全戸数の専有面積を表示した上で，インターネット広告では最小面積及び最大面積のみで表示しても不当表示にはならない。よって，本肢は正しく，本問の正解肢となる。

問48	土地	解答 ❹	合格者正解率	不合格者正解率	受験者正解率
			94.0%	73.2%	84.6%

❶ 適当 扇状地とは，山地から河川により運ばれてきた砂礫等が谷の出口等に扇状

に堆積し，広がった微高地である。よって，本肢は適当である。

❷ 適当 三角州は，河川の搬出する砂泥が河口付近に堆積し，形成された低平な扇状の地形であり，全体的に標高は非常に低く，地盤は軟弱である。よって，本肢は適当である。

❸ 適当 台地は，一般的に水はけがよく，地盤が安定しているので，低地に比べ，地震，水害等の自然災害に対して安全性が高い。よって，本肢は適当である。

❹ 不適当 埋立地より干拓地のほうが水害に対して危険である。

埋立地は，一般に海面に対して数メートルの比高を持ち，一般に海面以下の場合が多い干拓地より災害に対して安全である。よって，本肢は最も不適当であり，本問の正解肢となる。

問49	建物	解答 ❶	合格者正解率	不合格者正解率	受験者正解率
			81.8%	68.4%	76.8%

❶ 不適当 鉄骨造は，自重が軽く，靭性が大きい。

鉄骨造は，自重が軽く，靭性が大きいことから，大空間の建築や高層建築に多く使用される構造である。よって，本肢は不適当であり，本問の正解肢となる。なお，自重とは，建築物自体の重量のことであり，鉛直方向に働く荷重を意味し，靭性とは，材料の粘り強さのことである。

❷ 適当 鉄筋コンクリート造においては，骨組の形式はラーメン構造が一般的に用いられる。よって，本肢は適当である。なお，ラーメン構造とは，柱と梁を剛に接合することによって一体化した構造のことをいう。ラーメンとはドイツ語で「枠」のことである。

❸ 適当 鉄骨鉄筋コンクリート造は，柱や梁などを鉄骨で組み上げてあり，その周りに鉄筋を配置しコンクリートを流し込んでいる構造のことをいう。強度や靭性などの面で鉄筋コンクリート造よりも優れているとされており，10階建て以上の高層マンションや超高層マンションなどの建築に用いられる場合が多い。よって，本肢は適当である。

❹ 適当 組積造（ブロック造等）を耐震的な構造にするには，鉄筋コンクリートの布基礎及び臥梁により壁体の底部と頂部を固めることが必要である（建基法施行令56条参照）。よって，本肢は適当である。なお，布基礎とは，鉄筋コンクリートが連続して設けられた基礎のことであり，臥梁とは，ブロック造等の組積造において，各階の壁体頂部を連続的に固める鉄筋コンクリート製の梁のことをいう。

❶ **適当** 木材は，水分を吸収すると，変形し，腐りやすく，シロアリにも侵されやすくなる。木材が，乾燥状態のほうが，強度が高く，耐久性があるため，木造建築物を造る際には，できるだけ乾燥している木材を使用することが望ましい。よって，本肢は適当である。

❷ **適当** 集成木材構造は，乾燥収縮が少ない集成木材で骨組を構成した構造で，体育館や展示場等の大規模な建築物にも使用されている。よって，本肢は適当である。

❸ **不適当** 鉄骨構造は，耐火材料による被覆をすることによって耐火構造とできる。
鉄骨構造は不燃構造ではあるが，火熱に遭うと耐力が著しく減少するので耐火構造とするためには，気泡コンクリート板等の耐火材料で被覆する必要がある。よって，本肢は最も不適当であり，本問の正解肢となる。

❹ **適当** 鉄筋コンクリート構造は，耐久性を大きくするためには，中性化の防止，鉄筋を直接的に錆びさせる要因となるコンクリートの亀裂防止等に注意をする必要がある。よって，本肢は適当である。

2021年版 出る順宅建士
過去30年良問厳選問題集

令和 **2** 年度
10月試験
解答・解説

付録①

 合格基準点 38点

◈**出題項目・正解一覧＆成績診断**
◈**解答・解説**

令和2年度 10月試験 付録①

出題項目・正解一覧&成績診断

科目	問	出題項目	正解	チェック	科目	問	出題項目	正解	チェック
権利関係	1	相隣関係	1	☐☐	宅建業法	26	宅建業法総合	3	☐☐
	2	保証・連帯債務	4	☐☐		27	広告等に関する規制	2	☐☐
	3	債務不履行・解除	2	☐☐		28	宅地建物取引士	3	☐☐
	4	賃貸借	3	☐☐		29	媒介・代理契約	3	☐☐
	5	委任	1	☐☐		30	報酬額の制限	4	☐☐
	6	意思表示	3	☐☐		31	重要事項の説明	1	☐☐
	7	保証・連帯債務	2	☐☐		32	自ら売主制限	1	☐☐
	8	相続	2	☐☐		33	37条書面	1	☐☐
	9	民法総合	3	☐☐		34	宅地建物取引士	4	☐☐
	10	時効	2	☐☐		35	営業保証金	3	☐☐
	11	借地借家法（借地）	4	☐☐		36	弁済業務保証金	4	☐☐
	12	借地借家法（借家）	3	☐☐		37	37条書面	1	☐☐
	13	建物区分所有法	4	☐☐		38	媒介・代理契約	4	☐☐
	14	不動産登記法	1	☐☐		39	事務所の設置	2	☐☐
法令上の制限	15	都市計画法総合	4	☐☐		40	クーリング・オフ	2	☐☐
	16	開発行為の規制等	2	☐☐		41	重要事項の説明	3	☐☐
	17	建築基準法総合	1	☐☐		42	自ら売主制限	1又は4	☐☐
	18	建築基準法総合	3	☐☐		43	免許	2	☐☐
	19	宅地造成等規制法	3	☐☐		44	重要事項の説明	4	☐☐
	20	土地区画整理法	2	☐☐		45	瑕疵担保履行法	2	☐☐
	21	農地法	1	☐☐	5問免除	46	住宅金融支援機構法	2	☐☐
	22	国土利用計画法	1	☐☐		47	不当景品類及び不当表示防止法	1	☐☐
税・価格	23	印紙税	3	☐☐		48	不動産の需給・統計	3	☐☐
	24	不動産取得税	4	☐☐		49	土地	4	☐☐
	25	不動産鑑定評価基準	4	☐☐		50	建物	3	☐☐

科目別の成績		総合成績	
科目（問題番号）	**正答／正答目標**	合計	
権利関係（問1～問14）	点／9点		
宅建業法（問26～問45）	点／18点	**点**	
法令上の制限（問15～問22）	点／6点		
税・価格（問23～問25）	点／2点	この回の合格基準点は **38** 点です。	
5問免除（問46～問50）	点／4点		

問1	相隣関係	解答 ❶	合格者正解率	不合格者正解率	受験者正解率
			68.8%	56.1%	63.5%

❶ **正** 分割によって公道に通じない土地が生じたときは，その土地の所有者は，公道に至るため，他の分割者の所有地のみを通行することができる（隣地通行権）。この場合においては，償金を支払うことを要しない（民法213条1項）。よって，本肢は正しく，本問の正解肢となる。

❷ **誤** 自動車による隣地通行権が認められる場合がある。

自動車による通行を前提とする公道に至るための他の土地の通行権の成否及びその具体的内容は，他の土地について自動車による通行を認める必要性，周辺の土地の状況，自動車による通行を前提とする通行権が認められることにより他の土地の所有者が被る不利益等の諸事情を総合考慮して判断すべきである（判例）。したがって，自動車による隣地通行権が認められる場合がある。よって，本肢は誤り。

❸ **誤** 乙土地の賃借権は甲土地の所有権とともには移転しない。

地役権は，要役地の所有権に従たるものとして，その所有権とともに移転する（民法281条1項，地役権の付従性）。しかし，賃貸借についてこのような規定はない。よって，本肢は誤り。

❹ **誤** 時効取得された土地を通行することができる。

袋地の所有者に認められる隣地通行権は，隣地が時効取得された場合であっても消滅しない。よって，本肢は誤り。

問2	保証・連帯債務	解答 ❹	合格者正解率	不合格者正解率	受験者正解率
			47.8%	37.3%	43.4%

❶ **誤** 保証契約は書面でしなければ効力を生じない。

保証契約は書面でしなければ，その効力を生じない（民法446条2項）。したがって，ケース①の保証契約は，口頭による合意ではその効力を生じない。よって，本肢は誤り。なお，ケース②の保証契約について，書面でしなければ効力を生じないとする記述は正しい。

❷ **誤** 法人が保証人となる根保証契約では，極度額を定める必要がない。

ケース②の保証契約は，個人根保証契約である。根保証契約においては，保証人が個人である場合には，極度額を定めなければ，その効力を生じない（民法465条の2第1項，2項）。しかし，保証人が法人である場合，極度額を定めなくても根保証契約はその効力を生じる。よって，本肢は誤り。なお，ケース①の保証契約において，極度額を定める必要はないとする記述は正しい。

❸ 誤 連帯保証人には催告の抗弁権がない。

連帯保証契約である場合には，保証人は催告の抗弁を主張することができない（民法454条, 452条）。したがって，ケース①において，Cは催告の抗弁を主張できない。よって，本肢は誤り。なお，ケース②において，Eは催告の抗弁を主張することができないとする記述は正しい。

❹ 正 事業のために負担した貸金等債務を主たる債務とする保証契約は，その契約の締結に先立ち，その締結の日前1カ月以内に作成された公正証書で保証人になろうとする者（保証人になろうとする者が法人である場合及び主たる債務者と共同して事業を行う個人又は主たる債務者が行う事業に現に従事している主たる債務者の配偶者を除く。）が保証債務を履行する意思を表示していなければ，その効力を生じない（民法465条の6第1項，3項，465条の9第3号）。したがって，ケース①の保証契約は効力を生じない。ケース②の保証契約は個人根保証契約であり，公正証書で保証債務を履行する意思を表示する必要はない（民法465条の2参照）。したがって，ケース②の保証契約は有効である。よって，本肢は正しく，本問の正解肢となる。

問3 債務不履行・解除	解答 ❷	合格者正解率 68.3%	不合格者正解率 40.4%	受験者正解率 56.7%

❶ 正 当事者が契約をなした主たる目的の達成に必須的でない附随的義務の履行を怠ったに過ぎないような場合には，特段の事情の存しない限り，相手方は当該契約を解除することができない（判決文）。したがって，本肢のように，買主が本件売買契約における附随的義務である税金相当額の償還義務の履行を怠ったにすぎず，特段の事情もない場合には,売主は当該売買契約の解除をすることができない。よって,本肢は正しい。

❷ 誤 相手方の責めに帰すべき事由がなくとも契約を解除することができる。

民法上，債務者の責めに帰すべき事由がないときは附随的義務の不履行となるとする規定はなく，債務者の責めに帰すべき事由の有無と附随的義務の不履行か否かとは関係がない。そして，契約の解除は債務者の責めに帰すべき事由の有無にかかわらずすることができる（民法541条, 542条参照）。したがって，本肢の場合，債務不履行について債務者の責めに帰すべき事由がなくとも，必ずしも付随的義務の不履行として契約の解除をすることができないわけではない。よって，本肢は誤りであり，本問の正解肢となる。

❸ 正 当事者の一方がその債務を履行しない場合において，相手方が相当の期間を定めてその履行の催告をし，その期間内に履行がないときは，相手方は，契約の解除をすることができる。ただし，その期間を経過した時における債務の不履行がその契約及び取引上の社会通念に照らして軽微であるときは,この限りでない（民法541条）。よって，本肢は正しい。

❹ **正** 債務者がその債務の全部の履行を拒絶する意思を明確に表示したときは，債権者は，催告をすることなく，直ちに契約の解除をすることができる（民法542条1項2号）。よって，本肢は正しい。

❶ **誤** 通常の使用及び収益によって生じた損耗については原状回復義務を負わない。

賃借人は，原則として，賃借物を受け取った後にこれに生じた損傷がある場合において，賃貸借が終了したときは，その損傷を原状に復する義務を負う（民法621条本文）。しかし，通常の使用及び収益によって生じた賃借物の損耗並びに賃借物の経年変化はこの対象となっていない（民法621条本文かっこ書き）。よって，本肢は誤り。

❷ **誤** 賃借人に帰責事由がない場合には，原状回復義務を負わない。

肢1で述べたように，賃借人は，原則として，賃借物を受け取った後にこれに生じた損傷がある場合において，賃貸借が終了したときは，その損傷を原状に復する義務を負うが，その損傷が賃借人の責めに帰することができない事由によるものであるときは，この義務を負わない（民法621条但書）。よって，本肢は誤り。

❸ **正** 賃貸人は，敷金を受け取っている場合において，賃貸借が終了し，かつ，賃貸物の返還を受けたとき，賃借人に対し，その受け取った敷金の額から賃貸借に基づいて生じた賃借人の賃貸人に対する金銭の給付を目的とする債務の額を控除した残額を返還しなければならない（民法622条の2第1項1号）。したがって，賃借人は，賃貸物の返還を受けるまでは，敷金の返還を拒むことができる。よって，本肢は正しく，本問の正解肢となる。

❹ **誤** 敷金を弁済に充てるよう請求することはできない。

賃貸人は，賃借人が賃貸借に基づいて生じた金銭の給付を目的とする債務を履行しないときは，敷金をその債務の弁済に充てることができる。この場合において，賃借人は，賃貸人に対し，敷金をその債務の弁済に充てることを請求することができない（民法622条の2第2項）。よって，本肢は誤り。

❶ **正** 債権者の責めに帰すべき事由によって債務を履行することができなくなったときは，債権者は，反対給付の履行を拒むことができない。この場合において，債務者は，自己の債務を免れたことによって利益を得たときは，これを債権者に償還しなけれ

令和2年度 10月試験 解答・解説

ばならない（民法536条2項）。本肢では，Aの責めに帰すべき事由によって委任が終了しているため，Bは報酬全額をAに対して請求することができ，自己の債務を免れたことによって得た利益をAに償還しなければならない。よって，本肢は正しく，本問の正解肢となる。

❷　誤　受任者は「善良な管理者の注意」義務を負う。

受任者は，委任の本旨に従い，善良な管理者の注意をもって，委任事務を処理する義務を負う（民法644条）。自己の財産に対するのと同一の注意ではない。よって，本肢は誤り。

❸　誤　既にした履行の割合に応じて報酬を請求できる。

委任者の責めに帰することができない事由によって委任事務の履行をすることができなくなったときは，受任者は，既にした履行の割合に応じて報酬を請求することができる（民法648条3項1号）。「委任者の責めに帰することができない事由」とは，当事者双方の責めに帰することができない事由，又は受任者の責めに帰すべき事由を意味する。本肢では，受任者Bの責めに帰すべき事由によって履行の途中で委任が終了しており，「委任者の責めに帰することができない事由」によって委任事務の履行ができなくなったときに該当するため，BはAに対して報酬を請求することができる。よって，本肢は誤り。

❹　誤　「急迫の事情があるときは」，必要な処分をしなければならない。

委任は委任者又は受任者の死亡によって終了する（民法653条1号）。そして，委任が終了した場合において，急迫の事情があるときは，受任者又はその相続人もしくは法定代理人は，委任者又はその相続人もしくは法定代理人が委任事務を処理することができるに至るまで，必要な処分をしなければならない（民法654条）。よって，本肢は誤り。

問 6	意思表示	解答 ❸	合格者正解率 **83.1%**	不合格者正解率 **59.4%**	受験者正解率 **73.2%**

❶　できない　表意者に重大な過失があれば錯誤による取消しはできない。

錯誤が表意者の重大な過失によるものであった場合には，原則として，錯誤による取消しができない（民法95条3項柱書）。ただし，相手方が表意者に錯誤があることを知り又は重大な過失によって知らなかった場合は，錯誤による取消しができる（民法95条3項1号，1項）。本肢の場合，Aの錯誤は重大な過失によるものであり，BはAの「10万円で売却する」との意思表示を過失なく信じている。よって，本肢は錯誤による取消しができない。

❷　できない　基礎とした事情が，相手方に表示されていたときには，錯誤による取消しができる。

意思表示の動機に錯誤がある場合，表意者が法律行為の基礎とした事情を相手方に表

示した場合には、その意思表示を取り消すことができる（民法95条2項）。本肢の場合、Aは、法律行為の基礎とした事情をBに表示していない。よって、本肢は錯誤による取消しができない。

❸ できる 相手方が表意者と同一の錯誤に陥っていた場合は、錯誤による取消しができる（民法95条3項2号、1項）。本肢の場合、BがAと同一の錯誤に陥っている。よって、本肢は錯誤による取消しができ、本問の正解肢となる。

❹ できない 表意者に重大な過失があれば錯誤による取消しができない。

肢1で述べたように、表意者に重大な過失がある場合でも、相手方が表意者に錯誤があることを知り又は重大な過失によって知らなかったときは、錯誤による取消しができる（民法95条3項1号）。本肢の場合、Aの錯誤は重大な過失によるものであり、BはAの「8,000ドルで売却する」との意思表示を過失なく知らなかった。よって、本肢は錯誤による取消しができない。

問7	保証・連帯債務	解答 ❷	合格者正解率 66.7%	不合格者正解率 53.6%	受験者正解率 61.3%

❶ 正 特定物の売買における売主の保証人は、特に反対の意思表示のない限り、売主の債務不履行により契約が解除された場合における原状回復義務である既払代金の返還義務についても保証責任がある（判例）。よって、本肢は正しい。

❷ 誤 保証人の負担は加重されない。

主たる債務の目的又は態様が保証契約の締結後に加重されたときであっても、保証人の負担は加重されない（民法448条2項）。また、主たる債務者が主たる債務について時効の利益を放棄しても、その効果は保証人には及ばない（判例）。よって、本肢は誤りであり、本問の正解肢となる。

❸ 正 保証人が主たる債務者の委託を受けて保証をした場合において、主たる債務の弁済期前に債務の消滅行為をしたときは、その保証人は、主たる債務者に対し、主たる債務者がその当時利益を受けた限度において求償権を有する。この場合において、主たる債務者が債務の消滅行為の日以前に相殺の原因を有していたことを主張するときは、保証人は、債権者に対し、その相殺によって消滅すべきであった債務の履行を請求することができる（民法459条の2第1項）。よって、本肢は正しい。

❹ 正 保証人が主たる債務者の委託を受けて保証をした場合において、主たる債務者にあらかじめ通知しないで債務の消滅行為をしたときは、主たる債務者は、債権者に対抗することができた事由をもってその保証人に対抗することができる（民法463条1項）。したがって、本肢の場合、委託を受けた保証人はあらかじめ主たる債務者に通知をしなければ、同人に対する求償が制限されることがある。よって、本肢は正しい。

問8	相続	解答 ❷	合格者正解率	不合格者正解率	受験者正解率
			63.7%	50.2%	58.1%

❶ **正** 相続回復の請求権は，相続人又はその法定代理人が相続権を侵害された事実を知った時から5年間行使しないときは，時効によって消滅する（民法884条）。よって，本肢は正しい。

❷ **誤** 代襲者が死亡していた場合，代襲者の子が相続人になることがある。

　代襲相続の規定は，代襲者が相続開始以前に死亡した場合に，その代襲者の子は，被相続人の直系卑属であるときには，再代襲相続人となる（民法887条2項，3項）。要するに，被相続人のひ孫が代襲相続するということである。よって，本肢は誤りであり，本問の正解肢となる。

❸ **正** 被相続人の兄弟姉妹が相続人となるのは，被相続人に子及びその代襲相続人と直系尊属がいない場合である（民法889条1項，887条2項，3項）。よって，本肢は正しい。

❹ **正** 兄弟姉妹については，肢2で述べた再代襲は認められない（民法889条2項参照）。よって，本肢は正しい。

問9	民法総合	解答 ❸	合格者正解率	不合格者正解率	受験者正解率
			65.3%	35.5%	52.9%

❶ **誤** 相手方が「履行に着手した」後は，手付解除できない。

　買主が売主に手付を交付したときは，買主はその手付を放棄し，売主はその倍額を現実に提供して，契約の解除をすることができる。ただし，その相手方が契約の履行に着手した後は，この限りでない（民法557条1項）。そして，「履行に着手した」とは，客観的に外部から認識しうるような形で履行行為の一部をなし，又は履行の提供をするために欠くことのできない前提行為をした場合をいう。本肢では，Bが履行期の到来後に代金支払の準備をしてAに履行の催告をしているため，「履行に着手した」といえる。したがって，Aは手付の倍額を現実に提供して契約を解除することができない。よって，本肢は誤り。

❷ **誤** 不動産の引渡し又は登記がされれば，「履行の終わった」といえる。

　書面によらない贈与は，各当事者が解除をすることができる。ただし，履行の終わった部分については，この限りでない（民法550条）。そして，書面によらない不動産の贈与においては，不動産の引渡し又は所有権の移転の登記があれば，「履行の終わった」といえる（判例）。よって，本肢は誤り。

❸ **正** 負担付贈与については，贈与者は，その負担の限度において，売主と同じく

担保の責任を負う（民法 551 条 2 項）。よって，本肢は正しく，本問の正解肢となる。

❹ **誤** 負担付贈与の場合，贈与者に解除権が発生することがある。

　負担付贈与については，その性質に反しない限り，双務契約に関する規定が準用される（民法 553 条）。したがって，②の契約については，受贈者Bが負担を履行しないとき，贈与者Aは契約を解除することができる（民法 541 条以下）。よって，本肢は誤り。なお，①の契約については，Bの債務不履行を理由としてAに解除権が発生する場合があるという記述は正しい（民法 541 条以下）。

問10	時効	解答❷	合格者正解率 78.2%	不合格者正解率 58.7%	受験者正解率 70.1%

❶ **正** 時効期間中に占有の承継があった場合，占有者の承継人は，その選択に従い自己の占有のみを主張し，又は前の占有者の占有を併せて主張することができる（民法 187 条 1 項）。本肢において，Bは所有の意思をもって平穏・公然と甲土地を占有している。Bの占有とCの占有を併せると，その期間は 20 年であるため，Cは甲土地の所有権を時効取得することができる（民法 162 条 1 項）。よって，本肢は正しい。

❷ **誤** 占有開始時に善意・無過失であれば 10 年の取得時効が成立する。

　占有の開始の時に善意であり，かつ，過失がなかったときは，所有の意思をもって 10 年間，平穏に，かつ，公然と他人の物を 10 年間占有することにより所有権を時効取得できる（162 条 2 項）。占有の開始後に悪意となっても，時効期間に影響を与えない。よって，本肢は誤りであり，本問の正解肢となる。

❸ **正** 時効期間中に占有の承継があった場合，占有者の承継人は，その選択に従い自己の占有のみを主張し，又は自己の占有に前主の占有を併せて主張することができる（民法 187 条 1 項）。前主の占有を併せて主張した場合には，善意・無過失の判断は，前の占有者の占有開始の時点で判断すれば足りる（判例）。したがって，Dが善意・無過失で占有を開始しているので，Fは 10 年の取得時効を主張できる。よって，本肢は正しい。

❹ **正** 所有権は消滅時効にかからない（民法 166 条 2 項参照）。よって，本肢は正しい。

問11	借地借家法（借地）	解答❹	合格者正解率 82.6%	不合格者正解率 51.2%	受験者正解率 69.6%

❶ **誤** 土地の引渡しは借地権の対抗要件とはならない。

　借地権は，その登記がなくても，土地の上に借地権者が登記されている建物を所有するときは，これをもって第三者に対抗することができる（借地借家法 10 条 1 項）。しかし，

借家の場合と異なり，引渡しを受けていても，借地権の対抗要件とはならない（借地借家法31条参照）。したがって，Bは，Cに対して借地権を主張することはできない。よって，本肢は誤り。

❷ **誤** 借賃の減額請求はできる。

地代等が，土地に対する租税その他の公課の増減により，土地の価格の上昇もしくは低下その他の経済事情の変動により，又は近傍類似の土地の地代等に比較して不相当となったときは，契約の条件にかかわらず，当事者は，将来に向かって地代等の額の増減を請求することができる。ただし，一定の期間地代等を増額しない旨の特約がある場合には，その定めに従う（借地借家法11条1項）。したがって，特約のうち「一定期間は借賃の額の増額を行わない」旨の定めについては有効な定めとなるため，当該期間中は，借賃の増額請求ができない。一方で，「一定期間は借賃の額の減額を行わない」旨の定めをしても，甲土地の借賃が近傍類似の土地の借賃と比較して不相当となったときには，借賃の減額請求はできる。よって，本肢は誤り。

❸ **誤** 建物買取請求権を行使できない旨の合意は有効である。

借地人の債務不履行により土地賃貸借契約が解除された場合には，借地人は建物買取請求権を有しない（判例）。したがって，「Bの債務不履行により賃貸借契約が解除された場合には，BはAに対して建物買取請求権を行使することができない」旨の合意は有効である。よって，本肢は誤り。

❹ **正** 当事者が借地権設定後の最初の更新をする場合において，その期間は，更新の日から20年とする。ただし，当事者がこれより長い期間を定めたときは，その期間とする（借地借家法4条）。最初の更新について更新後の存続期間を15年と定めた場合，この特約は無効となり，20年となる（借地借家法9条）。よって，本肢は正しく，本問の正解肢となる。

| 問 12 | 借地借家法（借家） | 解答 ❸ | 合格者正解率 67.1% | 不合格者正解率 53.1% | 受験者正解率 61.3% |

❶ **正** 対抗要件を備えた賃借権が設定された不動産が譲渡された場合，賃借人（B）と譲受人（C）の間に従来の賃貸借関係（AB間の賃貸借関係）がそのまま移行・存続する（民法605条の2第1項）。したがって，Bは賃料の前払いをCに対抗することができる。よって，本肢は正しい。

❷ **正** 建物の借賃が，近傍同種の建物の借賃に比較して不相当となったときは，契約の条件にかかわらず，当事者は，将来に向かって借賃の額の増減を請求することができる（借地借家法32条1項本文）。定期建物賃貸借契約において，借賃の改定に係る特約がある場合には借賃増減額請求権の規定（借地借家法32条1項）は適用しない（借地借家法38条7項）。よって，本肢は正しい。

❸ 誤　貸主からは解約申入れすることはできない。

　居住の用に供する建物の定期建物賃貸借の場合，①床面積が 200㎡未満であり，②転勤，療養，親族の介護その他のやむを得ない事情により建物の賃借人が建物を自己の生活の本拠として使用することが困難となったことを理由として，建物の賃借人は，建物の賃貸借の解約申入れをすることができる（借地借家法 38 条 5 項）。貸主は，この解約の申入れをすることができない。よって，本肢は誤りであり，本問の正解肢となる。

**❹ 正　**借地借家法が適用される建物賃貸借においては，賃借人に造作買取請求権が認められる（借地借家法 33 条 1 項）。よって，本肢は正しい。

問13	建物区分所有法	解答❹	合格者正解率	不合格者正解率	受験者正解率
			54.0%	45.5%	50.4%

❶ 誤　区分所有者の定数は，規約でその過半数まで減ずることができる。

　共用部分の変更（その形状又は効用の著しい変更を伴わないものを除く。）は，区分所有者及び議決権の各 4 分の 3 以上の多数による集会の決議で決する。ただし，この区分所有者の定数は，規約でその過半数まで減ずることができる（区分所有法 17 条 1 項）。区分所有者の定数について，規約で 2 分の 1 以上の多数まで減ずることができるのではない。よって，本肢は誤り。

❷ 誤　各共有者の持分に応じて負担する。

　各共有者は，規約に別段の定めがない限りその持分に応じて，共用部分の負担に任じ，共用部分から生ずる利益を収取する（区分所有法 19 条）。したがって，共用部分の管理に係る費用については，規約に別段の定めがない限り，その持分に応じて負担するのであり，共有者で等分するのではない。よって，本肢は誤り。

❸ 誤　保存行為は各共有者が単独でできる。

　保存行為は，各共有者がすることができるが，規約で別段の定めをすることを妨げない（区分所有法 18 条 1 項但書，2 項）。したがって，共用部分の保存行為は，規約に別段の定めがない限り，集会の決議で決することなく，各共有者が単独ですることができる。よって，本肢は誤り。

**❹ 正　**一部共用部分は，これを共用すべき区分所有者の共有に属するが，規約で別段の定めをすることを妨げない（区分所有法 11 条 1 項但書，2 項）。したがって，一部共用部分について，規約で別段の定めをすることにより，区分所有者全員の共有に属するとすることもできる。よって，本肢は正しく，本問の正解肢となる。

| 問 14 | 不動産登記法 | 解答 ❶ | 合格者正解率 39.9% | 不合格者正解率 24.7% | 受験者正解率 33.6% |

❶ **正** 区分建物にあっては，表題部所有者から所有権を取得した者も，所有権の保存の登記を申請することができる。この場合，当該建物が敷地権付き区分建物であるときは，当該敷地権の登記名義人の承諾を得なければならない（不登法74条2項）。よって，本肢は正しく，本問の正解肢となる。

❷ **誤** 第三者の承諾が必要である。

所有権に関する仮登記に基づく本登記は，登記上の利害関係を有する第三者がある場合には，当該第三者の承諾があるときに限り，申請することができる（不登法109条1項）。よって，本肢は誤り。

❸ **誤** 代位した場合，登記識別情報は通知されない。

登記官は，その登記をすることによって申請人自らが登記名義人となる場合において，当該登記を完了したときは，速やかに，当該申請人に対し，当該登記に係る登記識別情報を通知しなければならない（不登法21条本文）。登記識別情報を通知しなければならないのは，申請人「自ら」が「登記名義人となる」場合であり，代位して移転登記をした場合，その代位した者に登記識別情報を通知する必要はない。よって，本肢は誤り。

❹ **誤** 配偶者居住権は，登記をすることができる。

配偶者居住権は，登記することができる権利である（不登法3条9号）。よって，本肢は誤り。なお，居住建物の所有者は，配偶者居住権を取得した配偶者に対し，配偶者居住権の設定の登記を備えさせる義務を負う（民法1031条1項）。

| 問 15 | 都市計画法総合 | 解答 ❹ | 合格者正解率 46.4% | 不合格者正解率 32.1% | 受験者正解率 40.4% |

❶ **誤** 地区施設及び地区整備計画を定めなければならない。

地区計画については，都市計画に，地区施設及び地区整備計画を「定めるものとする」と規定されている（都計法12条の5第1項，2項）。定めるよう努めるのではない。よって，本肢は誤り。

❷ **誤** 施行者に届け出なければならない。

都市計画事業の認可又は承認の告示に係る公告の日の翌日から起算して10日を経過した後に事業地内の土地建物等を有償で譲り渡そうとする者は，当該土地建物等，その予定対価の額及び当該土地建物等を譲り渡そうとする相手方その他一定の事項を書面で施行者に届け出なければならない（都計法67条1項）。施行者の許可を受けるのではない。よって，本肢は誤り。

❸ 誤 本肢は第一種中高層住居専用地域に関する記述である。

　第二種住居地域は，主として住居の環境を保護するため定める地域である（都計法9条6項）。よって，本肢は誤り。

❹ 正 市街化調整区域における地区計画は，市街化区域における市街化の状況等を勘案して，地区計画の区域の周辺における市街化を促進することがない等当該都市計画区域における計画的な市街化を図る上で支障がないように定める（都計法13条1項14号イ）。よって，本肢は正しく，本問の正解肢となる。

問16	開発行為の規制等	解答❷	合格者正解率	不合格者正解率	受験者正解率
			70.1%	49.8%	61.6%

❶ 正 開発許可を申請しようとする者は，あらかじめ，開発行為又は開発行為に関する工事により設置される公共施設を管理することとなる者と協議しなければならない（都計法32条2項）。よって，本肢は正しい。

❷ 誤 都市計画事業の施行として行う場合，許可は不要である。

　何人も，市街化調整区域のうち開発許可を受けた開発区域以外の区域内においては，原則として都道府県知事の許可を受けなければ，建築物を新築することはできない。ただし，都市計画事業の施行として行う建築物の新築については，例外的に許可は不要である（都計法43条1項1号）。よって，本肢は誤りであり，本問の正解肢となる。

❸ 正 開発許可を受けた開発行為により公共施設が設置されたときは，その公共施設は，工事完了の公告の日の翌日において，原則としてその公共施設の存する市町村の管理に属する（都計法39条本文）。よって，本肢は正しい。

❹ 正 開発許可を受けた者から当該開発区域内の土地の所有権を取得した者は，都道府県知事の承認を受けて，当該開発許可を受けた者が有していた当該開発許可に基づく地位を承継することができる（都計法45条）。よって，本肢は正しい。

問17	建築基準法総合	解答❶	合格者正解率	不合格者正解率	受験者正解率
			78.9%	54.9%	68.9%

❶ 正 建築主は，木造以外の建築物で2以上の階数を有し，又は延べ面積が200㎡を超えるものの大規模の修繕をしようとする場合，工事に着手する前に，確認済証の交付を受けなければならない（建基法6条1項3号，6条の2第1項）。本肢の鉄骨造の共同住宅は，延べ面積は200㎡を超えてはいないものの，階数が2であり，この点において確認済証の交付を受ける必要がある。よって，本肢は正しく，本問の正解肢となる。

❷ 誤 「平均」の高さが2.1m以上でなければならない。

居室の天井の高さは，2.1 m以上でなければならない（施行令21条1項）。そして，天井の高さは，室の床面から測り，一室で天井の高さの異なる部分がある場合は，その平均の高さによる（施行令21条2項）。最も低い部分までの高さではない。よって，本肢は誤り。

❸ 誤 準耐火建築物なので防火壁等による区画割りは不要。

延べ面積が1,000㎡を超える建築物は，原則として防火上有効な構造の防火壁又は防火床によって有効に区画し，かつ，各区画の床面積の合計をそれぞれ1,000㎡以内としなければならない。しかし，耐火建築物又は準耐火建築物はこの規制を受けない（建基法26条但書1号）。よって，本肢は誤り。

❹ 誤 31 mを超えていないので不要。

高さ31 mを超える建築物には，原則として非常用の昇降機を設けなければならない（建基法34条2項）。したがって，高さ30 mの建築物であれば，非常用の昇降機を設ける必要はない。よって，本肢は誤り。

問18	建築基準法総合	解答 ❸	合格者正解率 88.6%	不合格者正解率 80.4%	受験者正解率 85.2%

❶ 誤 特定行政庁の許可が必要。

建築物は，原則として，道路内に，又は道路に突き出して建築してはならない。ただし，公衆便所，巡査派出所その他これらに類する公益上必要な建築物で特定行政庁が通行上支障がないと認めて建築審査会の同意を得て許可したものは，道路に突き出して建築することができる（建基法44条1項但書2号）。よって，本肢は誤り。

❷ 誤 200㎡以上の映画館を建築することができる。

近隣商業地域内において，客席の部分の床面積にかかわらず，映画館を建築することができる（建基法48条9項別表第二）。客席の部分の床面積の合計が200㎡以上の映画館も，建築することができる。よって，本肢は誤り。

❸ 正 建築物の容積率の算定の基礎となる延べ面積には，老人ホーム等の共用の廊下又は階段の用に供する部分の床面積は，算入しない（建基法52条6項）。よって，本肢は正しく，本問の正解肢となる。

❹ 誤 冬至日の真太陽時の午前8時から午後4時である。

日影による中高層の建築物の高さの制限に係る日影時間の測定は，冬至日の真太陽時の午前8時から午後4時までの間について行われる（建基法56条の2第1項本文）。夏至日ではなく，冬至日である。よって，本肢は誤り。

❶ **正** 土地の占有者又は所有者は，都道府県知事又はその命じた者もしくは委任した者が，宅地造成工事規制区域の指定のため他人の占有する土地に立ち入って測量又は調査を行う場合，正当な理由がない限り，立入りを拒み，又は妨げてはならない（宅造法4条1項，5項）。よって，本肢は正しい。

❷ **正** 宅地造成とは，宅地以外の土地を宅地にするため又は宅地において行う土地の形質の変更で一定の規模を超えるものをいうが，宅地を宅地以外の土地にするために行うものは除かれている（宅造法2条2号）。したがって，宅地を宅地以外の土地にするために行う土地の形質の変更は，宅地造成に該当しない。よって，本肢は正しい。

❸ **誤** 宅地造成に関する工事を行わない場合，許可は不要。

　宅地造成工事規制区域内において行われる宅地造成に関する工事については，造成主は，原則として，当該工事に着手する前に，都道府県知事の許可を受けなければならない（宅造法8条1項）。宅地造成に関する工事を行わない場合，知事の許可は不要である。よって，本肢は誤りであり，本問の正解肢となる。なお，宅地造成工事規制区域内において，宅地以外の土地を宅地に転用した者は，その転用した日から14日以内に，その旨を都道府県知事に届け出なければならない（宅造法15条3項）。

❹ **正** 宅地造成に関する工事の許可を受けた者が，軽微な変更をしようとするときは，変更の許可を受ける必要はない（宅造法12条1項但書）。軽微な変更をしたときは，遅滞なく，その旨を都道府県知事に届け出なければならない（宅造法12条2項）。工事施行者を変更することは，軽微な変更にあたる（宅造法12条1項但書，施行規則26条1号）。よって，本肢は正しい。

❶ **誤** 未登記の借地権を有する者の同意が不要というわけではない。

　組合の設立認可を申請しようとする者は，定款及び事業計画又は事業基本方針について，施行地区となるべき区域内の宅地について所有権を有するすべての者及びその区域内の宅地について借地権を有するすべての者のそれぞれの3分の2以上の同意を得なければならない（区画法18条）。未登記の借地権を有する者は，施行地区となるべき区域の公告があった日から1カ月以内に借地権の種類及び内容を申告しなければならず，この申告のないものについて同意は不要となる（区画法19条3項，4項）。未登記の借地権を有する者の同意が不要というわけではない。よって，本肢は誤り。

❷ 正 組合の総会の会議は，定款に特別の定めがある場合を除くほか，組合員の半数以上が出席しなければ開くことができない(区画法34条1項)。よって，本肢は正しく，本問の正解肢となる。なお，議事は，定款に特別の定めがある場合を除くほか，出席組合員の過半数で決し，可否同数の場合においては，議長の決するところによる（区画法34条1項)。

❸ 誤 一律ではなく公平に定める。

組合が徴収する賦課金の額は，組合員が施行地区内に有する宅地又は借地の位置，地積等を考慮して公平に定めなければならない（区画法40条2項)。よって，本肢は誤り。

❹ 誤 資力及び信用は条件となっていない。

組合が施行する土地区画整理事業に係る施行地区内の宅地について所有権又は借地権を有する者のほか，独立行政法人都市再生機構，地方住宅供給公社その他政令で定める者であって，組合が都市計画事業として施行する土地区画整理事業に参加することを希望し，定款で定められたものは，参加組合員として，組合の組合員となる（区画法25条，25条の2)。「参加するのに必要な資力及び信用を有する者」という条件は規定されていない。よって，本肢は誤り。

問21	農地法	解答❶	合格者正解率	不合格者正解率	受験者正解率
			99.1%	89.1%	94.9%

❶ 正 農地法3条1項の許可を得ていない権利の設定又は移転は，その効力を生じない（農地法3条6項)。したがって，農地法3条1項の許可のない農地の売買契約を締結してもその効力は生じず，所有権移転の効力も生じない。よって，本肢は正しく，本問の正解肢となる。

❷ 誤 あらかじめ届け出なければならない。

農地を農地以外の土地に転用するときは，農地法4条の許可を受ける必要がある。ただし，市街化区域内にある農地につき，あらかじめ農業委員会に届け出て，農地以外のものにする場合は，農地法4条の許可は不要である（農地法4条1項但書8号)。届出は農地転用した後ではない。よって，本肢は誤り。

❸ 誤 相続により取得した場合は許可不要。

相続により農地又は採草放牧地の権利を取得した者は，農地法3条の許可を受ける必要はない（農地法3条1項但書12号)。よって，本肢は誤り。なお，この場合，遅滞なく，農業委員会にその旨を届け出なければならない（農地法3条の3)。

❹ 誤 許可は不要である。

農地について所有権を移転し，又は地上権，永小作権，質権，使用貸借による権利，賃借権もしくはその他の使用及び収益を目的とする権利を設定する場合には，農地法3条の規定に基づき農業委員会の許可を受けなければならない（農地法3条1項本文)。

この点，抵当権は，使用及び収益を目的とする権利ではない。したがって，農地に抵当権を設定する場合，農地法3条1項の許可を受ける必要はない。よって，本肢は誤り。

❶ **正** 市街化区域内においては，2,000㎡以上の土地を購入した場合に事後届出が必要となる(国土法23条1項，2項1号イ)。したがって，Bは事後届出を行う必要はない。市街化調整区域内において，5,000㎡以上の一団の土地に関する権利を対価を得て移転又は設定する契約（予約を含む。）を締結した場合，権利取得者は，事後届出を行わなければならない（国土法23条1項，2項1号ロ，14条1項）。Dは，市街化調整区域内における6,000㎡の土地を購入する旨の予約をしているので，事後届出を行わなければならない。よって，本肢は正しく，本問の正解肢となる。

❷ **誤** 移転登記を完了した日から起算するのではない。

土地売買等の契約を締結した場合，権利取得者は，その契約を締結した日から起算して2週間以内に，都道府県知事に届け出なければならない（国土法23条1項）。移転登記を完了した日から起算するのではない。よって，本肢は誤り。

❸ **誤** 贈与の場合，事後届出は不要である。

事後届出が必要となる「土地売買等の契約」とは，土地に関する所有権若しくは地上権及び賃借権の移転又は設定であり，対価を得て行われる移転又は設定に限られる（国土法23条1項，14条1項，施行令5条）。贈与契約は，対価を得ていないことからこれに該当せず，事後届出は不要である。よって，本肢は誤り。

❹ **誤** 両者とも届出が必要となる。

都市計画区域外においては10,000㎡以上，市街化調整区域内では5,000㎡以上の一団の土地に関する権利を，対価を得て移転又は設定する契約を締結した場合，権利取得者は，原則として事後届出をする必要がある（国土法23条1項，2項1号ロ，ハ，14条1項）。そして，土地の交換契約は，ここでいう契約に該当するので，I・J両者ともに権利取得者として事後届出をする必要がある。よって，本肢は誤り。

❶ **誤** 記載金額は1,000万円である。

作成された契約書に消費税及び地方消費税の金額が区分記載されている場合には，消費税額等は記載金額に含めないものとする（間接税関係個別通達 消費税法の改正等に

伴う印紙税の取扱いについて）。したがって、印紙税の課税標準となる当該契約書の記載金額は 1,000 万円である。よって、本肢は誤り。

❷ **誤** 記載金額は 5,000 万円である。

交換契約書において、交換対象物の双方の価額が記載されているときは、いずれか高いほうの金額を記載金額として印紙税が課せられる（印紙税法基本通達 23 条（1）ロ）。したがって、本肢の土地交換契約書に係る印紙税の課税標準となる記載金額は 5,000 万円となる。よって、本肢は誤り。

❸ **正** 国等と私人が共同して作成した文書の場合に、私人が保存する文書は国等が作成したものとみなされる。そして、国が作成した文書には課税されない（印紙税法 4 条 5 項、5 条 2 号）。本肢において C 社が保存する文書は国が作成したものとみなされ、印紙税は課されない。よって、本肢は正しく、本問の正解肢となる。

❹ **誤** 記載金額は 100 万円である。

土地の賃貸借契約書は課税文書であり、賃貸料を除き、権利金など、契約に際して相手方当事者に交付し、後日返還されることが予定されていない金額が記載金額となる（印紙税法基本通達 23 条（2））。したがって、本肢の場合、記載金額 100 万円の土地の賃借権の設定に関する契約書として印紙税が課される。よって、本肢は誤り。

問24	不動産取得税	解答❹	合格者正解率 82.2%	不合格者正解率 49.8%	受験者正解率 68.7%

❶ **誤** 土地の標準税率は 3 ％である。

住宅又は土地の取得に係る不動産取得税の標準税率は 3 ％である。これに対して、住宅以外の家屋の取得については 4 ％である（地方税法 73 条の 15, 附則 11 条の 2 第 1 項）。したがって、住宅用以外の土地の標準税率は 3 ％である。よって、本肢は誤り。

❷ **誤** 面積によって非課税とする旨の規定はない。

一定の面積に満たない土地の取得については、不動産取得税を課さないとする旨の規定はない。よって、本肢は誤り。なお、不動産取得税の課税標準となるべき額が、土地の取得については 10 万円、家屋の取得のうち建築に係るものについては 1 戸につき 23 万円、その他のもの（売買等）については 1 戸につき 12 万円に満たない場合には、不動産取得税は課税されない（地方税法 73 条の 15 の 2 第 1 項）。

❸ **誤** 家屋の価格が増加した場合は不動産取得税が課される。

家屋を改築したことにより、当該家屋の価格が増加した場合には、当該改築をもって家屋の取得とみなして、不動産取得税が課される（地方税法 73 条の 2 第 3 項）。そして、この場合の課税標準は、当該改築によって増加した価格とされる（地方税法 73 条の 13 第 2 項）。よって、本肢は誤り。

④ 正 共有物の分割による不動産の取得については，不動産の取得者の分割前の当該共有物に係る持分の割合を超える部分の取得があった場合を除いて，不動産取得税を課することはできない（地方税法73条の7第2号の3）。要するに，持分割合に従って単に共有物を分割するような場合であれば，共有者にとって新たな不動産の取得とはならないため，不動産取得税は課税されないということである。よって，本肢は正しく，本問の正解肢となる。

❶ 正 不動産の価格は，その不動産の効用が最高度に発揮される可能性に最も富む使用を前提として把握される価格を標準として形成される（不動産鑑定評価基準総論4章Ⅳ）。これを最有効使用の原則という。また，ある不動産についての現実の使用方法は，必ずしも最有効使用に基づいているものではなく，不合理な又は個人的な事情による使用方法のために，当該不動産が十分な効用を発揮していない場合があることに留意すべきである（不動産鑑定評価基準総論4章Ⅳ）。よって，本肢は正しい。

❷ 正 対象確定条件には，依頼目的に応じて，造成に関する工事が完了していない土地又は建築に係る工事（建物を新築するもののほか，増改築等を含む。）が完了していない建物について，当該工事の完了を前提として鑑定評価の対象とすることとするものがある（不動産鑑定評価基準総論5章1節Ⅰ1（5））。よって，本肢は正しい。

❸ 正 特殊価格は，「文化財等の一般的に市場性を有しない不動産について，その利用現況等を前提とした不動産の経済価値を適正に表示する価格」をいう（不動産鑑定評価基準総論5章3節Ⅰ4）。よって，本肢は正しい。

❹ 誤 原価法は，対象不動産が土地のみである場合にも適用できる。

原価法は，対象不動産が建物又は建物及びその敷地である場合において，再調達原価の把握及び減価修正を適切に行うことができるときに有効であり，対象不動産が土地のみである場合においても，再調達原価を適切に求めることができるときはこの手法を適用することができる（不動産鑑定評価基準総論7章1節Ⅱ1）。よって，本肢は誤りであり，本問の正解肢となる。

問26	宅建業法総合	解答 ❸	合格者正解率	不合格者正解率	受験者正解率
			99.3%	92.5%	96.5%

❶ 誤 合併により消滅した宅建業者の免許は失効し、承継することはできない。

宅建業者である法人が合併により消滅した場合，その免許は失効し、その承継会社が

承継することはできない。また、合併により消滅した法人（Ａ社）を代表する役員であった者は、30日以内に、その旨をその免許を受けた国土交通大臣又は都道府県知事に届け出なければならない（廃業等の届出、業法11条1項2号）。よって、本肢は誤り。

❷ 誤 信託会社は、免許を受ける必要がない。

信託業法3条の免許を受けた信託会社は、宅建業の免許に関する規定が適用されないから、宅建業を営もうとする場合でも、免許を取得する必要はない（業法77条1項）。なお、信託業法3条の免許を受けた信託会社が宅建業を営もうとする場合、国土交通大臣に届け出なければならない（業法77条3項、施行令9条3項）。よって、本肢は誤り。

❸ 正 宅地の所有者が、宅建業者の代理により宅地を不特定多数の者に継続して販売する場合、その効果は所有者に帰属する（民法99条1項）。すなわち、所有者自身は、自ら宅地を不特定多数の者に継続して販売することになるので、免許を受ける必要がある（業法2条2号、3条1項）。したがって、Ｃは、免許を受ける必要がある。よって、本肢は正しく、本問の正解肢となる。

❹ 誤 免許換えは不要である。

事務所の新設・廃止・移転により、現在受けている免許が不適当となる場合に、免許換えをする必要がある（業法7条1項）。同一都道府県内で2以上の事務所を設置して事業を営むこととしても、現在受けている免許が不適当となることはないため、免許換えは不要である。よって、本肢は誤り。

問 27	広告等に関する規制	解答 ❷	合格者正解率	不合格者正解率	受験者正解率
			79.0%	52.9%	68.1%

ア 誤 注文を受けたときも取引態様の別の明示が必要。

宅建業者は、宅地又は建物の売買、交換又は貸借に関する広告をするときのみならず、注文を受けたときにも、遅滞なく、取引態様の別を明らかにしなければならない（業法34条2項）。したがって、広告を行った時点と取引態様に変更がない場合であっても、その注文者に対し取引態様を明らかにしなければならない。よって、本肢は誤り。

イ 正 宅建業者は、その業務に関して広告をするときは、当該広告に係る宅地又は建物の現在若しくは将来の利用の制限について著しく事実に相違し、若しくは有利であると人を誤認させるような表示をしてはならない（業法32条）。誤認させる方法に制限はない。よって、本肢は正しい。

ウ 正 宅建業者は、宅地又は建物の売買、交換又は貸借に関する広告をするときは、取引態様の別を明示しなければならない（業法34条1項）。取引態様の別の明示は、広告のつど必要である。よって、本肢は正しい。

エ 誤 申請をしても許可等がおりるまで広告不可。

宅建業者は、宅地の造成又は建物の建築に関する工事の完了前においては、当該工事

に関し必要とされる開発許可、建築確認等の処分があった後でなければ、当該工事に係る宅地又は建物の売買その他の業務に関する広告をしてはならない（業法33条）。許可等の申請をした後であっても、許可等があるまでは広告をすることができない。よって、本肢は誤り。

以上より、正しいものはイとウの二つであり、2が本問の正解肢となる。

問28 宅地建物取引士　解答③

合格者正解率	不合格者正解率	受験者正解率
94.5%	81.9%	89.2%

① 誤　試験に合格した身分は一生有効。

宅地建物取引士資格試験に合格した身分は、合格の決定が取り消されない限り一生有効である。「合格した日から10年以内に登録の申請をしなければ、その合格を無効とする」旨の規定はない。よって、本肢は誤り。

② 誤　宅地建物取引士証の更新は、申請前6カ月以内に講習の受講が必要。

宅地建物取引士証の更新を受けようとするときは、交付の申請前6カ月以内に行われる都道府県知事が指定する講習を受講しなければならない（業法22条の3第2項、22条の2第2項）。しかし、宅地建物取引士証の更新の申請期間に関する規定はない。「有効期間満了の90日前から30日前まで」に申請をしなければならないのは、免許の更新の場合である。よって、本肢は誤り。

③ 正　重要事項の説明をしようとするときは、宅地建物取引士証を提示しなければならない（業法35条4項）。また、宅地建物取引士は、取引の関係者から請求があったときは、宅地建物取引士証を提示しなければならない（業法22条の4）。よって、本肢は正しく、本問の正解肢となる。

④ 誤　都道府県知事が指定する講習の受講は不要。

宅地建物取引士の登録を受けている者は、当該登録をしている都道府県知事の管轄する都道府県以外の都道府県に所在する宅建業者の事務所に従事し、又は従事しようとするときは、当該事務所の所在地を管轄する都道府県知事に対し、当該登録をしている都道府県知事を経由して、登録の移転の申請をすることができる（業法19条の2）。「都道府県知事が指定する講習の受講」は必要ない。よって、本肢は誤り。

問29 媒介・代理契約　解答③

合格者正解率	不合格者正解率	受験者正解率
83.8%	63.2%	75.3%

ア 正　指定流通機構に登録をした宅建業者は、その登録を証する書面を遅滞なく依

頼者に引き渡さなければならない（業法34条の2第6項）。よって，本肢は正しい。

イ 正 媒介契約が標準媒介契約約款に基づくものであるか否かの別は，媒介契約書の記載事項である（業法34条の2第1項8号，規則15条の9第4号）。よって，本肢は正しい。

ウ 誤 専任媒介契約の自動更新は認められない。

専任媒介契約の有効期間の更新には依頼者からの申出が必要であって，自動更新は認められない（業法34条の2第4項）。そして，当該規定に反する特約は無効となる（業法34条の2第10項）。したがって，本肢においては，Bの要望に基づく場合でも，自動更新は認められない。よって，本肢は誤り。

エ 正 専属専任媒介契約を締結した宅建業者は，依頼者に対し，当該専属専任媒介契約に係る業務の処理状況を1週間に1回以上報告しなければならない（業法34条の2第9項かっこ書）。よって，本肢は正しい。

以上より，正しいものはア，イ，エの三つであり，3が本問の正解肢となる。

問 30	報酬額の制限	解答 ④	合格者正解率	不合格者正解率	受験者正解率
			76.1%	61.6%	70.1%

❶ 誤 合計では 343万2,000円が報酬額の上限となる。

売買の媒介・代理において複数の宅建業者が受領できる報酬の合計額は，売買の媒介に関する報酬の額の2倍を超えてはならない（業法46条1項，2項，報酬告示第2，3）。A及びBが受領できる合計報酬額は，（5,000万円×3％＋6万円）×2×1.1＝343万2,000円を超えてはならない。よって，本肢は誤り。

❷ 誤 媒介の依頼を受けるに当たって依頼者の承諾を得ている場合である。

居住の用に供する建物の賃貸借の媒介に関して依頼者の一方から受けることのできる報酬の額は，当該媒介の依頼を受けるに当たって当該依頼者の承諾を得ている場合を除き，借賃の1カ月分の2分の1に相当する金額以内（消費税等を除く。）とする。当該媒介の依頼を受けるに当たって当該依頼者の承諾を得ている場合は，借賃の1カ月分の1.1倍（消費税等を含む。）に相当する金額以内となる（業法46条1項，2項，報酬告示第4）。当該媒介の依頼者から報酬請求時までに承諾を得ている場合ではない。よって，本肢は誤り。

❸ 誤 報酬の上限額は 27万5,000円である。

宅地又は建物（居住の用に供する建物を除く。）の賃貸借で権利金の授受がある場合は，当該権利金の額（当該貸借に係る消費税等相当額を含まないものとする。）を売買に係る代金の額とみなして報酬の計算をすることもできる（業法46条1項，2項，報酬告示第6）。本肢において，消費税等を除いた権利金の額は300万円であるから，（300万

円×４％＋２万円）×1.1＝15万4,000円が権利金による報酬の上限額となる。この金額と１カ月分の借賃と比べて多い方の金額が，Aが依頼者の一方から受けることができる報酬の上限額となる。１カ月分の借賃は25万円であるから，27万5,000円（消費税等を含む。）が，Aが依頼者の一方から受けることができる報酬の上限額となる。よって，本肢は誤り。

❹　正　宅建業者が宅地又は建物の貸借の媒介に関して依頼者の双方から受けることのできる報酬の額は，当該宅地又は建物の借賃の１カ月分の1.1倍に相当する金額以内とする（業法46条１項，２項，報酬告示第４）。Aが受ける報酬の合計額がこの金額以内であれば，Aは依頼者の双方からどのような割合で報酬を受けてもよく，また，依頼者の一方のみから報酬を受けることもできる。よって，本肢は正しく，本問の正解肢となる。

問31	重要事項の説明	解答❶	合格者正解率 92.0%	不合格者正解率 77.3%	受験者正解率 85.9%

❶　正　宅建業者は，建物の売買の媒介だけでなく建物の貸借の媒介を行う場合においても，損害賠償額の予定又は違約金に関する事項について，説明しなければならない。（業法35条１項９号）。よって，本肢は正しく，本問の正解肢となる。

❷　誤　**宅建業者が自ら石綿の使用の有無を調査する必要はない。**

　建物の売買の媒介を行う場合，当該建物について，石綿の使用の有無の調査の結果が記録されているときは，その内容を説明しなければならない（業法35条１項14号，規則16条の４の３第４号）。調査結果の記録がないときは，説明する必要がない。また，石綿使用の有無の調査結果の記録の存在の有無が分からないときに，宅建業者が石綿の使用の有無の調査を自ら実施する必要はない（解釈・運用の考え方）。よって，本肢は誤り。

❸　誤　**建物状況調査を実施した場合の結果の概要も説明が必要。**

　建物の売買の媒介を行う場合，当該建物が既存の建物であるときは，建物状況調査を実施しているかどうか，及びこれを実施している場合におけるその結果の概要を説明しなければならない（業法35条１項６号の２イ）。よって，本肢は誤り。

❹　誤　**制限がある場合は，貸借でも説明必要。**

　区分所有建物の売買の媒介を行う場合，区分所有建物の専有部分の用途その他の利用の制限に関する規約の定め（その案を含む）があるときは，その内容を，重要事項として説明しなければならない（業法35条１項６号，規則16条の２第３号）。貸借の媒介の場合でも説明が必要である（業法規則16条の２第３号）。よって，本肢は誤り。

❶ **正** 宅建業者が自ら売主となる宅地又は建物の売買契約の締結に際して手付を受領したときは，解約手付とみなされ，その相手方が契約の履行に着手するまでは，買主はその手付を放棄して，売主はその倍額を現実に提供して，契約の解除をすることができる（業法39条2項，判例）。したがって，Bが当該契約の履行に着手した後においては，Aは，手付金の倍額を現実に提供したとしても契約を解除することができない。よって，本肢は正しく，本問の正解肢となる。

❷ **誤** クーリング・オフの規定に反し，申込者等に不利な特約は無効。

クーリング・オフがなされた場合，宅建業者は，申込者等に対し，速やかに，買受けの申込み又は売買契約の締結に際し受領した手付金その他の金銭を返還しなければならない（業法37条の2第3項）。これに反する特約で，申込者等に不利なものは，無効となる（業法37条の2第4項）。よって，本肢は誤り。

❸ **誤** 30日以上の相当の期間を定めた催告が必要。

宅建業者は，自ら売主となる宅地又は建物の割賦販売の契約について賦払金の支払義務が履行されない場合には，30日以上の相当の期間を定めてその支払いを書面で催告し，その期間内にその義務が履行されないときでなければ，賦払金の支払の遅滞を理由として，契約を解除することができない（業法42条1項）。したがって，Aは直ちに解除できるわけではない。よって，本肢は誤り。

❹ **誤** 手付金等の保全措置は不要。

宅建業者は，工事の完了前において行う売買で自ら売主となるものに関して手付金等の保全措置を講じた後でなければ，手付金等を受領してはならない。ただし，宅建業者が受領しようとする手付金等の額が代金の100分の5以下であり，かつ，1,000万円以下であるときは，手付金等の保全措置を講じなくても，手付金等を受領することができる（業法41条1項，施行令3条の3）。Bからの手付金200万円は，代金の100分の5を超えない金額であり，手付金等の保全措置を講じなくとも，手付金を受領することができる。よって，本肢は誤り。

❶ **正** 媒介により建物の貸借の契約を成立させたときは，借賃の額並びにその支払の時期及び方法は，37条書面に必ず記載しなければならず，当該書面を契約の各当事者に交付しなければならない（業法37条2項2号）。よって，本肢は正しく，本問の

正解肢となる。

❷ 誤 引渡し時期について，37条書面への記載が必要。

媒介により宅地の貸借の契約を成立させたときは，引渡しの時期については37条書面に記載しなければならない（業法37条2項1号，1項4号）。したがって，重要事項説明書に記載して説明したとしても，37条書面に記載しなければならない。よって，本肢は誤り。

❸ 誤 宅地建物取引士をして記名押印が必要。

宅建業者は37条書面を作成したときは，宅地建物取引士をして当該書面に記名押印させなければならない（業法37条3項）。これは，相手方が宅地建物取引業者であっても省略できない（業法78条2項参照）。よって，本肢は誤り。

❹ 誤 あっせんが不成立の場合の措置の記載が必要。

代金等に関する金銭の貸借のあっせんに関する定めがある場合，37条書面において，当該あっせんに係る金銭の貸借が成立しない場合の措置を記載しなければならない（業法37条1項9号）。よって，本肢は誤り。

問 34	宅地建物取引士	解答 ❹	合格者正解率 89.4%	不合格者正解率 75.4%	受験者正解率 83.6%

❶ 誤 登録の申請先は，合格した試験を行った甲県知事である。

登録の申請は，登録を受けようとする者が合格した試験を行った都道府県知事に対して行う（業法18条1項）。したがって，登録の申請先は，乙県知事ではなく，甲県知事である。よって，本肢は誤り。

❷ 誤 住所に変更があった場合，変更の登録が必要。

登録を受けている者は，住所に変更があったときは，遅滞なく，変更の登録を申請しなければならない（業法20条，18条2項）。よって，本肢は誤り。

❸ 誤 従事先の宅建業者の事務所の所在地が変更しても変更の登録は不要。

従事先の宅建業者の事務所の所在地は，変更の登録の申請事項となっていない（業法18条2項，規則14条の2の2参照）。よって，本肢は誤り。

❹ 正 登録の移転の申請とともに宅地建物取引士証の交付の申請があったときは，移転後の都道府県知事は，移転申請前の宅地建物取引士証の有効期間が経過するまでの期間を有効期間とする宅地建物取引士証を交付しなければならない（業法22条の2第5項）。よって，本肢は正しく，本問の正解肢となる。

❶ **誤** 宅建業に関する取引により生じた債権しか弁済されない。

営業保証金から弁済を受けるためには，宅建業者に対し，宅建業に関する「取引」により生じた債権を有していることが必要である（業法27条1項）。建設業者の請負代金債権は，宅建業に関する「取引」により生じた債権ではないので，営業保証金から弁済を受ける権利は有しない。よって，本肢は誤り。

❷ **誤** 供託し，その旨の届出をしない限り，事業を開始してはならない。

宅建業者は，事業開始後新たに事務所を設置したときは，当該事務所につき政令で定める額の営業保証金を主たる事務所の最寄りの供託所に供託し，供託した旨の届出をした後でなければ，新設した事務所において事業を開始してはならない（業法26条1項，2項，25条1項，4項，5項）。よって，本肢は誤り。

❸ **正** 営業保証金の還付が行われ，営業保証金が政令で定める額に不足することになったときは，その旨の通知書の送付を受けた日から2週間以内にその不足額を供託しなければならない（業法28条1項，営業保証金規則5条）。よって，本肢は正しく，本問の正解肢となる。

❹ **誤** 営業保証金の額は2,000万円。

営業保証金の額は，主たる事務所につき1,000万円，その他の事務所は事務所ごとに500万円の割合による金額の合計額となる（施行令2条の4）。本店のほかに2つの支店を設置するのであれば，営業保証金の額は2,000万円となる。よって，本肢は誤り。

❶ **誤** 当該社員が社員でないとしたならば供託すべき営業保証金の額が限度。

保証協会の社員と宅建業に関し取引をした者（宅建業者を除く）は，その取引により生じた債権に関し，「当該社員が社員でないとしたならば供託すべき営業保証金の額に相当する額の範囲内において」，弁済業務保証金から弁済を受ける権利を有する（業法64条の8第1項）。当該社員が納付した弁済業務保証金分担金の額に相当する額の範囲内ではない。よって，本肢は誤り。

❷ **誤** 還付請求は、供託所に対して行う。

弁済業務保証金について還付請求をするためには，保証協会の認証を受けなければならない。そして，当該還付請求の相手方は，弁済業務保証金の供託先である法務大臣及び国土交通大臣の定める供託所である（業法64条の8第1項，2項，64条の7第2項）。

よって，本肢は誤り。

❸ 誤 還付充当金の納付先は保証協会。

保証協会は，権利の実行により弁済業務保証金の還付があったときは，当該還付に係る社員又は社員であった者に対し，当該還付額に相当する額の還付充当金を保証協会に納付すべきことを通知しなければならない（業法64条の10第1項）。よって，本肢は誤り。

❹ 正 還付により弁済業務保証金に不足が生じた場合は，保証協会は，還付された額に相当する額の弁済業務保証金を供託しなければならない（業法64条の8第3項）。よって，本肢は正しく，本問の正解肢となる。

問37	37 条書面	解答❶	合格者正解率	不合格者正解率	受験者正解率
			90.9%	70.1%	82.2%

ア 誤 37条書面の内容を説明させる必要はない。

宅建業者は，37条書面を作成したときは，宅地建物取引士をして，当該書面に記名押印させなければならない（業法37条3項）。しかし，その内容の説明までさせる必要はない。よって，本肢は誤り。

イ 誤 記載する必要はない。

供託所に関する事項は，37条書面の記載事項とされていない（業法37条1項参照）。よって，本肢は誤り。

ウ 正 宅建業者は，契約を締結したときは，契約の両当事者に，遅滞なく，一定事項を記載した書面を交付しなければならない（業法37条1項）。37条書面の交付は，買主が宅建業者であっても省略できない（業法78条2項参照）。よって，本肢は正しい。

エ 誤 買主が宅建業者であっても記載する必要がある。

宅建業者は，売買契約を締結した場合において，引渡しの時期及び移転登記の申請の時期を37条書面に記載し，当該書面を買主に交付しなければならない。（業法37条1項4号，5号）。買主が宅建業者であっても記載しなければならない（業法78条2項参照）。よって，本肢は誤り。

以上より，正しいものはウの一つであり，1が本問の正解肢となる。

問38	媒介・代理契約	解答❹	合格者正解率	不合格者正解率	受験者正解率
			92.9%	79.1%	87.1%

❶ 誤 宅建業者が記名押印する。

宅建業者は，売買の媒介契約を締結したときは，遅滞なく，媒介契約の内容を記載した書面を作成して記名押印し，依頼者に交付しなければならない（業法34条の2第1項）。宅地建物取引士が記名押印しなければならない旨の規定はない。よって，本肢は誤り。

❷　**誤**　根拠を示す方法は口頭でもよい。

宅建業者は，宅地又は建物を売買すべき価額又はその評価額について意見を述べるときは，その根拠を明らかにしなければならない（業法34条の2第2項）。根拠を示す方法については，口頭でもよい（解釈・運用の考え方）。よって，本肢は誤り。

❸　**誤**　一般媒介契約に指定流通機構への登録義務はない。

専任媒介契約を締結したときは，契約の相手方を探索するため指定流通機構に登録しなければならない（業法34条の2第5項）。しかし，一般媒介契約には，このような義務はない。よって，本肢は誤り。

❹　**正**　宅建業者は，宅地又は建物の売買又は交換の媒介の契約を締結したときは，宅建業法34条の2第1項の規定に基づき交付すべき書面に，媒介契約の有効期間及び解除に関する事項を記載しなければならない（業法34条の2第1項5号）。よって，本肢は正しく，本問の正解肢となる。

問39	事務所の設置	解答❷	合格者正解率 99.5%	不合格者正解率 93.7%	受験者正解率 97.0%

❶　**誤**　取引の関係者から請求があったときである。

宅建業者は，取引の関係者から請求があったときは，従業者名簿をその者の閲覧に供しなければならない（業法48条4項）。従業者名簿の閲覧請求者は，取引の関係者か否かを問わないわけではない。よって，本肢は誤り。

❷　**正**　宅建業者は，従業者に，その従業者であることを証する証明書を携帯させなければ，その者をその業務に従事させてはならない（業法48条1項）。従業者が宅地建物取引士であっても同様である。よって，本肢は正しく，本問の正解肢となる。

❸　**誤**　従業者でなくなった年月日を記載しなければならない。

宅建業者は，その事務所ごとに，従業者名簿を備え，従業者の氏名，従業者証明書の番号，生年月日，主たる職務内容，宅地建物取引士であるか否かの別，当該事務所の従業者となった年月日，当該事務所の従業者でなくなったときは，その年月日を記載しなければならない（業法48条3項，規則17条の2第1項）。そして，宅建業者は，従業者名簿を最終の記載をした日から10年間保存しなければならない（規則17条の2第4項）。よって，本肢は誤り。

❹　**誤**　非常勤の役員や単に一時的に事務の補助をする者にも携帯させなければならない。

宅建業者は，従業者に，その従業者であることを証する証明書を携帯させなければ，その者をその業務に従事させてはならない（業法48条1項）。従業者証明書を携帯させるべき者の範囲には，非常勤の役員や単に一時的に事務の補助をする者も含まれる（解釈・運用の考え方）。よって，本肢は誤り。

問40	クーリング・オフ	解答❷	合格者正解率 65.6%	不合格者正解率 47.1%	受験者正解率 57.9%

ア　できない　書面で告げられた日の翌日から起算するのではない。

　「事務所等」以外の場所で買受けの申込みをし，又は売買契約を締結した場合には，買主は，クーリング・オフによる契約の解除をすることができる（業法37条の2第1項）。本肢でBは，喫茶店で買受けを申し込んでいるので，「事務所等」以外の場所で買受けの申込みをしたことになる。しかし，買主は，クーリング・オフについて宅建業者から書面で告げられた日から起算して8日を経過したときは，クーリング・オフによる契約の解除をすることができない（業法37条の2第1項1号，規則16条の6）。Bは，申込みをした際に書面で告げられているので，その日から8日経過するとクーリング・オフによる契約の解除をすることができなくなる。よって，本肢は解除できない。

イ　できる　上記のとおり，喫茶店は「事務所等」以外の場所にあたり，Bはクーリング・オフによる解除をすることができる。買主が物件の引渡しを受け，かつ，代金の全部を支払ったときは，クーリング・オフによる契約の解除をすることができなくなる（業法37条の2第1項2号）。しかし，Aが契約の履行に着手しただけなので，クーリング・オフによる契約の解除をすることができる。よって，本肢は解除できる。

ウ　できる　業法37条の2第1項の規定と異なる特約で買主に不利なものは無効となる（業法37条の2第4項）。クーリング・オフによる契約の解除をしないとする本肢の特約は，買主Bに不利なものとして無効となる。よって，本肢は解除できる。

エ　できない　申込みをした場所がクーリング・オフできない場所なので，解除できない。

　事務所ではないが，土地に定着し，専任の宅地建物取引士の設置義務のある継続的に業務を行うことができる施設を有する場所において，買受けの申込み又は売買契約を締結した場合，クーリング・オフによる申込みの撤回又は契約の解除はできなくなる（業法37条の2第1項本文，規則16条の5第1号イ）。また，買受けの申込みの場所と契約締結の場所が異なる場合は，「申込み」の場所で判断する。以上より，Aが継続的に業務を行うことができる施設があり業法31条の3第1項の規定により専任の宅地建物取引士が置かれている場所で申込みをしている以上，Bはクーリング・オフによる契約の解除をすることはできない。よって，本肢は解除できない。

以上より，解除できるものはイとウの二つであり，2が本問の正解肢となる。

問41 重要事項の説明　解答 ③

❶ **誤** 宅地建物取引士の記名押印が必要。

　重要事項説明書には，宅地建物取引士が記名押印しなければならない（業法 35 条 5 項，7 項）。代表者の記名押印ではない。よって，本肢は誤り。

❷ **誤** 専任の宅地建物取引士が記名押印する必要はない。

　重要事項説明書には，宅地建物取引士が記名押印しなければならない（業法 35 条 5 項，7 項）が，専任の宅地建物取引士でなくてもよい。また，重要事項の説明を行う者は宅地建物取引士であればよく，専任の宅地建物取引士でなくてもよい（業法 35 条 1 項）。よって，本肢は誤り。

❸ **正** 宅地建物取引士は，重要事項の説明をするときは，宅地建物取引士証を提示しなければならない（業法 35 条 4 項）。したがって，宅地建物取引士証を亡失した宅地建物取引士は，その再交付を申請していても，宅地建物取引士証の再交付を受けるまでは，宅地建物取引士証の提示をすることができないため，重要事項の説明をすることができない。よって，本肢は正しく，本問の正解肢となる。

❹ **誤** 場所の制限はない。

　重要事項の説明に関し，場所について制限した規定はない（業法 35 条参照）。よって，本肢は誤り。

問42 自ら売主制限　解答 ❶又は❹

❶ **誤** 責任を負う期間を「知った時から2年」とする特約は無効である。

　宅建業者は，自ら売主となる宅地又は建物の売買契約において，その目的物の契約不適合担保責任に関し，民法に規定するものより買主に不利となる特約は無効となる（業法 40 条 2 項）。民法上，買主は引き渡された目的物の種類又は品質に関する契約不適合を知った時から 1 年以内にその旨を売主に通知すれば，知った時から 5 年を経過し，時効により消滅するまでは契約不適合責任を追及できる（民法 566 条, 166 条 1 項 1 号）。本肢の特約は，契約不適合責任の追及期間を「知った時から 2 年」としており，民法に規定するものよりも買主に不利な特約であるため，無効となる。よって，本肢は誤りであり，本問の正解肢となる。

❷ **正** 宅建業者は，自ら売主となる場合，原則として，手付金等の保全措置を講じた後でなければ，宅建業者でない買主から手付金等を受領することができない（業法

41 条 1 項)。もっとも，未完成物件の場合，5％以下かつ 1,000 万円以下であれば保全措置が不要である（業法 41 条 1 項，施行令 3 条の 3）。本肢の場合，代金の額が 5,000 万円であるので，受領する合計額が 250 万円を超えるとき，受領前に保全措置を講じなければならない。中間金を受領する場合には，250 万円を超える 500 万円（手付金＋中間金）となるので，その全額の 500 万円につき保全措置が必要である。よって，本肢は正しい。

❸ **正** 宅建業者が自ら売主となって，宅建業者でない者が買主の場合，原則として，手付金等の保全措置を講じた後でなければ手付金等を受領できない。しかし，買主が宅建業者の場合には手付金等の保全措置を講じる必要がない（業法 78 条 2 項，41 条の 2 第 1 項）。また，買主が宅建業者の場合には手付の額の制限も適用されない（業法 78 条 2 項，39 条 1 項）。よって，本肢は正しい。

❹ **誤** 買主が知った時から 1 年以内である。

　肢 1 で述べたように，民法に規定するものより買主に不利となる特約は無効となる（業法 40 条 2 項）。本肢の特約は，民法に規定するものよりも買主に不利な特約であるため無効となり，民法の規定が適用される。したがって，買主 E が種類又は品質に関する契約不適合を知った時から 1 年以内に売主 A に通知すれば，契約不適合責任を追及できる（民法 566 条）。よって，本肢は誤りであり，本問の正解肢となる。

問 43	免許	解答 ❷	合格者正解率	不合格者正解率	受験者正解率
			98.1%	91.6%	95.4%

❶ **誤** 刑の執行猶予の期間が満了すれば，直ちに免許を受けることができる。

　刑の執行猶予の期間を満了した場合，刑の言渡しがなかったことになり，懲役刑に処せられたことによる免許の基準は解消する（業法 5 条 1 項 5 号，刑法 27 条）。したがって，取締役について執行猶予期間を満了すれば，5 年を経過することなく，直ちに A 社は免許を受けることができる（業法 5 条 1 項 12 号参照）。よって，本肢は誤り。

❷ **正** 宅建業者が死亡したことにより免許が失効したとき，当該宅建業者の相続人は，当該宅建業者が締結した契約に基づく取引を結了する目的の範囲内においては，なお宅建業者とみなす（業法 76 条，11 条 1 項 1 号）。したがって，死亡した宅建業者 B の相続人 C は，B が売主として締結していた売買契約の目的物を買主に引き渡すことができる。よって，本肢は正しく，本問の正解肢となる。

❸ **誤** 破産管財人が届け出る。届出があった日に免許の効力が失われる。

　宅建業者について破産手続開始の決定があった場合，その破産管財人は，その日から 30 日以内に，その旨をその免許を受けた国土交通大臣又は都道府県知事に届け出なければならない（業法 11 条 1 項 3 号）。廃業等の届出は，D 社を代表する役員が行うのではない。また，宅建業者について破産手続開始の決定があった場合に免許の効力が失

われるのは，破産管財人による届出があったときである（業法11条2項）。破産手続開始の決定の日ではない。よって，本肢は誤り。

❹ **誤** 取締役が復権を得れば，E社は直ちに免許を受けられる。

破産手続開始の決定があっても，復権を得れば，5年を経過することなく直ちに免許の基準に該当しなくなる（業法5条1項1号）。したがって，E社の取締役が破産手続開始の決定を受けても，復権を得れば，E社は，5年を経過することなく，直ちに免許を受けることができる（業法5条1項12号参照）。よって，本肢は誤り。

問44	重要事項の説明	解答 ❹	合格者正解率 85.8%	不合格者正解率 67.9%	受験者正解率 78.4%

❶ **正** 宅建業者は，重要事項の説明において，建物（昭和56年6月1日以降に新築の工事に着手したものを除く。）が建築物の耐震改修の促進に関する法律4条1項に規定する一定の耐震診断を受けたものであるときは，その内容を買主に説明しなければならない（業法35条1項14号イ，規則16条の4の3第5号ニ）。よって，本肢は正しい。

❷ **正** 宅建業者は，重要事項の説明において，敷金その他いかなる名義をもって授受されるかを問わず，契約終了時において精算することとされている金銭の精算に関する事項を説明しなければならない（業法35条1項14号イ，規則16条の4の3第11号）。よって，本肢は正しい。

❸ **正** 宅建業者が宅地又は建物に係る信託（当該宅建業者を委託者とするものに限る。）の受益権の売主となる場合，重要事項説明書を交付して説明をしなければならない（業法35条3項本文）。この場合，取引の相手方が宅建業者であっても，重要事項説明書を交付して説明しなければならない（業法35条6項）。よって，本肢は正しい。

❹ **誤** 既に積み立てられている額についても説明が必要。

宅建業者は，区分所有建物の売買の媒介を行う場合において，当該1棟の建物の計画的な維持修繕のための費用の積立てを行う旨の規約の定めがあるときは，その内容及び既に積み立てられている額を重要事項説明書に記載して宅地建物取引士をして重要事項説明書を交付して説明をさせなければならない（業法35条1項6号，規則16条の2第6号）。よって，本肢は誤りであり，本問の正解肢となる。

問45	瑕疵担保履行法	解答 ❷	合格者正解率 91.0%	不合格者正解率 71.0%	受験者正解率 82.7%

❶ **誤** 売主である宅建業者が資力確保措置を行わなければならない。

住宅販売瑕疵担保保証金の供託又は住宅販売瑕疵担保責任保険契約の締結による資力

確保措置を講ずる義務を負うのは，売主である宅建業者である（住宅瑕疵担保履行法11条1項，2項）。売主から依頼を受けた媒介業者又は買主が住宅販売瑕疵担保責任保険契約の締結をしていても，売主が住宅瑕疵担保履行法による資力確保措置を講ずる義務を負ったことにはならない。よって，本肢は誤り。

❷ **正** 宅建業者で住宅販売瑕疵担保保証金の供託をしているものは，基準日において当該住宅販売瑕疵担保保証金の額が当該基準日に係る基準額を超えることとなったときは，免許権者である国土交通大臣又は都道府県知事の承認を受けて，その超過額を取り戻すことができる（住宅瑕疵担保履行法16条，9条1項，2項）。宅建業者Aは甲県知事免許を受けているので，甲県知事の承認を受けて，その超過額を取り戻すことができる。よって，本肢は正しく，本問の正解肢となる。

❸ **誤** 基準日ごとに基準日から3週間以内である。

　新築住宅を引き渡した宅建業者は，基準日ごとに，当該基準日に係る住宅販売瑕疵担保保証金の供託及び住宅販売瑕疵担保責任保険契約の締結の状況について，基準日から3週間以内に，免許を受けた国土交通大臣又は都道府県知事に届け出なければならない（住宅瑕疵担保履行法12条1項，規則16条1項）。届出期間は，基準日ごとに基準日から50日以内ではない。よって，本肢は誤り。

❹ **誤** 買主が宅建業者である場合，資力確保措置の義務を負わない。

　買主が宅建業者である場合，売主である宅建業者は，住宅販売瑕疵担保保証金の供託又は住宅販売瑕疵担保責任保険契約の締結による資力確保措置を講ずる義務を負わない（住宅瑕疵担保履行法2条7項2号ロかっこ書）。買主Bは，宅建業者である。よって，本肢は誤り。

問46	住宅金融支援機構法	解答 ❷	合格者正解率	不合格者正解率	受験者正解率
			92.1%	73.1%	84.3%

❶ **正** 機構は，証券化支援事業（買取型）において，民間金融機関が貸し付けた住宅ローンを買い取ることによって民間金融機関がかかえる長期の貸し出しリスクを低減させるという役割を担っている。機構が買い取った住宅ローンは，最終的にはMBS（資産担保証券）に証券化され，債券市場で流通することになる。債券市場で投資家がMBSを購入することにより，機構は住宅ローン債権の買取り資金を調達している。よって，本肢は正しい。

❷ **誤** 元金返済の据置期間を設けることができる。

　機構は，災害復興建築物の建設又は購入に必要な資金の貸付けを行う（機構法13条1項5号）。そして，この貸付金について，機構は，主務大臣と協議して定めることにより元金返済の据置期間を設けることができる（機構業務方法書24条2項1号）。よって，本肢は誤りであり，本問の正解肢となる。

❸ **正** 機構は，住宅の建設又は購入に必要な資金の貸付けに係る貸付債権の譲受けを行う（証券化支援事業（買取型），機構法 13 条 1 項 1 号）。この貸付債権の対象に「自ら居住する住宅又は自ら居住する住宅以外の親族の居住の用に供する住宅を建設し，又は購入する者に対する貸付けに係る」債権は含まれているが，「賃貸住宅の建設又は購入に必要な資金の貸付けに係る金融機関の貸付債権」は含まれていない（機構業務方法書 3 条各号参照）。よって，本肢は正しい。

❹ **正** 機構は，貸付けを受けた者とあらかじめ契約を締結して，その者が死亡した場合に支払われる生命保険の保険金を当該貸付けに係る債務の弁済に充当する団体信用生命保険を業務として行っている（機構法 13 条 1 項 10 号）。よって，本肢は正しい。

問47	不当景品類及び不当表示防止法	解答 ❶	合格者正解率 98.3%	不合格者正解率 90.2%	受験者正解率 95.0%

❶ **正** 路地状部分のみで道路に接する土地であって，その路地状部分の面積が当該土地面積のおおむね 30％以上を占めるときは，路地状部分を含む旨及び路地状部分の割合又は面積を明示しなければならない（表示規約規則 8 条 4 号）。よって，本肢は正しく，本問の正解肢となる。

❷ **誤** 道路距離により算出した所要時間を表示する。

徒歩による所要時間は，道路距離 80 メートルにつき 1 分間を要するものとして算出した数値を表示する（表示規約規則 10 条 10 号）。実際に歩いたときの所要時間を表示するのではない。よって，本肢は誤り。

❸ **誤** 建築確認を受けていることが必要である。

事業者は，宅地の造成又は建物の建築に関する工事の完了前においては，宅建業法 33 条に規定する許可等の処分があった後でなければ，当該工事に係る宅地又は建物の内容又は取引条件その他取引に関する広告表示をしてはならない（表示規約 5 条）。予告広告である旨及び契約又は予約の申込みには応じられない旨を明瞭に表示していても，建築確認を受けていなければ広告表示をすることはできない。よって，本肢は誤り。

❹ **誤** 平均額の表示ではない。

管理費については，1 戸当たりの月額（予定額であるときは，その旨）を表示すること。ただし，住戸により管理費の額が異なる場合において，そのすべての住宅の管理費を示すことが困難であるときは，最低額及び最高額のみで表示することができる（表示規約規則 10 条 41 号）。すべての住宅の管理費を示すことが困難であるときは，全住戸の管理費の平均額を表示するのではない。よって，本肢は誤り。

問 48	不動産の需給・統計	解答 ③	合格者正解率 95.3%	不合格者正解率 81.5%	受験者正解率 89.7%

❶ **誤** 住宅地について上昇である。

　令和2年地価公示（令和2年3月公表）によれば，平成31年1月以降の1年間の地価変動は，全国平均では，住宅地は3年連続で上昇し，商業地は5年連続で上昇している。よって，「住宅地については下落であった」とする本肢は誤り。

❷ **誤** 横ばいで推移している。

　令和2年版土地白書（令和2年6月公表）によれば，土地取引について，売買による所有権の移転登記の件数でその動向をみると，令和元年の全国の土地取引件数は約131万件となり，横ばいで推移している。よって，「前年に比べて大きく増加した」とする本肢は誤り。

❸ **正** 建築着工統計（令和2年1月公表）によれば，平成31年1月から令和元年12月までの持家の新設住宅着工戸数は前年比1.9％増，分譲住宅の新設住宅着工戸数は前年比4.9％増であり，それぞれ前年に比べて増加したが，貸家の新設住宅着工戸数は前年比13.7％減であり，前年に比べて減少した。よって，本肢は正しく，本問の正解肢となる。

❹ **誤** いずれも5％以下ではない。

　平成30年度法人企業統計調査（令和元年9月公表）によれば，不動産業の売上高経常利益率は，平成26年度は12.6％，平成27年度は10.9％，平成28年度は12.4％，平成29年度は14.0％，平成30年度は11.1％である。よって，「いずれも5％以下となっている」とする本肢は誤り。

問 49	土地	解答 ④	合格者正解率 99.0%	不合格者正解率 93.4%	受験者正解率 96.7%

❶ **適当** 都市の中小河川の氾濫被害の原因としては，急速な都市化，宅地化により，降雨時に雨水が短時間に大量に流れ込むことや，本流の河川の改修が進んだにもかかわらず，これに流入する支流との間の流量が十分調整されていないことが挙げられる。よって，本肢は適当である。

❷ **適当** 例えば，等高線の間隔の大きい河口付近では，傾斜がほとんどなく，ほぼ平坦であることから，河川の氾濫により河川より離れた場所でも浸水する可能性が高くなる。したがって，宅地選定に当たって，その地点だけでなく，周辺の地形と防災施設に十分注意することが必要である。よって，本肢は適当である。

❸ **適当** 地盤の液状化は，ゆるい地盤が多くの水を保水しているところで起こりやすい。したがって，宅地の地盤条件についてあらかじめ調べておくことが重要である。

地盤条件は過去の地形とも関係するので，過去にいかなる地形であったかについても過去の地形図や古地図等で確認することが必要である。よって，本肢は適当である。

❹ **不適当** 周辺住民の意見を聴くべきである。

地形や地質的な条件については，十分にチェックすることは難しいため，周辺の住民の意見を聴く等のことが必要である。よって，本肢は最も不適当であり，本問の正解肢となる。

問50	建物	解答 ❸	合格者正解率	不合格者正解率	受験者正解率
			33.0%	29.7%	31.7%

❶ **適当** 建物は，大きく基礎構造と上部構造からなり，基礎構造は地業と基礎盤から構成されている。よって，本肢は適当である。なお，地業とは，建物の基礎を支えることができるように砂利や割栗石（わりぐりいし）等を用いて地面を加工することをいう。

❷ **適当** 基礎の種類には，直接基礎と杭基礎がある。よって，本肢は適当である。なお，直接基礎とは，地盤に直に基礎を築く工法であり，建物を建てる敷地が硬く，良好な地盤である場合に用いる。杭基礎とは，円筒状の柱（杭）を地面に打ち込み，基礎を安定させる工法であり，地盤が軟弱で，支持層（建物を支えることができる硬い地盤）が地中深い場合などに用いる。

❸ **不適当** べた基礎と布基礎の特徴が逆である。

直接基礎の種類には，柱の下に設ける独立基礎，建物の壁に沿ってコンクリートを打って作る布基礎（連続基礎），壁部分だけではなく住宅の底部全体に鉄筋コンクリートを流し込んだべた基礎，がある。本肢の記述は，べた基礎と布基礎の特徴が逆である。よって，本肢は最も不適当であり，本問の正解肢となる。

❹ **適当** 上部構造は，柱，はり等の重力，風力，地震力等の荷重に耐える役目を負う主要構造と，屋根，壁，床等の仕上げ部分等から構成される。よって，本肢は適当である。

2021年版 出る順宅建士 過去30年良問厳選問題集

令和 **2** 年度

12月試験 解答・解説

付録②

 合格基準点 **36**点

◈出題項目・正解一覧＆成績診断
◈解答・解説

出題項目・正解一覧＆成績診断

科目	問	出題項目	正解	チェック	科目	問	出題項目	正解	チェック
権利関係	1	不法行為	3	☐☐	宅建業法	26	宅建業法総合	2	☐☐
	2	代理	1	☐☐		27	広告等に関する規制	3	☐☐
	3	民法－その他の問題点	4	☐☐		28	媒介・代理契約	1	☐☐
	4	債務不履行・解除	2	☐☐		29	宅建業法総合	3	☐☐
	5	時効	2	☐☐		30	弁済業務保証金	2	☐☐
	6	賃貸借	1	☐☐		31	免許	3	☐☐
	7	民法総合	2	☐☐		32	重要事項の説明	4	☐☐
	8	相続	3	☐☐		33	営業保証金	4	☐☐
	9	地役権	1	☐☐		34	報酬額の制限	4	☐☐
	10	共有	4	☐☐		35	37条書面	3	☐☐
	11	借地借家法（借地）	4	☐☐		36	その他の業務上の規制	3	☐☐
	12	借地借家法（借家）	3	☐☐		37	37条書面	1	☐☐
	13	建物区分所有法	3	☐☐		38	宅地建物取引士	1	☐☐
	14	不動産登記法	2	☐☐		39	クーリング・オフ	1	☐☐
法令上の制限	15	都市計画法：都市計画区域・準都市計画区域	2	☐☐		40	その他の業務上の規制	4	☐☐
	16	都市計画法：開発行為の規制等	2	☐☐		41	事務所の設置	2	☐☐
	17	建築基準法総合	1	☐☐		42	重要事項の説明	1	☐☐
	18	建築基準法総合	4	☐☐		43	宅地建物取引士	4	☐☐
	19	宅地造成等規制法	1	☐☐		44	宅地建物取引業の意味	2	☐☐
	20	土地区画整理法	3	☐☐		45	瑕疵担保履行法	4	☐☐
	21	農地法	3	☐☐	5問免除	46	住宅金融支援機構法	4	☐☐
	22	国土利用計画法	4	☐☐		47	景品表示法	2	☐☐
税・価格	23	登録免許税	1	☐☐		48	不動産の需給・統計	2	☐☐
	24	固定資産税	3	☐☐		49	土地	3	☐☐
	25	地価公示法	1	☐☐		50	建物	3	☐☐

科目別の成績		総合成績
科目（問題番号）	**正答／正答目標**	**合計**
権利関係（問1～問14）	点／9点	
宅建業法（問26～問45）	点／18点	
法令上の制限（問15～問22）	点／6点	**点**
税・価格（問23～問25）	点／2点	この回の合格基準点は
5問免除（問46～問50）	点／4点	**36**点です。

問1	不法行為	解答 ❸	合格者正解率 48.9%	不合格者正解率 42.2%	受験者正解率 47.5%

❶ **正** 設計者や施工者は，設計契約や建築請負契約の当事者に対して，契約不適合責任に基づく損害賠償責任を負うことがある（民法559条，562条1項，564条，415条）。また，当該建物の居住者に生じた損害が，設計者や施工者の故意又は過失による場合，当該設計者や施工者は居住者に対しても不法行為に基づく損害賠償責任を負うことがある（民法709条）。よって，本肢は正しい。

❷ **正** 被用者が使用者の事業の執行について第三者に損害を与え，「被用者」が第三者に対してその損害を賠償した場合には，被用者は，損害の公平な分担という見地から相当と認められる額について，使用者に対して求償することができる（いわゆる「逆求償」，判例，民法715条3項参照）。よって，本肢は正しい。

❸ **誤** 同居する配偶者が直ちに監督義務者になるわけではない。

責任無能力者が第三者に与えた損害につき，当該責任無能力者が不法行為責任を負わない場合において，当該責任無能力者の監督義務者がその義務を怠らなかったとき又はその義務を怠らなくても損害が生ずべきであったときを除き，当該監督義務者が当該損害を賠償する責任を負う（民法714条1項）。しかし，配偶者が責任無能力者と同居するからといって，直ちに当該配偶者が法定の「監督義務者」となるわけではない。本肢の場合，責任無能力者と同居する配偶者が損害賠償責任を負うとは限らない。よって，本肢は誤りであり，本問の正解肢となる。

❹ **正** 人の生命又は身体を害する不法行為による損害賠償請求権は，被害者又はその法定代理人が損害及び加害者を「知った時から5年間」行使しない場合は，時効により消滅する（民法724条1号，724条の2）。よって，本肢は正しい。

問2	代理	解答 ❶	合格者正解率 73.6%	不合格者正解率 48.9%	受験者正解率 68.5%

❶ **正** 代理人が自己又は第三者の利益を図る目的で代理権の範囲内の行為をした場合において，相手方がその目的を知り，又は知ることができたときは，その行為は，代理権を有しない者がした行為とみなす（民法107条）。無権代理とみなされるということである。よって，本肢は正しく，本問の正解肢となる。

❷ **誤** Bの代理行為は無権代理とみなされる。

同一の法律行為について，当事者双方の代理人としてした行為は，代理権を有しない者がした行為とみなす（民法108条1項本文，双方代理）。双方代理は原則として無権代理とみなされるのであって，損害の発生とは無関係である。よって，本肢は誤り。

❸ 誤 AはEに対して甲土地を引き渡す責任を負うことがある。

　代理権の消滅した後の代理行為は、原則として、無権代理行為となり、その行為は無効となる（民法113条1項）。しかし、その場合でも、相手方が、代理人に以前と同様に代理権があるものと善意無過失で信頼したときには、契約は有効となる（表見代理、民法112条1項）。本肢の場合、相手方Eが善意無過失であれば、売買契約は有効となることから、AはEに対して甲土地を引き渡す責任を負うことになる。よって、本肢は誤り。

❹ 誤 売買契約締結時から効力を生ずる。

　代理権を有しない者が他人の代理人としてした契約は、本人が追認をしなければ、本人に対してその効力を生じない（民法113条1項）。この追認は、別段の意思表示がないときは、契約の時にさかのぼってその効力を生ずる（民法116条本文、追認の遡及効）。本肢の場合、AのFに対する追認により、Bの代理行為は「売買契約締結の時から」効力を生ずることになる。「追認の時から」ではない。よって、本肢は誤り。

問 3	民法 –　その他の問題点	解答 ❹	合格者正解率 **87.9%**	不合格者正解率 **66.7%**	受験者正解率 **83.6%**

❶ 誤 死亡の場合には婚姻関係終了の意思表示が必要。

　姻族とは、自己の配偶者の血族又は自己の血族の配偶者をいう。この姻族関係が終了するのは、離婚による場合と、夫婦の一方が死亡し生存配偶者が姻族関係を終了させる意思表示をした場合である（民法728条）。したがって、姻族関係は、離婚の場合には当然に終了するが、夫婦の一方が死亡した場合には当然に終了するものではない。よって、本肢は誤り。

❷ 誤 離婚に伴う財産分与の請求には、相手方の有責不法行為は不要。

　離婚をした者の一方は、相手方に対して財産の分与を請求することができる（民法768条1項、771条）。この請求につき、相手方に有責不法の行為があることは要件とされておらず、離婚の事実により当然に発生する請求権である。よって、本肢は誤り。

❸ 誤 検察官は、未成年後見人選任の請求権者ではない。

　未成年者に対して親権を行う者がいないときは、家庭裁判所は、未成年被後見人又はその親族その他の利害関係人の請求によって、未成年後見人を選任する（民法840条1項前段）。検察官は、この請求権者に含まれない。また、未成年後見人を親族に限る旨の規定はない。よって、本肢は誤り。

❹ 正 夫婦が、婚姻の届出前に、その財産について別段の契約をしなかった場合、夫婦のいずれに属するか明らかではない財産は、その共有に属するものと推定する（民法755条、762条2項）。よって、本肢は正しく、本問の正解肢となる。

❶ **正** 債務の履行について不確定期限があるとき，債務者は，その期限の到来した後に履行の請求を受けた時又はその期限の到来したことを知った時のいずれか早い時から遅滞の責任を負う（民法412条2項）。期限の到来を知らなくても，期限到来後に履行の請求を受ければその時から遅滞の責任を負うことになる。よって，本肢は正しい。

❷ **誤** 増加額については債権者が負担する。

債権者が債務の履行を受けることを拒み，又は受けることができないことによって，その履行の費用が増加したときは，その増加額は，債権者の負担とする（民法413条2項）。よって，本肢は誤りであり，本問の正解肢となる。

❸ **正** 債務者がその債務について遅滞の責任を負っている間に当事者双方の責めに帰することができない事由によってその債務の履行が不能となったときは，その履行の不能は，債務者の責めに帰すべき事由によるものとみなす（民法413条の2第1項）。よって，本肢は正しい。

❹ **正** 契約に基づく債務の履行がその契約の成立の時に不能であったとしても，債務不履行を理由とする損害賠償請求が禁じられるわけではない（民法412条の2第2項）。そして，債務の不履行が債務者の責めに帰することができない事由によるものであるときは債務不履行を理由とする損害賠償を請求することはできないものとされている（民法415条1項）。したがって，債務者の責めに帰することができない事由によるものでない限り，損害の賠償を請求することができる。よって，本肢は正しい。

| 問 5 | 時効 | 解答 ❷ | 合格者正解率 64.4% | 不合格者正解率 33.3% | 受験者正解率 58.0% |

❶ **正** 消滅時効の援用権者である「当事者」については，債務者だけでなく，保証人，物上保証人，第三取得者その他権利の消滅について正当な利益を有する者を含む（民法145条）。よって，本肢は正しい。

❷ **誤** 権利が確定されない限り，時効は更新しない。

裁判上の請求がなされた場合，原則として，その事由が終了するまでの間は時効は完成しないので，本肢の前半は正しい（民法147条1項1号，時効の完成猶予）。しかし，確定判決等によって権利が確定することなくその事由が終了した場合にあっては，その終了の時から6カ月を経過するまでの間は時効は完成しない（民法147条1項かっこ書）。本肢の場合も，終了から6カ月を経過するまでの間は時効は完成しないのであって，終了した時から新たに時効の進行が始まるものではない。よって，本肢は誤りであ

り，本問の正解肢となる。

❸ 正 時効は，権利の承認があったときは，その時から新たにその進行が始まる（民法152条1項）。また，権利の承認をするには，相手方の権利についての処分につき行為能力の制限を受けていないことを要しない（民法152条2項）。よって，本肢は正しい。

❹ 正 夫婦の一方が他方に対して有する権利については，婚姻解消の時から6カ月を経過するまでの間は，時効は完成しない（民法159条，夫婦間の権利の時効の完成猶予）。よって，本肢は正しい。

問 6	賃貸借	解答 ❶	合格者正解率 21.8%	不合格者正解率 24.4%	受験者正解率 22.4%

❶ 誤 Aは合意解除をCに対抗することができる。

賃借人が適法に賃借物を転貸した場合には，賃貸人は，賃借人との間の賃貸借を合意により解除したことをもって転借人に対抗することができない。ただし，その解除の当時，賃貸人が賃借人の債務不履行による解除権を有していたときは，この限りでない（民法613条3項）。したがって，本肢の場合，AはBとの間の賃貸借契約を合意解除したことをCに対抗できる。よって，本肢は誤りであり，本問の正解肢となる。

❷ 正 転借人（C）の過失により目的物が滅失・毀損したときは，賃借人（B）は賃貸人（A）に対してその責任を負う（判例）。したがって，Cによる損害につき，BはAに対して賠償責任を負う。そして，当該損害の賠償は，賃貸人が返還を受けた時から1年以内に請求しなければならない（民法622条，600条1項）。よって，本肢は正しい。

❸ 正 建物の賃借人が賃借権の登記又は建物の引渡しを受けて賃貸借の対抗要件を備えた場合において，その不動産が譲渡されたときは，不動産の譲渡人（A）及び譲受人（D）が，賃貸人たる地位を譲渡人に留保する旨及びその不動産を譲受人が譲渡人に賃貸する旨の合意をしたときでない限り，不動産の賃貸人たる地位は，その譲受人に移転する（民法605条の2第1項，2項，605条，借地借家法31条）。よって，本肢は正しい。

❹ 正 賃借人が適法に転貸したときは，転借人（C）は，賃貸人（A）と賃借人（B）との間の賃貸借に基づく賃借人の債務の範囲を限度として，賃貸人に対して転貸借に基づく債務を直接履行する義務を負う。この場合においては，賃料の前払をもって賃貸人に対抗することができない（民法613条1項）。よって，本肢は正しい。

問	民法総合	解答	❷	合格者正解率	不合格者正解率	受験者正解率
7				78.2%	60.0%	74.4%

❶　**誤**　数量に関する契約不適合責任については通知期間の制限はない。

　引き渡された目的物が数量に関して契約の内容に適合しないものであるときは，買主は売主に対して，代金の減額請求をしうる（民法562条1項，563条1項）。そして，数量に関する契約不適合責任については，買主から売主への通知の期間を制限する規定はない（民法566条参照）。よって，本肢は誤り。

❷　**正**　債務者の債務の履行が不能であるときは，債権者は，これによって生じた損害の賠償を請求することができる。ただし，その債務の不履行が契約その他の債務の発生原因及び取引上の社会通念に照らして債務者の責めに帰することができない事由によるものであるときは，この限りでない（民法415条1項）。したがって，不履行がAの責めに帰することができない事由によるものであるときを除き，BはAに対して債務不履行による損害賠償請求をすることができる。よって，本肢は正しく，本問の正解肢となる。

❸　**誤**　原則として，利率は「年3％」である。

　金銭の給付を目的とする債務の不履行については，その損害賠償の額は，原則として，債務者が遅滞の責任を負った最初の時点における法定利率によって定める（民法419条1項本文）。そして，この法定利率は，原則として，年3％である（民法404条2項）。「年5％」ではない。よって，本肢は誤り。

❹　**誤**　錯誤の場合は「無効」ではなく，「取消し」である。

　錯誤に基づく意思表示は，その錯誤が法律行為の目的及び取引上の社会通念に照らして重要なものであるときは，「取り消す」ことができる（民法95条1項）。「無効」の主張ができるものではない。よって，本肢は誤り。

問	相続	解答	❸	合格者正解率	不合格者正解率	受験者正解率
8				30.5%	26.7%	29.7%

ア　**誤**　代襲相続人の相続分は，その直系尊属の相続分と同じとなる。

　本肢において，仮にAの子である長男と次男が相続人となる場合，A死亡による法定相続分は，長男が2分の1，次男が2分の1である（民法900条4号本文）。相続開始以前に被相続人の子が死亡，欠格事由，廃除事由に該当するときは，その者の子が代襲して相続人となる（民法887条2項）。そして，代襲相続人が数人いる場合の各相続分の合計は被相続人の子が受けるべきであったものと同じとなる（民法901条1項）。したがって，本肢においてAが死亡し，長男の子B及びC，次男の子Dが相続人となる場

合の法定相続分は，Bが4分の1，Cが4分の1，Dが2分の1となり，B及びCがそれぞれ3,000万円，Dが6,000万円を相続する。よって，本肢は誤り。

イ　正　アの解説のとおり，本肢においてAが死亡し，B，C，Dが相続人となる場合の法定相続分は，Bが4分の1，Cが4分の1，Dが2分の1となり，B及びCがそれぞれ3,000万円，Dが6,000万円を相続する。よって，本肢は正しい。

ウ　正　直系尊属が相続人になる場合において，祖父母のみが相続人となるときは，父方であるか母方であるかにかかわらず，各自の相続分は相等しいものとなる（民法900条4号本文）。肢ア，イのように孫が代襲相続する場合と異なり，各祖父母は等しい割合（頭割り）で相続する。したがって，Aが死亡した場合の直系尊属であるE，F，Gの法定相続分は3分の1ずつであり，それぞれ4,000万円を相続する。よって，本肢は正しい。

エ　誤　直系尊属が数人あるときは，各自の相続分は相等しい。

ウの解説のとおり，Aが死亡した場合のE，F，Gの法定相続分は3分の1であり，それぞれ4,000万円を相続する。よって，本肢は誤り。

以上より，正しいものはイ，ウであり，3が本問の正解肢となる。

問9	地役権	解答❶	合格者正解率	不合格者正解率	受験者正解率
			43.7%	**26.7%**	**40.2%**

❶　誤　継続的行使と外形上の認識可能性の両方が必要である。

地役権は，継続的に行使され，かつ，外形上認識することができるものに限り，時効によって取得することができる（民法283条）。「かつ」であり，「又は」ではない。継続的行使と外形上認識可能の両方が必要という意味であり，いずれかでは足りないということである。よって，本肢は誤りであり，本問の正解肢となる。

❷　正　地役権者は，設定行為で定めた目的に従い，他人の土地（承役地）を自己の土地（要役地）の便益に供する権利を有する（民法280条本文）。よって，本肢は正しい。

❸　正　設定行為又は設定後の契約により，承役地の所有者が自己の費用で地役権の行使のために工作物を設け，又はその修繕をする義務を負担したときは，承役地の所有者の特定承継人も，その義務を負担する（民法286条）。よって，本肢は正しい。

❹　正　地役権は，要役地の所有権に従たるものとして，その所有権とともに移転する（民法281条1項本文）。そのため，要役地の所有権の取得とともに地役権を取得した者は，要役地の所有権の取得を承役地の所有者に対抗しうるときは，地役権の取得についても承役地の所有者に対抗できる。よって，本肢は正しい。

❶ **正** 各共有者の持分は，相等しいものと推定する（民法 250 条）。したがって，各共有者の持分が不明な場合，持分は平等と推定される。よって，本肢は正しい。

❷ **正** 各共有者は，他の共有者の同意を得なければ，共有物に変更を加えることができない（民法 251 条）。よって，本肢は正しい。なお，この同意は，共有者全員の同意を意味する。

❸ **正** 共有物の保存行為は，各共有者がすることができる（民法 252 条但書）。保存行為は，各共有者が単独ですることができるという意味である。よって，本肢は正しい。

❹ **誤** 死亡した共有者の持分は他の共有者に帰属する。国庫には帰属しない。

共有者の 1 人が，その持分を放棄したとき，又は死亡して相続人がいないときは，その持分は,他の共有者に帰属する(民法 255 条)。国庫に帰属するわけではない。よって，本肢は誤りであり，本問の正解肢となる。なお，共有者の 1 人が死亡し，相続人の不存在が確定した場合，その持分は，まず民法 958 条の 3 の規定に基づく特別縁故者に対する財産分与の対象となり，この財産分与がなされない場合に他の共有者に帰属することになる（判例）。いずれにしろ，国庫に帰属することにはならない。

❶ **誤** 表示に関する登記でも第三者に対抗できる。

借地権の登記がなくても，借地権者が土地の上に登記されている建物を所有するときは，これをもって第三者に対抗することができる（借地借家法 10 条 1 項）。この場合の登記は，権利の登記に限られることはなく，表示に関する登記でもよい（判例）。よって，本肢は誤り。

❷ **誤** 建物に登記がなければ第三者に対抗することができない。

借地権者が登記ある建物を滅失したとしても，建物が滅失した日から 2 年以内に新たな建物を築造し，かつ，その建物につき登記をすれば，建物が滅失した日から 2 年を経過した後も借地権を第三者に対抗することができる（借地借家法 10 条 2 項但書）。本肢は「築造すれば対抗できる」としているが，築造だけでは足りず登記を備えなければ第三者に対抗することはできない。よって，本肢は誤り。

❸ **誤** 転借人は，賃借人の対抗力ある賃借権をもって第三者に対抗できる。

賃借人が対抗力のある建物を所有している場合は，適法な転借人は自ら対抗力を備えていなくても，賃借人の対抗力ある賃借権を援用して，転借権を第三者に対抗すること

ができる（判例）。よって，本肢は誤り。

❹ 正　一筆の土地の上に借地権者の所有する数棟の建物がある場合は，そのうちの一棟について登記があれば，対抗力は土地全部に及ぶ（判例）。よって，本肢は正しく，本問の正解肢となる。

問12	借地借家法（借家）	解答❸	合格者正解率	不合格者正解率	受験者正解率
			79.9%	53.3%	74.4%

❶ 正　賃借物の修繕が必要である場合において，賃借人が賃貸人に修繕が必要である旨を通知し，又は賃貸人がその旨を知ったにもかかわらず，賃貸人が相当の期間内に必要な修繕をしないときは，賃借人は，修繕をすることができる（民法607条の2第1号）。よって，本肢は正しい。

❷ 正　賃借人が賃貸人に無断で第三者と転貸借契約を締結し，当該第三者に賃借物の使用又は収益をさせたときは，賃貸人は，契約の解除をすることができる（民法612条2項）。もっとも，賃貸人に対する背信的行為と認めるに足りない特段の事情があるときは，賃貸人は賃貸借契約の解除をすることができない（判例）。よって，本肢は正しい。

❸ 誤　契約の更新がない旨を記載した書面を交付して説明しなければならない。

　期間の定めがある建物の賃貸借（定期建物賃貸借）をする場合においては，建物の賃貸人は，あらかじめ，建物の賃借人に対し，同項の規定による建物の賃貸借は契約の更新がなく，期間の満了により当該建物の賃貸借は終了することについて，その旨を記載した書面を交付して説明しなければならない（借地借家法38条1項，2項）。そして，この説明書面は，契約書とは別個独立の書面であることを要する（判例）。本肢では契約書と異なる書面を交付して説明をしていないため定期建物賃貸借と認められるわけではない。よって，本肢は誤りであり，本問の正解肢となる。

❹ 正　居住の用に供する建物の賃借人が相続人なしに死亡した場合において，その当時婚姻の届出をしていないが，建物の賃借人と事実上夫婦同様の関係にあった同居者があるときは，その同居者は，建物の賃借人の権利義務を承継する。ただし，相続人なしに死亡したことを知った後1月以内に建物の賃貸人に反対の意思を表示したときは，この限りでない（借地借家法36条1項）。よって，本肢は正しい。

問13	建物区分所有法	解答❸	合格者正解率	不合格者正解率	受験者正解率
			97.7%	71.1%	92.2%

❶ 正　規約の保管場所は，建物内の見やすい場所に掲示しなければならない（区分

所有法 33 条 3 項)。よって，本肢は正しい。なお，規約そのものの掲示義務はない。

❷ **正** 管理者は，規約に特別の定めがあるときは，共用部分を所有することができる（管理所有，区分所有法 11 条 2 項，27 条 1 項）。よって，本肢は正しい。

❸ **誤** 特定承継人に対しても効力を生ずる。

規約及び集会の決議は，区分所有者の特定承継人に対しても，その効力を生ずる（区分所有法 46 条 1 項）。よって，本肢は誤りであり，本問の正解肢となる。なお，特定承継人とは，たとえば売買であれば買主のことである。

❹ **正** 区分所有者は，規約に別段の定めがない限り集会の決議によって，管理者を解任することができる（区分所有法 25 条 1 項）。よって，本肢は正しい。

問 14	不動産登記法	解答 ❷	合格者正解率 33.3%	不合格者正解率 20.0%	受験者正解率 30.6%

❶ **正** 表題部所有者又は所有権の登記名義人が表示に関する登記の申請人となることができる場合において，当該表題部所有者又は登記名義人について相続その他の一般承継があったときは，相続人その他の一般承継人は，当該表示に関する登記を申請することができる（不登法 30 条）。よって，本肢は正しい。

❷ **誤** 分筆の登記をすることができる。

登記官は，所有権の登記以外の権利に関する登記がある土地について分筆の登記をする場合において，当該分筆の登記の申請情報と併せて当該権利に関する登記に係る権利の登記名義人が当該権利を分筆後のいずれかの土地について消滅させることを承諾したことを証する情報が提供されたときは，当該承諾に係る土地について当該権利が消滅した旨を登記しなければならない（不登法 40 条）。このように，所有権の登記以外の権利に関する登記がある土地については，分筆の登記をすることができる旨を認めている。よって，本肢は誤りであり，本問の正解肢となる。

❸ **正** 区分建物が属する一棟の建物が新築された場合における当該区分建物についての表題登記の申請は，当該新築された一棟の建物についての表題登記の申請と併せてしなければならない（不登法 48 条 1 項）。よって，本肢は正しい。

❹ **正** 何人も，登記官に対し，手数料を納付して，登記簿の附属書類の閲覧を請求することができる。ただし，政令で定める図面以外のものについては，請求人が利害関係を有する部分に限られる（不登法 121 条 1 項，2 項，不動産登記規則 193 条 2 項 4 号）。ここで，「政令で定める図面」とは，土地所在図，地積測量図，地役権図面，建物図面及び各階平面図をいう（不動産登記令 21 条 1 項）。したがって，政令で定める図面に含まれない登記の申請書については，請求人が利害関係を有する部分に限り認められることとなる。よって，本肢は正しい。

❶ **誤** 少なくとも定めるものは，道路，公園，下水道である。

市街化区域及び区域区分が定められていない都市計画区域については，少なくとも「道路」，「公園」及び「下水道」を定めるものとされている（都計法 13 条 1 項 11 号）。「病院」を定めるものとはされていない。よって，本肢は誤り。

❷ **正** 市街地開発事業は，市街化区域又は区域区分が定められていない都市計画区域内において，一体的に開発し，又は整備する必要がある土地の区域について定めることとされている（都計法 13 条 1 項 12 号）。したがって，市街化調整区域に定めることはできない。よって，本肢は正しく，本問の正解肢となる。

❸ **誤** 都市計画区域は，都道府県又は国土交通大臣が指定する。

都市計画区域を指定するのは，都道府県又は国土交通大臣である（都計法 5 条 1 項，4 項）。市町村は指定することができない。よって，本肢は誤り。なお，都道府県が都市計画区域を指定しようとするときは，あらかじめ，関係市町村及び都道府県都市計画審議会の意見を聴くとともに，国土交通大臣に協議し，その同意を得なければならない（都計法 5 条 3 項）。また，国土交通大臣は，あらかじめ，関係都府県の意見を聴いて都市計画区域を指定する（都計法 5 条 4 項）。

❹ **誤** 高度地区を定めることができる。

準都市計画区域については，都市計画に，「高度地区」を定めることができる（都計法 8 条 2 項，1 項 3 号）。よって，本肢は誤り。なお，「高度利用地区」を定めることはできない。

❶ **誤** 非常災害のため必要な応急措置の場合，許可は不要。

市街化調整区域であっても，非常災害のため必要な応急措置として行う開発行為については，都道府県知事の許可は不要である（都計法 29 条 1 項但書 10 号）。よって，本肢は誤り。

❷ **正** 市街化区域であっても，駅舎その他の鉄道の施設，図書館，公民館，変電所等の建築の用に供する目的で行う開発行為については，都道府県知事の許可は不要である（都計法 29 条 1 項但書 3 号）。よって，本肢は正しく，本問の正解肢となる。

❸ **誤** 3,000㎡未満の開発行為については，許可は不要。

区域区分が定められていない都市計画区域において，3,000㎡未満の開発行為については，許可は不要とされる（都計法 29 条 1 項但書 1 号，施行令 19 条 1 項）。本肢では 2,000㎡のため，許可は不要である。よって，本肢は誤り。

④ 誤 原則として許可を受けなければならない。

　市街化調整区域において行う開発行為で，農業，林業又は漁業の業務を営む者の居住の用に供する建築物の建築の用に供する目的で行うものについては，開発許可は不要である（都計法29条1項但書2号）。しかし，これら以外の者が，自己の居住の用に供する住宅の建築の用に供する目的で行うものは，開発許可を受ける必要がある。よって，本肢は誤り。

問17	建築基準法総合	解答 ❶	合格者正解率	不合格者正解率	受験者正解率
			92.0%	68.9%	87.2%

❶ 誤 防火地域内の建築物に関する規定が適用される。

　建築物が防火地域及び準防火地域にわたる場合は，原則として，その全部について防火地域内の建築物に関する規定が適用される（建基法65条2項本文）。「敷地の属する面積が大きい方」ではない。よって，本肢は誤りであり，本問の正解肢となる。

❷ 正 建築物が倉庫の用途に供するもので，その用途に供する3階以上の部分の床面積の合計が200㎡以上の特殊建築物である場合には，当該建築物は耐火建築物としなければならない（建基法27条2項1号，別表第一）。よって，本肢は正しい。

❸ 正 高さ20mを超える建築物には，有効に避雷設備を設けなければならない。ただし，周囲の状況によって安全上支障がない場合においては，この限りでない（建基法33条）。よって，本肢は正しい。

❹ 正 階段には，手すりを設けなければならない。ただし，高さ1m以下の階段の部分には，手すりを設けなくてもよい（施行令25条1項，4項）。よって，本肢は正しい。

問18	建築基準法総合	解答 ❹	合格者正解率	不合格者正解率	受験者正解率
			83.3%	55.6%	77.6%

❶ 正 建築物の壁もしくはこれに代る柱は，壁面線を越えて建築してはならないが，地盤面下の部分又は特定行政庁が建築審査会の同意を得て許可した歩廊の柱その他これに類するものについては，この限りでないとされている（建基法47条）。よって，本肢は正しい。

❷ 正 特別用途地区内においては，地方公共団体は，その地区の指定の目的のために必要と認める場合においては，国土交通大臣の承認を得て，条例で，建築基準法の規定による建築物の用途制限を緩和することができる（建基法49条2項）。よって，本肢は正しい。

❸ 正 都市計画において建蔽率の限度が10分の8とされている地域内で，かつ，防

火地域内にある耐火建築物等については，建蔽率の制限は適用されない（建基法53条6項1号）。よって，本肢は正しい。

❹ 誤 北側斜線制限は適用される。

第一種・第二種低層住居専用地域，田園住居地域及び第一種・第二種中高層住居専用地域内においては，これらの地域が「良好な住居の環境を保護するため定める地域」であることから（都計法9条1項〜4項，8項），北側斜線制限の適用がある（建基法56条1項3号）。よって，本肢は誤りであり，本問の正解肢となる。

問19	宅地造成等規制法	解答❶	合格者正解率	不合格者正解率	受験者正解率
			89.1%	66.7%	84.5%

❶ 誤 指定は都道府県知事が行う。

都道府県知事（地方自治法に基づく指定都市，中核市及び施行時特例市にあってはその長）は，この法律の目的を達成するために必要があると認めるときは，関係市町村長（特別区の長を含む）の意見を聴いて，宅地造成に伴い災害が生ずるおそれが大きい市街地又は市街地となろうとする土地の区域であって，宅地造成に関する工事について規制を行う必要があるものを，宅地造成工事規制区域として指定することができる（宅造法3条1項）。よって，本肢は誤りであり，本問の正解肢となる。

❷ 正 宅地造成工事規制区域内において行われる宅地造成に関する工事に関し，高さが5メートルを超える擁壁を設置に係る工事は，政令で定める資格を有する者の設計によらなければならない（宅造法9条，宅造法施行令16条1号）。よって，本肢は正しい。

❸ 正 都道府県等は，測量又は調査のための土地の立入り行為により他人に損失を与えた場合においては，その損失を受けた者に対して，通常生ずべき損失を補償しなければならない（宅造法4条1項，7条1項）。よって，本肢は正しい。

❹ 正 宅地造成等規制法8条1項本文の許可を受けた造成主は，当該許可に係る工事を完了した場合においては，その工事が宅地造成に関する工事の技術的基準等に適合しているかどうかについて，都道府県知事（地方自治法に基づく指定都市，中核市及び施行時特例市にあってはその長）の検査を受けなければならない（宅造法9条1項，13条1項）。よって，本肢は正しい。

問20	土地区画整理法	解答❸	合格者正解率	不合格者正解率	受験者正解率
			55.2%	40.0%	52.1%

❶ 誤 「建築物」の賃借人に支払う必要はない。

公的施行では，土地区画整理事業の施行により，土地区画整理事業の施行後の宅地の

価額の総額が土地区画整理事業の施行前の宅地の価額の総額より減少した場合においては，その差額に相当する金額を，従前の「宅地」の所有者及びその「宅地」について地上権，永小作権，賃借権その他の宅地を使用し，又は収益することができる権利を有する者に対して，支払わなければならないとされている（区画法109条1項）。よって，本肢は誤り。

❷ 誤　仮換地の指定日ではない。

換地計画において定められた清算金は，換地処分の公告があった日の翌日において確定する（区画法104条8項，103条4項）。そして，清算金の徴収又は交付は，換地処分の公告があった日の翌日以降に行われる（区画法110条1項）。清算金は，仮換地をした時に徴収又は交付されるものではない。よって，本肢は誤り。

❸ 正　換地計画において換地を定める場合には，換地及び従前の宅地の位置，地積，土質，水利，利用状況，環境等が照応するように定めなければならない（換地照応の原則，区画法89条1項）。よって，本肢は正しく，本問の正解肢となる。

❹ 誤　土地区画整理組合は，宅地地積の適正化をできない。

公的施行では，土地区画整理事業の換地計画において，災害を防止し，及び衛生の向上を図るため宅地の地積の規模を適正にする特別な必要があると認められる場合においては，その換地計画に係る区域内の地積が小である宅地について，過小宅地とならないように換地を定めることができる（区画法91条1項，3条4項，5項，3条の2，3条の3）。よって，本肢は誤り。

問 21	農地法	解答 ❸	合格者正解率 83.9%	不合格者正解率 55.6%	受験者正解率 78.1%

令和2年度　12月試験　解答・解説

❶ 誤　農地法上の農地か否かは現況で判断する。

農地法上の「農地」にあたるかどうかは，現況で判断する。したがって，土地登記簿上の地目が山林であっても，現に農地として耕作している土地であれば，農地法上の「農地」となる（農地法2条1項）。よって，本肢は誤り。

❷ 誤　贈与の場合も農地法3条1項の許可を要する。

農地又は採草放牧地について所有権を移転し，又は地上権，永小作権，質権，使用貸借による権利，賃借権もしくはその他の使用及び収益を目的とする権利を設定し，もしくは移転する場合には，政令で定めるところにより，当事者が農業委員会の許可を受けなければならない（農地法3条1項本文）。親から子への農地の一括贈与の場合も，所有権の移転にあたるため，農地法3条1項の許可が必要である。よって，本肢は誤り。

❸ 正　農地又は採草放牧地について所有権を移転し，又は地上権，永小作権，質権，使用貸借による権利，賃借権もしくはその他の使用及び収益を目的とする権利を設定し，もしくは移転する場合には，政令で定めるところにより，当事者が農業委員会の許可を

受けなければならない（農地法3条1項本文）。所有権の移転には，売買等の契約に限らず，競売によって所有権が移転する場合も含む。よって，本肢は正しく，本問の正解肢となる。

❹ **誤** 農地法4条1項の許可は，都道府県知事等が行う。

農地を農地以外のものに転用する者は，都道府県知事等の許可を受けなければならない（農地法4条1項）。「農林水産大臣」の許可ではない。よって，本肢は誤り。

問 22	国土利用計画法	解答 ❹	合格者正解率	不合格者正解率	受験者正解率
			65.5%	33.3%	58.9%

❶ **誤** 対価の額は，勧告・公表をすることができない。

都道府県知事は，土地の利用目的に従った土地利用が土地利用基本計画等に適合せず，当該土地を含む周辺の地域の適正かつ合理的な土地利用を図るために著しい支障があると認めるときは，届出に係る土地の利用目的について必要な変更をすべきことを勧告することができる。そして，勧告を受けた者が勧告に従わないときは，その旨及びその勧告の内容を公表することができる（国土法24条1項，26条）。しかし，対価の額については勧告することができず，公表することもできない。よって，本肢は誤り。

❷ **誤** 本肢のような勧告はなく，罰則の適用はある。

必要な事後届出を行わなかった場合に，事後届出を行うように勧告する制度はない。他方，事後届出を怠った場合，6月以下の懲役刑又は100万円以下の罰金刑という罰則がある（国土法23条1項，47条1号）。よって，本肢は誤り。

❸ **誤** 国と取引をした場合，事後届出は不要。

当事者の一方又は双方が国等である場合，事後届出の必要はない（国土法23条2項3号）。よって，本肢は誤り。

❹ **正** 本肢において，対価が支払われていることから，権利取得者であるCによる事後届出が必要となる地上権設定契約が締結されたものといえる（国土法23条1項6号）。そして，本肢の土地は都市計画区域外の面積が11,000㎡の土地であり，10,000㎡以上であることから，事後届出が必要となる（国土法23条2項1号ハ）。よって，本肢は正しく，本問の正解肢となる。

問 23	登録免許税	解答 ❶	合格者正解率	不合格者正解率	受験者正解率
			84.5%	57.8%	79.0%

❶ **正** 住宅用家屋の所有権の移転の登記に係る登録免許税の税率の軽減措置の適用を受けるためには，やむを得ない事情がある場合を除き，適用対象となる住宅用家屋の

取得後1年以内に所有権の移転登記を受ける必要がある（租特法73条）。よって，本肢は正しく，本問の正解肢となる。

❷ 誤 相続による場合には適用されない。

住宅用家屋の所有権の移転の登記に係る登録免許税の税率の軽減措置の適用を受けることができるのは，売買又は競落により住宅用家屋を取得した場合に限られる（租特法73条，施行令42条3項）。したがって，相続により取得した場合には，適用されない。よって，本肢は誤り。

❸ 誤 実際の取引価格ではない。

登録免許税の課税標準たる不動産の価額は，原則として，固定資産課税台帳登録価格である（登免法10条1項，附則7条）。したがって，売買契約書に記載された実際の取引価格ではない。よって，本肢は誤り。

❹ 誤 再度の適用を受けることができる。

過去に住宅用家屋の所有権の移転の登記に係る登録免許税の税率の軽減措置の適用を受けた者であっても，新たに取得した住宅用家屋について再度この措置の適用を受けることができる（租特法73条，施行令42条，規則25条の2）。よって，本肢は誤り。

問24	固定資産税	解答❸	合格者正解率	不合格者正解率	受験者正解率
			94.3%	68.9%	89.0%

❶ 誤 還付を受けることができるとする規定はない。

本肢のような場合に，固定資産税額の還付を受けることができるとする規定はない。よって，本肢は誤り。

❷ 誤 固定資産税の税率につき上限を定める規定はない。

固定資産税の標準税率は，100分の1.4である（地方税法350条1項）。そして，市町村は，一定の場合に，固定資産税の税率を変更して100分の1.7を超える税率で固定資産税を課する旨の条例を制定しようとするときは，当該市町村の議会において，当該納税義務者の意見を聴くものとされている（地方税法350条2項）。1.7%を超えることができないわけではない。よって，本肢は誤り。

❸ 正 固定資産税の納期は，4月，7月，12月及び2月中において，当該市町村の条例で定める。ただし，特別の事情がある場合においては，これと異なる納期を定めることができる（地方税法362条1項）。よって，本肢は正しく，本問の正解肢となる。

❹ 誤 2分の1ではなく6分の1である。

住宅用地に対する固定資産税の課税標準の特例により，住宅用地でその面積が200㎡以下であるものに対して課する固定資産税の課税標準は，課税標準となるべき価格の6分の1の額とする（地方税法349条の3の2第2項1号）。よって，本肢は誤り。

❶ **正** 標準地は，土地鑑定委員会が選定する（地価公示法3条）。標準地の選定は，土地の用途が同質と認められるまとまりのある地域において，土地の利用状況，環境，地積，形状等が当該地域において通常であると認められる一団の土地について行う（規則3条）。したがって，土地に地上権が存する場合であっても，標準地として選定することができる。よって，本肢は正しく，本問の正解肢となる。

❷ **誤** それぞれの不動産鑑定士が鑑定評価書を提出する。

土地鑑定委員会は，標準地について，二人以上の不動産鑑定士の鑑定評価を求める（地価公示法2条1項）。標準地の鑑定評価を行った不動産鑑定士は，土地鑑定委員会に対し，鑑定評価額その他の国土交通省令で定める事項を記載した鑑定評価書を提出しなければならない（地価公示法5条）。それぞれの不動産鑑定士が鑑定評価書を提出するのであり，連名で提出するのではない。鑑定評価を行った不動産鑑定士の氏名及び住所が鑑定評価書の記載事項となっているが，連名とされていない（規則4条1項4号）。よって，本肢は誤り。

❸ **誤** 当該標準地の価格の総額は官報で公示しない。

土地鑑定委員会は，標準地の単位面積当たりの正常な価格を判定したときは，標準地の単位面積当たりの価格及び価格判定の基準日は官報で公示する（地価公示法6条2号）。しかし，当該標準地の価格の総額は官報で公示しない（地価公示法6条，規則5条参照）。よって，本肢は誤り。

❹ **誤** 公示価格を規準としなければならない。

土地収用法その他の法律によって土地を収用することができる事業を行う者は，公示区域内の土地を当該事業の用に供するため取得する場合において，当該土地の取得価格を定めるときは，公示価格を規準としなければならない（地価公示法9条）。公示価格を規準とするとは，対象土地の価格を求めるに際して，当該対象土地とこれに類似する利用価値を有すると認められる一又は二以上の標準地との位置，地積，環境等の土地の客観的価値に作用する諸要因についての比較を行い，その結果に基づき，当該標準地の公示価格と当該対象土地との間に均衡を保たせることをいう（地価公示法11条）。公示価格と同額としなければならないのではない。よって，本肢は誤り。

❶ **誤** 代金の貸借のあっせんをすることは禁止されていない。

宅建業者は，手付について貸付けその他信用の供与をすることにより契約の締結を誘引してはならない（業法47条3号）。この規制を受けるのは「手付」であり「代金」は規制を受けない。また，ここでいう信用の供与とは，具体的には，「貸付け」，「分割払い」，「後払い」などをいい，「貸借のあっせん」は含まれていない。したがって，「貸借のあっせん」は禁止されていない。よって，本肢は誤り。

❷ **正** 免許権者である国土交通大臣又は都道府県知事は，宅建業者が宅建業に関し不正な行為をし，情状が特に重い場合は，免許を取り消さなければならない（業法66条1項9号）。この場合において，当該宅建業者が法人である場合，取消しに係る聴聞の期日及び場所の公示の日前60日以内にその役員であった者で当該取消しの日から5年を経過しない宅地建物取引士は，その登録を消除される（業法68条の2第1項1号，18条1項3号）。よって，本肢は正しく，本問の正解肢となる。

❸ **誤** 自ら貸借は宅建業法の適用がない。

自ら貸借は，取引に当たらず，宅建業法の規定は適用されない（業法2条2号）。したがって，建築工事完了前の賃貸住宅について，宅建業者が借主として貸借の契約を締結することに何の問題もない。よって，本肢は誤り。

❹ **誤** 案内所に帳簿を備える必要はない。

宅建業者は，その事務所ごとに，その業務に関する帳簿を備えなければならない（業法49条）。しかし，案内所については，帳簿を備えなければならない旨の規定はない。よって，本肢は誤り。

問27 広告等に関する規制 解答❸

合格者正解率	不合格者正解率	受験者正解率
99.4%	88.9%	97.3%

❶ **誤** 誤認による損害が実際に発生しなくとも監督処分の対象となる。

広告の表示が実際のものよりも著しく優良又は有利であると人を誤認させるようなものは，誇大広告等の禁止にあたり，監督処分の対象となる（業法32条，65条2項2号，66条1項9号）。よって，本肢は誤り。

❷ **誤** 建築確認前は，申請中である旨の表示をしても広告することができない。

宅建業者は，宅地の造成又は建物の建築に関する工事の完了前においては，当該工事に関し必要とされる許可，確認等があった後でなければ，すべての取引態様における広告をすることができない（業法33条）。したがって，建築確認申請中である旨の表示をしている場合であっても広告をすることはできない。よって，本肢は誤り。

❸ **正** 宅建業者は，宅地の造成に関する工事の完了前においては，当該工事に関し必要とされる許可等の処分があった後でなければ，当該工事に係る宅地の売買その他の業務に関する広告をしてはならない（業法33条）。よって，本肢は正しく，本問の正解肢となる。

❹ 誤 テレビやインターネットを利用して行う広告も規制の対象となる。

　誇大広告等の規制における広告の媒体は，新聞の折込チラシ，配布用のチラシ，新聞，雑誌，テレビ，ラジオ又はインターネットのホームページ等種類を問わない（業法32条，解釈・運用の考え方）。よって，本肢は誤り。

問28	媒介・代理契約	解答❶	合格者正解率	不合格者正解率	受験者正解率
			82.8%	53.3%	76.7%

ア　誤 指定流通機構への登録は省略することができない。

　専任媒介契約を締結したときは，契約の相手方を探索するため契約締結の日から7日以内（休業日を除く）に指定流通機構に登録しなければならない（業法34条の2第5項，規則15条の10）。そして，登録しない旨の特約は無効であり（業法34条の2第10項），登録を省略することはできない。よって，本肢は誤り。

イ　誤 専属ではない専任媒介契約の報告義務は，2週間に1回以上。

　専属でない専任媒介契約においては，宅建業者は，依頼者に対し，業務の処理状況を2週間に1回以上報告しなければならない（業法34条の2第9項）。よって，本肢は誤り。なお，「1週間に1回以上」報告しなければならないのは，「専属専任媒介契約」である。

ウ　正 売買の媒介契約の書面には，媒介契約に違反した場合の措置を記載しなければならない。他の宅建業者を明示する義務がある一般媒介契約にあっては，依頼者が明示していない他の宅建業者の媒介又は代理によって売買又は交換の契約を成立させたときの措置を記載しなければならない（業法34条の2第1項8号，規則15条の9第3号）。よって，本肢は正しい。

エ　誤 不動産鑑定士に依頼する必要はない。

　宅建業者は，当該宅地又は建物を売買すべき価額又はその評価額について意見を述べるときは，その根拠を明らかにしなければならない（業法34条の2第2項）。しかし，その根拠について，価格査定マニュアルや同種の取引事例等他に合理的な説明がつくものであれば足り，不動産鑑定士に評価を依頼する必要はない（解釈・運用の考え方）。よって，本肢は誤り。

　以上より，正しいものはウの一つであり，1が本問の正解肢となる。

問29	宅建業法総合	解答❸	合格者正解率	不合格者正解率	受験者正解率
			86.2%	73.3%	83.6%

❶ 誤 免許換えの日から5年間である。

国土交通大臣に免許換えの申請を行い，その免許を受けた場合，当該免許の有効期間は国土交通大臣が免許を付与した日から5年となる（業法3条2項）。よって，本肢は誤り。

❷　誤　前の宅地建物取引士証の有効期間が経過するまでの期間である。

　登録の移転の申請とともに宅地建物取引士証の交付の申請があったときは，移転後の都道府県知事は，従前の宅地建物取引士証の有効期間が経過するまでの期間を有効期間とする宅地建物取引士証を交付しなければならない（業法22条の2第4項，第5項）。よって，本肢は誤り。

❸　正　宅地建物取引士は，自己が宅地建物取引士の登録を受けている都道府県知事以外の知事から事務禁止の処分を受けたときは，速やかに，宅地建物取引士証を交付を受けた都道府県知事に提出しなければならない（業法68条1項3号，4項，22条の2第7項）。よって，本肢は正しく，本問の正解肢となる。

❹　誤　案内所を設置する場合，免許換えの申請は不要である。

　案内所を設置しても，免許換えの必要はない。よって，本肢は誤り。なお，事務所の新設・廃止・移転の結果，免許権者に変更が生じる場合は免許換えが必要となる（業法3条1項，7条）。

問 30	弁済業務保証金	解答 ❷	合格者正解率 98.3%	不合格者正解率 77.8%	受験者正解率 94.1%

❶　誤　納付すべき額は150万円である。

　弁済業務保証金分担金の額は，主たる事務所につき60万円，その他の事務所につき事務所ごとに30万円の割合による金額の合計額である（業法64条の9第1項，施行令7条）。主たる事務所及びその他の事務所3の場合は，60万円＋30万円×3＝150万円となる。したがって，納付すべき額は150万円となる。よって，本肢は誤り。

❷　正　弁済業務保証金の還付があった場合に，保証協会から還付充当金を納付すべき旨の通知を受けた社員又は社員であった者は，その通知を受けた日から2週間以内に，還付充当金を当該保証協会に納付しなければならない（業法64条の10第2項）。よって，本肢は正しく，本問の正解肢となる。

❸　誤　加入できるのは，一つの保証協会のみ。

　一の保証協会の社員である者は，他の保証協会の社員となることができない（業法64条の4第1項）。よって，本肢は誤り。

❹　誤　認証は保証協会である。

　弁済業務保証金について還付請求をするためには，保証協会の認証を受ける必要がある（業法64条の8第2項）。免許権者である甲県知事の認証ではない。よって，本肢は誤り。

❶ **誤** 5年経過していなくても免許を受けることができる。

　宅建業者が，免許を受けてから1年以内に事業を開始せず，又は引き続いて1年以上事業を休止したときは，免許の取消しの対象となる（業法66条1項6号）。しかし，当該宅建業者は，当該取消し後5年を経過していなくても，免許を受けることができる（業法5条1項参照）。よって，本肢は誤り。

❷ **誤** 復権を得れば直ちに免許を受けることができる。

　法人の政令で定める使用人に免許欠格事由に該当する者がいる場合，その法人は，免許を受けることができない（業法5条1項12号）。しかし，破産手続開始の決定を受けたとしても，復権を得ると直ちに免許を受けることができるため，復権を得た者は，免許欠格事由に該当しない（業法5条1項1号）。したがって，当該法人は，免許を受けることができる。よって，本肢は誤り。

❸ **正** 免許権者である国土交通大臣又は都道府県知事は，免許に条件を付し，及びこれを変更することができる。免許の更新についても同様である（業法3条の2第1項）。よって，本肢は正しく，本問の正解肢となる。

❹ **誤** 役員の住所について，変更の届出は不要。

　法人である宅建業者の役員の住所に変更があっても，変更の届出をする必要はない（業法9条，8条2項3号参照）。よって，本肢は誤り。

ア　正 宅地の売買の媒介において，当該宅地が急傾斜地の崩壊による災害の防止に関する法律に基づく急傾斜地崩壊危険区域内にあるときは，立木竹の伐採等には都道府県知事の許可を受けなければならないこと等の急傾斜地崩壊危険区域内における制限の概要について説明しなければならない（業法35条1項2号，施行令3条1項23号，急傾斜地の崩壊による災害の防止に関する法律7条1項）。よって，本肢は正しい。

イ　正 建物の貸借の媒介において，当該建物が土砂災害警戒区域等における土砂災害防止対策の推進に関する法律により指定された土砂災害警戒区域内にあるときは，その旨を説明しなければならない（業法35条1項14号，規則16条の4の3第2号）。よって，本肢は正しい。

ウ　正 宅地の売買又は売買の媒介においては，文化財保護法の規定による重要文化財の譲渡に関する制限について説明しなければならない（業法35条1項2号，施行令

3条1項28号）。しかし，宅地の貸借の媒介においては，説明事項とされていない（施行令3条2項）。よって，本肢は正しい。

エ　正　宅建業者は，建物の貸借以外の契約においては，取引の対象となる宅地又は建物が津波防災地域づくりに関する法律の規定により指定された津波防護施設区域内にあるときは，津波防護施設以外の施設又は工作物の新築又は改築等の行為をしようとする者は津波防護施設管理者の許可を受けなければならない旨を説明しなければならない（業法35条1項2号，施行令3条1項20号の2，津波防災地域づくりに関する法律23条1項）。よって，本肢は正しい。

以上より，正しいものはア，イ，ウ，エの四つすべてであり，4が本問の正解肢となる。

問 33	営業保証金	解答 ❹	合格者正解率 98.3%	不合格者正解率 68.9%	受験者正解率 92.2%

❶　誤　主たる事務所の最寄りの供託所に供託しなければならない。

　宅建業者は，事業の開始後新たに事務所を設置したときは，営業保証金を主たる事務所の最寄りの供託所に供託しなければならない。設置した従たる事務所の最寄りの供託所ではない（業法26条1項，2項，25条1項）。よって，本肢は誤り。

❷　誤　金銭以外を供託している場合，保管替えの請求はできない。

　保管替えの請求は，金銭のみをもって営業保証金を供託している場合にのみ認められる（業法29条1項）。本肢のように，国債証券で供託している場合，保管替えの請求はできない。よって，本肢は誤り。

❸　誤　公告が必要である。

　宅建業者は，免許の有効期間満了に伴い営業保証金を取り戻すときは，還付請求権者に対し，6カ月を下らない一定期間内に権利を申し出るべき旨の公告をしなければならない（業法30条）。よって，本肢は誤り。

❹　正　国土交通大臣又は都道府県知事は，免許をした日から3カ月以内に宅建業者が営業保証金を供託した旨の届出をしないときは，その届出をすべき旨の催告をしなければならず，この催告が到達した日から1カ月以内に宅建業者が営業保証金を供託した旨の届出をしないときは，その免許を取り消すことができる（業法25条6項，7項）。よって，本肢は正しく，本問の正解肢となる。

❶ **正** 宅建業者は，国土交通大臣の定める報酬の額を超えて報酬を受けてはならない（宅建業法46条2項）。依頼者の承諾の有無を問わない。よって，本肢は正しい。

❷ **正** 宅建業者は，その業務に関して，不当に高額の報酬を要求する行為をしてはならない（業法47条2号）。不当に高額の報酬を要求しただけで宅建業法違反となる。よって，本肢は正しい。

❸ **正** 宅建業者が宅地又は建物の貸借の媒介に関して依頼者の双方から受けることのできる報酬の額（当該媒介に係る消費税等相当額を含む。）の合計額は，借賃（消費税等相当額を含まない。）の1カ月分の1.1倍に相当する金額以内とする（業法46条2項，報酬告示第4）。居住用建物の貸借の媒介の場合を除き，貸主と借主の負担の割合について特段の規制はない。よって，本肢は正しい。

❹ **誤** 依頼者の依頼によらない場合，報酬の限度額を超えることはできない。

依頼者の依頼によって行う広告の料金に相当する額については，報酬とは別にその実費を受領することができるので，当該実費を報酬額に合算する場合には，限度額を超えて受領することができる（業法46条2項，報酬告示第9（1））。しかし，依頼者の依頼によらない広告の料金に相当する額は，報酬とは別にその実費を受領することができないので，報酬額と合算する場合は，報酬額の限度を超えることはできない（業法46条2項，解釈・運用の考え方）。よって，本肢は誤りであり，本問の正解肢となる。

ア 正 37条書面の交付については，宅建業者に交付義務が課されているものの，誰に交付させなければならないかについて規制をしていない（業法37条1項）。したがって，宅地建物取引士ではない従業者でも37条書面の交付をすることができる。よって，本肢は正しい。

イ 誤 賃貸借契約の場合，登記の申請の時期について記載不要。

賃貸借契約の場合，引渡しの時期は37条書面の記載事項になっているものの，賃借権設定登記の申請の時期は記載事項になっていない（業法37条2項1号，1項4号，5号）。よって，本肢は誤り。なお，契約の当事者が宅建業者であっても所定の事項を記載しなければならないとする点は正しい。

ウ 正 37条書面には，売買・交換・貸借いずれの場合であっても，天災その他不可抗力による損害の負担に関する定めがあるときは，その内容を記載しなければならない

（業法37条1項10号）。よって，本肢は正しい。なお，重要事項として説明していたことを理由として37条書面への記載を省略することはできない。

エ　正　宅建業者は，37条書面を作成したときは，宅地建物取引士をして，当該書面に記名押印させなければならない（業法37条3項）。そして，契約の当事者が宅建業者であっても，記名押印を省略することはできない（業法78条2項参照）。よって，本肢は正しい。

　以上より，正しいものはア，ウ，エの三つであり，3が本問の正解肢となる。

問 36	その他の業務上の規制	解答 ❸	合格者正解率 97.7%	不合格者正解率 82.2%	受験者正解率 94.5%

❶　**誤**　依頼者本人の承諾があれば守秘義務違反にならない。

　宅建業者は，正当な理由がある場合でなければ，その業務上取り扱ったことについて知り得た秘密を他に漏らしてはならない（業法45条）。したがって，正当な理由がある場合は，業務上取り扱ったことについて知り得た秘密を他に漏らしても守秘義務に違反しない。依頼者本人の承諾があった場合は，「正当な理由」に該当する（解釈・運用の考え方）。よって，本肢は誤り。

❷　**誤**　営まなくなった後も守秘義務がある。

　宅建業者は，正当な理由がある場合でなければ，その業務上取り扱ったことについて知りえた秘密を他に漏らしてはならず，これは宅建業を営まなくなった後においても同様である（業法45条）。よって，本肢は誤り。

❸　**正**　肢1で述べた通り，正当な理由がある場合は，業務上取り扱ったことについて知り得た秘密を他に漏らしても守秘義務に違反しない。裁判の証人として証言を求められた場合も，この「正当な理由」に該当する（解釈・運用の考え方）。よって，本肢は正しく，本問の正解肢となる。

❹　**誤**　買主に対して説明が必要。

　肢1で述べた通り，正当な理由がある場合は，業務上取り扱ったことについて知り得た秘密を他に漏らしても守秘義務に違反しない。調査の結果判明した法第35条第1項各号に掲げる取引上重要な事項のように，取引の相手方に真実を告げなければならない場合も，この「正当な理由」に該当する（解釈・運用の考え方）。よって，本肢は誤り。

| 問 37 | 37 条書面 | 解答 ❶ | 合格者正解率 79.9% | 不合格者正解率 53.3% | 受験者正解率 74.4% |

❶ **正** 当該建物が既存の建物であるとき，建物の構造耐力上主要な部分等の状況について当事者の双方が確認した事項は 37 条書面に必ず記載しなければならない（業法 37 条 1 項 2 号の 2）。確認した事項がない場合は，確認した事項がない旨を記載しなければならない（解釈・運用の考え方）。よって，本肢は正しく，本問の正解肢となる。

❷ **誤** 定めがないときは，37 条書面への記載不要。

宅建業者は，売買契約又は交換契約が成立した場合において，代金又は交換差金についての金銭の貸借のあっせんに関する定めがあるときは，当該あっせんに係る金銭の貸借が成立しないときの措置を 37 条書面に記載しなければならない（業法 37 条 1 項 9 号）。したがって，当該定めがないときは，記載する必要はないことから，定めがない旨の記載も不要である。よって，本肢は誤り。

❸ **誤** 定めがないときは，37 条書面への記載不要。

宅建業者は，取引に係る契約が成立した場合において，損害賠償の予定又は違約金に関する定めがあるときは，その内容を 37 条書面に記載しなければならない（業法 37 条 1 項 8 号，2 項 1 号）。したがって，当該定めがないときは，記載する必要はないことから，定めがない旨の記載も不要である。よって，本肢は誤り。

❹ **誤** 定めがないときは，37 条書面への記載不要。

宅建業者は，売買契約又は交換契約が成立した場合において，宅地又は建物に係る租税その他の公課の負担に関する定めがあるときは，その内容を 37 条書面に記載しなければならない（業法 37 条 1 項 12 号）。したがって，当該定めがないときは，記載する必要はないことから，定めがない旨の記載も不要である。よって，本肢は誤り。

| 問 38 | 宅地建物取引士 | 解答 ❶ | 合格者正解率 53.4% | 不合格者正解率 40.0% | 受験者正解率 50.7% |

ア **誤** 必要な措置は 2 週間以内，変更の届出は 30 日以内。

宅建業者は，事務所ごとに成年者である専任の宅地建物取引士を置かなければならない（業法 31 条の 3 第 1 項）。そして，成年者である専任の宅地建物取引士の設置要件を欠くに至ったときは，2 週間以内に必要な措置を執らなければならない（業法 31 条の 3 第 3 項，1 項）。また，宅建業者は，宅地建物取引業者名簿登載事項のうち，事務所ごとに置かれる成年者である専任の宅地建物取引士の氏名に変更があった場合，30 日以内にその旨を免許権者に届け出なければならない（変更の届出，業法 9 条，8 条 2 項 6 号，31 条の 3 第 1 項）。よって，本肢は誤り。

イ　誤　法定代理人の同意を得ても専任の宅地建物取引士になることはできない。

　宅建業に係る営業に関し成年者と同一の行為能力を有する未成年者は，宅建業者又は宅建業者の役員であれば，成年者である専任の宅地建物取引士とみなされる（業法18条1項1号，31条の3第2項）。しかし，未成年者は，法定代理人の同意を得ているだけでは宅地建物取引士の登録ができないので，宅建業者の事務所に置かれる専任の宅地建物取引士となることはできない（業法18条1項1号参照）。よって，本肢は誤り。

ウ　正　重要事項説明書の交付の場面においては，相手方から提示を求められない限り，宅地建物取引証を提示する必要はない（業法22条の4）。よって，本肢は正しい。なお，本肢は重要事項説明書の「交付」に関する出題なので，重要事項の説明の際の提示について考える必要はない。

エ　誤　登録を受けることができないとはいえない。

　心身の故障により宅地建物取引士の事務を適正に行うことができない者は，登録を受けることができない（業法18条1項12号）。成年被後見人又は被保佐人が上記に該当する場合には登録を受けることはできないが，該当しない場合は登録を受けることができる。したがって，成年被後見人又は被保佐人であることを直接の理由として「登録を受けることができない」と断定することはできない。よって，本肢は誤り。

　以上より，正しいものはウの一つであり，1が本問の正解肢となる。

問39	クーリング・オフ	解答❶	合格者正解率	不合格者正解率	受験者正解率
			97.1%	77.8%	93.2%

❶　**誤**　「事務所等」以外の場所で買受けの申込みをし，引渡しを受ける前なのでクーリング・オフ可。

　事務所等以外の場所で買受けの申込みをし，事務所等で売買契約を締結した場合，買主は，クーリング・オフをすることはできる（業法37条の2第1項）。本肢のような仮設テント張りの案内所は事務所等に該当しない（業法37条の2第1項，規則16条の5第1号ロ，解釈・運用の考え方）。また，買主が物件の引渡しを受け，かつ，代金の全部を支払ったときは，クーリング・オフをすることができなくなる（業法37条の2第1項2号）。しかし，Bは，宅地の引渡しを受ける前に解除の書面を発している。したがって，Aは代金全額が支払われていることを理由として契約の解除（クーリング・オフ）を拒むことはできない。よって，本肢は誤りであり，本問の正解肢となる。

❷　**正**　宅建業者の相手方が自ら指定したその相手方の自宅又は勤務する場所は，クーリング・オフできない事務所等の場所となる（業法37条の2第1項，規則16条の5第2号）。しかし，Bが自ら指定した喫茶店はこれにあたらない。また，買主は，クーリング・オフについて宅建業者から書面で告げられた日から起算して8日を経過した

ときは，クーリング・オフをすることができない（業法 37 条の 2 第 1 項 1 号，規則 16 条の 6）。B は，契約締結の 3 日後に書面で告げられているので，契約の締結日から 10 日後は，書面で告げられた日から 8 日を経過していない。したがって，B はクーリング・オフをすることができる。よって，本肢は正しい。

❸ **正** 肢 1 で述べた通り，仮設テント張りの案内所は「事務所等」以外の場所であるため，B はクーリング・オフをすることができる。また，本肢の場合，解除できる期間を 14 日間とする特約は，8 日間とする宅建業法の規定よりも長いため，申込者に有利な特約であり有効である（業法 37 条の 2 第 1 項 1 号，4 項）。したがって，B は，当該契約の締結日から 10 日後であっても契約の解除をすることができる。よって，本肢は正しい。

❹ **正** B が自ら指定した宅建業者であるハウスメーカーの事務所は，クーリング・オフできない事務所等にあたらない（業法 37 条の 2 第 1 項，規則 16 条の 5 第 1 号ハ，第 2 号）。本肢の場合，クーリング・オフについて書面で告げられた日から 6 日後に解除の書面を送付していることから，B はクーリング・オフをすることができる（業法 37 条の 2 第 1 項 1 号，規則 16 条の 6）。したがって，A は契約の解除を拒むことができない。よって，本肢は正しい。

問40	その他の業務上の規制	解答 ❹	合格者正解率 90.8%	不合格者正解率 62.2%	受験者正解率 84.9%

❶ **誤** 当該勧誘を継続することは法に違反する。

宅建業に係る契約の締結の勧誘をするに際し，宅建業者の相手方等に対して，宅建業者の相手方等が当該契約を締結しない旨の意思を表示したにもかかわらず，当該勧誘を継続してはならない（業法 47 条の 2 第 3 項，規則 16 条の 12 第 1 号ニ）。したがって，相手方から購入を希望しない旨の返事があった後に，当該勧誘を継続することは宅建業法に違反する。よって，本肢は誤り。

❷ **誤** 手付の貸付けをして契約の締結を誘引する行為は法に違反する。

宅建業者は，その業務に関して，宅建業者の相手方等に対して，手付について貸付けその他信用の供与をすることによりその契約の締結を誘引する行為をしてはならない（業法 47 条 3 号）。貸付けをした手付金相当額が契約締結後に償還されても，宅建業法に違反する。よって，本肢は誤り。

❸ **誤** 正当な理由なく，判断に必要な時間を与えることを拒んではならない。

宅建業に係る契約の締結の勧誘をするに際し，宅建業者の相手方等に対し，正当な理由なく，当該契約を締結するかどうかを判断するために必要な時間を与えることを拒んではならない（業法 47 条の 2 第 3 項，規則 16 条の 12 第 1 号ロ）。したがって，理由の如何を問わずに拒否ができないわけではない。よって，本肢は誤り。

❹ 正 宅建業者は，その業務に関して，宅建業者の相手方等に対して，手付について貸付けその他信用の供与をすることによりその契約の締結を誘引する行為をしてはならない（業法47条3号）。しかし，売買代金を引き下げて契約の締結を勧誘したとしても，宅建業法に違反しない。よって，本肢は正しく，本問の正解肢となる。

<table>
<tr><td rowspan="2">問
41</td><td rowspan="2">事務所の設置</td><td rowspan="2">解答 ❷</td><td>合格者正解率</td><td>不合格者正解率</td><td>受験者正解率</td></tr>
<tr><td>85.1%</td><td>46.7%</td><td>77.2%</td></tr>
</table>

❶ 誤 事務所ごとに備え付けなければならない。

宅建業者は，その事務所ごとに，その業務に関する帳簿を備えなければならない（業法49条）。事務所ごとに備える必要があるので，支店にも帳簿を備えなければならない。本店に支店の分もまとめて備え付ける必要はない。よって，本肢は誤り。

❷ 正 宅建業者は，その業務に関する帳簿に，宅建業に関し取引のあったつど，その年月日，その取引に係る宅地又は建物の所在及び面積その他国土交通省令で定める事項を記載しなければならない（業法49条）。よって，本肢は正しく，本問の正解肢となる。

❸ 誤 10年間の保存義務は自ら売主の場合だけである。

宅建業者は，その事務所ごとに，その業務に関する帳簿を備える必要があり（業法49条），当該帳簿は，各事業年度の末日をもつて閉鎖し，閉鎖後5年間（当該宅建業者が自ら売主となる新築住宅に係るものにあっては，10年間）保存しなければならない（規則18条3項）。売買の媒介をする場合には新築住宅に係るものであっても，保存期間は閉鎖後5年間である。よって，本肢は誤り。

❹ 誤 所定の要件を満たせば，電子媒体による代替可。

帳簿の記載事項が，電子計算機（パソコン等）に備えられたファイル又は磁気ディスク（ハードディスク等）に記録され，必要に応じ当該事務所において電気計算機その他の機器（プリンター等）を用いて明確に紙面に表示されるときは，当該記録をもって帳簿への記載に代えることができる（規則18条2項）。よって，本肢は誤り。

<table>
<tr><td rowspan="2">問
42</td><td rowspan="2">重要事項の説明</td><td rowspan="2">解答 ❶</td><td>合格者正解率</td><td>不合格者正解率</td><td>受験者正解率</td></tr>
<tr><td>92.5%</td><td>75.6%</td><td>89.0%</td></tr>
</table>

❶ 誤 説明をしなければならない。

宅建業者は，地域における歴史的風致の維持及び向上に関する法律12条1項により指定された歴史的風致形成建造物である建物の売買の媒介を行う場合，その増築につき市町村長への届出が必要であることを，重要事項として説明しなければならない（業法35条1項2号，施行令3条1項12号の5，地域における歴史的風致の維持及び向上に

関する法律12条1項, 15条1項本文)。よって, 本肢は誤りであり, 本問の正解肢となる。

❷ 正 既存の建物の売買の媒介の場合, 宅建業者は, 当該建物の建築確認済証の保存の状況について説明しなければならない (業法35条1項第6号の2ロ, 規則16条の2の3第1号)。そして, 当該建物の建築確認済証がなくなっているときは, その旨を説明すればよいものとされている (解釈・運用の考え方)。よって, 本肢は正しい。

❸ 正 宅建業者が区分所有建物の売買の媒介を行う場合において, 当該一棟の建物の維持修繕の実施状況が記録されているときは,その内容を説明しなければならない(業法35条1項6号, 規則16条の2第9号)。よって, 本肢は正しい。

❹ 正 宅建業者は, 建物の貸借の媒介を行う場合, 台所, 浴室, 便所その他の当該建物の設備の整備の状況について説明しなければならない (業法35条1項14号, 規則16条の4の3第7号)。よって, 本肢は正しい。

問 43	宅地建物取引士	解答 ❹	合格者正解率 64.4%	不合格者正解率 51.1%	受験者正解率 61.6%

❶ 誤 本人も届出をすることができる。

登録を受けている宅地建物取引士が心身の故障により宅地建物取引士の事務を適正に行うことができない者となった場合, 本人又はその法定代理人もしくは同居の親族は, その旨を当該登録をしている都道府県知事に届け出なければならない(業法21条3号)。したがって, 本人からの届出も認められている。よって, 本肢は誤り。

❷ 誤 登録の移転による場合は法定講習を受講する必要がない。

宅地建物取引士が登録の移転の申請とともに, 宅地建物取引士証の交付の申請を行う場合, 都道府県知事が指定する講習, いわゆる「法定講習」を受講する必要はない (業法19条の2, 22条の2第2項但書, 4項, 5項)。よって, 本肢は誤り。

❸ 誤 10万円以下の過料である。

宅地建物取引士は, 事務禁止の処分を受けたときは, 速やかに, 宅地建物取引士証をその交付を受けた都道府県知事に提出しなければならない (業法22条の2第7項, 68条2項, 4項,)。そして, これに反した場合には,10万円以下の過料という罰則がある(業法86条)。50万円以下の罰金ではない。よって, 本肢は誤り。

❹ 正 刑法222条 (脅迫) の罪を犯したことにより, 罰金の刑に処せられ, その刑の執行を終わり, 又は執行を受けることがなくなった日から5年を経過しない者は, 登録を受けることができない (業法18条1項7号)。よって, 本肢は正しく, 本問の正解肢となる。

ア 正 宅地とは，建物の敷地に供せられる土地をいう（業法2条1号）。現に建物の敷地に供されている土地に限らず，広く建物の敷地に供する目的で取引の対象とされた土地をいう（解釈・運用の考え方）。よって，本肢は正しい。

イ 誤 用途地域内の農地は，宅地に該当する。

都市計画法の用途地域内の土地は，道路，公園，河川，広場及び水路の用に供せられているもの以外のものが宅地に含まれる（業法2条1号，施行令1条）。したがって，農地は，都市計画法の用途地域内に存するものであれば，宅地に該当する。よって，本肢は誤り。

ウ 正 建物の敷地に供せられている土地は，宅地とされる（業法2条1号）。したがって，都市計画法に規定する用途地域外に存するものであっても，建物の敷地に供せられている土地は，宅地とされる。よって，本肢は正しい。

エ 誤 道路，公園，河川等の公共施設の用に供される土地は，宅地に該当しない。

都市計画法の用途地域内の土地であっても，道路，公園，河川，広場及び水路の用に供せられているものは宅地に該当しない（業法2条1号，施行令1条）。よって，本肢は誤り。

以上より，正しいものはアとウの二つであり，2が本問の正解肢となる。

			合格者正解率	不合格者正解率	受験者正解率
問 45	瑕疵担保履行法	解答 ❹	98.9%	75.6%	94.1%

❶ 誤 55㎡である。

宅建業者が，住宅販売瑕疵担保保証金の供託をする場合，販売新築住宅の合計戸数の算定に当たっては，販売新築住宅のうち，その床面積の合計が55㎡以下のものは，その2戸をもって1戸とする（住宅瑕疵担保履行法11条3項，施行令5条）。100㎡以下ではない。よって，本肢は誤り。

❷ 誤 このような規定はない。

住宅販売瑕疵担保責任保険法人との間で住宅販売瑕疵担保責任保険が付された住宅が，引渡しを受けた時から10年以内に転売された場合，売主たる宅建業者は，当該住宅販売瑕疵担保責任保険の法人との保険契約を解除しなければならないという規定はない。よって，本肢は誤り。

❸ 誤 給水設備，ガス設備によって生じた損害については対象外である。

特定住宅瑕疵担保責任とは，品確法94条1項又は95条1項の規定による担保の責任をいう（住宅瑕疵担保履行法2条5項）。この責任の対象となるものは，「住宅の基礎」，「壁」，「柱」等の，住宅のうち構造耐力上主要な部分又は「屋根」，「外壁」，「雨水排水管」等の雨水の浸入を防止する部分の瑕疵であり，「給水設備」「ガス設備」の瑕疵は含まれていない（品確法94条1項，95条1項，品確法施行令5条）。よって，本肢は誤り。

❹ 正 住宅販売瑕疵担保責任保険契約において，保険料は宅建業者が支払うものとされている（住宅瑕疵担保履行法11条2項かっこ書，2条7項1号）。したがって，本肢では，Aが保険料を支払うこととなる。よって，本肢は正しく，本問の正解肢となる。

問 46	住宅金融支援機構法	解答 ❹	合格者正解率	不合格者正解率	受験者正解率
			93.5%	73.3%	89.3%

❶ 正 機構は，地震に対する安全性の向上を主たる目的とする住宅の改良に必要な資金の貸付けを行うことを業務として行っている（機構法13条1項6号）。よって，本肢は正しい。

❷ 正 機構の証券化支援事業（買取型）の住宅ローン金利は長期固定金利であるが，民間金融機関が顧客に貸し出す金利は，機構が提示した金利に民間金融機関独自の利益分を上乗せして決定される。したがって，住宅ローン金利は，各金融機関によって異なる場合がある。よって，本肢は正しい。

❸ 正 機構は，高齢者が自ら居住する住宅に対して行うバリアフリー工事に係る貸付けについて，貸付金の償還を高齢者の死亡時に一括して行うという制度を設けている（高齢者向け返済特例制度　機構法13条1項9号，機構業務方法書24条4項2号）。よって，本肢は正しい。

❹ 誤 当該住宅の購入に付随する改良に必要な資金も含まれる。

　機構は，証券化支援事業（買取型）において，住宅の購入に必要な資金（当該住宅の購入に付随する土地もしくは借地権の取得又は当該住宅の改良に必要な資金を含む。）の貸付けに係る貸付債権の譲受けを行うことを業務としている（機構法13条1項1号，施行令5条1項2号）。よって，本肢は誤りであり，本問の正解肢となる。

問 47	景品表示法	解答 ❷	合格者正解率	不合格者正解率	受験者正解率
			61.8%	40.0%	57.2%

❶ 誤 面積は必ず表示しなければならないわけではない。

　建築基準法42条2項の規定により道路とみなされる部分（セットバックを要する部分）を含む土地については，その旨を表示し，セットバックを要する部分の面積がおお

むね 10 パーセント以上である場合は，併せてその面積を明示しなければならない（表示規約 13 条，施行規則 8 条 5 号）。よって，本肢は誤り。

❷　正　取引態様は，「売主」，「貸主」，「代理」又は「媒介（仲介）」の別をこれらの用語を用いて表示しなければならない（表示規約 15 条 1 号，施行規則 10 条 1 号）。よって，本肢は正しく，本問の正解肢となる。

❸　誤　取引の対象となり得ない物件は，おとり広告となる。

　実際には取引の対象となり得ない物件に関する表示をしてはならない（おとり広告の禁止，表示規約 21 条 2 号）。本肢の広告は，このおとり広告に該当し，不当表示となるおそれがある。このことは，故意に掲載を継続していたものであるか否かにより異なるものではない。よって，本肢は誤り。

❹　誤　取引開始時期をあらかじめ告知する予告広告を行うことができる。

　予告広告においては，販売予定時期又は取引開始予定時期等を表示しなければならない（表示規約 9 条 4 項，施行規則 5 条 3 項 3 号）。そして，販売価格が確定していないため直ちに取引することができない場合でも，価格が未定である旨又は予定最低価格，予定最高価格及び予定最多価格帯を表示すれば，予告広告を行うことができる（施行規則 5 条 3 項 2 号）。よって，本肢は誤り。

問 48	**不動産の需給・統計**	解答 **❷**	合格者正解率 **77.1%**	不合格者正解率 **77.8%**	受験者正解率 **77.2%**

❶　誤　3 年連続で減少している。

　建築着工統計（令和 2 年 1 月公表）によれば，平成 31 年 1 月から令和元年 12 月までの新設住宅着工戸数は約 90.5 万戸となり，3 年連続で減少した。よって，本肢は誤り。

❷　正　令和 2 年版国土交通白書（令和 2 年 6 月公表）によれば，平成 31 年 3 月末における宅地建物取引業者数は 12 万 4,451 業者であり，12 万 4,000 を超えている。よって，本肢は正しく，本問の正解肢となる。

❸　誤　上昇傾向である。

　令和 2 年版土地白書（令和 2 年 6 月公表）によれば，平成 30 年の住宅地，工業用地等の宅地は約 196 万 ha であり，平成 27 年の 193 万 ha，平成 29 年の 195 万 ha から上昇しており，大きく減少したとはいえない。よって，本肢は誤り。

❹　誤　いずれも 10％を超えている。

　平成 30 年度法人企業統計調査（令和元年 9 月公表）によれば，不動産業について，平成 30 年度の売上高営業利益率及び売上高経常利益率は，いずれも 11.1％であり，10％を超えている。よって，本肢は誤り。

問 49	土地	解答 ③	合格者正解率	不合格者正解率	受験者正解率
			97.1%	84.4%	94.4%

❶ **適当** 山地は，地形がかなり急峻で，細かい谷が複雑に入り組み，大部分が森林となっている。よって，本肢は適当である。

❷ **適当** 低地は，一般に洪水や地震に対して弱く，防災上の見地から宅地には適さない土地である。よって，本肢は適当である。

❸ **不適当** 干拓地のほうが自然災害の危険度が高い。

　干拓地とは，海面などを堤防で囲み，中の水を排水して利用している土地のことをいい，一般に，海面以下の場合が多く，洪水のおそれが高く，また地盤が軟弱で，宅地には適しない土地である。他方で，埋立地とは，海面などを土砂で埋め充てた土地のことをいい，一般に，海面に対して数ｍの比高を持つため，護岸など十分な工事がなされていれば，宅地としての利用も可能である。したがって，埋立地に比べて干拓地のほうが自然災害に対する危険度が高い。よって，本肢は最も不適当であり，本問の正解肢となる。

❹ **適当** 台地は，一般に，水はけもよく，地盤も安定しており，洪水や地震等の自然災害に対して安全度の高い土地である。よって，本肢は適当である。

問 50	建物	解答 ③	合格者正解率	不合格者正解率	受験者正解率
			88.2%	80.0%	86.5%

❶ **適当** 建物が傾いたり沈下したりすることがないように，基礎は，硬質の支持地盤に設置するとともに，上部構造とも堅固に緊結する必要がある（建基法施行令42条参照）。よって，本肢は適当である。

❷ **適当** 木造建物を耐震，耐風的な構造にするためには，建物の形態をできるだけ単純にすることが適切であるといえる。よって，本肢は適当である。

❸ **不適当** 防錆処理は必要である。

　鉄骨造は，不燃構造であり，材質として粘り強い（靭性が大きい）ものの，錆により断面が減少するので，鋼材の防錆処理を行い耐久力を増す必要がある。よって，本肢は最も不適当であり，本問の正解肢となる。

❹ **適当** 鉄筋コンクリート造とは，引っ張りに弱いコンクリートの内部に，引っ張りに強い鉄筋を配置した一体式構造である。近年においては，高強度コンクリートと太径の鉄筋を用いた鉄筋コンクリート造の超高層共同住宅建物もみられる。よって，本肢は適当である。

出る順宅建士シリーズ

2021年版 出る順宅建士　過去30年良問厳選問題集

2020年4月20日　第1版　第1刷発行
2021年4月30日　第2版　第1刷発行

　　　　編著者●株式会社　東京リーガルマインド
　　　　LEC総合研究所　宅建士試験部

　　　発行所●株式会社　東京リーガルマインド
　　　　〒164-0001　東京都中野区中野4-11-10
　　　　　　　　　　アーバンネット中野ビル
　　　　　　　　☎03(5913)5011　（代　表）
　　　　　　　　☎03(5913)6336　（出版部）
　　　　　　　　☎048(999)7581　（書店様用受注センター）
　　　振　替　00160-8-86652
　　　www.lec-jp.com/

　　　カバーデザイン●ブルーデザイン有限会社
　　　本文イラスト●髙橋　雅彦
　　　印刷・製本●日本プロセス秀英堂株式会社

©2021 TOKYO LEGAL MIND K.K., Printed in Japan　　　ISBN978-4-8449-9711-5

勉強スタイル×試験までの期間で選べ

2021年版
LECの宅建士本ラインナッ

勉強初期

とらの巻シリーズ

⑨とらの巻

合格のトリセツシリーズ
⑦基本テキスト

⑧基本問題集

出る順シリーズ
①合格テキスト（全3巻）

②ウォーク問過去問題集（全3巻）

サワッと要点だけ！

しっかり万全に

⑤一問一答○×1000肢問題集

④逆解き式！最重要ポイント555

⑥当たる！直前予想模試

③過去30年良問厳選問題集

試験直前！

※画像はイメージです。

気になる商品の単品買いも、シリーズ揃えての活用もオススメです

新の法改正に応しています！

テキスト ←→ 問題集の反復に便利！該当ページへのリンクを掲載！*

*● ▲ ■ ◆ ★ の中で、同じマークがついた商品が対象です。

※商品間のリンクの詳細は、各書籍をご確認ください。

※記載された情報は、2021年3月現在のものです。予告なく変更となる可能性がございますので、ご了承ください。

【出る順宅建士シリーズ】
基礎知識の習得から条文内容の理解、試験攻略法まで！試験範囲の知識がもれなく身につく定番シリーズ。

●	▲	■		①	2021年版　出る順宅建士 **in** **合格テキスト** (全3巻) 宅建士の試験範囲を網羅した、詳細解説の基本テキスト。
●			◆	②	2021年版　出る順宅建士 **out** **ウォーク問 過去問題集** (全3巻) コンパクトで持ち運び便利！重要問題のみを収録した精選過去問集。
				③	2021年版　出る順宅建士 **out** **過去30年良問厳選問題集** 30年間の過去問から選り抜いた良問を6回分の模試形式に凝縮。最新過去問付き。
	▲			④	2021年版　出る順宅建士 **in** **逆解き式！最重要ポイント555** 2021年4月発刊予定 重要ポイントを「読んで」「聴いて」覚えられる、直前期おすすめの総まとめ本。
		■		⑤	2021年版　出る順宅建士 **out** **一問一答○×1000肢問題集** (アプリ付) スマホで解けるアプリ付き！一問一答○×タイプのオリジナル問題集。
				⑥	2021年版　出る順宅建士 **out** **当たる！直前予想模試** 2021年6月発刊予定 本試験と同形式のオリジナル予想模試をたっぷり4回分収録！

【合格のトリセツシリーズ】
イチから合格のチカラをつける！試験攻略の重要知識を、やさしく、効率的に身につけるシリーズです。

			★	⑦	2021年版　宅建士 合格のトリセツ **in** **基本テキスト** (フルカラー)(分冊可) フルカラー＆図表たっぷりで、とことん丁寧に解説したテキストです。
			★	⑧	2021年版　宅建士 合格のトリセツ **out** **基本問題集** (分冊可) 重要問題300問を収録し、問題の解き方がわかるように解説した問題集です。

【とらの巻シリーズ】
短期集中で学びたい方にぴったり！合格のエッセンスを凝縮した、法改正完全対応の直前期向けシリーズ。

	▲	◆		⑨	2021年版　どこでも宅建士 **in** **とらの巻** 2021年5月発刊予定 短時間でもポイントをおさえて覚えられる工夫が満載のテキストです。

in テキスト・インプット系書籍　　**out** 問題集（過去問またはオリジナル問題）

※お買い求めは、書店/インターネット/LECオンラインショップや各本校まで！

○×チェックでスピーディーにまとめる!

究極のポイント300攻略講座 全3回 ＜通学/通信＞

内容 合格のためには、知識を確実に身につけなければなりません。試験直前期には、その知識をより確実なものにする必要があります。この講座では、「合格に必要な知識」をさらに精錬した究極の300のポイントを示し、知識の再確認をします。

こんな人にオススメです

・合格に必要な知識を確実にし、合格を不動のものにしたい方
・直前期の勉強法に悩んでいる方

使用教材

究極のポイント300攻略講座
オリジナルテキスト（受講料込）

受講料

受講形態	一般価格(税込)	講座コード
通信・Web動画＋スマホ＋音声DL	14,300円	TB21571

※通学・通信DVDなどその他受講形態もございます。詳しくはLEC宅建ホームページをご覧ください。

今年も当てます!本試験!!

試験に出るトコ大予想会 全3回 ＜通学/通信＞

内容 過去問の徹底分析に基づき、LEC宅建講師陣が総力をあげて2021年度の宅建士試験に「出るトコ」を予想する講座です。復習必要度の高い重要論点ばかりで問題が構成されています。2021年度の宅建士試験合格を、より確実なものにできます。

こんな人にオススメです

・今年の宅建本試験に何がなんでも合格したい方
・一発逆転を狙う方
・2020年度宅建本試験にあと一歩だった方

使用教材

試験に出るトコ大予想会
オリジナルテキスト（受講料込）

受講料

受講形態	一般価格(税込)	講座コード
通信・Web動画＋スマホ＋音声DL	14,300円	TB21576

※通学・通信DVDなどその他受講形態もございます。詳しくはLEC宅建ホームページをご覧ください。

本試験前日の超直前講座!

とにかく6点アップ!直前かけこみ講座 全2回 ＜通学／通信＞

内容 2021年度宅建士試験は10月17日(日)に実施されます(予定)。本講座は、その前日、10月16日(土)に行います。本試験前日ともなると、なかなか勉強が手につかないもの。やり残した細かい所が気になってしまうのも受験生の心理でしょう。そんなときこそ、当たり前のことを落ち着いて勉強することが重要です。本講座で重要ポイントをチェックして、本試験に臨んでください。

こんな人にオススメです

・本試験に向けて最後の総まとめをしたい方
・最後の最後に合格を確実にしたい方

使用教材

とにかく6点アップ!直前かけこみ講座
オリジナルテキスト（受講料込）

受講料

受講形態	一般価格(税込)	講座コード
通信・Web動画＋スマホ＋音声DL	7,150円	TB21565

※通学・通信DVDなどその他受講形態もございます。詳しくはLEC宅建ホームページをご覧ください。

※上記の内容は発行日現在のものであり、事前の予告なく変更する場合がございます。あらかじめご了承ください。

■お電話での講座に関するお問い合わせ(平日9:30〜20:00　土・祝10:00〜19:00　日10:00〜18:00)

LECコールセンター ☎0570-064-464
※このナビダイヤルは通話料お客様ご負担となります。
※固定電話・携帯電話共通(一部のPHS・IP電話からもご利用可能)

基礎から万全!「合格のトレーニングメニュー」を完全網羅!

プレミアム合格フルコース

全78回

スーパー合格講座 （34回×2.5h）	出た順必勝 総まとめ講座 （12回×2.5h）	とにかく6点アップ! 直前かけこみ講座 （2回×2h）
分野別! コレだけ演習 総まとめ講座 （3回×3.5h）	究極のポイント300 攻略講座 （3回×2h）	全日本宅建公開模試 基礎編（2回） 実戦編（3回）
マスター演習講座 （15回×2.5h）	試験に出るトコ 大予想会 （3回×2h）	ファイナル模試 （1回）

受講形態

通学クラス **通信クラス**

● **各受講スタイルのメリット**

通学 各本校での生講義が受講できます。講師に直接質問したい方、勉強にリズムを作りたい方にオススメ!

通信 Web通信動画はPC以外にもスマートフォンやタブレットでも視聴可能。シーンに応じた使い分けで学習効率UP。

内 容 「スーパー合格講座」では合格に必要な重要必須知識を理解・定着させることを目標とします。講師が、難しい専門用語を極力使わず、具体例をもって分かりやすく説明します。「分野別! これだけ演習総まとめ講座」ではスーパー合格講座の分野終了時に演習を行いながら総まとめをします。WebまたはDVDでの提供となりますので進捗にあわせていつでもご覧いただけます。「マスター演習講座」では、スーパー合格講座で学んだ内容を、○×式の演習課題を実際に解きながら問題の解き方をマスターし、重要知識の定着をさらに進めていきます。「出た順必勝総まとめ講座」は、過去の本試験問題のうち、合格者の正答率の高い問題を題材にして、落としてはならない論点を実際に解きながら総復習します。最後に、「全日本公開模試・ファイナル模試」で本試験さながらの演習トレーニングを受けて、その後の直前講座で実力の総仕上げをします。

対象者 ・初めて宅建の学習を始める方
・何を勉強すればよいか分からず不安な方

● 受講料

受講形態	一般価格（税込）
通信・Web 動画＋スマホ＋音声ＤＬ	154,000円
通信・DVD	170,500円
通学・フォロー（Web 動画＋スマホ＋音声ＤＬ）付	181,500円

詳細はLEC宅建サイトをご覧ください
⇒ **http://www.lec-jp.com/takken/**

圧倒的な演習量を誇るリベンジ講座に徹底復習のための基礎講座をプラスアルファ!

再チャレンジ合格フルコース

学習経験者専用コース

＋スーパー合格講座 全73回

スーパー合格講座 （34回×2.5h）	総合実戦答練 （3回×4h）	全日本宅建公開模試 基礎編(2回) 実戦編(3回)
ハイレベル合格講座 （18回×3h）	直前バックアップ 総まとめ講座 （3回×3h）	ファイナル模試 （1回）
分野別ベーシック答練 （6回×3h）	過去問対策 ナビゲート講座 （2回×3h）	ラスト1週間の 重要ポイント見直し講座 （1回×3h）

受講形態

● **各受講スタイルのメリット**

通学 各本校での生講義が受講できます。講師に直接質問したい方、勉強にリズムを作りたい方にオススメ!

通信 Web通信動画はPC以外にもスマートフォンやタブレットでも視聴可能。シーンに応じた使い分けで学習効率UP。

内容 「スーパー合格講座」で徹底的に基礎知識を復習し、あやふやな部分を取り除きましょう。「ハイレベル合格講座」と2種類の答練を並行学習することで最新の出題パターンと解法テクニックを習得します。さらに4肢択一600問（模試6回＋答練9回）という業界トップクラスの演習量があなたを合格に導きます。

対象者 ・基礎から学びなおしてリベンジしたい方
・テキストの内容は覚えたのに過去問が解けない方

● 受講料

受講形態	一般価格(税込)
通信・Web 動画＋スマホ＋音声ＤＬ	148,500円
通信・DVD	165,000円
通学・フォロー（Web 動画＋スマホ＋音声ＤＬ）付	176,000円

詳細はLEC宅建サイトをご覧ください
⇒ http://www.lec-jp.com/takken/

LEC Webサイト ▷▷▷ **www.lec-jp.com/**

💿 情報盛りだくさん！

 資格を選ぶときも、
講座を選ぶときも、
最新情報でサポートします！

≫ 最新情報
各試験の試験日程や法改正情報、対策
講座、模擬試験の最新情報を日々更新
しています。

≫ 資料請求
講座案内など無料でお届けいたします。

≫ 受講・受験相談
メールでのご質問を随時受付けており
ます。

≫ よくある質問
LECのシステムから、資格試験につい
てまで、よくある質問をまとめました。疑問を今すぐ解決したいなら、ま
ずチェック！

≫ 書籍・問題集（LEC書籍部）
LECが出版している書籍・問題集・レ
ジュメをこちらで紹介しています。

💿 充実の動画コンテンツ！

 ガイダンスや講演会動画、
講義の無料試聴まで
Webで今すぐCheck！

≫ 動画視聴OK
パンフレットやWebサイトを見て
もわかりづらいところを動画で説
明。いつでもすぐに問題解決！

≫ Web無料試聴
講座の第1回目を動画で無料試聴！
気になる講義内容をすぐに確認で
きます。

LEC全国学校案内

LEC本校

■ 北海道・東北

札 幌 本校　☎011(210)5002
〒060-0004 北海道札幌市中央区北4条西5-1　アスティ45ビル

仙 台 本校　☎022(380)7001
〒980-0021 宮城県仙台市青葉区中央3-4-12
仙台ＳＳスチールビルⅡ

■ 関東

渋谷駅前 本校　☎03(3464)5001
〒150-0043 東京都渋谷区道玄坂2-6-17　渋東シネタワー

池 袋 本校　☎03(3984)5001
〒171-0022 東京都豊島区南池袋1-25-11　第15野萩ビル

水道橋 本校　☎03(3265)5001
〒101-0061 東京都千代田区神田三崎町2-2-15　Daiwa三崎町ビル

新宿エルタワー 本校　☎03(5325)6001
〒163-1518 東京都新宿区西新宿1-6-1　新宿エルタワー

早稲田 本校　☎03(5155)5501
〒162-0045 東京都新宿区馬場下町62　三朝庵ビル

中 野 本校　☎03(5913)6005
〒164-0001 東京都中野区中野4-11-10　アーバンネット中野ビル

立 川 本校　☎042(524)5001
〒190-0012 東京都立川市曙町1-14-13　立川MKビル

町 田 本校　☎042(709)0581
〒194-0013 東京都町田市原町田4-5-8　町田イーストビル

横 浜 本校　☎045(311)5001
〒220-0004 神奈川県横浜市西区北幸2-4-3　北幸GM21ビル

千 葉 本校　☎043(222)5009
〒260-0015 千葉県千葉市中央区富士見2-3-1　塚本大千葉ビル

大 宮 本校　☎048(740)5501
〒330-0802 埼玉県さいたま市大宮区宮町1-24　大宮GSビル

■ 東海

名古屋駅前 本校　☎052(586)5001
〒450-0002 愛知県名古屋市中村区名駅3-26-8
ＫＤＸ名古屋駅前ビル

静 岡 本校　☎054(255)5001
〒420-0857 静岡県静岡市葵区御幸町3-21　ペガサート

■ 北陸

富 山 本校　☎076(443)5810
〒930-0002 富山県富山市新富町2-4-25　カーニープレイス富山

■ 関西

梅田駅前 本校　☎06(6374)500
〒530-0013 大阪府大阪市北区茶屋町1-27　ABC-MART梅田

難波駅前 本校　☎06(6646)691
〒542-0076 大阪府大阪市中央区難波4-7-14　難波フロントビ

京都駅前 本校　☎075(353)953
〒600-8216 京都府京都市下京区東洞院通七条下ル2丁目
東塩小路町680-2　木村食品ビル

京 都 本校　☎075(353)253
〒600-8413　京都府京都市下京区烏丸通仏光寺下ル
大政所町680-1 第八長谷ビル

神 戸 本校　☎078(325)05
〒650-0021 兵庫県神戸市中央区三宮町1-1-2　三宮セントラルビ

■ 中国・四国

岡 山 本校　☎086(227)500
〒700-0901 岡山県岡山市北区本町10-22　本町ビル

広 島 本校　☎082(511)700
〒730-0011 広島県広島市中区基町11-13　合人社広島紙屋町アネ○

山 口 本校　☎083(921)891
〒753-0814 山口県山口市吉敷下東 3-4-7　リアライズⅢ

高 松 本校　☎087(851)341
〒760-0023 香川県高松市寿町2-4-20　高松センタービル

松 山 本校　☎089(961)133
〒790-0003 愛媛県松山市三番町7-13-13　ミツネビルディング

■ 九州・沖縄

福 岡 本校　☎092(715)500
〒810-0001 福岡県福岡市中央区天神4-4-11　天神ショッパー
福岡

那 覇 本校　☎098(867)500
〒902-0067 沖縄県那覇市安里2-9-10　丸姫産業第2ビル

■ EYE関西

EYE 大阪 本校　☎06(7222)365
〒530-0013　大阪府大阪市北区茶屋町1-27　ABC-MART梅田

EYE 京都 本校　☎075(353)253
〒600-8413　京都府京都市下京区烏丸通仏光寺下ル
大政所町680-1 第八長谷ビル

LEC提携校

＊提携校はLECとは別の経営母体が運営をしております。
＊提携校は実施講座およびサービスにおいてLECと異なる部分がございます。

■ 北海道・東北

北見駅前校【提携校】　☎0157(22)6666
〒090-0041　北海道北見市北1条西1-8-1　一燈ビル　志学会内

八戸中央校【提携校】　☎0178(47)5011
〒031-0035　青森県八戸市寺横町13　第1朋友ビル　新教育センター内

弘前校【提携校】　☎0172(55)8831
〒036-8093　青森県弘前市城東中央1-5-2
まなびの森　弘前城東予備校内

秋田校【提携校】　☎018(863)9341
〒010-0964　秋田県秋田市八橋鯲沼町1-60
株式会社アキタシステムマネジメント内

■ 関東

水戸見川校【提携校】　☎029(297)6611
〒310-0912　茨城県水戸市見川2-3092-3

熊谷筑波校【提携校】　☎048(525)7978
〒360-0037　埼玉県熊谷市筑波1-180　ケイシン内

所沢校【提携校】　☎050(6865)6996
〒359-0037　埼玉県所沢市くすのき台3-18-4　所沢K・Sビル
有限会社LPエデュケーション内

東京駅八重洲口校【提携校】　☎03(3527)9304
〒103-0027　東京都中央区日本橋3-7-7　日本橋アーバンビル
グランデスク内

日本橋校【提携校】　☎03(6661)1188
〒103-0025　東京都中央区日本橋茅場町2-5-6　日本橋大江戸ビル
株式会社大江戸コンサルタント内

新宿三丁目駅前校【提携校】　☎03(3527)9304
〒160-0022　東京都新宿区新宿2-6-4　KNビル　グランデスク内

■ 東海

沼津校【提携校】　☎055(928)4621
〒410-0048　静岡県沼津市新宿町3-15　萩原ビル
netパソコンスクール沼津校内

■ 北陸

新潟校【提携校】　☎025(240)7781
〒950-0901　新潟県新潟市中央区弁天3-2-20　弁天501ビル
株式会社大江戸コンサルタント内

金沢校【提携校】　☎076(237)3925
〒920-8217　石川県金沢市近岡町845-1　株式会社アイ・アイ・ピー金沢内

福井南校【提携校】　☎0776(35)8230
〒918-8114　福井県福井市羽水2-701　株式会社ヒューマン・デザイン内

■ 関西

和歌山駅前校【提携校】　☎073(402)2888
〒640-8342　和歌山県和歌山市友田町2-145
KEG教育センタービル　株式会社KEGキャリア・アカデミー内

■ 中国・四国

松江殿町校【提携校】　☎0852(31)1661
〒690-0887　島根県松江市殿町517　アルファステイツ殿町
山路イングリッシュスクール内

岩国駅前校【提携校】　☎0827(23)7424
〒740-0018　山口県岩国市麻里布町1-3-3　岡村ビル　英光学院内

新居浜駅前校【提携校】　☎0897(32)5356
〒792-0812　愛媛県新居浜市坂井町2-3-8　パルティフジ新居浜駅前店内

■ 九州・沖縄

佐世保駅前校【提携校】　☎0956(22)8623
〒857-0862　長崎県佐世保市白南風町5-15　智翔館内

日野校【提携校】　☎0956(48)2239
〒858-0925　長崎県佐世保市椎木町336-1　智翔館日野校内

長崎駅前校【提携校】　☎095(895)5917
〒850-0057　長崎県長崎市大黒町10-10　KoKoRoビル
minatoコワーキングスペース内

沖縄プラザハウス校【提携校】　☎098(989)5909
〒904-0023　沖縄県沖縄市久保田3-1-11
プラザハウス　フェアモール　有限会社スキップヒューマンワーク内

※上記は2021年3月1日現在のものです。